KB041607

제3판

국제법
이론과 실무

임한택

박영사

국제법의 위기라고들 한다. 국제법의 존립 자체가 위기를 맞고 있다. 제2차 세계대전 이후 규범을 바탕으로 번영을 추구하여 오던 국제사회가 이제 권력정치로 회귀하고 있기 때문이다. 권력정치는 법을 외면하고 힘을 우선시한다. 하지만 국가들이 국제법을 무시하고 힘에 의존하면 할수록 역설적으로 국제사회에서의 국제법의 존재 가치는 더욱 확연히 드러나게 될 것이다.

한국의 국제법도 위기라고들 한다. 법학전문대학원에서 국제법의 선호도가 그다지 높지 않고, 퇴임하는 국제법 교수의 후임을 충원하지 않는 대학도 적지 않다고 한다. 국제법의 수요가 계속해서 위축되는 것처럼 보인다. 하지만 국제법에 대한 학생이나 일반인의 이해와 관심은 오히려 증폭되고 있다는 느낌이다. 이들이 찾는 국제법을 제대로 공급을 해 왔는지 돌아보아야 할 시점이다. 수요가 공급을 창출하지만, 공급도 수요를 위축시켜서는 안 된다. 이들에게 살아 움직이는 생생한 국제법을 더 많이 제공할 필요가 있다.

이 책은 국제법의 전체 구조 속에서 필수적인 지식과 논리를 제공하고 있다. 따라서 지나치게 이론적이거나 규범성이 충분치 않은 분야는 과감하게 축약하였다. 제3판에서는 여러분들의 귀한 지적과 조언을 반영하여 미흡한 부문을 보강하는 한편, 각주를 본문으로 대폭 이동하여 사고의 흐름을 매끄럽게 하고자 하였다.

초판 이후 제3판을 발간할 수 있도록 성원해 주신 박영사의 조성호 이사님, 손준호 과장님 그리고 계속해서 편집을 맡아 수고해 준 윤혜경 대리님께 깊은 감사의 말씀을 드린다.

2023. 8.

임한택

책 출판 후 여러분들께서 과분한 격려의 말씀을 주셨다. 무엇보다도 현장의 실무적 시각과 수요를 반영하려는 노력을 평가해 주셨다. 이 책이 나날이 확장되고 심화하는 국제법을 이해하는 길라잡이로서 또한 이론과 실무를 연결하는 징검다리로서 역할을 하였으면 하는 바람이다. 아울러 우리 사회에 만연된 국내법적 시각을 벗어나 국제법적 시각을 넓히는 데 조금이나마 도움이 되길 바란다.

개정판에서는 초판 골격과 내용을 최대한 유지하면서, 잘못되거나 불명확한 부분은 바로 잡고 문장과 논리를 가능한 한 매끄럽게 하려고 노력하였다. 무엇보다 국제법의 중요한 일부인 국제인도법을 별도의 장으로 추가함으로써 완성도를 높일 수 있게 되었다. 다만 독자적인 영역으로 발전하고 있는 국제통상법을 다루지 못한 게 아쉽다. 여전히 부족함이 있겠지만, 성원과 질책에 힘입어 보완해 나가려고 한다.

이른 시일 개정판을 발간하게 되어 홀가분한 마음이다. 이 책이 나올 수 있도록 성원해 준 한국외국어대학교 LD 학부의 이상환 교수와 동료 교수, 인하대학교 법전원 이석우 교수를 비롯한 국제법 학계 많은 분, 그리고 개정판 발간을 위해 애써 주신 박영사 관계자분들께 재삼 깊은 감사의 마음을 전한다.

2021.2.

임한택

머리말
PREFACE

　35년에 걸친 외교관 생활 중 많은 시간을 국제법 관련 업무에 종사하며, 개인적으로 국제법과 뗄 수 없는 깊은 인연을 맺었다. 국제법이 실제 생성되고 적용되는 외교 현장에서 다양한 국제법 이슈를 다루면서도, 이론적인 뒷받침이 부족하다는 공허감을 떨칠 수는 없었다. 우연히도 공직을 떠나 한국외국어대학교 LD학부와 국방대학교 등에서 국제법 실무를 강의하면서 실무와 이론을 접목할 수 있는 기회를 갖게 된 것은 개인적으로 더할 나위 없는 행운이었다. 이 책은 지난 5년여 대학에서의 강의 노트를 바탕으로 구성한 것이지만, 외교 현장에서 부딪친 실무 경험이 결합되어 있기에 개인적으로는 이를 공유한다는 의미가 있다.

　국제법에 따른 각국의 국가실행은 국제법 주체로서 국제사회에서 국가적 품격과 신뢰를 높인다. 국제법 자체의 준수를 국익이나 중요한 외교 목표의 하나로 설정하는 국가들도 없지 않으나, 한국 외교에 있어 국제법이 국익이나 외교 목표 달성에 있어 어떻게 작용하여 왔는지는 되새겨 보아야 할 문제이다. 정치와 산업 논리에 밀려 눈앞의 단기적 이익이나 편의를 쫓는 외교가 아니라 국제규범에 따른 책임 있는 외교를 수행함으로써 장기적인 관점에서 국가의 대외 신뢰도와 평판을 축적해 나가야 할 것이다. 정무적·실리적 판단은 일시적인 방책이 될 수 있으나, 궁극적으로는 국익과 신뢰의 손상을 초래하기 때문이다. 국제법 만능주의에 빠져서도 안 되겠지만, 보편적 규범으로서 국제법의 가치와 유용성을 이해하지 못한 채 이를 경시하거나 외면하는 자세도 경계해야만 할 것이다.

　한국은 급속한 민주화와 산업화 과정에서 국제규범을 이해하고 활용하여 국가의 안위와 번영을 이루어 왔으며, 이제 다른 어느 나라보다도 국제사회에 더 개방되고 노출됨으로써 현대 국제법 체제에 깊숙이 통합되어 있다. 주변 4강에 둘러싸여 분단된 상황하에 있는 우리는 북한의 비핵화를 이루고 정전체제를 벗어나 평화체제로 이전하여 궁극적으로 통일을 달성해야 하는 숙명적인 과제를 안고 있다. 무역·에너지·자원 등 해외 의존도가 대단히 높은 개방적 통상국가인 우리로서는 WTO·FTA·투자보장 등 각종 국제통상 규범의 수립에 능동적으로 참여하고 안정적인 해상 운송로를 확보하는 것도 사활적인 과제라 할 것이다. 또한 인권·환경·개발·법치 등 범지구적 이슈는 물론 사이버나 인공지능(AI)과 같이 미래 기술 진보에 대응하여 출현하는 국제규범에 대한 관심도 소홀히 할 수 없는 분야이다. 저비용·고효율의 공공재로서 국제법 인프라와 인적 역량을 구축하는 국가적 투자가 과감하게 이루어지고 국제법에 관한 사회 각계의 인식 또한 제고되어야만 하는 이유이다.

학자들은 문제의 근원을 탐구하나, 실무가들은 국제법을 통한 문제 해결에 방점을 둔다고 말할 수 있다. 이론과 실무는 분리될 수 없으며, 항상 함께 보완하면서 서로 견고해진다 할 것이다. 이 책은 이론에 기초하면서 실무적인 관점에서 국제법이 한국에 어떻게 연계되어 실행되고 있는지 주요 분야별 핵심적인 조약을 중심으로 설명하고자 하였다. 국제법을 다루는 다양한 분야의 실무자들과 실수요자들이 국제법의 체계와 주제별 이해를 높이고 활용하는 지침서로 활용될 수 있기를 기대한다.

그간 어려운 환경 속에서도 국제법 학계의 노력으로 한국의 국제법은 양적인 외연 확대는 물론 질적으로도 수준 높은 성과를 이루어 내고 있다. 이 책은 국제법에 전념하신 이들 학자들의 선행 연구와 지혜가 있었기에 가능하였다. 무엇보다도, 이 책이 출판될 수 있도록 권유하고 용기를 북돋아 주신 여러분들께 감사의 인사를 드린다. 개인적인 역량 부족으로 여러 면에서 아직 많이 부족하고 완벽하지 못한 데 대해 전문가들의 양해와 질책을 당부드린다. 아울러 외교부 재직 시절 이래 많은 조언과 격려를 보내 주신 선후배와 동료 그리고 국제법에 전념할 수 있는 여건을 마련해 준 한국외국어대학과 어려운 출판 환경 속에서도 이 책의 출판을 흔쾌히 허락해 주신 박영사에 깊은 감사의 말씀을 드린다.

2020.2.

임한택

구 조
STRUCTURE

이 책은 다음과 같은 순서로 구성되었다.

제1편 입문에서는 국제법의 기초 이론을 다룬다.

　　제 1 장 **국제법의 기초 이론**에서는 국제법의 역사, 국제사회와 국제법, 구
　　　　　속력, 주체, 법원, 국제법과 국내법과의 관계를 약술한다.

　　제 2 장 **국제법의 법원**에서는 국가 간의 관계를 규율하는 국제법의 존재
　　　　　형식에 따라 관습국제법과 조약을 상술한다. 또한 국제공동체와
　　　　　국가 간의 관계를 규율하는 일반국제법으로서 강행규범과 대세적
　　　　　의무를 설명한다.

제2편에서는 국제법의 주체인 국가와 국제기구를 다룬다.

　　제 3 장 **국가**에서는 국제법의 본원적 주체인 국가와 관련한 국제법을 다룬
　　　　　다. 국가의 성립에 필요한 구성요소(국민·영역·정부), 국가승인, 국
　　　　　가승계, 국가의 권리(주권, 국가관할권, 국가면제)와 의무를 설명한다.

　　제 4 장 **국가의 대표기관과 「외교관계에 관한 비엔나협약」**에서는 국가를
　　　　　대표하는 기관을 다룬다. 국가원수·정부 수반·외무장관, 외교관과
　　　　　「외교관계에 관한 비엔나협약」, 영사와 「영사관계에 관한 비엔나
　　　　　협약」을 설명한다.

　　제 5 장 **국제기구**에서는 국제법의 파생적 주체로서 국제기구 일반 및 보편
　　　　　적 국제기구인 UN에 관해 설명한다.

제3편에서는 국가를 구성하는 하나로서 요소로서 국가영역과 국가관할권 밖의
국제공역을 다룬다.

　　제 6 장 **영토**에서는 영토의 취득과 영토주권의 제한을 설명하고, 한국의

영토를 개괄한다.

제 7 장 **바다와 「UN해양법협약」**에서는 「UN해양법협약」을 중심으로 해양 제도를 설명한다. 국가관할권 아래의 해양(내수, 영해, 접속수역, 군도수역, 국제해협, EEZ, 대륙붕)과 해양경계획정, 이들 수역에서의 환경보호·해양과학조사·군사활동을 설명한다. 국가관할권 이원의 국제공역인 공해 자유와 인류 공동의 유산으로서 심해저를 설명한다.

제 8 장 **하늘과 「국제민간항공협약」**에서는 영공과 민간항공에 대한 영공개방, 공공을 다룬다.

제 9 장 **우주와 「우주조약」**에서는 국제공역인 우주를 규율하는 「우주조약」·「달조약」 그리고 사이버공간을 설명한다.

제4편에서는 조약 국제법 중 무력사용·국제평화와 안전의 유지·원자력·무력충돌·인권·환경 등 다양한 범지구적 이슈(global issue)와 관련한 다자조약을 다룬다.

제10장 **무력사용금지와 「UN헌장」**에서는 「UN헌장」하 무력사용금지 원칙과 예외적으로 허용되는 무력사용으로서 자위권의 행사를 설명한다.

제11장 **국제평화와 안전의 유지와 「UN헌장」**에서는 무력사용이 금지된 집단적안전보장 체제하 UN 총회와 안보리의 국제평화와 안전 유지 기능을 설명한다.

제12장 **국제인도법과 「제네바협약」**에서는 무력사용이 금지되었음에도 실제 발생하는 무력충돌하 희생자 보호를 위한 국제인도법을 1949년 4개 제네바협약을 중심으로 설명한다.

제13장 **원자력과 「핵무기비확산조약」**에서는 무력사용금지의 대상으로서 인류에 가장 위협적인 핵무기의 비확산을 위한 NPT 체제를 중점 설명한다.

제14장 **국제인권법과 인권조약**에서는 UN 창설 이후 새로운 규율 대상으로 떠오른 국제인권법의 규범화와 제도화를 설명한다.

제15장 **난민과 「난민지위협약」**에서는 국제인권법의 주요 보호 대상 중 하나인 난민을 보호하기 위한 「난민지위협약」과 UN난민최고대표(UNHCR)를 설명한다.

제16장 **국제범죄와 「국제형사재판소(ICC)에 관한 로마규정」**에서는 Genocide·인도에 반한 죄·침략범죄·전쟁범죄와 같은 국제범죄를 저질러 인권을 침해한 개인을 처벌하는 국제형법과 국제형사재판소(ICC)를 설명한다.

제17장 **국제환경법과 「기후변화에 관한 UN기본협약」·「파리협정」**에서는 국제환경법의 형성과 원칙을 살펴보고, 인류의 핵심 과제로 부상한 기후변화에 대응하는 「기후변화에 관한 UN기본협약」과 「파리협정」을 설명한다.

제5편에서는 우리나라가 체결한 많은 양자조약 가운데 핵심적인 양자조약을 다룬다.

제18장 **「정전협정」과 평화체제**에서는 한국전쟁과 「정전협정」, 평화체제 수립과 평화조약 체결 문제를 다룬다.

제19장에서는 **한미관계와 「한미상호방위조약」·「SOFA」**를 다룬다.

제20장에서는 **한일관계와 「한일기본관계조약」·「청구권협정」**을 다룬다.

제21장 **범죄인인도와 「범죄인인도에 관한 UN모델조약」**에서는 국가 간 사법공조 방식의 하나인 범죄인인도를 중점 설명한다.

제6편에서는 국가의 국제위법행위를 시정하는 규범으로서 2차 규칙인 국가책임과 외교적 보호를 다룬다.

제22장 **국가책임과 「국가책임 조문」**에서는 국가책임의 성립과 이에 대한 피해국의 책임 추궁과 유책국의 책임 해제를 설명한다.

제23장 **외교적 보호권과 「외교적 보호 조문」**에서는 자국민이 외국에서 입은 피해에 대한 국가의 외교적 보호권 행사를 설명한다.

마지막 제7편에서는 국제분쟁의 평화적 해결을 다룬다.

제24장 **국제분쟁의 평화적 해결과 「UN헌장」·「국제사법재판소(ICJ)규정」**
에서는 「UN헌장」에 규정된 국제분쟁의 평화적 해결 의무, 직접
교섭 등 비사법적 해결방식, 사법적 해결방식으로서 중재재판과
사법재판(ICJ)을 다룬다.

제25장 **해양분쟁의 평화적 해결과 「UN해양법협약」**에서는 「UN해양법협약」
상 규정된 해양분쟁의 평화적 해결과 의무적 해결절차를 설명한다.

제26장 **영유권 분쟁과 국제재판**에서는 국가 간 영유권 분쟁과 관련한 선
점·시효이론과 영유권 분쟁에 대한 국제재판의 판결을 분석하고,
마지막으로 독도문제를 설명한다.

* 본서에 인용된 수치는 별도 표기가 없는 한, 2023. 6. 30.을 기준으로 한다.

차 례
CONTENTS

제16장 국제범죄와 「국제형사재판소(ICC)에 관한 로마규정」 481

제17장 국제환경법과 「기후변화에 관한 UN기본협약」· 「파리협정」 510

제1편
입문

제1장
국제법의 기초 이론

Ⅰ. 개관

1. 국제법의 역사

1648년 신·구교 간의 30년 종교전쟁을 끝내는 「웨스트팔리아조약」(Treaty of Westphalia)이 체결되어 교황의 권위가 무너지고 정교(政敎)가 분리되자, 교황·왕·영주 간의 중세 봉건 체제는 붕괴하고 교황의 권위에서 벗어난 세속적인 근대 주권국가 체제가 시작되었다. 왕실 간 혈연으로 연결된 유럽 국가 간 초기 국제법은 상호 대등한 주권평등의 원칙하에 형성된 관습법에서 출발하였다.

그로티우스(Hugo Grotius)는 주권국가의 평등 및 독립, 영토주권의 원칙 등 웨스트팔리아 체제의 법적 기초를 제공함으로써 이후 '국제법의 아버지'라고 일컬어진다. 홀란드 Delft 출신으로 Leiden 대학에서 수학하고 프랑스 Orleans 대학 법학박사, 로텔담 시장, 파리 주재 스웨덴 대사를 지냈다. 그는 '전쟁과 평화의 법'(1625)에서 자연법은 불변으로 시간과 공간을 초월하여 만민에게 적용되며, "약속은 지켜야 한다"는 자연법의 원칙으로부터 이교도와의 관계에서도 상호 적용될 수 있는 만민법이 형성될 수 있다고 주장하였다.

18세기 이후 유럽 제국 간의 관계를 중심으로 근대 국제법이 형성되기시작하였다. 18~19세기 서구 열강들은 제국주의·중상주의 정책하에 아시아·아프리카를 식민지화하면서 힘에 기초한 팽창 정책을 정당화하는 법적 도구로서 국제법을 이용하였다. 서구 제국주의 국가 중심의 근대 국제법은 기독교 문명국가와 비기독교·비문명국가 간에 차별적으로 적용되어, 강자를 위한 법이라는 인식을 낳게 되었다. 영국의 공리주의 철학자·법학자인 J. Bentham(1748‒1832)이 'international law'라는 용어를 처음 사용하였다. 1783년 미국이 독립하고, 19세기 초반(1811‒1821) 중남미 제국이 독립하였으며, 19세기 중반에는 불평등조약을 기초로 비기독교 국가인 일본·중국 등 아시아 국가들이 개항되어 근대 국제법의 외연이 크게 확장되었다. 수평적인 주권평등의 원칙하에 서구제국 간에는 근대 국제법이 형성되었다. 그러나 동아시아에서는 전통적으로 중국 천자를 중심으로 중국과 주변 국가 간에 사대교린(事大交隣)의 수직적 관계 하에서 중국법이 적용되었기 때문에 대등한 국가 간의 법으로서 서구식 국제법이 형성되지 못하였다.

근대 국제법은 양자조약이 주를 이루었으나, 1856년 크림전쟁을 종결한 「파리조약」을 시작으로 다자조약이 체결되기 시작하였다. 19세기 말에는 비정치적 분야에서 다자조약이 체결되며 국제기구들이 출현하였다. 1899년 및 1907년 개최된 헤이그 만국평화회의에서는 「분쟁의 평화적 해결을 위한 협약」 등을 채택하였다. 1919년 제1차 세계대전이 끝난 후 설립된 「국제연맹규약」(Covenant of the League of Nations)은 주권평등의 원칙에 따라 만장일치제를 채택하고, 상설국제사법재판소(PCIJ)를 설립하여 국제법 발전에 기여하였다. 규약은 또한 국가의 전쟁권을 제한함으로써 국제평화와 안전을 확보하려 하였으나, 제2차 대전의 발발을 막을 수는 없었다. 1945년 제2차 세계대전 후 출범한 「국제연합헌장」 (Charter of the United Nations)은 다수결 제도를 채택하고 무력사용을 금지하는 집단안전보장제도를 도입하는 등 현대 국제법의 원칙을 구현하였다. 1960년대에 들어 반서구적 성향의 공산권과 반식민주의·민족자결권·천연자원에 대한 영구주권 등을 주장하는 제3세계 국가가 국제법의 주체로 대거 출현하여 새로운 국제법 질서 수립을 주창하자 서구 중심의 근대 국제법은 도전을 겪게 되었다. 1989년 소련이 해체되며 냉전체제가 붕괴한 후 국제법에서도 탈이념 현상이 나타나 대립보다는 국제협력과 공동 번영을 추구하는 양상을 보였다. 국제법의 규율 대상도 인권·개발·환경·우주·해양 등으로 대폭 확대되었다. 하지만 2010년대 이후 미국을 위시한 서방과 중·러 간의 갈등이 다시 불거지며 법이 아닌 힘의 지배로 회귀하려는 성향을 드러내면서 현대 국제법은 이제 또 다른 도전에 직면하고 있다.

한국의 국제법 수용

1840년 아편전쟁을 기화로 서구 제국주의 열강은 중국에 서구 국제법 질서의 수용을 강압하였다. 이 과정에서 미국 선교사 W. Martin이 1864년 북경에서 Henry Wheaton 의 'Elements of International Law'(1836)를 번역한 **만국공법**(萬國公法)을 출간하였으며, 이 책은 1년 후 일본에 반입되었다.

조선은 1876년 일본과 「조일수호조규」를 체결하여 개국하였다. 조규 제1조는 "조선국은 자주국이며 일본과 더불어 평등한 권리를 보유한다"라고 명시하여, 독립국으로서의 조선의 지위와 조·일 간 대등한 관계를 인정하였다. 일본은 전통적으로 중국과 의례적인 사대 책봉 관계를 유지해 온 조선에 대한 중국의 종주권(suzerainty)을 부정함으로써 조선 진출에 필요한 국제법적 기초를 마련하고, 조·일 간 상호 무관세를 인정하여 조선을 일본 경제로 예속시켰다. 이듬해인 1877년 일본의 소개로 만국공법이 조선에 처음 알려지게 되었다. 일본의 하나부사 공사가 일본 공사관의 한성 상주를 꺼리는 조선 관리에게 만국공법을 보여주고 외교사절은 왕궁 가까이 주재해야 한다는 점을 설득하였다. 1882년 일본을 견제하기 위해 중국이 주선하여 체결한 「조미수호통상조약」 제1항은 "제3국이 일방을 부당하게 또는 억압적으로 다룰 때는 타방은 통고받는 즉시 원만한 해결을 위해 조정(good office)하여 우의를 보여준다"고 규정하였다. 조선은 이어 영국·독일 등 서구 열강 및 중국과도 통상조약을 체결함으로써 근대 국제법 질서에 편입되었다.

조선은 「조일수호조규」상 일본의 자주국 보장, 「조미수호통상조약」상 미국의 거중조정 약속, 러일전쟁에 대비한 전시 중립 선언(1904) 등 만국공법에 의지하여 독립을 유지하려 하였지만, 힘에 기반한 당시 국제 질서의 함의를 제대로 이해하지 못하였다. 만국공법은 조선의 독립을 지켜주지 못하였고 1910.8. 조선은 일본의 식민지로 전락하고 말았다.

1945.8.15. 해방에 이어 1948.8.15. 주권 독립국가로서 대한민국 정부가 수립되었다. 1950.6.25. 한국전쟁이 발발하여 1953.7.27. 「정전협정」이 서명되기 직전인 1953.6. 외교부 주도로 '대한국제법학회'가 부산 앞바다의 해군 장교클럽 선상에서 창립되었다. 대한국제법학회는 국내 최초의 민간학술단체이다.

2. 국제사회와 국제법

국내사회든 국제사회든 사회 있는 곳에 이를 규율하는 규칙이 있다. 폭력의 사용을 방지하고 분쟁을 해결하며 정의와 공익을 추구하는 사회규칙이 법이다. 법은 사회 질서를 규율함으로써 예측 가능성과 법적 안정성을 확보하는 것을 목적으로 한다. 국내사회를 규율하는 국내법이나 국제사회를 규율하는 국제법이나 목적은 동일하지만, 국내사회와 국제사회의 상이한 성격에 따라 국내법과 국제법은 차이가 있다.

분권적인 국제사회는 중앙집권화된 국내사회와 성격이 다르다. 권력이 국가에 집중된 국내사회에서 국가와 구성원인 국민은 수직적 관계이다. 입법부는 국내법을 제정하고 공권력을 가진 행정부가 이를 집행하며, 강제 관할권을 가진 사법부는 법에 따라 판결하고 집행한다. 이에 반해 대등한 주권국가로 구성된 국제사회에는 중앙집권적인 입법·행정·사법기관이 없다. 상호 대등한 주권국가 간의 수평적 관계에서 개별 국가는 자신의 의사에 따라 합의함으로써 상호 간의 권리·의무 관계를 규율한다. 개별 국가들은 합의하여 국제법을 형성하고, 각국은 이를 스스로 이행하며, 이를 이행하지 않아 분쟁이 발생하면 개별 국가가 위반국의 책임을 스스로 추궁한다. 강제 관할권이 없는 국제재판소는 분쟁당사자가 합의해야만 관할권을 행사할 수 있으며 재판소의 판결도 당사자가 스스로 집행한다.

국내사회와는 다른 국제사회의 성격 때문에 국제법은 규범성(준수)과 실효성(처벌)을 확보하는 방식과 강제력에 있어서 국내법과 차이가 있다. 국내법은 독점적이고 중앙집권적인 국가권력이 강제적으로 규범성과 실효성을 확보하지만, 수평적·분권적 국제사회에서 국제법의 규범성과 실효성은 국내법에 비해 불완전하다. 국제법의 규범성은 개별 국가의 자발적인 상호 신뢰·신의성실과 **상호주의**에 크게 의존하고, 실효성은 국제기구의 조치(「UN헌장」에 의한 안보리의 강제조치 등), 피해국의 유책국에 대한 국가책임 추궁(대응조치), 합의에 따른 또는 의무적 국제재판 등을 통해 확보되고 있다. 요컨대 국내법이 타율적으로 구속하지만, 국제법은 자율적인 구속이다. 국내법이 국내사회를 적극적으로 규율하는 최대한의 규범이지만, 국제법은 국제사회를 구성하는 국가 간의 질서를 규율하는 데 필요한 최소한의 규범이라고 할 수 있다.

상호주의

상호주의(reciprocity)는 국제관계에서 국가 간 상호 동일하거나 동등한 권리·이익을 보장함으로써 대우의 균형을 유지하려는 원칙이다.

상호주의는 국가들이 주권평등의 원칙에 따라 국제법 형성에 참여하고 이를 준수하게 하는 중요한 동인이며 국가 간의 관계를 안정시키는 기초이다. 국제법 규칙은 상호주의를 기초로 형성되어 왔으며, 각국은 상호주의를 전제로 타국과 동등한 권리를 확보할 수 있다. 예컨대 3해리 영해를 고수하던 해양 강국이 12해리 영해 제도를 수용한 것은 상호주의를 전제로 한 것이다. 국제법의 준수 또한 각국이 신의성실의 원칙에 따라 국제법 규칙을 준수한다는 상호주의를 전제로 한 것이다. 상호주의는 국제법의 기저에서 실제 작동하는 중요한 원리로서, 실정법상 명시되고 있지 않을 뿐이다. 다만 국제법 분야 중에서 인권·환경·국제인도법 관련 국제법 규칙은 국가 간 상호주의가 적용될 수 없는 분야이다.

---

3. 국제법 부인론과 국제법

'국제법 부인론'은 법으로서 국제법의 성격을 부인하는 입장을 말한다. 현실주의 국제정치학자들은 국제법은 국가 간 권력정치에 나타난 결과나 현상에 불과한 것으로 보아, "국제법은 법도 아니다"라고 주장한다. 현실주의 국제정치 이론을 주창한 Hans Morgenthau는 "국제정치는 힘을 위한 투쟁이며, 오로지 세력균형을 통해서만 평화를 이룰 수 있다"고 보았다.

국제법의 형성과 준수가 국가 간 현실 권력관계에서 결코 벗어날 수 없으며, 국제법이 규범으로서 실효성과 강제성이 부족한 것도 사실이지만, 이는 국내사회에 비해 분권화되고 덜 조직화된 국제사회의 속성에서 비롯된 정도의 문제로서, 그렇다고 국제법의 존재나 규범성 자체를 부인할 수는 없다. 국제법이 각국의 헌법에 수용되고 국가실행을 통해 이행되는 현실을 보아, 국제법 부인론은 더는 유효하지 않다고 할 것이다. 평화롭고 번영하는 국제질서 형성에 필수적인 기초로서, 현대 국제법은 실효성과 강제성을 보강하여 규범력을 높여 가면서 국제질서 안정에 필요불가결한 규범으로 인정되고 있다.

4. 국제법의 규율 대상과 과제

국제법은 전통적으로 힘이 지배하는 대립과 투쟁의 국가 관계에 규범을 도입·적용함으로써 국가 간 평화와 공존을 추구하였다. 이에 따라 무력사용을 금지하고 분쟁이 발생하면 국제법에 따라 이를 평화적으로 해결하도록 하였다. 현대 국제법은 국제사회의 공동 목적과 이익을 추구하는 협력의 법으로 확장되고 있다. 인권·WMD·테러·기후변화·마약·국제범죄 등 새롭게 대두한 범지구적 문제는 개별 국가의 노력만으로는 해결할 수 없다. 국제사회 전체가 협력하여 이러한 문제들을 규율하기 위해 국제법의 규율 대상도 확대되고 다수의 다자조약이 체결되었다.

국제사회가 어느 때보다 긴밀하게 연계되면서 전통적인 국가 중심에서 벗어나 단일체로서 국제공동체 의식도 형성되고 있다. 국제사회의 공동체 의식이 성숙하면서 인권·환경·군축 등 다양한 분야에서 국제법 위반에 대한 감시와 견제도 활발하다. 전 세계적으로 네트워크화된 NGO 등 시민 활동의 증가와 SNS의 발달은 빠르고 대규모로 국제여론을 조성하며 각국 정부의 국제법 준수를 감시하고 견제한다. 국제법 위반 시 각국은 국제적인 비난의 대상이 되어 국가적 명예와 신뢰를 잃게 된다. 국제법은 이제 개별 국가의 주권과 국익을 넘어 국제공동체적인 접근을 추구한다. 국제법은 국제공동체 전체의 이익 보호를 위해 개별 국가의 동의 없이 국가 주권을 제약하는 강행규범과 대세적 의무(☞ 제2장 III)의 존재를 인정하고 있다.

하지만 일부 국가는 여전히 자국 중심의 국가 이기주의 또는 예외주의(exceptionalism)·우월주의(triumphalism)에 젖어 국제법을 무시하거나 위반하는 현상도 부인할 수 없는 것이 현실이다. 중대한 국제법 위반에 대해 책임을 추궁할 수 있는 중앙집권적인 권력이 부재하기 때문이다. 국가들이 제도화된 규범으로서 현행 국제법에 만족하지 않고 자의적으로 이를 변경 또는 파괴하려 한다면 국제법은 위기를 맞게 될 것이다. 각국은 자국 중심의 국가 이기주의를 극복하고 국제법에 대한 상호 신뢰를 구축해 나가야만 한다. 국내법이 법의 지배를 추구하듯이, 국제사회도 조직화하면서 비록 완전하지는 않지만 국제법에 기초한 법의 지배를 지향한다. 국제사회 전체의 공동 이익을 위해 국제법에 기초한 **국제적 법치주의**(international rule of law)를 구현하는 일은 인류 모두가 함께 추구해 나가야 할 공동 과제라 할 것이다.

II. 국제법의 구속력

국제법이 법으로서 존립하기 위해서는 구속력을 가져야 한다. 그로티우스를 비롯한 초기 국제법학자들은 국제법이 국가에 대해 구속력을 갖는 근거를 **자연법**(natural law)에서 찾았다. 자연법론자들에 따르면, 자연법은 중세를 지배하던 신의 뜻에서 벗어나 선악을 구별하는 인간의 올바른 이성에서 유래한 법으로 그 자체로 타당하므로 객관적이며, 시공을 초월하여 불변하고 누구에게나 적용되는 보편적인 것이다. 국제법도 자연법에 기초한 것으로, 국가는 국제법을 따라야 한다.

19세기 들어서 과학적 사고가 팽배해지자 자연법이 퇴조하면서 **법실증주의**(legal positivism)가 주류를 이루게 되었다. 법실증주의는 형이상학적인 자연법을 부인하고 법의 가변성과 역사적 상대성을 주장하면서, 경험적으로 검증할 수 있는 사회적 사실로서 만들어져 존재하는 실정법(positive law)만 인정하였다. 이에 따르면 현실적으로 제정된 법(성문법)과 경험적 사실에 의해 형성된 법(관습법, 판례)만 법으로 인정된다. C. van Bynkershoek, J. Bentham, J. Austin, H. Kelsen 등 법실증주의자들은 국제법의 구속력은 법적 의무를 이행하겠다는 국가의 자발적 동의에 기초하며, 국가는 자기 의사에 따라 스스로 제한에 동의함으로써 국제법에 구속된다는 **의사주의**(state voluntarism)를 내세웠다. 의사주의에 따르면, 조약은 명시적 합의로 성립하며, 관습법은 개별 국가들의 의사가 묵시적으로 결합한 공동의사로 성립한다. 자연법에 따르면, 실정법은 자연법을 기초로 정립되어야만 효력을 가지지만, 국가의사를 중시하는 법실증주의에 따르면 자연법도 국가가 동의하는 범위 내에서 실정 국제법이 된다. 1927년 상설 국제사법재판소(PCIJ)는 Lotus호사건(☞ p.291)에서 "국가들에 대해 구속력을 가지는 조약 또는 관습법들은 국가의 자유로운 의사로부터 나온다"라고 하였다. 국제법이 국가의 의사에 따라 제정된다는 의사주의는 국가 중심주의적 사고로 이어졌다.

제2차 세계대전 이후, 국제사회는 개별 국가들의 행위를 규율하고 국제공동체의 공동 이익을 우선함으로써 안정적인 국제법 질서를 수립해야 할 필요성을 인식하기 시작하였다. 이에 따라 개별 주권국가의 의사보다 자연법설에 따라 인간 이성의 보편적 합의를 중시하는 **보편주의**(universalism)가 대두하였다. 북해대륙붕사건(1969)에서 ICJ는, 1958년 「대륙붕에 관한 협약」 당사국이 아닌 독일이 이 협약에 규정된 등거리선 원칙에 구속되는가와 관련, "일반관습법은 국제공동체 구성원에 대해 동일한 구속력을 가지며 국가가 자기 의사에 의해 일방적으로 배제할 수 없는 성질을 가진다"고 판시하였다. 국제공동체의 근본적 이익이 주권국가의 의사보다 상위에 있다고 보는 보편주의는 개별 국가의 동의 없이도 성립하는 대세적 의무나 강행규범의 존재와 효력을 인정한다.

일반적인 각국의 실행은 의사주의를 근간으로 하되, 부분적으로 보편주의도 수용하고 있다.

Ⅲ. 국제법의 주체

1. 국가와 국제기구

국제법의 주체(subject)는 국제법상 권리·의무가 귀속되어, 조약체결이나 국제소송 등 국제법상 유효한 법률행위를 할 수 있는 능력을 말한다. 따라서 국제법은 국제법 주체 간의 권력관계를 규율하는 국제공법(國際公法)이다.

국제법의 주체는 국가와 국제기구이다. 국가는 본원적·포괄적인 주체이나, 국제기구는 국가들의 합의에 따라 설립·해체될 수 있다는 점에서 파생적·제한적인 주체이다. 따라서 국제법은 본원적 주체인 국가 간의 상호관계를 주로 규율하는 법(a law between states)이지만, 국가와 국제기구 또는 국제기구 간의 관계도 포함한다. 국제법의 주체인 국가와 국제기구에 대해서는 제2편에서 상술한다.

2. 비국가 행위자

무장집단이나 테러 조직, 범지구적 영업 활동을 통해 어지간한 중소 국가보다도 국제관계에서 더 큰 영향력을 행사하는 거대 다국적기업(MNC: Multi-National Corporations), 국경을 초월하여 활동하는 비정부기구(NGO: Non-Governmental Organizations) 등 비국가 행위자(non-state actor)에 대해서도 제한적이나마 국제법 주체성이 인정된다는 주장이 있다. 실제 인권·군축·환경 등 분야의 비정부기구는 자국 정부에 영향력을 행사하며 간접적이나마 국제법 제정 과정에 참여하고, 국제법 집행을 감시·평가하며 국제여론 조성에도 기여하고 있다. 일부 국가는 NGO를 정부대표 자격으로 국제회의에 참여시키기도 한다.

국제관계에 있어 비국가 행위자들의 역할이 증가하는 현실을 반영하여, 일부 학자는 국제법 대신 '초국가법'(transnational law)으로 부르기도 한다. 하지만 NGO나 다국적기업은 개별 국가의 국내법에 따라 설립·운영된다는 점에서 국제법 주체성을 인정하는 데 제약이 있다. 국제관계에 있어 국가가 전통적으로 누려온 독점적 지위가 이들에 의해 잠식되고 있지만, 국제법의 본원적 주체로서 국가의 중심적인 지위를 여전히 견고히 유지되고 있다.

3. 개인

개인은 전통적으로 국제법의 직접적인 규율 대상이 아니다. PCIJ는 마브로마티스양허사건(1926)에서 "국제조약이 개인에게 직접적인 권리나 의무를 창설할 수 없다는 것은 확립된 국제법 원칙이다"라고 하였다. 개인은 국제법상 의무가 직접 부과되지 않을 뿐만 아니라 권리도 제한된다. 하지만 국제법상 개인의 국제법 주체성이 인정되고 있다는 반론이 있다. 이러한 사례로 개인의 제소권과 개인통보를 인정하는 국제인권법, 개인의 국제형사범죄를 처벌하는 국제인도법과 국제형법, 국제투자분쟁해결센터(ICSID ☞ p.111)와 같이 개인(사기업)이 국가를 상대로 소송을 직접 제기하는 국제투자법 등이 제시된다. 하지만 이는 개별 국가가 동의한 조약의 규율 대상으로서 개인의 권리가 허용된 것이지 개인의 국제법 주체성을 적극적으로 인정한 것이라고 보기는 어렵다고 할 것이다. 무엇보다도 개인은 국제법 정립 과정에 직접 참여할 수 없다.

반면에 국가가 체결한 각종 조약을 통해 국제법이 국민 개개인의 일상생활까지도 규율하면서 개인은 국가를 매개로 간접적이나마 국제법의 규율을 받고 있다. 개인이 일상적으로 이용하는 국제 전화나 통신, 여권, 국제운전면허증, 해외 직구 등 국제법과는 무관해 보이는 많은 행위가 실제 국제법에 따라 규율되고 있으며, 정보 통신과 이동 수단의 발달로 국제사회가 긴밀화·조직화되면서 국제법의 개인에 대한 규율은 강화되어 갈 것이다.

Ⅳ. 국제법의 법원

1. 의의

국제법의 법원(法源: source) 또는 연원은 구속력을 갖는 국제법을 확인하는 증거를 말한다. 입법부에서 제정되어 법원이 명확한 국내법과 달리, 국제법은 법원(특히 관습국제법) 자체가 존재하는지에 대해 다툼이 발생하기 때문에 법원의 문제가 중요하다.

「국제사법재판소(ICJ)규정」은 ICJ 재판의 준칙으로서 조약, 법으로 수락된 일반 관행의 증거로서 국제 관습(관습국제법), 문명국에 의해 인정된 법의 일반 원칙을 열거하고 있으며(제38조1항), 이들은 일반적으로 국제법의 법원으로 이해되고 있다.

2. 조약과 관습국제법

조약과 관습국제법은 국제법의 주된 법원이다(☞ 제2장). 국제법의 법원은 존재 또는 성립 형식에 따라 성문법(成文法)인 조약과 불문법(不文法)인 관습국제법으로 나뉜다. 조약과 관습법이라는 형식으로 제정되었으므로 이를 형식적 법원(formal source)이라 한다. 이에 반해 실질적 법원(material source)은 국제법의 규범 형성을 촉진하는 배경이나 요인, 규범의 내용을 확인하며 규범을 해석하는 자료로서 국가실행·협상 과정 초안 등 관련 문서·국제기구의 결의·국제재판소의 판례 등을 포함한다.

기존 관습국제법 형성에 자기 의사를 표시할 수 없었던 사회주의 및 제3세계 국가는 의사주의에 따라 관습국제법보다는 조약을 선호한다. 법원으로서 조약은 발효 시점이 분명하여 존재를 확인하기 쉽기 때문이다.

조약과 관습국제법은 적용대상의 범위에 따라 대부분 국가에 적용되는 일반국제법과 일부 국가·특정 지역에만 적용되는 특별·지역 국제법, 적용 시기에 따라 평시 국제법과 전시 국제법(국제인도법), 법적 구속력의 유무에 따라, 법적 구속력이 강한 경성법(hard law)과 구체성 없이 막연하거나 추상적으로 표현되어 법적 구속력이 약한 연성법(soft law), 현재 있는 실정법(*lex lata*)과 형성 중이거나 앞으로 있어야 할 법(*lex ferenda*)으로 구분된다.

3. 법의 일반원칙

법의 일반원칙(general principles of law)은 국제재판소가 적용할 조약이나 관습국제법의 흠결로 재판을 할 수 없는 재판 불능(*non liquet*)이나 이로 인한 재판관의 자의적인 판단을 방지하기 위해 재판소가 스스로 국내 사법(私法)상 공통된 법 원칙을 확인하여 국제 법률관계에 적용하는 것으로, 조약과 관습국제법을 보충하는 법원이다.

문명국가의 국내법상 일반적으로 인정되는 법의 일반원칙으로, 신의성실(핵실험사건 1974 ICJ), 손해배상(호르죠공장사건 1927 PCIJ), 금반언[1](동부 그린란드의 법적지위사건 1933 PCIJ, 프레아비히어사원사건 1962 ICJ), 계약 준수(Texaco v. 리비아 중재사건 1977) 원칙 등이 있다.

주권평등, 국내문제 불간섭, 무력사용금지의 원칙 등 국제법상의 일반원칙은 관습국제법을 구성하거나 개별 조약에 구현되고 있다.

4. 안보리의 결의

UN 회원국은 안보리의 결정을 수락하고 이행해야 하므로(「UN헌장」 제25조), 안보리의 결의는 회원국에 대해 구속력을 가지며 법원성이 인정된다.

하지만 권고적 효력을 갖는 UN 총회의 결의는 원칙적으로 법원으로 인정될 수 없다. 다만 총의나 압도적 다수에 의해 채택되고 추후 국가실행과 법적 확신이 확인된 총회결의는 실질적인 법원성을 갖는다 할 것이다. 대표적으로 1948년 세계인권선언(결의 217호), 1965년 불간섭원칙선언(결의 2131호), 1970년 우호관계원칙선언(결의 2625호), 1974년 침략의 정의선언(결의 3314호) 등이 있다.

----

1 **금반언**(禁反言: estoppel)의 원칙은 신의성실의 원칙에서 파생된 결과로서, 명백하고 일관된 말 또는 작위·부작위(침묵) 등에 의한 일방의 표시를 타방이 신뢰하였다면, 일방이 이전 자신의 표시에 반하는 주장을 함으로써 이를 신뢰한 타방의 권리를 해치는 것을 금지하는 것('모순행위 금지원칙')을 말한다.

한편 국가의 일방적 행위도 국제법상 의무를 발생시키는 법원으로 인정될 수 있다(☞ p.622).

V. 국제법과 국내법

1. 국제법과 국내법의 관계에 관한 이론

국제법과 국내법의 관계에 대한 이론은 국내법 우위 일원론 → 이원론(二元論) → 국제법 우위 일원론 → 조정이론으로 변화되어왔다.

국내법 우위 일원론과 국제법 우위 일원론은 국제법과 국내법이 하나의 법체계를 이룬다는 일원론(monism)의 입장하에, 국내법 또는 국제법의 우위를 주장한다. 우선 **국내법 우위 일원론**은 19세기 이전 절대 주권국가 이론에 근거한 것으로, 국제법은 국내법 체계의 일부로서 '대외관계법'(foreign relations act)에 불과하다는 입장이다. 절대적인 국가 주권의 원칙에 입각한 이 주장은 국내법이 국제법보다 우위이지만 국제법을 변경하거나 무효로 하지 못하는 점을 설명하지 못한다.

국내법 우위 일원론에 대응하여 20세기 전반에 국제법의 독자성을 인정하는 **이원론**(dualism)이 주장되었다. 국제법과 국내법은 성립 방식과 적용대상 및 이행 방식 등이 서로 달라, 독립된 별개의 법체계로서 양자 간에 충돌이 발생하지 않는다는 입장이다. 하지만 이 주장은 국내법이 국제법을 위반하면 국가가 국제법상 책임을 져야 하는 상호관계를 설명하지 못한다.

제1차 대전 이후 국제연맹을 설립하는 근거로 대두한 **국제법 우위 일원론**은 개별 국가의 국내법에 구속받지 않는 독립적인 국제법이 국내법의 상위에 존재한다는 주장이다. 국제법이 국내법으로 바로 적용되고(예컨대 제1차 대전 이후 독일에 대한 전쟁책임 부과) 국내법상 합법이라 해도 국내법을 이유로 국제법상 책임을 회피할 수 없다는 점을 근거로 제시한다. 그러나 국제법을 위반한 국내법이 자동적으로 무효인 것이 아니며 국제법이 이를 무효화시키지도 못하므로 국제법이 국내법보다 반드시 우위라고 말할 수는 없다.

제2차 세계대전 이후 국제법이 국내법의 규율 대상이던 사안(예컨대 인권)들을 규율함으로써 국내법과 국제법의 저촉이 빈번히 발생하면서 **조정이론**(coordination theory)이 나왔다. 조정이론은 국제법과 개별 국가의 국내법은 각기 서로 다른 체계에서 최고의 법으로서 별개로 규율한다는 점에서 기존의 이원론과 같은 입장을 취하지만, 동일 사안을 규율하는 국내법과 국제법이 충돌할 때는 양자 간의 우위를 따지기보다는 동등한 입장에서 서로 조정하여 충돌을 해결한다는 주장이다. 현대 국제법 질서에 적용되는 통설이라 할 수 있으며, '등위이론' 또는 '신이원론'이라고도 한다.

2. 국제법과 국내법의 상호 위계

가. 국내법상 국제법

각국은 국내법상 국제법의 효력을 인정한다. 국내법상 최고 규범인 각국의 헌법은 국제법과 국내법의 상호관계를 규율한다. 이에 따라 국내법상 인정되는 국제법의 효력은 나라마다 다르지만, 다수의 국가는 국내법상 국제법에 대한 헌법의 우위를 인정하고 있다. 하지만 네덜란드·룩셈부르크·벨기에·프랑스·일본 등의 경우, 헌법상 조약이 국내법보다 상위임을 규정하거나 상위로 해석되고 있다.

우리 헌법은 "헌법에 의하여 체결·공포된 조약과 일반적으로 승인된 국제법규(관습국제법)는 국내법과 같은 효력을 지닌다"고 규정하고 있다(제6조1항). 조약과 관습국제법의 국내법적 효력을 인정함으로써 국제법 존중주의를 표명한 것이다. 헌법은 조약과 관습국제법의 국내법상 위계를 특정하고 있지 않으나, 헌법재판소의 위헌법률심사대상에 조약을 포함하고 있어 헌법이 조약보다 상위임을 분명히 하고 있다. 또한 판례는 조약이 법률과 같은 또는 법률에 준하는 효력을 갖는 것으로 보고, 법률과 조약이 동등한 효력을 갖는 경우 신(후)법 우선의 원칙을 적용하고 있다. 다만 상당수 헌법학자는 국회 동의를 받은 조약은 법률과 같은 효력이나, 국회 동의를 받지 않는 조약은 국회의 입법권을 침해한다는 점을 이유로 법률보다 하위인 시행령과 같은 효력을 갖는다는 입장을 보이고 있다. 관습국제법은 국제법상 조약과 동등한 효력을 가지므로 조약과 같은 효력, 즉 법률과 같은 또는 법률에 준하는 효력을 갖는다고 보는 것이 타당하다고 할 것이다. 일반국제법인 강행규범은 그 존재 형식이 조약이든 관습국제법이든 상관없이 적어도 법률보다 우위라고 보아야 할 것이다.

미국의 경우, 적법하게 체결된 조약은 국가의 최고 법규이나, 연방헌법의 하위로서 연방 법률과 동등한 효력을 가진다. 관습국제법의 경우, 1989년 미·스페인 전쟁 당시 스페인 식민지였던 쿠바 선적의 Habana호가 전시봉쇄 중임을 모르고 쿠바 연안에서 조업하다 미국 해군에 의해 포획되자 선주가 미국에 손해배상을 청구한 Paquette Habana호 사건(1900)에서 미연방대법원은, 전시라도 적국의 민간 선박을 몰수할 수 없다는 것이 관습국제법상 확고한 원칙으로서 관습국제법이 미 국내법의 일부를 구성한다고 판시하였다. 다만 관습국제법은 연방 법률보다 하위로 인정되고 있다.

나. 국제법상 국내법

국가 간의 법률관계인 국제법상, 국제법은 국내법보다 우위이다. 국내법에 대한 국제법의 우위가 인정되지 않는다면 국제법이 존재할 수 없기 때문이다. 국제법만이 국제규범으로서 존재하며, 국제법상 국내법은 사실에 불과하다.

무엇보다도 국제법상 국가는 국제법 준수 의무가 있다. 국가는 조약을 성실히 이행해야 하며(「조약법에 관한 비엔나협약」 제26조) 이행에 필요한 국내법적 조치를 취해야 한다. 국제판례도 국제법이 국내법에 우선한다는 것은 국제법의 근본 원칙으로서, 국가가 국내법이 없다거나[2] 국내법을 원용하거나[3] 또는 국내

----

2 알라바마호 중재사건(1872)에서 재판부는 영국이 알라바마호의 건조를 금지하는 국내법이 없어 이를 막을 수 없었다고 항변하였으나, 영국은 국제법상 의무 불이행에 대한 면책 사유로 국내 법령 미비를 원용할 수 없다고 판정하였다(☞ p.401). 단치히 재판소의 관할권에 관한 권고적 의견(1928)에서도 PCIJ는 국제법 우위가 국제법의 근본 원칙임을 재확인하면서 국내법의 불비를 이유로 국제법의 불이행을 정당화할 수 없다고 판결하였다.

3 PCIJ는 상부 사보이 및 젝스 자유지대사건(1932)에서 프랑스는 자신의 국제의무 범위를 제한

법 절차 위반을4 이유로 국제의무 위반을 정당화할 수 없다는 점을 확인하고
있다. 다만 국제법과 상충하는 국내법이라도 국내적으로는 유효하다. 국제법은
이를 직접 무효화시킬 수 없으며, 국가책임을 추궁할 수 있을 뿐이다.

다. 국제법과 국내법의 조정

국제법과 국내법이 상충하는 경우, 각국은 양자를 최대한 조화시키려 한다.

- 각국의 국내법은 국제법상 의무를 이행하는 중요한 수단이다. 입법기관
  은 국제법에 부합하도록 국내법을 제정하고, 조약과 충돌하는 국내법은
  개정해야 할 의무가 있다. 그리스인과 터키인 교환에 관한 권고적 의견
  (1925)에서 PCIJ는, "국가는 국제법상 의무를 이행하는데 필요한 입법적
  변경을 해야 할 의무가 있다"고 판시하였다.

- 행정기관은 국제법에 어긋나는 집행을 하지 않아야 한다.

- 사법기관은 국내법이 국제법에 배치될 의사가 없는 것으로 추정하고, 국
  제의무와 합치되도록 국내법을 해석해야 한다. 국내법원은 국제재판소의
  판결을 무효화할 수 없다. 호르죠공장사건(1927)에서 PCIJ는 "국내법원이
  국제재판소의 판결에 배치되는 판결을 함으로써 국제재판소의 판결을
  간접적으로 무효화시킬 수 없다"고 판시하였다. 국내법원이 조약을 위헌
  으로 무효라고 판단하더라도 그 효과는 국내법 질서에 국한되며 국내법
  원이 조약 자체를 무효화할 수 없으므로 타 당사국과의 조약 관계에 따
  른 국가의 의무에 영향을 주지 않으며, 의무 위반에 따른 국가책임이 발
  생할 수 있다. 사법부는 행정부가 재량으로 취하는 행위를 존중할 일정
  한 의무가 있으며, 조약체결과 같은 국가원수의 외교 행위를 고도의 정

하기 위해 국내법을 원용할 수 없으며, 단치히 지역에서의 폴란드인 등의 처우에 관한 권고
적 의견(1932)에서도 국제법이나 조약상의 의무를 회피하기 위해 단치히 헌법을 원용할 수
없다고 하였다.

4 카메룬 v. 나이지리아 영토 및 해양경계사건(2002)에서 ICJ는, 국내 절차 위반을 이유로 국제
의무 불이행을 정당화할 수 없다고 하였다.

치적 성격을 갖는 '통치행위'(act of state)로 보아 사법심사를 자제하는 경향을 보인다('사법 자제의 원칙': principle of judicial self-restraint). 미국의 경우, 헌법상 권력분립의 원칙에 따라 외교는 대통령과 행정부의 전속적 권한으로 대통령만이 국가의 대표로서 말하거나 들을 권한이 있으며, 사법부는 외교 문제에 대한 행정부의 재량과 전문성을 존중하여 이에 대한 재판관할권의 행사를 거부하거나 자제하는 전통이 확립되어 있다. 외교 문제에 대해 사법부가 간섭을 자제하는 것은 대외적으로 한목소리로 말함으로써(speak with one voice) 국익을 보호하고 대외관계에 있어 혼란을 피하기 위한 것이다.

3. 국제법의 국내적 이행 방법

국제법은 결국 개별 국가에 의해 국내적으로 이행되어야 하며, 개별 국가는 헌법 등 국내법에서 그 이행 방법을 결정한다.

조약의 경우, 일본·미국[5] 등은 조약이 일단 국가에 의해 체결되어 발효되면 조약 자체가 국내법의 일부로 **수용**(受容: reception, incorporation)되어 별도 입법이 필요 없이 직접 적용된다. 우리나라도 절차에 따라 체결·공포되어 발효된 조약은 국내법으로 수용되어 직접 적용된다. 2005년 학교 급식에 우리 농산물만 사용하도록 한 전라북도의 조례가 무효라는 대법원의 판결은 조약을 그대로 수용하여 국내에 적용한 실례이다. 일부 조약은 체결에 앞서 국내법과의 합치 또는 구체 시행을 위해 필요한 국내법을 제정하거나 관련 법령을 개정한다. 「국제형사재판소(ICC)에 관한 로마규정」 가입 시 『ICC 관할범죄와 처벌에 관한 법률』, 「WTO 설립협정」 가입 시 『세계무역기구의 이행에 관한 특별법』, 「화학무기금지협약」(CWC) 가입 시 『화학무기의 금지를 위한 화학물질의

----

5 미국의 경우, 조약을 의회의 별도의 국내 입법이 필요 없는 자기집행적 조약(self-executing treaty)과 예산 지출이나 형벌 부과 등과 관련 의회의 이행 입법이 필요한 비자기집행적 조약(non-self-executing treaty)으로 구분한다.

제조·수출입 규제 등에 관한 법률』을 제정하였다. 반면에 의회의 입법권이 강력한 영국 등의 경우, 조약이 일단 국가에 의해 체결되더라도 그 자체로는 국내적으로 적용될 수 없으며, 이를 적용하기 위해서는 동일한 내용을 국내법으로 별도 입법하는 **변형**(變形: transformation)을 거쳐야 효력을 갖는다.

관습국제법의 경우, 현실적으로 관습국제법을 일일이 확인하여 국내법으로 변형할 수 없으므로 대다수 국가는 법체계와 무관하게 직접 적용되는 것으로 본다. 우리 대법원도 관습국제법(예컨대 제한적 국가면제)이 확인되면 이를 직접 적용하고 있다. 다만 관련 국내법이 제정되어 있다면, 국내법이 관습국제법에 우선하여 적용된다.

국제법과 외교

차량 운전을 하려면 도로교통법을 알아야 한다. 마찬가지로 국제관계를 이해하려면 국제사회를 규율하는 국제법을 알아야 한다. 국제법은 국가 간의 관계를 규율하는 최소한의 공통 규칙으로서, 특히 교섭과 분쟁해결에 있어 국제관계를 다루는 외교의 법적 기초를 제공하기 때문이다. 이런 점에서 국제정치가 무제한 격투기라면, 국제법은 규칙을 가미한 권투라 할 수 있다.

국제법에 따른 외교가 이상적이지만, 개별 국가가 국익을 추구하는 수단으로서 외교는 국제법에 합치되지 않을 가능성도 없지 않다. 하지만 강대국들조차 외교에 있어 국제법을 부인하거나 도전하기보다는, 설사 설득력이 떨어지더라도 국제법을 원용하거나 국제법적 논거를 구성하여 제시한다. 2009년 중국이 남중국해에서의 9단선(九段線) 이내 수역에 대해 영유권을 주장하자, 미국과 중국이 무력충돌의 위험 아래서도 국제법적 정당성을 치열하게 논박한 이른바 '법률 전쟁'(lawfare)은 국제정치에서 국제법의 중요성을 일깨우는 사례라 할 것이다.

국제법이 관련되지 않은 외교문제는 없다고 해도 과언이 아니다. 외교의 궁극적인 목표는 국가의 안위와 번영을 달성하는 것이다. 이를 위해 각국은 국제법의 토대 위에서 외교·안보·국방·인권·통상·환경을 비롯한 각 분야에서 정책을 수립한다. 국제법은 외교를 분석하고 예측하며 외교정책을 수립하는 기본적인 틀을 제공한다. 외교 문제가 발생하면 무엇보다 먼저 관련 국제법을 검토하여 대응하고, 국가책임이 발생하거나 국제분쟁으로 확대되지 않도록 대응해야 한다. 외교정책을 결정함에 있어 객관적으로 국제법을 확인하여 행동 방향을 제시하고 그로 인한 결과를 예측해야 한다. 국제법을 일탈하거나 위반하는 경우 국가책임을 추궁당할 수 있기 때문이다. 또한 적극적으로 국익에 합치되게 또한 국익을 실현하기 위한 국제법적 근거와 논리를 개발하고 적용하여 외교 문제 해결에 있어 국제법적 우위를 확보해야 한다. 중장기적으로 자국이 추구하는 국제규범을 새롭게 형성하거나 이에 반하는 규범이 형성되지 않도록 국제법 형성과정에 적극적으로 참여해야 한다. 국제법 학자에게 국제법은 그 자체가 목적이지만, 실무가인 외교관에게 국제법은 국익 달성을 위한 수단이다. 따라서 국제법 학자는 학문으로서 국제법 이론에 방점을 두지만, 실무를 다루는 외교관은 국제법의 활용에 중심을 둔다. 그러나 이론과 실무는 분리될 수 없으며, 외교목표 달성에 있어 상호 보완되도록 협력해야만 한다.

국제법은 군사력·경제력 등과 함께 외교 목표를 달성하는 여러 수단 가운데서도 저비용이면서도 매우 효율적인 외교 자산이다. 국제법에 대한 이론과 활용 능력은 나라별로 차이가 있지만, 국제법의 가치를 경험한 선진국들은 물론 중견 국가들조차 국가적 차원에서 국제법 능력을 배양하기 위한 투자를 아끼지 않는 이유라 할 것이다.

제 2 장
국제법의 법원

I. 관습국제법

1. 관습국제법의 성립

관습국제법(customary international law)은 객관적 요건인 일반적 관행과 주관적·심리적 요건인 법적 확신의 2가지 요소로 성립한다. 예컨대 1945년 트루먼 대통령의 대륙붕과 EEZ 선언에 대해 당시 여러 나라가 국제법에 반하는 조치라고 항의하였지만, 이후 다수 국가의 동의와 묵인 등 국가실행을 통해 일반적 관행이 축적되고 이에 대한 법적 확신이 형성되어 대륙붕과 EEZ 제도는 관습국제법으로 성립되었다. 이하에서는 관습국제법의 성립과 효력 등 일반에 대해 설명하고, 개별 관습국제법 규칙은 분야별 조약에서 함께 설명한다.

가. 일반적 관행

관행은 작위 및 부작위에 의한 묵인을 포함하며, 행위뿐만 아니라 특정 사안에 대한 태도를 포함한다. 관행을 구성하는 개별 국가의 **국가실행**(state practice)은 행정부의 행위, 입법부가 제정한 국내 법령, 사법부의 판결 등으로 확인한다. 주된 국가실행인 행정부의 행위는 조약체결, 외교 서한, 공식 성명, 국제기구나 국제회의 발언이나 투표, 공식 발간물 등을 포함한다. 국가실행과는 별개로, 국제재판소의 판결이나 국제기구의 결정도 관습국제법의 성립하는 관행을 구성한다.

일반적 관행(general practice)은 각국의 국가실행이 일관되게 반복되고 지속되어 폭넓게 일반화된 것을 말한다. 모든 국가의 동일한 실행은 아니더라도 상당수 국가의 실행에서 전체적인 일관성이나 통일성을 확인할 수 있어야 한다. 일반적 관행이 형성되는 기간과 관련, 1969년 북해대륙붕사건(☞ p.264)에서 ICJ는, "일반적 관행의 형성에 필요한 기간은 사안별로 다를 수 있지만, 짧은 기간이 지났다고 반드시 관습국제법 형성을 방해하는 것은 아니다"고 하였다.

나. 법적 확신

법적 확신(legal conviction, *opinio juris*)은 국가가 일반적 관행으로서 어떤 작위나 부작위를 반드시 지켜야 할 법적 의무로 받아들이는 것을 말한다. 어느 규칙이 일반적 관행이라고 하더라도, 관습국제법이 되기 위해서는 국가들의 집합적인 법적 확신이 있어야 한다.

관습국제법은 그 존재나 성립 시기 등이 모호하고 불확실하여 존재를 입증하기가 쉽지 않다. 특히 주관적·심리적 요건인 법적 확신을 입증하기는 어려운 문제이다. 법적 확신의 존재는 어떻게 확인하는가? 국제재판소는 보편성 있는 관련 조약의 존재, 관련 UN 총회결의, 각국의 국가실행, 각국 국내법원의 판결 등을 법적 확신을 확인하는 증거로 사용한다. 핵무기의 위협 또는 사용의 합법성에 관한 권고적 의견(1996)에서 ICJ는, 총회결의는 구속력은 없지만 종종 규범적 가치를 가지며, 규칙의 존재나 법적 확신의 출현을 확인하는 중요한 증거가 될 수 있고, 이를 확인하기 위해 결의의 내용과 채택 여건(만장일치나 총의 또는 압도적 찬성 여부)을 살펴볼 필요가 있다고 하였다.

한편 어느 규칙이 일반적 관행이라고 하더라도, 법적 확신이 없다면 이는 단순한 관례 또는 **국제예양**(international comity)에 지나지 않는다.

국제예양

국제예양은 국가 간 선린우호나 상호 존중 등을 위해 호의나 예의 또는 편의상 형성된 관례를 말한다. 예컨대 외국 국가원수의 방문 시 협의 사항 등을 상대국의 동의 없이는 공표하지 않는 것이 국제예양이다. 범죄인인도조약이 없어도 범죄인인도를 요청받은 국가가 범죄인을 인도하는 것도 국제예양이다.

법적 확신이 변화함에 따라, 국제예양이 관습국제법 규칙이 되기도 하고, 반대로 관습국제법 규칙이 국제예양이 될 수 있다. 외교관에 대한 면세는 원래 국제예양이었으나 관습국제법 규칙이 되었으며, 공해상 군함 사이의 상호 의례는 과거에는 관습국제법 규칙이었으나 이제는 국제예양이 되었다.

국제예양에 반하는 행위는 비우호적인 행위이기는 하지만, 국제위법행위가 아니므로 이를 위배하였다고 해서 국가책임을 추궁할 수는 없다.

일반적 관행 또는 법적 확신 하나만으로도 관습국제법이 성립한다는 주장이 있으나, 국제판결은 일반적 관행과 법적 확신을 모두 요구하고 있다.

북해대륙붕사건에서 1958년 「대륙붕에 관한 협약」 제6조에 규정된 등거리 원칙이 제3국에 대해 구속력을 갖는 관습국제법인지와 관련하여 ICJ는, ① 관습법은 그 이익이 특별히 영향을 받는 국가를 포함한 대다수 국가의 광범위하면서도 일관된 관행이 있어야 하나, 협약을 비준한 국가가 39개국(당사자인 독일도 미비준)에 불과하며 등거리 원칙을 적용한 경계획정 사례도 많지 않으며, ② 등거리 원칙을 의무적으로 이행해야 한다는 법적 확신의 증거가 있어야 하나, 그러한 믿음의 증거로서 국가들의 관행이 법적 확신을 구성하기에는 충분치 않으며, ③ 또한 제6조가 관습국제법으로 결정화되었다면 유보가 허용되지 않을 것이나, 유보가 허용된 것은 등거리 원칙이 관습법상의 규칙이 아닌 조약상의 규칙에 지나지 않는다는 것을 의미하는 것으로 협약의 비당사국인 독일에 대해서 협약 제6조의 등거리 원칙을 적용할 수 없다고 판시하였다. 니카라과사건(☞ p.364)에서도 ICJ는, 무력사용금지와 국내문제 불간섭의 원칙에 대한 국가들의 법적 확신이 있는 것만으로 관습국제법으로 간주하는 것은 불충분하며, 국가실행으로 확인되어야 한다고 하였다.

관행이 축적되어 일반화되고 법적 확신이 형성되기까지는 통상적으로 상당한 시간이 소요된다. 하지만 UN 총회에서 총의나 압도적인 찬성으로 채택된 세계인권선언(1945), 우주활동원칙선언(1963), 심해저원칙선언(1970) 등은 이후 일반적 관행과 법적 확신이 신속하게 형성되어 **속성 관습국제법**(instant customary international law)화하였다.

2. 지역/특별 관습국제법

제한된 국가 간에도 일반적 관행과 법적 확신이 있으면 지역/특별 관습국제법(regional/particular customary international law)이 성립할 수 있다. 지역 관습국제법은 일정 지역의 국가 간에, 특별 관습국제법은 특정 국가 간에만 효력을 갖는 관습국제법을 말한다.

ICJ는 비호권사건(1950)에서 지역 관습국제법의 성립 가능성을 인정하였지만, 공관의 비호권에 대한 남미지역에서의 관행이 일치하지 않아 지역 관습국제법으로 확립되지는 않았다고 보았다. 또한 인도령 통행권사건(포르투칼 v. 인도 1960)에서도 인도와 포르투갈 간 오랜 기간 지속된 특별한 관행은 일반 규칙에 우선하며, 두 나라 간 지역 관습국제법의 성립을 인정하였다. 한편 ICJ는 영국-노르웨이 어업사건(1951)에서 직선기선 제도에 관한 특별 관습국제법의 성립을 인정하였다.

🔨 인도령 통행권 사건(포르투칼 v. 인도 1960)

포르투갈은 인도 남부 연안의 Goa, Daman 등과 내륙에 고립된 Dadra, Nagar-Aveli를 식민지로 지배하였으나, 1947년 독립한 인도가 이들 지역의 반환을 요구하였다. 포르투갈이 반환을 거부하자, 인도는 1954년부터 포르투칼과 이들 지역과의 통행을 차단하였다. 포르투갈은 자국 내륙 영토와의 연락(communication)을 위해 인도를 통행할 권리를 주장하며 ICJ에 인도를 제소하였다.

ICJ는, 125년에 걸쳐 변함없이 일관되게 유지된 관행을 바탕으로 영국·인도와 포르투갈 간에 포르투갈 민간인과 관리·일반 물품이 자유롭게 통행할 수 있는 통행권이 지역 관습국제법으로 확립되었다고 인정하였다. 그러나 무장한 군대나 경찰, 무기와 탄약은 영국·인도의 사전 허가 아래 통행이 이루어졌으므로 이들에 대한 통행권은 관습법으로 형성되지 않았으며, 이를 위해서는 인도의 승인을 받아야 한다고 판결하였다.

지역/특별 관습국제법은 일반국제법에 대해 특별법의 지위를 가지므로, 관련 국가들은 지역/특별 관습국제법의 성립에 대해 명확한 의사를 표시해야 한다. 일반 관습국제법과 다른 지역/특별 관습국제법의 존재는 이를 주장하는 국가가 입증해야 한다.

3. 관습국제법의 효력

일반적 관행과 법적 확신으로 성립된 일반 관습국제법은, 당사국 간에만 효력을 갖는 조약과는 달리, 원칙적으로 모든 국가에 대해 보편적인 효력을 갖게 된다. 북해대륙붕사건에서 ICJ는, "관습국제법은 성립이 인정되면 개별 국가의 동의 여부와 관계없이 국제사회의 모든 구성원에 대해 동일한 효력을 가지며, 일정 국가가 일방적으로 배제할 수 없다"고 판시하였다. 따라서 해당 관습국제법의 성립 이후 탄생한 신생 독립 국가에도 적용된다. 관습국제법이 성립하였더라도 일반적 관행이나 법적 확신이 사라지면 언제라도 효력을 상실한다.

관습국제법의 성립을 위해 모든 국가의 동의가 필요한 것은 아니다. 어느 국가가 특정 관습국제법의 형성에서 벗어나기 위해서는 명확히 반대하였다는 증거를 제시해야 하며, 타국이 그러한 이탈을 묵인해야 한다. 침묵은 반대가 아닌 묵시적 동의가 있었던 것으로 추정된다. 이에 따라 특정 관습법 규칙 형성에 대해 처음부터 분명하고 일관되게 **지속적으로 반대한 국가**(persistent objector)는 그 규칙에 구속되지 않는다. 다만 지속적으로 반대한 국가는 해당 관습법 규칙의 성립 자체를 저지할 수는 없다(☞ 영국-노르웨이 어업사건 p.214).

II. 조약

1. 국제법의 점진적 발전과 법전화

입법부가 수시로 국내법을 제정할 수 있는 국내사회에 비해, 분권적인 국제사회에서 국제법을 법전화하는 작업은 많은 시간과 노력이 필요하다. 하지만 국제법의 정당성과 일관성을 확보하고 법적 예측 가능성을 높이기 위해서는 관습국제법 규칙을 확인하여 체계적으로 법전화하는 작업이 긴요하다.

1930년대에 국제법의 법전화를 위한 회의가 헤이그에서 처음 개최되었고, 「UN헌장」은 국제법의 점진적 발전 및 법전화(progressive development of international law and its codification)를 규정하고 있다(제13조). 법전화 작업은 기존 관습국제법 규칙을 확인하여 조약화하는 것뿐만 아니라 국제법의 점진적 발전을 위해 입법론적으로 보아 새롭게 있어야 할 법(*lex ferenda*) 규칙도 포함한다.

총회는 국제법의 점진적 발전과 법전화를 주관한다. 총회는 국제회의를 개최하거나 총회결의를 통해 조약을 채택한다. 이러한 조약으로 「UN 해양법협약」, 「시민적·정치적 권리에 관한 국제규약」·「경제적·사회적·문화적 권리에 관한 국제규약」·「Genocide협약」·「여성차별철폐협약」·「아동권리협약」을 비롯한 인권 조약, 「기후변화에 관한 UN기본협약」·「생물다양성협약」·「파리협정」 등 환경 조약 등이 있다. 총회는 또한 세계인권선언(1948)·식민지 독립선언(1960)·천연의 부와 자원에 대한 영구주권선언(1962)·우주활동원칙선언(1963)·우호관계원칙선언(1970)·신국제경제질서선언(1974)·침략의 정의선언(1974)·리우선언(1992) 등 결의를 채택하여 국제법의 점진적 발전을 도모하였다.

총회는 1947년 **국제법위원회**(ILC: International Law Commission)를 보조기관으로 설치하였다. ILC는 개인 자격으로 활동하는 5년 임기의 위원 34명으로 구성된다. ILC는 조약·조문·모델조약·지침·결론·원칙 등 다양한 작업 결과를 통해 국제법의 점진적 발전과 법전화를 주도한다. ILC의 작업 결과는 총회 6위원회 및 본회의에서 심의된다. ILC가 준비한 초안을 기초로 협상을 거쳐 체결된 조약으로, 영해·공해·대륙붕·공해어업에 관한 4개 제네바협약(1958), 「외교관계에 관한 비엔나협약」(1961), 「영사관계에 관한 비엔나협약」(1963), 「조약법에 관한 비엔나협약」(1969), 「특별사절에 관한 협약」(1969) 등이 있다.[1] 조문으로 「국가책임에 관한 조문」(2001), 「외교적 보호에 관한 조문」(2006), 「국제기구책임에 관한 조문」(2011)이 있다. 각국이 체결하는 양자조약 간의 통일성 및 조화를 확보하기 위한 모델조약(model treaty)으로는 「범죄인인도에 관한 UN모델조약」(1990)이 있다. 현재는 국가책임의 승계, 법의 일반원칙, 해수면 상승과 국제법, 국제기구가 당사자인 국제 분쟁해결, 해적 및 해상 무장 강도 방지 및 억제, 국제법 규칙 결정을 위한 보조 수단 등과 관련한 작업을 진행 중이다.

그 밖에 군축회의(CD), 외기권의 평화적 이용위원회(COPUOS), UN 전문기구(ILO, IMO, ICAO, UNESCO 등)나 UN 제휴기구(IAEA, WTO 등)도 기구 목적과 관련한 조약을 성안하며, 특정한 조약체결을 위해 소집된 국제회의(UN해양법회의 등)나 조약 당사국회의(「기후변화에 관한 UN기본협약」 등)에서도 조약이 채택된다.

2. 조약 여부의 판단

국가는 자유의사에 따라 타국과 (강행규범을 위배하지 않는 한) 국제법상의 권리와 의무를 창출하는 합의를 할 수 있다. 조약은 국제법 주체인 국가 간의 국제합의(international agreement)를 말한다.

국제합의는 법적 구속력이 있는 조약과 정치적 구속력을 갖는 정치적 합의 문서로 나눌 수 있다. 법적 구속력을 갖는 조약인지 아닌지는 당사자들의 분명한 의도, 문안의 구체성 및 그 밖의 절차적 요건 등을 종합적으로 고려하

----

1 그 밖에 「조약의 국가승계에 관한 비엔나협약」(1978), 「국가재산·문서 및 부채의 국가승계에 관한 비엔나협약」(1983), 「국가와 국제기구 간 또는 국제기구 간 조약법에 관한 비엔나협약」(1986), 「국가 및 그 재산의 관할권 면제에 관한 UN협약」(1991), 「국제수로의 비항행적 이용에 관한 협약」(1997) 등이 있다.

여 판단되어야 한다. 조약이냐 아니냐의 여부는 당사국이 1차적으로 판단하지만, 조약 여부와 관련하여 분쟁이 발생하면 당사국 간 합의하여 국제재판소로 회부할 수 있다.

가. 당사자의 의도

조약으로 성립하기 위해서는 무엇보다도 체결 시 국제법상의 권리와 의무를 창출하기 위해 구속력 있는 조약으로 체결하려는 당사자들의 분명한 의도(intention)가 있어야 한다. 주관적 요소인 의도를 확인하기가 쉽지 않다. 따라서 의도는 조약문에 사용된 용어와 문안에 표시된 객관적인 의도와 상황을 고려해 판단되어야 한다. 어느 일방 당사자만의 의도가 아닌 당사자 모두의 의도를 객관적으로 확인해야 한다.

카타르 v. 바레인 해양경계획정 및 영토문제사건(1994)

카타르와 바레인 외무장관은 1990.12. 사우디아라비아 외무장관의 참석하에 도하에서 의사록(Minutes)에 서명하였다. 의사록의 성격에 대해 양국 간 다툼이 있자, 사우디아라비아 국왕에게 중재를 부탁하였으나 1991.5.까지 해결되지 않자, 1991.8. 카타르가 이를 ICJ에 제소하였다. 바레인은 선결적 항변을 통해 의사록은 국제합의(조약)가 아닌 단순한 회의 기록(record of meeting)에 불과하므로 ICJ가 관할권을 행사하는 근거가 될 수 없다고 주장하였다.

1994.7. 재판소는, 의사록이 양국 간 합의한 의무사항을 기록하고 양국은 이를 수락하였으며, 1991.5. 이후에는 영유권과 관련된 모든 분쟁을 ICJ에 회부하여 조약을 해석하려는 의사를 확인하고 있다는 점 등에서 단순한 회의 기록이 아니라 국제법상 당사국의 권리·의무 관계를 창설하는 국제합의라고 판단하였다. 재판소는 조약 여부를 판단함에 있어 명칭이나 형식과 관계없이 문안에 나타난 당사자들의 의도를 객관적으로 판단한 것이다.

당사자들이 조약으로 체결할 의도가 없음이 명확히 드러내는 경우가 있다. 1994년 미·북 제네바 합의서는 조약이 아닌 기본 합의서(agreed framework), shall이 아닌 will, 양측(both sides), 대표단장(head of delegation) 등의 용어를 사용하여 합의서가 조약이 아니라는 의도를 분명히 하고 있다.

나. 구체적이고 명확한 권리·의무 관계

조약은 법적 권리·의무 관계를 구체적이고 명확히 창설해야 한다. 한미 간「SOFA 합의의사록」이나「한일청구권협정 합의의사록」은 본 조약의 일부를 구성한다. 그러나 헌법재판소는 1998.11.「한일어업협정의 합의의사록」이 어업 질서에 관한 양국의 협력과 의향을 선언한 것으로 구체적인 법률관계의 발생 을 목적으로 하는 것이 아니며,「한일어업협정」의 불가분의 일부를 구성하는 것은 아니므로, 조약이 아니라고 판단하였다. 주한 미군의 전략적 유연성에 관 한 한미 외무장관의 공동성명(2006.1.19.)과 관련, 헌법재판소는 2008.3. 양국이 상대방의 입장을 존중한다는 내용을 담고 있을 뿐, 구체적인 법적 권리·의무 를 창설하는 내용이 없으므로 조약이 아니라고 판결하였다. 반면에 대부분의 문화협정은 구체성이 없지만, 조약으로 체결된다.

다. 그 밖의 조문 또는 절차 등

조약문에 분쟁해결절차나 발효 조항이 있거나 조약이 정식 절차(비준, 공 포, UN 등록 등)에 따라 체결된 경우, 이는 조약성을 강화한다. 1975년「헬싱키 의정서」(The Helsinki Final Act)는 동 의정서가 등록될 수 없다고 명시하여 조약 이 아닌 정치문서라는 의도를 나타내고 있다(제102조). 조약으로 체결하는 경우, 각국이 의정서의 수락을 지연시킬 것을 우려했기 때문이다.

비구속적 합의/신사협정

법적 구속력을 갖지 않도록 의도한 국제합의를 비구속적 합의(non-binding agree-ment) 또는 신사협정(gentlemen's agreement)이라 한다. 공동성명(joint communique) 이나 선언(declaration), 양해각서(MOU), 약정(arrangement) 등은 일반적으로 비구속적 합의에 속한다. 이중 양해각서는 주로 비구속적 합의의 명칭으로 사용되지만, 조약의 명칭으로도 사용된다.

각국 행정부는 조약체결과 비교해 절차적으로 편리하고 신속하며 기밀을 유지하기 쉬운 비구속적 합의를 선호하지만, 이로써 의회의 민주적 통제나 정치적 논란을 회피하려는 경향이 없지 않다.

- 헌법재판소는 1997.1. 「남북기본합의서」(1991)를 남북한 특수 관계를 바탕으로 한 당국 간 합의로서 법적 구속력이 없는 신사협정으로 판단하였다. 「남북기본합의서」는 구체적인 내용과 개정·발효 조항을 포함하고, 절차상 한국 관보에 게재되었으며, 북한 주석의 비준을 거치는 등 조약성이 다분하나 이를 신사협정으로 판단한 것은 지나친 형식 논리라는 비판이 있었다.
- 「한미 쇠고기 수입 합의서」(2008)는 조약으로 체결되지 않고 농수산부 장관의 고시로 이행되었다.
- 원자로 건설사업과 관련하여 한·UAE 간 체결된 비공개 군사양해각서(2009)는 UAE에 대한 군부대 파견 등을 포함하고 있어 헌법상 국회의 동의가 필요한 조약으로 알려졌지만, 양국 국방부 간 양해각서 형식으로 체결되었다.
- 위안부 문제의 불가역적 해결을 선언한 한일 외무장관의 공동 기자회견(2015. 12.28.) 발표문도 신사협정이라 할 것이다.

비구속적 합의는 법적 구속력이 없으므로 법적 책임을 지지 않는다. 법적 책임이 없으니, 이를 위배하더라도 국가책임을 추궁할 수 없다. 분쟁해결 조항이 없어, 분쟁이 발생하면 이를 정치적으로 해결할 수밖에 없다. 종료에 관한 규정도 없어 종료되는 시기도 분명치 않다. 하지만 비구속적 합의는 정치적 구속력을 가지며, 정치적 구속력이 법적 구속력에 비해 반드시 약하다고 판단할 수는 없다.

3. 조약의 분류

조약은 체결 주체의 수에 따라 두 개의 국제법 주체 간 합의인 양자조약과 셋 이상 국제법 주체 간 합의인 다자조약 및 대다수 국가가 참여하는 보편조약으로 나눈다.

조약은 원 당사국 외 제3국의 참가가 허용되는 개방조약(open treaty)과 허용되지 않는 폐쇄조약(closed treaty), 조약을 지속해서 이행해야 하는 영속조약(permanent treaty)과 일회성의 처분조약(dispositive treaty), 모든 당사국에게 동일한 권리·의무를 부여하는 입법조약(law-making treaty)과 당사국 간 권리·의무의 내용이 서로 반대인 계약조약(contractual treaty)으로 구분된다. 「UN헌장」이나 인권조약 등 다수 조약이 입법조약이나, 평화조약이나 영토 할양 조약, 공관부지 교환조약 등은 계약조약이다. 또한 조약의 국내적 시행을 위해 별도의 입법 조치 없이 직접 적용되는 자기집행적 조약과 별도로 국내 입법을 제·개정해야 하는 비자기집행적 조약으로 구분할 수 있다.

한편 양자조약은 분야에 따라 세분할 수 있다.

- 국교 수립: 기본관계조약
- 국방·안보: 정전협정, 평화조약, 상호방위조약, 주둔군지위협정, 군사비밀정보보호협정 등
- 경제·통상: 우호통상항해조약, 자유무역협정(FTA), 투자보장협정(BIT), 경제협력협정, 차관협정, 무상원조협정, 이중과세방지협정, 조세정보교환협정, 사회보장협정, 어업협정, 항공협정, 과학기술협력협정, 원자력협정 등
- 재외국민보호: 영사협정, 사증면제협정, 운전면허증 상호인증협정 등
- 문화교류증진: 문화·예술협정, 취업·관광협정 등
- 사법공조: 범죄인인도조약, 형사/민사 사법공조조약, 수형자이송조약 등

4. 조약과 관습국제법의 관계

가. 조약과 관습국제법의 상호관계

국제법의 법원으로서 조약과 관습국제법은 독자적이면서도 상호 작용하며 병존한다. 관습국제법이 조약 규정으로 성문화되어도 관습국제법이 폐기되지

않고 계속 존재하므로 해당 조약 당사국은 조약은 물론 관습국제법의 적용을 받고, 비당사국은 관습국제법의 적용을 받는다. 관습국제법 규칙이 조약 규정으로 성문화된 이후 일반적 관행이나 법적 확신을 잃어 소멸하면, 그 관습국제법 규칙을 성문화한 조약 규정은 당사국에 대해서만 효력을 가진다. 반면에 조약 규정이 일반적 관행과 법적 확신을 얻어 관습국제법 규칙이 형성되면 비당사국도 새로운 관습국제법 규칙의 적용을 받으므로, 사실상 당사국에 대해 조약 규정이 적용되는 효과와 같다.

관습국제법을 성문화한 조약이 증가하여 관습국제법만의 영역이 축소되는 추세이지만, 현실적으로 모든 관습국제법을 조약으로 성문화할 수는 없으므로 관습국제법의 독자적 영역은 계속 존재한다. 상호 작용과정에서 관습국제법은 조약의 해석을 위한 지침을 제공하고, 조약은 관습국제법의 증거가 되기도 한다.

나. 조약과 관습국제법 간의 효력

조약과 관습국제법은 상하 관계가 아니라 동등한 효력을 가지며, 동등하게 각각 적용된다. 예컨대 「UN헌장」 제51조에 규정된 자위권 행사의 요건과 관습국제법상 자위권 행사의 요건(비례성과 필요성)은 동등하게 함께 적용된다.

동일한 사안을 달리 규율한 조약과 관습국제법 간에는 신법(후법) 우선 원칙과 특별법 우선 원칙이 적용된다. 새롭게 체결한 조약은 신법 우선 원칙에 따라 당사국 간에 관습국제법에 우선하여 적용된다. 예컨대 국제항행에 이용되는 국제해협에서 모든 국가의 선박은 관습국제법상 무해통항권만 누리지만, 1982년 「UN해양법협약」 당사국은 신법 우선 원칙에 따라 통과통항권을 누린다. 하지만 조약 또는 관습국제법이 특별법이면 구법이라도 신법에 우선하여 적용된다. 예컨대 신법인 「외교관계에 관한 비엔나협약」상 외교공관의 비호권은 인정되지 않지만, 지역 관습국제법에 의해 외교적 비호권이 인정된다면 특별법 우선 원칙에 따라 특별법인 지역 관습국제법이 우선 적용된다.

III. 「조약법에 관한 비엔나협약」

1. 개요

가. 채택

ILC는 1949년부터 조약법의 법전화 작업을 시작하여 1969년 「조약법에 관한 비엔나협약」(VCLT: Vienna Convention on the Law of Treaties, 이하 '협약') 을 채택하였으며 1980.1. 발효하였다. 한국·영국·러시아·중국 등을 포함 116개국이 비준하였으나, 미국·프랑스·북한·이란 등은 비준하지 않았다.

협약은 국제관계의 역사에 있어 조약의 근본적 역할을 인정하고, 국제법의 법원으로서 그리고 국가 간의 평화적 협력을 증진하는 수단으로서 조약의 중요성을 인정하고 있다. 또한 자유 동의(free consent)·신의성실(good faith, *bona fide*)·약속 준수(*pacta sunt servanda*)를 보편적인 원칙으로 규정하고 있다. 협약 규정 대부분은 관습국제법 규칙을 법전화한 것이며, 국제법의 점진적 발전을 도모하는 규정도 일부 포함하고 있다.

협약은 '조약에 관한 조약'(Treaty on treaties)으로, 다분히 기술적 성격의 조약이다.

나. 적용원칙

개별 조약의 관련 규정이나 당사국 간 합의가 우선하여 적용된다. 따라서 협약은 개별 조약에 관련 규정이나 당사국 간 합의가 없는 경우에 보충적으로 적용된다.

협약은 소급효가 없다. 협약이 어느 국가에 대해 발효한 이후, 그 국가가 체결한 조약에 적용된다(제4조). 1980.1.27. 협약 발효 이전 체결된 조약에 대해서는 관습국제법이 적용된다. 협약 당사국과 비당사국 간, 협약 비당사국 간 체결된 조약에 대해서도 관습국제법이 적용된다.

협약에 규정되지 않는 부문은 관습국제법이 적용된다(전문). 그러나 협약

규정 대부분이 관습국제법을 반영하였거나 관습국제법화되어 협약 비당사국이
라도 사실상 협약이 적용되는 것과 다름없다 할 것이다.

다. 적용대상

협약은 하나 또는 둘 이상의 문서로 구성되며, 특정 명칭과 관계없이, 서
면 형식으로, 국가 간에 체결되며, 또한 국제법에 따라 규율되는 국제적 합의
에 적용된다(제2조1항).

(i) 조약의 명칭

조약의 명칭은 다양하다. 양자조약의 경우, 국가가 체결 주체로서 정치적
으로 중요하고 격식이 있는 합의는 조약(treaty)이라고 부르며, 정부가 주체로서
일반적인 조약은 협정(agreement)으로 불린다. 그 밖에 교환각서(exchange of
notes), 양해각서(MOU: Memorandum of Understanding), 잠정약정(*modus vivendi*),
모조약을 보충하는 의정서(protocol), 교섭이나 회의에서 서로 합의된 사항을
기록한 합의의사록(Agreed Minutes), 회의 내용을 확인하여 기록한 의사록·회
의록(Minutes) 등이 있다. 다자조약은 협약(convention), 규약(covenant), 헌장
(charter), 규정(statute) 등으로 부른다. 조약의 명칭은 당사자 간에 합의하여 부
여한다.

국내법은 형식상 헌법→법률→시행령(명령)→시행규칙(규칙)의 위계가
있지만, 조약은 그 명칭과 관계없이 모두 동일한 효력과 법적 구속력을 갖는다.

(ii) 조약의 형식: 서면에 의한 조약

협약은 서면 형식에 의한 조약에 적용된다. 하지만 구두 합의(oral agreement)
도 국제 합의로서 관습국제법상 구속력이 인정된다. 덴마크 Great Belt 해 교
량 건설과 관련하여 1992년 덴마크와 핀란드 총리는 덴마크가 일정 금액을 지
불하고 핀란드는 ICJ 제소를 취하하기로 구두로 합의하였다. 협약도 국가와 다
른 국제법 주체 간 구두 합의의 효력에 영향을 미치지 않는다고 명시하고 있다

(제3조). 다만 구두 합의는 당사국의 기속적 동의 표시 여부를 확정하기 어렵다는 문제가 있다.

조약문은 보통 명칭(title), 전문(preamble), 본문(main parts/articles), 최종 조항(final clauses)으로 이루어진 하나의 문서이지만, 조약과 불가분한 일체(integral part)를 이루는 별도의 합의의사록이나 부속서(annex)를 포함하여 복수의 문서로 구성되기도 한다.

(iii) 조약체결의 주체: 국가 간의 조약

협약은 국가 간 합의에만 적용되므로, 국가 간 또는 국가를 대표하는 정부 간 체결하는 조약에 적용된다.

국제기구도 조약체결권을 갖는다. 협약은 국가와 다른 국제법 주체 간 합의의 효력에 영향을 미치지 않는다고 명시함으로써(제3조), 국가와 국제기구 또는 국제기구 간 체결된 조약 등의 법적 효력을 부인하지 않고 있다. ILC가 작성한 「국가와 국제기구 간 또는 국제기구 간 조약법에 관한 비엔나협약」은 1986년 채택되었으나, 발효되지 않고 있다(한국 미비준). 협약 제3조c(다른 국제법 주체 간 국제적 합의에 대한 적용)와 제5조(국제기구 설립에 관한 조약 및 국제기구 내에서 채택되는 조약)를 국가와 국제기구 간 또는 국제기구 간 체결되는 조약에도 준용할 수 있어, 국가들이 굳이 비준하지 않기 때문이다.

제한적이지만 국제법 주체성을 갖는 연방 국가의 주(州)도 조약을 체결할 수 있다. 캐나다·독일·스위스 등의 주 정부는 주 정부의 권한 범위 내에서 통행·국경·관세·자동차 운전 등과 관련하여 타국 중앙 정부와의 조약체결권이 인정된다. 또한 별도의 관세지역으로 WTO에 가입한 홍콩·마카오는 무역협정 등 조약체결 권한을 가진다. 정부 부처·자치단체 등 국가의 하부 기관은 조약체결의 주체가 될 수 없다. 하지만 타국의 유관 기관과 모조약의 세부 시행 사항이나 소관 범위 내에서 상호 협력 사항을 규율하는 문서에 합의할 수 있으며, 이러한 문서를 **기관 간 약정**(agency-to-agency arrangement)이라 한다. 조약이 아니므로 조약문과는 달리 구속력이 없거나 약한 용어(treaty/agreement → arrangement/MOU, shall → will, come into force → come into effect/operation)를 사용한다.

교전단체 및 반란단체, 민족해방운동도 제한된 범위에서 조약체결 당사자가 될 수 있다. 이들은 1949년 4개 「제네바협약」상 무력충돌의 당사자로서 협약 공통 제3조2항에 따라 다른 무력충돌의 당사자나 관계를 유지하고자 하는 그 밖의 국가들과 특별협정을 체결할 수 있다.

그러나 사인은 국제법 주체가 아니므로 조약 당사자가 될 수 없다. 국가가 자국의 석유·광물 등 천연자원 개발, 철도·도로·통신 설비 건설, 가스·전기·수도 공급 사업 등을 위해 사인(외국인 또는 다국적기업)과 체결한 '양허계약' (concession agreement)은 국가계약(state contract)이라 한다.

(iv) 국제법에 의한 규율

조약은 국제법에 의해 규율되어 국제법적 구속력을 갖는 합의이다. 따라서 외교 공관부지나 건물의 매매·임차 계약 등과 같이 일방 국가의 국내법으로 규율되는 합의는 조약이 아니다.

2. 조약의 체결

조약은 국제법 절차와 국내 절차가 함께 진행되어 체결(conclusion)된다. 일반적으로 정부대표 임명 → 교섭 → 조약문의 채택·인증(제9~10조) → 국내 절차 → 기속적 동의의 표시(제11조~제16조) → 발효(제24~25조) 및 공포 → UN 등록 (제80조)의 절차를 거친다.[2]

가. 정부대표 임명

모든 주권국가는 조약체결 능력을 갖는다(제6조). 조약체결은 국제법 주체

----
2 조약체결을 담당하는 외교부 국제법률국(구 조약국)은 조약과, 국제법규과, 영토해양과로 구성된다. 조약과는 양자·다자조약 체결을 위한 국내 절차 수행 및 해석, 국제법규과는 국제법에 대한 해석과 자문, 영토해양과는 영토 및 해양과 관련한 국제법적 문제를 담당한다.

로서 국가의 중요한 권능이다. 조약체결 권한을 갖는 기관, 즉 조약체결권자는 국내법에 규정되며, 일반적으로 국가원수이다. 우리『헌법』상 대통령은 조약체결·비준권을 갖는다(제73조).

　　조약체결권자는 조약체결 권한을 위임할 수 있다. 우리나라의 경우,『정부대표 임명과 권한에 관한 법률』에 따라 외교장관이 수석대표와 관계부처의 대표들로 구성된 정부대표단을 임명하고, 교섭을 위한 훈령을 내린다. 중요한 통상조약의 경우,『통상조약의 체결 절차 및 이행에 관한 법률』에 따라 대통령이 정부대표를 임명한다. 법률은 통상조약 협상과 관련한 국회 보고 의무, 국내 영향평가 실시 등을 통해 대통령의 통상조약 체결에 대한 국회의 통제를 강화하고 있다. 조약체결에 관한 정부의 우월적인 권한 행사에 대해 민주적·절차적 통제를 위해 조약체결절차법의 제정이 국회에서 논의되고 있다. 조약체결절차법(안)들은 행정부에 대한 국회의 조약 비준 동의 제출 요구권과 이에 대한 행정부의 제출 의무 등을 규정하고 있다. 중국·러시아·북한 등은 대다수 서구 국가와는 달리 조약체결 절차를 일반법으로 규율하고 있다.

　　전권위임장(全權委任狀: full powers)은 정부대표가 국가를 대표하여 조약의 교섭·채택·인증·기속적 동의 표시 등 조약체결과 관련한 활동을 할 수 있는 정당한 권한을 부여받았음을 확인하는 문서이다. 교통·통신이 발달하지 못하던 절대 왕정 시대에 군주가 자신의 대리인에게 협상 권한을 위임하는 전통에서 시작되었다. 국가를 대표하는 국가원수·정부수반·외무장관이 직접 조약을 체결하는 경우 전권위임장이 필요 없으나, 여타 장관은 이를 제시해야 한다. 대사 및 국제기구 상주대표도 주재국이나 국제기구에서 교섭 및 조약문 채택을 위해서는 전권위임장이 필요하지 않으나, 서명을 위해서는 필요하다(제7조). 양자조약은 전권위임장을 교환하고 다자조약은 위임장 심사위원회에 이를 제출한다. 하지만 근래에는 전권위임장 대신, 공식 외교통로를 통해 사전에 정부대표와 대표단 명단을 통보하고 있다. 국가를 대표하는 권한을 부여받지 않은 자가 행한 조약체결 행위는 그 국가가 추인하지 않는 한 법적 효과를 가지지 아니한다(제8조). 추인은 명시적 또는 묵시적 방법(해당 조약의 비준 또는 이행 등)에 의한다.

나. 조약문의 교섭

정부 대표는 조약 문안 작성을 위해 교섭하고 합의된 사항을 조문화한다. 양자조약은 직접 또는 문서 왕래를 통해 교섭하며, 다자조약은 유관 국제기구나 국제회의에서 문안을 교섭한다. 다자조약의 협상에는 해당 조약의 성안에 소극적인 국가도 통상 참여한다. 조약문 협상 과정에서 불참하기보다는 참여해서 자국에 불리한 조약 문안의 포함을 저지하거나 자국의 입장이 최대한 반영될 수 있도록 문안을 교섭하는 것이 자국에 유리하기 때문이다.

양자조약의 문안은 양 당사국의 언어로 작성한다. 다자조약의 경우 UN이 채택하는 조약 문안은 UN의 6개 공식 언어(영어, 프랑스어, 러시아어, 중국어, 스페인어, 아랍어)로 작성한다.

다. 조약문의 채택

조약문의 채택(adoption)은 정부대표가 교섭이 끝난 조약문에 합의하는 것을 말한다. 조약문은 교섭에 참여한 모든 국가의 합의로 채택한다. 다만 다자조약을 채택하기 위한 국제회의에서는, 출석하여 투표하는 국가의 2/3 찬성으로 다른 규칙을 적용하기로 결정하지 않는 한, 출석하여 투표하는 국가의 2/3의 다수결에 의한다(제9조).

라. 조약문의 정본 인증

인증(authentication)은 조약문을 정본(正本)으로 최종적으로 확정하는 절차이다. 인증은 ① 조약문 채택을 위한 외교회의 등에서 정부대표가 조약문이나 조약문을 포함한 최종의정서(Final Act)에 서명(signature)하거나, ② 정부의 추후 승인을 조건으로 조건부 서명(signature *ad referendum*)을 하거나, ③ 추후 정식 서명을 전제로 하는 가서명(initialing)에 의한다(제10조). 최종의정서 서명과 조건부 서명은 주로 다자조약에서, 가서명은 양자조약에서 사용된다. **가서명**은 조약 문안에 합의하였음을 표시하기 위해 정부대표가 자기 이름의 약자를 서명하는 것이다. 조건부 서명이나 가서명은 추후 정식 서명을 하면 소급하여 효력이 발생한다. 정본 인증 후에 반드시 비준해야만 하는 것은 아니지만, 다른 당사국의 동의 없이는 조약 문안을 수정하거나 변경할 수 없다.

마. 국내 절차

채택된 조약문에 대해 관계부처 간 협의를 통해, 체결 필요성(시기나 소요 예산 등), 조약문 인증본 번역, 국내법과의 관계(국내 입법 또는 개정 필요성 등), 유보나 해석선언의 필요 여부 등을 검토한다. 우리나라의 경우, 정부 내에서 조약체결을 추진하기로 관련 부처 간 합의하면 외교부 검토 → 법제처 심사(『정부조직법』 제23조) → 차관회의 및 국무회의 심의(『헌법』 제89조3호) → 국무위원 부서를 거쳐 대통령이 재가한다. 법률(안)과 동일하게 조약(안)도 차관회의 및 국무회의에 상정되며, 관련 부서 모두가 동의해야 한다. 국무회의는 통상 매주 화요일에 개최된다.

바. 국회 비준 동의

국회는 헌법 제60조1항에 규정된 조약에 대해 체결·비준 동의권을 갖는다. 국회의 비준 동의는 국제법적 효력과는 무관한 국내법상 절차로, 조약체결에 있어 국회가 정부를 통제하고 국회의 고유한 입법권이 침해되는 것을 방지하기 위한 것이다. 서명만으로 발효하는 약식조약도 제60조1항에 규정된 조약에 해당하면 국회 동의를 받아야 한다. 국회의 조약 체결·비준 동의권은 1회적 권한이며, 체결 시와 비준 시 별개로 행사하는 권한이 아니다.

정부는 아래 조약에 대해서는 국회의 동의를 받은 후, 기속적 동의를 표시하는 서명 또는 문서교환, 비준·수락·승인 또는 가입서를 교환·기탁·통고할 수 있다.

- 상호 원조 또는 안전보장에 관한 조약(『한미상호방위조약』)
- 중요한 국제조직에 관한 조약(UN·WTO·OECD 등 중요 국제기구 가입조약)

- 우호통상항해조약(「한미우호통상항해조약」)
- 주권의 제약에 관한 조약: 재판 조약(외교관계와 영사관계에 관한 비엔나협약의 「분쟁의 의무적 해결에 관한 의정서」) 또는 분쟁해결절차상 ICJ 등의 의무적 관할을 규정한 조약(「난민지위협약」(제38조), 「고문방지협약」(제30조), 「Genocide 협약」(제9조), 「인종차별철폐협약」 제22조 등), 「여성차별철폐협약」(제29조)), 국제기구의 특권·면제에 관한 조약(UN·OECD·IVI(국제백신연구소)의 특권·면제에 관한 협약 등)
- 강화조약(평화조약)
- 국가와 국민에 중대한 재정적 부담을 지우는 조약: 국제기구 가입에 따른 출연금(「글로벌녹색성장연구소 설립협정」), 조약 이행에 따라 재정 지출이 필요한 조약(「주한미군 분담금특별협정」, 「외교공관 건축부지의 교환에 관한 협정」 등)
- 입법사항에 관한 조약: 국내법을 제·개정해야 하거나 국민의 권리·의무와 관련되어 법률로 정해야 하는 내용을 포함하는 조약을 말한다. 입법사항을 포함하는 조약을 체결하는 경우, 사전에 관련 국내법령을 제·개정함으로써 국회 비준 동의를 면하기도 한다.

동의 필요 여부는 조약체결·비준권을 갖는 대통령(외교부·법제처)이 판단한다. 정부가 국회에 제출하는 동의안은 개별 조약이 7가지 사유에 하나 또는 중복되어 대상이 될 수 있으므로 헌법 제60조1항이라고만 언급할 뿐 구체적으로 어떤 조약에 해당하는지는 적시하지 않는다. 정부나 대다수 국제법학자는 동 조항을 열거조항으로 보나, 일부 헌법학자 또는 정치학자들은 예시조항으로 보아 제60조1항에 언급되지 않은 그 밖의 조약도 국회가 동의를 요구할 수 있다는 입장이다. 국회의 조약 동의 권한이 침해받았다면 국회가 헌법재판소의 권한쟁의 심판을 청구할 수 있다 할 것이다.

국회 동의를 받은 조약은 전체 체결 조약의 약 30% 정도이다. 정부가 회부한 조약 동의(안)을 국회가 표결로 부결시킨 사례는 아직 없다. 회기 만료 또는 국회의원의 임기 만료로 국회 동의(안)이 자동 폐기되면, 다음 회기에 다시 회부할 수 있다.

사. 기속적 동의 표시: 서명, 문서교환, 비준서·수락서·승인서·가입서의 교환·기탁·통고

서명, 문서교환, 비준서·수락서·승인서·가입서의 교환·기탁·통고는 조약 문안에 합의한다는 **기속적 동의**(consent to be bound by a treaty)를 표시하는 행위이다. 기속적 동의는 조약문에 구속력을 부여하는 국가의 일방적 행위이다. 기속적 동의를 표시한 조약은, 설사 조약체결에 관한 국내법상 절차(국회 비준 동의나 공포 등)를 준수하지 않았더라도, 국제법적으로 유효하다.

• 서명(signature): 서명은 원래 조약문의 정본을 인증하는 행위이다(제10조).[3] 서명과 비준 절차를 거쳐 체결되는 것이 정식조약이지만, 비준 없이 서명(또는 문서교환)만으로 체결되는 조약을 약식조약이라고 한다. 서명만으로 조약문의 정본 인증과 기속적 동의를 함께 표시하는 약식조약을 체결하는 사례가 늘고 있다. 협약은 서명이 기속적 동의를 표시하는 효과를 가지는 것으로 조약에 규정되어 있거나 교섭국 간에 합의되었거나, 서명에 그러한 효과를 부여하려는 의사가 전권위임장에 나타나거나 교섭 중에 표시된 경우, 서명은 기속적 동의를 확정한다(제12조)고 규정함으로써 약식조약의 체결을 인정하고 있다.

고시류 조약

모조약(母條約: umbrella treaty)의 이행에 필요한 행정적·기술적 사항을 규율하는 경우, 행정부는 재량으로 약식조약을 체결할 수 있다. 한국의 고시류 조약은 모조약의 위임에 따라 세부 사항을 시행하거나 미세한 내용의 수정, 조약 유효 기간의 단순 연장 등 실무적 편의를 위해 (대통령 명의로 관보에 공포하지 않고) 외무장관 명의로 관

----

3 국회 동의 등 국내 절차가 완료된 조약이라도, 국빈 해외 순방 성과를 고양하기 위해 서명 시기를 상대국과 협의하여 조정하기도 한다. 양자조약에 서명하는 경우, 자국 언어본과 상대국 언어본을 각각 작성하며, 자국 언어본에는 자국의 국명과 서명란을 앞에, 상대국 언어본에는 상대국의 국명과 서명란을 앞에 두는 것이 관행이다.

보에 고시(告示)하는 조약이다.

고시류 조약은 현실적인 필요로 오랜 기간 정부 관행상 인정되어 왔으며, 전체 체결 조약의 약 1/3을 차지한다. 고시류 조약도 국제법상 조약이므로, 조약이 국내법과 같은 효력을 갖기 위해서는 국무회의 심의와 관보를 통한 공포를 요한다(『헌법』 제6조 1항)는 점에서 법적 근거를 마련하는 것이 입법론적으로 바람직하다 할 것이다.

- 문서교환(exchange of instrument): 조약문을 포함하는 문서를 교환함으로써 기속적 동의를 확정한다. 단 기속적 동의의 효과가 있다고 문서에 규정되거나 관계국 간에 합의되어야 한다(제13조). 새로운 조약의 체결뿐만 아니라 기존 조약을 개정할 때도 사용되며, 동일한 조약 문안을 포함하는 정부 공한(3인칭 Note)이나 서한(1인칭 Letter)을 교환함으로써 이루어진다.
- 비준서·수락서·승인서의 교환·기탁 또는 통고: 비준·수락·승인에 관해 조약에 규정되어 있거나, 교섭국 간에 합의되었거나, 이를 조건으로 서명하였거나, 비준·수락·승인의 의사가 전권위임장에 나타나거나 교섭 중에 표시된 경우, 그 조약은 비준서·수락서·승인서의 교환·기탁 또는 통고로써 기속적 동의를 확정한다(제14조).
- 가입서의 기탁 또는 통고: 가입은 교섭이 종료되어 서명이 끝난 조약이 개방되어 제3국이 추가로 당사국이 되는 것이다. 조약에 규정되어 있거나, 교섭국 간에 합의되었거나, 모든 당사국이 추후 동의한 경우, 가입서를 기탁하거나 통고하여 기속적 동의를 확정한다(제15조).

비준(ratification)·수락(acceptance)·승인(approval)·가입(accession)은 조약체결권자가 조약의 내용을 최종적으로 확인하고 이에 구속받겠다는 국가의 기속적 동의를 확정하는 국제적 행위이다(제16조). 비준은 원래 조약체결권자인 국왕이 전권대표의 월권 여부를 최종적으로 확인하기 위한 것이었다. 수락과 승인은 기속적 동의를 표시하는 새로운 방식이지만, 효과는 비준과 같다. 비준·수락·승인·가입은 조약 전체에 대해 이루어져야 하며, 부분적 또는 조건부는 사실상 조약 개정을 요구하는 것이므로 허용되지 않는다. 협약상 규정은 없지만, 비준 등을 통해 기속적 동의를 표시하였더라도 해당 조약이 발효 전이라면 기속적 동의를 철회할 수 있다 할 것이다.

비준서·수락서·승인서·가입서는 당사국 간 교환·통고하거나, 유보나 해석선언 등과 함께 수탁자(depository)에게 기탁한다. 수탁자는 1개 이상의 국가 또는 국제기구이다. 수탁자는 조약 정본을 보관하며 기탁을 받아 발효 등 조약 상태를 당사국에 통보하고 조약에 대한 유보나 해석선언 등을 관리한다. UN 사무총장은 560여 개 다자조약의 수탁자이며, 사무총장에게 기탁된 조약은 UN 조약집(UN Treaty Collection)에서 확인할 수 있다.

아. 발효 및 공포

조약은 조약 규정에 따르거나 교섭국이 합의한 방식으로 그 일자에 발효한다(entry into force). 조약 규정이나 교섭국 간의 합의가 없으면 모든 교섭국의 기속적 동의가 확정되는 대로 발효한다(제24조). 다자조약은 통상적으로 특정한 수의 비준이 이루어지거나 그 후 일정 기간이 지나면 발효한다. 조약이 체결된 이후 장기간 발효되지 않으면 사실상 사문화될 수 있다.

체결 절차를 완료한 조약이 국내적 효력을 갖기 위해서는 국내법에 따라 공포되어야 한다. 우리나라의 경우 『법령 등 공포에 관한 법률』에 따라 관보 (gazette)에 대통령 명의로 공포하고, 조약 정본인 영어본과 한국어 번역본을 게재한다. 실무적으로는 조약 규정에 따른 발효 일자와 국내법상 발효 일자를 가능한 한 일치시켜 공포한다.

자. 등록(registration)

조약은 발효 후에 등록·편철·기록·발간을 위해 UN 사무국에 통보된다 (제80조). UN 회원국은 체결한 모든 조약을 가능한 한 신속히 사무국에 등록하고, 사무국은 이를 공표한다(헌장 제102조1항).

등록 대상인 조약은 1945년 이후 UN 회원국이 체결한 조약으로서 명칭·

형식·내용을 불문한다. 국제연맹은 비밀외교의 폐해를 방지하기 위해 조약이 등록될 때까지 구속력을 갖지 않는다고 규정함으로써(「국제연맹규약」 제18조), 등록은 조약의 효력 발생 요건이었다. 그러나 「UN헌장」은 등록되지 않은 조약의 당사국은 UN의 어떠한 기관에 대해서도 그 조약을 원용할 수 없다고 규정하고 있다(헌장 제102조2항). 등록은 ICJ 등 UN 기관에 대해 조약을 원용할 수 있는 대항요건일 뿐이며, 따라서 등록되지 않은 조약도 여전히 유효하다. 다만 신사협정을 등록하더라도 법적 구속력이 있는 조약이 되는 것은 아니다.

3. 조약의 유보

가. 의의

조약의 유보(reservation)는 유보국이 조약에 대한 기속적 동의를 표시하면서 자국에 대해 일정한 조항의 법적 효력을 배제 또는 변경하기 위해 행하는 일방적 성명(제2조1항d)을 말한다.

유보는 다자조약에 적용되는 제도이다. 양자조약에 대한 유보는 사실상 양자조약의 재협상을 요구하는 것이기 때문이다. 20세기 전반까지만 해도 다자조약을 유보하려면 모든 당사국의 동의가 필요하였다. 1950년대 이후 국제사회가 양적으로 확대되어 모든 당사국의 동의를 확보하기가 어렵게 되자, 다자조약의 유보를 허용하게 되었다.

어느 다자조약의 당사국이 되느냐는 개별 국가가 재량으로 판단한다. 하지만 당사국이 되고자 하더라도 조약 일부를 수용하기 곤란한 경우, 국가는 당사국이 되는 것을 주저할 수 있다. 이 경우 당사국이 되면서 국가가 어느 조항을 유보하거나 일정 조항을 특정한 의미로 해석한다거나 적용지역이나 시기를 조정함으로써 원래의 의무를 면제하거나 축소하는 것이 유보이다. 특히 인권조약의 당사국들은 다양한 유보를 첨부하고 있다. 유보를 허용하여 더 많은 국가가 당사국이 되면 조약의 보편성을 확보할 수 있다. 하지만 다른 당사국은 유보국의 유보를 수락하거나 반대할 수도 있으며, 유보를 이유로 유보국과의 조

약 발효 자체를 부정할 수도 있다. 이에 따라 당사국 간의 조약 적용 관계가
달라져 조약의 통일성(integrity)을 저해한다.

협약의 유보 규정을 보완하기 위해 ILC는 2011년 '조약의 유보에 관한 실
행지침'을 채택하였다.

나. 유보의 허용

(ⅰ) 허용되지 않는 유보

① 조약이 유보를 금지한 경우,4 ② 조약이 특정 유보만 첨부할 수 있다
고 제한한 경우,5 ③ 조약의 대상 및 목적과 양립하지 않은 경우, 유보는 허용
되지 않는다(제19조 a, b, c). 허용되지 않은 유보는 무효이다.

벨리로스 v. 스위스 사건에서 유럽인권재판소는 허용되지 않은 유보를 무
효로 판단하고 이를 첨부한 당사국에 대해 유보하지 않은 당사국과 같은 지위
를 인정하였다.

벨리로스 v. 스위스 사건(Belilos v. Switzerland 1988)

벨리로스는 스위스에서 불법 시위에 참여하여 벌금형을 선고받자, 「유럽인권협약」
(제6조1항)에 의해 보장된 공정한 재판을 받지 못하였다고 유럽인권재판소(ECHR)에
스위스를 제소하였다. 이에 대해 스위스는 협약 비준 시 첨부한 동 조항에 대한 자국
의 해석선언(후술)은 협약의 유보에 해당하는 것이며 이에 대해 타 당사국들이 아무런
반대를 하지 않았으므로, 벨리로스의 청구는 기각되어야 한다고 주장하였다.

유럽인권재판소는, 스위스의 주장과 같이 스위스가 첨부한 해석선언을 유보라고 인
정하더라도, 협약은 자국의 기존 국내법과 충돌하는 부분에만 제한적인 유보만 허용하

----
4 「UN해양법협약」(제309조), 「국제형사재판소(ICC)에 관한 로마규정」(제120조), 「WTO 설립협
정」(제16조5항), 「화학무기금지조약」(제22조) 등은 유보를 전면 금지하고 있다.
5 「난민지위협약」 제42조는 난민의 정의(제1조), 무차별(제3조), 재판을 받을 권리(제16조1항),
강제송환금지(제33조), 제36조 내지 제46조의 규정에 대해서는 유보를 금지하되, 그 외의 조
항에 대해서는 유보를 허용하고 있다.

고 있는바, 스위스의 유보는 협약상 보장된 공정한 재판을 받을 권리를 부인하는 일반
적인 유보에 해당하므로 무효라고 판단하고, 이에 따라 스위스는 협약 제6조1항을 유
보하지 않은 당사국으로서 동 조항의 적용을 받는다고 벨리루스의 청구를 인용하였다.

(ii) 허용되는 유보

(1) 조약이 유보를 금지하지 않거나 특정 유보를 허용한 경우

유보가 허용되지 않는 제19조를 반대로 해석하면, 조약이 유보를 금지하지
않은 경우(a), 조약이 특정 유보를 허용한 경우(b)에는 유보를 첨부할 수 있다.

유보가 허용되는 조항은 일반적으로 조약에 새롭게 포함된 규칙이다. 그
러나 보편적 효력을 갖는 관습국제법 규칙이 조문화된 경우, 그 조항의 유보는
금지된다는 것이 통설이다. 북해대륙붕사건(1969)에서 ICJ는, 1958년 「대륙붕에
관한 협약」 제6조의 등거리 원칙이 관습국제법으로 결정화되었다면 유보가 허
용되지 않을 것이나, 협약상 유보가 허용된 것은 등거리 원칙이 관습법상의 규
칙이 아닌 조약상의 규칙에 지나지 않는다는 것을 의미하는 것으로, 독일에 대
해서 등거리 원칙을 적용할 수 없다고 하였다.

(2) 조약의 대상 및 목적과 양립하는 경우

조약의 대상 및 목적(the object and purpose)은 조약의 존재 의의 또는 근
본 취지를 의미한다.[6] 추상적인 개념이지만, 대체로 조약의 목적은 당사자들이
달성하고자 하는 관념적 목표이고, 대상(객체)은 그러한 목적을 달성하고자 하는
실재적 목표라고 할 수 있다. 예컨대 방위조약의 경우, 침략의 공동 저지가 목
적이고 군사훈련이나 군의 주둔은 대상이라 할 수 있다. 「기후변화에 관한 UN
기본협약」의 목적은 기후변화 방지이고, 대상은 감축과 대응이라고 할 수 있다.

----

6 대상 및 목적은 또한 체약국이 조약 발효 전 삼가야 할 행동(제18조), 조약 해석(제31조1항),
   다자조약의 일부 당사국 간 수정(제41조) 및 시행정지(제58조1항), 조약의 중대한 위반 여부
   (제60조)의 판단 기준으로 적용된다.

조약 규정이 조약의 대상 및 목적과 양립한 유보를 명시적으로 허용한 경우, 유보는 그 범위 내에서 허용된다. 「여성차별철폐협약」 제28조, 「아동권리협약」 제51조2항 등은 이를 명시하고 있다. 조약이 양립할 수 있는 유보 허용기준을 명시한 예도 있다. 「인종차별철폐협약」은 체약국의 2/3 이상이 반대하는 유보는 양립가능하지 않은 것으로 판단한다(제20조2항).

조약에 유보의 허용 또는 금지에 관한 규정이 없어도, 유보가 조약의 대상 및 목적과 양립하는 유보는 허용되며(제19조c), 이를 **양립성의 원칙**(compatibility rule)이라 한다. 조약의 대상 및 목적과 양립하지 않는 유보는 조약의 존재 의의를 해치며 조약의 일반적 취지에 필요한 조약의 기본 요소에 영향을 주는 유보로 허용되지 않는다. 「Genocide협약」의 유보에 관한 권고적 의견(1951)에서 ICJ는, 유보 가능성은 조약의 성격·목적·규정과 채택 방식(다수결 또는 만장일치) 등을 고려하여 개별 사정에 따라 판단해야 하는 것으로, 「Genocide협약」의 목적은 반인도적 집단학살을 국제법상의 범죄로 처벌하는 것이며, 그 대상은 최대한 많은 국가가 협약에 참여하여 보편성을 확보하는 것으로 보아, 양립성의 원칙에 따른 협약의 유보 가능성을 인정하였다. 이에 대해 양립 가능성을 판단하는 기준이 모호하고 유보국과 유보 반대국 간의 조약 관계에 혼선을 초래하여 조약의 통일성을 저해한다는 비판이 있었으나, ICJ의 권고적 의견은 협약 제19조c로 포함되었으며 이후 관습국제법화되었다.

하지만 협약에는 유보의 양립성을 판단하는 주체에 관한 규정이 없다. 결국 유보의 양립성을 주장하는 당사국이 유보를 첨부하면, 이에 대해 다른 당사국이 개별적으로 판단하여 수락 또는 거부할 수 있다. 다만 인권조약의 경우, 조약의 감독기관이 유보의 양립성을 판단할 수 있다는 주장이 있다. 인권 보호 의무는 당사국 상호 간 의무가 아니라, 국제공동체 전체가 개별 구성원인 당사국에 부과한 대세적 의무이므로, 인권조약의 감독기관(자유권 규약위원회, 여성차별철폐위원회, 아동권리위원회, 유럽인권위원회 등)이 유보나 양립가능한 유보를 객관적으로 판단할 권한을 가진다는 것이다. 예컨대 여성차별철폐위원회는 「여성차별철폐협약」 제22조(필수적 보장 장치), 제16조(혼인과 가족관계에 있어서의 차별금지)는 유보가 허용되지 않는다는 입장이다.

다. 유보국의 유보 통고와 철회

유보국은 서명하거나·비준·수락·승인·가입 시 유보 의사를 표명할 수 있다(제19조). 서명 시 기속적 동의를 함께 표시하는 약식조약은 서명 시 유보가 형성된다. 비준 등을 조건으로 서명 시 유보를 한 정식조약은 비준 등을 통해 기속적 동의를 표시할 때 정식 확인되어야 하며, 그 확인 일자에 유보가 형성된 것으로 본다(제23조2항). 즉 유보는 기속적 동의를 표시할 때 할 수 있으며, 기속적 동의를 표시하여 체약국이 된 이후에는 새로운 유보를 할 수 없다.7 유보는 체약국과 당사국에 서면으로 통고해야 한다(제23조1항).

유보국은, 유보를 수락한 국가의 동의 없이, 언제든지 유보를 철회할 수 있다(제22조). 유보의 철회는 서면으로 통보해야 한다(제23조4항). 「Genocide협약」 제9조 및 「인종차별철폐협약」 제22조에 따라 콩고가 루안다를 일방적으로 제소한 무장활동사건(2006)에서 ICJ는, 유보의 철회는 다른 체약국이 이를 문서로 접수해야만 유효하며, 이를 문서로 공식 통보한 바 없는 루안다의 유보는 여전히 유효하다고 판단하였다.

라. 체약국의 유보 수락·반대와 철회

유보 통고에 대해 체약국의 수락으로 유보는 성립한다. 조약에 명시적으로 유보가 허용되면 다른 체약국이 이후 별도로 수락할 필요가 없지만(제20조1항), 조약에 명시적으로 허용되지 않은 유보는 다른 체약국이 수락해야 한다. 그러나 교섭국의 수가 제한적이거나 조약의 대상 및 목적으로 보아 조약 전체를 모든 당사국 간에 적용하는 것이 각 당사국이 기속적 동의를 부여한 필수적 조건으로 보이는 경우, 유보는 모든 당사국에 의해 수락되어야 한다(제20조2항). 국제기구 설립조약에 대한 유보는 그 기구의 권한 있는 기관의 수락이 필요하다(제20조3항).

----

7 협약상 체약국(contracting State)은 해당 조약의 발효 여부와는 관계없이 그 조약에 기속적 동의를 표시한 국가를 말하며, 당사국(party)은 기속적 동의를 표시하여 해당 조약이 그 국가에 대해 발효 중인 국가를 말한다(제2조1항f, g).

조약이 달리 규정하지 않는 한, 유보를 포함하고 기속적 동의를 표시하는 행위는 적어도 어느 한 체약국이 유보를 수락하면 유효하고(제20조4항c), 유보국은 유보 수락국과의 관계에서 조약 당사국이 된다(제20조4항a). 어느 국가가 유보를 통고받은 후 12개월까지 또는 조약에 대한 기속적 동의를 표시한 일자까지 유보에 반대하지 않으면, 어느 것이 나중 일자이든 간에, 그 유보를 수락한 것으로 간주한다(제20조5항). 유보의 수락이나 반대는 서면으로 다른 체약국에 통고되어야 한다(제23조1항). 한편 UN은 관례적으로 일방 당사국이 기속적 동의 이후에 새로운 유보를 추가하거나 수정할 때도 다른 당사국에 대해 12개월 이내에 반대 여부를 회람하도록 요구하고, 반대가 없으면 이를 묵시적으로 수락한 것으로 간주한다.

유보의 수락은 철회되거나 수정될 수 없다('조약의 유보에 관한 실행지침' 2.8.13). 하지만 유보의 반대는 언제든지 서면으로 철회할 수 있으며(제23조4항), 철회 이유를 표시할 의무는 없다. 유보 반대의 철회는 유보 수락과 같은 효과를 갖는다.

마. 유보의 효과

체약국은 자신이 수락하지 않은 유보에 구속되지 않는다. 따라서 유보는 유보국과 유보 수락국 간에서만 유보의 범위 내에서 원래의 조약 규정을 변경한다(제21조1항). 유보국은 유보 수락국에 대해 유보 내용을 원용할 수 있고, 상호주의에 따라 유보 수락국도 유보국의 유보 내용을 원용할 수 있다. 예컨대 유보국이 조항 A를 A´로 유보하면 이를 수락하는 국가와 유보국 간에는 상호주의에 따라 A 대신 A´가 적용된다. 유보 조항이 아닌 그 밖의 조항은 유보국과 유보 수락국 간에 원래대로 적용된다(제21조2항). 유보에 반대하는 국가와 유보국 간에는 A와 A´가 모두 적용되지 않는다. 이러한 점에서 유보 수락국이나 반대국 모두 유보국에 대해 원래의 조약 규정 A가 적용되지 않는 것은 같다.

유보 반대국은 유보국과의 조약 관계 자체에 대해서도 입장을 표시할 수 있다.

- 유보 반대국이 유보국과의 조약 발효에 반대하지 않은 경우, 유보국과 유보 반대국 간에 유보와 관련된 조항은 유보의 범위 내에서 적용되지 않지만(제21조3항), 여타 조항은 적용된다. 1990.4. 한국이 「시민적·정치적 권리에 관한 국제규약」을 가입하면서 노동조합 결성, 결사의 권리 등 4개 조항에 대한 유보를 첨부한 데 대해, 1991.6. 체코슬로바키아와 네덜란드는 한국의 유보가 규약의 대상 및 목적과 양립하지 않는다고 유보에 반대하였으나, 양국 간 규약의 발효를 방해하지는 않는다고 선언하였다.

- 유보 반대국이 유보국과의 조약 발효에 대해 명확하게 반대 의사를 표시하는 경우, 이들 국가 간에 조약은 발효하지 않는다(제20조4항b). 1949년 구소련·중국·미국 등이 「Genocide협약」을 가입하면서 협약의 해석과 적용에 관한 분쟁에 대해 ICJ의 관할권을 인정한 제9조를 유보하자, 네덜란드는 이들 유보국을 협약 당사국으로 인정하지 않는다고 선언하였다.

유보국을 제외한 다른 체약국 상호 간에는 원래의 조약 규정이 그대로 적용된다.

4. 조약의 준수·적용범위 및 조약 간 적용

가. 당사국의 조약 준수 의무

협약은 신의성실의 원칙과 약속 준수(*Pacta sunt servanda*) 의무를 보편적 원칙으로 천명하고 있다(전문). 유효한 모든 조약은 당사국을 구속하며, 당사국에 의해 신의성실하게(in good faith) 이행되어야 한다(제26조). **신의성실의 원칙에** 따라 당사국은 약속을 준수하고 다른 당사국의 정당한 이익을 배려하며 신뢰를 해치거나 권리를 남용하지 않아야 한다. 당사국은 또한 조약 불이행을 정당화하기 위해 국내법 규정을 원용할 수 없다(제27조). 당사국의 조약 의무 불이행 또는 의무 위반 시에는 국가책임이 발생한다.

발효 전 조약이라도, ① 비준·수락·승인을 조건으로 조약에 서명하였거나 그러한 조약을 구성하는 문서를 교환한 국가는 그 조약의 당사국이 되지 않겠다는 의사를 명백히 표시할 때까지, ② 기속적 동의를 표시한 국가는 발효를 부당하게 지연하지 않는다는 조건으로 발효할 때까지, 조약의 대상 및 목적을 저해하는 행위를 삼가야 한다(제18조). 서명국은 조약의 비준을 명백히 포기하기 전까지 그리고 체약국은 조약이 발효할 때까지 조약을 실질적으로 준수해야 할 의무를 규정한 것으로, 이는 관습국제법을 표현한 것이다. ①의 예로, 미국은 2000.12. 「국제형사재판소에 관한 로마규정」에 서명하였으나, 2002.5. 부시 미국 대통령은 규정 수탁자인 UN 사무총장에게 서명을 취소하고 서명으로 인한 법적 의무가 없으며 ICC 당사국이 될 의사가 없다고 통보하였다.

나. 조약의 적용범위

(ⅰ) 시간적 적용범위

조약은 조약 규정에 따라 또는 교섭국이 합의하는 방법으로 그 일자에 발효한다. 조약 규정이나 합의가 없는 경우, 모든 교섭국의 기속적 동의가 확정되는 대로 발효한다(제24조).

조약 규정에 따라 또는 교섭국이 달리 합의하는 경우, 조약 전체나 일부는 발효 시까지 **잠정적용**(provisional application)된다(제25조1항). 조약 발효에 필요한 요건이 충족되지 않아 발효가 지연되는 경우, 정식 발효 전이라도 우선 적용될 수 있도록 한 것이다. 1947년 「관세 및 무역에 관한 일반협정(GATT) 잠정적용 의정서」와 「UN해양법협약 제11부의 이행협정」이 잠정적용된 사례가 있다. 잠정적용을 받는 국가 가운데 일국이 그 조약의 당사국이 되지 않겠다는 의사를 타국에 통고하면, 그 국가에 대한 잠정적용은 종료된다(제25조2항). 해당 조약이 정식 발효하면 잠정적용은 중지된다.

조약에 다른 의도가 나타나 있지 않거나 달리 확정되지 않는 한, 조약 규정은 발효 이전에 당사국과 관련하여 발생한 행위나 사실 또는 더는 존재하지 않은 상황에 관하여 당사국을 구속하지 않는다(제28조). 즉 조약은 발효 이후 당사국과 관련하여 발생한 행위나 사실 또는 상황에 대해서만 당사국을 구속한다. 이는 법적 안정성을 유지하기 위한 것으로, 조약 **불소급**(non-retroactivity)의 원칙이라 한다. 협약 제28조 조약 불소급은 개별 조약 자체의 소급 효력이 인정되지 않는다는 규정이지만, 협약 제4조의 불소급은「조약법에 관한 비엔나협약」이 발효한 1980.1.27. 이전 조약에 대해서는 협약이 소급 적용되지 않는다는 규정이다.

발효한 조약은 무효·종료·폐기·탈퇴 시까지 적용된다.

(ii) 영토적 적용범위

조약은 당사국의 전체 영역(영토, 영수, 영공)에 적용된다. 항공기나 선박은 국적국의 영토로 간주하여 적용된다. 다만 조약에 다른 의사가 나타나거나 달리 확정되었으면 특정 지역이 배제되거나 포함될 수 있다(제29조). 주권적 권리나 관할권이 행사되는 EEZ나 대륙붕은 특별히 명시되지 않은 한, 적용되지 않는다.「한미자유무역협정」은 양국의 영해 밖 EEZ나 대륙붕에 대해서 적용된다고 명시하고 있다(제14조).

다. 조약 간 적용

「UN헌장」상 의무와 다른 조약의 당사국으로서의 의무가 충돌하는 경우, UN 회원국에 대해서는「UN헌장」상의 의무가 우선 적용된다(헌장 제103조1항). 로커비사건(1992)에서, ICJ는「UN헌장」제103조에 규정된 헌장상의 의무는 헌장 규정뿐만 아니라 이에 근거한 안보리의 구속력 있는 결정을 포함하는 것으로, 리비아에 대해 테러혐의자 인도를 요구하고 그 불이행에 대한 경제제재를 부과한 안보리 결의 748호가 리비아가 관할권 주장의 근거로 내세우는「몬트리올협약」(제14조)에 우선한다고 결정하였다.

구조약의 모든 당사국이 동일한 사안에 대해 신조약을 체결하였다면 구조약은 종료한 것으로 간주된다(제59조). 그러나 동일한 사안에 대해 구조약이 종

료하지 않아 신구 2개의 조약이 있는 **연속 조약**(successive treaty)으로(제30조),

> ① 신구 조약의 당사국이 동일한 경우, 신법(후법) 우선 원칙에 따라 신조약이 우선 적용되나, 아직 유효한 구조약의 규정은 신조약의 규정과 양립하는 범위 내에서만 적용되며(3항),
>
> ② 신조약의 당사국이 구조약의 모든 당사국을 포함하지 않은 경우, 신구 조약 모두의 당사국 간에는 신조약과 (신조약 규정과 양립하는 범위 내에서) 구조약이 함께 적용되며, 신구 조약의 당사국과 신구 조약 중 어느 한 조약만의 당사국 간에는 양국이 모두 당사국인 조약이 적용된다(4항).

5. 조약의 효력

가. 조약 당사국 간의 효력

"합의는 제3자를 해롭게도 이롭게도 하지 않는다"는 로마법 원칙에 따라, 조약은 조약 당사국 간에만 구속력을 가지며, 이를 **조약 상대성의 원칙**(principle of relativity of treaties)이라 한다. 따라서 조약은 제3국의 동의 없이 제3국에 대해 권리나 의무를 창설하지 않는다(제34조). 제3국은 조약의 당사국이 아닌 국가를 말한다(제2조1항h). 제3국이 조약상 일정 의무를 수락한다고 해서 당사국이 되는 것은 아니다.

나. 조약의 제3국에 대한 효력

조약 당사국이 제3국의 동의 없이 제3국에 의무를 부과하는 것은 주권평등의 원칙을 침해하는 것으로 무효이다. 그런데도 조약 당사국이 제3국에 대해 의무를 부과하려면, 제3국이 서면으로 분명하게 이를 수락해야 한다(제35조). 제3국에 부과된 의무의 취소나 변경도 조약 당사국과 제3국이 동의해야 한다(제37조1항).

조약 당사국이 제3국에 권리를 부여하는 것도 제3국의 동의를 얻어야 한다. 은혜는 강요될 수 없다는 법언에 따른 것이다. 다만 제3국의 주권을 침해하는 것은 아니므로, 제3국의 반대 표시가 없는 한 동의한 것으로 추정된다. 예컨대 국제운하에서 제3국 선박은 자유통항이 보장된다.[8] 권리를 행사하는 제3국은 조약 규정에 따라 또는 조약에 의해 확립된 권리 행사의 조건을 따라야 한다 (이상 제36조). 조약 당사국은 제3국의 동의 없이 그 권리를 취소 또는 변경할 수 있으나, 제3국에 부여된 권리가 제3국의 동의 없이는 취소나 변경되지 않도록 의도하였다면 조약 당사국은 그 권리를 취소 또는 변경할 수 없다(제37조2항).

관습국제법 규칙으로 인정된 조약 규정이 제3국을 구속하는 것을 배제하지 않는다(제38조). 이 경우 제3국은 확립된 관습국제법을 준수하는 것이지, 해당 조약에 구속받는 것은 아니다.

6. 조약의 해석

가. 의의

규범인 조약을 구체 사실에 적용하기 위해서는 조약문을 해석해야 한다. 그러나 협상의 결과물인 조약은 문안이 추상적이고 애매하거나, 아예 관련 조문이 없는 경우도 있다. 민감한 문제를 회피하기 위해 각자 편의적으로 해석할 수 있도록 문안을 의도적으로 모호하게 작성하는 이른바 '건설적 모호성'(constructive ambiguity)이 발휘되기도 한다. 조약의 해석은 이러한 불완전한 조약 문안의 의미와 범위를 조약 당사국들의 의사에 합치하도록 확정하는 것이다.

그러나 대부분의 조약은 조약 안에 해석과 관련된 규정을 두고 있지 않다. 개별 국가가 조약문을 자의적으로 해석하는 것을 방지하기 위해 협약은 조약 해석을 위한 일반적 기준을 제시하고 있다.

----
8 조약이 제3자에 대해 효력을 갖지 않은 것이 원칙이지만, 특정 지역·영토·국가·강·수로·해양 영역을 대상으로 하는 조약(예컨대 키일 운하에 관한 「베르사이유조약」, 「남극조약」 등)의 경우 이를 명시적 또는 묵시적으로 수락한 제3자에 대해서도 효력을 갖는 이른바 **'객관적 체제'**(objective regime)를 수립한다는 제안이 협약 초안에 포함되었으나 채택되지는 않았다.

나. 조약의 해석권자

조약 당사국은 1차적 해석권자로서 스스로 조약을 해석할 권리를 갖는다. 일방 당사국의 행정부나 사법부에 의한 조약 해석은 국가 간 사법 평등(judicial equality) 원칙에 따라, 타방 당사국을 구속하지 않는다. 그러나 조약 당사국 전부가 합의한 해석은 모든 당사국에 대해 구속력이 있다. 인권조약의 경우, 조약기구가 해당 조약을 해석하는 기능을 하고 있다. 국제기구도 자신이 체결한 조약을 해석한다. ICAO, IMF, IBRD 등의 설립협정은 협정의 유권적 해석기관으로 이사회를 지정하고 있다.

당사국 간 해석이 달라 분쟁이 발생한 경우에 대비해, 개별 조약은 조약의 해석과 적용에 관한 분쟁해결절차를 규정하고 있다. ICJ 또는 중재재판소 등 분쟁해결절차에 규정된 국제재판소는 조약의 해석과 적용에 관한 사안을 관할한다.

다. 조약 해석에 관한 입장

조약 해석에 관한 입장으로 의사주의, 문언주의, 목적주의가 있다.

의사주의(intentional school)는 당사국의 주관적인 의사 확인을 중시한다. 당사자 의사의 객관적 표현으로서 조약문과 준비문서 등을 통해 교섭 당시의 제반 사정을 종합적으로 고려하여 당사자의 의사를 파악하려 한다. 그러나 당사국은 자국에 유리한 문서만을 제시하므로 당사국의 정확한 의사를 포착하기가 쉽지 않다는 어려움이 있다.

문언주의(textual/literal school)는 조약문에 나타난 객관적 의미 파악에 집중한다. 문언주의는 의사주의의 주관적 자의성을 배제하려는 것이지만, 조약문은 본래부터 의도적으로 모호하게 성안된 경우도 적지 않아, 객관적인 의미 파악이 쉽지 않다. 또한 조약체결 당시 문언의 의미는 세월이 흐르면서 변화될 수 있지만, 법적 안정성을 중시하는 ICJ는 조약체결 당시 상황에 기초하여 문언의 의미를 해석하고 있으며, 이를 **동시대성**(同時代性)**의 원칙**(principle of contemporaneity)이라 한다. 가브치코보—나기마로스사업사건(1997)에서 헝가리는 1977년에 체결된 조약을 이후 더 발전되고 강화된 국제환경법의 맥락에서 해석해야 한다고 주장하였으나, ICJ는 조약의 해석은 조약체결 당시 당사자의 의사에 따라야 한다는 점을 이유로 배척하였다. 반면에 유럽인권재판소는 Tyrer v. 영국 사건(1978)에서 「유럽인권협약」을 살아있는 문서로 보아, 협약상 인권 개념을 체결 당시의 의미로 고정하지 않고 시간의 경과에 따른 변화를 반영하여 현재 상황에 비추어 역동적으로 해석해야 한다는 '진화론적 해석'(evolutive interpretation) 입장을 취하였다.9 진화론적 해석은 자칫 조약의 해석을 벗어나 조약의 수정 내지 새로운 입법이 될 위험성이 있어 인권 분야에서 예외적으로 허용된다고 할 것이다.

목적주의(teleological school)는 조약의 대상 및 목적에 비추어 조약 적용에 최대한 효과가 부여되도록 해석한다('효과성의 원칙'). UN의 일정 경비에 관한 권고적 의견(1962)에서 ICJ는, 국제기구의 설립조약이 그 목적을 달성하도록 실효적으로 해석함으로써 묵시적 권한 이론을 인정하였다(☞ p.173). 보스니아·헤르체고비나 v. 세르비아·몬테네그로 간 「Genocide협약」의 적용사건(2007)에서 ICJ는, 1948년 「Genocide협약」은 Genocide를 범한 자를 기소 및 처벌할 당사국의 의무만 규정하고 있으나, 협약의 대상 및 목적을 감안 시 당사국 자신도 Genocide를 행하지 않고 관여하지도 않을 의무가 있으며 자국 영역 밖에서 발생한 Genocide에 대해서 지원하는 것도 협약 위반이라고 해석하였다. 그러나 목적주의 해석은 조약의 효과에 집중하다 보니 자칫 해석자의 주관에 좌우되어 새로운 입법이 될 위험성을 안고 있다. 이에 따라 모로코에서의 미국인의 권리에 관한 사건(1952)에서 ICJ는, 재판소는 조약의 대상 및 목적을 넘어서 해석할 수 없으며, 재판소의 임무는 조약을 해석하는 것이지 이를 개정하는 것이 아니라고 판시하였다. 목적주의에 따른 그 밖의 해석 사례로 UN 근무 중 입은 손해의 배상에 관한 권고적 의견(1949), LaGrand사건(2004) 등이 있다.

----

9 유럽인권재판소(ECHR)는 15세 소년 Tyrer에 회초리를 때리는 태형은 여타 유럽국들의 통상적인 체벌 정책에서 벗어난 것으로, 이는 고문과 비인도적이거나 또는 굴욕적인 취급이나 형벌을 받지 않도록 규정한 「유럽인권협약」 제3조에 위배된다고 판단하였다. UN 인권위원회도 동일한 입장을 보였다.

평화조약의 해석에 관한 권고적 의견(1950 ICJ)

1947년 제2차 대전 연합국과 불가리아·헝가리·루마니아 간 각각 체결된 평화조약은 분쟁해결에 관한 중재재판 구성에 대해 분쟁당사자가 각각 1명의 위원을 임명하고, 두 위원이 제3 위원을 합의하여 3인으로 위원회를 구성하되, 만약 1개월 이내에 제3 위원에 관해 합의하지 못하는 경우, 어느 일방 당사국은 UN 사무총장에게 제3 위원의 임명을 요청할 수 있도록 규정하였다.

평화조약 해석에 관한 권고적 의견(1950)에서 ICJ는, 평화조약은 3인에 의한 다수결 결정을 의도하고 있으며, UN 사무총장의 제3 위원 선임은 (순서상 양측이 선임한 두 위원이 제3 위원 선임에 합의하지 못한 경우에 행사될 수 있는 것으로), 일방 당사자가 자기 위원을 선임하지 않았다면 사무총장이 제3 위원을 선임할 권한이 없다고 판시하였다.

ICJ는 조약의 대상 및 목적을 실현하기 위한 목적론적 해석을 거부하고 문언주의에 충실히 해석하였다. 하지만 이러한 해석에 따르면 일방이 중재관 선임을 거부하는 경우 중재재판소 구성 자체가 어렵게 된다. 이후 국제법위원회(ILC)는 1958년 채택한 「중재절차 모델안」(Model Draft on Arbitral Procedure)에서 일방 당사자에 의해 지명되지 않은 중재인을 ICJ 소장이 선임하도록 규정하였다. 「UN 해양법협약」 제7부속서(중재재판) 제3조도 그러한 경우 국제해양법재판소 소장이 선임을 하도록 규정하고 있다.

라. 협약상 해석의 원칙

(i) 해석의 일반 규칙

조약은 / 문맥상 그 조약의 용어에 부여되는 통상적 의미에 따라 / 또한 조약의 대상 및 목적을 고려하여 / 성실하게 해석해야 한다(제31조1항).[10]

해석은 문맥(context)상 조약 용어에 부여되는 통상적 의미를 따라야 한다.

----

[10] 영문은 'A treaty *shall* be interpreted in good faith in accordance with the ordinary meaning to be given to the terms of the treaty in their context and in the light of its object and purpose'이다.

조약 전체의 문맥 속에서 통상적인 의미를 파악하는 것이 해석의 출발점이다. 통상적 의미가 당사자의 의사를 가장 잘 반영하기 때문이다. 또한 조약문(text)은 분리하지 않고 전체로서 통합적으로 파악해야 한다.

- **문맥**은 조약문(전문과 부속서 포함), 조약체결과 관련한 모든 당사국의 합의, 당사국이 작성하고 다른 당사국이 수락한 문서를 포함한다(제31조2항). 해석은 무엇보다도 조약문에 근거해야 한다. 조약문은 조약체결과 관련하여 당사국이 작성하고 타 당사국이 수락한 문서를 포함한다(제31조2항). 전문은 조약체결의 배경·목적·일반원칙 등을 선언하는 것으로, 법적 구속력을 갖지는 않지만, 조약 해석을 위한 문맥을 구성한다. 당사국들이 특정 용어에 특별한 의미를 부여하기로 의도한 것이 확실한 경우에는 그러한 의미를 부여한다(제31조4항). 동부 그린란드의 법적지위사건(1933)에서 ICJ는, 그린란드의 범위가 덴마크가 개척한 서부 그린란드만을 의미한다는 노르웨이의 주장에 대해, 그린란드는 통상적인 지리적 의미로 해석되어야 하며, 기존 덴마크 법령이나 여러 국제문서에서 그린란드 전역을 의미하였다고 보았다. 또한 그린란드라는 특정 용어에 대한 예외적인 의미는 이를 주장하는 당사자가 입증해야 한다고 하였다.
- 문맥과 함께, 조약체결 이후 발생한 후속 합의와 후속 관행, 당사국 간의 관계에 적용될 수 있는 관련 국제법 규칙을 참작해야 한다(제31조3항). **후속 합의**(subsequent agreement)는 조약의 해석과 적용에 관해 조약체결 후 당사국 간 새롭게 형성된 합의를 말하며, 사실상 조약을 개정하는 효과를 갖기도 한다. **후속 관행**(subsequent practice)은 조약의 해석이나 적용에 관련하여 당사국의 의사가 반영되어 일관되게 이루어진 실행(성명이나 선언, 외교 공한, 국제기구 활동, 국내 이행 법령, 재판소의 판결 등)을 말한다. 해당 조약과 관련한 당사국의 후속 합의와 관행은 조약 해석에 있어 중요한 객관적 증거로 작용한다. 당사국 간에 적용될 수 있는 관련 국제법 규칙은 관련된 조약이나 관습국제법 규칙 등을 포함한다.
- 해석은 조약의 대상 및 목적을 고려해야 한다. 전술한 목적주의에 따라

조약의 대상 및 목적에 맞게 조약을 적용함으로써 최대한 효과가 부여되도록 해석한다. 조약의 대상 및 목적은 문맥에서 확인할 수 있다.

- 조약은 신의 성실하게 해석되어야 한다. 신의칙(信義則)에 따라 자의성을 배제하고 공정하게 조약문을 해석하여 부당하거나 불합리한 결과가 초래되지 않도록 해야 한다.

(ii) 해석의 보충적 수단

해석의 일반 규칙에 따라 해석하였음에도 그 의미가 불분명하거나 명백히 부당하거나 불합리한 결과를 초래하는 경우, 준비문서와 조약체결 시의 사정을 해석의 보충적 수단으로 사용할 수 있다(제32조). 제31조는 일반적 원칙으로서 shall을 사용하고 있지만, 보충적 수단인 제32조는 may를 사용하고 있다. 다만 1948년 UN 회원국의 가입조건에 관한 권고적 의견에서 ICJ는, 조약의 문맥이 그 자체로 충분히 명백한 경우에는 준비문서에 의지할 필요가 없다고 하였다.

준비문서(preparatory work/*travaux preparatoires*)는 조약 성안 과정의 교섭 기록으로, 초안, 국가 간 교섭 등 회의록, 전문가 보고서, 의장 해석, 초안 주석 등을 포함한다. 준비문서는 서로 상충하거나 확정적이지 않기 때문에 신중하게 사용되어야 한다. 또한 조약 협상 과정에서 결정적인 교섭자료들은 기록으로 남지 않은 경우가 빈번하다. **조약체결 시의 사정**은 조약이 만들어진 배경을 파악하고, 조약의 대상 및 목적을 확인하는 데 유용하다.

요컨대 협약은 문언주의(context, text)와 목적주의(object and purpose)의 핵심 요소를 결합한 제31조를 원칙으로 하고, 제32조에서 보충적으로 의사주의 입장을 반영하고 있다. ICJ는 리비아/차드 영토분쟁사건(1994) 및 석유생산시설 사건(2003)에서 제31조와 제32조가 관습국제법의 지위를 가지고 있다고 확인하였다.

(iii) 조약 언어본

별도의 규정이나 당사국 간 합의가 없는 한, 각 언어로 작성된 조약문은 동등한 효력을 갖지만, 특정 언어본이 우선한다고 규정하기도 한다(제33조1항).

우리나라의 경우 조약 정본인 영어본과 한국어 번역본의 의미상 차이가 있는 경우, 영어 정본을 직접 해석하여 적용한 대법원 판례(1986.7.22. 82다카1372)가 있다.

둘 또는 그 이상의 언어가 정본인 조약의 언어본 간에 의미상 차이가 있는 경우, 조약의 대상 및 목적을 고려하여 조약문들을 가장 잘 조화시키는 의미를 채택한다(제33조4항).

마. 조약의 해석선언

조약의 해석선언(interpretative declaration)은 체약국이 서명이나 비준 시 특정 조항이나 조약의 적용 등에 있어 해석상 의미나 범위를 구체화하거나 명확히 하는 일방적 행위이다. 주로 국내 법령을 조약과 조화시킬 목적으로 사용된다.

협약은 해석선언을 금지하는 규정을 두고 있지 않다. 이에 따라 체약국은 종종 자국에 유리한 해석선언을 첨부하나, 조약상 권리·의무를 변경하는 해석선언은 원칙적으로 구속력이 없다. 다른 체약국이 해석선언을 명시적으로 수락하거나 반대하는 실행도 드물다.

일부 조약은 해석선언을 명시적으로 허용하고 있다. 예컨대 「UN해양법협약」은 유보를 금지(제309조)하는 대신, 협약의 서명·비준·가입 시 그 표현이나 명칭과 관계없이 그리고 협약 규정의 법적 효과를 배제 또는 변경시키지 않는 범위 내에서 특히 자국의 국내 법령을 이 협약의 규정과 조화시킬 목적의 선언이나 성명을 허용하고 있다(제310조). 이에 따라 일부 국가는 영해에서의 군함의 통항, EEZ나 대륙붕에서의 군사훈련, 해양에서의 무력사용이나 위협에 대한 해석선언을 추가하였다.

해석선언은 조약의 특정 조항의 효력을 배제 또는 변경하는 유보와 구별된다. 조약이 유보를 명시적으로 금지한 경우, 해석선언은 이를 우회하기 위한 위장된 유보로 사용될 가능성이 없지 않다.

7. 조약의 개정과 변경

가. 개정

조약의 개정(amendment)은 조약문의 일부를 변경하는 것을 말한다. 조약은 당사국 간의 합의에 따라 개정될 수 있다(제39조). 조약문의 일부가 아닌 전체를 개정하는 것을 revision이라고 하나, 이는 사실상 새로운 조약의 체결로 보아야 할 것이다.

양자조약은 개정에 관한 기존 조약의 규정이나 개정에 관한 당사국의 합의에 따라 언제든지 개정할 수 있다.

다자조약은 개정조항을 포함하는 경우가 일반적이다. 예컨대 「UN헌장」의 개정은 회원국 2/3에 의해 채택되고 5개 상임이사국을 포함한 회원국 2/3가 각자의 헌법상 절차에 따라 비준하면 발효한다(제108조). 「UN해양법협약」은 개정안에 대해 총의를 위한 모든 노력이 끝날 때까지 표결하지 않도록 규정하고 있다(제312조). 개정조항이 없는 다자조약의 개정은 협약 규정이 적용된다. 다자조약을 개정하기 위한 개정 제안은 모든 체약국에 통보되어야 하고, 체약국은 개정을 위한 교섭과 합의에 참여할 권리를 가지며, 개정에 관한 기존 조약의 규정이나 개정을 위한 합의에서 정하는 표결 방식에 따라 개정된다. 개정된 조항은 이를 승인하지 않은 개정 전 조약의 당사국을 구속하지 않으며, 그러한 국가에 대해서는 연속 조약의 승계가 적용된다(제30조4항b). 개정된 조항이 발효한 후에 당사국이 된 국가는 개정된 조약의 당사국으로 간주되지만, 개정된 조항을 승인하지 않은 당사국은 개정 전 조약의 당사국으로 간주된다(제40조).

나. 변경

조약의 변경(modification)은 다자조약의 둘 또는 그 이상의 당사국이 합의하여 해당 당사국 간에만 조약 내용을 변경하는 것이다. ① 조약이 변경 가능성을 규정한 경우, ② 조약이 변경을 금지하지 않고, 조약의 변경이 다른 당사국의 권리·의무에 영향을 주지 않으며 조약의 대상 및 목적의 효과적 이행과 양립할 수 있는 경우, 당사국 간에 조약 변경에 대해 합의할 수 있다.

조약을 변경하려는 당사국은 그러한 의사와 내용을 다른 당사국에 통고해야 한다(이상 제41조).

8. 조약의 무효

가. 의의

조약은 국가의 자유의사에 따라 체결되어야만 유효하다. 조약의 무효 또는 부적법(invalidity)은 조약이 체결되었지만, 조약의 기초가 되는 국가의 기속적 동의 표시에 결함 또는 강박이 있어 법적 효력을 잃는 것을 말한다.

조약의 무효가 실제 발생하는 사례는 흔치 않지만, 협약은 조약의 적법성 또는 국가의 기속적 동의의 적법성은 오직 이 협약의 적용을 통해서만 부정할 수 있다고 규정하여(제42조1항), 법적 관계의 안정성을 해치는 조약의 무효 주장을 엄격히 제한하고 있다.

조약의 무효 주장과 관련, 당사국 간 상호성을 크게 결여한 **불평등 조약**(unequal treaty)은 무효라는 주장이 있으나, 국가가 자유의사에 기초하여 스스로 조약을 체결하였다면 설사 불평등한 내용을 포함하더라도 무효를 주장할 수 없다. 협약도 불평등을 조약의 무효 사유로 포함하지 않고 있으며, 불평등 조약은 조약 개정이나 종료의 문제로 해결되어야 할 것이다. 또한 국제법상 비밀 조약도 불법이 아니다. 협약도 조약의 무효를 원용하는 사유로 비밀 조약을 포함하고 있지 않다. 「UN헌장」은 비밀 조약의 감소를 위해 조약의 등록을 규정하고 있지만(제102조), 등록되지 않은 비밀 조약이라고 해서 효력이 부인되는 것은 아니다.

나. 상대적 무효와 절대적 무효

협약은 조약의 무효를 원용할 수 있는 8개 사유를 열거하고 있으며, 이들은 기속적 동의 표시에 결함이 있어 당사국이 무효를 주장할 수 있는 상대적 무효와 강박 등 중대한 흠결로 인해 객관적으로 무효인 절대적 무효로 나눌 수 있다.

상대적 무효는 무효를 주장하는 당사국만이 사유를 원용할 수 있고, 조약을 분리하여 그 일부 또는 전체의 무효를 주장할 수 있으며, 당사국의 사후 동의나 묵인이 있었다면 유효한 것으로 간주하여 그 이후에는 무효를 주장할 수 없다. 절대적 무효는 무효를 주장하는 당사국뿐만 아니라 제3자도 주장할 수 있으며, 조약 일부가 아닌 전체가 무효이고, 당사국이 사후 동의하거나 묵인한다고 해서 유효한 것으로 간주되지 않는다. 상대적 무효는 사유를 원용하여 조약의 무효(voidable)가 확정된 그 이후부터 무효이고, 절대적 무효는 무효 사유를 원용할 필요 없이 조약체결 당시로 소급하여 당연 무효(null and void)이다.

(ⅰ) 상대적 무효 사유(제46조 – 제50조)

(1) 조약체결권에 관한 근본적으로 중요한 국내법 규정의 명백한 위반

교섭국은 기속적 동의가 국내법 규정을 위반하여 표시되었다는 사실만으로 기속적 동의의 무효를 주장할 수 없다. 그러나 기속적 동의가 조약체결권에 관한 근본적으로 중요한 국내법 규칙을 명백히 위반하여 표시되었다면 이를 원용할 수 있다. 조약체결권에 관한 근본적으로 중요한 국내법 규칙은 헌법이나 헌법에 준하는 법률을 말한다. 명백한 위반은 일반적인 관행에 따라 신의성실하게 행동하는 어떤 국가에게도 객관적으로 분명한 경우를 말한다(제46조). 카메룬 v. 나이지리아 영토 및 해양경계사건(2002)에서 나이지리아는 국가원수가 최고 군사평의회의 승인을 받아 조약에 서명하도록 제한한 자국 헌법이 근본적으로 중요한 국내법으로 이를 위반한 문서가 무효라고 주장하였다. 하지만 ICJ는 국가원수의 기능으로 보아 또한 국가원수는 전권위임장을 제시하지 않고 국가를 대표한다는 규정(협약 제7조2항a)으로 보아, 그러한 국내법상 제한이 적절히 공표되지 않는 한 이는 명백히 위반한 것이 아니라고 판단하였다.

협약은 조약 불이행을 정당화하기 위해 국내법 규정을 원용하는 것을 허

용하지 않으나(제27조), 조약의 상대적 무효를 주장하는 사유로서 조약체결권에
관한 중요한 국내법 위반을 원용하는 것은 허용하고 있다.

(2) 교섭 상대국에 통보한 교섭 대표의 권한 제한 위반

(서명으로 발효하는 약식조약에 있어서) 기속적 동의를 표시하는 교섭 대표의
권한에 제한이 있음에도 교섭 대표가 이러한 제한을 따르지 않고 기속적 동의
를 표시하였다면 교섭 대표의 그러한 월권행위(*ultra-virus*)를 이유로 기속적 동
의의 무효를 주장할 수 없다. 그러나 기속적 동의를 표시하기 전에 교섭 대표
의 권한에 특정한 제한이 있다는 것을 교섭 상대국에 미리 통보하였다면 이를
무효 사유로 원용할 수 있다(제47조).

(3) 조약상의 착오

조약상의 착오(error in a treaty)가 조약체결 당시 국가가 추정한 사실이나
상황과 관련되고, 그러한 착오가 기속적 동의의 본질적 기초를 구성한 경우,
기속적 동의의 무효를 주장하는 사유로 착오를 원용할 수 있다(제48조). 착오는
착오를 원용하는 교섭국 자신의 잘못으로부터 기인한 것으로 그 같은 착오를
알았더라면 조약을 체결하지 않았을 정도로 기속적 동의의 본질적 기초를 이
루는 것이어야 한다. 착오는 조약체결 당시 객관적 사실이나 상황과 관련한 착
오로서, 법률적 착오는 포함되지 않는다.[11] 착오를 주장하는 국가는 증거를 제
시하여 이를 입증해야 한다. 그러나 착오를 원용하는 국가가 자신의 행동으로
착오를 유발하였거나, 또는 착오를 인지할 수 있는 사정이었다면 착오를 원용
할 수 없다.

----
[11] 조약문의 정본 인증 후 조약문 자구에 대한 착오는 조약문 착오의 정정 절차(제79조)를 적용
한다(제48조3항).

프레아비히어사원사건(캄보디아 v. 태국 1962)

1904.2. 태국(Siam)과 프랑스(캄보디아의 보호국)는 Dangrek 산맥의 분수령에 따라 국경선을 획정하기로 하고, 1907년 국경위원회를 구성하여 프랑스에 국경 지도를 작성하도록 위임하였다. 산맥 정상 부근의 절벽에 있는 프레아비히어 힌두사원 일대는 분수령에 따라 태국령에 포함되어야 했지만, 1908년 완성되어 태국에 전달된 지도상에는 캄보디아의 영토로 표시되어 있었다. 태국은 1934년에야 비로소 지도상 잘못을 발견하였으나 이를 문제 삼지 않고 있다가, 제2차 대전 이후 프랑스군이 캄보디아에서 철수하자 국경 수비대를 파견하여 사원 지역을 점령하였다. 이에 1953년 캄보디아가 ICJ에 태국군 철수와 자국령 확인을 요구하는 소를 제기하였다.

ICJ는 아래와 같은 이유로 사원 일대를 캄보디아의 영토로 인정하였다.

- 태국은 프랑스 전문가들이 측량에 기초하여 제작한 지도가 분수령을 따르지 않은 중대한 오류를 포함하고 있어 무효라고 주장하나, 1908년 태국이 처음 지도를 받은 이래 사본을 추가로 요구하여 사용하며 프랑스 측에 감사를 표시하였고, 1930년 태국 왕자가 이 사원을 방문하였을 때 프랑스가 사원에 프랑스 국기를 게양하고 영접하였으나 태국은 아무런 이의도 제기하지 않았으며, 태국이 사원을 캄보디아령으로 표시한 지도까지 출간한 것은 태국이 지도를 유효한 것으로 인정한 것이다.

- 태국이 지도의 오류가 판명된 이후 즉시 또는 합리적 기간 내에 이의를 제기하였어야 하나, 50여 년이나 항의하지 않고 침묵한 것은 지도상의 국경선을 받아들이고 사원 지역에 대한 캄보디아의 주권을 **묵인**(tacit recognition)한 것이다. 프랑스와 캄보디아는 태국이 지도를 수락한 것으로 신뢰하였고, 태국은 50여 년간 안정된 국경이라는 이익을 누렸으므로 과거의 행위에 반하는 주장은 금지된다는 금반언의 원칙에 따라 태국은 지도의 무효를 주장할 수 없다.

- 태국은 또한 지도가 분수령과 일치한다고 생각한 자신의 **착오**에서 비롯된 것이므로 무효라고 주장하나, 당사자가 자신의 행동으로 착오를 유발하였거나 착오를 쉽게 인식할 수 있는 정황이 있었을 때는 착오는 성립하지 않는다는 것은 확립된 원칙으로, 태국은 착오를 원용할 수 없다.

ICJ는 태국이 동 사원 지역에 대한 캄보디아의 영유권을 인정하고, 사원 지역으로부터 국경 수비대를 철수시키고, 사원에서 반출한 고미술품을 반환하라고 판결하였다.

(4) 교섭 상대국의 기만행위

교섭 상대국의 불법적이고 고의적인 기만행위(fraudulent conduct)에 의해 유인되어 조약을 체결한 경우, 국가는 기속적 동의를 무효로 하는 사유로 기만을 원용할 수 있다(제49조). 기만행위는 교섭 상대국의 사기, 허위 발언, 거짓 증거 등을 말한다.

(5) 교섭국 대표의 부패

교섭 상대국이 직·간접적으로 타방 교섭국 대표를 매수하여 기속적 동의가 표시된 경우, 국가는 기속적 동의를 무효로 하는 사유로 부패(corruption)를 원용할 수 있다(제50조). 타방 교섭국 대표의 매수는 상당 규모의 계획적인 것으로, 단순한 예의나 호의에 따른 선물 등에는 포함되지 않는다.

(ii) 절대적 무효 사유(제51조 – 제53조)

(1) 국가대표에 대한 강박

전통 국제법은 강박에 의해 체결된 조약도 유효하다는 입장이었다. 그러나 협약은 국가대표가 강박(coercion)하에 기속적 동의를 표시하여 체결된 조약은 어떠한 법적 효력도 갖지 않는다고 규정하고 있다(제51조). 강박은 대표 개인에 대한 물리력 사용이나 위협뿐만 아니라, 개인적 비리 폭로나 가족에 대한 협박 등 심리적 압박도 포함하는 넓은 의미이다. 1935년 조약법에 관한 Harvard 초안의 주석 및 1963년 조약법에 관한 특별보고관 Waldock이 ILC에 보고한 2차 보고서는 국가대표에 대한 강박으로 체결된 조약의 사례로 1905년 「을사보호조약」을 예로 들고 있다.

(2) 국가에 대한 무력의 위협 또는 행사에 의한 강박

UN 체재하 타국의 영토보전이나 정치적 독립에 반하거나 「UN헌장」이 금지하는 방식의 무력사용을 금지하고 있다(제2조4항). 이에 따라 「UN헌장」에 구현된 국제법의 제 원칙을 위반한 무력의 위협이나 사용으로 국가를 강박(coercion of a State by the threat or use of force)하여 체결한 조약은 무효이다(제52조).

여기서 무력은 물리적인 힘을 말하며, 정치적 또는 경제적 힘은 포함되지 않는다. 협약 협상 과정에서 제3세계 국가들이 군사적 힘뿐만 아니라 정치적·경제적 힘의 사용도 포함할 것을 주장하였으나 채택되지 않았다. 정치적·경제적 힘을 사용하여 조약체결을 강요하는 것은 국내문제불간섭 의무의 위반이지만, 조약의 무효 사유로서 원용될 수는 없다.

(3) 강행규범의 위반

조약체결 당시 존재하는 일반국제법의 강행규범과 충돌하는 조약은 (설사 당사국이 유효하게 합의하였더라도) 무효이다(제53조).

다. 무효의 효과

협약에 따라 부적법이 확정된 조약은 무효이다. 무효인 조약의 규정은 법적 효력이 없다(제69조1항).

무효인 조약에 근거하여 이미 행위가 이루어진 경우, 각 당사국은 그 행위가 이루어지지 않았더라면 존재하였을 상태가 당사국 상호 간에 최대한 확립하도록 다른 당사국에 요구할 수 있지만, 무효가 원용되기 전에 성실하게 이루어진 행위는 그 조약의 무효만을 이유로 불법이 되지 않는다(제69조2항). 단, 기만, 부패, 국가대표나 국가에 대한 강박의 책임이 있는 당사국에 대해서는 2항은 적용되지 않는다(제69조3항).

체결 당시 존재하는 일반국제법의 강행규범과 충돌하는 조약은 무효이며 (제53조), 당사국은 강행규범과 충돌하는 규정에 따라 취해진 모든 행위의 법적 결과를 가능한 제거하고 당사국 간의 상호관계를 강행규범에 일치시켜야 한다 (제71조1항).

9. 조약의 종료·폐기·탈퇴·시행정지

가. 의의

조약의 **종료·폐기·탈퇴**는 유효하게 성립한 조약이 당사국에 대해 소멸하는 것을 말한다. 통상적으로, 종료(termination)와 폐기(denunciation)는 양자조약이나 다자조약에서 모든 당사국에 적용되며, 탈퇴(withdrawal)는 다자조약에서 탈퇴를 통보한 해당 당사국에만 적용된다. (조약의 무효는 오직 협약의 적용을 통해서만 가능하나) 조약의 종료·폐기·탈퇴는 해당 조약 규정 또는 이 협약 규정을 적용한 결과로만 행해질 수 있다(제42조2항). 협약이 조약의 종료·폐기·탈퇴를 엄격히 규정한 것은 자의적인 종료·폐기·탈퇴로 조약 관계가 불안정해지는 것을 방지하기 위한 것이다. 조약을 종료·폐기·탈퇴할 권한도 조약체결권자가 가진다고 보아야 할 것이다. 다만 우리나라의 경우, 국회 동의를 거친 조약의 종료에 대해 국회 동의가 다시 필요한가에 대해서는 이론이 있다.

조약의 **시행정지**(suspension of the operation)는 모든 당사국 또는 특정 당사국에 대해 조약 일부 또는 전체의 효력을 일시적으로 중단하는 것을 말한다. 시행정지는 조약 규정에 따라, 긴급 상황이 발생한 일정 기간 특정 당사국에 대해 특정 규정의 적용을 정지하고, 긴급 상황이 해소되면 조약이 다시 적용되는 적용정지(derogation)와 구별된다(예: 「시민적·정치적 권리에 관한 국제규약」제4조1항).

한편 협약은 "외교관계나 영사관계의 존재가 그 조약의 적용에 불가결한 경우가 아니라면, 외교관계나 영사관계의 단절은 그 조약에 의해 확립된 당사국 간 조약 관계에 영향을 주지 않는다"(제63조)고 규정하고 있다. 외교·영사관계가 단절된다고 해서 바로 조약이 종료나 폐기·시행정지 등이 되는 것은 아니라는 것이다. 또한 협약은 "국가승계, (조약 의무 불이행에 대한) 국가책임, 또는 국가 간 적대행위 발발로 인해 조약에 발생하는 문제에 대해서는 예단하지 않는다"(제73조)라고 규정하여 이로 인한 조약의 종료나 폐기·시행정지에 관해 판단하지 않고 있다. 국가 간 적대행위가 발발하면, 교전국은 보통 조약 이행 불능이나 사정변경 등을 이유로 조약을 종료 또는 폐기한다. 교전국 간 양자조약(특히 정치적 조약)은 종료되거나 폐기되는 것이 일반적이나, 성격에 따라 일부 양자조약(예컨대 항공협정)은 일시 정지될 수 있다. 다자조약은 교전국 간 적용이 일시 정지되나, 국제인도법은 물론 국제인권법이나 국제환경법 등 입법적 성격의 다자조약은 교전국 간에 계속 적용된다.

나. 방법

(ⅰ) 조약 규정에 의한 종료·탈퇴·시행정지

조약 규정에 따라 조약은 종료하거나 당사국은 탈퇴할 수 있다(제54조a). 대부분의 양자조약은 종료, 다자조약은 탈퇴 규정을 두고 있다. 이에 따라 당사국은 양자조약을 종료시키거나, 다자조약을 탈퇴할 수 있다. 조약이 달리 규정하지 않는 한, 일단 발효한 다자조약은 발효에 필요한 수 이하로 당사국이 줄더라도 종료되지 않는다(제55조). 양자조약의 경우, 일본은 1997.8.1. 1965년 「한일어업협정」의 종료를 통보한 바 있다. 한국은 일본에 2019.8. 「한일군사비밀정보보호협정」(GSOMIA)의 종료를 통보하였으나, 11.22. 종료 몇 시간 전 종료 통보의 효과를 정지시킨 후, 2023.3. 다시 효력 재개를 통보하였다. 다자조약의 경우, 「국제연맹규약」의 탈퇴 규정에 따라, 독일·이탈리아·일본 등 16개 회원국이 탈퇴하였다.

조약 규정에 따라, 모든 당사국 또는 특정 당사국에 대해 조약을 정지할 수 있다(제57조a).

(ⅱ) 협약 규정에 의한 종료·탈퇴·시행정지

(1) 당사국의 동의에 의한 종료·탈퇴·시행정지

다른 체약국과의 협의를 거쳐 모든 당사국이 동의하면 언제든지, 조약을 종료하거나 당사국은 조약을 탈퇴할 수 있다(제54조b).

다른 체약국과 협의를 거쳐 모든 당사국이 동의하면 언제든지, 모든 당사국 또는 특정 당사국에 대해 조약의 시행을 정지할 수 있다(제57조b). 조약 규정이 시행정지 가능성을 허용하고 있거나, 이를 금지하지 않았다면 다른 당사국의 권리·의무에 영향을 주지 않고 조약의 대상 및 목적에 양립하는 경우, 일부 당사국은 일시적으로 또한 그 당사국 간에서만 조약 규정의 시행을 정지시키기 위해 합의할 수 있다(제58조).

(2) 신조약 체결에 의한 종료·시행정지

모든 당사국이 신조약을 체결하여 동일 사안을 규율하려고 의도하였거나, 신조약의 규정이 구조약의 규정과 근본적으로 양립할 수 없어 두 조약이 동시에 적용될 수 없는 경우, 구조약은 종료한 것으로 간주된다(제59조1항).

신조약에 구조약을 단지 시행 정지하려는 당사국의 의사가 나타나거나 달리 확인된 경우, 구조약은 시행 정지되는 것으로만 간주된다(제59조2항).

(3) 종료 규정이 없는 조약의 종료·탈퇴

조약에 종료·폐기·탈퇴 조항이 없어도, ① 당사국이 폐기 또는 탈퇴 가능성을 인정하려는 의사가 확인되는 경우, ② 조약의 성질상 폐기나 탈퇴의 권리가 묵인되었으면 폐기나 탈퇴가 인정된다. 조약의 폐기·탈퇴 의사는 적어도 12개월 전에 통보해야 한다(이상 제56조b).

①의 경우, 「UN헌장」은 탈퇴에 관한 규정이 없으나, 준비문서에서 예외적인 사정(UN이 평화를 유지할 수 없는 경우)하에 탈퇴가 가능한 것으로 확인되었다. 말레이시아 영토 일부에 대한 영유권을 주장하던 인도네시아는 말레이시아가 안보리 이사국에 선임된 데 항의하여 1965년 UN을 탈회하였으나 이듬해 복귀하였다. ②의 경우, 동맹·통상·문화·분쟁해결 등 한시적 성격의 조약은 폐기나 탈퇴가 인정된다. 반면에 영토 할양·국경 획정·평화·인권조약 등 영속적 성격을 갖는 조약은 폐기나 탈퇴가 인정되지 않는다. 1997년 북한이 「시민적·정치적 권리에 관한 국제규약」의 탈퇴를 선언하였다.12 하지만 조약기구

----
12 1997년 인권소위원회가 북한 인권 문제를 공식 논의하기 시작하여, 거주·이전의 자유와 국가 이행보고서 제출 등을 포함한 대북 인권결의안을 채택하자, 북한은 주권 침해를 이유로 자유권 규약의 탈퇴를 전격 선언하였다.

인 인권위원회(HRC)는 규약상 폐기나 탈퇴에 관한 규정이 없지만, 「세계인권선언」에 규정된 보편적 인권을 성문화한 규약은 폐기나 탈퇴의 대상이 아니며 다른 모든 당사국이 동의하지 않는 한 당사국은 탈퇴할 수 없다는 일반 논평(general comment)을 발표하였으며, 이로써 북한을 여전히 당사국으로 간주하고 있다.

(4) 사유에 의한 종료·시행정지

당사국은 또한 아래 사유를 원용함으로써 유효하게 성립한 조약을 종료 또는 시행정지할 수 있다. 조약의 무효 사유는 조약체결 당시 기속적 동의 표시와 관련한 사유이나, 조약 종료 사유는 하자 없이 유효하게 성립한 조약을 이행하는 과정에서 발생한 사유들이다.

① 조약의 중대한 위반

당사국이 조약을 경미하게 위반해도 조약이 바로 종료된다면 조약 관계는 불안정하게 될 것이다. 협약은 중대한 위반의 경우에만 조약 종료를 원용할 수 있는 사유로 인정함으로써 타방 당사국의 조약 의무 불이행을 방지하고 조약 관계의 안정을 도모하고 있다.

양자조약의 일방 당사국이 중대한 위반(material breach)을 한 경우, 타방 당사국은 위반국에 대해 조약의 종료나 조약의 전부 또는 일부를 시행정지하는 사유로 원용할 수 있다(제60조1항). 가브치코보－나기마로스사업사건에서 ICJ는, 피해국은 오직 조약의 중대한 위반만 조약의 종료 사유로 원용할 수 있으며, 그 밖의 조약 규정이나 관습국제법의 위반에 대해서는 대응조치를 포함한 일정한 조치를 취할 수 있다고 하였다. 중대한 위반은 조약을 부인하거나 조약의 대상 및 목적 달성에 필수적인 규정의 위반을 말한다(제60조3항). 나미비아에서의 남아공의 계속된 주둔이 국가들에 미치는 법적 결과에 대한 권고적 의견(1971)에서 ICJ는, 남아공의 인종차별정책은 이 조약(국제연맹이 남아공에 위임한 나미비아 통치령)의 대상 및 목적 달성에 필수적인 규정에 대한 중대한 위반이므로, UN은 나미비아에 대한 남아공의 위임통치를 종료시킬 수 있다고 확인하였다. Rainbow Warrior호사건(1990)에서도 중재재판소는 프랑스가 자국민인 범인들을 3년간 수용하기로 한 교환공문상 합의를 어기고 범인들을 본국으로 조기 이송한 것은 조약의 중대한 의무 위반이라고 판결하였다.

다자조약의 일방 당사국이 중대한 위반을 한 경우, 당사국은 다음과 같은 조치를 취할 수 있다.

- 다른 당사국은, 전원 합의로, 다른 당사국과 위반국 간 또는 모든 당사 국 간에 조약의 전부 또는 일부를 시행정지하거나 종료시킬 수 있다.
- 위반으로 인하여 특별히 영향을 받는 당사국은 위반국에 대해 조약의 전부 또는 일부를 시행정지하는 사유로 원용할 수 있다.
- 일방 당사국의 중대한 위반이 앞으로 조약 의무를 이행하는 데 있어 모 든 당사국의 입장을 근본적으로 변경시키는 경우, 위반국을 제외한 어 느 당사국이라도 다른 당사국에 대해 조약의 전부 또는 일부를 시행정 지하는 사유로 원용할 수 있다(이상 제60조2항).

단, 인도적 성질의 조약(1949년 4개 제네바협약 등)에 포함된 인신의 보호에 관한 규정, 특히 그러한 조약에 의하여 보호받는 자에 대해 어떠한 형태의 복 구도 금지하는 규정에 대해서는 중대한 위반 사유에 따른 종료가 적용되지 않 는다(제60조5항). 일방 당사국이 인도적 성질의 조약을 중대하게 위반한 데 대해 다른 당사국이 조약을 종료시키는 것은 인신 보호에 오히려 역효과를 초래하 기 때문이다.

② 이행 불능

조약 이행에 불가결한 대상이 영구적으로 소멸하거나 파괴되어 후발적으 로 이행이 불가능(impossibility of performance)하게 된 경우, 당사국은 조약을 종료시키거나 탈퇴하기 위한 사유로 이를 원용할 수 있다. 조약이 일시적으로 이행할 수 없다면 원래 상태로 회복될 때까지 조약의 시행정지를 위한 사유로 도 원용할 수 있다. 단 이행 불능을 원용하는 당사국이 조약상 의무나 다른 당 사국에 대해 지는 국제적 의무를 위반하여 이행 불능을 초래하였다면 원용할 수 없다(이상 제61조). 예컨대 공동 이용을 위해 댐을 건설하는 조약을 체결한 후 완성된 댐을 파괴한 경우이다.

③ 근본적인 사정변경

조약은 신의성실의 원칙에 따라 준수되어야 한다. 이에 따라 원칙적으로 조약체결 당시 존재한 사정과 관련하여 당사국이 예견하지 못한 사정은 조약의 종료나 탈퇴 사유로 원용될 수 없다. 그러나 변경된 사정의 존재가 당사국의 기속적 동의의 본질적 기초를 이루고, 앞으로 이행해야 할 조약상 의무의 범위를 급격하게 변화시킬 때는 예외적으로 종료나 탈퇴를 위한 사유로 원용될 수 있다. 그러한 근본적인 사정변경(*rebus sic stantibus*, fundamental change of circumstance)은 조약을 계속 이행하는 것이 당사국의 존립이나 사활에 중대한 영향을 미치는 것으로, 당사국이 조약체결 당시 예측하였더라면 조약을 체결하지 않았을 것으로 인정되는 사정변경을 말한다. 당사국은 사정변경을 조약의 시행정지를 위한 사유로도 원용할 수 있다(이상 제62조1항 및 3항).

영국과 아이슬란드는 1961년 아이슬란드의 12해리 이원의 대륙붕 상부 수역의 어업관할권 확장에 관한 분쟁은 ICJ에 회부한다는 교환각서를 체결하였다. 1972년 아이슬란드가 50해리 어업전관수역을 선포하자, 영국은 교환각서의 분쟁해결절차에 따라 아이슬란드를 ICJ에 제소하였다('**어업관할권사건**'). 하지만 아이슬란드는 어로 기술의 발달로 자국 근해에서 어족자원이 남획되는 것을 사정변경으로 원용하여 교환각서는 종료되었고 교환각서의 분쟁해결절차도 적용될 수 없다고 주장하며, 재판에 출정하지 않았다. 1973년 ICJ는 아이슬란드의 교환각서상 관할 의무의 범위가 사정변경에 따라 급격하게 변동되지 않았다고, 아이슬란드의 주장을 배척하고, 교환각서에 따른 ICJ의 관할권을 인정하였다.

근본적인 사정변경이 조약의 종료 사유로 남용되는 경우 조약 관계의 불안정을 초래하므로 국제재판에서는 이를 매우 엄격하게 예외적으로만 인정하고 있다. 국경 획정 조약의 경우 또는 사정변경이 이를 원용하는 국가가 조약상 의무나 타 당사국에 대해 지는 국제적 의무 위반에서 비롯된 경우, 근본적인 사정변경을 원용할 수 없다(제62조2항).

가브치코보-나기마로스사업사건(헝가리/슬로바키아 1997)

체코슬로바키아와 헝가리는 1977년 수력발전 및 홍수방지를 위해 다뉴브강에 각각 댐을 건설하여 운영하는 합작사업을 추진하기로 합의하고, 이를 위해 「1977년 조약」을 체결하였다. 댐 공사는 1978년부터 시작되어 체코슬로바키아가 건설하는 가브치코보댐 공사는 진척되었으나, 헝가리는 경제적·환경적 이유로 나기마로스댐 건설을 반대하는 국내 여론이 거세지자 1989년 댐 건설을 포기하였다. 이에 체코슬로바키아가 1992년 다뉴브강의 수로를 자국 영역 내로 변경하여 새로운 댐을 건설하는 방안을 추진하자, 헝가리는 동 계획이 「1977년 조약」의 위반임을 들어 조약의 종료를 통보하였다. 헝가리와 (새로 분리 독립하여 조약을 승계한) 슬로바키아는 1993년 특별합의를 통해 ICJ에 동 건을 회부하였다.

헝가리는, ① 체코슬로바키아가 「1977년 조약」상 규정된 수질 보호 및 자연환경 보호 의무를 준수하지 않은 것과 다뉴브강의 수로를 변경한 것은 조약의 중대한 위반이며, ② 조약의 대상으로서 양국의 합작투자가 소멸하였으므로 조약이 이행 불능 상태에 빠졌고, ③ 조약체결 이후 사회주의 체제가 시장경제 체제로 전환되고, 댐 건설의 경제성이 사라졌으며, 댐 건설로 인한 환경피해 발생이 우려되는 점 등이 사정변경에 해당한다는 이유로, 조약의 종료를 주장하였다.

ICJ는, ① 1992.5. 헝가리의 조약 종료 통보는 체코슬로바키아가 실제 수로를 변경한 1992.10. 이전 이루어져 조약 종료를 통보한 시점에는 조약의 중대한 위반이 아직 발생하지 않았으므로 조약의 종료를 원용할 수 없으며, ② 재정적 어려움으로 인한 헝가리의 지급 불능은 조약 종료를 위한 후발적 이행 불능의 근거로 불충분하고, 타 당사국의 조약 의무 이행을 방해한 당사국은 타 당사국에 대해 이행 불능을 원용할 수 없고, ③ 헝가리의 정치적 상황 변화·사업의 경제적 타당성 감소·환경 규범의 발달 등이 전혀 예상할 수 없었거나 조약상 의무의 범위를 급격히 변화시킬 정도의 근본적인 사정변경 조건을 충족시키지 못한다는 이유로, 헝가리가 원용한 조약 종료 사유들을 배척하고 「1977년 조약」의 효력을 확인하였다. ICJ는 또한 협약 제60조(조약의 중대한 위반)·제61조(이행 불능)·제62조(근본적인 사정변경)가 기존 관습국제법을 법전화한 것으로 판단하였으며, 「1977년 조약」의 목적을 달성하기 위해 양국이 신의성실하게 협상하도록 하였다.

④ 새로운 강행규범의 출현

일반국제법상 강행규범이 새로 출현하면 이와 충돌하는 현행 조약은 무효
가 되어 종료한다(제64조).

다. 종료·탈퇴·시행정지의 효과

조약이 종료되면 법적 효력을 잃으며, 조약 종료의 효과는 소급되지 않는
다. 모든 당사국은 종료 이후 그 조약을 이행할 의무가 해제되고, 조약 종료
전에 그 조약의 시행을 통해 생긴 당사국의 권리·의무 또는 법적 상태에 영향
을 주지 않는다(제70조). 탈퇴는 당사국의 일방적 조치로서 다자조약은 탈퇴하
는 당사국에 대해 종료된다.

당사국들은 조약이 시행정지된 기간에 조약상 권리 행사나 의무 이행이
상호 면제되나, 시행정지는 조약에 의해 이미 확립된 당사국 간 법적 관계에
달리 영향을 주지 아니한다. 당사국들은 시행정지 기간에 시행 재개를 방해하
는 행위를 삼가야 한다(제72조).

새로 출현한 일반국제법상 강행규범과 충돌하는 현행 조약은 (무효가 되어
종료하므로) 당사국은 그 조약을 이행할 의무가 해제된다. 조약 종료 전에 그
조약의 시행을 통해 생긴 당사국의 권리·의무 또는 법적 상태에는 영향을 주
지 않지만, 그러한 권리·의무 또는 법적 상태는 강행규범과 충돌하지 않는 범
위 내에서만 유지된다(이상 제71조2항).

10. 조약의 무효·종료·탈퇴·시행정지에 공통으로 적용되는 조항

가. 조약 규정의 가분성(제44조)

조약 규정의 가분성(可分性: separability of treaty provisions)은 조약 규정의
일부만 분리하여 무효·종료·탈퇴·시행정지를 할 수 있느냐의 문제이다. 조약
을 폐기·탈퇴·시행정지할 수 있는 당사국의 권리는, 그 조약이 달리 규정하지

않거나 당사국이 달리 합의하지 않는 한, 조약 전체에 대해서만 행사될 수 있다(1항). 조약은 전체적으로 하나의 완전하고 통일된 문서로 인식되기 때문이다. 조약의 무효·종료·탈퇴 또는 시행정지의 사유도 원칙적으로 조약 전체에 대해서만 원용될 수 있다. 단 조약의 중대한 위반 사유는 조약의 전부나 일부를 시행 정지시키거나 종료시킬 수 있다(2항, 제60조). 특히, 조약의 절대적 무효 사유인 국가대표에 대한 강박, 국가에 대한 강박 및 강행규범과 충돌하는 조약은 조약 규정의 분리가 허용되지 않는다(5항).[13]

나. 조약과는 별도로 국제법에 의해 부과되는 의무의 이행

조약이 무효·종료·탈퇴·시행정지 되어도 이와는 별도로 국제법에 따라 그 조약에 구현된 의무는 계속 이행되어야 한다(제43조). 국제법에 따라 그 조약에 구현된 의무는 일반국제법상 의무로서 예컨대 국제인도법상 의무를 말한다.

다. 조약의 무효·종료·탈퇴·시행정지의 사유를 원용하는 권리의 상실

국가가 조약이 적법하다거나 계속 유효하다거나 계속 시행된다는 것을 명시적으로 동의하였거나, 국가의 행동으로 보아 조약의 적법성이나 그 효력이나 시행이 유지되는 것을 묵인한 경우, 그 국가는 제46조 내지 제50조(조약의 상대적 무효사유), 제60조(조약의 중대한 위반에 의한 조약의 종료 또는 시행정지), 제62조(근본적인 사정변경)의 사유를 원용할 수 없다(제45조).

----
13 아래의 경우에는 조약의 분리가 인정된다.
① 사유가 특정 조항에만 관련된 경우, 특정 조항이 아래 3가지 조건을 충족해야만 사유를 원용할 수 있다(3항).
  · 그 조항이 조약의 나머지 부분과 분리되어 적용될 수 있고,
  · 그 조항의 수락이 다른 당사국 전체의 기속적 동의에 본질적인 기초가 아니며,
  · (그 조항이 분리되어도) 조약의 나머지 부분을 계속 이행하는 것이 부당하지 않은 경우
② 조약의 상대적 무효 사유인 기만이나 국가대표의 부패를 원용하는 국가는 조약 전체에 대하여 또는 ①의 조건에 따라 특정 조항에 대해서, 선택적으로 그 사유를 원용할 수 있다(4항).

라. 조약의 무효·종료·탈퇴·시행정지를 확정하는 절차

조약의 무효·종료·탈퇴·시행정지를 확정하기 위해서는 절차에 따라야한다. 협약은 조약 체제의 안정을 위해 절대적·상대적 무효사유를 구별하지 않고 모두 절차를 통해 무효를 확정하도록 규정하고 있다.

기속적 동의의 흠결을 원용하거나 조약의 무효·종료·탈퇴·시행정지 사유를 원용하는 당사국은 다른 당사국에 자신의 주장을 통고한다. 통고에는 해당 조약에 대해 취하고자 제의하는 조치와 그 이유를 표시한다. 3개월 이내에 다른 당사국이 이의를 제기하지 않으면 통고국은 문서로 제의한 무효·종료·탈퇴·시행정지 등의 조치를 실행할 수 있다. 그러나 다른 당사국이 3개월 이내에 이의를 제기하면, 당사국은 「UN헌장」 제33조에 열거된 평화적 수단에 의해 해결해야 한다(이상 제65조). 이의가 제기된 후 12개월 내에도 평화적 수단을 통해 해결되지 않으면, 당사국이 중재재판에 회부하기로 합의하지 않는 한 어느 한 당사국은 강행규범에 관한 분쟁(제53조 또는 제64조)을 서면으로 ICJ에 회부할 수 있다(제66조a). 이 조항에 따라 강행규범에 관한 분쟁이 중재재판이나 ICJ에 회부된 사건은 아직 없다. 강행규범은 이를 주장하는 측이 존재를 입증해야 한다. 그 외 조항에 관한 분쟁은 UN 사무총장에게 조정위원회에 회부하도록 부탁할 수 있다(제66조b).

Ⅳ. 강행규범과 대세적 의무

1. 강행규범

가. 배경

국제법은 국가가 주권에 기초한 자기 의사에 따라 타국과 합의하여 조약이나 관습국제법을 생성하고 변경하고 이탈할 수도 있는 **임의규범**(*jus dispositium*)이다. 예컨대 타국의 국내문제 불간섭의 의무는 어느 국가가 타국의 간섭에 대해 유효하게 동의하면 타국은 정당하게 간섭할 수 있다. 이러한 점에서 전통적으로 주권국가는 조약체결에 있어 제한없이 자유를 누려 왔다. 그러나 개별 국가의 집합체인 국제사회가 단일체로서 국제공동체로 진화해 가면서 개별 국가의 주권에 우선하는 국제공동체 전체의 보편적인 이익·가치의 존재를 인정하고 보호해야 할 필요성이 인식되어, 조약체결에 있어서 개별 주권국가가 갖는 합의의 자유를 제한하는 강행규범(强行規範: peremptory norms, *jus cogens*)의 존재가 새롭게 인정되었다.

「조약법에 관한 비엔나협약」 협상 과정에서 개도국은 강행규범을 식민주의 또는 제국주의에 대항하는 수단으로 인식하였고, 동유럽 국가들은 다른 사회·경제구조를 가진 서구제국과의 평화공존을 보장하는 정치적 수단으로 인식하여 강행규범의 도입을 지지하였다. 그러나 강행규범이 모호할 뿐만 아니라 자신들의 행동을 제약할 것을 우려한 미국·프랑스 등 일부 국가는 이에 부정적이었다. 협상 끝에 실체 규범으로서 강행규범의 존재를 인정하고 협약에 관련 규정 (제53조 조약의 무효 및 제64조 일반국제법의 새로운 강행규범의 출현)이 포함되었다.

나. 의의

협약에 규정된 일반국제법상 강행규범은 '국가 전체로서 이루어진 국제공동체에 의해 수락·승인된 절대 규범'으로서, 이탈이 허용되지 않고 또한 오직 동일한 성격의 일반국제법인 후속 규범에 의해서만 변경될 수 있다(제53조하단).[14] 절대 규범은 일반국제법인 조약이나 관습국제법 가운데 절대적 성격을 갖는 상위규범을 의미한다. 국제공동체를 구성하는 국가들에 의해 수락·승인된 일반국제법이므로 강행규범의 성립에 국가들의 의사가 중요하다. 강행규범의 성립을 위해 국제공동체 전체로서 또는 모든 국가는 아니더라도 거의 대다수 국

----
[14] 원문은 "a peremptory norm of general international law is a norm accepted and recognized by the international community of States as a whole as a norm from which no derogation is permitted and which can be modified only by a subsequent norm of general international law having the same character."이다.

가의 수락·승인이 필요하다. 이탈이 허용되지 않고 또한 오직 동일한 성격의 일반국제법인 후속 규범에 의해서만 변경될 수 있다는 것은 일반국제법이 아닌 조약이나 관습법으로 강행규범을 배제할 수 없다는 의미이다.

다. 내용

강행규범에 대한 협약상 정의에도 불구하고, 구체적으로 무엇이 강행규범이냐에 대한 합의는 없다. 하지만 2019년 ILC는 강행규범에 관한 보고서에서 「UN헌장」을 위반한 무력사용(침략), 국제 범죄행위(집단살해, 인도에 반한 범죄, 전쟁범죄, 인종차별, 고문)의 실행, 국제사회가 진압을 위해 협력할 의무가 있는 행위(노예매매)를 예정하거나 용인하는 합의 등을 강행규범을 위배한 것으로 예시하였다.

일반국제법인 강행규범은 국제판결에서도 확인되고 있다. ICJ는 Genocide·고문, ICTY는 Genocide·고문·전쟁범죄, 유럽인권재판소는 고문, 미주인권재판소는 차별금지를 강행규범으로 예시한 바 있다.

라. 효력

일단 성립한 강행규범은 이탈이 허용되지 않는 일반국제법으로서 존재하므로, 개별 국가의 의사와 관계없이 항상 우선하여 적용되며, 개별 국가는 그 적용에서 벗어날 수 없다.[15] 이에 따라 일반국제법으로서 성립한 강행규범은 모든 국가에 대해 그 의사와 관계없이 일정한 의무를 부과하며, 이러한 강행규범의 성립을 지속적으로 반대한 국가에 대해서도 구속력을 갖는다고 할 것이다. 강행규범은 국제재판소의 판결 또는 UN 총회나 안보리 등 국제기구의 결의에서도 존중되어야만 할 것이다.

강행규범은 국가의 이탈을 허용하지 않기 때문에 체결 당시 강행규범과

----
15 1999년 스위스 연방헌법은 "연방헌법 개정 시 국제법상의 강행규범을 위반해서는 안 된다"고 명시하고 있다.

충돌하는 조약은 무효이다(제53조 전단). 강행규범에 반하는 조약의 가분성은 인정되지 않으므로(제44조5항), 조약 일부만 강행규범에 저촉되어도 조약 전체가 무효이다. 강행규범은 새로운 강행규범에 의해서 변경될 수 있다. 새로운 강행규범이 출현하면 그에 어긋나는 현행 조약은 무효가 되어 종료된다(제64조).

2. 대세적 의무

대세적 의무(對世的 義務: obligation *erga omnes*)는 국제공동체를 구성하는 개별 국가가 공동체 전체의 근본적 이익을 보호하기 위해 국제공동체 구성원 모두를 대상으로 부담하는 의무를 말한다.[16] 개별 국가가 준수해야 하는 대세적 의무로서, 침략·Genocide·고문·인종차별의 금지와 인민자결 등이 있다. 바르셀로나전력회사사건(1970)에서 ICJ는, 개별 국가가 영역 내 외국인이나 외국 투자 보호와 관련하여 타국에 대해 지는 의무와 국제공동체 전체에 대해 지는 의무를 구별하고, 대세적 의무는 성격상 모든 국가의 관심사이고 모든 국가가 이를 보호할 법적 이익을 가지는 것으로, 침략행위·집단살해의 불법화와 노예제·인종차별의 금지를 대세적 의무로 예시하였다. 바르셀로나전력회사사건에서 존재가 처음 인정된 대세적 의무는 이후 핵실험사건(1974), 동티모르사건(1995), 「Genocide 협약」의 적용사건(2007)을 비롯한 국제판결에서도 확인되었다.

강행규범과 대세적 의무는 모두 국제공동체의 근본 이익을 보호하려는 것으로 실질적으로 동일하나, 강행규범은 구속력에 있어 여타 조약법 또는 관습국제법 규칙보다 상위에 있다는 강도에, 대세적 의무는 모든 개별 국가의 의무라는 의무의 주체에 초점을 맞춘 개념이다. 예컨대 복수의 국가가 함께 제3국을 침략하기로 합의하였다면, 침략을 위한 합의는 강행규범의 위반으로 무효이

----
16 대세적 의무에 대응하여, 일 국가가 모든 국가에 대해 요구하고 다른 모든 국가는 이를 존중해야 하는 권리로서 대세적 권리(rights *erga omnes*)가 있다. 이러한 권리로 자결권, 영해에서의 무해통항권, 공해의 자유, 국제운하의 통항권 등을 들 수 있다.

고, 침략행위를 실행하였다면 이는 대세적 의무를 위반한 것으로 이들 국가는 이에 대해 국제책임을 추궁받게 된다. 또한 모든 강행규범을 위반하지 않아야 하는 것은 대세적 의무이나, 대세적 의무가 모두 강행규범은 아니다. 예컨대 환경보호 의무는 국제공동체의 일원으로서 국가의 대세적 의무로 인식되지만, 아직 국제공동체의 이익을 보호·보전해야 하는 강행규범으로 발전하지는 못하였다.

3. 강행규범·대세적 의무 위반과 민중소송

일반국제법인 강행규범이나 대세적 의무를 위반한 국가에 대해서는 국제공동체 구성원이라면 누구라도 자신의 피해 여부와 관계없이 공동체의 이익을 옹호할 수 있는 소송, 이른바 '**민중소송**'(民衆訴訟: *action popularis*)을 제기할 수 있는 권한이 있어야 한다. 그러나 ICJ는 일반국제법상 강행규범이나 대세적 의무 위반국에 대해 국가들이 국제재판을 통해 책임을 추궁하는 것을 아직 인정하지 않고 있다. 남아공이 나미비아에서 인종차별(Apartheid) 정책을 실행하는 것과 관련한 남서아프리카사건(에티오피아·라이베리아 v. 남아공, 1966)에서 ICJ는, 소송 당사자가 되기 위해서는 분쟁 본안과 관련하여 실질적인 법적 권리 또는 이익이 존재해야 하며, 국제공동체 전체의 공익을 위하여 그 구성원이 제소하는 민중소송은 가해국의 구체적인 의무 위반이 있고 이로 인해 피해국의 권리와 이익이 직접 침해되어야 하나, 에티오피아와 라이베리아는 그러한 법익을 증명하지 못하였기 때문에 당사자 적격이 없다고 청구를 기각하였다. 또한 동티모르사건(1995)에서도 동티모르의 인민자결권이 대세적 성격을 가지는 국제법의 핵심 원칙 중의 하나임을 인정하면서도, ICJ 관할권이 성립하기 위해서는 타방 당사자가 동의해야 하는 임의관할 원칙을 견지하였다. 콩고영토에서의 무장활동사건(2006)에서도 ICJ는, 대세적 성격의 강행규범인 Genocide가 분쟁의 쟁점이라는 사실만으로 ICJ가 관할권을 행사하는 근거가 될 수 없으며, ICJ는 항상 당사자의 동의에 기초한다고 하였다. ICJ가 국제법상 국제공동체 전체의 공익을 위한 국가의 민중소송 권리를 인정하지 않는 것은 민중소송이 허용되어 남용되면 국제사회의 법적 혼란이 오히려 가중될 위험이 있기 때문이라 할 것이다(강행규범 위반과 국가면제 ☞ p.127).

　국제공동체의 근본적 이익 보호를 위한 일반국제법상 강행규범이나 대세적 의무가 규범적으로는 수용되고 있으나, 강행규범 위반에 대한 국제재판소의 강제 관할권이나 제3국에 의한 민중소송이 허용되지 않고 있어 강행규범과 대세적 의무 이행을 위한 실효성과 강제성은 결여되어 있다고 할 것이다. 개별 국가들도 이를 위반한 국가에 대해 직접 책임을 추궁하기보다는 부득이한 경우 국제기구나 국가 집단들에 의한 제재에 참여하는 것을 선호한다. 다만 협약과 국제재판소가 강행규범의 존재를 인정한 것만으로도 개별 국가의 강행규범 위반을 견제하고 궁극적으로 국제사회에서의 법의 지배를 강하하는 데 기여하고 있다 할 것이다.

제2편

국제법의 주체:
국가와 국제기구

제3장
국가

Ⅰ. 국가의 성립

1. 국가의 구성

가. 국가의 구성요소

국가를 구성하는 물리적 요소는 영역, 국민, 정부이다. 1933년 「국가의 권리와 의무에 관한 몬테비데오협약」(Montevideo Convention on Rights and Duties of State. 이하 '몬테비데오협약')은 국가가 국제사회의 실체로 인정되기 위해서는 상주인구, 일정한 영토, 정부에 더해 타국과 대외관계를 수립하고 유지할 수 있는 (외교) 능력을 갖춰야 한다고 규정하고 있다(제1조).

- 영역은 국가의 활동 공간으로 영토, 영수(내수와 영해), 영공을 포함한다.
- 국민은 국적을 가진 자연인과 법인을 말한다. 영토 내에 거주하는 외국인을 포함하는 개념인 주민(inhabitant, population)과 다르며, 인종·역사·문화·종교 등 공통성에 기반을 둔 사람들의 집합인 민족과 구별된다.
- 정부는 대내적으로 자국 영역과 국민에 대해 실효적으로 관할권을 행사하여 법질서를 유지해야 한다. 영역 내에서 내전이나 부패 등으로 인해 정부가 실효적인 공권력을 행사하지 못하는 국가를 '파탄국가'(failed state)라 한다. 정부는 대외적으로 국가를 대표하여 국가의사를 표시한다. 어떠

한 형태의 정부를 갖느냐는 각국이 스스로 결정할 수 있는 국내문제이다. 국가가 새로 성립하기 위해서는 일정 영역 내 주민의 선거를 통해 제헌 회의를 소집하고 제헌 회의가 채택한 헌법에 따라 정부를 구성한다. 정부가 변경되어도 국가는 변경되지 않고 계속된다. 일단 성립한 국가는 내란이나 전시점령 등에 의해 영토의 일부 또는 전부에 대한 통제력을 상실해도 법적으로 동일한 국가로서 계속 유지된다. 국가를 구성하는 하나의 구성요소인 정부가 변경되어도 국가는 변경되지 않고 그 권리와 책임이 계속 유지되는 것을 **국가 동일성 또는 계속성의 원칙**이라 한다.[1]

국가로서의 구성요소를 갖춘 국가가 성립하면, 국내법상 법인격을 당연취득하고 국제법적으로 국제법상 권리·의무의 주체로서 국제사회에서 일정한 법률행위를 할 수 있는 자격인 **국제 법인격**(international legal personality)을 갖게 된다.

나. 국가 간 결합

일반적으로 국가는 독립 주권국가를 말하지만, 개별 국가는 타국과 결합관계를 맺기도 한다. 종주권(suzerainty)은 종주국(suzerain)과 속국(vassal state, 부용국) 간의 종속적 관계로 속국은 종주국의 국내법에 따라 외교권이 제한된다. 보호관계(protectorate)는 보호국(protecting state)과 피보호국(protected state) 간 보호조약에 의해 보호국이 피보호국을 대신하여 외교권을 행사한다. 이탈리아는 산마리노, 프랑스는 모로코의 보호국이다. 속국은 종주국의 일부이지만, 피보호국은 별개의 국가이다.

복수의 주가 대등한 관계로 구성된 **연방국가**(federal states)는 하나의 국가로서 대외적으로 완전한 국제 법인격을 갖고, 헌법에 따라 연방이 외교권과 군

----

1 그러나 1917년 정권을 장악한 러시아 사회민주노동당은 제정 러시아와는 계속성이 없는 새로운 국가임을 주장하고, 제정 러시아 정부가 체결한 모든 조약상 의무를 부인한 사례가 있다.

사권 등을 행사하며, 주는 헌법상 배분된 권한에 의해 인정된 범위 내에서 제한된 국제법상 능력만 보유한다. 미국·독일·스위스·러시아·호주·브라질·캐나다 등은 연방국가이다. 유럽연합(EU: European Union)은 1991년 「유럽연합설립조약」('마스트리트조약')에 따라 성립되어 연방으로 통합되는 과정에 있으며, 27개국이 참여하고 있다.

국가연합(confederation)은 복수의 주권국가가 각자 대외적으로 국제 법인격을 가지면서 특정한 기능을 위해 조약에 의해 결합한 연합체로서, 연합체 자신은 독자적인 국제법 주체는 아니다.[2] 1991.12. 소련연방 해체 이후 결성된 독립국가연합(CIS: Commonwealth of Independent States)은 국가연합이다. 구 영국 식민지국(캐나다·호주·뉴질랜드·인도·남아공 등 53개국) 간 협력을 위해 형성된 영연방(Commonwealth of Nations)은 조약에 의해 결합하지 않아 국제법적 지위를 갖지 않는 느슨한 형태의 연합체라 할 수 있다. 연방국가와 주 정부는 상호 국가승인의 대상이 아니지만, 국가연합은 상호 국가승인을 전제로 한다.

2. 국가승인

가. 의의

국가승인은 기존 국가가 국가성(statehood)을 가진 신생국가를 국제법의 주체, 즉 국제 법인격을 가진 국제법상의 권리·의무의 주체로 인정하는 일방적 의사표시를 말한다.

신생국가는 기존 국가로부터 분리 독립, 기존 국가가 별개의 복수 국가로 나뉘는 분열(session), 복수의 국가가 하나의 새로운 국가로 합하는 합병(fusion, merger) 등의 방식으로 탄생한다. 국가 간 합의에 따라 일국의 영역 전체가 타국에 이전하는 병합(annexation)은 피병합국이 기존 국가에 흡수되어 소멸하므

----

2 2000.6.15. '남북공동선언'에서 남북은 남측의 연합체와 북측의 낮은 단계의 연방제 사이에 공통점을 인정하고 이 방향에서 통일을 지향하기로 합의하였다(제2항).

로 국가승인의 대상이 아니다.

기존 국가가 신생국가를 승인할 권리나 승인해야 할 의무가 있는 것은 아니다. 기존 국가는 국제법적인 판단보다는 국제정치적 이해를 우선 고려하여 승인을 결정하는 경우가 적지 않다. 특히 내란 중에 아직 국가성이 확립되지 않은 교전단체 또는 반도에 대해 시기상조의 승인(premature recognition)을 하거나 국가의 성립요건을 갖추어 사실상 국가가 성립한 후에도 장기간 미승인(non-recognition)하는 등 남용의 소지가 없지 않다.

나. 성격

국가승인 행위의 성격에 관해서 창설적 효과설과 선언적 효과설로 나뉜다.

창설적 효과설은 기존 국가가 신생국가의 존재를 인정하고 이를 국가로 승인해야만 국가로서 인정된다는 입장으로, 전통적인 학설이었다. 이에 따르면 신생국가는 기존 국가의 승인에 의해 비로소 국제 법인격을 취득하며 기존 국가에 대해 국제법 주체로서 법적 권리를 누릴 수 있다. 전통적으로 유럽 국가들은 국가승인을 통해서 비유럽국가들을 국가로서 인정하였다. 1648년 「웨스트팔리아조약」에 의한 네덜란드 승인, 1776년 미국의 독립선언 이후 1783년 「파리조약」에 따른 영국과 프랑스의 미국 승인, 19세기 초 스페인에서 독립을 선언한 중남미 제국(1816년 아르헨티나, 1818년 칠레)에 대한 영국의 승인 등이 그러한 사례이다.

반면에 **선언적 효과설**은 기존 국가의 승인은 국가의 구성요소를 갖추어 이미 객관적 사실로 성립하여 존재하는 신생국가를 확인하는 정치적 행위로서 상징적 의미는 있으나, 공식적인 관계 수립 외에 아무런 법적 효과가 없다는 입장이다. 이에 따르면 신생국가는 기존 국가의 승인 여부와는 관계없이 자동으로 국제 법인격을 갖게 된다.

요컨대 창설적 효과설에서 기존 국가의 승인은 신생국가의 성립요건에 부가되어 법률효과를 발생시키는 법률행위지만, 선언적 효과설에서 기존 국가의 승인은 단지 현상을 인정하는 정치적 행위이다. 사실상 이미 성립하여 존재하는 국가를 기존 국가가 승인하지 않았다고 해서 신생국가의 실체가 부인될 수 없는 현실로 보아, 선언적 효과설이 설득력이 있다 할 것이다. 몬테비데오협약도 국가의 정치적 존재는 타국의 승인과는 별개라고 규정함으로써 선언적 효과설을 따르고 있으며(제3조), 현재 통설로 받아들여지고 있다.

다. 방법

승인 방법은 승인국의 재량이다. 선언·통고 등 명시적 방법으로 승인하는 것이 일반적이다. 하지만 신생국가의 성립에 대한 확신이 서지 않거나 국제법을 준수할 의사나 능력에 의문이 있는 경우, 승인 의사를 추정할 수 있는 묵시적 방법으로 사실상 승인을 먼저 한 후 추후 공식 승인이 이루어지기도 한다. 미국은 1945.8.15. 한국 정부가 수립되자 사실상 승인을 한 후, 1948.12.12. 한국 정부를 합법정부로 승인하는 UN 총회결의 195호가 채택되고 난 후인 1949.1.1. 백악관 성명을 통해 공식 승인하였다.

묵시적 방법으로 독립 축하 메시지 발송, (국가승인 없는) 외교관계 수립, 기본관계 조약·우호통상조약 등 양자조약 체결, 신생국 국기의 인정 등이 있다. 하지만 통상대표부 설치, 무역 사절단 교환, 비자 발급, 미승인국의 국제회의 참석 허용 등은 묵시적 승인으로 간주되지 않는다. 외견상 묵시적 승인 행위라도 국가승인의 의도가 없다는 것을 분명히 표시하는 때도 있다. 한국은 북한과 관련하여, 중국은 대만과 관련하여, 아랍국가는 이스라엘과 관련하여, 이러한 의사를 명확히 표시한 전례들이 있다.

한편 UN의 신규 회원국 가입 결정은 UN 회원국이 집단으로 신규 회원국을 국가로 승인한 것은 아니라는 것이 통설이다. 따라서 1991년 남북한이 UN에 동시 가입하였지만, UN 회원국이 집단으로 남북한을 국가로 승인한 것이 아니다. 헌법재판소도 1997.1.16. 남북한 UN 동시 가입은 남북한 상호 국가승인의 효과를 발생시키지 않는다고 확인하였다. 다만 UN 가입에 대한 자국의 찬성을 신생국에 대한 묵시적 승인으로 인정하는 국가실행도 있다. 영국은 북한의 UN 가입에 찬성하여 북한을 승인하였다.

승인은 통상 조건 없이 이루어지며, 일단 부여한 승인은 원칙적으로 철회할 수 없다. 몬테비데오협약은 승인은 무조건적이며 철회될 수 없다고 규정하고 있다(제6조). 다만 사실상 승인은 잠정적인 성격으로 이후 상황 변화에 따라 철회될 수도 있다.

라. 효과

창설적 효과설에 따르면, 국가승인은 승인국과 피승인국과의 관계에서 공식적인 법적 효과를 낳는다. 신생국에 대한 승인은 피승인국의 성립 시까지 소급 적용되어, 승인 전에 발생한 피승인국과의 관계가 유효하게 된다. 피승인국은 승인국에 대해 일반국제법상 국가의 권리·의무(예컨대 국가면제, 외교적 보호권, 공해의 자유, 무력사용금지 의무 등)를 누리며, 승인국의 법원에서 당사자 능력과 피승인국 국내법의 효력이 인정된다. 하지만 신생국을 승인하지 않은 국가에서는 법원이 이러한 효과를 부인하거나 제한할 수 있다.[3]

선언적 효과설에 따르면, 신생국가는 국가승인 여부와는 무관하게 타국에 대해 일반국제법상 국가의 권리·의무는 물론, 타국 법원에서 당사자 능력과 자국법의 효력을 주장할 수 있다 할 것이다.

마. 관련 문제

(ⅰ) 정부승인

합법적으로 구성된 신정부는 타국의 승인이 필요하지 않으며, 선행 정부의 권리·의무 및 책임을 자동 승계한다. 하지만 혁명·쿠데타 등 초헌법적 방식으로 정부가 변경되면, (국가 계속성의 원칙에 따라 국가승인은 새로 요구되지 않지만) 타국이 신정부를 그 국가의 정식 대표로 별도로 인정하는 것을 정부승인이라 한다. 정부승인은 전국적 지배권을 실효적으로 확립한 사실상의 정부

----
3   그럼에도 한국 법원은 소련과 수교 이전 이혼의 준거법으로서 부(父)의 본국인 소련의 국내법을 적용한 사례가 있다.

(*de facto* government)를 그 국가의 대표기관으로 인정하는 승인국의 재량행위로서, 신정부는 영역을 실효적으로 지배하여 법질서를 유지하고 국가를 대표할 의사와 능력이 있어야 한다. 다만 신정부 수립 이후 국가원수가 그대로 유지될 때는 정부승인이 필요하지 않다. 일국 내 합법적으로 성립한 정부가 전시점령 등으로 인해 외국으로 도피하여 수립한 망명정부(government in exile)는 각국의 승인을 받아야 한다.

국가승인은 국가성을 가진 신생국가에 대한 것이나, 정부승인은 불법적인 방식으로 변경된 정부를 별도로 인정하는 제도라는 점에서 차이가 있다. 에콰도르 외무장관 토바르(Tobar)는 1907년 중남미에서 빈번하게 발생하는 쿠데타를 방지하기 위해 합법적인 절차에 의해 수립되지 않은 신정부는 승인하지 않는다는 원칙(토바르주의 또는 정통주의)를 선언하였다. 그러나 신정부에 대한 타국의 내정간섭을 우려한 멕시코 외무장관 에스트라다(Estrada)는 1930년 신정부가 사실상 실효적 지배를 행사하면 합법성을 따지지 않고 승인해야 한다는 원칙(에스트라다주의 또는 사실주의)를 선언하였다. 신정부의 합법성·정당성을 중시하느냐 또는 실효적 지배를 중시하느냐는 신정부와의 관계를 고려해 판단해야 할 민감한 외교 사안이므로, 각국은 정부승인에 대해 명시적인 의사표시를 자제하는 추세이다.

티노코중재사건(영국/코스타리카 1923)

1917년 코스타리카에서 쿠데타로 정권을 잡은 F. Tinoco는 영국계 회사와 석유채굴 사업 등 각종 양허계약을 체결하였지만, 영국은 티노코 정부를 승인하지 않았다. 1919년 새로 집권한 코스타리카 정부가 티노코 정부가 체결한 계약을 무효화하자 양국은 합의하여 이를 중재재판에 회부하였다.

중재재판소는 영국이 사실상의 정부인 티노코 정부를 승인하지 않은 것은 티노코 정부의 국제법상 지위에 아무런 영향을 주지 않으며 국가 계속성의 원칙에 따라 신정부는 구정부인 티노코 정부의 권리·의무를 계승한다고 판단하고, 기득권(티노코 이전 정부로부터 외국인이 취득한 재산권 등 사적 권리) 존중의 원칙을 인정하였다.

1992.8. 한국과 중국(PRC: People's Republic of China)은 '외교관계 수립에 관한 공동성명'을 발표하였다. 한국은 중국 정부를 유일 합법정부로 승인하고 오직 하나의 중국만이 있으며(One China Policy), 대만이 중국 영토의 일부로서 중국의 주권에 종속된다는 중국의 입장을 존중하기로 하였다. 이는 대만 정부를 대체하여 중국(PRC) 정부가 중국을 대표하는 유일 정부임을 승인한 것으로, 중국에 대해 별도로 국가승인은 하지 않았다.[4]

(ii) 교전단체의 승인

교전단체의 승인(recognition of belligerency)은 중앙 정부에 대항하여 폭동이나 반란을 일으킨 반도(insurgency)가 지방에서 실효적으로 지배권을 확립하여 사실상 지방정부(local *de facto* government)를 구성한 경우, 중앙 정부 또는 제3국이 반도를 무력충돌의 주체인 교전단체로 승인하는 것을 말한다. 교전단체의 승인은 중앙 정부나 제3국의 재량에 의한 일방적 행위이다.

중앙 정부는 명시적으로 또는 반군을 포로로 대우하는 묵시적 방법으로, 제3국은 명시적으로 중립을 선언하여 반도를 교전단체로 승인한다. 미국 내전 시 영국과 프랑스가 남부연맹(Confederate State)을 교전단체로 승인하고 중립을 선언하자, 미연방(북군)은 이를 시기상조의 승인이라고 주장하였다.

중앙 정부와 교전단체로 승인된 반도 간에는 국내법이 아닌 국제인도법이 적용되며, 반도를 교전단체로 승인한 제3국은 교전단체에 대해 직접 책임을 추궁할 수 있다.

----

4 중국 정부로 승인을 변경하며 한국은 대만과 단교하였다. 대만 공관부지(명동 소재 현 중국대사관)를 중국에 양도하였으나, 주한 대만인이 보유한 대만 국적은 계속 인정하였다. 1993.7. 한국과 대만은 비공식 관계를 수립하여 상호 대표부를 개설하였다.

3. 국가승계

가. 의의

국가승계(state succession)는 타국의 영역 일부 또는 전체에 대한 주권이 변경되어, 선행국(predecessor state)의 국제법상 권리·의무가 승계국(successor state)으로 이전되는 것을 말한다. 일국이 타국을 승계하면 주권과 함께 그 부속물도 승계하는 것이 원칙으로, 승계국은 선행국의 조약·재산·채무·문서·국적 등을 승계한다. 국가승계는 승계에 따라 변동될 승계국과 제3국의 이익을 보호하기 위한 것이다.

국가승계는 할양 등에 의한 타국 영토 일부의 이전, 기존 국가로부터의 분리(separation), 기존 국가 해체(dissolution) 후 별개의 복수 국가로 분리(1991년 소련연방 해체, 1993년 체코슬로바키아의 해체), 복수 국가가 하나의 국가로 통합(uniting, 1990년 남북 예멘 통일), 기존 국가의 합병 또는 흡수(1990년 동서독 통일) 등 다양한 방식으로 이루어진다. 선행국은 계속 존재하거나 소멸할 수도 있다.

국가승계는 개개 승계 방식이 다양하고 현실적으로 각국의 외교·정치적 고려가 크게 작용하여 승계 내용이 결정되기 때문에 일관된 국제법 규칙을 확인하기가 쉽지 않지만, 국가승계와 관련된 국제법 규칙의 법전화를 위한 작업이 진행되어왔다. 1978년 「조약의 국가승계에 관한 비엔나협약」(Vienna Convention on Succession of States in Respect of Treaties)이 채택되어 1996년 발효하였다(한국 미비준). 1983년에는 「국가재산·문서 및 부채의 국가승계에 관한 비엔나협약」(Vienna Convention on Succession in Respect of State Property, Archives and Debts)이 채택되었다. 발효를 위해서는 50개국의 비준이 필요하나, 각국이 신생국에 유리하게 되어 있는 협약의 비준을 꺼리며 7개국만 비준하여 아직 발효되지 않고 있다(한국 미비준). 1999년 ILC는 '국가승계가 자연인의 국적에 미치는 효과에 대한 조문안'을 채택하였다.

나. 승계 대상

선행국과 승계국 간 일반적인 실행은 아래와 같다.

(ⅰ) 조약

국경조약(border treaty)은 국제관계의 안정을 위해 승계하는 것이 관습국제법상 확립되었다. 「조약의 국가승계에 관한 비엔나협약」은 조약에 의해 수립된 국경에 관한 권리·의무에 대해서는 국가의 계속성에 변화가 생기더라도 영향을 미치지 않는다고 규정하고 있으며(제11조), 「조약법에 관한 비엔나협약」도 조약이 국경을 확정하는 경우 조약체결 시 예견할 수 없었던 근본적인 사정변경이 생기더라도 조약을 종료시킬 수 없다고 규정하여(제62조), 국경의 안정성을 도모하고 있다. 부르키나파소/말리 국경분쟁사건(1986), 리비아/차드 영토분쟁사건(1994), 카메룬 v. 나이지리아 영토 및 해양경계사건(2002)에서도 재판소는 국경의 안정성을 위해 과거 체결한 국경조약의 효력을 인정하고 승계국의 준수 의무를 확인하고 있다. 이와 관련 승계 대상은 국경조약 자체가 아니라 국경조약에 의해 객관적 구속력을 갖는 영토 체제로서, 설사 국경조약이 소멸하였더라도 이에 의해 형성된 영토 체제는 영속성을 갖는다는 입장이 있다. 니카라과 v. 콜롬비아 영토 및 해양분쟁사건(2007)에서 ICJ는, 조약의 영속성이나 유효성과는 관계없이 조약에 의해 확립된 영토 체제가 영속적이라는 것은 국제법의 원칙이라고 확인하고 있다. 국경조약의 승계로 새로 확장된 영역에 대해 승계국은 자신이 당사자인 조약을 확대 적용할 수 있으며, 이를 **조약 경계 이동 원칙**(principle of moving treaty-frontiers rule)이라 한다.

해양경계·어업·항행·하천 이용·지역권 등과 같이 일정 국가영역에 부착된 권리나 의무를 부과하는 속지적 성격의 일회성 처분조약(dispositive treaties)도 계속 유효하다고 본다. 헝가리/슬로바키아 가브치코보-나기마로스사업사건(1997)에서 ICJ는, 영토적 성격을 지닌 조약이 국가승계로 영향을 받지 않는다는 것은 관습국제법에 해당하는 것이며, 헝가리와 체코슬로바키아 간 「1997년 조약」은 적용대상인 다뉴브강 지역에 부착된 권리와 의무를 창설하였으므로 승계국인 슬로바키아에 대해서 구속력을 갖는다고 하였다.

국경조약이나 처분조약을 제외한 조약의 승계와 관련, 승계국은 선행국이 체결한 조약상 의무에 구속되지 않고 자기 의사에 따라 승계 여부를 결정하는 **백지 출발의 원칙**(clean slate rule)이 일반적이다. 승계국이 일정 기간 내에 조약을 승계하지 않으면 종료시키거나, 명시적으로 종료 의사를 표시하지 않는 조약은 승계하는 방식도 있다. 1948년 정부 수립 후 한국은 백지 출발의 원칙을 적용하여 일본이 체결한 조약을 승계하지 않았다. 그러나 대한제국이 체결한 6건의 다자조약 가운데 유효한 3개 협약(1904년 「병원선에 관한 헤이그협약」, 1864년 「해전에 관한 협약」, 1899년 「헤이그 육전규칙」)에 대해서는 1986.8. 수탁국인 네덜란드에 승계를 통보하였다. 이는 대한제국과 대한민국의 동일성·계속성을 확인하는 상징적 조치라 할 것이다. 독일 통일 시 서독은 동독이 체결한 양자조약에 대해서 조약 당사국들과 승계 여부를 협의하였으나 속지적 성격의 처분조약을 제외한 거의 모든 조약은 종료하고, 서독이 체결한 조약(NATO 관련 조약 제외)이 동독지역으로 확대 적용되었다. 남북한 통일 시 북한이 체결한 조약은 우리 헌법에 따라 체결된 조약이 아니므로 국내적으로 그 효력이 직접 인정될 수 없다. 따라서 북한이 체결한 조약은 종료되고, 대신 한국이 체결한 양자 또는 다자조약이 북한지역에 확대 적용되어야 할 것이다.

한편 인권이나 국제인도법에 관한 조약은 자동 승계(automatic succession)된다는 주장이 있으나, 개별 국가의 실행은 일관되지 않는다.

(ii) 재산과 부채

승계지역 내 동산·부동산 등 선행국의 국가재산은 모두 승계된다. 국가문서도 재산에 준하여 승계국에 이전된다.

선행국의 부채는 승계국에 이전되는 것이 일반적이지만,5 승계국과 관련

----

5 상해임시정부는 대외적으로 망명정부임을 주장하였지만, 본질적으로 식민 지배 기간 자생한 독립투쟁단체, 즉 민족해방운동기구로서 미·중 등 각국의 인정을 받지 못하였다. 하지만 1983년 한국 정부는 『독립공채상환에 관한 특별조치법』을 제정하여 상해임시정부가 미국과 중국에서 발행한 독립공채를 상환하였다. 이는 대한민국 정부가 상해임시정부의 정통성을 인

국(선행국 또는 채권국)과의 합의에 따라 조정될 수 있다. 다만 선행국이 승계국에 대적하기 위해 또는 승계국의 이익에 반해 빌린 적대적 부채(hostile debt)는 승계되지 않는 것이 타당하다 할 것이다.

선행국에 대한 외국인의 사적 권리 승계와 관련, 티노코중재사건(1923)과 호르죠공장사건(1927)에서 재판부는, 선행국이 외국인과 체결한 양허계약이나 선행국에 대한 외국인의 재산권 등 사적 권리는 선의의 외국인 보호를 위해 기득권 존중의 원칙이 적용되어 승계되어야 한다고 판단하였다.

(iii) 국적

승계지역의 주민은 일반적으로 승계국의 국적을 취득하나, 선행국이 계속 존재하면 선행국과 승계국의 국적 가운데 하나를 선택하게 할 수 있다.

II. 국가의 권리와 의무

국가는 주권, 국가관할권, 국가면제, 자위권, 외교적 보호권 등의 권리를 가지며, 국내문제 불간섭, 무력사용의 위협 또는 금지, 국제분쟁의 평화적 해결, 인권 존중, 국제법 준수 의무 등을 부담한다. 「UN헌장」은 "회원국은 모든 회원국의 권리와 이익을 보장하기 위해 헌장에 따라 부과되는 의무를 성실하게 이행해야 한다"고 규정하고 있다(제2조2항). 1970년 총회가 총의로 채택한 「UN헌장」에 따른 국가 간의 우호관계 및 협력에 관한 국제법 원칙 선언에도 국가의 권리·의무에 관한 국제법의 일반원칙들이 명시되어 있다. 국제법상 국가의 권리·의무에 관한 이들 원칙은 국가의 포괄적인 행위 기준으로서 개별 조약 또는 관습국제법에 구현되어 있다.

정하고 이를 계승하고 있음을 표명한 것이다.

1. 국가의 권리

가. 주권

국가는 국가의사를 결정하는 원동력으로서 주권(sovereignty)을 가진다. 국가가 자신의 고유한 권리로서 주권을 갖는 것을 **국가 주권의 원칙**(principle of state sovereignty)이라 한다. 보댕(J. Bodin)은 '국가론'(1576)에서 교황과 신성로마제국 황제로부터의 간섭을 배제하고 국왕에게 권력을 집중하는 군주주권론 그리고 주권이 존재해야만 국가가 성립하며 주권은 자주성·독립성·완전성을 갖는다는 절대 주권론(absolute sovereignty)을 주장하였다.

주권은 최고·독립의 권력이다. 대내적으로 주권은 최고의 배타적 권리로서 통치권을 의미한다. 통치권은 주권에 의해 결정된 국가의사를 실현하는 국가권력, 즉 입법권·사법권·행정권을 말한다. 주권 행사의 대상에 따라, 영역을 자유로이 사용·처분할 수 있는 영역주권(territorial sovereignty, territoriality), 영역에 거주하는 모든 사람에 대해 권한을 행사하는 대인주권(personal sovereignty)을 갖는다. 대외적으로 주권은 타국의 간섭을 배제하고 독자적으로 의사를 결정하고 행동하는 독립을 의미한다. 전통적으로 독립은 정치적 독립을 의미하였지만, 개도국들은 경제적 독립도 함께 요구하며 천연의 부와 자원에 대한 영구주권선언(1962년 결의 1803호 및 1973년 결의 3171호)을 채택하였다. 최고·독립의 권력으로서 주권은 사활적 이익, 지상 이익, 명예, 존엄 등으로 표현되기도 하며, 이에 따라 국가는 국가원수·외교사절·국가나 국기 등에 대한 존중 등 자국의 명예와 권위를 누리는 존엄권(right of dignity)을 갖는다.

최고·독립이라는 주권의 속성에서 국제법의 기본원칙인 **주권평등의 원칙**(principle of sovereign equality)이 도출된다. 주권평등은 수평적·분권적 구조 아래 국가 간 위계질서가 없는 국제사회에서 국제관계의 기반을 이루는 기본 전제이다. 모든 국가는 타국의 주권을 상호 존중해야 하며, 타국의 권리를 침해하거나 해쳐서는 안 된다. 코르푸해협사건(1949)에서 영국은 알바니아 영해에서 실시한 기뢰 제거 작전을 자기 보호 또는 자력구제 조치(대응조치)라고 주장하였으나, ICJ는 알바니아의 동의 없이 실시한 영국 군함의 기뢰 제거 작전은 대응조치로 볼 수 없으며, 국제관계에 있어 핵심적 토대인 알바니아의 영토주권을 침해한 것이라고 판결하였다. 주권평등의 원칙으로부터 국가의 영토보전(territorial integrity)과6 정치적 독립, 타국의 국내문제에 대한 불간섭, 국가면제 등 국제법 원칙이 파생된다.

주권평등은 모든 국가가 영역의 크기나 국민의 다소·경제력·군사력·정부나 체제의 형태와 관계없이, 국제법상 권리·의무를 차별받지 않고 동등한 지위를 가진다는 법적 평등을 말한다('무차별의 원칙'). UN은 모든 회원국의 주권평등의 원칙에 기초하며, 회원국의 1국 1표제와 다수결제를 채택하고 있다(제2조1항). 하지만 일부 국제기구에서는 의사결정의 실효성을 확보하기 위해 투표권을 차등화하고 있다. 안보리 상임이사국은 거부권이 인정되고, IMF·IBRD는 출자 규모에 비례하는 가중 투표제(weighted voting system), EU 이사회는 회원국별로 다른 가중치를 부여한 가중 다수결제(qualified majority)를 채택하고 있으며, IMO나 ICAO는 회원국의 기구 목적 달성에 기여하는 정도에 따라 이사회 구성 비율에 차등을 두고 있다. 이러한 제한은 국가 스스로 이들 조약에 동의한 것이므로 주권평등의 원칙을 침해한 것으로 볼 수 없다.

전통적으로 주권은 무제한의 절대적인 권리였다. 국가는 외부의 제약을 받지 않고 최대한 자유를 확보하기 위해 **주권 동의의 원칙**을 내세우며, 주권을 양도하거나 제한받는 것을 주저한다. 하지만 PCIJ는 윔블던호사건(1923)에서 "국가가 스스로 자기를 제약하는 조약을 체결하여 국제법상 의무를 지는 것은 주권의 포기가 아니며, 오히려 조약을 체결하는 권능이야말로 주권의 속성이다"라고 하였다. 국제재판에 동의하여 참여하거나 판결을 이행하는 것도 국가

----

6 2008년 코소보(알바니아계 무슬림)가 세르비아(정교)로부터 일방적으로 독립을 선언하였다. 이와 관련 코소보의 일방적 독립선언의 합법성에 관한 권고적 의견(2010)에서 ICJ는, 「UN 헌장」 제2조4항의 **영토보전의 원칙**(principle of territorial integrity)에 독립선언 금지가 내재한다는 주장에 대해, 이 원칙은 어느 국가로부터의 분리된 지역에 대한 것이 아니라 국가 간의 관계에만 적용되는 것으로 (국가로부터 분리된) 코소보의 일방적 독립선언은 일반국제법 또는 안보리 결의 1244호(1999)를 위반한 것은 아니라고 판시하였다. 다수국(현재 101개 국가)이 민족적·종교적 이유로 코소보의 자결권을 인정하고 이를 승인하였다.

자신의 주권 제한이라 할 것이다. 주권 동의의 원칙은 이제 국가들의 공존이나 국제공동체의 공동 이익을 위해 제한된다. 무엇보다도 국제공동체 전체에 대한 강행규범과 대세적 의무가 출현하고 있다.

나. 국가관할권: 후술 III.

다. 국가면제: 후술 IV.

라. 자위권: ☞ 제10장 II.

마. 외교적 보호권: ☞ 제23장

2. 국가의 의무

가. 타국의 국내문제 불간섭

국가는 자국의 국내문제에 관할권을 갖는다. 이에 따라 국가는 타국의 간섭을 받지 않고 국내문제를 자유롭게 결정하며, 모든 국가는 타국의 국내문제에 간섭하지 않을 의무가 있다. 타국의 부당한 간섭을 금지하는 국내문제 불간섭의 원칙(principle of non-intervention in the domestic affairs)은 주권평등과 독립의 원칙에서 비롯된 것이다. 이는 우호관계원칙선언(1970)에서 명시되고, 니카라과사건(1986) 등 국제판결에서 관습국제법으로 확인되고 있다.

국내문제는 각국이 국제법의 규율을 받지 않고 국내적으로 자유롭게 규율할 수 있는 사안으로, 헌법 및 권력구조(정부 형태, 정치적·경제적·사회적·문화적 체제, 국제법과 국내법과의 관계 등), 정부 구성, 외교정책, 국적, 출입국, 관세 등을 포함한다. 하지만 국내문제가 절대적인 것은 아니다. 튀니스와 모로코에서의 국적 법령에 관한 권고적 의견(1923)에서 PCIJ는, 국내문제는 복수 국가의 이익과 밀접한 관련이 없거나 원칙적으로 국제법으로 규율되지 않는 사항이지만, 어떠한 문제가 국내문제인지는 상대적인 것으로 국제관계의 발전에 좌우되는 가변적인 문제라는 의견을 제시하였다. 이는 국내문제가 국제문제로 변화될 수 있다는 것을 의미한다. 무엇보다도 국내문제로 당연시되던 인권이 이제는 국제문제로 인식되고 있다. 재외국민보호나 국적 부여는 국내문제이지만 이와 관련하여 국가가 외교적 보호권을 행사하면 국제문제가 된다. 영해 기선의 설정은 연안국의 재량으로 결정할 수 있는 국내문제이지만 인접국과 관련해서는 국제문제가 된다. 경제정책이나 노동·방역도 각국의 국내문제이지만 국가 간 상호 정책 조율이 필요한 국제문제가 될 수 있다.

간섭(intervention)은 타국 특히 강대국이 상대 국가의 동의나 요청 없이 국내문제에 관해 자기 의사를 강요함으로써, 상대 국가가 자신의 국내문제를 통제 또는 결정하는 능력을 박탈하는 것을 말한다. 간섭에는 무력을 사용하는 직접적인 간섭은 물론, 정치적·외교적·경제적 압력을 사용한 간섭도 포함된다. 타국에 해로운 활동을 선동·조직하거나 지원하는 활동도 간섭에 포함된다. 따라서 강요가 없는 단순한 제안·권고·설득·항의, 여론에 영향을 미치기 위한 홍보나 공공외교 활동은 간섭에 포함되지 않는다. 또한 영토국의 요청에 따른 인도적 지원 활동도 이에 포함되지 않는다. 인도적 지원(humanitarian assistance)은 대규모의 태풍·지진이나 폭발 사고 등 자연적 또는 인위적 재해가 발생한 경우, 영토국의 동의나 요청에 따라 식품·의약품·숙박시설 등의 물자와 의료 등을 지원하여 피해자를 구호하는 것을 말한다.

국내문제에 대한 간섭인지 여부를 판단하기는 쉽지 않다. 개별 국가가 국내문제에 대한 타국의 간섭 여부를 우선 판단하겠지만, 분쟁화되면 결국 국제 재판에 의해 판단될 것이다. 니카라과사건(1986)에서 ICJ는, 국가는 국가 주권의 원칙에 따라 정치·경제·사회적 체제를 선택하고 이행할 근본적인 권리를 가지며, 국가가 자유롭게 결정할 수 있는 이러한 사안에 대해 타국이 강제적인 방법을 사용하여 간섭하는 것은 위법하다고 보았다. 또한 국제법상 타국을 강요할 목적으로 타국 내 무장집단에 대해 자금 등을 제공하는 것은 타국의 국내문제 간섭에 해당하나, 니카라과에 대한 미국의 인도적 지원 중단은 불법적인 간섭으로 간주될 수 없다고 판단하였다.

「국제연맹규약」은 이사회가 국제법상 전적으로(solely) 국내 관할인 사안에 대해서는 권고하지 않도록 규정함으로써(제15조), 결과적으로 이사회가 국내문제인지를 최종 판단하도록 하였다. 「UN헌장」은 "헌장은 본질적으로(essentially) 어떤 국가의 국내 관할권에 속하는 사안에 간섭할 권한을 UN에 부여한 것이 아니며, 그러한 사안을 헌장이 규정한 해결 방법에 부탁하도록 회원국에 요구한 것도 아니다"고 규정하고 있다(제2조7항). 이는 UN 차원에서 국내문제 불간섭원칙의 적용을 의도한 것이다. 하지만 UN은 전통적으로 국내문제로 인식되어 온 인권이나 자결권 등과 관련된 사안을 국제적 관심 사안(matters of international concern)으로 취급하여 이에 대한 개입을 확대해왔다. 다만 이 원칙은 헌장 제7장에 따른 안보리의 강제조치에는 적용되지 않는다(제2조7항 단서).

나. 무력의 위협 또는 사용 금지: ☞제10장

다. 인권 존중: ☞제14장

라. 국제분쟁의 평화적 해결: ☞제24장

마. 국제법 준수(신의성실의 원칙)

"약속은 준수되어야 한다"는 자연법 원칙에 따라 국가는 국가 간 합의인 국제법을 준수하고 이를 위반하는 위법행위를 하지 않아야 한다. 또한 유효하게 성립하여 발효 중인 조약상의 의무나 관습국제법을 신의성실하게 이행해야 한다. 우호관계원칙선언도 회원국은 「UN헌장」의 목적을 실현하기 위해 조약을 포함한 국제법상의 의무를 성실히 이행할 것을 규정하고 있다.

신의성실의 원칙(principle of good faith)은 타국의 정당한 이익을 배려하고 타국의 신뢰에 반하지 않도록 행동하는 것을 말한다. 다만 핵실험사건(1974)에서 ICJ는, 신의성실의 원칙은 법적 의무의 창설과 이행에 적용되는 기본원칙의 하나이지만 이는 추상적 개념으로서 그 자체가 의무의 원천은 아니라고 하였다. 니카라과 v. 온두라스 국경 무장활동사건(1986)에서도 재판소는 신의성실의 원칙은 국제법의 기본원칙이지만 국제법의 법원 자체는 아니라고 판시한 바 있다.

III. 국가관할권

1. 의의

국가관할권(state jurisdiction)은 주권의 구체적인 발현 형태로서, 국가가 자국 영역과 영역 내 사람·사물·자원 또는 사안·사태·상황 등에 대해 행사할 수 있는 개별적 권한의 총체를 말한다. 주권이 추상적·통합적·전체적 개념인 반면, 관할권은 구체적·개별적 권한이다.

국가관할권은 법규를 제정하는 입법관할권과 이를 집행하는 집행관할권으로 이루어진다. 입법관할권(power to prescribe rules)은 입법부의 법률 제정, 행정부의 명령과 규칙, 법원의 판례 등을 통해 법 규범을 선언하는 힘을 말한다. 집행관할권(power to enforce rules)은 입법관할권을 전제로 국내법을 집행하는 권한인 행정관할권(executive power)과 국내법을 적용하여 특정 사람과 사물에 대한 사건을 심리·판결하는 사법/재판관할권(judicial power)으로 구분된다.

2. 국가관할권의 대상

관할권 행사의 주 대상은 자국민과 외국인이다. 그 밖의 개별 사물(선박, 항공기, 우주물체 등)·자원(천연자원, 해양자원 등)·사안(국내문제, 외교문제)·사태나 상황 등에 대해서는 관련 주제에서 설명한다.

가. 자국민에 대한 관할

(i) 국적

(1) 의의

국적(nationality)은 특정 국가의 구성원으로서의 자격을 의미한다. 전통적으로 개인은 국가의 소유물로 인식되어 왔으며, 국적을 보유한 자는 국적국에 충성해야 한다. 이에 따라 국적 부여는 각국이 자·국민 여부를 재량으로 결정하는 국내문제로, '국가 자치의 원칙'이 적용된다. 자국민 여부에 대한 판단 기준은 국내법이며, 각국은 자국의 국적법에 따라 국적을 결정한다. 미국·영국·호주·캐나다 등 일부 국가에서는 시민권(citizen)이 있는 국민과 없는 국민을 구분하여, 시민권이 없는 국민에 대해 국내법상 권리에 제한을 두고 있으나, 국제법적으로 같은 국적국의 국민으로 간주한다. 한편 EU 국가의 국민은 개별 국적을 가지면서 다른 EU 국가 내에서 EU 시민으로서 권리를 갖는다.

국적은 국제법과 합치하는 방식으로 부여되어야 한다. 튀니스와 모로코에서의 국적 법령에 관한 권고적 의견(1923)에서 PCIJ는, 국적이 원칙적으로 국내문제이지만 자국의 국적법을 일방적으로 적용하여 외국인을 자국민으로 수용하는 것은 허용되지 않으며, 타국에 대한 의무와 관련하여 판단되어야 한다고 하였다. 1930년 「국적법 저촉에 관한 헤이그협약」은 국적의 부여와 박탈은 원칙적으로 국내법에 의하지만, 국적을 부여하는 국가의 권리는 국제법과 법의 일반원칙에 의해 제한을 받는다고 규정하고 있다. 1997년 「국적에 관한 유럽협약」 등이 있지만, 국적을 포괄적으로 규율하는 국제조약은 없다. 「세계인권선언」은 모든 사람은 국적을 가질 권리를 가지며, 국적을 자의적으로 박탈당하거나 자신의 국적을 변경할 권리를 거부당하지 않는다고 규정하여(제15조), 국적 문제를 국제적 인권 문제로 취급하고 있다.

(2) 취득과 포기

자연인은 출생(birth)·혈통(descent)·귀화(naturalization)·국가승계나 그 밖의 방법(입양·인지 등)으로 국적을 취득한다. 각국은 출생지를 기준으로 국적을 부여하는 **출생지주의**(*jus soli*) 또는 혈연을 기초로 부모의 국적에 따라 자식의 국적을 결정하는 **혈통주의**(*jus sanguinis*)를 원칙으로 하되, 보통 이를 절충하여 사용한다. 영국·미국 등은 출생지주의, 유럽 국가 및 한·중·일 등은 혈통주의를 원칙으로 하고 있다. 1998년 우리 『국적법』은 부계 혈통주의를 포기하고 부모 중 어느 한쪽이라도 한국 국적을 가지면 그 자녀는 한국 국민이 될 수 있는 부모양계 혈통주의를 원칙으로 하되, 부모가 모두 분명하지 않거나 국적이 없는 경우에는 한국에서 출생한 자에 대해서도 출생지주의를 적용하여 국적을 부여하고 있다(제2조). 외국인이 국적을 변경하는 귀화가 국제법상 권리로서 인정되는 것은 아니다.7 혼인으로 국적을 자동 취득하는 것은 아니다. 일정 기간 주거해야 하고 이후 귀화 절차를 받아야 하기 때문이다. 이와 관련 「여성차별철폐협약」은 외국인과의 결혼 또는 혼인 중에 남편의 국적 변경에 따라 처의 국적이 자동 변경되거나 처가 무국적자가 되거나 남편의 국적이 강제되지 않도록 규정하고 있다(제9조1항).

이중/복수 국적자(dual or multiple national)는 혈통주의 국가 국민이 출생지주의 국가에서 자녀를 출생한 경우, 부모양계 혈통주의 국가의 부부가 국제결혼으로 자녀를 출생한 경우, 원래의 국적을 유지하면서 국적을 추가로 취득하였을 때 등에 발생한다. 해외 이주, 이주 노동, 국제결혼 등을 통한 국제적 인적 교류가 급증하면서 각국은 전통적인 단일 국적 원칙을 완화하여 자국민의 이중/복수 국적을 허용하거나 자국민이 타국에 귀화하더라도 국적을 유지할 수 있도록 허용해 나가는 추세이다. 우리 『국적법』은 출생 등으로 인해 20세가 되기 전에 복수 국적자가 된 자는 국적을 선택하도록 규정하고 있다(제12조). 다만 일정한 외국 국적자(미성년 시 해외 입양자, 대한민국에 특별한 공로가 있거나 우수한 한국계 인재 등, 이주 외국인 배우자, 고령의 외국 이주 동포)가 한국 국적을 취득할 때 한국에서 외국 국적을 행사하지 않겠다고 서약하면 한국 국적을 유지할 수 있도록 함으로써(제10조2항) 사실상 이들의 이중국적을 허용하고 있다.

법인에 대해서도 각국은 국내법에 따라 국적을 부여한다. 자국민이 일정 지분 이상 보유한 기업을 자국 기업으로 규정하는 국가도 있다.

국적은 국적국이 자국민의 국적을 재량으로 박탈하거나 본인이 스스로 포기함으로써 상실된다. 『국적법』상 대한민국 국민이 자진하여 외국 국적을 취득한 자는 그 외국 국적을 취득한 때에 한국 국적을 상실한다. 외국 국적을 취득

----

7 『국적법』상 일반적으로 외국인이 귀화하려면 5년 이상 계속하여 한국에 주소가 있어야 하고, 성년으로서 품행이 단정하고 생계 능력이 있어야 하고 대한민국 국민으로서 기본 소양을 갖추어야 한다(제5조). 귀화요건을 모두 갖추었다고 하더라도 국가는 귀화를 허가하지 않을 수 있다.

한 자는 6개월 이내에 법무부 장관에게 이를 신고해야 하며, 외국 국적을 취득한 날로부터 한국 국적을 상실한다(이상 제15조). 따라서 국적이탈 신고를 하지 않아 가족관계등록부나 주민등록부(또는 과거 호적)에 등재되어 있더라도 법적으로는 한국 국민이 아니다.

(ii) 자국민의 대우

국적을 가진 자국민(자연인과 법인)은 당연히 국가관할권의 대상이다. 국가는 영역 내 자국민은 물론, 타국에 소재하는 자국민에 대해서도 영토국의 속지주의 관할권에 저촉하지 않는 범위 내에서 국적을 매개로 역외 관할권(후술)을 행사한다. 또한 국가는 국적에 기초하여 자국민에 대해 외교적 보호권을 행사할 수 있다.

「자유권규약」은 "모든 사람은 자국을 포함하여 어떠한 나라로부터도 자유로이 퇴거할 수 있으며, 누구도 자국에 돌아올 권리를 자의적으로 박탈당하지 않는다"고 규정하고 있다(제12조). 국가는 자국민의 입국을 금지할 수는 없다. 하지만 때로는 일정 국민에 대해 출국을 제한하기도 한다. 여권(passport)은 대외적으로 소지자의 국적 등 신분을 증명하는 여행문서로서, 국내 법령(『여권법』)에 따라 외교부가 발급한다. 해외에서의 여권 분실 등 긴급한 상황에서는 여행증명서(Travel Certificate)를 발급받을 수 있다.

나. 외국인에 대한 관할

(i) 외국인의 범위

외국인은 영토국의 국적을 갖지 않고 체류하는 자로서, 난민과 무국적자를 포함한다.

난민은 제15장에서 상세 설명한다.

무국적자는 국가가 자국민의 국적을 박탈하거나 출생지주의 국가의 국민이 혈통주의 국가에서 자녀를 출산하였을 때 등에 발생한다. 1954년 「무국적자의 지위에 관한 협약」은 무국적자를 '어느 국가에 의해서도 법률상 국민으로 간주되지 않는 사람'으로 규정하고 있다(한국 가입). 1961년 「무국적자 감소에 관한 협약」은 당사국이 자국 영토에서 출생한 자의 국적을 부여하고, 당사국의 국적 박탈로 인해 무국적자가 발생하는 것을 방지할 의무를 규정하고 있다(한국 미가입).

(ii) 외국인의 입·출국

국가는 외국인의 입국을 반드시 허용해야 할 국제법상 의무가 없다. 외국인의 입국 허용 여부나 허용 대상자·입국 조건의 결정은 국내문제로서, 각국은 외국인의 입출국을 규율하는 국내법(『출입국관리법』)에 따라 결정한다. 다만 인종에 근거한 입출국의 차별은 허용되지 않는다. 외국인이 입국하기 위해서는 국적국의 유효한 여권과 체류국의 사증(Visa)이 필요하다. 사증은 외국인의 입국심사를 쉽게 하도록 재외공관의 영사가 입국을 추천하는 문서로서,[8] 각국은 체류국의 국제공항이나 국제항구에서 입국심사를 통해 최종적으로 입국 허가 여부를 결정한다.[9] 특정한 목적으로 입국이 허가된 외국인은 체류자격과 체류기간을 부여받는다. 영주권(permanent residence)은 외국인이 체류국의 국적을 보유하지 않으면서 상시 체류하고 취업할 수 있는 권리를 말한다. 각국은 특정 국가와 상호 사증 면제조약을 체결하기도 한다. 1985년 EU 국가(영국·아일랜드 제외)와 아이슬란드·노르웨이·스위스·리히텐슈타인 등 총 26개국이 체결한 「셍겐조약」(Schengen Agreement)은 당사국 간 국경 검문소를 폐지해 역내에서 자유로운 인적·물적 이동의 자유를 보장하였지만, 이로 인해 난민 유입·테러·범죄·방역 예방 등과 관련하여 문제가 발생하고 있다.

적법하게 입국한 외국인은 체류국에서 범죄나 형사 절차·납세 회피·채무 불이행 등의 문제가 없는 한 자유의사에 따라 출국할 수 있으며, 체류국은 자

----
8 일부 국가의 경우, 자국민 또는 범죄를 저지른 외국인의 국외 도피를 방지하기 위해 출국사증(exit visa)을 의무화하는 경우가 있다.

9 한편 『출입국관리법』상 운송업자는 유효한 여권과 사증을 지니지 않은 외국인의 탑승을 방지할 의무가 있으며(제73조), 의무 위반 시 운송자는 자신의 비용과 책임으로 지체없이 한국 밖으로 송환할 의무를 진다(제76조).

의적으로 출국을 금지할 수 없다. 외국인이 체류 기간 만료 후 출국하지 않으면 불법 체류자가 되어 추방될 수 있다. 추방은 영역주권을 가진 체류국의 재량에 의한 정당한 행정조치이기 때문이다. 체류국은 또한 국가안보·공공질서·공중 보건 등을 이유로 또는 체류국에 대한 비우호적 행위를 이유로 외국인을 추방(강제퇴거)할 수 있으며, 추방된 외국인의 국적국은 그를 받아들일 의무가 있다는 것이 통설이다. 그러나 법적 절차를 거치지 않은 자의적 추방이나 협약으로 보호되는 난민 등의 강제송환은 금지된다. 「시민적·정치적 권리에 관한 규약」은 "합법적으로 체류한 외국인은 국내법에 따른 결정에 의해서만 추방될 수 있으며, 국가안보상 불가피한 경우가 아니라면 자신의 추방에 반대하는 이유를 제시하여 권한 있는 기관 등이 자신의 사건을 심사하도록 허용해야 한다"고 규정(제13조)하여, 영토국의 재량에 의한 자의적 추방을 제한하고 있다. 외국인이 범죄에 연루된 경우, 범죄인인도의 대상이 될 수 있다.

(iii) 외국인의 대우

체류국은 영역주권의 대상인 외국인에 대해 관할권을 행사한다. 외국인은 체류 기간에 체류국의 영역주권에 복종하고, 체류국은 일반국제법상 입국한 외국인의 지위를 보장하고 대우해야 한다. 외국인에 대한 대우 기준과 관련, 전통적으로 국내표준설과 국제최소표준설이 대립하였다. **국내표준설**(national standard)은 영토국이 사법상 자국민에게 통상 부여하는 수준의 보호를 제공해야 한다는 입장이지만, **국제최소표준설**(international minimum standard)은 내외국인 간의 동등한 대우를 넘어 국제사회에서 허용되는 최소한의 수준의 보호가 필요하다는 입장이다. 대체로 선진국은 국제최소표준을 요구하나, 개도국은 국내표준을 주장한다. 우리 『헌법』 제6조는 "외국인은 국제법과 조약이 정하는 바에 의하여 지위가 보장된다"고 규정하고 있으나, 국제법상 국내표준인지 국제최소표준인지 명확하지 않다. 최소한 내국인에 비해 외국인을 불합리하게 차별 대우하지는 않아야 할 것이다.

우호통상항해조약이나 투자보장협정과 같은 양자조약은 당사국 국민 상호에 대한 대우를 규정할 수 있다. **내국민대우조항**(national treatment clause)은 타방 당사국 국민에 대해 체류국 국민과 동등하게 대우하는 것을 말한다. **최혜국대우조항**(MFN: Most-Favored Nation clause)은 타방 당사국 국민에 대해 체류국 내 가장 우대받는 외국인과 동등하게 대우하는 것을 말한다. 내국민대우는 내외국인 간의 무차별을 보장하고, 최혜국대우는 영토국 내 외국인 간의 무차별을 보장하는 것으로, 무차별은 공법이 아닌 사법상 무차별을 의미한다. 내국인대우와 최혜국대우는 관습국제법상 국가의 의무가 아니라 조약상 의무이다.

「세계인권선언」(제2조1항), 「자유권규약」(제2조1항, 제26조) 및 「사회권 규약」(제2조2항)은 자국 영토 및 관할권 아래 있는 외국인을 포함한 모든 개인에 대한 차별 없는 평등권을 규정하고 있으며, 사회권도 인간의 권리로서 외국인에게 인정될 필요가 지적되고 있다. 하지만 외국인의 인권 보장은 자국민에 대한 보장과는 차이가 있다. 외국인도 「자유권규약」 등 국제인권 규범에 따라 인간으로서의 기본적 권리(인간의 존엄과 가치, 행복 추구권, 평등권, 신체·종교·학문의 자유 등)는 보장되지만, 공공질서나 안전 등을 이유로 재산권·선거권··피선거권 등은 제한될 수 있다. 외국인이지만 평생 또는 장기간 상주국에서 생활을 영위하는 영주권자에 대해 각국은 선거권 또는 피선거권을 인정하는 추세이다.10 외국인도 납세의 의무를 부담하나, 병역의 의무는 지지 않는다.

(iv) 외국인의 보호

(1) 신체·재산의 보호

전통적으로 외국인의 보호는 체류국이 외국인을 직접 보호해야 할 의무가 아니라, 외국인의 국적국에 대한 의무로 인식되었다. 영토국은 사인에 의해 외국인의 신체·재산이 침해받지 않도록 외국인을 보호해야 할 의무가 있으며 이를 위해 상당한 주의(due diligence)를 다하지 못한 경우 국가책임을 부담한다. 국내표준설과 국제최소표준설은 영토국 내 외국인을 대우하는 기준뿐만 아니

----

10 우리 『공직선거법』상 영주 자격 취득 후 3년이 지난 외국인은 지방 선거권을 행사할 수 있으며(제15조2항3호), 『주민투표법』상 대한민국에 계속 거주할 수 있는 자격을 갖춘 외국인은 주민투표권을 갖는다(제5조2항).

라 외국인 보호와 관련한 영토국의 상당한 주의 여부를 판단하는 기준으로도 제시된다(☞ p.625).

외국인이 영토국으로부터 신체 및 재산 손해를 입은 경우, 영토국에서 사법적 구제를 받을 권리가 있으며, 본국은 외교적 보호를 행사할 수 있다(☞ 제23장).

(2) 투자 보호

과거에는 외국인의 해외 투자와 관련 채무 회수를 위해 투자국이 무력을 사용하기도 하였다. 투자국과 투자 유치국 간 분쟁을 방지하고 투자 유치국으로부터 외국인 투자자를 보호하기 위해 근래 체결되는 투자보장조약(BIT: Bilateral Investment Treaty)은 투자 분쟁을 국제투자분쟁해결센터(ICSID)에 회부하여 사법적으로 해결할 것을 규정하고 있다.

국제투자분쟁해결센터

국제투자분쟁해결센터(ICSID: International Centre for Settlement of Investment Disputes)는 국제부흥개발은행(IBRD)이 「국가와 타국 국민 간의 투자 분쟁해결에 관한 협약」에 따라 1965년 설립한 기구로, 협약은 한국을 포함 158개국이 비준하였다.

국제투자분쟁을 투자 유치국의 국내법원에서 국내법에 따라 해결하는 경우 외국인 투자자 보호가 소홀해질 수 있으므로, ICSID에 회부하기로 동의한 외국인 투자자와 투자 유치국이 당사자로서 대등한 입장에서 국제법에 따라 조정하거나 중재재판을 통해 해결한다. ICSID는 조정위원회와 중재재판소의 절차 이행에 필요한 장소·준칙·중재관 명단 유지 등 행정적 편의를 제공한다. 조정보다는 중재재판이 주로 활용되고 있다.

중재재판소는 당사자가 합의하는 법규칙에 따라 분쟁을 해결하지만, 합의가 없으면 분쟁 당사국의 법과 적용가능한 국제법규를 적용한다(제42조). 중재재판소의 판정은 당사국의 국내재판소가 이를 배제 또는 파기할 수 없다(제53조). 외국인 투자자가 ICSID에서 투자국을 상대로 직접 소송을 제기하므로 일단 중재재판이 선택되면 국적국은 이에 대해 외교적 보호권을 행사할 수 없다.

(3) 수용/국유화

외국인의 재산권은 원칙적으로 보호되어야 하지만, 영토국은 외국인의 사유재산을 개별적으로 수용(收用: expropriation)하거나 일반적이며 대규모로 사유재산을 국유화(nationalization)할 수 있다. 1962년 천연의 부와 자원에 관한 영구주권선언도 이러한 영토국의 권리를 인정하고 있다. 하지만 서구제국은 영토국의 수용이나 국유화는 무제한의 권리가 아니며, 아래 3가지 요건이 충족되어야만 국제법상 적법하다는 입장이다.

- 공익의 원칙: 자의적이지 않고 공공목적(도시계획 등)에 부합하는 수용만 허용된다.
- 무차별의 원칙: 내국인과 외국인 또는 외국인 간의 차별이나 특정 국가의 국민만을 대상으로 하는 것은 금지된다. 또한 유사한 상황에 있는 모든 재산에 대해 동일하게 적용되어야 한다.
- 보상의 원칙: 재산에 대한 보상 없이 몰수(confiscation)하거나 재판을 거부하는 것은 금지된다. 신속하고 충분하며 실효성 있는 보상(prompt, adequate and effective compensation)이 이루어져야 한다. 이는 1938년 멕시코가 자국 내 외국의 석유 사업을 수용하자, 미국의 Hull 국무장관이 밝힌 원칙이다('Hull 공식'). 신속한 보상은 수용 즉시 보상하는 것으로 장기간 분할 상환 등은 허용되지 않는다. 충분한 보상은 수용 당시 재산의 시장 가격에 연체 이자를 더한 금액을 말한다. 실효성 있는 보상은 보상 지불수단이 피해자가 받는 즉시 사용할 수 있는 보상(수용국의 법정 통화나 국제적인 호환 통화 지불)을 말한다.

이에 반해 개도국은 관련 UN 총회결의를 통해 국제법에 따라 적절한(appropriate) 보상 또는 수용국의 국내법령과 모든 관련 상황을 고려하여 적절한 보상을 주장한다. 하지만 실제 보상은 대개는 수용국의 경제 능력을 감안하여 총액으로 일괄 타결된다.

3. 국가의 역내 관할권과 역외 관할권

가. 의의

국가는 영역주권 원칙에 따라 영역 안에서 역내 관할권(intra-territorial jurisdiction)을 행사한다. 국가의 역내 입법·행정·사법 관할권 행사는 배타적이지만, 다만 사법관할권 행사는 국가면제(후술)나 외교면제(☞ 제4장) 또는 조약(주둔군지위협정 등)에 의해 제한될 수 있다.

국가가 자신의 영역 밖의 사람·사물 등에 대해서도 관할권을 행사하는 것을 역외 관할권(extraterritorial jurisdiction)이라 한다. 국가의 입법관할권은 반드시 자국 영역에 국한되는 것은 아니며 역외에 대해서도 입법관할권 행사는 가능하다. 예컨대 해외에 거주하는 자국민에게 소득세를 부과하는 입법을 할 수 있다.11 그러나 타국 영역에서 집행관할권을 행사하는 것은 타국의 영역주권을 침해하는 행위이므로 원칙적으로 영역국의 동의가 없으면 허용되지 않는다. Lotus호사건(1927 ☞ p.291)에서 PCIJ는 "특별히 허용하는 규칙이 없다면, 일국이 타국 영역에서 권한을 행사하는 것은 일절 금지된다"고 하였다. 영역국의 주권을 침해하는 역외 집행(extraterritorial enforcement)에는 범죄 용의자의 체포는 물론, 가택 수색이나 증거 수집을 위한 강제 수사, 벌금 고지서나 소환장 발부, 세무 조사, 문서나 정보 제출 요구 등 모든 권력적 행위를 포함한다. 그러나 일국이 입법 또는 집행관할권을 역외 적용하면 상대국은 이에 대해 대항 입법(counter legislation)을 하게 되므로 관련국 간 외교적 갈등을 초래하게 된다. 이하에서는 국가의 역외 관할권 행사 중 역외 재판관할권 행사를 중심으로 설명한다.

----

11 관련국 간 역외 관할권이 중복되는 경우, 관련국은 조약을 체결하여 이를 해결한다. 예컨대 한국인이 외국에서 소득이 발생한 경우, 속지주의에 따라 외국에서 소득세를 내야 하지만, 속인주의에 따라 한국에서도 소득세를 내야 한다. 이에 따른 이중과세 문제를 해결하기 위해 관련국과 이중과세방지협정을 체결하여 어느 한 국가에서만 소득세를 부과한다. 사회보장협정도 상대국에서의 사회보장 기여금 납부를 상호 면제하거나 납부 기여금의 상호 합산을 인정한다.

나. 역외 재판관할권의 행사와 근거

(ⅰ) 형사재판관할권

재판관할권의 역외적용과 관련해서는 형사사건과 관련하여 관련국 간 관할권 행사가 경합하는 사례가 많다. 형사재판관할권과 관련하여 각국이 관할권 행사를 주장하는 경우 그 근거 이론으로 속지주의, 속인주의, 보호주의, 보편주의가 있다.

(1) 속지주의

내·외국인을 불문하고 행위 주체가 누구이든 자국 영역 안에서 행위와 결과가 완성된 범죄에 대해 영역국은 영역주권에 기초한 속지주의(territorial principle)에 따라 당연히 역내 관할권을 행사한다. 우리『형법』은 대한민국 영역 내에서 죄를 범한 내국인과 외국인 모두에게 적용된다(제2조). 국적국의 선박이나 항공기, 등록된 우주물체는 영역 밖에 있더라도 자국 영토로 의제하여 속지주의를 적용한다. 따라서 선박·항공기에서 출생한 신생아도 선적국 또는 등록국의 국적을 갖는다. 우리『형법』도 "대한민국 영역 밖에 있는 대한민국의 선박 또는 항공기 내에서 죄를 범한 외국인에게 적용된다"(제4조)고 규정하고 있다.

속지주의 적용을 확장하여 역외 관할권을 주장하는 이론이 있다. 자국 영역 안에서 행위가 이루어졌으나 자국 영역 밖에서 완성된 범죄에 대해 영역국이 관할권을 주장하는 것을 **주관적 속지주의**라 하며, 반대로 원인 행위는 자국 영역 밖에서 개시되었으나 직접적인 결과 또는 효과가 자국 영역 안에서 완성된 범죄에 대해 관할권 행사를 주장하는 것을 **객관적 속지주의**라 한다. 예컨대 접경국인 A국에서 갑이 총기를 발사하여 B국에 소재한 을이 살해된 경우, A국은 주관적 속지주의, B국은 객관적 속지주의에 따라 갑에 대한 관할권을 주장하는 것이다.

객관적 속지주의는 민사상 관할권에도 주장되고 있다. 미국은 경쟁법상 해외 외국인의 기업 행위가 미국에 실질적이고 해로운 영향을 미쳤다면 그를 처벌할 수 있다는 이른바 '**효과주의**'(effect theory)를 도입하고 있다. EU의 경쟁법은 물론, 한국의 『독점 규제 및 공정 거래에 관한 법률』도 국외에서 벌어진 행위라도 국내시장에 영향을 미치면 적용한다고 규정하고 있다(제2조2).

(2) 속인주의

국적국은 자국민(자연인과 법인)이 외국에서 범죄를 저지르면 대인주권에 기초하여 관할권을 행사하며, 이를 속인주의(personality principle) 또는 국적주의(nationality principle)라고 한다.[12] 자국민이 자국 영역 밖 어디에서라도 자국법을 위반하여 범죄를 저지르면 범죄인의 국적국이 관할권 행사를 주장하는 **적극적 속인주의**와 외국에서 발생한 범죄로 인해 자국민이 피해를 본 경우 피해자의 국적국이 자국민의 권리를 보호하기 위해 관할권 행사를 주장하는 **소극적 속인주의**('피해자 국적주의')가 있다. 우리 『형법』 제3조는 내국인의 국외 범죄 처벌을 규정하여 적극적 속인주의를 채택하고 있다. 예컨대 국내법상 도박이나 성매매가 불법이지만, 도박·성매매가 합법인 외국에서 이를 실행한 내국인도 국내법상 처벌된다. 『형법』 제6조는 대한민국과 그 국민에 대한 외국인의 국외 범죄 처벌을 규정하여 소극적 속인주의도 채택하고 있으나, 행위지의 법률상 범죄를 구성하지 않거나 소추 또는 형의 집행을 면제할 때는 예외로 하고 있다.

대륙법계는 속지주의와 속인주의를 병용하나, 영미법계는 현지 처벌이 용이한 속지주의를 원칙으로 하되 속인주의도 보충적으로 사용하고 있다. 속지주의를 원칙으로 하는 미국도 해외에서 자국민이 범한 반역죄·마약 거래·아동매춘 등에 대해서는 적극적 속인주의를 적용하며, 해외에서 테러나 항공기 납치 등으로 피해를 본 자국민도 제한적으로 소극적 속인주의도 채택하여 보호하고 있다.

----
12 속지주의가 적용되는 선박과 항공기·우주물체도 국적주의에 따라 선적국 또는 등록국의 관할권이 적용된다고 볼 수도 있다.

(3) 보호주의

외국인이 타국에서 행한 행위가 타국법상 불법이 아니더라도 자국의 중요한 이익, 즉 국가안보(내란·테러·간첩)나 자국의 사활적인 경제 이익(위폐제조나 공문서 위조 등)을 침해한 경우, 이를 침해받은 국가가 관할권 행사를 주장하는 근거를 보호주의(protective principle)라 한다. 보호주의는 외국인의 행위가 현지에서 합법적인 행위일지라도 자국의 이익 보호를 위해서 관할권을 행사하려는 것이지만, 국가안보나 사활적인 경제 이익의 개념이 모호하여 자의적으로 주장될 가능성이 있다. 우리 『형법』은 외국인의 국외 범죄(외국인이 대한민국 영역 밖에서 내란·외환·국기·통화 등에 관련하여 저지른 범죄)를 규정하고 있다(제5조).

(4) 보편주의

특정한 범죄에 대해서는 모든 국가가 관할권을 행사할 수 있는 보편주의(universal principle)는 전통적으로 해적행위(☞ p.293)에 대해서만 인정되어 왔다. 이후 국제공동체 전체의 이익을 침해하는 개인의 중대한 국제범죄(Genocide, 인도에 반한 죄, 침략범죄, 고문 등)에 대해서는 범죄 장소나 범죄자의 국적과 관계없이 모든 국가가 **보편적 관할권**(universal jurisdiction)을 행사할 수 있다는 인식이 늘고 있다(☞ 아이히만사건 p.484). 다만 국가 주권의 원칙상 보편적 관할권 행사는 예외적으로 행사되며, 국가가 반드시 이를 행사해야만 하는 의무가 있는 것도 아니다.

우리 국내법 일부도 특정 범죄와 관련하여 보편주의를 적용하고 있다. 『국제형사재판소 관할범죄의 처벌 등에 관한 법률』은 대한민국의 영역 밖에서 집단살해죄 등을 범하고 대한민국의 영역 안에 있는 외국인에게 적용된다(제3조 5항). 『선박 및 해상 구조물에 대한 위해행위의 처벌 등에 관한 법률』은 해적행위에 대한 보편적 관할권을 규정하고 있다. 『형법』도 약취·유인 및 인신매매 관련 범죄에 대해 보편주의를 규정하고 있다(제296조2).

(5) 관할권의 경합

국가 간 형사재판관할권이 경합하는 경우, 일반적으로 범죄인의 신병을 확보한 국가가 속지주의 또는 속인주의를 내세워 관할권을 행사한다. 속지주의나 속인주의를 적용할 수 없는 경우, 각국은 객관적 속지주의(효과주의), 소극적 속인주의, 보호주의 또는 보편주의 등을 근거로 동일 범죄에 대해 관할권을 주장함으로써 관할권이 경합할 수 있다. 관할권이 경합하면 관련국 간 교섭을 통해 조정하는 것이 일반적이나, 이로 인해 외교적 마찰이 야기될 수도 있으므로, 범죄인인도조약(☞ 제21장)이나 「민·형사관할권 및 판결 집행에 관한 유럽협약」(1968)과 같이 관할권 조정과 집행에 관한 조약을 사전에 체결하여 운용하는 것이 바람직하다 할 것이다.

또한 관할권을 갖는 두 국가가 동일 범죄에 대해 사법관할권을 행사하는 경우, 예컨대 속지주의 국가에서 처벌받은 범죄인이 속인주의 국가에서 동일 범죄에 대해 이중 처벌되는 경우가 발생할 수 있다. 개별 국가가 각각의 사법관할권을 행사하고 처벌할 수 있으나, 이 경우에도 「시민적·정치적 권리에 관한 국제규약」 상 보장된 일사부재리 원칙(제14조)을 고려하는 것이 바람직하다 할 것이다. 이와 관련 우리 『형법』은 "외국에서 형의 전부 또는 일부의 집행을 받은 자에 대하여는 형을 감경 또는 면제할 수 있다"라고 규정하고 있다(제7조).

(ii) 민사재판관할권

(1) 국제사법과 법의 저촉

국제사법(國際私法)은 국제적/섭외적 성격을 가진 사인 간의 관계를 규율하는 법정지국의 국내법을 말한다. 개인이 국제 거래 또는 외국인과의 혼인·이혼 등 외국에서 발생한 사건이나 외국인과 관련된 섭외적 성격의 민사소송을 국내법원에 제기하고자 하는 경우, 우선 그 소송에 대해 그 나라의 법원이 재판관할권을 행사할 수 있는지와 관할권을 인정하면 적용해야 할 준거법을 확인해야 한다. 국제적 민사사건에 대한 국내법원의 관할권 범위와 준거법에 대해 각국의 법제상 차이가 있기 때문이다. 국제사법은 타국의 국내법과 관련된 섭외 사건에 적용될 준거법이 어느 나라의 사법인지를 정함으로써 각국 국내법 간의 법의 저촉(conflicts of laws)을 조정·해결하려는 것이다.

상사분쟁의 경우, 분쟁당사자는 국제사법을 적용하는 국내법원의 재판을 통해 해결할 수도 있지만, 대개는 당사자가 상사계약을 통해 사전 합의한 국제 상사중재기관에 의해 해결한다. 상설 국제상사중재기관으로는 파리에 본부를 둔 국제상공회의소(ICC: International Chamber of Commerce) 산하 국제중재재판소, 미국중재협회(AAA: American Arbitration Association), 런던 국제중재재판소(LCIA: London Court of International Arbitration), 싱가포르 국제중재센터(SIAC), 대한상사중재원(KCAB) 등이 있다. 한편 상사중재기관의 판결을 외국에서 쉽게 집행하기 위해 1958년 채택된 「외국 중재판정의 승인 및 집행에 관한 협약」('뉴욕협약')이 1959년 발효하였으며, 당사국은 한국을 포함 172개국이다.

국제사법기구

국제사법 간의 법의 저촉을 방지하고 점진적 조화와 통일을 촉진하기 위해 아래 국제사법기구가 활동 중이다.

- UN국제상거래법위원회(UNCITRAL: UN Commission on International Trade Law): 1966년 유엔 총회결의로 설립된 총회 보조기관으로, 회원국은 60개국이며 본부는 비엔나에 소재한다. UNCITRAL 중재규칙, 국제 물품매매, 국제상사 중재 국제지불, 국제계약 실무에 관한 국제사법 통일을 위한 여러 조약을 채택하였다. 특히 「국제물품매매계약에 관한 UN조약」(약칭 'UN매매조약')은 (각국의 국제사법 준칙에 기초하여 준거법을 지정하는 것이 아니라) 국제거래에 적용되는 실체 사법 자체에 대한 규칙을 정하고 있다(한국 가입).

- 헤이그국제사법회의(HccH: Hague Conference on Private International Law): 1893년 설립된 정부 간 기구로 회원국은 85개국이다. 가족·아동보호·민사소송절차 및 상법 등의 점진적 통일과 조화를 추구한다. 「민사소송절차에 관한 조약」, 「민사 또는 상사에 관한 재판상 및 재판외 문서의 외국 송달 및 고지에 관한 조약」(한국 가입), 「국제적 아동 탈취의 민사상 측면에 관한 조약」(한국 가입)13 등

----

13 한국은 2013년 가입하고, 이를 이행하기 위한 『헤이그 국제아동탈취협약 이행에 관한 법률』을 제정하였다.

이 있다.

- 사법통일국제연구소(UNIDROIT) : 1926년 발족한 정부 간 기구이다. 63개 회원
  국으로 본부는 로마에 있다. 상사 관련 12개 협약과 모델법 등을 채택하였다.

(2) 민사재판관할권의 역외적용

원칙적으로 민사상 피해자는 개별 국가의 법원에서 가해자에 대해 배상청
구 소송을 제기해야만 한다. 이와 관련 개별 국가가 법적 관련성이 없는 경우
에도 민사재판관할권을 행사할 수 있는지, 즉 역외 관할권이 인정될 수 있는지
문제가 된다.

1980년 Filártiga사건(Filártiga v. Pena Irala)에서 미연방 항소법원은, 국제법
또는 미국이 가입한 조약을 위반하여 미국 밖에서 불법행위(고문)를 한 외국인
에 대한 민사소송에서 배상을 명령하였다. 사건은 파라과이 경찰이었던 Pena
가 반정부활동을 이유로 Filártiga의 아들을 납치·고문하여 사망하자, 이후 미
국에 이주한 Filártiga의 가족이 미국에 불법 체류하던 Pena를 상대로 미국 법
원에 손해배상을 청구한 사건이다. 법원은 고문 금지가 「UN헌장」 및 「세계인권
선언」 등에 의해 확립된 관습국제법임을 확인하고, 미 국내법인 『외국인 불법
행위에 관한 법』(ATS: Alien Tort Statute)에 따라 민사소송에 대해 보편적인 역
외관할권 행사를 인정한 것이다. 이후 2013.4. Kiobel v. Royal Petroleum Co.
사건에서 미연방대법원은 미국 내에서 벌어진 국제법 위반행위에 대해서만 손
해배상청구 소송이 가능하다고 판결하여, 미국과의 연계가 확인되는 경우로 민
사재판관할권의 역외적용을 제한하였다.

IV. 국가면제

1. 의의

국가면제(state immunity)는 국가나 그 재산이 타국 재판소의 관할권에 복종하지 않을 국가의 권리를 말한다. 법정지국은 자국 영역 안의 외국 또는 그 기관이나 재산에 대한 민·형사소송에서 외국에 대한 자국 법원의 재판관할권 행사를 면제할 의무가 있다. 법정지국 법원은 사인이 외국을 대상으로 제기한 민·형사소송에서 외국의 당사자적격을 인정하지 않음으로써 해당 소송에 대한 관할권을 부인한다. 이는 국가가 외국 법원의 관할권에 복종하는 것을 방지하여 국가의 공적 기능을 보호하려는 것으로, "대등한 자들은 서로에 대해 관할권을 갖지 못한다"는 주권평등의 원칙에서 파생되었다. 국가면제는 주권면제 또는 관할권 면제(juridictional immunity)로도 불리지만, 이하에서는 국가면제로 통일하여 사용한다.

국가면제는 19세기 이래 국가 자체인 절대 군주에게 인정되던 주권면제(sovereign immunity) 관행에서 시작되어 각국의 입법과 법원의 판례로 확인되면서 관습국제법으로 발전하였다. 1972년 「국가면제에 관한 유럽협약」이 채택되었다. ILC의 법전화 작업을 거쳐 2004.12. UN 총회는 「국가 및 그 재산의 관할권 면제에 관한 UN협약」(이하 '협약')을 채택하였다. 협약은 원칙적으로 외국을 상대로 하는 민사소송을 대상으로 하며, 형사소송에는 적용되지 않는다. 협약 발효를 위해서는 30개국의 비준이 필요하나, 현재까지 23개국만이 비준하여 아직 발효하지 않았다(한국 미가입). 하지만 협약은 국가면제에 관한 관습국제법 규칙을 다수 포함하고 있어 국제재판이나 실무에서도 준거로서 널리 활용되고 있다. 이하에서는 협약을 중심으로 설명한다.

한편 재판관할권의 면제를 의미하는 국가면제와 국가의 위법행위에 대한 국가책임은 별개의 문제이다. 국가면제에 따라 타국이 국제법상 위법행위에 대해 국내법상 재판관할권으로부터는 면제되더라도, 위법행위의 피해국은 가해국을 상대로 국가책임을 별개로 추궁할 수 있다.

2. 국가면제의 내용

가. 인적 면제: 국가원수·정부수반·외무장관

　국가를 대표하여 국가기관의 자격으로 활동하는 국가원수·정부수반·외무장관은 관습국제법상 그 직위 자체에 대해 국가면제가 적용된다. 이들이 재임 중에 자국이나 타국에서 행한 직무상 공적 행위는 물론 사적 행위도 타국의 민·형사 재판관할권으로부터 면제되며, 국가가 면제를 포기하지 않는 한 타국에 의해 기소되거나 처벌될 수 없다. 퇴임 이후라면 재임 중 공적 행위는 면제되나, 사적 행위에 대해서는 재판관할권이 행사될 수 있다.[14] 협약도 이들에 대한 면제를 규정하고 있다(제2조, 제3조2항).

　한편 외교관은 「외교관계에 관한 비엔나협약」과 관습국제법에 의해 접수국에서 민·형사재판관할권 면제를 향유한다(☞ 제4장). 협약도 외교사절·영사·특별사절 등에 대한 면제를 규정하고 있다(제3조1항).

　이러한 일반국제법의 예외로, 「국제형사재판소(ICC)에 관한 로마규정」 제27조는 국가원수, 정부수반, 정부 또는 의회 구성원, 선출된 대표자 또는 정부 공무원으로서의 공적 지위는 어떠한 경우에도 형사책임이 면제되지 않음을 명시하고 있다.

나. 물적 면제: 국가행위

(ⅰ) 면제의 주체

　국가면제는 국가에 대하여 부여되는 권리로 향유 주체는 국가이다. 협약상 국가면제를 향유하는 국가는, ① 국가 및 각종 정부기관(행정부, 입법부, 사법부 등), ② 국가의 주권적 권한을 행사하는 권한을 부여받아 이를 행사하는

14　기소 또는 인도 의무에 관한 문제 사건(벨기에 v. 세네갈 2012)의 판결(☞ p.598)에 따라, 2016년 Habré는 아프리카연합(AU)이 임명한 재판관으로 세네갈에 설치된 특별 재판소에서 종신형을 선고받았다. 고문·인도에 반한 죄·전쟁범죄 등 심각한 인권침해를 자행한 전직 국가원수가 타국에 설치된 재판소에서 유죄 판결을 받은 첫 사례이다.

연방 국가의 구성단위(주 정부) 또는 국가의 정치적 하부조직(지방자치단체), ③ 국가의 주권적 권한을 행사하는 권한을 부여받아 이를 행사하는 국가기관 또는 그 밖의 실체, ④ 그러한 자격으로 활동하는 국가의 대표(국가원수·정부수반·외무장관·외교관)를 포함한다(제2조). 이에 따라 국가면제를 향유하는 주체를 판단하는 기준은 주권적 권한의 행사 여부라 할 것이다.

(ii) 면제 대상 행위

(1) 절대적 면제론과 제한적 면제론

전통 국제법상 주권면제는 국가와 지위 고하를 막론하고 국가기관이 대외적으로 수행하는 모든 행위와 국가재산에 대해 관할권 면제를 인정하는 **절대적 면제론**(theory of absolute immunity)이 지배하였다. 그러나 19세기 말 각국이 철도·선박·우편 등 영리를 추구하는 국영기업을 설립하여 상업 활동에 직접 참여하면서 외국 정부와 거래하는 다수의 기업과 개인이 피해를 보자 이들을 절대적 면제로부터 보호해야 할 필요성이 대두하였다. 이에 따라 제1차 대전 이후에는 국가가 대외적으로 수행하는 공적 행위를 국가가 정치권력으로서 수행하는 주권적·권력적 행위와 국가가 법인으로서 수행하는 상업적·비권력적 행위로 구분하여, 주권적·권력적 행위에 대해서는 면제를 계속 인정하되, 상업적·비권력적 행위에 대해서는 면제를 인정하지 않는 **제한적 면제론**(theory of limited/restrictive immunity)이 일반적으로 수용되고 있다. 이에 따라 법정지국 법원은 민사소송의 경우 외국의 공적 행위의 성격을 판단하여 상업적·비권력적 행위에 대해서 재판관할권을 행사할 수 있게 된 것이다. 미국·영국·호주·캐나다·일본·싱가포르 등의 국내법인 『주권면제법』(FSIA: Foreign Sovereign Immunity Act)도 제한적 면제론에 입각하고 있다. 한국은 관련 국내법이 입법되어 있지 않다. 하지만 대법원이 1992년 미군 부대 내 상점에서 근무하다 해고된 한국인이 미국을 상대로 제기한 해고무효확인사건에서 고용계약을 국가의 사법적 행위로 보고 면제를 인정하지 않은 판결(1998.12.17. 97다39216) 이래 제한적 면제론을 유지하고 있다.

(2) 주권적·권력적 행위와 상업적·비권력적 행위의 구분

국가행위가 본질적으로 공적 목적을 위한 것이므로 많은 경우 주권적·권력적 행위와 상업적·비권력적 행위로 명확히 구분하기는 쉽지 않다. 이를 구분하는 기준으로 대체로 선진국은 국가행위의 성질, 개도국은 목적을 선호한다. 개도국이 목적을 선호하는 것은 상업적 성질의 행위라도 국가행위의 궁극적인 목적이 권력적이라는 점에서 국가면제를 넓게 인정받을 수 있기 때문이다.

협약은 제한적 면제론에 따라 국가와 외국의 사인이나 법인과의 상업적 거래와 관련한 소송에서는 면제를 제한하되, 국가 간 상업적 거래에 대해서는 면제를 주장할 수 있도록 하였다(제10조). 상업적 거래(commercial transaction)는 상품의 매매 또는 용역의 공급, 차관 또는 거래에 관한 보증 등 재정적 성격의 거래를 위한 계약, 상업·산업·무역 또는 전문적 성격의 계약 및 거래를 말한다(제2조1항c). 다만 계약 또는 거래의 성질을 먼저 참고하되, 계약 당사자들이 합의하였거나 법정지국의 관행상 그 목적이 계약 또는 거래의 비상업적 성질을 결정하는 데 관련이 있는 경우에는 그 목적도 고려하도록 절충하고 있다(제2조2항). ILC는 행위의 성질에 목적도 고려한 계약으로 국가가 전염병 확산에 따라 긴급하게 의약품을 구매하거나 기근 발생으로 식량을 구매하는 계약을 예시하였다. 개도국의 입장을 반영하여 동 조항에 목적 기준이 추가되자, 계약 또는 거래의 성질을 중시하는 선진국은 협약 참여를 기피하고 있다.

(iii) 면제의 배제

협약은 법정지국(state of the forum)에서 피고인 외국이 면제를 주장할 수 없는 경우를 상세 규정하고 있다. 우선 국가가 국제조약·서면계약·법정에서의 선언이나 통고를 통해 명시적으로 타국 법원의 관할권에 동의하였거나(제7조), 국가 스스로 타국 법원에서 소송절차를 개시 또는 참가하였거나 본안과 관련하여 조치를 취한 경우(제8조)에는 면제를 주장할 수 없다. 또한 아래 소송에 대해서는 소송 대상의 성격상 면제를 원용할 수 없다.

• 타국 영토에서 업무 수행을 위해 외국과 사인 간에 체결한 고용계약은

사적 행위로서 원칙적으로 외국은 면제를 주장할 수 없다. 그러나 피고 용인이 공권력 행사에 있어 특정한 기능을 수행하기 위해 채용된 경우, 피고가 외교관·영사 등 외교면제를 누리는 경우, 해고나 고용계약의 종 료에 관한 소송이 외국의 안보 이익을 저해하는 것으로 국가원수·정부 수반 또는 외교장관이 결정한 경우, 피고용인이 고용국의 국민이면 면 제를 주장할 수 있다(제11조).

- 외국에 귀속될 수 있는 법정지국에서의 불법행위(tort)로 인한 사망·신 체 손상이나 유체 재산상의 피해에 대한 금전적 보상에 대해서도 면제를 주장할 수 없다(제12조). 법정지국이 외국의 불법행위(예컨대 음주 교통사고 로 인한 사망 사고 등)에 대해 재판관할권을 행사하기 위해서는 ① 피해 를 야기한 작위 또는 부작위가 피고인 국가에 귀속되고, ② 작위 또는 부작위는 일부 또는 전부가 법정지국의 영토에서 발생하였으며, ③ 작 위 또는 부작위의 행위자가 법정지국의 영토 내에 있어야 한다. 한편 미국은 고문·살해·항공기나 인질 납치 등 국가테러리즘 행위로 인해 미 국인이 사망하거나 상해를 입으면 미 국내법(1996년 『테러방지법』, 2004년 『국가지원테러리즘 행위에 대한 민사책임』)에 따라 미국 내에서 제기된 소 송에 대해 테러지원국의 국가면제를 인정하지 않고 있다. 2017년 북한 여행 중 구금되어 고문 등으로 식물인간이 된 오토 웜비어 사건(2018)에 서 미연방법원은 북한의 국가면제를 부인하고 유족에 대해 배상을 명령 하였다.

- 법정지국 내 부동산의 소유·점유·이용에 대해서는 면제가 인정되지 않 는다(제13조). 부동산 관련 소송은 전통적으로 면제를 적용하지 않고 영 토국의 배타적 관할권을 인정하였다. 외교공관의 소유권에 대한 소송도 법정지국 법원이 재판관할권을 행사할 수 있다. 다만 판결을 강제집행 하기 위해서는 파견국의 동의가 필요하다.

- 그 밖에 법정지국에서 보호받는 지적·산업재산권(제14조), 국가가 소유 또는 운영하는 선박의 비상업적 목적 이외의 운영(제16조)에 관련된 소 송은 면제를 주장할 수 없다. 또한 국가가 외국인과 상업적 거래에 관

한 분쟁을 중재에 회부하기로 서면 합의한 경우에는 면제를 주장할 수 없다(제17조).

(ⅳ) 면제의 포기와 강제집행

국가면제는 국가의 권리이므로, 국가의 결정에 따라 명시적 또는 묵시적 방법으로 이를 포기할 수 있다. 따라서 외국이 스스로 면제를 포기하고 제소하거나 응소하여 재판에 참여하지 않는 한, 법정지국은 자국 법원에 외국을 세울 수 없다. 면제를 포기하면 법정지국 법원은 관할권을 행사하며 그 효과는 당해 사건의 최종심까지 미친다.

하지만 면제 포기가 판결의 강제집행에 대한 동의를 의미하지 않는다(제20조). 외국이 명시적으로 면제를 포기하여 법정지국 법원이 재판관할권을 행사하였더라도, 법정지국은 판결 전이나 판결 후 외국 재산의 압류나 강제집행을 할 수 없다. 다만 외국이 집행에 명시적으로 동의한 경우 또는 청구 변제를 위해 할당 또는 지정한 재산의 경우에는 그 범위 내에서 강제집행을 할 수 있다(제18a.b. 및 19조a.b.). 판결 후에는 외국 정부가 비상업적 목적으로 사용하는 재산으로서 소송의 대상이었던 실체와 연관되며 법정지국에 있는 재산에 대해서 강제집행을 할 수 있으나(제19조c),[15] 그러한 경우에도 특히 외교사절의 직무수행과 관련된 재산·무기 등 군사적 성격의 재산·중앙은행 등 금융 당국의 재산·비매품인 국가 문화재 등은 외국의 명시적 동의가 있어야만 강제집행을 할 수 있다(제21조). 요컨대 외국을 상대로 승소하였더라도 이를 강제 집행하는 데는 여러 제약이 따른다.

----

[15] 나치가 몰수한 G. Klimt 그림의 반환과 관련한 Austria v. Altmann 사건(2004)에서 미연방법원은 국내법을 근거로 미국 내에서 상업적 활동에 사용되는 외국 재산에 대해 일정한 경우법원의 판결 집행을 위한 가압류 또는 강제집행으로부터 면제되지 않는다고 판단하였다. 당사자들은 결국 오스트리아 중재관 3명으로 구성된 중재재판에 회부하기로 합의하였으며, 2006년 중재재판소는 오스트리아의 그림 반환을 판정하였다.

3. 국가행위이론

국가행위이론(act of State doctrine)은 타국이 자신의 영역 내에서 영역주권에 근거하여 행한 권력적·정치적 행위에 대해 법정지국 법원이 그러한 행위의 유효성에 관한 판단을 자제하는 것을 말한다. 국가면제는 법정지국 법원이 피고인 외국의 당사자적격을 부인하여 재판관할권을 면제하는 것이지만, 국가행위이론은 법정지국 법원이 소송 대상이 외국이건 대리인인 개인이건 상관없이 외국 정부가 자국 내에서 행한 행위의 유효성에 대한 심사를 자제하는 것이다.

국가행위이론은 국제법상 확립된 원칙은 아니며, 미국의 사법기관에 의해 형성된 국내법적 관행이라는 것이 통설이다. 미 법원은 20세기 초 국가행위이론을 수용하였다. 타국에서 자신의 재산을 강제로 수용당한 개인이 그 재산을 반입한 피고에 대해 반환소송을 제기해도, 피고가 수용이 타국이 자국 내에서 행한 공적 행위였음을 주장하는 경우, 미국 법원은 타국의 권력적 행위인 수용의 유효성을 판단하지 않고 자제한다. 미 법원의 경우, 미 국내법상 권력분립 원칙에 따라 타국의 권력적·정치적 행위에 대한 대응은 행정부의 고유권한으로, 사법부가 나서서 그 유효성을 판단하면 외교문제를 초래할 수 있으므로 심사를 자제하는 것이다. 미국 법원과는 달리, 대륙법계 법원은 외국의 공적 행위라도 이를 판단하여 개인의 권익을 보호한다.

미연방대법원은 쿠바국립은행 v. Sabbatino 사건(1964)에서 국가행위이론에 따라 쿠바의 미국계 설탕 회사 국유화에 대한 적법성 판단을 자제하면서도, 이는 국제법상의 원칙이 아니라 행정부의 외교 권한을 고려한 것으로 판단하였다. 그러나 1954년 Bernstein 사건에서는 미 법원은 국무부의 의견에 따라 나치의 재산 몰수에 대한 국가행위이론의 적용을 배제하였으며('Bernstein 예외'), 1976년 Alfred Dunhill v. Cuba 사건에서는 상업적 거래의 경우 국가행위이론의 적용을 제한한 바 있다.

4. 강행규범 위반과 국가면제

강행규범은 이탈이 허용되지 않는다. 하지만 국가가 반인도적 범죄와 같은 중대한 강행규범을 위반해도 국가의 권력적 행위로서 국가관할권이 면제되어야 하는가에 대해 논란이 있다.

영국과 쿠웨이트의 이중 국적자인 Al Adsani는 쿠웨이트에서 쿠웨이트 정부에 의해 납치되어 고문당한 후 석방되어 영국에 돌아와 쿠웨이트 정부를 상대로 손해배상을 청구하는 민사소송을 제기하였지만, 영국 법원은 쿠웨이트의 국가면제를 이유로 재판관할권을 부인하였다. 그러자 그는 영국 법원이 국가면제를 적용하여 재판관할권을 행사하지 않아 「유럽인권협약」상 공정한 재판을 받을 자신의 권리(제6조)가 침해되었다고 유럽인권재판소(ECHR)에 영국을 제소하였다(Al Adsani v. UK 사건). 2001년 유럽인권재판소는 고문 금지를 강행규범으로 인정하였지만, 법정지인 영국 밖의 쿠웨이트에서 이뤄진 고문과 관련한 민사소송에 대해 쿠웨이트의 국가면제를 부인하는 법리는 확인된 바 없다고 판시하였다.[16] 유럽인권재판소는 2014년 Jones and Others v. UK 사건 등에서도 유사한 판결을 유지하였다.

ICJ도 국가관할권면제사건에서 독일의 국가면제를 인정하였다.

국가관할권면제사건(독일 v. 이탈리아 2012)

제2차 대전 중 독일군에 의해 독일로 강제 이송되어 종전 때까지 민간 군수공장에서 강제노동에 종사한 이탈리아인 Ferrini가 독일 정부를 상대로 손해배상을 청구한 사건과 관련, 2004.3. 이탈리아 최고재판소는 국제범죄에 대해서는 독일의 관할권 면제를 인정할 필요가 없다고 이탈리아 법원의 관할권을 인정하였다. 나치가 제2차 대전 기간 중 자행한 민간인 학살이나 강제노동 등 인도에 반한 범죄나 전쟁범죄는 중

----

16 이에 앞서 2003년 미국 법원은, 태평양전쟁 당시 일본군 위안부 여성들이 일본을 상대로 한 손해배상청구소송사건(Hwang Geum Joo v. Japan)에서 강행규범 위반은 국가면제의 묵시적 포기를 의미한다는 원고 주장을 배척하였다.

대한 국제범죄로서 이들 범죄는 강행규범위반을 구성하며, 이에 대해 관할권 면제가 적용되면 민간인 피해자들이 구제받을 수단이 없으므로 관습국제법에 따른 독일의 관할권 면제는 인정되지 않는다는 이유였다. 이에 이탈리아 하급심들이 유사 사건에서 독일의 배상을 잇달아 판결하자, 2008.12. 독일은 (자국의 행위가 불법이었음을 부인하지 않으며) 이탈리아가 자국에 대해 관할권 면제를 인정하지 않은 것은 국제법 위반이라는 이유로 ICJ에 제소하였다.

ICJ는 다음과 같이 판결하였다(12:3).

- 관할권 면제는 확고한 국가실행으로 형성된 관습국제법상의 일반 규칙이며, 일국의 법정이 타국에 대해 관할권을 행사할 수 있느냐는 본안에 앞서 우선 결정되어야 할 절차적 문제로서, 무력충돌하 국제인도법 위반과 같은 심각한 범죄행위가 실체법상 합법이나 불법이냐는 문제와는 별개이다. 즉 독일이 위반한 무력충돌하 민간인 살해·강제추방·강제노동 등 강행규범 규칙과 관습국제법상 타국에 인정되는 국가면제 규칙 간에 충돌은 없다.
- 각국의 국내법은 강행규범 위반을 이유로 관할권 면제를 제한하거나 면제에 대한 효과적인 구제수단의 구비를 전제조건으로 요구하고 있지 않다. 또한 중대한 국제범죄 행위에 대해서 국가면제를 박탈하는 국가실행은 현재로서는 거의 없다. 「국가면제에 관한 유럽협약」과 「국가 및 그 재산의 관할권 면제에 관한 UN협약」도 국제법을 위반한 불법행위를 이유로 국가면제를 부인하는 규정은 포함하지 않고 있다.
- 현행 관습국제법하에서 국가는 관할권 면제를 누릴 권리가 있고 상대국은 이를 존중하고 이행해야 할 의무가 있는바, 이탈리아는 독일이 관습국제법에 따라 누리는 국가면제의 권리를 존중할 의무를 위반하였으며 이를 시정할 의무가 있다. 이탈리아는 적절한 국내법을 제정하거나 그 밖의 방법을 통해 독일의 국가면제를 침해하는 자국 법원의 판결 또는 사법당국의 조치가 효력을 상실하도록 보장해야 한다.

ICJ 판결에 따라 2013년 이탈리아는 국내법원 판결의 효력을 중지시키는 법률을 제정하였다.

국가가 공적 행위에 대해 면제를 누린다 해도, ICJ가 중대한 강행규범을 위반한 공적 행위에 대해서조차 면제를 인정하는 것이 합리적이라고 할 수는 없을 것이다. ICJ는 현행 국가 중심의 국제법 체제하에서 강행규범 위반에 대한 국가면제를 부인함으로써 야기될 국제사회의 법적 혼란을 우려한 것으로 보인다. 그런데도 국제법의 점진적 발전이라는 점에서 중대한 강행규범에 대한 국제위법행위에 대해서는 국가면제를 제한하는 것이 궁극적으로 국제사회가 추구해 나가야 할 방향이라고 할 것이다.

5. 군대·군함·군항공기에 대한 국가면제

가. 군대

평시 외국 군대(군대 및 그 구성원)의 타국 주둔은 반드시 접수국의 동의가 필요하다. 접수국의 동의를 받고 타국 영토를 통과하거나 체류하는 외국 군대는 원칙적으로 국가면제를 누린다. 외국 군대에 대한 면제는 군대가 국가의 권위를 상징하는 국가기관으로서 자국을 대표하고(대표설), 군대의 통일적 조직 활동을 위해 군대 내부 문제에 대해서 영토국의 개입을 배제할 필요가 있기 때문이다(기능설).

군대의 면제와 관련 세부적으로 확립된 국제법 규칙은 없으며, 접수국과 파견국은 통상적으로 **주둔군지위협정**(SOFA: Status of Forces Agreement)을 체결하여 접수국에 주둔하는 외국 군대의 지위·시설·재판관할권 등 면제를 규율한다.17 형사재판관할권과 관련, 제1차 대전 이전에는 속인주의에 따라 파견국이 관할권을 행사하는 것이 일반적이었으나, 제2차 대전 이후에는 속지주의를 반영하여 공무상 행위에 대한 면제를 제외하고는 파견국의 관할권이 제한되는 추세이다. 민사재판관할권의 경우, 원칙적으로 외국 군대의 국가면제는 인정되

----
17 NATO(1951), 주일미군(1960), 주한미군(1966) SOFA 등이 있다. 우리나라도 안보리 결의 이행 또는 PKO 파병을 위해 접수국인 키르기스스탄(2002)·쿠웨이트(2003)·카타르(2006) 등과 SOFA를 체결한 바 있다.

지 않고 접수국이 행사한다. 「한미주둔군지위협정(SOFA)」에 대해서는 제20장
Ⅲ에서 상술한다.

나. 군함

영토국의 동의를 얻어 영수에 체류하는 군함은 국가면제의 대상이다. 협
약은 국가선박과 군함·군함 보조함 등에 대한 면제를 규정하고 있다(제16조).
「UN해양법협약」도 군함 및 비상업용 정부선박에 대해 면제를 인정하고 있다
(제32조). 다만 군함이 국제법상 불법행위(예컨대 약탈)을 하였다면 면제가 인정
되지 않는다.

미연방대법원은 Schooner Exchange호 v. McFaddon 사건(1812)에서 외국
군함에 대한 국가면제를 최초로 확인하였다. 이 사건은 나폴레옹 전쟁 당시 프
랑스 해군에 의해 나포되어 프랑스 해군으로 편입된 Schooner Exchange호가
수리를 위해 필라델피아 항에 입항하자, 원소유자이던 McFaddon 등이 미국
법원에 제소한 사건이다. 미 대법원은 주권국가의 완전한 평등과 절대적 독립
에 입각하여 주권자는 다른 주권자에 복종하지 않으며, 동 선박이 묵시적으로
면제가 허용된다고 믿고 미국 항구에 입항하였으므로 면제를 인정해야 한다고
판결하였다. 침몰된 군함에 대해서도 관습국제법상 (설사 타국 영해에서 발견되
었더라도) 국가면제는 영원히 인정된다는 입장을 취하는 국가(미·영·스페인 등)
가 있다. 하지만 한국 정부는 1905.5. 러일전쟁 당시 울릉도 인근 수역에서 금
화와 금괴를 적재하고 침몰한 러시아 군함 '돈 스코이호'에 대한 발굴 신청을
허가한 바 있다.

군함의 기국은 군함의 해상충돌과 관련하여 재판관할권을 가진다. 군함
내 승무원은 연안국의 체포·기소 및 재판관할권으로부터 면제된다. 군함 승무
원이 연안국의 동의하에 공무수행을 위해 연안국에 상륙하였으면 면제가 적용
되나, 관광이나 여행 등 사적인 목적으로 상륙하면 면제되지 않는다. 군함은
또한 불가침권을 가진다. 승무원이 범죄를 저지르고 군함에 도피하면 연안국에
그 승무원을 인도할 의무는 없지만, 예양상 인도하는 경우가 있다. 연안국의

관헌은 함장의 동의 없이 범죄인의 체포를 위해 군함에 진입할 수 없다. 다만 영토국 국민이나 제3국인에 대한 군함의 비호권은 인정되지 않는다는 것이 통설이다.

다. 군항공기

영토국의 허가를 받아 착륙한 군항공기는 원칙적으로 군함과 같은 국가면제와 불가침권이 인정된다. 조난 또는 악천후 등 불가항력으로 불시착하거나 망명을 목적으로 영공을 진입한 때도 면제가 허용되나, 영공을 고의로 침범하거나 강제 착륙한 군항공기는 이를 누릴 수 없다. 「국가 및 그 재산의 관할권 면제에 관한 협약」도 군항공기 등 국가항공기와 우주물체에 대한 면제를 규정하고 있다(제3조3항).

제4장
국가의 대표기관과 「외교관계에 관한 비엔나협약」

I. 국가원수·정부수반·외무장관

국가는 대외적으로 누군가 이를 법적으로 대표하여야만 한다. 국가원수(Head of State)·정부수반(Head of Government)·외무장관은 특별한 증명이 없이 그 직책만으로 외국에서 자국을 대표할 권한이 인정되는 국가기관이다.

외국의 국가원수·정부수반·외무장관이 자국을 공식 방문·체류하는 경우, 각국은 관습국제법상 이들을 보호하고 기능을 원활히 수행할 수 있도록 특권·면제를 인정한다. 이들의 공식 수행원과 가족도 특권·면제가 인정된다. 비공식인 사적 방문을 하더라도 접수국은 국제예양에 따라 통상적으로 특권과 면제를 부여한다. 체포영장사건(2002)에서 ICJ는 현직 외무장관에 대한 체포영장 발부는 관습국제법에 위배된다고 판결하였다. 그 밖의 장관 등 현직 고위인사는 접수국이 이들을 특별사절 등으로 인정하지 않는 한, 보통 특권·면제가 인정되지 않는다.

체포영장사건(콩고 v. 벨기에 2002)

1993년 벨기에의 『국제인도법의 심각한 위반의 처벌에 관한 법』은 Genocide·인도에 반한 죄·전쟁범죄를 저지른 자는 범죄 발생지를 불문하고 범인이나 피해자가 벨기에와의 관련 여부와 상관없이 벨기에 법원이 처벌할 수 있도록 보편적 관할권을 규정하였다.

　　2000.4. 벨기에 지방 재판관이 이 법을 근거로 당시 콩고 외무장관 대행인 Yerodia Ndombasi의 체포 및 인도를 요청하는 국제 체포영장을 발부하고 이를 콩고를 포함한 각국에 전달하였다. 그가 재임 전 Tutsi족을 살해하라고 선동한 것이 벨기에가 당사국인 1949년 제네바협약들과 1977년 추가의정서를 심각하게 위반한 전쟁범죄 및 반인도적 범죄라는 것이었다. 콩고는 현직 외무장관에 대한 타국의 형사재판관할권 면제가 관습국제법임을 주장하며, 2000.10. 벨기에를 국제법 위반으로 ICJ에 제소하였다.

　　2002.2. ICJ는, ① (설사 전쟁범죄 및 반인도적 범죄를 저질렀다고 하더라도) 재임 중인 외무장관은 재임 중 공적·사적 행위는 물론 재임 이전 행위에 대해서도 모든 나라에서 완전한 형사재판관할권 면제와 불가침권을 누리는 것이 국가실행에 부합하는 관습국제법임을 확인하고, ② 체포영장에 의해 외무장관이 타국에서 체포된다면 이는 외무장관으로서의 효과적인 직무수행을 명백하게 방해한 것으로 외무장관의 형사재판관할권 면제를 침해한 것이며, ③ 벨기에의 체포영장 배포 자체가 콩고에 대한 국제의무 위반이므로 체포영장을 취소하라고 판결하였다.

II. 외교관과 「외교관계에 관한 비엔나협약」

1. 배경

　　외교관계는 국가 간의 공식적 관계를 말한다. 국가는 국가를 대표하는 외교사절을 타국에 파견하여 공식적 관계를 유지하고 관리한다. 외교관계에 관한 외교 제도와 외교관에 대한 특권·면제는 수 세기 동안 유지되면서 관습국제법을 형성하였다. 16세기 유럽 도시국가 간에 상주 대사를 교환하기 시작한 이래, 1648년 웨스트팔리아회의 이후 상주 외교사절 제도가 확립되었고, 1815년 비엔나회의에서 「외교관의 석차에 관한 규칙」이 제정되었다. ILC는 1949년부터 외교관계에 관한 협약안을 논의하기 시작하여 1961년 외교회의에서 「외교관계에 관한 비엔나협약」(Vienna Convention on Diplomatic Relations, 이하 '협약')과 「분쟁의 의무적 해결에 관한 의정서」를 채택하였다. 협약은 1964.4.24. 발효하였으며, 현재 193개국(남·북한 포함)이 비준하여 사실상 거의 모든 국가가 승인한 보편적인 조약으로 인정되고 있다. 협약은 외교 특권·면제와 외교공관과 외교관에 대한 보호를 규율함으로써 국가 간 공적 교류인 외교활동을 원활하게 운용하는 법적 기반으로 작동하고 있다.

협약은 외교관의 파견·접수 등 외교사절 제도와 특권·면제를 명문화함으로써, 국제법의 법전화에 큰 전기를 마련하였다. 모든 국가가 외교사절의 접수국이면서도 동시에 파견국이라는 점에서 협약 규정은 접수국과 파견국으로서의 입장을 절충하고 있다. 다만 협약에 명시되지 않은 사항에 관해서는 관습국제법이 계속 유효함을 전문에서 선언하고 있다. 협약 발효 이후에도 외교 특권·면제와 관련된 관행이 변화하면서 협약 내용 일부가 실질적으로 수정되고 있다.

2. 외교관계의 수립과 단절

국가 간의 외교관계 수립과 상주 외교공관의 설치는 상호 합의에 의한다 (제2조).1 국가승인이 외교관계의 수립, 즉 국교 수립을 의미하는 것은 아니다. 국가승인은 국가의 일방적 행위이지만, 외교관계의 수립은 국가승인과는 별개로 합의에 의하기 때문이다. 다만 국가승인 시 외교관계를 동시에 수립할 수 있다.2

외교관계의 단절은 수립된 외교관계를 종료시키는 국가의 일방적 행위로, 무력충돌이 발생하였을 때 또는 이유를 제시할 필요도 없이 이루어질 수 있다.

----
1 한국은 190개국(쿠바, 시리아, 마케도니아, 코소보, 대만, 팔레스타인 등 제외), 북한은 161개국과 외교관계를 수립하였으며. 이 중 남북한 동시 수교국은 157개국이다. 한국은 북한이 단독으로 수교한 쿠바·시리아·마케도니아와는 아직 수교하지 않았다.
2 미승인 국가라도 정식 수교 전 단계에서 양자 관계를 협의하기 위해 접수국과 합의하여 연락대표부 또는 연락사무소(liaison office)를 설치할 수 있다. 1972.12. 동서독은 「동서독기본조약」에 따라 상주대표부를 교환 설치하여 영사 보호 및 연락 기능을 수행하였다. 국교 수립 이전 경제·통상 관계를 증진하기 위해 우선 통상대표부나 무역대표부 또는 총영사관 설치에 합의하는 경우도 있다.

외교관계가 단절되면 외교공관은 폐쇄된다. 그러나 외교관계가 단절되더라도 기존 국가승인이 취소되는 것은 아니다. 한편 외교관계의 단절에는 이르지 않더라도 자국 외교사절을 장기간 또는 일시적으로 소환하는 것은 파견국이 취할 수 있는 강력한 외교적 항의 표시로서, 접수국의 국제위법행위나 비우호적 조치에 대한 보복 조치로 사용된다. 한편 외교·영사관계가 단절되거나 수립되지 않은 국가 간에도 조약을 체결하지 못하는 것은 아니며, 반대로 조약을 체결한다고 해서 외교나 영사관계에 영향을 미치는 것도 아니다(「조약법에 관한 비엔나협약」 제74조).

3. 외교공관·외교관·외교사절

가. 외교공관

상주 외교공관의 설치는 상호 합의에 의한다. 파견국은 정치·재정적 이유로 상주 공관을 철수 또는 폐쇄할 수 있으나, 상주 공관을 재개설하기 위해서는 접수국과의 합의가 필요하다.

외교공관(diplomatic mission)은 대사관, 공관장 관저, 접수국의 명시적인 사전 동의를 받아 공관 일부를 구성하는 공관 밖 사무소를 포함한다(제12조).[3] 파견국은 보통 접수국의 수도에 상주 공관을 설치하나 반드시 접수국에 상주 공관을 설치할 필요는 없으며, 접수국의 동의를 얻어 제3국에 주재하는 파견국의 상주 공관이 이를 겸임할 수 있다(제5조1항). 이를 비상주 겸임공관이라 한다. 평양에 대사관을 설치하지 않은 국가의 경우, 서울 주재 10여 개 대사관이 북한을 겸임하고 있다. 상주 공관이 있는 파견국은 다른 국가가 요청하면 접수국의 사전 동의를 얻어 요청국 및 그 국민의 이익을 잠정적으로 대신 보호할 수 있으며(제46조), 이를 **이익보호국**(protecting power)이라 하고 그 대사관을 이

---

3 한국의 해외 상주 공관은 현재 대사관(116), 대표부(5), 총영사관(46) 총 167개이다. 한국에 주재하는 외국공관(주한 공관)은 대사관(115), 영사관(9), 국제기구 사무소(25)이다.

익대표부라고 한다. 스위스는 이란 및 쿠바에서 미국의 이익보호국이며, 스웨덴은 북한에서 미국의 이익보호국이다.

외교공관은 접수국에서 파견국의 대표, 파견국과 그 국민의 이익 보호, 접수국 정부와 교섭, 합법적인 방법으로 접수국 국내 정세 파악 및 보고, 우호관계 증진 및 경제·문화·과학 등 각 분야에서 발전 등의 직무를 수행한다(제3조). 물론 각국은 외교공관을 통한 공식 활동 외에도 비공식적으로 정보요원에 의한 비밀공작과 같이 은밀하게 다양한 대외활동을 수행한다.

나. 외교관

(ⅰ) 공관장

외교관(diplomatic agent)은 공관장과 외교직원을 포함한다. 공관장(head of the mission)은 접수국에 대해 국가를 대표한다. 공관장은 접수국의 국가원수에게 파견되는 특명전권대사(extraordinary and plenipotentiary), 접수국의 국가원수에게 파견되는 공사(Envoys, Minister), 외무장관에게 파견되는 대리대사(*charge d'affaires*)의 계급이 있다. 파견되는 공관장의 계급은 당사국 간 합의로 결정된다. 국가원수에게 파견되는 공사와 외무장관에게 파견되는 대리대사는 현재는 거의 사용되지 않는다.4 공관장 간 서열 및 의전은 계급에 따르고, 계급에 따른 차별은 금지된다. 동일 계급의 공관장 간에는 직무 개시 순서에 의해 서열이 결정된다(이상 제14조). 과거에는 대사의 계급에 따라 대사관 또는 공사관으로 불렸으나, 현재는 외교공관의 중요도나 규모와 관계없이 대개는 대사가 파견되므로 대사관으로 통칭하고 있다. 통신수단의 발달로 본국으로부터 수시로 지시·통제받는 오늘날에는 특명전권대사의 의미가 퇴색되고 있다.

공관장 임명을 위해서는 사전에 공관장 내정자의 이력서 등을 첨부하여 접수국의 동의를 요청해야 하며, 접수국은 내정자의 적격성을 검토한 후 이의

----

4 공관장 부재 시 일시적으로 공관장 업무를 대행하는 공관직원을 대사대리(*charge d'affaires ad interim*)라 한다. 공관 차석에 대해 부대사(deputy ambassador)라는 명칭을 편의적으로 사용하는 경우가 있으나, 이는 협약상 인정된 계급은 아니다.

가 없는 경우 **아그레망**(*agrément*)을 부여한다. 접수국이 아그레망을 거절하더
라도 그 이유를 제시할 의무가 없다(제4조). 접수국의 아그레망 동의는 보통 수
주가 소요되나 국가에 따라서는 수개월이 소요되기도 한다. 파견국은 접수국의
아그레망을 접수할 때까지는 내정자를 외부에 공표하지 않는 것이 관례이다.
공관장 이외의 공관직원과 국제기구 대표·총영사는 접수국의 아그레망 없이
파견국이 자유롭게 임명할 수 있다. 다만 육·해·공군의 무관은 접수국이 승인
을 위해 사전에 명단 제출을 요구할 수 있다(제7조).

아그레망을 얻은 공관장 내정자는 파견국 국가원수의 신임장(credential)을
받고 접수국에 파견된다. 접수국에 도착한 공관장은 외무장관에게 먼저 신임장
부본을 제출하고, 국가원수에게 신임장 정본을 제정하면 공관장으로서 직무를
정식 개시할 수 있다. 파견국의 국가원수가 합법적인 절차에 의해 변경되면 새
로운 국가원수의 신임장을 접수국에 제정할 필요가 없지만, 불법적으로 변경되
었다면 다시 신임장을 제정해야 한다는 주장이 있다.

(ii) 외교직원

외교직원(members of diplomatic staff)은 공사(minister)·참사관(counselor)·
서기관(secretary) 등 외교 직명(diplomatic rank)을 가지고 공관장을 보좌하는 공
관직원을 말한다. 외교직원은 군 또는 타 부처에서 외교공관에 파견된 주재관
(*attaché*)를 포함한다. 외교직원은 원칙적으로 파견국의 국적을 가져야 하며,
접수국의 동의 없이는 접수국 국민을 임명할 수 없다(제8조). 공관직원(members
of the mission)은 외교직원과 행정·기능직원 및 노무직원을 포함한다.

접수국은 접수국의 사정과 조건 및 해당 공관의 수요를 감안하여 합리적
이고 정상적이라고 인정되는 범위 내에서 공관의 인원 규모를 유지할 것을 요
구할 수 있다. 또한 접수국은 무차별 원칙에 따라 유사한 범위 내에서 특정 범
주에 속하는 외교관의 접수를 거부할 수 있다(제11조).

다. 외교사절

접수국과의 외교 교섭 등의 임무를 수행하기 위해 외교공관에 파견되는 각국의 외교관을 통틀어 외교사절(外交使節: diplomatic envoy)이라 한다. 외무장관은 자국의 외교사절을 지휘·통솔한다.

접수국 내 모든 외교사절을 외교단(diplomatic corps)이라 하며, 외교단의 대표를 외교단장(Dean of Diplomatic Corps, doyen)이라 한다. 외교단장은 특권·면제의 적용 등 접수국과 외교단 간의 발생하는 제반 문제와 관련하여 외교사절을 대표하여 접수국과 협의한다. 외교단장은 보통 접수국 내 최선임 공관장이나, 가톨릭 국가의 경우 관례상 교황청5 대사가 외교단장이 된다.

특별사절

상주 사절을 규율하는 협약과는 별개로, 1969년 「특별사절에 관한 협약」(Convention on Special Missions)이 채택되었다. 1985년 발효하였지만, 당사국은 40여 개국에 불과하다(한국 미가입).

특별사절은 외교 교섭, 조약체결, 국제회의 참가, 취임 축하나 조문 등 특별한 목적의 공무를 수행하기 위해 접수국의 동의를 얻어 일시적으로 파견되는 임시 사절을 말한다(제1조). 특별사절의 파견과 기능은 당사국 간 합의에 의해 결정하며(제3조), 외교·영사관계가 없는 경우에도 파견할 수 있다(제7조). 접수국은 언제라도 특별사절에 대해 기피인물을 선언할 수 있다(제12조). 특별사절은 상주 사절과 유사한 특권·면제가 인정된다.

협약 비당사국은 특별사절에 대해 관습국제법상 인정되는 특권·면제를 부여한다. 하지만 특별사절이 아닌 고위인사에 대해 인정되는 특권·면제와 관련한 관습 국제법 규칙은 확인하기 어렵다.

----

5 1929년 이탈리아는 교황청(Holy See)과 「Latern 조약」을 체결하여 바티칸 시국(State of Vatican City)을 국가로 승인하였다. 교황청은 각국과 외교관계를 수립하여 대사(nuncio)를 파견하고 조약(concordats)을 체결하며 국가면제를 누린다.

4. 외교 특권·면제

가. 의의

외교 특권·면제(privileges and immunities)는 외교공관과 외교관이 파견국의 대표로서 그 직무를 독립적이고 효율적으로 수행할 수 있도록 접수국 내에서 접수국의 국민이나 일반 외국인보다 특별한 보호 및 대우를 받는 것을 말한다. 특권은 실체법상의 권리(조세 면제 등), 면제는 절차법상 소송절차로부터의 면제를 말한다.

외교 특권·면제는 외교관의 신체 불가침권에서 시작하였다. 외교관에 대한 형사재판관할권 면제는 16세기에 이미 국제법상의 원칙으로 확립되었으며, 17세기에 들어서는 공관에 대한 불가침권도 확립되어 갔다. 민사재판관할권의 면제는 18세기부터 인정되기 시작하였으며, 19세기에 이르러서는 양자 우호통상항해조약 등에서 외교관의 특권·면제를 규정하였다. 미국(1790)·영국(1708) 등 영미 국가들은 일찍이 외교관의 특권·면제를 규정하는 국내법인 『외교면제법』을 제정하였으나, 우리나라와 중국·일본 등은 세법 등 개별 법령에서 특권·면제를 부여하고 있다.6

특권·면제를 부여하는 이론적 근거로서 **치외법권설**(extraterritoriality theory)은 외교공관이 접수국이 아닌 파견국의 영토이므로 접수국의 관할권 밖에 있다는 고전적인 학설이나, 현재는 수용되지 않고 있다. 협약도 외교관은 접수국의 법령을 준수할 의무가 있음을 명시(제41조1항)함으로써 이 이론을 배제하고 있다. **대표자격설**(representative character theory)은 외교사절이 국가 또는 국가원수를 대표하므로 그 품위와 위엄을 유지할 수 있도록 특권·면제를 인정해야 한다는 것이다. **기능적 필요설**(functional necessity theory)은 외교관이 외국에서 국가의 중요한 임무를 원활히 수행하기 위해 특권·면제를 부여해야 한다는 것으로 가장 유력한 설이다. 협약은 전문에 특권·면제를 부여하는 목적이 개인

----

6 외교부는 주한공관(원)의 특권·면제 등과 관련한 업무안내서(Guide for Foreign Missions in Korea)를 발간하고 있다.

의 이익을 위함이 아니라 국가를 대표하는 외교공관 직무의 효율적 수행을 보장하기 위한 것임을 명시함으로써 기능적 필요설에 근거하되, 국가를 대표하는 대표자격설도 함께 수용하고 있다.

특권과 면제는 외교관이 국가의 대표로서 접수국의 영향을 받지 않고 공관의 임무를 원활하게 수행할 수 있도록 보장하려는 것이다. 공관의 임무는 결국 파견국의 이익을 위한 것이므로 외교관의 특권·면제는 파견국 자체의 특권·면제라고 보아야 한다. 협약은 외교 특권·면제의 주체를 명시하지 않고 있으나, 재판관할권의 면제에 대한 포기는 외교관이 아니라 파견국만이 할 수 있다는 규정(제32조)으로 보아 이러한 입장을 간접적으로 지지하고 있다.

나. 내용

협약은 파견국의 외교활동 수행에 필요한 각종 특권·면제(제20조 내지 제39조)를 외교공관과 외교관을 구분하여 규정하고 있다.

(ⅰ) 외교공관의 특권·면제

(1) 공관지역의 불가침(제22조)

① 의의

공관지역은 불가침(inviolability)이다. 공관지역의 불가침은 외교 특권 중 가장 중요하며 절대적인 권리 중의 하나로 인정되어왔다. 공관지역의 불가침권은 접수국의 집행관할권으로부터 적용을 배제하는 것으로, 접수국은 공관지역에 대한 입법관할권을 계속 보유한다. 공관지역(premises of the mission)은 소유자 여부를 불문하고, 공관장의 주거(관저: residence of the head of the mission)를 포함하여 공관의 목적으로 사용되는 건물과 건물의 부분 및 부속 토지를 말한다(제1조). 접수국의 동의를 받아 공관지역 밖에 별도로 설치된 사무소는 공관 일부를 구성하며, 불가침권을 갖는다.[7]

----

7 한국 내 일부 문화원(미국 문화원, British Council, 일본 공보원, 중국 문화원 등)은 상호주

협약은 불가침권이 적용되는 기간을 규정하지 않았지만, 공관지역이 공관 목적으로 사용되는 동안 불가침권을 누린다고 할 것이다. 공관지역을 취득하여 공관 개설을 접수국에 통보하였을 때부터 공관을 폐쇄하기로 통보한 시점까지 불가침권이 적용되는 것이다. 한편 외교관계가 단절되거나 공관이 영구적 또는 일시적으로 소환되면, 접수국은 무력충돌의 경우라도 공관의 재산 및 문서와 함께 공관지역을 존중하고 보호해야 한다. 파견국은 공관의 재산 및 문서와 공관지역의 보관을 접수국이 수락할 수 있는 제3국(이익보호국)에 위탁할 수 있다(제45조). 1984.4. 런던 주재 리비아대사관 창문에서 리비아 외교관이 공관 밖 시위대를 향해 총을 난사하여 영국 여자 경찰 1명이 사망한 사건이 발생하자, 영국 정부는 리비아 외교관 전원을 추방하고 리비아의 책임 인정 및 배상을 요구하며 외교관계를 단절하였다. 영국 정부는 리비아대사관이 철수한 후 이익보호국인 사우디아라비아의 입회하에 수색을 위해 공관지역에 진입하였다. 외교관계 단절 후 공관지역의 존중과 보호를 규정한 제45조에 따른 것이라 할 것이다. 그러나 외교관계 단절 이후에도 합리적 이유 없이 공관지역이 장기간 방치되었다면 파견국이 이를 존중할 의무는 없다 할 것이다. 제정 러시아가 정동에 매입한 공사관 부지는 해방 이후 방치되어 온바, 한국전쟁 이후 한국 정부는 이를 국유화하고 민간에 매각하였다. 한러 양국은 1990년 국교를 수립한 후, 1997년 한국 정부가 구 러시아 공관부지에 대해 보상(2,750만 불)하되, 서울과 모스크바에 양국 공관을 건축하는 부지를 상호 교환하는 내용의 「외교공관 건축부지의 교환에 관한 협정」을 체결하여 해결하였다.

② 접수국의 의무

접수국은 우선 공관지역의 불가침권을 침해하지 않을 의무가 있다. 접수국 관헌(경찰, 소방관, 위생 조사관, 건물 검사관 등)은 공관장의 동의 없이 공관지역에 들어가 공적 활동을 할 수 없다(1항). 접수국 관헌이 외교관의 재판출석 요구 등 법원 서류를 외교공관에서 외교관에게 직접 전달하려는 것은 불가침

의하에 공관의 일부로 인정되어 특권·면제를 향유하나, 문화협정에 의해 설치된 기관(프랑스 문화원, 괴테학원 등)은 공관의 일부로 인정되지 않는다.

을 침해한 것이지만, 외교 경로를 통하거나 우편에 의한 송달은 가능하다고 할 것이다. 물론 외교공관은 접수를 거부하거나 반송할 수 있다.

공관지역 자체가 불가침이므로 공관지역 안의 비품이나 그 밖의 재산, 차량 등 수송 수단에 대한 수색·징발·압류 또는 강제집행(search, requisition, attachment or execution)은 불가능하다(3항). 소송 결과를 집행하기 위해 공관에 단전·단수 등의 조치를 취하는 것도 불가능하다.

주한 자이르 대사관사건(1996)

1991.10. 주한 자이르 대사관이 청사 임차료 및 공공요금을 미납하자, 1992.2. 임대인은 임대차 계약을 해지한 후 대사관을 상대로 건물명도 및 임차료 지급을 요구하는 소송을 제기하여 승소하고 건물 인도를 요구하였으나, 대사관은 이를 거부하였다. 1993.3. 임대인이 강제집행을 신청하였으나, 집달관이 협약상 공관 불가침을 이유로 강제집행 신청 접수를 거부하였다. 이에 임대인이 협약을 체결한 국가를 상대로 손실보상을 청구하였다.

1996.2. 서울고등법원은 협약상 외국 대사관에 대한 주택 명도 및 임차료 지급 판결은 강제집행할 수 없으므로 집달관의 집행 거부는 불법행위가 아니며, 원고가 입은 손해가 국가의 직접적인 공권력에 의해 발생된 것이 아니라 원고의 자유의사에 따라 외국공관과 임대차 계약을 맺은 것이므로 국가가 손실을 보상할 의무가 없다고 판결하였다(1996.2.29. 95나14208).

협약에 명시되지는 않았지만, 공관의 은행 계좌는 공관 직무수행에 직접적이고 필수적인 공관 재산이므로 불가침 대상이며 강제집행할 수 없다. 공관의 수송수단은 공관지역 밖에서도 불가침이다. 차량의 운행은 일시 정지될 수 있지만, 이는 접수국의 공익이나 공공안전을 위한 일시적인 것으로, 그러한 우려가 없다고 판단되면 즉시 중지되어야 한다.

공관지역 내 테러 진압, 화재 진압, 전염병 방역 등과 같이 인명이나 재산 보호를 위해 공공 목적상 긴급하고 불가피한 경우에도 공관지역의 불가침은 존중되어야만 하는가? 공관 진입을 허가받을 시간적 여유가 없는 상황에서 관습국제법상 예외가 허용된다고 할 것이다. 협약 협상 과정에서 논의되었지만, 협약은 이 점에 관하여 침묵하고 있다. 협약이 침묵한 것은 불가침 원칙의 예외를 부정하려는 것이 아니라, 예외적 상황을 명시함으로써 공관 불가침의 원칙이 오히려 훼손될 것을 우려하였기 때문이라고 할 것이다. 공관 내에 사람을 불법으로 구금하거나 반군 지원을 위한 무기를 저장하는 등 특권을 남용한 명백한 증거가 있는 경우, 접수국 관헌이 공관지역에 진입할 수 있다는 주장이 있다. 이러한 경우라도 접수국 관헌의 공관 진입은 허용되지 않지만, 관련 외교관의 추방이나 외교관계 단절 등의 보복 조치는 가능하다고 할 것이다. 그러나 1973년 파키스탄 관헌은 이라크 대사관에 진입하여 파키스탄 내 반군에게 지원될 예정이던 대량의 무기를 압수한 사례가 있다.

협약은 공관지역의 **수용**(收用: expropriation)에 관해 규정하지 않고 있다. 접수국이 지하철 건설 등과 같은 공공목적을 위해 외교 공관부지를 수용할 필요가 있더라도 공관지역 불가침에 따라 이를 강제할 수는 없지만, 파견국은 적절한 보상을 전제로 접수국의 공공계획 이행에 최대한 협력할 의무가 있다고 해석된다. 공관지역이라도 부동산은 접수국 국내법의 적용을 받기 때문이다.[8]

나아가 접수국은 외부로부터 공관지역의 불가침권이 침해되는 것을 방지·보호해야 할 의무가 있다. 공관의 침입이나 피해로부터 보호해야 하며, 공관의 안녕을 교란하거나 품위의 손상(intrusion, damage, disturbance of the peace, impairment of its dignity)을 방지하기 위하여 적절한 모든 조치를 취할 특별한 의무를 진다(2항). 예를 들어 시위대나 폭도 또는 테러 위험으로부터 공관을 보호해야 하며, 이로 인해 공관의 안녕이 침해되어 공관 기능이 방해받는 것을 방지해야 한다. 주한 일본 대사관 앞 위안부 소녀상의 설치와 수요 집회가 외교공관의 안녕이나 품위를 손상하거나 공관의 직무수행을 저해하는가에 대해 논란이 있다. 우리 『집회 및 시위에 관한 법률』 제11조는 외교공관 및 외교사절의 숙소로부터 100m 이내의 장소에서의 옥외 집회 및 시위를 원칙적으로

----

8 반면에 「영사관계에 관한 비엔나협약」은 영사기관의 공익상 목적을 위한 수용을 명시하고 있다(제31조4항).

금지하되, 외교공관의 기능이나 안녕을 침해할 우려가 없다고 인정되는 경우(시위가 외교기관을 직접 대상으로 하지 않거나, 대규모 집회나 시위로 확산될 우려가 없거나, 외교기관의 업무가 없는 휴일에 개최되는 경우 등)에는 예외적으로 이를 허용하고 있다. 한편 2009.12. 시민단체가 해당 조항이 집회의 자유를 침해한 것이라고 헌법소원 심판을 청구하였다. 2010.10. 헌법재판소는 동 조가「외교관계에 관한 비엔나협약」제22조에 따라 외교공관의 기능 및 안녕을 보장하기 위한 것이지만, 법익 충돌의 위험성이 없는 경우에는 외교기관 인근에서의 집회나 시위도 예외적으로 허용함으로써 헌법상 보장된 집회 및 시위의 자유의 침해를 최소화한 것으로 보아 합헌이라고 판결하였다(2010헌마111결정).

외교공관 보호에 대한 접수국의 특별한 의무는 일반 외국인 보호에 대한 상당한 주의 의무보다 높은 수준의 보호 의무를 규정한 것이다. 접수국이 적절한 모든 조치를 취할 특별한 의무가 있지만, 모든 공관 건물이나 관저 앞에 경비 경찰을 상주시켜 보호해야만 하는 것은 아니며, 상시적인 위협을 받아 경비할 필요가 있거나 상호주의에 따라 배치할 수 있다. 단, 시위가 있다거나 공관장이 특별한 위험을 통보하였을 때는 수시로 보호를 제공해야 할 것이다.

접수국은 공관지역의 보호를 위해 적절한 모든 조치를 취할 특별한 의무를 다하지 못해 발생한 피해에 대해서 국가책임을 부담하고 배상해야 한다. 배상 방법으로는 원상회복·금전배상·만족이 있으며, 사태의 재발을 방지하기 위해 구체적인 조치를 취해야 할 것이다. 그러나 접수국의 보호 의무는 절대적인 것은 아니며, 피해가 발생하였더라도 접수국에 고의나 과실이 없었다면 그것으로 충분하고 불가항력적인 피해에 대해서까지 책임을 부담하는 것은 아니다. 실제 접수국과 피해국은 공관 보호의무 위반 여부를 따지기보다는 협의하여 접수국이 호의상(*ex gratia*) 피해를 보상하는 것이 일반적이다.

③ 외교공관의 비호권

공관지역의 불가침권과 관련하여 특히 문제가 되는 것은 공관의 **외교적 비호권**(diplomatic asylum)의 인정 여부이다. 정치범 또는 범죄인인 접수국 국민 또는 제3국인이 정치적 망명 등을 목적으로 접수국 내 외국공관으로 피신하는 사례가 빈번히 발생하고 있다. 19세기 이전 외교공관이 치외법권 지역이라는 이론 아래에서는 외교적 비호권이 인정되었으나, 현재는 이를 인정하지 않는 것이 통설이다. 협약도 외교적 비호권은 규정하지 않고 있다.

⚖ 비호권사건(콜롬비아 v. 페루 1950)

1948.10.3. 페루 정치인 Haya de la Torre는 수도 리마에서 쿠데타를 시도하였으나 실패하자 1949.1. 페루 주재 콜롬비아 대사관으로 피신하여 망명을 요청하였다. 페루가 동인의 인도를 요구하자, 콜롬비아는 「비호에 관한 하바나조약」(1928)과 「정치적 망명에 관한 몬테비데오협약」(1933)에 따른 공관의 외교적 비호권을 주장하며 인도를 거부하는 한편, 페루에 동인의 안전한 국외 이송을 위한 안전통행증(safe conduct) 발급을 요구하였으나 페루는 이를 거부하였다. 콜롬비아는 남미제국 간에 비호에 관한 지역 관습법이 존재한다는 점을 근거로 페루를 ICJ에 제소하였다.

ICJ는, ① 외교공관이 접수국 내 범죄인에게 비호를 제공하는 것은 접수국의 영역주권을 침해하고 접수국의 국내문제에 간섭하는 것이므로 일반국제법상 국가의 권리로서 대사관의 비호권을 인정할 수 없으며, ② 콜롬비아가 주장하는 남미지역 국가 간 외교적 비호를 인정하는 지역관습법의 존재가 불명확할 뿐만 아니라 설사 지역 관행이 존재하더라도 페루가 그러한 관행을 지속적으로 반대하여 지역관습법의 존재를 부인하였으므로, ③ 콜롬비아는 비호를 종료시킬 의무가 있으며 페루에 대해 Torre의 안전통행증 발급을 요구할 권리가 없다고 판결하였다.

ICJ 판결에 따라 페루가 동인의 인도를 요구하자, 콜롬비아는 1950.12. 다시 Torre를 인도할 의무가 있는지와 인도의 구체적 방법에 대해 ICJ에 제소하였다('Haya de la Torre 사건'). 1951.6. ICJ는 콜롬비아 대사관이 Torre를 페루 정부에 인도할 의무는 없으나 비호를 종료시킬 의무가 있으며, 비호를 종료시키는 방법에 대해서는 당사국이 예양과 우호에 기반을 둔 교섭을 통해 서로 만족할 만한 해결방안을 찾으라고 판결하였다. Torre는 5년간 콜롬비아대사관에서 머물다 양국의 협상 끝에 파리로 망명하였다.

그러나 외교공관이 신체의 안전과 생명에 대한 긴박하고 현실적인 위험으로부터 일시적 피난자(temporary refuge)를 보호하는 것이 인도적 차원에서 허용된 사례들이 있다. 중국의 천체 물리학자이며 반체제인사인 Fang Lizhi 부부

는 북경 주재 미국대사관에 1년여 체류하다 1990년 미국으로 출국이 허용되었다. 1997년 황장엽 북한 노동당 비서가 주중 한국대사관(영사관)에 피신하자 중국 정부는 한국 외교공관의 외교적 비호권을 인정하지 않았으나 한국 정부와의 교섭을 거쳐 동인의 의사를 확인한 후 한국으로의 출국을 허용하였다. 외교공관의 외교적 비호권은 인정되지 않지만, 불가침권을 누리는 공관지역에 접수국 관헌이 진입할 수 없는 상황에서 외교적 타협을 통해 해결할 수밖에 없었기 때문이다. 반면에 WikiLeaks 발행인 Julian Assange는 2012년 런던 주재 에콰도르 대사관에 피신하여 7년간 체류하였으나, 에콰도르 정부가 비호를 철회함에 따라 영국 경찰이 에콰도르 대사관에 진입하여 체포하였다.

(2) 과세 및 관세의 면제(제23조, 제28조 및 제36조)

외교공관에 대한 과세는 면제되며, 이는 관습국제법상으로도 확립되었다. 접수국이 부과하는 조세를 내는 것은 외교공관이 접수국의 통치권에 종속됨을 의미하기 때문이다. 접수국은 공관에 과세할 수 없으며, 공관은 국가·지방 또는 지방자치단체의 모든 조세로부터 면제된다(제23조). 다만, 특정 용역 제공에 대해 대가를 지급하는 성격의 전기·전화·수도·가스·오물 수거 등의 요금부과는 허용되나, 상호주의를 조건으로 면제하는 사례도 있다. 여권·사증(visa)·국적·출생·혼인·사망 등과 관련하여 공관이 징수하는 수수료와 요금은 접수국의 모든 부과금과 조세가 면제된다(제28조).

공관이 공적 목적을 위해 사용하는 물품에 대한 관세는 면제된다(제36조). 공적 물품의 범위에 대한 구체적인 규정은 없으나, 접수국 법령이 수입을 금지하는 금수품 이외의 모든 물품이 대상이다. 다수 국가는 공관의 건축·개축·수리를 위한 건축용 자재의 수입에 대해서도 면세를 인정하고 있다.

(3) 문서의 불가침(제24조)

공관의 보존 기록(archives)과 서류(documents)에 대한 불가침은 관습국제법상 확립된 것으로 협약도 이를 명시적으로 규정하고 있다. 비밀 여부나 기록 방식(사진, 녹음, 필름, 전산 자료 등)과 관계없이 모든 보존 기록과 서류는 언제

어디서나 불가침이다. 분실되거나 도난당해 공관지역 밖에서 발견된 문서라도 보호된다. 하지만 공관직원에 의해 제3자에게 공식 전달되었거나 우편에 의해 발송된 문서는 불가침성을 상실한다.

(4) 통신의 자유(제27조)

통신의 자유는 외교공관이 접수국에서 공무를 위한 목적으로 본국과의 통신을 자유롭고 안전하게 할 수 있는 권리를 말한다. 통신의 자유는 여행의 자유와 마찬가지로 공관의 임무 수행을 위해 불가결한 것으로서 널리 인정되어 온 관행이다. 통신은 파견국의 정부나 정부 기관, 파견국의 국민, 파견국의 다른 기관(영사관 등) 및 국제기구와의 통신을 모두 포함한다. 무선 송신기의 사용은 제3세계 국가들의 요구로 접수국의 동의를 받도록 규정하였지만, 위성·인터넷 등을 통한 통신 기술의 발달로 무선 송신의 중요성은 감소하고 있다.

통신의 자유는 단순히 편지나 서류의 자유로운 왕래뿐만 아니라 외교행낭(diplomatic bag)·외교신서사(diplomatic courier) 사용의 자유를 포함한다. 중요 외교문서 등을 직접 휴대하여 운송하는 외교신서사는 불가침권을 누리며, 체포나 구금되지 않는다. **외교행낭**은 공관과 본국 간에 공용 목적으로 민간항공 등을 이용해 수발하는 문서나 물품을 담는 파우치로, 외교행낭에는 외부에서 식별할 수 있는 표식을 부착해야 한다. 접수국은 외교행낭을 개봉 또는 유치할 수 없으며, 파견국의 동의가 있어야만 개봉할 수 있다. 그러나 생명 보호나 국가안보를 위해서는 외교행낭의 불가침권이 보장되지 않는다는 주장이 있다. 1984년 런던 주재 나이지리아 대사관은 전직 장관(Umaru Dikko)을 납치하여 대사관 화물로 이송하려고 하였으나, 영국 경찰은 외교행낭 표식이 없던 화물을 현장에서 개봉하여 그를 구출하였다. X-ray 등의 투시에 의한 행낭 검사에 대해 협약은 규정하지 않고 있으며 각국의 실행도 상이하다. 원칙적으로 투시 검사는 허용되지 않는다는 것이 다수설이나, 무기나 마약 등 반입이 허용되지 않는 물품을 확인하기 위한 투시 검사조차 금지되는 것은 아니라 할 것이다. 투시 검사에 의해 혐의가 명백히 확인되었으나 파견국이 외교행낭의 개봉에 동의하지 않으면, 접수국은 적재를 거부하거나 반송을 요구할 수 있다 할 것이다. 또한 항공사가 항공기 안전을 위해서 자체적으로 실시하는 투시 검사는 허용된다고 할 것이다.

(ii) 외교관의 특권·면제

(1) 신체의 불가침(제29조)

① 의의

외교관의 신체는 불가침이다. 외교관 신체의 불가침은 외교관이 갖는 가장 기본적인 특권 중 하나로서, 관습국제법으로 확립되었다. 외교관이 원활히 직무를 수행하기 위해서는 접수국으로부터 방해받지 않고 자유롭게 활동할 수 있어야 하기 때문이다. 외교관은 사법상·행정상 어떠한 형태로 이루어지는지를 불문하고 또한 일시적이라고 하더라도 체포나 구금할 수 없다. 접수국은 외교관에 대해 상당한 경의로 대해야 하며, 외교관의 신체·자유·품위(his person, freedom, or dignity)에 대한 여하한 침해도 방지하기 위해 적절한 모든 조치를 취해야 한다. 외교관에 대한 접수국의 보호의무는 사인인 외국인에 대한 영토국의 상당한 주의 의무보다 높은 수준의 보호의무이다. 우리나라를 비롯한 대다수 국가는 외교관에 대한 폭행이나 협박을 가중 처벌하고 있다(「형법」 제108조). 하지만 접수국이 적절한 조치를 취하였음에도 침해가 발생하는 경우, 접수국은 이에 대하여 책임을 지지 않는다.

⚖️ 테헤란인질사건(미국 v. 이란 1980)

1979.11.4. 이란 민병대가 테헤란 주재 미국대사관과 지방(Tabriz, Shiraz)의 영사관을 점거하여 외교관 52명을 인질로 억류하고, 미국으로 망명한 팔레비 전 국왕과 가족의 신병 인도 및 반출 재산의 반환, 팔레비 왕조 시절 미국의 이란 내정간섭에 대한 사과를 요구하였다. 그러자 미국은 11.29. 외교관계와 영사관계에 관한 비엔나협약에 보장된 공관과 외교관 신체에 대한 불가침권 침해 등 국제의무 위반으로 이란을 ICJ에 제소하면서 잠정조치를 신청하였다. 이란은 미 대사관 점거와 외교관 인질은 25년 이상 계속된 미국의 내정간섭과 착취 등 불법행위에 대한 대응조치로서, 이는

조약 해석에 관한 문제가 아니므로 ICJ는 관할권이 없다고 주장하는 서한을 발송한 후 재판에 출정하지 않았다.

우선 미국이 요청한 잠정조치와 관련 ICJ는, 이란에 대해 미국대사관·관저 및 영사관의 원상회복, 공문서의 즉시 반환, 억류 중인 인질의 즉각 석방, 공관직원의 안전 보호 및 특권·면제 인정을 명령하고, 양국이 재판 청구 접수 이후 판결 전까지 상황을 악화시키는 어떠한 행동도 하지 말 것을 명령하였다. 이에 따라 1979.12. 안보리는 이란의 즉각적인 인질 석방을 요구하는 결의를 채택하였으나 이란은 거부하였다. 이에 대해 미국은 1980.4. 이란과의 국교단절·수출금지·이란인에 대한 비자 철회 등 보복 조치를 취하는 한편, 자위권 행사를 근거로 인질 구출을 위한 군사작전을 시도하였으나 실패하였다. ICJ는 본안 심리 진행 중에 발생한 미국의 인질 구출작전이 재판부의 잠정조치 명령을 정면으로 위배하는 행위이고 ICJ의 사법절차를 방해하는 행위이지만, 구출작전의 적법성과 책임 문제는 재판의 청구 대상이 아니므로 사건 심리에 영향을 미치지 않는다고 판단하였다.

본안과 관련 ICJ는, 외교관계와 영사관계에 관한 비엔나협약상 이란 정부는 미국 공관지역의 불가침(문서·통신수단의 보호 포함)을 보장하기 위해 적절한 모든 조치를 취해야 할 특별한 의무가 있으나, 민병대의 외교관 인질 억류가 외교관의 신체 불가침권을 침해하는 불법행위임을 충분히 인지하고 있었고 이를 방지하는 데 필요한 수단을 보유하고 있었음에도, 민병대의 대사관 점거를 종료시키거나 인질로 억류된 외교관을 구조하지 않고(부작위) 오히려 이를 승인한 것은 협약 및 일반국제법상 명백하고 심각한 의무 위반으로서 이란의 국가책임이 성립한다고 판결하였다. 재판소는 또한 외교관의 특권·면제를 국제법의 일반원칙의 하나로 인정하고, 외교관의 신체 불가침을 일반국제법상 대세적 의무라고 확인하였다.

이에 따라 재판부는 이란이 국제협약과 일반국제법상의 의무를 위반하였으며, 미 대사관 등의 점거 및 인질 억류 사태로 인해 발생한 상황을 원상회복하는 데 필요한 모든 조치(인질 외교관의 즉시 석방 및 출국 보장, 외교 시설 및 문서·장비의 인도, 외교관의 재판 불회부 등)를 즉각 이행할 것을 결정하였다.

미·이란 양국 간 외교 교섭을 통해 억류된 외교관들은 444일 만인 1981.1. 모두 석방되었다.

② 예외

외교관 자신의 위법행위에 대응하는 정당방위나 불가피한 강제조치의 경우에는 외교관에 대한 신체 불가침의 예외가 인정된다. 예를 들어, 외교관이 사인 또는 공무 집행자에게 위해를 가하는 경우, 사인 또는 공무 집행자는 외교관에 대해 정당방위의 행동을 취할 수 있다. 또한 외교관이 폭행이나 방화 등 현행 범죄를 저지르는 경우, 이를 막기 위해 일시적으로 강제조치를 취하는 것은 인정된다. 테러 위험 지역이나 화재 장소의 진입 금지와 같이, 외교관 자신의 신변 보호를 위해 일시적으로 외교관의 신체의 자유가 제한될 수 있다. 또한 정신질환자가 외교관에 대해 폭력을 행사하는 경우와 같이 외교관 신체에 대한 침해가 불가항력에 의해 발생하는 경우에도 예외가 인정된다.9

외교관의 음주운전과 관련, 차량 문을 강제로 열거나 외교관인 운전자를 끌어내거나 음주측정을 강제하는 행위는 신체의 자유를 침해하는 것으로 금지된다고 할 것이다. 공항 내 신체 수색이나 금속탐지기(X-ray 검색기) 통과도 외교관의 신체나 품위를 침해할 수 있으므로 강제할 수는 없으나, 이를 완강히 거부하는 경우 항공기와 승객의 안전을 위해 탑승을 거부할 수 있다고 본다. 한편 일반인에게 적용되는 Covid-19 검사나 격리도, 외교관이 자발적으로 응하지 않는 한, 신체의 불가침을 침해한 것으로 보아야 할 것이다.

외교관의 신체 불가침 원칙이 국제법상 확립된 원칙임에도 불구하고, 과테말라 주재 서독대사 납치 살해 사건(1970), 테헤란 미국대사관 인질 사건(1979), 레바논 주재 한국 외교관 납치사건(1986), 페루 주재 일본대사관 인질 사건(1996), 콩고민주공화국 무장 민병대의 킨샤사 주재 우간다 대사관 공격(1998) 등 외교관들은 납치·공격 또는 테러의 주 대상이 되고 있어 외교공관과 외교관의 신변 안전을 보강할 필요성이 있다. 이와 관련 1973년 「외교관 등 국제적 보호인물에 대한 범죄의 예방 및 처벌에 관한 협약」이 채택되었다(한국

----

9 1964.3. 정신 이상인 일본 소년이 라이샤워 주일 미국대사에게 상해를 입힌 사건에 대해 미국은 이를 불가항력으로 양해하였다. 2015.3. Mark Lippert 주한 미국대사 피습 사건에 대해 미국은 한국이 적절한 보호조치를 취하였던 것으로 양해하였다.

가입). 국제적 보호인물은 국가원수, 정부수반 또는 외무장관 및 그들과 동행하는 가족의 구성원, 일국의 대표나 공무원, 정부 간 국제기구의 직원 또는 기타 대리인으로서 특별한 보호를 받을 자격이 있는 자와 그 가족을 말한다.

(2) 외교관의 주거와 재산 등에 대한 불가침(제30조)

외교관의 주거는 공관지역과 동일하게 언제나 불가침이다. 주거는 파견국이 소유하든 임차한 것이든 또는 개인이 소유한 것이든 관계없으며, 개인 주거는 물론 호텔과 같이 장기 거주하는 숙소도 포함한다.

외교관 개인의 서류·서신 및 재산은 불가침이다. 재산은 주로 외교관의 주거 내 동산을 말하며, 차량, 예금(은행 계좌), 개인적 사용을 위한 물품 등도 포함된다.

(3) 재판관할권의 면제

① 면제 대상과 포기

재판관할권의 면제는 신체의 불가침과 더불어 외교관의 특권·면제 중에서 핵심적인 내용이다. 재판관할권의 면제는 접수국의 실체법으로부터의 면제가 아니라 관할권 행사로부터의 면제를 의미한다. 실체법은 권리·의무에 관한 내용을 규정한 법(민법·형법·상법 등)이고, 절차법은 실체법에 규정된 권리·의무의 내용을 실현하는 절차에 관한 법(민사소송법·형사소송법)이다. 즉 법령을 위반하였지만, 재판에 넘기어 처벌할 수 없다는 소송 절차법상 면제를 의미하는 것이다.

우선 외교관은 접수국의 형사 재판관할권으로부터 면제되는데, 이것은 외교관이 접수국의 형법을 위반하는 범죄행위를 할 때도 기소하거나 처벌할 수 없다는 의미이다. 또한 외교관은 원칙적으로 접수국의 민사 및 행정 재판관할권으로부터 면제되나, 예외적으로 접수국 영역 내에 있는 개인 부동산(소유 또는 임차), 상속, 공적 직무 이외의 직업적 및 상업적 활동과 관련한 민사소송은 접수국의 민사재판관할권에 따라야 한다(이상 제31조). 이는 외교관과 거래한 접수국 국민을 보호하기 위한 것이다.

외교관의 직무수행 중 이루어진 공적 행위에 대한 접수국 재판관할권 면제는 외교관의 지위가 종료된 이후에도 계속 유지된다(제39조2항). 직무수행 중 이루어진 공적 행위는 공무를 실제 집행하는 중에 발생한 사안(예컨대 공무집행 중에 발생한 교통사고 등)을 말한다. 외교관의 사적 목적의 행위는 외교관의 지위가 종료되면 소송절차가 진행될 수 있다. 예를 들어 외교관이 접수국 내에서 사적으로 제3국인을 살해하였다면 외교관 신분이 종료된 후에는 접수국 또는 관련된 제3국의 법에 따라 처벌받을 수 있다. 외교관이 접수국의 재판관할권으로부터 면제된다고 해서 본국인 파견국의 재판관할권까지 면제되는 것은 아니다.

재판관할권의 면제는 포기할 수 있다. 면제를 포기하는 주체는 당사자인 외교관이 아니라 파견국이다. 특권과 면제는 외교관 자신의 개인적 권리가 아니라 파견국이 갖는 권리이며, 면제가 인정되는 것은 개인의 이익을 위해서가 아니라 공관의 직무수행을 위한 것이므로 파견국이 포기의 주체가 되는 것이다. 따라서 파견국이 재판관할권 면제를 포기하면 외교관은 접수국 재판관할권의 적용을 받게 된다. 파견국의 면제 포기는 항상 명시적이어야 하며, 면제 포기의 추정은 원칙적으로 허용되지 않는다. 제1심에서 면제 포기 의사를 표명하였다면 상소심에서 면제를 주장할 수 없다. 외교관이 소송을 제기하였다면 본소(本訴: principal claim)와 직접 관련된 반소(反訴: counter claim)에 관하여 면제를 원용할 수 없다. 외교관의 형사 범죄가 발생하는 경우, 접수국은 보통 해당 외교관을 본국에 소환하여 국내 법령에 따라 조치한다. 형사사건과 관련하여 파견국이 실제 면제를 포기하는 사례는 많지 않으나, 접수국의 면제 포기 요청 사례나 면제 포기가 필요하다는 인식은 늘고 있다. 잠비아는 1985년 마약 밀반입 혐의를 받은 영국 주재 자국 외교관에 대해 면제를 포기하였으며, 1996.6. 프랑스 주재 자이르 대사가 교통사고를 일으켜 2명이 사망한 사고에 대해 자이르는 면제를 포기하였다. 1997년 그루지야 정부는 접수국인 미국의 요청에 따라 음주운전으로 사망 사고를 일으킨 미국 주재 자국 외교관에 대해 형사관할권 면제를 포기하였다.

② 증언의 면제(2항)

외교관은 접수국 내에서 형사·민사·행정재판과 관련하여 증언할 의무가 없다. 증언의 면제는 증인으로서의 면제를 의미하며, 사건 당사자로서의 증언은 면제되지 않는다. 즉 외교관이 원고로서 소를 제기한 경우, 타인이 제기한 소에 응하는 경우, 자신이 제기한 본소와 직접 연계하여 상대방이 제기한 반소의 경우에는 사건 당사자로서 증언 의무가 면제되지 않는다.

외교관은 주재국과의 관계를 고려하여 본국 정부의 동의하에 자발적으로 증언할 수 있다. 사법 정의 차원에서 일반 민사·형사재판에는 가능한 한 증인으로 출석하는 것이 바람직하다 할 것이다.

③ 강제집행의 면제(3항)

외교관에 대해 어떠한 강제집행도 할 수 없다. 외교관의 재판관할권이 면제되는 일부 민사 또는 행정소송의 경우, 면제를 포기하였더라도 그 판결의 집행은 공관의 임무 수행에 중대한 지장을 가져오기 때문에 별도의 면제 포기가 필요하다. 면제를 포기하여 강제집행을 하더라도 외교관의 신체나 주거의 불가침을 침해할 수는 없다. 협약은 형사 판결의 집행 포기에 대해서 침묵하고 있으나, 형사 판결의 집행에도 별도의 포기가 필요하다는 것이 통설이다.

외교관이 자발적으로 소송에 참여해 패소한 경우라도 그 대상 재산이 공관 공용의 것일 때에는 이에 대해 강제집행을 할 수 없다.

(4) 조세 및 관세의 면제(제34조)

외교관은 접수국에서 조세가 면제된다. 외교관은 접수국의 조세로부터 전반적으로 면제되지만, 국가마다 다른 조세 체계를 유지하고 있어 실제 접수국에서 면제되는 조세의 범위는 차이가 있다. 협약상 간접세(부가가치세, 판매세 등),[10] 접수국 영역 내 사유 부동산에 대한 조세, 재산세·상속세·유산세, 자본세(주식 투자 등), 특정 용역에 대한 요금(전기 요금이나 고속도로·공항·교량 이용료 등),

----

10 유류세는 간접세이지만, 외교관 활동에 필수적인 이동의 편의를 제공한다는 차원에서 상당수 국가에서 면세해 주는 관행이 있다.

부동산에 관한 수수료(외교관 개인 부동산에 대한 등록세·인지세·법원 수수료) 등
은 면세되지 않는다.

외교관은 관세와 세관 검사로부터 면제된다(제36조). 외교관과 그 가족의
개인적인 사용을 위한 개인 수화물에 대한 관세는 면제된다. 그러나 접수국은
법령에 따라 수출입 물품을 제한할 수 있다. 수출입이 금지 또는 제한되는 물
품은 주로 문화재, 마약, 무기류, 멸종위기의 동·식물, 위조품, 총기류 등이다.
외교관의 수화물은 또한 세관 검사에서 면제된다. 다만 외교관의 수화물이 수
출입 금지 품목 또는 접수국의 검역 규정상 통제되는 물품을 포함하였다는 충
분한 이유가 있을 때는 본인 또는 대리인의 입회하에 검사할 수 있다. 검사를
거부할 경우, 이를 강제할 수는 없으나 접수국은 통관을 거부하고 최초 발송지
로 반송을 요구할 수 있다는 것이 일반적인 해석이다.

(5) 그 밖의 특권·면제

외교공관과 공관장은 관저를 포함한 접수국 내 공관지역과 공관장의 차량
등 수송 수단에 자국의 국기(flag)와 문장(emblem)을 사용할 수 있다(제20조). 일
반적으로 공관장은 공식적인 행사에서 그 대표성을 나타내거나 안전을 위해
수송 수단에 국기를 게양한다. 수송 수단은 그 소유권이 반드시 공관 또는 공
관장에게 있을 필요는 없으나 배타적인 사용권은 있어야 한다. 따라서 공관장
이 대중교통을 이용하는 경우는 포함되지 않는다.

모든 공관직원은 접수국 영토 내에서 자유롭게 이동하고 여행하는 자유가
보장된다(제26조). 이동 및 여행의 자유는 외교관의 직무수행에 필수적이기 때
문이다. 다만 접수국은 법령으로 국가안보를 이유로 출입이 금지되거나 규제된
지역의 여행을 제한할 수 있다. 뉴욕의 주 UN 북한대표부 외교관은 뉴욕으로
부터 일정 범위 밖의 지역을 여행하는 경우 미 국무부로부터 별도의 여행 허가
를 받아야 한다. 이동 및 여행의 자유는 접수국으로부터의 출국의 자유도 포함
한다고 할 것이다.

외교관은 접수국이 의무적으로 시행하는 사회보장(의료보험·고용보험·재해
보험·국민연금 등)에 대한 가입이 면제된다(제33조). 그러나 접수국의 법령이 외

교관에 대해 사회보장제도 참가를 허용하는 경우 가입할 수 있음은 물론이다. 외교관은 또한 접수국에서 인적 역무(병역의무, 배심원이 되는 의무, 재해와 관련한 동원 의무 등)와 군사상의 의무로부터 면제된다(제35조).

다. 외교관 특권·면제의 적용범위

(ⅰ) 인적 범위

외교관은 명칭이나 계급과 관계없이 동등한 특권과 면제를 누린다. 외교관은 파견국이 외교관의 부임을 통보하여 접수국 내 외교공관 지역에서 전임으로 외교관의 직무를 수행하는 자로서, 접수국이 외교관의 지위를 인정한 자이다. 접수국에 의해 인정된 외교관은 접수국이 발간하는 외교관 명부(diplomatic list)에 등재된다. 따라서 단지 외교관 여권을 소지한다고 해서 접수국으로부터 외교 특권·면제를 누리지 않는다. 1998년 Pinochet 전 칠레 대통령은 외교관 여권을 보유하고 있었으나, 특권·면제가 인정되지 않아 영국 경찰에 의해 체포되어 재판받았다. 2019.11. 몽골 헌법재판소장이 기내 여승무원 추행 혐의로 한국 경찰의 조사를 받았다. 몽골은 외교관 여권을 가진 그가 특권·면제 대상자라고 주장하였으나, 한국은 이를 인정하지 않고 그를 기소하였다.

외교관의 세대를 구성하는 가족은 외교관과 동등한 특권·면제를 누린다(제37조).[11] 국가마다 세대를 구성하는 가족의 기준이 다르지만, 가족은 보통 법률상 배우자와 미성년 자녀 및 생활 능력이 없는 부모 등을 포함하되, 일정 연령의 성년 자녀는 특권·면제가 제한된다. 한국의 경우, 주한 외교관의 동반가족은 법적 혼인 관계의 배우자, 미성년의 미혼 동거 자녀(단, 성년이라도 학생은 26세까지 인정), 외교관과 그 배우자의 소득이 없는 60세 이상의 외국적 부모, 성년이라도 부모에 의존해 동거하는 미혼의 장애인을 포함한다.[12] 따라서 27세

----

11   1982년 주미 브라질대사의 23세 손자가 나이트클럽에서 말다툼 끝에 총기를 발사하여 1명이 사망하는 사건이 발생하여 현장에서 체포되었으나, 외교면제를 근거로 바로 석방되었으며 결국 보상금을 지급하여 해결되었다.

12   한편 「외교관계에 관한 비엔나협약의 국적 취득에 관한 선택의정서」 제2조는 공관직원과 그

이상 주한 외교관의 성년 자녀는 외교 면제·특권을 향유할 수 없다. 이와 관련, 사실혼, 동성 배우자, 일부다처제를 허용하는 국가의 복수 배우자의 지위도 문제가 된다. 2019년 한국 정부는 주한 외교관의 동성 배우자를 동반가족으로 인정한 바 있다.

행정·기능직원(members of administrative and technical staff)은 사무 및 기능 업무에 종사하는 행정보조원·비서·통번역사 등을 말한다. 행정·기능직원과 그 가족은 외교관과 거의 동등한 특권·면제를 누리지만, 민사 및 행정재판 관할권의 면제는 공무 중 행위에만 인정되고, 관세의 면제는 부임 당시의 이사 물품에 대해서만 부여되며, 개인 수화물에 대한 검사가 면제되지 않는다(제37조 2항).

노무직원(members of service staff)은 파견국이 고용하여 공관의 가사에 종사하는 운전원·청소부·요리사·경비원 등을 말한다. 노무직원은 직무수행 중에 행한 행위(예컨대 공관 운전원이 공무 중 일으킨 교통사고)만 형사재판관할권으로부터 면제된다(제37조3항).

개인 사용인(private servant)은 공관직원에 의해 개인적으로 고용되어 그 공관직원의 가사에 종사하는 자로서, 파견국 정부가 고용한 노무직원과 구별된다. 이들에 대한 특권과 면제는 일률적인 관행이 없으며, 협약은 보수에 대한 부과금이나 조세 면제에 관해서만 규정하고 있다(제37조4항).

접수국의 국민이거나 영주권을 가진 외교관은 원칙적으로 직무수행 중에 행한 공적 행위에 대한 재판관할권 면제와 불가침권을 인정받는다(제38조). 접수국의 국민이거나 영주권을 가진 그 밖의 공관직원이나 개인 사용인은 접수국이 인정하는 범위 내에서만 면제를 누린다.

(ii) 시간적 범위

특권·면제는 이를 누리는 자가 부임하기 위해 접수국 영역에 들어간 시점부터 개시된다. 특권·면제자가 이미 접수국 내에 있는 경우에는 접수국 외무

가족 구성원이 접수국 법에 따라 접수국 국적을 취득하지 않도록 규정하고 있다(한국 가입).

부에 부임을 통고한 순간부터 누리게 된다. 특권·면제는 공관직원으로서의 직무가 종료되거나 무력충돌의 경우라도 접수국에서 떠날 때까지 또는 출국을 준비하는 데 필요한 합리적 기간까지 존속한다. 공관직원이 사망하면 그 가족은 접수국을 떠나는 데에 필요한 합리적 기간이 지날 때까지 특권·면제를 보유한다(이상 제39조). 파견국은 공관직원의 임명과 도착, 최종 출국 또는 그들의 공관 직무 종료를 접수국에 통보해야 한다(제10조a).

(iii) 장소적 범위

특권·면제는 접수국의 배타적 통치권이 미치는 모든 영역에 미친다. 영토·영공·영해는 물론 접수국의 선박과 항공기를 포함한다. 따라서 제3국에서는 특권·면제가 적용되지 않는다. 예컨대 외교관이 접수국에서 면세로 구입한 물품을 제3국에서 불법 판매하다 적발되었다면 제3국에서는 특권·면제를 주장할 수 없다.

한편 외교관이 부임·귀임·국제회의 참석 등을 위해 제3국을 통과 또는 체류하는 경우, 사증을 발급한 제3국은 불가침권과 통과나 귀임에 필요한 면제를 부여하도록 규정(제40조)하고 있으나, 이 조항은 사실상 유명무실화되었다.

라. 특권·면제 위반에 대한 접수국의 조치

재판관할권이 면제된 외교관이 아무런 처벌도 받지 않거나 피해자가 손해를 배상받지 못하는 사례가 빈발하자, 접수국 국민의 신체·재산 보호를 위해 외교관의 특권·면제가 무분별하게 남용되지 않도록 합리적인 범위 내에서 제한할 필요성이 계속 제기되고 있다. 이에 따라 각국은 협약상 인정된 특권·면제를 기능적 필요설에 근거하여 직무수행에 지장이 없는 범위 내에서 가능한 제한적으로 해석하려는 경향을 나타내고 있다. 일부에서는 이를 위한 협약 개정 필요성까지도 제기하나, 다수 국가는 현행 협약 하에서 허용되는 국내 조치를 강화함으로써 외교 특권·면제가 남용되는 것을 억제하는 추세이다.

(ⅰ) 특권·면제 남용에 대한 접수국의 조치

외교공관이나 외교관이 특권·면제를 남용하는 경우(공관지역의 상업적 이용, 주·정차 위반이나 과속,13 금수 품목의 반입, 면세품의 과다 구매 등), 접수국은 해당 공관에 재발 방지를 위해 주의나 경고를 통보하고 관련자에 대한 적절한 징계 조치 등을 요구할 수 있다.

(ⅱ) 형사사건에 대한 조치

외교관이 절도·성폭력·폭행·살인·마약·밀수·음주운전에 의한 인명사고 등 중대한 범죄를 저지른 경우, 접수국은 공관장에게 해당 공관직원을 본국에 자진 송환하거나 재판관할권 면제의 포기를 요구할 수 있다. 이러한 상황이 발생하면 파견국은 외교적 문제로 비화하기 전에 해당 공관직원을 본국에 소환함으로써 사건을 조속히 종결시키는 것이 통상적인 외교 관례이다. 또한 공관직원의 범법 행위가 직무와 관련되지 않으면 본국 소환 후 자국 법령에 따라 징계하거나 처벌할 수도 있다.

접수국은 해당 공관직원의 신분이 변경되어 특권·면제를 상실하면 처벌할 수 있도록 기소 또는 체포영장을 발부하거나, 외교관 지위가 종료되었다면 범죄인인도조약에 따라 인도를 요구할 수 있다.

(ⅲ) 민사사건에 대한 조치

외교관이 민사사건에 관련된 경우로는 개인 부채·임대료 또는 공사비 미지급·개인 사용인에 대한 보수 미지급, 자동차 사고 등에 의한 대인·대물 손해배상청구 소송 등이 있다. 협약은 민사사건에 대해서도 개인 부동산·상속 등의 제한된 경우를 제외하고는 원칙적으로 관할권 면제를 인정하고 있어 해당 외교관이 면제를 주장하며 응소하지 않는 경우, 접수국의 피해자는 사실상 피해를

----

13 외교관 차량이 주·정차 법규를 위반하거나 견인되는 경우 일반인들과 같이 과태료가 부과된다. 우리나라도 교통법규를 위반한 외교관 차량에 대해 과태료를 부과하고, 정당한 이유 없이 납부하지 않는 경우 차량 교체나 이임 시 차량 처분을 승인하지 않는다.

구제받을 수단이 없다. 다만 접수국 재판소가 궐석재판을 진행하여 내린 판결은 해당 외교관의 외교관 신분이 종료된 후에는 집행될 수도 있을 것이다.

외교관이 민사사건에 관련된 경우, 피해자는 통상 접수국 외교부에 손해 발생에 대해 진정서를 제출하고, 외교부에서 민원 내용이 근거가 있고 타당하다고 판단되면 해당 공관이나 공관직원에 알려 원만한 해결을 촉구한다. 접수국 외교부의 통보를 받게 되면 가해 공관직원은 파견국 및 공관의 명예 유지를 위해서라도 적극적인 반응을 보이는 것이 상례이다. 만일 가해 공관직원이 특권·면제를 이유로 문제 해결에 성의를 보이지 않을 경우, 접수국은 해당 공관에 당해 외교관의 소환 등 적절한 조치를 요구할 수 있다.

(iv) 기피인물 또는 받아들일 수 없는 인물 통보

접수국은 언제든지 그리고 그 결정을 설명할 필요 없이 공관장이나 외교관에 대해서 기피인물(PNG: *Persona Non Grata*), 그 밖의 공관직원에 대해서 받아들일 수 없는 인물(unacceptable person)로 파견국에 통보할 수 있다. 접수국은 누구라도 접수국의 영역에 도착하기 전에 기피인물 또는 받아들일 수 없는 인물로 선언할 수 있다(이상 제9조1항). 기피인물 선언은 접수국의 외교적 재량행위로서 파견국에 대해 그 이유를 설명할 의무가 없으며, 파견국도 이의를 제기하거나 철회를 요구할 수 없다.

파견국은 기피인물이나 받아들일 수 없는 인물로 선언된 공관직원을 기한 내에 소환하거나 그 직무를 종료시켜야 한다. 파견국이 의무 이행을 거절하거나 상당한 기간 내에 이행하지 않는 경우, 접수국은 해당 공관직원의 지위를 인정하지 않을 수 있다(제9조2항). 접수국은 해당 공관직원의 퇴거를 요구할 수 있으며, 일정 기간 내에 퇴거하지 않으면 외교관 신분을 종료시키고 접수국의 출입국 법령에 따른 추방 조치도 취할 수 있다.

5. 파견국과 접수국의 의무

가. 파견국(외교관)의 의무

(ⅰ) 접수국 법령 준수의 의무

외교관은 자신의 특권·면제를 침해하지 않는 한, 접수국의 법령(예컨대 접수국의 형법, 자동차 운전 책임보험 가입, 무기·마약·총기류 등의 반입 금지 등)을 존중해야 한다(제41조1항전단). 공관지역 내에서도 접수국의 법령(건물 증·개축 등 건축 또는 환경법령 등)은 존중되어야 한다.

그러나 외교관이 접수국의 모든 법령을 준수해야 할 의무를 지는 것은 아니며, 외교관의 직무와 양립하지 않고 외교관이 구속받을 성질의 것이 아닌 적극적 의무(예컨대 재난 구조작업에 참여해야 할 의무)를 부과하는 법령은 적용받지 않는다.

외교관이 접수국의 법령을 존중하지 않는다고 해서 특권·면제가 박탈되는 것은 아니다. 협약은 외교공관의 직무로서 주재국 정세에 관한 정보수집을 인정하고 있지만(제3조1.d), 이는 합법적인 방법에 따라야 한다. 합법적이지 아니한 외교관의 정보수집 활동은 스파이 활동으로 간주하여 접수국이 추방 등의 조치를 취할 수 있다.

(ⅱ) 접수국 국내문제 불개입 의무

외교 특권·면제를 가진 자는 접수국의 국내문제에 개입해서는 안 된다(제41조1항후단). 국내문제에 대한 개입(interfere)은 예컨대 접수국의 특정 정당을 지지하는 연설이나 언론 발표, 선거 또는 기타 자금을 지원하는 행위 등을 포함하지만, 공공외교 차원에서 파견국의 외교정책을 정당이나 언론에 설명하거나 SNS상에서 홍보하는 것은 허용된다고 할 것이다. 다만 접수국 외교정책에 대한 공공연한 비판이 국내문제에 대한 개입인가는 결국 접수국이 재량으로 판단하게 될 것이다.

(iii) 그 밖의 의무

파견국이 공관에 위임한 접수국과의 모든 공적 사무는 접수국의 외무부 또는 합의되는 기타 부처를 통해서 이루어진다(제41조2항). 공관의 공적 사무는 외무부를 통해 이루어지는 것이 원칙이나, 근래에는 공관이 정부 각 부처와 직접 접촉하여 이루어지기도 한다.

공관 직무와 양립할 수 없는 방법으로 공관 건물을 사용하는 것은 금지된다(제41조3항). 공관 건물은 협약 제3조에 규정된 공관 직무수행을 위해 사용되어야 한다. 따라서 공관 직무와 무관한 공관건물의 영리 활동(예컨대 식당 또는 사무실 임대 등)은 금지된다. 다만 공관지역이 부당한 방법으로 사용되었다고 해서 불가침권을 상실하지는 않는다.

외교관은 개인적 이익을 위한 직업적 또는 상업적 활동이 금지된다(제42조). 금지되는 직업적·상업적 활동은 외교관의 개인적 영리를 위한 행위로서, 이에 대해서는 특권·면제를 주장할 수 없다. 주식 투자나 출판·강연 등은 허용되지만, 이에 따른 소득은 과세된다. 외교관 배우자 등 동반가족의 영리 활동(예컨대 어학 학원 강사 등)은 상호주의를 적용하거나 접수국의 법령이 정하는 범위 내에서 허용된다.

나. 접수국의 의무

(i) 외교공관의 불가침과 외교관 신체의 불가침

접수국은 외교공관의 불가침(제22조)과 외교관의 신체 불가침(제29조)을 보장하기 위해 '적절한 모든 조치'를 취할 의무가 있다(전술).

(ii) 무차별 대우

접수국은 모든 국가의 공관과 공관직원을 차별 없이 평등하게 대우해야 한다(제47조). 접수국은 특권·면제의 적용에 있어 주권평등의 원칙에 따라 강대국이든 약소국이든 모든 국가를 차별하지 않고 대우해야 한다('무차별 대우의 원칙': non-discrimination).

　다만 접수국과 파견국이 관습이나 합의에 따라 협약 규정보다 유리한 대우를 서로 부여하거나 또는 접수국이 인정하는 특권·면제 범위에 상응하게 파견국은 상호주의를 적용할 수 있다. 예컨대 자국의 재외공관이 타국에서 불리한 면세 혜택을 받는 경우, 접수국은 자국 내 해당 타국 공관에 대해 상호주의를 적용하여 면세 혜택을 축소할 수 있다. 부가가치세는 협약상 면세의 대상이 되지 않는 간접세이나, 우리 『부가가치세법』은 상호주의를 조건으로 주한 외교관이 구매하는 재화와 용역(식당·백화점에서 사용된 일정 금액 이상)에 대해 부가가치세를 면제한다.

(iii) 편의 제공

　접수국은 외교공관이 그 임무를 수행하는 데 충분한 편의(full facilities)를 제공해야 한다(제25조). 접수국은 파견국의 공관지역 취득을 지원하여야 한다. 접수국 국내법이 외국의 부동산 취득을 불허하거나 열악한 주택 사정이나 높은 부동산 가격으로 인해 적절한 부동산 취득이 어려운 경우 파견국을 지원하기 위해 명시되었다. 외교관의 활동을 위한 주차 편의시설 제공에 대해 다수 국가는 소극적이다. 다만 공항이나 주요 시설 인근 또는 공관 주변에 외교관 차량을 위한 주차 공간을 지정하는 나라도 있다. 무력충돌이 발생하면 보통 외교사절은 퇴거하며, 접수국은 특권·면제를 누리는 자가 안전하게 퇴거할 수 있도록 편의를 제공해야 한다(제44조).

외교면제와 국가면제

　외교면제와 국가면제는 배경과 적용 대상을 달리하며 별개의 관습국제법으로 발전해 왔다. 국가의 타국 법원으로부터의 재판관할권 면제를 의미하는 국가면제가 19세기에 확립된 데 비해, 외교관의 재판관할권 면제는 역사적으로 훨씬 일찍 확립되었다. 외교면제는 외교관의 효율적인 업무 수행에 초점이 맞춰진 기능설을 기반으로 하지만, 국가면제는 국가 간 주권평등의 원칙에 입각한 것이다.

외교면제의 경우, 외교관은 외교관이라는 신분에 기초하여 직무와 무관하게 포괄적인 인적 면제를 누린다. 국가면제의 경우, 국가원수·정부수반·외교장관은 포괄적인 인적 면제를 누린다. 하지만 모든 국가기관의 행위를 대상으로 하는 물적 면제는 절대적 면제론에서 출발하였으나, 오늘날에는 국가기관의 권력적 행위에 대해서만 면제를 인정하고 비권력적·상업적 행위에 대해서는 면제를 인정하지 않는 제한적 면제론이 확립되었다.

이처럼 외교면제와 국가면제는 적용 대상이 달라 외교관 개인은 면제를 누리지만 국가는 면제를 누리지 못하게 되는 사례가 발생할 수 있다. 예컨대 외교관이 공무수행 중 음주운전으로 사망 사고를 냈다면, 피해자가 외교관을 상대로 소송을 제기하더라도 외교관은 형사재판관할권이 면제되므로 접수국 법원은 재판관할권을 행사할 수 없다. 하지만 피해자가 파견국을 상대로 손해배상청구소송을 제기한다면, 외국에 귀속되는 불법행위(음주운전)로 인한 사망에 대해서 파견국은 국가면제를 원용할 수 없으므로 접수국 법원은 재판관할권을 행사할 수 있게 된다.

Ⅲ. 영사와 「영사관계에 관한 비엔나협약」

1. 개요

영사제도는 접수국에서 파견국의 경제적 이익과 파견국 국민의 신체나 재산을 보호하기 위한 것으로, 외교제도보다 오래된 제도이다. 13세기 이탈리아 도시국가 간에 상거래가 활발해지면서 외국에서 활동하는 상인의 이익과 안전을 보호하기 위해 시작되었으며, 외국에서 상사분쟁을 심판하던 영사재판 제도는 이후 영역주권의 원칙에 따라 소멸하였다. 19세기 해양을 통한 국제교역이 확대되면서 통상 및 항해와 관련한 영사제도가 관습국제법으로 형성되었다. 제2차 대전 이후에는 우호통상항해조약이나 양자 영사협약에서 영사 특권·면제와 최혜국대우 및 내국민대우를 규정하였다.

관습국제법으로 유지되어 온 영사관계를 법전화하기 위해 ILC가 협약 초안을 작성하였다. 협약은 국가실행을 중심으로 국제법의 점진적 발전 요소들을 포함하였다. 협약 협상 과정에서 영사의 특권·면제에 대해 소극적인 서구 국가와 통상이익을 보호하기 위해 영사에게 더 많은 특권·면제를 인정하려는 사회주의 국가 간의 입장을 타협하여 1963년 「영사관계에 관한 비엔나협약」(Vienna Convention on Consular Relations 이하 '협약')과 「분쟁의 의무적 해결에 관한 의정서」가 채택되었다. 1967.3. 발효하였으며, 당사국은 현재 182개국이다(남북한 비준). 협약 규정이 양자 영사협약과 상충할 우려가 있어, 협약은 당사국 간 발효 중인 다른 국제 합의에 영향을 주지 않는다고 명시하고 있다(제73조). 우리나라는 유일하게 미국과 「우호통상항해조약」을 체결하였으며, 영사협약은 미국·러시아·중국과 체결하였다.

2. 주요 내용

가. 영사관계의 수립

외교관계와 영사관계는 국가 간 별개의 합의로 성립한다. 그러나 외교관계 개설에 동의한 국가는 영사관계 개설에도 동의한 것으로 간주한다. 국가승인이나 외교관계의 수립 이전에도 영사관계 수립에 상호 합의할 수 있다.

외교관계의 단절이 당연히 영사관계의 단절을 포함하는 것은 아니며(제2조), 외교관계가 단절된 이후에도 영사관계는 계속되어 영사기관이 자국민 보호 등 기능을 수행할 수 있다. 한편 외교관계의 수립은 묵시적인 국가승인의 효과가 있지만, 영사관계 수립은 국가승인 효과를 발생시키지 않는다.

나. 영사기관·영사기관장·영사관원

영사기관(consular post)은 접수국 영역 내 영사 기능을 수행하는 총영사관(consulate-general), 영사관(consulate), 부영사관(vice-consulate), 영사대리사무소(consular agency)를 말한다(제1조1항). 외교사절은 접수국에 대해 파견국을 대표하며 접수국과 교섭하는 유일한 기관이나, 영사기관은 파견국과 그 국민의 이익 보호를 위한 기능적인 임무를 수행하므로 필요하다면 다수의 영사기관을 설치할 수 있다. 영사기관을 설치하기 위해서는 접수국의 동의를 얻어야 한다. 파견국은 영사기관의 소재지, 등급 및 관할구역을 결정하고 접수국의 승인을 받아야 한다(제4조1-2항). 접수국은 영사기관의 승인을 취소할 수 있다. 2020.7. 미국이 주 휴스톤 중국 총영사관의 폐쇄를 요구하자, 이에 대응하여 중국은 주 청두 미국 총영사관의 폐쇄를 결정한 바 있다.

영사기관장(head of consular post)은 총영사, 영사, 부영사, 영사대리의 네 가지 계급으로 구분된다(제9항). 파견국이 영사위임장을 전달하거나 영사기관장의 임명을 통고하고(제11조), 접수국은 영사기관장에게 영사인가증(exequatur)을 부여하여 영사기관장의 직무수행을 인정하거나, 이유를 제시할 필요 없이 영사인가장의 부여를 거부할 수 있다(제12조).

영사관원(consular officer)은 영사기관장을 포함하여 그러한 자격으로 영사직무의 수행을 위임받은 자를 말한다(제1조d). 파견국은 영사직원(members of the consular staff)을 자유롭게 임명할 수 있다(제19조). 영사직원은 영사기관장을 제외한 영사관원, 사무직원 및 업무직원을 말한다(제1조h). 접수국은 언제든지 영사관원을 기피인물, 그 밖의 영사직원을 받아들일 수 없는 인물로 파견국에 통고할 수 있다(제23조). 파견국은 또한 접수국 내 자국민 또는 접수국의 유력인사를 **명예영사**(honorary consul)로 임명하거나 접수할 수 있다(제68조). 명예영사는 파견국으로부터 공식적으로 보수를 받지 않고, 여권 또는 사증 발급 등 파견국이 위탁한 일정 영사 사무를 처리한다.

다. 영사 기능

(ⅰ) 일반

영사 기능은 파견국과 자국민(자연인과 법인)의 이익 보호, 통상·경제·문화·과학 관계의 발전 및 우호 관계 증진, 합법적 수단에 의한 접수국의 통상·경제·문화·과학 발전 조사 및 보고, 자국민에 대한 여권 및 여행증명서 발급,

자국민에 대한 영사 지원, 혼인·출생·사망·상속·입양 관련 공증 발급 등 사법(私法)상의 문제 처리, 외국인에 대한 사증 발급 등이다(제5조). 이를 위해 영사기관은 관할구역 내 권한 있는 지방 당국과 협력한다.

영사 기능은 영사기관에 의해 수행되나, 외교공관에 의해서도 수행될 수 있다(제3조). 「외교관계에 관한 비엔나협약」은 "협약의 어떠한 규정도 외교공관에 의한 영사 기능의 수행을 방해하는 것으로 해석되지 아니한다"라고 규정하고 있다(제3조2항). 접수국에 별도의 영사기관을 두지 않은 외교공관에서는 영사 직무를 함께 수행한다. 외교관계가 존재하지 않는 경우, 영사관원도 접수국의 동의를 받아 외교활동을 수행할 수 있다(제17조1항).

(ii) 영사 지원

영사 기능의 하나로, 영사관원은 자국민(자연인과 기업)의 신체와 재산을 원활하게 보호하기 위한 영사 지원(consular assistance)을 할 수 있다. 이러한 영사 직무를 수행하기 위해 영사관원은 영사 보호권을 행사한다. (a) 영사관원은 자국민과 자유로이 연락·접근할 자유(right to communication and access)가 있고, 자국민도 자국 영사관원을 자유로이 연락·접근할 자유를 가지며, (b) 접수국은 구금자가 요구하면 파견국 영사기관에 동인의 구금을 지체없이 통보하고, 파견국 영사기관에 구금자가 보내는 모든 통신을 지체없이 전달하며, 구금자에게 이에 따른 자신의 권리를 알려야 하며, (c) 영사관원은 자국민이 명시적으로 반대하지 않는 한, 구금된 자국민을 방문·면담·교신할 수 있는 접견권(right to visit)과 법정대리인을 주선할 권리를 가진다(제36조1항). 영사관원의 이러한 권리는 접수국의 법령에 따라 행사되어야 하나, 접수국의 법령은 협약상 부여된 권리가 의도하는 목적을 충분히 실현할 수 있어야 한다(제36조2항).[14]

----

[14] 우리 『헌법』은 국가가 법률에 의해 재외국민을 보호할 의무를 규정하고 있다(제2조2항). 이에 따라 해외에서의 사건·사고로부터 국민의 생명·신체 및 재산을 보호하기 위한 『재외국민보호를 위한 영사조력법』이 제정되어 2021.4.부터 시행되고 있다. 영사조력은 「영사관계에 관한 비엔나협약」, 일반적으로 승인된 국제법규 및 주재국 법령을 준수하여 제공되어야 한다(제10조).

LaGrand사건(독일 v. 미국 2001)·아베나사건(멕시코 v. 미국 2004)

독일인 LaGrand 형제는 1982년 미국 애리조나주에서 은행 강도 범행 중에 살인을 저지르고 체포되어 모두 사형선고를 받고, 1999.2. 형이 먼저 사형 집행되었다. 1999.3. 독일은 애리조나주 관헌이 「영사관계에 관한 비엔나협약」 제36조1항(b)에 따라 독일 영사 및 LaGrand 형제에게 영사 지원을 알리지 않아 협약 당사국인 독일과 LaGrand 형제의 권리가 침해되었다는 이유로 미국을 ICJ에 제소하고 동생의 사형집행을 중단해 달라는 잠정조치를 신청하였다.

ICJ는 3.3. 예정된 동생의 사형집행을 정지하라는 잠정조치를 긴급히 명령하였으나, 애리조나주는 동생에 대해서도 예정대로 사형을 집행하였다.

본안 판결에서 ICJ는, ① 미국은 국내법 절차를 이유로 「영사관계에 관한 비엔나협약」 위반을 정당화할 수 없으며, ② (미국은 협약 제36조1항(b)의 권리는 개인이 아닌 국가의 권리에서 파생된 것이라고 주장하였으나,) 영사 접견권은 개인의 권리이자 국가의 권리로서, 개인의 국적국인 독일은 협약을 위반한 타 당사국에 대해 법적 구제를 추구할 권리를 보유하며, ③ 애리조나주가 외국인에 대한 영사 접견권을 고지하지 않거나 지연하여 독일이 권리 행사를 할 수 없게 된 것은 협약 위반으로 미국 정부의 국가책임이 성립하며, ④ 이로 인해 개인이 장기 구금과 중벌에 처한 데 대한 사과는 충분치 않으나 국제의무의 구체적인 국내 이행 방법은 각국의 선택에 달렸는바, 미국이 기소·형량에 대한 사법적 재검토를 허용한 것은 독일의 재발 방지 보장 요구를 만족시키는 것이라고 판시하였다.

LaGrand 사건의 판결이 나오자 2003.1. 멕시코는 사형선고를 받고 미국 전역에 수감된 자국민(Avena 등 54명)도 「영사관계에 관한 비엔나협약」상 보장된 영사 접견권의 보호를 받지 못하고 있다고 ICJ에 미국을 제소하고 잠정조치를 신청하였다. ICJ는, ① 미국은 미 헌법상의 권리와는 별도로 국제법인 「영사관계에 관한 비엔나협약」상 권리를 보장해야 하는바, ② 미국은 멕시코 영사관원의 연락·접근권과 법정대리인을 주선할 권리를 다수 침해하였으며, ③ 협약 제36조(b) '지체 없는'(without delay) 통고의 의미와 관련, (멕시코는 체포 직후라고 주장하였으나) 협약 협상 준비문서 등에 비추어 보아 고의적인 지연 없이 합리적으로 외국인임을 알았거나 외국인이라고 생각할 근거가 있다고 판단되는 즉시로 해석하고, ④ 협약 제36조1항을 위배하여 내린 기소·형량에 대한 유일한 구제방안은 제36조2항에 따라 기소·형량의 일부 또는 전부를 취소하는 실효적인 재심 방안을 제공하는 것이며, 재심 방안은 미국이 협약 규정을

> 감안하여 선택하지만 (미국이 재심 의무를 완수하였다고 주장하는) 사면 절차만으로는
> 충분하지 않고, 원심판결을 사안별로 다시 살펴볼 수 있는 실질적인 재심이 되어야 한
> 다고 판결하였다.

한편 협약은 통보 방법에 대해 침묵하고 있다. 2001년 중국은 한국인 마
약사범을 체포하여 그중 1명의 사형을 집행하였다. 한국은 협약 위반이라고 중
국에 항의하였으나, 중국이 체포 사실과 사형 판결문 등을 팩스로 한국에 통보
한 것이 확인되었다. 협약상 구금자가 요구해야만 접수국의 통보 의무가 발생
하나, 2015년 체결된 「한·중 영사협정」에서는 조건 없는 통보 의무를 규정하
고 있다.

라. 영사 특권·면제

협약은 영사 특권·면제의 목적은 개인에게 혜택을 부여하려는 것이 아니
라 국가를 대신하는 영사기관의 효과적 기능 수행을 위한 것임을 선언하고(전
문), 영사관사·영사기관·영사관원 및 명예영사가 그 직무를 원활히 수행하기
위한 특권·면제를 각각 부여하고 있다.

영사관사(consular premises)는 소유권과 관계없이 전적으로 영사기관의 목
적에만 사용되는 건물 또는 그 일부와 부속된 토지를 말하며, 불가침이 보장된
다. 영사기관장의 주거나 영사관원의 주거는 영사관사에 포함되지 않으며, 불가
침이 보장되지 않는다. 접수국은 외부로부터의 침입이나 파괴로부터 영사관사
를 보호하고 영사관사의 평온과 존엄을 보호해야 한다. 영사관사는 영사기관장
또는 파견국 외교공관장의 동의 없이는 진입할 수 없으나, 화재나 신속한 보호
조치가 필요한 재난의 경우에는 동의가 있는 것으로 추정될 수 있다(제31조). 영
사관사와 그 비품 및 영사기관의 재산과 교통수단은 국방상 또는 공공목적을
위한 징발로부터 면제된다. 그러한 목적을 위해 수용이 필요한 경우 접수국은
영사 직무수행을 방해하지 않도록 필요한 조치를 취하고, 신속하고 적정하며 효

과적인 보상을 해야 한다(이상 제31조). 영사관사에 대한 과세는 면제된다(제32조).

영사기관의 공용물품은 관세 및 검사로부터 면제된다(제50조). 영사 문서와 서류는 언제 어디서나 불가침이다(제33조). 영사기관의 통신의 자유는 보장된다. 영사행낭은 개봉되거나 억류되지 않으나, (외교행낭과는 달리) 영사행낭 안에 공문서가 아닌 것이 포함되어 있다고 추정할 만한 중대한 이유가 있는 경우 접수국 관헌의 입회하에 개봉을 요구할 수 있으며, 거부 시 발송지로 반송된다(이상 제35조).

국가 대표성을 갖는 외교관의 특권·면제는 직무수행과 관련된 공적 행위뿐만 아니라 사적 행위에도 폭넓게 적용되지만, 영사관원은 직무수행과 관련되는 공적 행위에 대해서만 특권·면제가 인정되어 외교관의 특권·면제에 비해 제한적이다. 다만 대사관에 소속되어 영사 업무를 겸하는 외교관은 외교관으로서 특권·면제를 누린다. 접수국은 영사관원을 존중하고 신체의 자유와 위엄이 침해되지 않도록 모든 적절한 조치를 취해야 한다(제40조). 영사관원의 신체는 불가침으로, 구금되거나 신체의 자유를 제한할 수 없다. 다만 중대한 범죄(예컨대 폭행·납치·강간·마약 거래 등)의 경우 권한 있는 사법당국의 결정으로 체포나 구속될 수 있다. 영사관원에 대해 형사소송절차가 개시되면 그는 권한 있는 당국에 출두해야 한다(이상 제41조). 영사직원이 체포·구금되거나 형사소추가 개시된 경우, 접수국은 이를 즉시 영사기관장에게 통보해야 한다(제42조). 영사관원과 사무직원은 영사 직무수행 중에 행한 행위에 대한 사법 및 행정관할권으로부터 면제되나, 영사관원이나 사무직원이 파견국의 대리인으로서 체결하지 않은 계약에 대한 민사소송이나 접수국 내 차량·선박·항공기 사고로 발생한 손해에 대해 제3자가 제기한 민사소송에는 적용되지 않는다(제43조). 영사관원 또는 사무직원의 직무수행 행위에 대한 관할권 면제는 기한의 제한 없이 계속 존속한다(제53조4항). 영사관원은 사법 또는 행정소송 절차에서 증인으로 출석을 요구받을 수 있지만, 영사관원이 증언을 거부해도 강제조치나 형벌이 적용되어서는 안 된다. 영사관원은 직무수행과 관련한 증언이나 공용서류를 제출할 의무가 없다(제44조). 영사관원은 각종 부과금 또는 조세로부터 면제되며(제49조), 영사관원의 개인용품은 관세 및 검사로부터 면제된다(제50조). 파견국은 문서로 영사관원의 특권·면제를 포기할 수 있다(제44조).

　　명예영사는 공적 활동과 관련된 부분에만 특권·면제를 누리며, 직무수행에 관해 증언할 의무가 없다(제58조). 접수국은 명예영사의 관사를 침입이나 손상으로부터 보호해야 한다(제59조). 명예영사를 장으로 하는 영사기관의 영사문서와 서류는 언제 어디서나 불가침이다(제61조).

제 5 장
국제기구

I. 국제기구 일반

1. 출현

19세기 말부터 전기·통신·철도·우편·보건·지적 재산 등 비정치적 분야에서 국가 간 교류와 협력을 조직화하기 위한 국제기구(international organization)들이 출현하기 시작하였다. 1865년 국제전신연합(ITU: International Telegraph Union), 1874년 만국우편연합(UPU: Universal Postal Union), 1886년 국제저작권보호본부(United International Bureau for the Protection of Intellectual Property) 등 기술적 목적의 국제행정연합(international administrative unions)이 다수 설립되었다. 이들 기구는 특정한 기술적 분야에서 국제적 기준을 통일하거나 서비스를 제공하고, 분쟁해결을 위한 절차와 이를 관리할 상설 사무국을 설치하였다.

제1차 세계대전 이후 처음으로 1919년 보편적 국제기구인 국제연맹이 창설되고, 노동자의 권익 보호를 위한 국제노동기구(ILO)가 탄생하였다. 제2차 세계대전의 결과 1945년 보편적 국제기구인 국제연합이 창설되고 다양한 영역에서 세분화된 기능을 수행하는 전문 국제기구들이 출현하였다.

2. 의의

국제기구 또는 국제조직은 다수의 국가가 공동의 목적을 달성하기 위해 합의하여 설립한 기능적 조직을 말한다. 「국제기구 책임 조문」상 국제기구는, 조약이나 국제법에 따라 규율되는 그 밖의 문서에 의해 설립되고 자신의 국제법인격을 갖는 조직을 말한다(제2조a). 국제기구는 국제법의 본원적 주체인 국가들이 합의한 설립조약에 의해 창설되는 국제법의 파생적 주체이다.

국제기구는 설립 주체와 구성원이 정부인가 민간인가에 따라 정부 간 기구(IGO: Inter-Governmental Organization)와 비정부기구(NGO: Non-Governmental Organization)로 구분한다. 비정부기구는 민간이 본부 소재지 국가의 국내법에 따라 조직한 국제단체로서, 국제올림픽위원회(IOC 로잔), 국제축구연맹(FIFA 취리히), 국제사면위원회(Amnesty International 런던), Greenpeace International (암스테르담) 등이 있다. 이 장에서 국제기구는 정부 간 기구를 말한다. 국제노동기구(ILO: International Labor Organization)는 정부 간 기구이지만 예외적으로 정부·고용주·노동조합 대표로 구성된다. 총회는 정부 대표 2명 외에 고용주나 노동조합 대표 각 1명으로 구성되며, 2/3 다수결로 결정한다.

3. 구성과 운영

국가는 영역·국민·정부로 구성되지만, 국제기구는 기능을 중심으로 기관과 회원국으로 구성된다. 국제기구의 기관(organ)은 설립조약에 따라 차이가 있지만, 회원국 전체의 정부대표로 구성되어 최고 의사결정기관인 총회, 선출된 일부 회원국으로 구성되어 집행기관인 이사회, 국제공무원으로 구성된 상설 사무국이 있다.

국제기구는 회원국이 설립조약을 통해 인정한 권한 범위(mandate) 내에서 총회 또는 이사회의 의사결정을 통해 행동한다. 국제기구의 의사결정은 일반적으로 회원국의 투표에 의한 다수결(majority rule)에 따른다. 주요 문제에 대해서는 2/3 다수결을 요구하나, 보통은 단수 과반수인 절대 다수결(absolute majority)에 따른다. 근래에는 공식 의사결정 전에 사전에 이해 관련국 간 조정을 거쳐 가능한 많은 국가가 참여토록 하는 **총의**(總意: consensus)에 의한 결정이 선호되고 있다. 총의는 투표에 의한 다수결을 거치지 않고 일국이라도 적극적인 반대가 없는 경우(lack of objection) 성립하는 의사결정 방식이다.

　　기구의 활동 경비는 회원국이 분담한다. 분담금은 총회의 결정에 따라 각 회원국에 할당된다.

4. 국제기구의 권한

　　국가가 주권·자위권·국가면제·관할권 등 포괄적 권리를 갖는 데 반해, 국제기구는 그러한 권리를 갖지 않는다. 국제기구는 설립조약이 부여한 권한의 범위 내에서 내부조직(의사 절차, 예산, 회원국의 가입, 소속 직원의 규율 등)에 관한 사항과 기구 활동과 관련한 사항을 결정한다. 회원국은 (설사 결정에 반대하였더라도) 국제기구가 권한 범위 내에서 내린 구속력 있는 결정을 따라야 한다. 설립조약상 해당 국제기구의 의사결정에 대해 구속력을 인정하기로 동의하였기 때문이다.

　　국제기구는 회원국이 합의한 설립조약에 규정된 목적과 부여된 권한의 범위 내에서만 직무를 수행하는 것이 원칙이며, 이를 **전문성의 원칙**(principle of specialty)이라 한다. 하지만 국제기구는 설립조약에 명시적으로 부여된 권한 이외에 자신의 목적을 달성하는 데 필요한 묵시적 권한도 행사할 수 있다. ICJ는 UN의 일정 경비에 관한 권고적 의견(1962)에서 회원국은 UN에 일정한 기능과 그 기능을 효과적으로 수행하는 데 필요한 권한을 부여하였으며, 헌장상 명문 규정이 없더라도 기구의 목적과 기능을 달성하는 데 필요하다면 그러한 권한이 내재한 것으로 인정된다는 **묵시적 권한 원칙**(principle of implied powers)을 확인한 바 있다.

　　설립조약의 해석과 적용에 관한 분쟁은 설립조약의 자체 규정에 따른다. UN

의 경우 헌장 내에 분쟁에 관한 해결절차 규정이 없어, ICJ에 권고적 의견을 요청하여 해결한 사례(후술 UN 근무 중 입은 손해의 배상, UN의 일정 경비 등)가 있다.

5. 국제기구의 법인격

국제기구가 국제법상 독립적 주체로서 활동하기 위해서는 국제 법인격과 함께 국내 법인격도 가져야 한다.

가. 국제 법인격

국제기구는 회원국과는 별개로 독립된 국제 법인격(international legal personality)을 갖는다. 국제기구의 국제 법인격은 국제관계에서 권리·의무를 담당하고 법률행위를 수행할 수 있는 능력을 말한다. 일반적으로 설립조약에 국제 법인격에 관한 규정을 둔다. 「국제형사재판소에 관한 로마규정」 제4조1항과 「유럽연합설립조약」 제1조는 이들 기구가 국제 법인격을 가진다고 각각 규정하고 있다. 「UN해양법협약」도 "국제해저기구는 국제 법인격 및 그 임무 수행과 목적 달성에 필요한 법적 능력을 가진다"고 규정하고 있다(제176조) 그러한 규정이 없는 경우에는 기구의 목적·기능·권한 등을 고려하여 국제 법인격의 유무를 판단한다.

나. 국내 법인격

국제기구는 회원국 내에서 법인격이 있어야만 자신의 명의로 권리·의무를 담당할 수 있다. 대다수 설립조약은 국제기구의 국내 법인격을 명시하고 있으며, 「UN헌장」도 "UN은 회원국 영역 안에서 그 임무 수행과 목적 달성에 필요한 법적 능력을 보유한다"라고 규정하고 있다(헌장 제104조). 이에 따라 국내 법인격을 가진 국제기구는 회원국 영역 안에서 부동산 취득 및 처분, 계약 체결, 소송 개시 등 법률행위를 수행할 수 있다.

회원국은 설립조약에 따라 또는 국내법으로 자국 내에서 활동하는 국제기구에 대해 국내 법인격을 부여한다.

6. 국제기구의 권한

국제 법인격을 갖는 국제기구는 설립조약에 따라 목적 달성과 기능 수행에 필요한 권한을 갖는다. 이러한 권한으로 조약체결권, 국제책임, 직무보호권, 그 밖에 자신의 사절을 파견하는 사절권이 있다.

가. 조약체결권

국제기구는 설립조약의 목적과 부여된 기능의 범위 내, 즉 조약에 의해 도출되거나 부여된 범위 내에서 회원국·비회원국 및 다른 국제기구와 조약을 체결할 수 있다. 1986년 「국가와 국제기구 간 또는 국제기구 간 조약법에 관한 비엔나협약」은 "국제기구의 조약체결 능력은 기구의 규칙에 의한다"고 규정하고 있다(제6조). 「UN헌장」상 UN의 국제 법인격에 관한 조항은 없으나, 조약체결권(제43조 병력 제공에 관한 조약, 제57조 및 제63조 경제사회이사회의 전문기구와의 조약)을 명시하고 있다. UN 전문기구도 권한 범위 내에서 조약을 체결할 수 있다.

나. 국제책임

국제 법인격을 가진 국제기구는 책임능력을 보유하며, 자신의 국제위법행위에 대해 책임을 진다. 국제기구가 특권과 면제를 누리더라도, 자신의 위법행위에 대해서까지 책임이 면제되는 것은 아니다. ILC는 국가책임조문과는 별개로 「국제기구의 책임에 관한 조문」(Articles on Responsibility of International Organization)을 작성하였으며, 2011년 UN 총회에서 채택되었다. 국가책임조문은 국제기구의 책임에는 적용되지 않지만(제57조), 구조와 내용이 유사하다. 「국제기구의 책임에 관한 조문」의 주요 내용은 다음과 같다.

- 국제기구는 조약이나 국제법의 규율을 받는 그 밖의 문서에 의해 창설
  되어 자신의 국제법인격을 갖는 기구이다(제2조a).
- 국제기구는 모든 위법행위에 대해 책임을 진다(제3조).
- 국제기구의 작위 또는 부작위는 이를 국제기구에 귀속시킬 수 있고, 국제
  기구의 국제의무 위반에 해당할 때 국제기구의 책임이 성립한다(제4조).
- 국제기구의 기관이나 대리인의 행위는 그 지위의 고하를 불문하고 국제
  기구의 행위로 간주된다(제6조).
- 국제기구가 실효적으로 통제하는 국가기관의 행위는 국제기구의 행위로
  간주된다(제7조).
- 국제기구의 국제의무 위반으로 피해가 발생하면 그 책임은 원칙적으로
  그 국제기구에 귀속되며, 회원국은 책임을 부담하지 않는다('회원국 책임
  배제원칙'). 다만 설립조약이 공동 책임을 규정하였거나, 국제기구와 회
  원국이 공동으로 위법행위를 한 경우 등에는 회원국을 상대로 책임을
  추궁할 수 있다(제58조).

다. 직무보호권

국제기구는 직무를 수행하는 직원이 피해를 보면 가해국에 대해 국제소송
을 통해 배상을 청구할 수 있는 직무 보호권(right of functional protection)을 가
진다.

⚖ UN 근무 중 입은 손해의 배상에 관한 권고적 의견(1949)

1948년 제1차 중동전쟁 중 UN 조정관으로 팔레스타인에서 활동하던 스웨덴의 F.
베르나도테 백작이 동예루살렘 유대인 지역에서 과격 유대인에 의해 피살되었다. UN
은 이스라엘(당시 비회원국)이 범행을 방지하고 범인을 처벌해야 할 국제의무를 위반
하였다고 판단하여 이스라엘에 대해 배상 청구를 검토하였으며, 총회는 이스라엘에 대
해 직무수행 중 손해를 본 UN 직원에 대해 UN이 국제법상 손해배상을 청구할 수 있
는지 ICJ에 권고적 의견을 요청하였다. 이스라엘은 UN이 손해배상을 청구할 국제법적

주체성이 없다고 주장하였다.

ICJ는 다음과 같이 권고적 의견을 제시하였다.

- 국제 법인격을 갖는 국제법 주체로서 국제기구의 권리와 의무는 설립 문서에 명기되어 있거나 묵인되어있는 기구의 목적과 기능에 달려 있다. 「UN헌장」에 국제 법인격에 대한 명문 규정이 없지만, UN은 목적 수행을 위해 독자적인 국제 법인격을 갖는다.
- UN은 단지 회원국에 의해서만 인정된 실체가 아니라, 비회원국에 대해서도 일정한 국제법률행위를 할 수 있는 객관적 국제 법인격을 가진 실체로서, 비회원국인 이스라엘에 대해서도 UN과 그 직원이 입은 피해에 대해 손해배상을 청구하는 국제소송을 제기할 수 있다.
- 회원국은 UN의 원활한 직무수행이라는 목적을 위해 지원해야 하나, 회원국이 이러한 의무를 위반하여 UN 직원에 대해 피해를 준 경우, UN은 (피해 직원을 대리하는 것이 아니라) 자신의 권리로서 회원국의 책임을 추궁하여 손해배상을 청구할 수 있는 소송능력을 갖는다.
- 국가가 자국민을 위한 외교적 보호권을 갖듯이, UN은 직원을 보호하는 직무 보호권을 가진다. 피해 직원의 국적국에 의한 외교적 보호권과 UN의 직무 보호권이 충돌하는 경우, 회원국은 UN이 취하는 어떠한 조치에 대해서도 모든 원조를 다 할 의무가 있으므로(제2조5항), UN과 국적국은 선의와 상식에 따라 협의하여 이를 해결한다.
- 이스라엘은 UN에 대해 공식으로 사과하고, 피의자를 체포하여 처벌해야 하며, UN이 입은 손해에 대해 금전배상을 해야 한다.

7. 국제기구의 특권·면제

국제기구는 독립적이며 효율적으로 기능을 수행함으로써 기구의 목표를 달성할 수 있도록 소재지국과 회원국으로부터 일정한 특권과 면제를 향유한다. 이하에서는 UN의 특권·면제를 중심으로 설명한다.

가. 국제기구와 소재지국 간 본부협정

국제기구는 본부가 소재한 소재지국으로부터 그 지위를 인정받고, 소재지국은 국제기구를 보호해야 한다. 이를 위해 국제기구와 소재지국은 본부협정 (Headquarters Agreement)을 체결하여 국제 법인격, 기구 부지의 불가침, 재판관할권 면제, 면세, 부지 및 서비스(전기·수도 등)의 제공, 분쟁해결 절차 등을 규정한다.

UN은 소재지(seat)인 미국·스위스·오스트리아 등과 본부협정을 체결하고 있다. UN과 미국 간의 「UN본부협정」은 해석과 적용에 관한 분쟁을 중재재판에 의해 해결하도록 규정하고 있다. 우리나라에 본부를 두고 본부협정을 맺은 국제기구는 국제백신연구소(IVI: International Vaccine Institute), 글로벌 녹색성장기구(GGGI: Global Green Growth Institute), 녹색기후기금(GGF: Green Growth Fund) 3개이다. 영국 등 일부 국가는 별도의 국제기구법이 있으나, 우리나라는 아직 관련 법이 없어 국회에서 국제기구 유치 및 설립에 관한 법률안을 제정하려는 움직임이 있다.

나. 국제기구와 회원국 간 특권·면제협약

일반국제법상 외교 면제·특권과 달리, 회원국은 국제기구의 특권·면제를 인정할 의무는 없다. 하지만 회원국은 국제기구와 별도의 특권·면제협약을 체결하여 국제기구 건물 부지·직원 및 회원국 대표의 특권·면제를 규율한다.

UN은 회원국 영역 안에서 목적 달성에 필요한 특권·면제를 누리며, UN 회원국의 대표 및 UN 직원은 UN과 관련된 임무를 독립적으로 수행하는 데 필요한 특권·면제를 누린다(헌장 제105조). 이를 위해 UN은 1946년 「UN의 특권·면제에 관한 협약」(Convention on the Privileges and Immunities of the UN)과 1947년 「전문기구의 특권·면제에 관한 협약」을 채택하였다. 회원국은 이들 협약을 비준하여 UN 기관·전문기구와 직원 그리고 회원국 대표에게 특권·면제를 부여한다. ITLOS, ICC, IAEA 등도 유사한 특권·면제협약을 체결하고 있다.

UN 회원국은 UN 건물을 보호한다. UN 건물은 불가침이며, 수색·징발·

몰수·수용 등이 금지된다. 회원국은 또한 UN과 그 재산에 대한 재판관할권 면제, 과세(직접세 및 관세 등) 면제, 문서의 불가침과 통신의 자유를 보장한다.

UN 직원은 UN 기관에 근무하는 국제공무원(international officials)으로서, 특권·면제를 누린다.

- 사무총장(Secretary General)·사무부총장(Deputy Secretary General)·사무차장(Assistant Secretary General)과 그 가족은 외교관과 동등한 특권·면제를 누린다. 안보리는 사무총장의 특권·면제 포기를 결정할 수 있다.
- 일반 직원은 공적 자격으로 행한 구두 또는 서면 진술 및 모든 행위에 대해 법적 절차(소송)로부터 면제가 인정되며, 보수 및 수당에 대한 면세, 출입국 제한과 외국인 등록으로부터 면제, 위기 시 귀환 편의 제공, 최초 부임 시 이사화물에 대한 면세 등을 누린다. 자국민인 일반 직원에 대해서도 특권·면제는 인정된다. 사무총장은 직원에 대한 면제 포기를 결정할 수 있다.
- UN의 정규 직원은 아니지만, 한시적으로 활동하는 전문가(expert on mission)가 임무를 수행하는 기간 중 행위는 임무가 종료된 이후라도 면제되며, 체포나 구금될 수 없고, 문서와 서류도 불가침이다. 인권위원회 특별보고관의 면제에 관한 권고적 의견(1999)에서 ICJ는, 면제 대상인지 아닌지는 사무총장이 판단하며, 특별보고관으로서 임무 수행 기간 중의 행위는 여행 여부와 관계없이 특권·면제를 누리며, 국적국 및 거주국에 대해서도 원용될 수 있다고 하였다.

회원국이 국제기구 소재지에 설치한 **상주대표부**(permanent mission)는 외교공관에 준하는 특권면제가 인정된다. 상주대표(PR: Permanent Representative)와 직원 그리고 회의에 참석하는 회원국 대표는 체포·구금되지 않으며, 직무상 행위에 대해 모든 법적 책임으로부터 면제되고, 문서와 서류의 불가침 등 외교관과 거의 동일한 특권·면제가 인정된다. 한편 1975년 「보편적 성격의 국제기구와의 관계에 있어 국가의 대표에 관한 비엔나협약」은 UN과 그 전문기구, IAEA 등 세계적 규모의 국제기구에 파견된 상주대표부와 국제기구가 주최하는 국제회의에 참가하는 각국 대표단의 특권·면제를 상세 규정하고 있다. 협약 발효를 위해서는 35개국의 비준이 필요하나, 소재지국들이 협약상 규정된 특권·면제 부여에 대해 부정적인 입장을 보이면서 비준국이 현재 34개국에 머물며 발효되지 않고 있다(한국 미비준, 북한 비준).

II. UN

1. 설립

1943.10. 미·영·소·중 4개국은 모스크바선언을 발표하여 국제평화와 안전의 유지를 위해 모든 국가가 참여하는 보편적인 국제기구 설립 필요성에 합의하였다. 1944.8. 워싱턴 교외의 덤버튼 오크스(Dumbarton Oaks)에서 UN의 설립조약인 「UN헌장」의 골격이 마련되었다. 이를 기초로 1945.6. 50개국이 참여한 샌프란시스코회의에서 협상을 거쳐 서명되었으며, 그해 10.24. 발효하였다. UN은 F. 루스벨트 대통령이 명명하였다.

2. 목적과 행동원칙

UN은 국제평화와 안전의 유지를 위해 유효한 집단적 조치를 취하고, 평화적 수단에 의해 그리고 정의 및 국제법에 따라 평화를 파괴하는 분쟁을 해결하며, 국가 간 우호 관계를 발전시키고, 경제·사회·문화·인도적 성격의 국제문제를 해결하고, 인권 및 기본적 자유를 존중하는 국제협력을 달성하며, 이러한 공동의 목적을 달성하기 위한 각국의 활동을 조화시키는 것을 목적으로 한다(제1조). UN의 기능은 평화, 개발, 인권의 3대 축을 중심으로 이루어지고 있다.

이러한 UN의 목적을 달성하기 위해 회원국은 주권평등, 헌장 의무의 성실한 이행, 국제분쟁의 평화적 해결, 무력사용 및 위협의 금지, UN이 취하는 조치에 대한 원조 제공, 국제평화와 안전 유지를 위한 비회원국의 행동 확보, 국내문제 불간섭 등의 행동원칙을 따라야 한다(제2조).

3. 가입과 회원국

가입은 헌장에 규정된 의무를 수락하고, 이러한 의무를 이행할 능력과 의사가 있다고 기구가 판단하는 모든 평화 애호 국가에 개방된다(제4조1항). 가입은 안전보장이사회의 권고에 따라 총회가 결정한다(제4조2항). 안전보장이사회 상임이사국은 거부권을 행사할 수 있고, 총회는 회원국 2/3의 찬성을 얻어야 한다.

UN은 보편적 성격의 국제기구로서, 51개 원회원국으로 출범하였으나, 신규 회원국의 가입으로 현 회원국은 총 193개국이다. 리히텐슈타인·산마리노·안도라·모나코·나우루·투발로 등과 같은 초소형 국가는 가입하였으나, 대만·코소보·북 사이프러스 등은 정치적 이유로 가입하지 못하고 있다.

분리·해체하여 새로 탄생한 국가는 UN에 새로 가입하여야 한다. 1992년 구 유고연방이 해체된 후 독립한 5개국(슬로베니아, 크로아티아, 보스니아 헤르체고비나, 몬테네그로, 세르비아)은 모두 별개의 국가로 UN에 가입하였다. 1993년 체코슬로바키아에서 분리된 체코와 슬로바키아도 UN에 각각 가입하였다. 그러나 1992년 해체된 소련은 러시아가 UN 회원국의 지위를 승계하였고, 분리된 국가들은 별도로 UN 가입 절차를 밟았다. 통합 또는 합병·흡수된 경우(독일·예멘)에는 선행국의 회원국 지위는 종료되고 승계국만 회원국 지위를 유지한다. 가입은 아니지만, 대표권이 변경된 경우가 있다. 1971년 총회결의에 따라 UN에서의 회원국 정부의 대표권이 대만 정부(Republic of China)에서 중화인민공화국 정부(PRC: People's Republic of China)로 변경되었다.

헌장에 규정은 없지만, 관행적으로 비회원국이나 국제기구에 대해 상주 옵서버(permanent observer) 지위가 인정되어 왔다. 상주 옵서버는 자신과 직접 관련된 문제와 관련하여 토의에 참여할 수 있으나, 투표권은 없다. 현재 교황청

(Holy See), 팔레스타인, 국제기구(EU, OAU, OAS, ICRC 등)가 상주 옵서버이다.

회원국은 지역별로 아프리카그룹(54개국), 아시아그룹(54개국), 서구그룹(30 개국), 동구그룹(22개국), 중남미·카리브그룹(33개국)으로 구분하며, 필요시 그룹별로 활동하고 각종 선거는 그룹별로 선출 인원이 할당된다.

4. 주요 기관

UN은 국제기구를 대표하는 가장 중요한 국제기구이다. UN의 주요 기관 (primary organ)으로는 총회, 안전보장이사회, 경제사회이사회, 신탁통치이사회, 사무국과 국제사법재판소(ICJ)가 있다. 필요하다고 인정되는 보조기관(subsidiary organ)은 헌장에 따라 설치할 수 있다(제7조).

가. 총회

총회(General Assembly)는 모든 회원국으로 구성되는 심의기관으로(제9조), 정기총회와 특별회기가 있다. 정기총회는 매년 9월 셋째 화요일에 개최된다. 특별회기는 안전보장이사회의 요청 또는 회원국 과반수의 요청에 따라 사무총장이 소집한다(제20조). 회의는 총회 의사규칙(rules of procedure)에 따라 진행된다.

총회는 국제평화와 안전 유지, 정치·경제·사회·문화·교육·보건 분야에서의 국제협력, 예산 문제 등에 대해 권한을 갖는다. 총회는 헌장의 범위 안에 있거나 헌장에 규정된 기관의 권한·임무에 관한 어떠한 문제 또는 어떠한 사항에 대해서도 토의할 수 있는 포괄적·일반적 권한을 가지며, 그에 관하여 회원국이나 안보리에 권고한다(제10조). 총회에 의한 분쟁의 평화적 해결은 제24장 II.에서 상술한다.

모든 회원국은 1개의 투표권을 갖는다. 총회의 의결은 출석하여 투표하는 회원국의 과반수로 결정한다. 투표에 참여하여 기권하거나 투표에 출석하지 않은 회원국은 투표하지 않은 것으로 본다. 중요한 문제인 국제평화와 안전의 유지에 관한 권고, 안보리 비상임이사국과 경제사회이사회 이사국의 선거, 회원국의 가입 승인, 회원국의 권리와 특권의 정지, 회원국의 제명, 회원국의 투표권 정지, 예산 문제는 출석하여 투표하는 2/3로 결정한다. 헌장 개정은 회원국 전체의 2/3의 다수결로 채택한다(이상 제18조). 총회가 채택하는 결의는 구속력 없는 권고적 효력을 갖는다.

- 회원국의 권리와 특권의 정지: 총회는 안보리의 예방조치 또는 강제조치 대상이 되는 회원국에 대해 안보리의 권고에 따라 회원국의 권리와 특권을 정지시킬 수 있다(제5조).
- 회원국의 제명: 헌장 원칙을 지속해서 위반하는 회원국은 안보리의 권고에 따라 총회가 제명할 수 있도록 규정하고 있으나(제6조), 회원국이 제명된 전례는 없다.
- 회원국의 투표권 정지: 2년간 분담금을 내지 않은 회원국은 총회에서 투표권이 정지된다. 단 제어할 수 없는 사정인 경우, 총회는 투표를 허용할 수 있다(제19조).

총회는 6개 주요 위원회(main committee)로 구성된다. 1위(군축·안보), 2위(경제·개발), 3위(사회·인권·인도주의·문화), 4위(탈식민), 5위(행정·예산), 6위(법률)이다. 총회 의제들은 주요 위원회에서 토의 후 본회의로 이관된다. 총회는 임무 수행에 필요하다고 인정되는 보조기관을 설치할 수 있다(제22조).[1]

나. 안전보장이사회

안전보장이사회(Security Council, 이하 '안보리')는 국제평화와 안전 유지에 1차적 책임을 지는 주요 기관이다. 미국·영국·프랑스·러시아·중국 5개 상임이사국(P5: permanent member)과 2년 임기로 선출된 10개 비상임이사국(E10:

----
[1] UN무역개발회의(UNCTAD), UN개발계획(UNDP), UN식량계획(WFP), UN환경계획(UNEP), UN인간정주계획(UN-Habitat), UN난민최고대표사무소(UNHCR), UN아동기금(UNICEF), UN군축연구소(UNIDIR), UN훈련조사연구소(UNITAR), UN마약범죄사무소(UNODC), UN팔레스타인난민구호기금(UNRWA), UN대학(UNU) 등 기금과 프로그램이 있다.

non-permanent member)으로 구성된다. 비상임이사국은 지역적으로 배분되어 총회에서 선출한다. 비상임이사국은 2년 임기로 총회에서 2/3 다수결로 선출하며, 재선될 수 없다. 지역적으로 배분되어, 아시아·아프리카 5, 서구 및 기타 2, 중남미 2, 동구 1개국으로 구성된다. 이사국은 차례로 1개월간 안보리 의장직을 수임한다.

국제평화와 안전 유지에 관한 안보리의 권능에 관해서는 제10장에서 그리고 분쟁의 평화적 해결에 관해서는 제24장 II.에서 상술한다. 안보리는 그 밖에 회원국 가입 권고(제4조2항), ICJ의 권고적 의견 요청(제196조), 사무총장의 임명 권고(제97조), ICJ 재판관 선출(「ICJ 규정」 제8조) 권한을 갖는다.

회의는 안보리 의사규칙에 따라 진행한다. 각 이사국은 1인의 대표를 가진다(이상 제23조). 이사국은 기구 소재지(뉴욕)에 항상 대표를 두어야 한다(제28조). 의장은 언제라도 회의를 소집할 수 있으나, ① 어느 이사국이 회의 소집을 요청한 경우, ② 총회가 조치를 필요로 하는 사항으로 판단해 안보리에 회부한 경우(제11조2항), ③ 총회 또는 회원국이 분쟁이나 사태에 관행 안보리의 주의를 환기한 경우(제11조3항, 제35조), ④ 사무총장이 국제평화와 안전의 유지를 위협한다고 안보리에 주의를 환기한 경우(제99조)에는 회의를 소집해야 한다.

각 이사국은 1개의 투표권을 가진다. 절차 문제에 대해서는 단순 9개국 이상의 찬성이 필요하나, 실질 문제에 대해서는 상임이사국의 동의 투표(concurring vote)를 포함한 9개국 이상의 찬성으로 의결한다. 실질 문제에 대해 상임이사국은 **거부권**(veto)을 행사하여 부결시킬 수 있다(이상 제27조). 국제연맹의 경우, 규약에 달리 규정하지 않는 한, 총회와 이사회 모든 참석자의 전원합의제를 채택하여(규약 제5조1항), 사실상 모든 회원국이 거부권을 가진 것과 같았다. 상임이사국의 거부권은 회의에 참석하여 적극적으로 행사되어야 한다. 자발적인 결석이나 투표에서의 기권은 적극적인 반대 의사표시가 아니므로 거부권 행사와 같은 효과를 갖지 않는다는 것이 안보리 초기 이래 다수의 관행으로 확립되었으며, ICJ도 남미비아에서의 남아공의 계속된 주둔이 국가들에 미치는 법적 결과에 관한 권고적 의견(1971) 등에서 이를 확인하고 있다. 상임이사국의 특권인 거부권의 행사를 제한해야 할 필요가 있기 때문이라 할 것이다. 실질 문제인지 절차 문제인지를 결정하는 투표에 대해서도 상임이사국을 포함한 9개국 이상의 찬성 투표로 결정한다. 동일 사안에 대해 절차 문제인지에 대한 투표뿐만 아니라 이후 실질 문제 표결에서도 거부권을 행사할 수 있으므로 이를 '이중 거부권'이라 한다.

거부권과 안보리 개혁

　상임이사국의 거부권 행사와 관련, 안보리의 권한을 통제할 필요성이 끊임없이 제기되고 있다. 상임이사국을 확대하고 거부권을 제한하는 등 의결 절차 및 운용방식 등을 개선하여 안보리 활동의 정당성·객관성·투명성을 확보하려는 협상이 계속 진행되어왔으나, G4(Group 4: 독일·일본·인도·브라질)와 UFC(Uniting for Consensus: 한국·이탈리아·아르헨티나·멕시코·파키스탄 등 이른바 'Coffee Club') 국가 간 입장 차이와 헌장 개정 절차(제108조)의 어려움으로 별다른 진전을 이루지 못하고 있다.

　동서 냉전 시대에는 거부권이 빈번히 사용되었지만, 1980년대 말 동구권 몰락 이후 2010년경까지 미국이 주도하는 단극체제 하에서 거부권은 거의 행사되지 않았다. 근래에는 이스라엘-팔레스타인 분쟁, 시리아 사태, 미얀마 사태, 북한 핵 문제 등과 관련하여 미영 대 중러 간 대립 구도하에 상임이사국 간 의견 조정이 어려워져 표결에 부쳐 거부권을 행사하는 사례가 종종 발생하고 있다. 거부권 행사로 안보리가 국제평화와 안전의 유지라는 본연의 기능을 수행하지 못하자, '안보리 무용론'이 일고 있다. 이에 2022.4. 총회는 안보리에서 상임이사국이 거부권을 행사하면 10일 이내에 총회를 자동 개최하는 결의를 채택하였다.

　안보리는 토의 후 결의(resolution)를 채택하여 결정(decide)한다. 회원국은 안보리의 결정을 수락하고 이를 이행한다(제25조). 안보리가 채택한 모든 결의가 구속력을 갖는 것은 아니다. 헌장 제6장 분쟁의 평화적 해결에 관한 결의는 법적 구속력이 없으나, 제7장에 따른 강제조치에 관한 결의는 모든 회원국을 구속한다. 제7장에 따른 안보리의 결의는 특정 사태나 분쟁과 관련한 것이 일반적이나, 9·11 테러 관련 1373호, WMD 관련 1540호 결의 등은 모든 회원국에 대해 일반적인 의무를 규정함으로써 입법적 성격을 갖는다. 안보리의 결정을 이행하는 데 회원국은 상호 원조한다(제49조). 안보리는 토의 후 언론발표 (press release) 또는 의장성명(presidential statement)을 통해 토의 결과를 발표하 기도 한다. 이들은 이사국들의 총의로 채택되나, 구속력이 없다.

안보리는 임무 수행에 필요하다고 인정되는 보조기관을 설치할 수 있다(제 29조). 안보리가 설치한 보조기관으로 개별 PKO, 국별 제재위원회, 구유고국제 형사재판소(ICTY) 및 르안다국제형사재판소(ICTR) 등이 있다.

다. 경제사회이사회

경제사회이사회(ECOSOC: Economic and Social Council, 이하 '경사리')는 경 제·사회·문화·교육·건강·인권 등과 관련하여 연구·보고·권고한다. 3년 임 기의 54개 이사국으로 구성되며, 매년 총회에서 18개국이 새로 선출된다. 각 이사국은 1개의 투표권을 가지며, 투표하여 참석하는 과반수에 의해 결정한다. 경사리의 권고는 권고적 효력을 갖는다.

경사리는 지속가능한 개발을 위한 국제적 경제·사회·환경문제를 논의하 고, 관련 정책을 권고함으로써 국제개발 협력을 촉진한다. 산하에 5개의 지역 위원회(regional commissions)를 두고 있다. 이 중 아시아·태평양경제사회이사 회(ESCAP: Economic and Social Commission for Asia and the Pacific)는 방콕에 소 재한다.

경사리는 다양한 전문기구들과 UN과 제휴 관계를 설정하는 협정을 체결 하며, 그러한 협정은 총회의 승인을 받아야 한다(제63조). 경사리는 소관 사항을 협의하기 위해 비정부기구와도 협의하며, 이들 비정부기구는 경사리에서 협의 지위(consultative status)를 갖는다.

라. 신탁통치이사회

신탁통치이사회(Trusteeship Council)는 신탁통치 지역에 대한 국제적인 감 독을 위해 설립되었으나, 1994.11. 미국의 신탁통치 아래 있던 팔라우의 신탁 통치 종료를 결의한 이후 관련 업무가 마무리되어 활동이 중단되었다.

였다.[2] 1948.5.10. 남한에서만 총선이 실시되고, 제헌국회가 소집되어 헌법을 제정하였다. 1948.8.15. 미군정이 종료되고, 대한민국 정부가 수립되었다. 이어 1948.9.9. 북한 정권도 수립되었다.

1948.12.12. UN 총회는 결의 195호(III)를 채택하였다. 결의는 UN 한국위원회(UNCOK: UN Commission on Korea)를 구성하여 신생 독립국인 한국을 지원하며, 한국 정부는 UNCOK의 감시가 가능한 지역, 즉 38선 이남의 지역에 대해서 관할권을 가진 한반도에서의 유일한 합법정부(the only lawful government in Korea, having jurisdiction in the area of south of the 38th parallel)로 규정하였다. 이는 38선 이북에 성립한 북한 정권의 합법성을 인정하지 않은 것이다. 1949.1.1. 미국은 백악관 성명을 통해 한국 정부를 승인하였고, 1949.6. 미군이 철수하였다.

나. UN과 한국전쟁

1950.6.25. 한국전쟁이 발발하자, UN 안보리는 북한의 행동이 평화의 파괴를 구성한다고 결정하고, 모든 적대행위의 즉각적인 중지와 북한군의 38선 이북으로의 철수를 요구하는 결의 82호를 채택하였다. 이어 6.27. 채택된 결의 83호에서 회원국에 대해 북한의 무력공격을 격퇴하고 이 지역 내 국제평화와 안전의 회복을 위해 필요한 병력과 원조를 한국에 제공하도록 권고함에 따라, 16개국이 참전하게 되었다. 7.7. 안보리는 결의 84호를 채택하여, 이들 병력과 원조를 미국이 지휘하는 통합사령부 아래 두고 작전 중에 지원국 국기와 함께 UN기를 사용하도록 승인하였다.[3]

1950.10.7. 총회결의 376호(V)는 관련 결의(112호, 195호, 293호)의 목표가 통

----

2 소총회는 안보리가 거부권으로 인해 제 기능을 발휘하지 못하자, 1947년 한시적으로 총회 보조기관으로 설치되었다가 1949년 잠정위원회(Interim Committee)로 상설되었지만, 이후 평화를 위한 단결 결의가 도입되며 유명무실화되었다.

3 이들 결의는 남한을 한국 정부(the Government of the Republic of Korea)로 표기하였으나, 북한은 북한 당국(the authorities of North Korea)으로 표기하여 북한을 국가적 실체로서 인정하지 않고 있다.

일되고 독립적이며 민주적인 한국정부의 수립(the establishment of a unified, independent and democratic Government in the sovereign State of Korea)임을 확인하였으며, 이 문안은 1970년 총회결의 2668호까지 계속 유지되었다.

다. UN에서의 한국문제 토의와 남북한 UN 동시 가입

결의 376호에 따라 전쟁으로 파괴된 한국 구호 및 경제부흥을 위해 UN 한국통일부흥위원회(UNCURK: UN Commission for the Unification and Rehabilitation of Korea)가 설립되고, 위원회가 제출한 연례 보고서가 총회 의제로 자동 상정되어 한국문제가 논의되었다.

1970년대 들어 남북관계가 개선되면서, 1973.7. 북한이 뉴욕에 주 UN 대표부를 설치하고 옵서버 자격으로 UN 회의에 참석하기 시작하였다. 1973.12. UN 총회는 남북대화를 통한 평화적인 통일을 촉구하고, 공산측 국가들이 해체를 요구해 온 UNCURK 해체 결의안을 만장일치로 채택하였다. 하지만 1975.11.17.에는 UN사 해체 및 UN 깃발 하 주한 외국군의 철수를 요구하는 공산측 결의안(3390 B호)과 UN사 존속·남북대화 및 항구적 평화 보장을 위한 협상 개시를 촉구하는 서방측 결의안(3390 A호)이 총회에서 동시 통과되었다. 서로 모순되는 두 결의의 채택으로 총회에서 한국문제를 논의하는 것이 무의미해지자 이후 총회에서의 한국문제 논의와 표결은 더는 이루어지지 않았다.

한국은 1949.1. 이래 4차례에 걸쳐 UN 단독 가입을 신청하였으나, 소련의 거부권으로 무산되었다. 1990년대에 들어서 세계적인 긴장 완화 추세에 따라 한국과 중·소 등 동구권 관계가 진전되면서 한국이 단독 가입을 추진하자, 이에 불안을 느낀 북한이 남북한이 단일 의석으로 가입하자던 주장을 포기하고 UN 동시 가입에 동의하였다. 1991.8.8. 안보리가 남북한 UN 동시 가입을 추천하고, 9.17. 총회의 만장일치 결의로 남북한은 UN에 가입하였다.

이후 2000년 총회결의 9800호, 2007년 총회결의 10650호도 한반도의 평화적 재통일(peaceful reunification)을 언급함으로써, 한반도의 통일이 평화적으로 달성해야 한다는 점을 분명히 하고 있다. 북한의 무력공격을 격퇴하고 한국에서 통일되고 독립된 민주 정부를 수립한다는 총회결의(376호) 등이 한반도에서의 통일을 위한 법적 근거로서 여전히 유효하다는 주장이 있다. 그러나 남북한이 UN 회원국으로 동시 가입한 이후 채택된 총회결의들이 남북한의 평화적 통일을 명시하고 있다는 점에서 그러한 주장은 유효하지 않다고 할 것이다.

제3편

국가영역과
국제공역

I. 국가영역과 국제공역

국가는 영역을 기반으로 한다. 국가영역(territorial space)은 어느 국가의 배타적 지배를 받는 장소적 범위로, 국내법이 적용되는 땅(영토)과 바다(영수)와 하늘(영공)을 말한다. 영토는 국가의 주권이 미치는 토지로 육지와 섬으로 구성되며, 영수는 내수와 영해로 구성된다. 영공은 영토와 영해의 상공으로 통상 대기권까지를 의미한다.

국가영역 내에서 각국은 배타적인 영역주권과 관할권을 행사한다. 국가의 영역주권으로부터 주권평등, 영토보전, 국내문제 불간섭원칙 등이 파생되며, 타국은 이러한 원칙을 존중해야 한다.

국가들의 관할권이 적용되지 않는 국가영역 밖의 영역은 국제공역(國際公域: international public domain)이다. 공해, 심해저, 남극, 공공, 우주가 있다.

II. 영토의 취득

1. 역사

봉건제도하 영토는 정복되거나, 통치자의 소유물로서 매매(할양), 결혼, 상속 등으로 세습되었으며, 일정 영토에 속한 사람은 영토의 부속물로 취급되었다. 1492년 콜럼버스가 아메리카에 도착한 직후인 1494년 교황 알렉산더 6세가 포르투갈과 스페인 간 경도를 기준으로 지구를 동서로 나누어 양국이 발견한 땅에 대한 권리를 인정하는 「토르데시아스조약」(Treaty of Tordesillas)을 체결하자 양국 간 새로운 영토를 발견하기 위한 경쟁이 본격화되었다. 1648년 「웨스트팔리아조약」에 의해 근대 주권국가 체제가 성립하고 이후 국가의 권리로서 정복권(right of conquest)이 인정되었다. 무력에 의한 영토취득이 허용되자, 영국·네덜란드·프랑스를 위시한 서구 열강은 「토르데시아스조약」을 무시하고 식민지 확보 경쟁에 뛰어들었다.

2. 영토취득의 방법

전통적으로 무력(전쟁)에 의해 타국의 영토를 취득하는 **정복**(conquest, subjugation)은 가장 일반적인 영토취득 방법으로 인정되었다. 그러나 UN 체제 아래서는 타국의 영토보전이나 정치적 독립에 반하는 무력사용이 금지(제2조 4항)되므로 정복에 의한 영토취득은 불법이다. 1970년 UN 총회가 채택한 우호관계원칙선언도 「UN헌장」을 위반한 무력의 위협이나 행사에 의한 영토 취득은 인정되지 않는다고 명시하였다. 다만 이 규정은 UN 체제 수립 이전 국제법적으로 유효한 국제적 합의에 영향을 미치는 것으로 해석되어서는 안 된다고 규정함으로써, UN 체재 이전 정복 등에 의해 이루어진 영토 취득에 대해 시제법의 원칙(☞ p.723)에 따른 권원을 인정하고 있다. 1974년 침략의 정의에 관한 UN 총회결의(3314호) 또한 무력에 의해 타국 영토의 일부 또는 전부를 공격·점령·병합하는 것을 침략의 한 유형으로 규정하였다. 타국의 영토를 무력으로 점령하여 통치권을 행사하더라도 이를 병합하여 소유권을 취득할 수는 없다. 안보리는 1967년 이스라엘의 시나이반도·가자지구 점령(제242호), 아랍 점령지에서 이스라엘 정착촌 건설(446호), 이스라엘의 골란고원 점령(제497호), 1990년 이라크의 쿠웨이트 점령(제662호)을 무효로 규정하였다. ICJ도 팔레스타인 점령지역에서의 장벽 건설의 법적 결과에 관한 권고적 의견(2004)에서 타국의 영토를 군사적으로 점령할 수는 있으나, 무력 위협 또는 사용에 의한 영토취득은 허용되지 않는 것이 일반관습국제법이라고 판시하였다. 무력 사용에 의한 영토취득 사례로 1951년 중국의 티베트 점령, 1961년 인도의 포르투칼령 고아 정복, 2014년 러시아의 우크라이나 크림반도 병합 등이 있다. 그런데도 무력사용에 의해 영토를 취득하는 사례가 없지 않으며, 이에 대해 실효성의 원칙에 따라 성공한 정복에 의한 영토취득이 인정되어야 한다는 반론이 있다.

제국주의 시대 서구열강들은 새로 발견한 영토를 합법화시키는 법적 논리로서 **선점·시효**를 활용하였다. 선점과 시효는 영유권 분쟁에서 상술한다(☞제26장).

할양(cession)은 매매 또는 전쟁 패배에 대한 배상 등 국가 간 합의로 영토를 취득하는 것을 말한다. 미국은 1803년 프랑스 나폴레옹으로부터 뉴올리언스를 포함한 루이지애나를 매입하고, 1819년에는 스페인으로부터 플로리다를 매입하였으며, 1867년에는 재정 위기에 처한 러시아로부터 알래스카를 매입하였다. 전쟁 패배에 대한 배상으로 할양이 이루어지기도 하였다. 스페인계승전쟁에서 패한 스페인은 1714년 「우트레히트조약」으로 지브롤터를 영국에 할양하였다. 1894년 청일전쟁에서 패한 중국은 「시모노세키조약」으로 일본에 요동반도와 대만을 할양하였다. 1898년 미·스페인전쟁에서 승리한 미국은 괌·필리핀·푸에르토리코를 취득하고 쿠바를 보호국화하였다.

첨부(accretion)는 해안의 충적, 하구 삼각주 형성, 하천 수로의 변경, 수중 화산 폭발, 빙하 해빙 등 지형의 자연적 과정이나 인공적인 해안 매립이나 간척 등에 의한 영토의 취득을 말한다. 국가 간 국경을 형성하는 국경하천에서 수로가 점진적으로 변경되면 그에 따라 국경선도 변경되나, 홍수 등에 의해 수로가 급격히 변경되면 원래의 국경선이 그대로 유지된다(☞ 차미잘중재사건 p.731).

어느 국가의 영토에도 속하지 않은 무주지의 선점과 자연적 현상인 첨부는 원시취득이라 하며, 타국의 영토를 시효·할양 등에 의해 승계하는 것을 승계취득이라 한다. 정복은 허용되지 않고 선점이나 시효의 대상은 사라졌기 때문에 합법적인 영토취득은 이제 할양과 첨부만 가능하다.

3. 국경

가. 국경의 획정

국경(border)은 국가 간 영토의 경계를 말한다. 국경은 관련국 간 합의에 의해 획정한다. 별도의 합의가 없으면 자연적 국경을 이루는 산맥의 분수령, 국경하천을 잇는 교량의 중간선을 국경으로 한다(☞ 국경하천 p.217).

나. 국경 현상유지의 원칙

국경 현상유지(*uti possidetis*)의 원칙은 19세기 초반(1810–1821) 중남미 스페인령 식민지들이 독립하면서 식민통치 당시 법적으로 형성된 행정 경계선을 국경선으로 채택한 데서 유래한 원칙이다. 이는 법적 국경 현상유지(*uti possidetis de jure*)를 의미하는 것으로, 사실상 국경 현상유지(*uti possidetis de facto*)는 독립 당시 실제 점유한 영토를 기초로 국경을 획정하는 것을 말한다. *uti possidetis*는 현재 점유한 상태로 계속 점유한다는 의미로, 원래는 로마법상 개인 간의 부동산 소유 현상의 혼란을 피하기 위한 것이었다.

원칙은 1960년대 식민지에서 벗어나 독립한 아프리카의 신생 국가들에게도 적용되었으며, 1964년 아프리카단결기구(OAU)는 "모든 회원국은 독립 당시의 국경선을 존중한다"는 결의를 채택한 바 있다. 부르키나파소/말리 국경분쟁사건(1986)에서 ICJ는 이를 국제법상 중요한 일반원칙으로 평가하고 적용하였다. 엘살바도르 v. 온두라스 육지·섬 및 해양 국경분쟁사건(1992) 등에서도 원칙을 우선적으로 적용하여 영유권을 추정하였다. 하지만 니카라과 v. 온두라스 카리브해 영토 및 해양분쟁사건(2007)에서 ICJ는 이 원칙을 배제하고 *effectivités*를 기준으로 영유권을 판단하였다(☞ p.734).

원칙은 독립 당시 국경선을 존중함으로써 신생 국가의 정치적 독립과 영토적 안정을 유지하는 데 기여하였다. 하지만 원칙은 중남미 및 아프리카에서 관련국이 합의하여 국경 획정에 적용한 규칙에 불과하며, 영토 권원으로서 국제법적 구속력은 없다는 주장이 있다. 식민국가가 실효적 지배 여부와는 관계

없이 식민지 통치를 위해 인위적이며 편의적으로 획정한 경계를 그대로 국경
선으로 인정함으로써 인민자결원칙에 어긋날 가능성도 없지 않다.

Ⅲ. 영토주권의 제한

영토주권은 타국의 간섭 없이 배타적으로 영토를 사용·처분할 수 있는 소
유권(dominium)과 영토 내 사람을 지배할 수 있는 통치권(imperium)으로 구성
된다. 예컨대 오키나와는 일본이 소유권을 가진 영토이지만, 「샌프란시스코강
화조약」에 의해 미국이 통치권을 행사하다 1972.5. 일본에 이양하였다. 영토국
이 소유권은 갖지만, 영토국의 통치권이 양도되거나 제한되는 국제조차와 지역
권이 있다.

1. 국제조차

국제조차(國際租借: international lease)는 조약에 의해 타국 영토의 일부를
조차지(租借地: leased territory)로 빌려 일정 기간 통치권을 행사하는 것으로, 이
를 위해서는 소유권을 가진 영토국의 동의 또는 국제법적 근거가 필요하다.
1842년 남경조약에 의한 영국의 홍콩조차(1997년 반환), 1903년 미국의 쿠바 관
타나모만 조차 등이 있다.

관타나모만은 카리브해의 요충지로서, 미국이 1903년 미·스페인전쟁 이
후 카리브해 해상운송 장악 및 파나마운하 보호를 위해 쿠바와 조차조약을 체
결하여 해군기지로 사용하고 있다. 미국은 매년 조차료를 지급하고 있으나, 쿠
바는 강압으로 체결된 조약이므로 반환할 것을 요구하면서 이를 받지 않고 있
다. 조약은 양국이 합의해야 종료하게 되어 있다.

2. 지역권

지역권(地役權: servitude)은 타국이 이용할 수 있도록 영토국의 통치권 일부가 제한된 지역으로, 국제하천이나 국제운하가 있다.

가. 국제하천

국제하천에서 선박 항행의 자유는 인정되어 오지 않았다. 1868년 「라인강의 자유통항에 관한 조약」과 1921년 「다뉴브강 규약」이 채택되면서 국제하천에서 비연안국 선박(군함 제외)의 입항권과 항행권이 인정되었으나, 1919년 파리평화회의에서 비로소 국제하천에서의 자유항행 원칙이 확인되었다.

국제하천 상류국의 댐 건설이나 수로 변경 등 하천수 이용과 관련하여 하류국과 분쟁이 발생한다. 1895년 미국이 멕시코와 국경을 이루는 리오그란데 강 상류에 댐을 건설하여 취수하려 하자 멕시코가 항의하였다. 당시 미 법무장관 J. Harmon은 절대적 영토주권설에 따라 자국 영토 내 하천을 제한 없이 자유로이 이용할 수 있다고 주장('Harmon Doctrine')하였으나, 결국 형평과 국제예양에 따라 조약을 체결하여 해결하였다. 라누호(Lake Lanoux) 중재사건(1957)은 라누호 상류국인 프랑스가 수로를 우회시켜 수력발전소를 건설하려고 하자, 하류국인 스페인이 관습국제법상 유역국의 동의 없이는 하천수의 이용체계를 본질적으로 변경시킬 수 없다고 반대한 사건이다. 프랑스는 수력발전소 건설을 위한 수로 우회로 하천 수량이 변화되는 것은 아니므로 스페인의 동의가 필요하지 않다고 주장하였다. 중재재판소는 수위를 변화시키는 것은 아니므로 수력발전소 건설은 정당하지만, 사전에 스페인과 협의하지 않은 것은 위법하다고 보았다. 또한 "상류국은 하류국의 이익을 침해하지 않는 범위 내에서 하천수를 이용할 수 있으며, 유역국 간 분쟁이 발생하는 경우 형평의 원칙에 따라 국제하천의 합리적인 이용을 위해 사전에 협의해야 한다"고 판시하였다.

최근에는 국제하천을 공유 천연자원(shared natural resources)으로 인식하고 다른 유역국과의 협력을 통해 국제하천 자원을 최적 이용할 필요성이 강조되고 있다. 가브치코보-나기마로스사업사건(1997)에서 ICJ는 공유 수자원은 하류국의 공동 이용을 고려하여 최적의 방식으로 이루어져야 한다고 하였다. 1997년 ILC가 성안한 「국제수로의 비항행적 이용에 관한 협약」(Convention on the Law of the Non-Navigational Uses of International Watercourse)이 UN 총회에서 채택되어 2014년 발효하였다(남북한 미가입). 협약은 항행 외에, 발전·용수 (用水)·홍수 통제·관개·하수처리 등 국제하천의 비항행적 이용에 있어 하천 유역 생태계 보호와 보전 의무, 타국의 이익을 침해하지 않는 형평하고 합리적인 이용(equitable & reasonable utilization) 의무, 중대한 피해를 방지하기 위해 적절한 조치를 취할 의무, 정보의 교환 및 통보 등 협력 의무를 규정하고 있다.

나. 국제운하

국제항행에 이용되는 인공 수로인 국제운하는 조약에 의해 모든 선박의 자유통항을 보장함으로써 영토국의 통치권이 일부 제한된다.

지중해와 홍해를 연결하는 수에즈운하(Suez Canal)는 1869년 개통되었다. 1888년 오토만 제국(터키)이 영·독·불 등 9개국과 체결한 「콘스탄티노플조약」에 따라 평시에는 물론 전시에도 국적과 관계없이 모든 상선과 군함에 대해 자유롭게 개방된다. 1956년 이집트가 국유화한 뒤에도 이를 재보장하였다.

대서양과 태평양을 연결하는 파나마운하(Panama Canal)는 1914년 완공되었다. 미국이 파나마와 체결한 조약(1903)에 의해 모든 국가의 선박에 대해 자유항행을 인정하였고, 미국이 운하 관리권을 행사하였다. 1977년 체결된 「파나마운하조약」에 따라 미국은 파나마운하 지대에 대한 소유권과 관리권을 1999.12.31. 파나마로 이전하는 대신, 파나마와 별도의 조약을 체결하여 파나마운하의 영구중립과 개방을 보장하였다.

발트해와 북해를 연결하는 키일운하(Kiel Canal)는 1895년 개통되었다. 1919년 「베르사이유조약」은 독일과 평화 관계에 있는 모든 국가의 상선과 군함에 대해 키일운하를 개방하도록 규정하였다(제380조). 1921.3. 독일은 전시 국제법상 중립국의 전시금제품 수송금지 의무를 이행한다는 이유로 폴란드로 향하던 영국 선적 Wimbloden 호의 키일운하 이용을 거부하였다. 이에 영국·프랑스·이탈리아·일본이 PCIJ에 독일을 제소한 윔블던호사건(1923)에서 PCIJ는, 독일이 중립을 이유로 「베르사이유조약」에 명시된 키일운하 개방 의무를 거절한 것은 조약을 위배한 것이므로 동 선박을 임차하여 피해를 본 프랑스에 배상할 것을 판결하였다. 1936년 히틀러가 「베르사이유조약」을 폐기하였으나, 제2차 대전 후 운하는 다시 개방되었다.

Ⅳ. 한국의 영토

헌법 제3조는 대한민국의 영토를 한반도와 그 부속 도서로 규정하고 있다. 북한지역은 규범적으로 한국 영토이나, 실효적으로 지배하지 못하고 있다.

1712년 청나라 강희제가 파견한 변계사정관 목극등(穆克登)이 백두산에 올라 천지 동남쪽 4km 지점 두 갈래 용출지에 백두산정계비를 설치하고 조선과 중국의 국경을 '서위압록 동위토문'(西爲鴨綠 東爲土門)이라고 기입하였다. 이후 경계협상에서 중국은 토문을 두만강이라고 주장하였으나, 조선은 송화강(松花江)의 지류인 토문강으로 보고 토문강 동쪽 (동)간도(間島)가 조선령이라는 입장을 보였다. 1909.9. 청·일은 백두산정계비-석을수(石乙水)-두만강을 국경으로 하는 「**간도협약**」을 체결하였다. 이로써 일본이 남만주 철도 개발권을 확보하는 대신, 간도와 간도 거주 한인은 청의 지배 아래 들어가게 되었다. 하지만 일본이 1905년 「을사보호조약」을 통해 조선의 외교권을 탈취한 후 「간도협약」을 체결하였으므로, 「간도협약」도 무효라 할 것이다.

1962.10. 북한과 중국이 체결한 「**조·중 변계조약**」은 압록강-백두산 천지-(두만강 상류 지류인) 홍토수(紅土水)-두만강 하구를 연결하는 수로를 국경으로 획정하고, 이전 조약을 무효화하였다. 백두산 천지는 북한 54.5%, 중국 45.5%로 분할하였다. 또한 두만강과 압록강 내에 산재한 암석과 퇴적 모래톱(沙洲) 451개에 대해 주민 정착과 개간에 따라 귀속을 결정하였다. 통일 후 한국은 일반국제법상 북한이 체결한 국경조약인 「조·중 변계조약」을 승계해야 한

다는 것이 통설이다(☞ 국경조약의 국가승계 p.96).

한편 북한과 러시아는 1985년 체결된 「조·러 국경조약」에서 두만강을 경계로 획정하였다. **녹둔도**(鹿屯島)는 두만강 하구에 있는 섬(여의도 4배 면적)으로 1860년까지도 조선령이었으나, 수로 변경으로 러시아 쪽으로 첨부되었으며 「조·러 국경조약」에서 러시아령으로 인정되었다고 한다.

V. 관련 문제: 남극

1. 남극의 자연

남극(Antarctica)은 만년빙으로 덮힌 대륙이다. 지구 면적의 1/10(1,350만 ㎢)을 차지하며, 지구상에서 가장 춥고 건조한 지역이다. 19세기 초 남극의 존재가 확인되었으며, 1911.11.24. 노르웨이의 E. Amundsen이 최초로 남극점에 도착하였다.

남극은 전통적으로 미·러·영·프 등의 물개와 고래잡이의 근거지였으며, 크릴새우·파타고니아이빨고기·게 등 수산물과 광물자원이 다량 매장되어 있다. 북극과 달리 토착 주민은 없고, 과학기지 체류자(18개국 42개 기지, 약 3천명)만 있다.

2. 남극에 대한 영유권 주장

영국·호주·뉴질랜드·아르헨티나·프랑스·노르웨이·칠레 7개국이 자국 탐험가에 의한 발견, 선형이론(sector theory), 근접이론(contiguity theory) 등을 근거로 남극 대륙의 약 85%에 대해 영유권을 주장하고 있다. **선형이론**은 자국 영토의 양 끝과 북극점을 연결하여 생기는 선형(扇形: 부채꼴) 모양의 지역을 영토로 주장하는 것이다.

1958.5. 아이젠하워 미국 대통령은 영유권을 주장하는 7개국과 소련·벨기에·일본·남아공을 워싱턴에 초청하여 남극의 평화적 이용을 위한 회의를 개최하였다. 회의에서 채택된 「남극조약」은 1961.6. 발효하였다.

「남극조약」은 조약이 발효하는 동안 남극에 대한 영유권 주장을 동결하였다(제4조). 영유권을 주장하는 국가들의 기존 입장을 해치지 않으면서 영유권 관련 논쟁을 동결함으로써, 기존 영유권의 확대나 새로운 영유권 주장을 방지한 것이다. 미국과 러시아는 영유권 주장을 유보하고 있다. 영유권을 주장하는 국가라도 남극 수역에서 「UN해양법협약」상 연안국의 권리(EEZ나 대륙붕 설정 등)를 선언할 수 없다. 그러나 이들 국가는 남극 기지 설치, 국가원수의 남극 방문, 우표 발행, 출산 등을 장려하여 영유권을 강화하는 활동을 하고 있다.

3. 「남극조약」

전문은 남극의 평화적 이용이 인류의 이익임을 천명하여 국제공역 또는 인류 전체의 공공물(global commons)로서의 성격을 명시하고 있다.

- 남극은 평화적 목적을 위해서만 이용한다. 군사 기지의 설치, 모든 형태의 무기 실험이나 군사 연습 등 군사적 성격의 조치는 금지된다. 다만, 과학조사나 평화적 목적을 위한 군 요원이나 장비의 사용은 허용된다(제1조).
- 남극에서의 과학조사 활동의 자유를 보장하고, 이를 위해 남극에서의 국제협력을 증진한다(제3조).
- 모든 핵실험과 방사성 폐기물의 처분은 금지된다(제5조).
- 남극에서의 관할권은 속인주의를 적용한다(제8조).
- 조약의 적용범위는 남극 전체 육지 및 결빙 표층과 남위 60도 이남의 수역이다(제6조). 남극 수역은 국가관할권 범위 밖의 공해와 같은 지위를 가지며, 공해로서의 권리 행사를 침해할 수 없다.
- 남극조약협의당사국(ATCP: Antarctic Treaty Consultative Parties)은 12개

원 회원국과 남극에서 실질적인 과학연구 활동(과학기지 설치 운영, 과학 탐험대 파견 등)을 수행하는 17개 국가, 총 29개국으로 구성되며, 매년 회합하여 남극 관리와 관련한 주요 사항을 총의로 결정한다(제9조). 차별 적이며 배타적 성격의 협의체로, 2003년 아르헨티나 부에노스아이레스 에 사무국이 설치되었다. 남극조약의 당사국은 53개국이며, 협의당사국 의 지위를 갖지 않은 비협의당사국은 24개국이다.

4. 남극조약체제

남극은 「남극조약」을 축으로 아래 조약들에 의해 규율되고 있으며, 이를 남극조약체제(ATS: Antarctic Treaty System)라 한다.

- 1972년 「남극물개보존협약」(CCAS: Convention for the Conservation of Antarctic Seals, 1978년 발효)

  당사국 선박이나 국민이 남극지역에서 물개를 살해 또는 포획하는 것을 금지하고, 이를 위해 필요한 법령을 제정할 것을 규정하고 있다(제1조).
- 1980년 「남극해양생물자원보존협약」(CCAMLR: Convention on the Conservation of Antarctic Marine Living Resources, 1982년 발효)

  「UN해양법협약」상 EEZ 제도가 도입되어 조업 수역을 잃게 된 원양 어 업국들이 남극 수역에 진출하기 시작하자, 남극에서의 어획 활동으로 인해 남극 해양생태계가 파괴될 것을 우려한 협의당사국들은 남극 해양 생태계 보존과 합리적 이용을 위해 남극 수역에서의 어업활동을 규제하 는 협약을 채택하고, 남극해양생물자원보존위원회(CCAMLR: Commission for the Conservation of Antarctic Marine Living Resources)를 호주 호바트 에 설립하였다. 협약은 크릴새우의 지속적 생산뿐만 아니라 조류·물 개·고래 등 다른 생물자원과의 관계도 고려하는 생태적 접근방법을 취하고 있다.
- 1988년 「남극광물자원활동 규제에 관한 협약」(CRAMRA: Convention on

the Regulation of Antarctic Mineral Resources Activities)

남극에서의 자원개발과 환경보호를 조화시키고자, 광물자원 탐사 및 채굴 활동 등 합리적인 자원개발과 이용 방식을 규정하였다. 협약 발효를 위해서는 영유권을 주장하는 모든 나라의 비준이 필요하나, 그중 호주·프랑스가 남극 환경과 생태계 보호를 요구하면서 남극 자원의 이용에 반대함에 따라 협약은 사실상 폐기되었다.

• 1991년 「남극조약환경보호의정서」(Protocol on Environmental Protection to the Antarctic Treaty: 일명 '마드리드 의정서', 1998년 발효)

「남극조약」 체결 당시 당사국들은 남극 부존자원의 개발에 관심을 집중하였다. 그러나 남극을 자연 보전구역 또는 세계 공원으로 지정하자는 UN 결의가 채택되는 등 국제적 관심이 남극 환경보호에 쏠리자, 사전주의에 기초하여 남극 환경 및 생태계 보호를 포괄적으로 규정하는 의정서가 채택되었다. 의정서는 과학조사를 제외한 광물자원 탐사 및 개발 활동을 50년간 (2048년까지) 전면 금지하고(제7조), 과학조사나 관광 사업을 포함한 모든 활동에 환경영향평가(EIA)를 실시하도록 하였다. 환경보호위원회를 구성하고, 5개 부속서(환경영향평가, 동·식물 종의 보전, 폐기물 처리 및 관리, 해양오염 방지, 보호구역의 지정 및 관리)를 채택하였다. 당사국 간 합의에 이르지 못하는 경우, 분쟁은 중재재판에 회부된다.

5. 한국과 남극

한국은 1986.11. 「남극조약」 가입하였다. 1988.2. 남극 남단 King George 섬에 '세종기지' 설치하고, 1989.10. 협의당사국 지위를 얻었다. 1995.5. 제19차 남극조약 협의당사국회의를 서울에서 개최하였다. 2004.3. 『남극 활동 및 환경보호에 관한 법률』을 제정하였으며, 이 법에 따라 남극에서의 과학조사, 시설물의 설치, 탐험, 관광 등 남극 활동을 위해서는 외교부장관의 허가를 받아야 한다.

2009년 쇄빙연구선 아라온호 운항을 시작하는 한편, 세종기지 인근 Narebski Point(일명 '펭귄 마을')를 특별보호구역(ASPA: Antarctic Specially Protected Area)으로 지정하였다. 2014.2. 남극 본토의 Terra Nova Bay에 두 번째 기지인 '장보고기지'를 설치하였다.

제 7 장
바다와 「UN해양법협약」

Ⅰ. 바다와 국제법

1. 해양 지배의 역사

1453년 오스만 튀르크가 동로마 제국을 멸망시켜 동양으로 가는 육상 교역로가 막히자 서양은 향료·비단·도자기 등 교역을 위한 해상로를 개척하기 시작하였다. 15세기 말 대항해 시대가 열리면서 16세기 중엽까지 포르투갈이, 16세기 초부터 17세기 초까지 스페인이, 17세기 이후 네덜란드가 바다를 지배하였다.

아시아 항로를 발견한 포르투갈이 동인도 향료 무역을 독점하고 네덜란드 동인도회사(VOC)의 항행을 방해하였다. 동인도회사의 의뢰를 받은 휴고 그로티우스는 1609년 **자유해론**(Mare Liberum/freedom of the seas)을 발표하여 항행의 자유를 주장하였다. 그는 바다는 너무 광대하여 어느 한 국가가 실효적으로 점유할 수 없고, 해양생물자원은 무진장하여 고갈되지 않으며, 해양 자체의 정화 능력은 무한정하므로, 바다는 인류 공동의 공공물(公共物: *res communis*)로 모든 국가가 자유롭게 이용할 수 있도록 개방되어야 한다고 주장하였다. 그의 이론은 원래 동인도회사의 해상 활동을 옹호하려는 목적이었지만, 이후 바다에서의 항행과 어로 자유 원칙이 확립되는 법적 토대를 제공하였다.

영국도 포르투갈과 스페인의 해양 독점에 대항하여 해양의 자유를 옹호하였다. 하지만 인근 네덜란드 어선들이 영국 연안에서 청어를 대대적으로 어획하자 17세기 중반부터 연안에 대한 국가의 지배와 통제를 주장하였다. 1635년 영국의 John Selden은 **폐쇄해론**(Mare Clausum/ Closed sea)을 발표하였다. 그는 바다를 통한 교역과 항행의 자유를 인정하면서도, 타국 선박이 어로행위 등을 위해 연안에 접근하는 것을 제한하는 연안국의 권리를 주장하였다. 영해의 개념이 나타나기 시작한 것이다. 그러나 영국이 17세기 말 이후 스페인과 네덜란드를 제압하고 아메리카·아프리카·아시아를 바다로 연결하는 해양 제국을 건설하자, 식민지 경영과 원료 및 상품의 자유로운 무역을 확보하기 위해 다시 자유해론으로 선회하면서, 19세기에 들어 자유해론은 국제법 원칙으로 확립되었다. 그러나 제2차 대전 이후 UN 창설과 더불어 탈식민지화 및 자원민족주의가 대두한 가운데 연안국들이 인접 해양에 대한 관할권 확장을 요구하면서 자유해론은 변화를 겪게 되었다.

　　미국은 T. Roosevelt 대통령(1901－1909)이 마한제독의 제해권 확보전략에 기초하여1 대양해군의 토대를 구축한 이래 제1차 및 제2차 세계대전을 거치며 전 지구적 해양세력으로 군림하고 있다. 중국은 명나라 영락제 때 정화(1405－1433)가 이끄는 대함대가 인도양까지 원정하였으나, 이후 대륙 중심의 정책으로 전환하여 5세기에 걸쳐 해금(海禁) 정책을 취해 오다 시진핑 시대에 들어서 공세적인 해양정책을 추구하고 있다.

2. 바다의 중요성

　　바다는 지구 표면의 71%를 차지하는 광대한 공간이다. 바다를 적극 이용

1　마한제독(Admiral Alfred Mahan: 1840-1914)은 '해양력의 역사에 대한 영향'(The influence of sea power upon history)(1890)을 저술하고, 미 해군대학 총장을 역임하였다. 통상·해군력·해양자원 이용 능력 등을 갖추고 해양을 통제하는 국가가 대륙 국가에 대항하는 데 있어 유리하며 세계를 지배한다는 해양세력 우위론을 주장하였다. 이를 위해 강력한 해군으로 적을 바다에서 제압하여 침략을 사전 방지하고, 파나마운하 등 주요 해협을 장악해야 한다고 주장하였다.

한 유럽 중심의 관점에서 바다는 지중해 → 북해 → 대서양 → 인도양 → 태평양
으로 확장되어왔다. 증기선의 출현, 항해술의 발달 및 대양을 연결하는 운하
개통 등은 신속하고 대규모의 해상운송을 가능하게 하였다.

바다는 고래로부터 교역을 위한 해상 수송로로서, 해로와 수송 안전을 확
보하는 것은 매우 긴요하다. 국제교역의 78%가 바다를 통해 이루어지며, 해상
운송은 항공 수송과 비교해 1/40에 불과할 정도로 저렴하기 때문이다. 특히 원
유나 주요 자원의 교역로에 대해 통제권을 안정적으로 확보하는 것은 군사·안
보적으로도 사활적이라 할 것이다. 한국도 수출입 화물의 약 99.7%가 해상을
통해 운송되고 있으며, 원유의 약 90%는 호르무즈해협-말라카해협-바시해
협을 거쳐 수입되고 있다.

바다는 식량원으로서 어업활동 공간이다. 세계인구의 약 80%가 해안이나
해안 인근에서 거주하고 있다. 이에 따라 어족자원에 대한 수요는 급증하고 어
족자원 고갈로 인한 어업분쟁이 곳곳에서 일어나고 있다.

바다는 또한 군사력 동원의 통로로서 전략적·지정학적 가치가 크기 때문
에, 각국은 해군을 투사하는 능력을 강화하여 해양을 지배하려고 한다. 해상을
통한 자유로운 교역과 물류 수송의 안전을 확보하기 위해서도 유사시 항구와
항구를 연결하는 주요 해상교통로(SLOC: Sealines of Communication)의 확보가
중요하다.

바다는 또한 자원의 보고이다. 해저 석유(석유 생산량 중 30%) 및 가스, 심
해저 광물, 에너지원(조력)으로서 바다의 경제적 가치는 해양 기술의 발전에 따
라 더욱 높아지고 있다.

각국은 해양을 통한 국부 증진을 위해 해양력(national sea power) 강화를
국가전략의 중요한 일부로 추진하고 있다. 조선·해운·원양어업 분야를 주도하
는 해양 강국이며, 해양 관련 산업이 전체 GDP에서 6% 이상을 차지하는 한국
이 바다를 소홀히 할 수 없는 까닭이다.

자유해론에 따라 바다는 오랜 기간 항행과 어로를 위한 상업적 개발·이용
의 대상이었으나, 이제는 지속적인 관리와 보존의 대상으로서 해양환경 및 해
양생태계 전체를 보호하기 위한 국제적 협력의 필요성이 강조되고 있다.

3. 「UN해양법협약」

가. 해양법의 법전화와 「UN해양법협약」

해양법은 수 세기에 걸쳐 형성된 관습국제법에 기초하고 있다. 전통적으로 해양은 영해와 공해로 이분되었으며, 해양의 자유란 공해에서의 항행의 자유와 어족 등 해양생물자원의 자유로운 이용을 의미하였다.

1945.9. Truman 미국 대통령이 대륙붕 설정 및 공해어업 규제에 관한 '트루먼 선언'을 발표하자, 각국도 잇달아 해양관할권을 확장하였으며 이로 인해 연안국 간 해양분쟁이 발발할 것을 우려한 UN이 나서서 해양법의 법전화를 추진하게 되었다.

1958년 제네바에서 개최된 제1차 UN해양법회의는 86개국이 참가하였으며, ILC의 주도하에 「영해 및 접속수역에 관한 협약」, 「공해에 관한 협약」, 「공해 어로와 생물자원 보존에 관한 협약」, 「대륙붕에 관한 협약」과 「분쟁해결에 관한 선택의정서」가 채택되었다.

해양과학 기술이 급속히 발전하면서 해양자원 개발을 위한 각국의 관할권 주장이 거세지자, UN 총회는 제3차 UN해양법회의의 개최를 결의(2750호)하였다. 1973.12. 시작된 제3차 UN해양법회의는 9년여에 걸친 오랜 협상 끝에 1982.12. 「UN해양법협약」(UNCLOS: UN Convention on the Law of the Sea 1982, 이하 '협약')을 채택하고 자메이카의 Montego Bay에서 서명하였다. 협약은 가이아나의 60번째 비준서가 기탁된 날로부터 1년 후인 1994.11. 발효되었다.

협약은 현재 168개(EU 포함) 국가가 비준하여 보편성을 지닌 조약이라 할 것이다. 그러나 이스라엘·시리아·터키·페루·베네수엘라 등 15개국은 서명에도 참여하지 않았으며, 미국·북한·이란·리비아·엘살바도르 등 14개국은 서명은 하였지만 비준하지 않았다. 한국은 1958년 4개 협약은 비준하지 않았지만, 1996.2. 「UN해양법협약」을 비준하였다. 미 행정부는 군사활동에 대한 배제선언과 판단 권한 유보 등을 조건으로 미 의회의 협약 비준을 계속 설득하고 있으나, 미 의회(공화당)는 여전히 이에 소극적인 입장이다. 하지만 미국은 협약이 관습국제법화하여 심해저를 제외한 규정 대부분이 미국에도 적용된다는 입장이다.

1958년 협약은 「UN해양법협약」과는 별개로 계속 발효 중이다. 신법 우선 원칙에 따라 협약 당사국 간에는 「UN해양법협약」이 1958년 해양법에 관한 제네바협약에 앞서 우선 적용된다(제311조1항). 따라서 해양법의 법원은 관습국제법과 1958년 4개 협약 및 「UN해양법협약」으로 구성된다.

나. 협약의 주요 내용

협약은 320개 조, 9개 부속서의 방대한 내용으로 구성되어있다.

• 해양 수역별 국가의 관할권 규정: 영해(주권), 군도수역(주권), 국제해협(주권), 접속수역(통제), EEZ(주권적 권리와 관할권), 대륙붕(주권적 권리), 영해·EEZ·대륙붕의 경계획정
• 공해의 자유와 심해저 활동 규율
• 해양활동 규율: 해양생물자원 보존 및 관리, 해양자원 탐사 및 개발, 해양환경 보호·보존, 해양과학조사, 해저전선과 관선 설치, 해양의 평화적 이용
• 해양 관련 국제기구 설립 및 운용: 국제해양법재판소(ITLOS), 대륙붕한계위원회(CLCS), 국제심해저기구(ISA)
• 해양분쟁해결: 의무적 분쟁해결절차

협약 운용과 재판관 선출과 같은 행정·예산 문제 등을 협의하기 위해 UN 사무총장은 매년 협약 당사국 총회를 소집한다.[2] UN 사무국 법률실(OLA: Office of Legal Affairs)의 '해양문제 및 해양법과'(DOALOS: Division for Ocean Affairs and the Law of the Sea)가 협약 사무국으로 기능한다.

----
2 협약과 관련한 최신 동향과 자료는 UN website home → Secretariat/Secretary General → Office of Legal Affairs → Division for Ocean Affairs and the Law of the Sea에서 확인할 수 있다.

다. 평가

협약은 전통적으로 영해와 공해로 이분된 해양에 접속수역·EEZ·군도수역·대륙붕·심해저 등 새로운 해양 제도를 도입하였다. 협약이 12해리 영해·EEZ·군도수역 및 대륙붕을 도입하여 연안국의 관할권이 확대됨에 따라 국가 관할권이 미치지 않는 수역은 이제 공해, 심해저, 남극 수역만 남게 되어 해양 자유론은 크게 위축되었다.

협약은 해양 강국 대 약소국, 연안국 대 해양 이용국의 상반된 이익과 갈등을 절충한 협약 전체를 일괄 타결(package deal)하여 총의 방식으로 채택되었다. 협약은 정치적으로 타협한 결과물이기 때문에 문안이 불분명하여 다양한 해석이 가능하고, 관련 규정 자체가 없는 경우도 없지 않다.

그런데도 협약은 주권평등, 해양의 평화적 이용, 해양자원의 공평하고 효율적인 활용 등 원칙에 기초하여 해양에서 국가의 행위와 국가 간의 관계를 포괄적으로 규율하는 '바다의 헌법'으로 불리며, 협약 제11부 심해저를 제외한 협약 규정 대부분은 이제 관습국제법화하였다는 것이 통설이다.

II. 「UN해양법협약」: 국가관할권하 해양

1. 기선의 설정

기선(baseline)은 연안국이 해양 관할권을 행사하는 수역을 측정하는 기준선으로, 국제법(해양법)이 적용되는 출발선이다. 기선의 안쪽은 내수로 연안국의 국내법이 적용되나, 바깥쪽은 해양법이 적용된다(제8조). 기선 설정은 기선을 설정할 수 있는 권능을 가진 연안국의 일방적 행위이지만, 타국에 대한 기선설정의 유효성은 국제법에 달려 있다(☞ 후술 영국-노르웨이 어업사건). 연안국은 재량으로 기선을 결정할 수 있으나, 자의적으로 설정한 기선은 관할권을 확대하여 다른 연안국과 해양분쟁을 초래할 수 있으므로 국제법에 부합해야 한다. 기선을 설정하는 방식에는 통상기선과 직선기선이 있다. 통상기선과 직선기선은 혼용할 수 있다(제14조).

가. 통상기선

통상기선(normal baseline)은 해안선이 비교적 단순한 해안에 적용된다. 통상기선은 연안국이 공인한 대축척해도에 표시된 해안의 저조선(低潮線: low-water line)을 말한다(제5조). 대축척해도는 5만분의 1 이상의 지도를 말한다. 저조선은 썰물 때 해면과 육지가 만나는 선으로, 이를 기선으로 하는 것은 선박 운항의 안전을 확보하기 위한 것이다. 저조선과 고조선 사이의 수역은 내수이다. 섬도 저조선이 기선이다. 간조노출지(간출지 LTE: Low-Tide Elevation)는 썰물일 때는 물로 둘러싸여 물 밖에 노출되나 밀물일 때는 물에 잠기는 자연적 육지 지역을 말한다. 간조노출지의 저조선은 기선으로 사용할 수 없으나, 전부 또는 일부가 본토나 섬으로부터 영해의 폭을 넘지 않는 거리에 위치하는 경우 그 간조노출지의 저조선을 영해 기선으로 사용할 수 있다(제13조1항).

나. 직선기선

해안선이 굴곡이 심해 복잡하거나 연안에 섬이 많은 해안지형 등의 경우에는 예외적으로 통상기선 대신 직선기선(straight baseline)을 사용할 수 있다. 직선기선은 다수 연안국이 채택하고 있다. 그러나 직선기선을 사용하면 연안국의 내수와 영해가 확장되므로 유효하게 설정되어야 한다. 직선기선은 영국−노르웨이 어업사건 판결 이후 관습국제법으로 인정되고 있다.

영국-노르웨이 어업사건(1951)

노르웨이는 1869년 섬과 암초 등 48개 기점을 연결하는 직선기선을 획정한 칙령을 공포하고 적용해 왔다. 1935.7. 노르웨이가 직선기선에 기초하여 4해리 어업수역을 선포한 후, 자국 근해에서 조업하는 영국의 대형 트롤 어선들을 나포하자 양국 간 분쟁이 격화되었다. 1949.9. 영국은 '노르웨이가 수역 설정을 위한 기준으로 직선기선을 사용한 것이 국제법상 유효하고 적법한가'와 관련해 노르웨이를 ICJ에 제소하였다. 노르웨이는 자국이 역사적·지리적·경제적 특수사정에 따라 직선기선을 채택한 것은 국제법 위반이 아니며 (만 입구의 거리와 관계없이) 모든 만에 대해 직선기선을 설정할 수 있다고 주장했지만, 영국은 만의 봉쇄선(closing line)은 10해리 이내로 설정하는 것이 당시 관습법이라고 주장하였다.

ICJ는 아래와 같이 노르웨이가 채택한 직선기선 방식이 국제법 위반이 아니라고 판결하였다.

- 노르웨이는 1869년 이래 굴곡이 심한 자국의 피오르드 해안에 대해 직선기선 방식을 일관되게 적용해 왔다. 또한 분쟁이 발생한 1935년까지 영국을 포함한 다른 나라들이 60년 이상 이에 대해 아무런 이의를 제기하지 않았다. 이에 따라 노르웨이의 직선기선은 계속적이며 충분히 오랜 기간에 걸쳐 방해받지 않고 관행으로 응고되어 관습국제법으로 확립되었다.
- 기선 설정은 연안국의 일방적 행위이나 국제법에 기초해야 하고, 직선기선이 유효하기 위해서는 일정한 기준을 따라야 한다. 노르웨이의 직선기선은 해안의 일반적 방향으로부터 합리적인 범위 내에 있으며, 이 수역에서 노르웨이 어민들이 생존을 위해 오랜 기간에 걸쳐 어업활동에 종사해 온 역사적 권리가 있다.
- 영국은 만의 봉쇄선은 10해리를 초과할 수 없다는 규칙이 관습법으로 성립되었다는 것을 입증하지 못하였다. 또한 노르웨이가 10해리 규칙을 노르웨이 해안에 적용하려는 시도에 대해서 지속적으로 반대(persistent objector)하였으므로 이 규칙은 노르웨이에 적용되지 않는다. 다만 노르웨이의 반대는 영국이 주장하는 관습법 자체의 형성에는 영향을 미치지 않는다(☞ 비호권사건 p.145).

협약은 ICJ가 제시한 직선기선 설정 기준을 반영하여 규정하고 있다(제7조).

- 직선기선은 ① 해안선이 깊게 굴곡이 지고 잘려 들어간 지역, ② 해안선을 따라 아주 가까이 섬들이 흩어져 있는 지역, ③ 삼각주 등 그 밖의 자연조건으로 해안선이 매우 불안정한 곳에 설정된다.
- 직선기선의 방향은 해안선의 일반적 방향으로부터 현저히 벗어나지 않고, 직선기선 안에 있는 수역이 내수로 인정될 수 있을 만큼 육지와 충분히 밀접하게 연결되어야 한다.

- 직선기선은, 국제적으로 승인되지 않았다면, 간조노출지까지 또는 간조노출지로부터 설정할 수 없다. 다만, 해면 위에 등대나 이와 유사한 시설이 간조노출지 위에 설치되었으면 사용할 수 있다.
- 지역의 특유한 경제적 이익과 중요성이 오랜 관행에 의해 증명된 경우, 이를 고려하여 특별한 기선을 설정할 수 있다.
- 직선기선은 다른 국가의 영해를 공해나 EEZ로부터 차단하지 않아야 한다.

(군도직선기선의 구간 거리를 원칙적으로 100해리를 초과하지 못하도록 규정한 것과는 달리) 협약은 직선기선의 구간 최대거리에 관해서는 규정하지 않아, 연안국의 자의적인 설정의 우려가 없지 않다. 이 사건에서 ICJ가 인정한 노르웨이의 가장 긴 직선기선 구간은 40해리였다.

2. 내수

가. 내수의 구분

내수(內水: internal waters)는 기선의 육지 쪽 수역으로 항구·하천·만·운하·호수를 포함한다. 내수는 연안국 영역의 일부를 구성하며, 배타적인 영역주권이 미치는 수역이므로 국제법이 아닌 국내법이 적용된다. 우리 『해사안전법』 상 외국 선박은 해양수산부장관의 허가를 받지 않고는 내수를 통항할 수 없다 (제32조).

(i) 항구

항구(port)는 선박이 정박하여 화물과 여객의 하역·승선·하선을 위해 해안 육지에 접해 설치된 인공 시설을 말한다. 항만 체계(harbour system)의 불가분의 일부를 구성하는 최외측의 영구적 항만시설(harbor works)은 해안의 일부를 구성하는 것으로 본다. 그러나 해안 육지와 연결되지 않은 외항시설(off-shore installations)이나 인공섬은 영구적 항만시설에 포함되지 않는다(이상 제11조). 항구의 방파제는 영구적 항만시설의 일부로서, 그 내측은 내수이며 외측은 영해이다.

항구국(port state)은 항에서 주권을 행사한다. 항구국은 외국 선박(군함 포함)의 항구 입항 및 정박을 허용할 의무는 없으며, 외국 선박은 항구에 입항할 권리가 인정되지 않는다. 다만 조난이나 불가항력에 의한 경우는 입항을 허용한다. 항구국은 외국 선박의 입항을 개방하는 항구를 지정하고 폐쇄할 권한을 보유한다. 우리나라의 경우『항만법』에 따라 지정된 무역항은 외국 선박에 개방된다. 연안국은 내수로 향하는 선박이 허가조건을 위반하는 경우 필요한 조치를 취할 수 있다(제25조2항). 입항한 외국 선박은 관세 납부나 해상사고와 관련되지 않는 한, 자유로이 출항할 수 있다. 항구국이 자국 항구나 연안 정박 시설(off-shore terminal)에 들어온 선박에 대해 항로·항법·위험물 취급 등 입항 조건과 선박의 설계·구조·인원과 장비 등과 관련한 국내법령을 제정하여 입항 선박을 통제하는 것을 **항구국 통제**(port state control)라 한다. 「MARPOL 73/78」 (☞ p.312) 당사국은 입항 선박이 선박의 안전이나 노동에 관한 국제 기준을 충족하였는지를 검사 또는 감독할 수 있으며, 위반 선박에 대해서 항행의 정지나 수리 시설로 회항을 명령할 수 있다(제5조2항).

(ii) 하천

하천(river)은 국내하천과 국제하천으로 구분한다. 수원(水源)에서 하구까지 1개국의 영토 안을 흐르는 국내하천은 내수이다. 국내하천의 기선은 하구 양쪽의 저조선상의 지점을 연결한 직선이다(제9조).

국제하천(international river)은 여러 국가의 영토를 관통하거나 두 국가와 경계를 이루는 하천을 말한다. 하천이 여러 국가의 영토를 관통하여 흐르는 **관통하천**(successive river)의 경우, 각국의 영토 내를 흐르는 부분은 당해 국가의 내수이다. 두 국가가 마주 보며 경계를 이루는 **국경하천**(boundary river)이 가항 수로(可航水路)이면 항행이 가장 안전한 수로인 주수로(主水路)의 중앙선이 경계선이며('Thalweg 원칙'), 항행할 수 없으면 강의 중앙을 경계선으로 하여 내수를 구성한다. 1985년 「조·러 국경조약」은 두만강 주수로를 양국 경계로 규정하였지만, 1962년 「조·중 변계조약」은 압록강과 두만강 수면 전체를 국경으로 하여 양측이 공유하고, 항행·어업·용수 등은 공동으로 관리·사용할 것을 규정하고 있다.

(iii) 만

만(bay)은 3면이 육지로 둘러싸여 입구만 바다로 연결된 수역을 말한다. 만이 내수로 인정되기 위해서는 3가지 요건을 충족해야 한다. 첫째, 단일 국가에 속해야 한다. 만의 연안국이 2개 이상이면 폐쇄해 또는 반폐쇄해이다. 폐쇄해 또는 반폐쇄해(semi-enclosed seas)는 두 나라 이상의 해안으로 둘러싸이고 좁은 출구에 의해 다른 바다와 연결되거나, 또는 전체 혹은 대부분이 둘 이상의 연안국 영해나 EEZ로 구성된 만, 내해 또는 해양을 말한다(제122조). 둘째, 뚜렷한 만입(indentation)으로 만입 면적이 만 입구를 지름으로 하는 반원의 면적보다 넓어야 한다. 반원보다 넓지 않으면 단순한 굴곡(curvature)에 지나지 않는다. 셋째, 자연적 입구의 폭이 24해리 이하여야 한다(이상 제10조). 만의 입구가 24해리를 초과하는 경우, 만 안쪽에 24해리 폐쇄선 이내 수역만 내수로 인정되며, 폐쇄선 바깥 수역은 영해이다.

내수로서 만의 요건을 충족하지 못하지만, 연안국이 상당 기간 주권을 행사하여왔고 타국이 이를 승인 또는 묵인하여 연안국의 역사적 권원이 인정된 **역사적 만**(historic bay)은 내수로 취급된다(제10조6항). 캐나다는 허드슨만, 중국은 발해만, 러시아는 Peter 대제만을 역사적 만이라고 주장하나, 이를 부인하는 입장도 있다. 엘살바도르 v. 온두라스 육지·섬 및 해양국경분쟁사건(1992)에서 ICJ는, 입구가 19.75해리이며 만입 면적도 만의 요건을 충족하나, 엘살바도르·온두라스 및 니카라과 3개국에 속하므로 만의 지위를 가질 수 없는 폐쇄해인 Fonseca만을 역사적 만으로 인정하였다.[3]

----
3 재판소는 Fonseca만이 1821년까지 스페인의 지배 아래 있었고 이후 이들 3국이 승계하여 주권하에 둔 역사적 만으로 인정하고, 3국이 공동 영유(condominium, co-ownership)하는 내

(ⅳ) 운하

운하(canal)는 인공적으로 조성된 수로이다. 일국의 내수를 연결하는 국내운하, 내수이지만 조약에 의해 타국 선박의 자유통항을 인정하는 국제운하(☞ p.201)가 있다.

(ⅴ) 호수

호수(lake)는 육지로 둘러싸인 수역이다. 1개국의 영토 안에서 사방이 육지로 둘러싸인 국내호수는 내수이다. 2개국 이상의 국가에 의해 둘러싸인 국제호수는, 달리 합의하지 않는 한, 호수 중심과 국경의 경계를 연결하여 각 연안국의 내수가 된다.4

나. 내수에 있는 외국 선박에 대한 연안국의 민·형사관할권

연안국은 내수에서 주권을 행사하므로, 내수로 입항한 외국 선박과 승무원에 대해 원칙적으로 민·형사관할권을 갖는다. 하지만 조난이나 불가항력으로 내수로 입항한 선박에 대해서는 기국이 관할권을 행사한다.

내수에 있는 외국 선박 안에서 발생한 형사사건 관련, 선박 내부 사항은 선박 스스로 규율하거나 기국이 관할하는 것이 바람직하므로 연안국은 국제예양에 따라 형사관할권의 행사를 자제한다. 단, 선장이나 기국 영사가 요청하는 경우, 연안국의 안전이나 공공질서에 영향을 미칠 때는 연안국도 관할권을 행

수이지만 만 안의 항구에 입출항하기 위한 역사적·실제적 필요성을 감안하여 타국 선박의 무해통항을 인정하였다. 또한 만의 폐쇄선을 기선으로 하는 영해·EEZ·대륙붕에 대해서도 3국의 공동 영유를 인정하고 상호 합의에 의해 이를 분할하도록 하였다.

4 카스피해(Caspian Sea)는 이란·러시아·아제르바이잔·카자흐스탄·투르크메니스탄 5개 연안국에 둘러싸여 있으며, 석유와 가스, 철갑 상어알 등 수산자원이 풍부하다. 카스피해가 호수라면 각국의 내수로서의 지위를 갖게 되나, 바다라면 해양법이 적용되어 12해리 영해 및 외국 선박의 무해통항이 인정된다. 2018.8.12. 이들 5개국이 체결한 「카스피해의 법적 지위에 관한 협정」은 카스피해를 호수가 아닌 특수한 지위의 바다로 규정하고, 연안국의 15해리 영해와 그 외측에 10해리 배타적 어업수역을 인정하였다.

사할 수 있다.

연안국은, 별도의 합의가 없는 한, 외국 군함의 내수 입항을 허용할 의무가 없다. 하지만 입항이 허용된 외국 군함이나 비상업용 정부 선박은 일반 관습국제법상 면제가 인정된다.

3. 영해

가. 영해의 범위

영해(territorial sea)는 연안국의 영토에 접하거나 내수 밖의 일정 수역을 말한다. 영해의 범위는 18세기 이후 연안국의 육지로부터 포가 해상에 도달할 수 있는 거리로 보았다. 네덜란드의 법실증주의 국제법학자 C. van Bynkershoek는 1702년 "무기의 힘이 끝나는 곳에서 영토의 힘도 끝난다"는 착탄거리설(cannon shot doctrine)을 주장하였다. 당시 육지 영토에서 발사한 포탄의 비거리가 3해리 정도였기 때문에 이후 3해리 영해가 관행화되었다. 이후 영국·프랑스 등 연안국들이 3~6해리까지 영해를 주장하였으나, 19세기 들어 3해리 영해가 일반화되었다.

1958년 제1차 UN해양법회의에서는 영해의 폭에 대해 합의하지 못한 채, 「영해 및 접속수역에 관한 협약」을 채택하였다. 1960년 제2차 UN해양법회의에서는 미국과 캐나다가 제의한 6해리 영해 및 6해리 어업수역 제안이 1표 차로 채택되지 못하였다. 하지만 연안국들은 안보나 연안 어업을 이유로 영해 확대를 계속 희망하였다. 1960년대 이후 다수의 개도국이 12해리 영해를 지지하여, 제3차 UN해양법회의에서 12해리 영해가 채택되었다. 전통적으로 3해리 영해를 고집하던 미국은 1987년, 영국은 1988년 12해리 영해를 공식 인정하였다. 12해리 영해는 이제 관습국제법이 되었다. 1해리(海里: nautical mile)는 1,852m이며, 12해리는 약 22.3km이다.

협약은 영해의 폭을 기선 바깥에 설정된 12해리까지의 바다로 규정하였다(제3조). 기선으로부터 12해리 등거리선 이내의 수역을 말한다. 선박이 화물을 적재·하역하거나 닻을 내리기 위하여 사용하는 정박지(roadsteads)는 전부 또는 일부가 영해 밖에 있더라도 영해로 포함된다(제12조).

나. 영해의 경계

달리 합의하지 않는 한, 두 국가의 해안이 마주 보고 있는 대향국(opposite state) 간 또는 인접국(adjacent states) 간 영해의 폭이 중복되는 경우, 중간선 밖으로 영해를 확장할 수 없다(제15조). 이를 **중간선·등거리 원칙**이라 하며, 관습법적 성격을 갖는다. 대향국 간에는 중간선 원칙(median line principle), 인접국 간에는 등거리 원칙(equidistance principle)에 따른다. 대향국 간의 중간선은 서로 가장 가깝게 마주 보는 돌출 지점 간 중간점을 연결한 선이며, 인접국 간 등거리는 인접국의 두 해안 기선의 지점들로부터 여러 선을 그어 두 선의 거리가 같은 점을 연결한 선이다.

역사적 권원이나 그 밖의 특별한 사정(historic title or other special circumstances)이 존재하는 경우, 중간선·등거리 원칙이 아닌 다른 방법을 적용할 수 있다. 특별한 사정은 역사적 만의 존재나, 연안에 인접한 섬의 존재 또는 해안선의 특수한 지형 등을 말한다.

기선, 하구, 만, 정박지, 대향국 또는 인접국 간의 영해 경계선은 해도나 지리적 좌표 목록으로 적절히 공표하고, 그 사본은 UN 사무총장에게 기탁한다(제16조).

다. 연안국의 권리

연안국은 영해의 상공과 그 해저(bed) 및 하층토(sub-soil)에 대해 이 협약과 그 밖의 국제법 규칙에 따라 주권을 행사한다(제2조). 연안국은 영해에 관한 법령을 제정하는 입법권, 영해에서의 항행 안전·관세·재정·출입국·위생 등에 관한 경찰권, 자국민에게만 허용되는 국내 항구 간 연안 무역권(cabotage), 자국민에게만 허용되는 어업권, 천연자원의 탐사·개발, 해양생물자원 보존·관리, 해양오염 규제, 해양과학조사, 해저전선 및 관선(submarine cables & pipelines)

설치 등의 권한을 갖는다. 해저전선은 통신과 전력 등의 배송을 위한 전선을 말하며, 관선은 석유·가스 등 송유관을 말한다.

라. 무해통항권

(ⅰ) 의의

영해에서의 무해통항권(right of innocent passage)은 해상 교역과 선박 항행의 안전을 확보하기 위해 수 세기 걸쳐 확립되어 모든 국가의 선박이 누릴 수 있는 관습국제법상의 권리이다. 연안국은 영해에서 주권을 행사하지만, 영토나 영공에서 행사하는 배타적 주권과 달리, 영해에서는 모든 국가의 선박에 대해 무해통항권을 보장하고 이를 방해하지 않아야 한다.

연안국이거나 내륙국이거나 관계없이, 모든 국가의 선박은 타국의 영해에서 무해통항권을 누린다(제17조). 모든 국가의 선박이므로 협약 비당사국의 선박에도 적용된다. 무해통항권은 내수에서는 인정되지 않는다. 다만 내수가 아니었던 수역이 직선기선의 채택으로 내수로 편입된 수역에서는 계속해서 무해통항권이 인정된다(제8조2항). 무해통항권은 평시에 인정되는 권리로, 전시에는 적용되지 않는다.

무해통항은 연안국의 사전 허가나 사전 동의를 요구하지 않는다. 연안국은 무해통항을 실질적으로 부인하거나 침해하는 요건을 부과하거나, 특정 국가의 선박을 차별하거나 특정 국가를 위해 화물을 반입·반출·운송하는 선박을 차별하는 법령을 적용하지 아니한다. 연안국은 자국이 인지하고 있는 자국 영해에서의 통항 위험 요인을 공시해야 한다(이상 제24조). 특별한 용역(예컨대 도선료 pilotage 등) 제공에 대한 수수료 부과 이외에는, 영해 통항만을 이유로 수수료를 부과할 수 없다(제26조).

(ⅱ) 무해통항의 의미

통항은 연안국의 평화·공공질서·안전(peace·good order·security)을 해치지 않는 한 무해하며, 무해통항은 협약과 그 밖의 국제법 규칙에 따라 이루어져야 한다(제19조1항). 따라서 무해통항권을 행사하는 외국 선박은 평화·공공질서·안전을 해치는 유해한 통항을 해서는 안 된다. 협약은 유해한 통항에 해당하는 아래 12가지 양태(제19조2항)를 열거함으로써 연안국이 자의적으로 외국 선박의 무해통항을 제한할 수 없게 하였다.

> (a) 연안국의 주권·영토보전 또는 정치적 독립에 반하거나 「UN헌장」에 구현된 국제법의 원칙에 위반되는 그 밖의 방식에 의한 무력의 위협이나 행사
> (b) 무기를 사용하는 훈련이나 연습
> (c) 연안국의 국방이나 안전에 해가 되는 정보수집을 목적으로 하는 행위
> (d) 연안국의 국방이나 안전에 해로운 영향을 주기 위한 선전행위
> (e) 항공기의 선상 발진·착륙 또는 탑재
> (f) 군사기기(military device)의 선상 발진·착륙 또는 탑재
> (g) 연안국의 관세·재정·출입국 관리 또는 위생에 관한 법령에 위반되는 물품이나 통화를 싣고 내리는 행위 또는 사람의 승선이나 하선
> (h) 협약에 위배되는 고의적이고도 심각한 오염(wilful & serious pollution) 행위
> (i) 어로활동
> (j) 조사활동이나 측량활동의 수행
> (k) 연안국의 통신체계 또는 그 밖의 설비·시설물에 대한 방해를 목적으로 하는 행위
> (l) 통항과 직접 관련이 없는 그 밖의 활동(예컨대 해상범죄나 무허가 방송 등)

통항은 ① (내수로 들어가지 않거나, 내수 밖의 정박지나 항구 시설에 기항하지 않고) 연안국의 영해를 횡단하거나, ② 연안국의 내수로 출입하거나 내수 밖의 정박지나 항만시설에 기항하기 위해 항행하는 것을 말한다. 통항은 계속적이며 신속해야 한다. 외국 선박의 영해 내 불필요한 정박 또는 배회를 방지하기 위한 것이다. 따라서 선박의 정선(stopping) 또는 투묘(anchoring)는 금지되나, 통상적인 항행에 부수되는 경우, 불가항력이나 조난(*force majeure* or distress)의 경우, 구난작업이 필요한 경우에는 예외적으로 허용된다(이상 제18조).

(iii) 무해통항의 향유 선박

무해통항을 누리는 선박은 모든 국가의 선박이다. 모든 국가의 선박이므

로 협약 당사국이 아닌 국가의 선박도 관습국제법상 무해통항권을 누린다.

- 상선: 무해통항은 원래 해상 교역 증진을 위한 것으로 상선은 완전한 무해통항이 인정된다.

- 어선: 어로행위는 유해통항에 속하므로 어선은 영해에서의 어업에 관한 연안국 법령을 준수하는 조건으로 무해통항이 인정된다.

- 핵 추진 선박과 특수선박: 핵 추진 선박이나, 핵 물질·기타 위험하거나 유독한 물질을 운반하는 특수 선박의 무해통항은 인정되나, 이들 선박은 국제협정이 정한 서류를 휴대하고 이에 따른 특별 예방조치를 취해야 한다(제23조).

- 군함: 협약은 모든 국가의 선박이 무해통항을 누린다고 하였을 뿐, 군함(warship)의 무해통항권에 대해 명시하고 있지 않다. 이와 관련, 군함의 영해 항행의 자유를 확보하려는 해양 강국(미·영·프·러·독·일·이탈리아 등)과 군함의 영해 통항 자체를 자국 안보에 대한 위협으로 보고 이에 반대하는 국가의 입장이 대립한다. 협약은 영해에서 군함에 의해 가능한 유해통항의 형태를 구체적으로 명시하고 있으며(제19조2항 a, b, c, e, f), 군함이 영해 통항에 관한 연안국의 법령을 준수하지 않고 연안국의 법령 준수 요구를 무시하는 경우, 연안국은 군함에 대해 영해에서 즉시 퇴거할 것을 요구할 수 있다고 규정(제30조)하고 있다. 판단컨대, 협약은 군함의 영해에서의 무해통항권을 전제로 군함에 의한 유해통항의 형태를 열거하고 연안국의 국내법령을 준수하도록 명시하여 절충한 것으로 보인다. 하지만 상당수 연안국은 국내법령으로 무해통항에서 요구되지 않는 사전 허가나 사전 통고를 군함에 대해 요구함으로써 군함의 무해통항권을 사실상 제약하고 있다.

- 비상업용 정부선박: 협약은 비상업용 정부선박의 무해통항에 대해서도 규정하지 않고 있다. 비상업용 정부선박은 국가가 소유하고 공공 또는 비상업적 목적을 위해 운용하는 경찰 경비정·과학조사선·세관선·병원선·훈련선·준설선 등을 말한다. 비상업용 정부선박의 무해통항이 인정

되더라도 연안국의 국내법령을 준수하지 않으면 군함의 경우와 같이 즉시 퇴거를 요구할 수 있다 할 것이다.

- 잠수함: 잠수함 또는 잠수정은 잠항하지 않고, 수면으로 부상하여 국기를 게양하고 항행해야 한다(제20조).
- 항공기: 항공기는 민간항공기이든 국가항공기이든 연안국의 허가 또는 조약에 의하지 않으면 영해 상공을 무해통항할 수 없다. 영해의 상공은 연안국이 배타적 주권을 행사하는 영공이기 때문이다.

(iv) 무해통항과 관련한 연안국의 권한

연안국은 무해통항에 관한 국내법령을 제정할 수 있다. 연안국은 항행의 안전과 해상교통의 규제, 항행 보조 수단과 설비 및 그 밖의 설비나 시설의 보호, 해저전선과 관선의 보호, 해양생물자원의 보존, 연안국의 어업법령 위반 방지, 연안국의 환경보전과 환경오염 방지·경감 및 통제, 해양과학조사와 수로측량, 연안국의 관세·재정·출입국 관리 또는 위생에 관한 법령의 위반 방지와 관련한 법령을 제정하고, 이러한 모든 법령을 적절히 공표해야 한다. 외국 선박은 무해통항과 관련한 연안국의 모든 법령과 해상충돌 방지에 관해 일반적으로 수락된 국제규칙을 준수해야 한다(이상 제21조). 1972년 「국제해상충돌예방규칙협약」(Convention on the International Regulation for Preventing Collisions at Sea)은 해양 수면에서 항행할 수 있는 모든 선박의 해상충돌 방지 규칙을 규정하고 있다(1977년 발효). 우리나라도 가입하였으며, 협약 이행을 위해 『해사안전법』이 제정되었다.

연안국은 항행의 안전을 위해 필요한 경우, 항로대(sea lanes)를 지정하고 통항분리제도(traffic separation scheme)를 시행하여, 이를 이용하도록 요구할 수 있다. 연안국은 항로대 및 통항분리제도를 규정하면서 권한 있는 국제기구의 권고, 국제항행에 관습적으로 이용되는 수로, 특정한 선박과 수로의 특성, 선박 교통량을 고려한다. 특히 유조선, 핵 추진 선박 및 핵물질 또는 본래 위험하거나 유독한 그 밖의 물질과 재료를 운반 중인 선박에 대해서는 항로대만 통항하도록 요구할 수 있다(이상 제22조).

연안국은 유해통항을 방지하기 위해 자국 영해에서 무해통항에 관한 법령을 위반한 외국 선박에 대해 필요한 조치를 취할 수 있다(제25조1항). 연안국은 선박이 내수를 향하여 항행하거나 내수 밖 항구 시설에서 기항하고자 하는 경우 허가조건 위반을 방지하는 데 필요한 조치를 취할 수 있다(제25조2항). 연안국은 무기를 사용하는 훈련 등 자국의 안전보호를 위해 긴요한 경우, 영해의 특정 수역에서 외국 선박을 차별하지 않고 무해통항을 일시 정지(temporarily suspend)할 수 있으나, 이를 (사전에) 적절히 공표해야만 효력을 가진다(제25조3항). 연안국은 무해통항을 위배하여 통항하는 선박을 퇴거시키거나 정선·검색·억류하고, 불응하고 도주하는 선박은 기국이나 제3국의 영해에 진입하기 전까지 추적권(☞ p.299)을 행사할 수 있다(제111조).

마. 영해에서 연안국의 재판관할권

(ⅰ) 외국 선박

연안국은 영해에서 주권을 행사하지만, 외국 선박의 무해통항 또한 보장해야 하므로 외국 선박에 대한 연안국의 재판관할권 행사는 제약이 따른다.

형사재판관할권과 관련, *영해를 통과 중에* 외국 선박 내에서 발생한 범죄에 대해, 연안국은 승선하여 체포나 수사 등 관할권 행사를 할 수 없으며, 선적국이 관할권을 행사한다. 단, 범죄 결과가 연안국까지 미치거나, 연안국의 평화나 영해의 공공질서를 교란하거나, 선장이나 기국 영사가 지원을 요청하였거나, 마약 등의 불법 거래를 단속하기 위해서는 연안국이 관할권을 행사할 수 있다(제27조1항). 연안국은 *내수를 떠나 영해를 통과 중인* 외국 선박에 승선하여 체포나 수사를 목적으로 자국법이 허용한 조치를 취할 수 있다(제27조2항). *영해 진입 이전*에 선박 내에서 범죄가 발생하고 단순히 영해를 통과하는 외국 선박에 대해, 연안국은 어떠한 조치도 취할 수 없다(제27조5항).

민사재판관할권과 관련, 연안국은 영해를 통과 중인 외국 선박에 승선한 *사람*에게 민사관할권을 행사하기 위해 선박을 정지시키거나 항로를 변경시킬 수 없다(제28조1항). 영해를 운항 중이거나 운항을 위해 선박이 스스로 부담하거나 초래한 의무나 책임(충돌사고 등)이 있는 경우를 제외하고, 연안국은 영해를 통과 중인 *선박*에 대해 민사소송 목적으로 강제집행이나 압류를 할 수 없다. 그러나 영해에 정박 중이거나 내수에 들어왔다가 영해를 통과 중인 선박에 대해서는 연안국이 민사관할권 행사를 위해 강제집행이나 압류를 할 수 있다(제 28조2 − 3항).

(ii) 외국 군함과 비상업용 정부선박

협약은 외국 군함이나 비상업용 정부선박의 면제를 인정하되(제32조), 영해 통항과 관련한 연안국의 법령을 준수하지 않아 발생한 손실 또는 손해에 대해서는 기국의 책임을 규정하고 있다(제31조). 면제 대상인 군함은 어느 한 국가의 군대에 속한 선박으로서, 그 국가의 국적을 구별할 수 있는 외부 표시가 있고, 그 국가의 정부에 의해 정식으로 임명되고 그 성명이 그 국가의 적절한 군적부에 등재된 장교의 지휘 아래 있으며, 정규군 군율에 따르는 승무원이 배치된 선박을 말한다(제29조).

정부선박은 과거에는 상업용·비상업용을 구분하지 않고 면제가 인정되었으나, 제한적 면제론에 따라 상업용 정부선박은 민간 선박과 같은 지위를 가지며 면제 대상에서 제외된다. 비상업용 정부선박은 면제 대상이나, 관행상 기국이 행사하던 선박의 소유권이나 선박충돌에 관한 재판관할권은 관련 조약에 의해 점차 축소되는 경향이다.

바. 한국·일본·중국·북한의 기선과 영해

(i) 한국

1948년 군정법령 제189호는 북위 38° 이남 한국의 영해를 3해리로 규정하였다. 이후 1977년 『영해법』에서 12해리로 규정하였으며, 이 법은 1995년 『영해 및 접속수역법』으로 개정되었다.

법은 해안선이 단조로운 동해안에서는 통상기선(영일만과 울산만은 폐쇄선), 서해안 및 남해안에서는 직선기선을 사용하고 있다. 동해 영일만 달만갑에서 서해안 소령도까지 23개 좌표를 기점으로 설정되었다. 직선기선 설정과 관련, 일부 기선이 해안에 근접한 섬을 기점으로 하지 않은 점(홍도와 소흑산도 기점), 일부 직선기선의 과도한 길이(절명도와 가거도, 고서와 횡도 간 48해리 초과 기선), 일부 기선이 해안선의 일반적 방향에서 이탈하였다거나 직선기선이 해상에서 끝난 점 등이 지적된다. 제주도·울릉도·독도는 통상기선이 적용된다. 법상 기점이 설정되지 않은 소령도에서 장산곶까지 서해5도 수역에 대해, 헌법재판소는 국내법적으로나 국제법적으로 통상기선이 적용되어 해안의 저조선으로부터 12해리 수역은 영해가 된다고 판결하였다(2017.3.28. 2017헌마202).

영해의 폭은 12해리를 원칙으로 하되, 일정 수역에서는 12해리 이내 설정할 수 있다. 이에 따라 대한해협 서수로는 3해리가 설정되었다.

외국 선박은 평화·공공질서 또는 안전보장을 해치지 않는 범위에서 영해를 무해통항할 수 있지만, 외국 군함 또는 비상업용 정부선박은 외교경로를 통해 3일 전까지 외교부장관에게 사전 통고해야 한다(『영해 및 접속수역법』 시행령 제4조). 안전보장을 위하여 필요한 경우, 국방부장관은 일정 수역을 정하여 외국 선박의 무해통항을 일시 정지할 수 있다.

(ii) 일본

1870년 이래 전통적으로 3해리를 고수하였으나, 1977년 『영해법』을 제정하여 12해리를 채택하였으며, 이 법은 1996년 『영해 및 접속수역에 관한 법률』로 개정되었다.

일본열도 전 해안에 걸쳐 165개의 직선기선을 적용하였다. 일본의 직선기선은 해안선의 일반적 방향에서 현저히 이탈하였거나 또는 50해리 이상 과도하게 긴 구간 직선거리가 13개가 있다. 이 중 동중국해 도리시마 남동쪽 35㎞에 있는 단죠군도(男女群島)의 기점 사용은 한일·한중 간 경계 협상에 영향을 줄 수 있다.

군함의 영해 진입과 관련한 사전 통고나 사전 허가는 규정하지 않고 있다.

(iii) 중국

1958년 영해 12해리를 선포하고, 1992년 제정한 『영해 및 접속수역법』에서 12해리 영해를 규정하였다. 영해는 육지 영토에 인접한 일정 수역으로, 육지 영토는 본토, 연해 도서, 대만 및 조어도를 비롯한 각 부속 도서, 팽호열도, 남중국해(동·서·중·남사군도) 및 그 밖의 모든 중국의 도서를 포함한다. 발해만을 역사적 만으로 주장하고 내수로 취급하고 있다.

1996년 산둥반도에서 해남도까지 본토 연안에 49개의 외곽 섬을 기점으로 연결하는 직선기선과 서사군도 주위에 28개의 기점으로 직선기선을 설정하였다. 하지만 해안선이 단조로운 서해와 동중국해에서도 직선기선을 사용하고 있으며, 직선기선도 해안선의 일반적 방향에서 벗어나 있고, 50해리 이상 과도하게 긴 구간 직선거리가 15개가 있다. 특히 양쯔강 입구 삼각주의 암초(본토 상해로부터 69해리 떨어진 바위섬인 童島: 퉁타오)를 기점으로 사용하고 있어 한중 간 해양경계에 영향을 줄 수 있다. 산둥반도 이북에는 기점을 발표하지 않고 있다.

외국 군함의 영해 진입 시 사전 허가를 요구하고 있다.

(iv) 북한

1955.3. 내각 결의 제25호로 12해리 영해를 선포하였다.[5] 북한이 1977.8. 선포한 군사수역(☞ p.323)은 영해를 포함하여 민간 및 군용 선박을 포함한 모든 선박에 대해 무해통항권을 부정하고 있다.

서해안의 기선은 알려진 바 없으나, 동해안에서는 두만강 하구 나주리에서 무수단을 거쳐 강원도 고성을 잇는 하나의 직선기선(약 280해리)을 사용하고

----
5 1968.1.23. 동해에서 활동하던 미 해군 정보수집함 Pueblo 호를 북한 해군 경비정이 무력으로 나포하였다. 북한은 Pueblo 호가 12해리 영해를 침범하여 간첩행위를 하였으며 자위권 행사 차원에서 정당하게 나포하였다고 주장하였으나, 미국은 Pueblo 호가 최소 15해리 이원에서 나포되었고 군함에 대해 국가면제를 인정하지 않은 것은 국제법 위반이라고 주장하였다. 미·북 간 교섭으로 북한은 11개월 만에 승무원 83명을 석방하였으나, 선체는 반환되지 않고 평양 대동강 강가에 전시되어 있다.

있다. 하지만 동해안은 해안선이 복잡하거나 섬이 많지 않기 때문에 협약상 직선기선을 설정할 수 있는 요건에 부합하지 않는다.

한편 중국과는 1962년 「조·중 변계조약」에서 압록강 하구 동경 124° 10′ 6″를 기준으로 남쪽으로 공해에 이르는 직선으로 해상경계선을 합의하였다. 소련과는 1985년 조약을 체결하여 영해 경계를 획정하였다.

4. 접속수역

접속수역(contiguous zone)은 영해에 접한 수역이다. 1736년 영국이 영해 밖 공해를 배회하면서 밀수하는 외국 선박을 단속하기 위해 『배회법』(Hovering Act)을 제정한 데서 유래하였다. 미국도 금주법이 시행된 기간(1920–1933) 중 영해 밖으로부터의 밀주 반입을 단속하기 위해 인접국들과 양자조약을 체결하였다. 접속수역은 연안국이 영토나 영해에서 빈번히 발생하는 외국 선박의 법령 위반에 대해 3해리 영해만으로는 효과적으로 대응하기 어렵게 되자 영해 바깥 일정 수역까지 통제를 확장한 수역이다. 1958년 「영해 및 접속수역에 관한 협약」에서 12해리 접속수역이 처음 도입되었고 「UN해양법협약」에서도 명문화되었다. 고속 선박을 이용한 마약 등 해상 밀수, 밀항이나 인신매매 등과 관련하여 접속수역이 중요해지고 있다.

접속수역은 자국 영토나 영해에서 발생한 관세·재정·출입국 관리 또는 위생 관련 법령(customs, fiscal, immigration or sanitary laws)의 위반을 사전에 방지하거나 사후에 처벌하기 위해 연안국이 외국 선박에 대해 필요한 **통제**(control)를 행사할 수 있는 수역을 말한다(제33조1항). 즉 연안국은 밀수, 외화 밀반입, 밀입국 또는 인신매매, 검역이 필요한 동·식물의 반입 등을 사전에 방지하거나 사후에 처벌하기 위해 이를 위반하고 접속수역 내에 있는 외국 선박을 통제할 수 있다. 연안국의 영토 또는 영해에서 관련 법령을 위반하고 접속수역 상공을 비행하는 외국 항공기도 통제할 수 있다.

접속수역은 영해 기선으로부터 24해리 밖으로 확장할 수 없다(제33조2항).

따라서 기선으로부터 영해 12해리 외측에 (3해리이든 12해리이든) 접속수역으로 선포한 최대 12해리까지의 수역을 말한다. 접속수역은 연안국이 당연히 갖는 수역이 아니라, 연안국의 선포가 있어야 인정된다. 한국은 1995년『영해 및 접속수역법』에서 접속수역은 기선으로부터 24해리 선까지 하되 영해 수역을 제외하며, 일정 수역의 경우에는 24해리 이내에서 따로 정할 수 있다고 규정하였다. 일본과 중국은『영해 및 접속수역에 관한 법률』에서 12해리 접속수역을 각각 규정하고 있다.

　　연안국은 접속수역에서 주권이나 관할권을 행사하는 것이 아니라, 통제만 할 수 있다. 선박이 접속수역에서 영토나 영해 안에서의 관세·재정·출입국 관리 또는 위생 관련 법령의 위반을 시도하는 것을 사전에 방지하고, 이를 실제 위반하고 접속수역에 있는 선박을 사후적으로 처벌한다. 방지 조치로서 법령을 위반할 우려가 있는 접속수역 내 선박을 승선·검문하여 퇴거 조치를 취하고, 처벌 조치로서 영토나 영해 안에서 관련 법령을 위반하고 접속수역 내에 있는 선박을 임검·추적·나포하여 처벌할 수 있다. 다만 선박의 위반 혐의가 발견되지 않으면 연안국은 손해 배상책임을 진다.

　　연안국의 통제는 외국 선박이 접속수역 내에서 행한 다른 법령 위반행위에는 적용되지 않는다. 접속수역은 영토 및 영해에서의 관세·재정·출입국 관리 또는 위생 관련 법령의 위반에 대해서만 통제할 수 있는 기능적 수역이나, EEZ는 EEZ 내 천연자원에 대한 주권적 권리를 행사하는 수역으로, 외국 선박이 EEZ와 접속수역이 중복되는 수역에서 불법 조업하면 연안국의 EEZ 법령에 따라 처벌된다. 단, 연안국의 승인 없이 연안국 접속수역의 해저로부터 고고학적·역사적 해저 유물을 반출하는 행위는 연안국의 영토나 영해에서의 법령을 위반한 것으로 추정할 수 있다(제303조2항). 이는 해양에서 발견된 고고학적·역사적 유물의 거래를 통제하기 위한 것이다.

5. 군도수역

군도(群島: archipelago)는 일군의 섬, 수역, 자연 지형이 서로 밀접하게 관련되어 고유한 지리적·경제적·정치적 단일체를 이루거나, 또는 역사적으로 그러한 단일체로 인정되어 온 것을 말한다(제46조). 군도국가(archipelagic State)는 1개 또는 다수의 군도로 형성된다. 제3차 해양법회의에서 도서국들은 해양 안보, 어업권 보호, 해양오염방지 등을 이유로 군도수역 제도의 도입을 주장하였다. 통항권을 제약받게 되는 해양 강국들은 새로운 군도수역 제도 도입에 반대하였으나, 도서국들의 요구로 협약에 새롭게 도입되었다. 필리핀·인도네시아·자메이카·아이슬란드·파푸아뉴기니·휘지 등 20여 개국이 군도국가를 선포하였다.

군도국가는 군도의 가장 바깥에 있는 도서와 암초를 직선으로 연결하는 **직선군도기선**(straight archipelagic baseline)을 그을 수 있다. 직선군도기선은 그 안에 본도(本島)를 포함하며, 군도의 일반적 형태에서 현저히 벗어날 수 없으며, 직선군도기선 안의 바다와 육지의 비율은 1:1에서 9:1 사이여야 한다. 바다와 육지의 비율을 최소 1:1 이상으로 규정한 것은 1개 이상의 커다란 본도와 소수의 섬·암초로 구성된 도서국가(island state: 영국, 일본, 뉴질랜드 등)가 군도국가를 선포하는 것을 막기 위한 것이며, 9:1은 아주 멀리 떨어진 섬을 직선군도기선의 기점으로 사용하여 군도수역을 과도하게 확장하는 것을 방지하기 위한 것이다. 1개 직선군도기선의 길이는 100해리를 초과할 수 없으나, 총 직선군도기선 수의 3%까지는 최대 125해리까지 될 수 있다(이상 제47조). 직선군도기선은 원칙적으로 간조노출지를 연결하여 그을 수 없다. 군도국가의 영해·접속수역·EEZ·대륙붕의 폭은 직선군도기선으로부터 측정한다(제48조).

군도수역(archipelagic waters)은 직선군도기선의 안쪽 수역으로, 내수와 영해 사이에 있는 수역이다. 군도국가는 군도수역의 상공·해저·하층토 및 그 자원에 대해 **주권**을 행사한다(제49조). 군도국가는 내수의 경계를 획정하는 폐쇄선을 설정할 수 있다(제50조). 군도국가는 인접 국가들의 전통적 어업권과 자국 수역을 통과하는 타국의 해저전선을 존중해야 한다(제51조).

모든 국가의 선박은 군도수역에서 무해통항권을 누린다. 군도국가는 자국의 안전을 위해 긴요한 경우 적절히 공표된 특정 수역에서 선박을 일시 정지시킬 수 있다(이상 제52조). 모든 선박과 항공기는 군도국가가 군도수역과 인접 영해에 지정한 항로대와 항공로에서 계속적이며 신속하게 방해받지 않고 통항하는 권리를 누리며, 군도국가는 이들을 정지시킬 수 없다. 군도국가는 선박의 안전 운항을 위해 항로대와 그 안의 좁은 수로에서 통항분리제도를 지정할 수 있다(이상 제53조). 군도수역 내 지정된 항로대와 항공로에서의 통항은 국제해협에서의 통과통항권과 유사하다.

6. 국제해협

가. 관습국제법상 국제해협

국제해협은 지리적으로 두 개의 공해를 연결하는 자연적인 통항 수로로, 기능적으로 국제항행에 이용되는 해협을 말한다.

관습국제법상 국제해협에서는 군함을 포함한 선박의 무해통항이 인정된다.

⚖ **코르푸해협사건(영국 v. 알바니아 1949)**

Corfu해협(폭 3~23km)은 알바니아 본토와 그리스령 코르푸섬 사이에 위치한다. 1946.10. 영국 군함 4척이 코르푸해협의 알바니아 영해를 항해하던 중 기뢰에 부딪혀 다수의 사상자가 발생하자, 11월 영국은 알바니아의 사전 동의 없이 동 해역에서 기뢰 제거작업을 실시하였다.

영국은 공해와 공해를 연결하는 국제항행에 이용되는 코르푸해협에서 군함은 평시 무해통항권을 가진다고 주장하였다. 이에 대해 알바니아는 코르푸해협은 공해를 연결하는 항행에 자주 사용되는 불가결한 국제해협이 아니므로 선박의 무해통항이 허용되지 않으며 통항을 위해서는 사전 허가가 필요하다고 반박하였다.

ICJ는 코르푸해협은 해협으로서의 중요도나 통행량과는 무관하게, 지리적으로 공해와 공해를 연결하며 국제항행에 유용하게 사용되는 해협으로서, 이러한 해협에서 무해

> 통항은 일반적으로 인정되는 원칙으로서, (그리스와의 긴장을 고려할 때 알바니아가
> 코르푸해협에서의 통항에 관한 규칙을 제정할 수는 있으나) 사전 허가를 요구하는 것
> 은 정당화될 수 없다고 판결하였다.
>
> ICJ는 공해와 공해를 연결하고 국제항행에 이용되는 국제해협에서 군함을 포함한
> 선박의 무해통항권을 관습국제법으로 인정한 것이다.

조약상 국제해협에서 자유통항이 인정되기도 한다. 1936년 「몽트뢰협약」
은 에게해와 흑해를 연결하는 터키해협(Dardanelles와 Bosphorus)에서 평시 모
든 민간 선박에 대해 완전한 통항의 자유를 보장하고 있다. 다만 흑해 연안국
및 비연안국의 군함에 대해서는 터키가 제한할 수 있도록 규정하고 있다.

나. 「UN해양법협약」상 국제해협

(ⅰ) 배경

영해가 3해리이던 시기에 Gibraltar, Dover, Hormuz, Malacca 해협 등 주
요 국제해협은 해협국의 영해 3해리 밖 공해대에서 자유통항을 누렸다. 그러나
이들 해협의 폭은 24해리를 초과하지 않아, 협약이 발효하여 해협국의 영해가
12해리로 확대되면 해협국의 영해로 편입되어 자유통항 대신 무해통항만 가능
하게 되자, 해협 이용국들은 연안국의 영해로 편입되는 국제해협에 대해서 새
로운 통항권 설정을 요구하였다. 해협국과 해협 이용국 간의 타협으로 통과통
항 또는 정지될 수 없는 무해통항이 적용되는 국제해협 제도가 협약 제3부에
규율되었다.

단 협약에 의해 수립된 국제해협의 통항제도는 해협을 구성하는 수역의
내수 또는 영해로서의 법적 지위나 (통항 이외에) 그 수역의 상공·해저 및 하층
토에 대한 해협국의 주권이나 관할권에 아무런 영향을 주지 않는다(제34조).

(ii) 통과통항이 적용되는 국제해협

공해(EEZ)와 다른 공해(EEZ) 사이를 연결하는 국제항행에 이용되는 해협 안에서, 모든 선박과 항공기는 방해받지 않는 통과통항권(right of transit passage)을 누린다(제38조). 통과통항은 국제해협 안에 공해나 EEZ가 형성될 수 없는 폭이 24해리 미만의 국제해협에 적용된다(제36조). 해협의 양안은 다른 국가 또는 같은 국가에 속할 수 있다.

대한해협 서수로는 폭이 22.75 해리이므로 통과통항이 적용될 수 있는 국제해협이다. 그러나 이 수로에서 일본이 3해리 영해를 설정하였으며 한국도 1.5m 바위−생도−홍도 간 직선기선으로부터 3해리를 설정함에 따라 16.75해리 공해대가 남게 되어 외국 선박의 자유항행이 가능하다.6 한일 양국이 해양 관문(choke point)인 대한해협 서수로에서 3해리를 선포하였으나, 해양 안전사고나 오염 등을 방지하기 위해 영해 폭을 확대하여 통항을 규제해야 한다는 주장이 있다.

해협국이 안전을 위해 항로대나 통항분리제도를 지정하려면 권한 있는 국제기구(IMO)에 이를 제안하여 채택되어야 한다(제41조). 해협국은 통과통항과 관련된 법령(해상충돌이나 오염방지, 항로대나 통항분리제도, 항공 규칙 등)을 제정하고 적절히 공표한다. 국가면제를 누리는 선박의 기국이나 항공기의 등록국은 관련 법령을 위배하여 해협국에 입힌 손실이나 손해에 대해 국제책임을 진다(이상 제42조). 해협국은 통과통항을 방해할 수 없으며, 항행이나 비행에 관한 위험을 적절히 공표한다. 통과통항은 정지시킬 수 없다(제44조).

통과통항이 적용되는 대상은 모든 선박과 항공기로, 군함·비상업용 정부선박 및 잠수함, 군항공기를 포함한다. 잠수함의 잠항, 군항공기의 상공비행도 허용되어, 공해에서와 같은 항행 및 비행의 자유가 보장된다. 통과통항을 누리

----

6 한일 양국은 1974년 「대륙붕 북부수역경계획정협정」에서 중간선 원칙을 적용하였고, 1998년 「한일어업협정」에서도 동일한 중간선을 EEZ의 경계로 사용하였으므로, 대한해협 서수로의 직선기선에서 중간선까지의 수역(영해 3해리 제외)은 한국의 EEZ·대륙붕·접속수역으로서의 지위를 함께 갖는다.

는 모든 선박과 항공기는, 계속적이며 신속하게 통과할 목적으로 지체없이 항진해야 하며(단 불가항력이나 조난의 경우는 제외), 해협국의 주권, 영토보전 또는 정치적 독립에 반하거나 「UN헌장」에 구현된 국제법 원칙을 위반한 그 밖의 방식으로 무력의 위협이나 행사를 삼가야 한다. 또한 해협국의 법령을 준수해야 하며(제39조), 해협국의 사전 허가 없이 조사활동이나 측량활동을 할 수 없다(제40조).

국제해협에서의 통과통항과 영해에서의 무해통항을 비교해 보면, 통과통항이 적용되는 대상은 모든 선박과 항공기로 잠수함의 잠항과 항공기의 상공비행이 가능하지만, 무해통항은 잠수함의 잠항과 항공기의 상공비행이 불가하다. 통과통항은 어떠한 이유로도 일시 정지시킬 수 없으나, 무해통항은 연안국이 안보상의 이유로 일정 수역에서 무해통항을 일시 정지시킬 수 있다. 한편 통과통항은 공해에서와 같은 항행 및 비행의 자유가 보장되지만, 공해에서의 자유통항과 달리 항로대나 통항분리제도가 지정될 수 있다. 따라서 통과통항은 무해통항보다 제한이 덜하지만, 공해에서의 자유통항보다는 제한적이다.

통과통항권은 관습국제법화하였다고 볼 수 있다. 그러나 협약을 비준하지 않고 통과통항에 집요하게 반대한 국가(예컨대 호르무즈해협에서 통과통항을 인정하지 않는 이란)는 관습국제법상 인정되는 무해통항만을 인정한다.

(iii) 정지될 수 없는 무해통항이 적용되는 국제해협

국제항행에 이용되는 해협으로서, 지리적으로 ① 해협국의 본토와 섬으로 이루어지고, 섬 외측에 유사한 편의성이 있는 항로가 공해(EEZ)에 있는 해협, 또는 ② 공해(EEZ)와 외국의 영해 사이에 있는 해협에 대해, 해협국은 정지될 수 없는 무해통항을 보장해야 한다(제45조). ①에 해당하는 해협으로 제주해협, ②에 해당하는 해협으로 홍해와 아카바만을 연결하는 티란해협(Tiran Strait)을 들 수 있다. 무해통항이므로 잠수함의 잠항이나 항공기의 상공비행은 금지되지만, 자국 안보상 긴요한 경우라도 일시적으로 통항을 정지시킬 수 없다.

제주해협의 지위

　　제주해협은 남해안의 직선기선과 제주도의 통상기선에 의해 수역이 모두 영해로 포함되어 해협 안에 공해대가 없다. 이에 따라 제주해협은 국제해협이 아닌 한국의 영해로서 무해통항이 적용된다는 주장이 있다. 그러나 『영해 및 접속수역법』 시행령 제5조1항 후단("통과하는 수역이 국제항행에 이용되는 해협으로서 공해대가 없는 경우에는 외국 군함 또는 비상업용 정부선박의 3일 전 통보를 면제한다")고 규정하고 있으며, 이를 적용할 수 있는 해협은 제주해협뿐이므로 이 규정은 제주해협을 국제항행에 이용되는 국제해협으로 상정한 것이라 할 것이다.

　　이에 따라 국제항행에 이용되는 국제해협으로서, 제주해협이 통과통항이 인정되는 국제해협인지 또는 정지될 수 없는 무해통항이 인정되는 국제해협인지가 논란이 되어 왔다. 이에 대해 공해와 공해를 연결하는 국제해협으로 주변국들이 오랜 기간 이용해 왔고 남해안의 직선기선 사용으로 새롭게 영해로 편입된 수역이라는 점에서 통과통항을 인정해야 한다는 주장과 제주도 남방에 유사한 편의 항로가 있으므로 정지될 수 없는 무해통항이 인정된다는 주장이 있다. 제주해협을 우회하는 유사한 편의 항로의 존재 여부는 우회 거리나 시간 그리고 우회로의 항행 여건 등을 고려하여 판단되어야겠지만, 해양 안보 정책 차원에서 입법론적으로 본다면 정지될 수 없는 무해통항이 적용되는 국제해협으로 규정하는 것이 바람직하다 할 것이다.[7]

7. 배타적 경제수역

가. 배경

　　1945.9. 트루먼 미국 대통령은 공해 일정 수역에서의 연안 어로와 대륙붕의 천연자원에 관한 정책을 선언하였다. '트루먼 선언'(Truman Proclamation)은 미국 연안에 인접한 일정한 공해 수역을 어업자원 보존수역으로 설정하여 어

7　2001.6. 북한 선박이 제주해협을 국제항로라고 주장하며 통과를 시도한 이후, 2005.8. 발효한 「남북해운합의서」에 따라 제주해협에서 북한 선박(북한 군함이나 비상업용 정부 선박 제외)의 무해통항이 허용되었으나, 2010.3. 천안함 피격사건 이후 취해진 5.24. 조치로 제주해협을 포함한 우리 해역에서의 북한 선박의 항행과 입항은 금지되고 있다.

족자원을 보존하고, 미국 연안 대륙붕에서의 천연자원을 미국의 관할권 아래
둔다는 선언이었다. 선언은 배타적 경제수역(EEZ: Exclusive Economic Zone, 이
하 'EEZ')과 대륙붕에 관한 해양법 제도를 이끄는 시발점이 되었다.

트루먼 선언 이후, 멕시코·파나마·아르헨티나 등 중남미국가와 쿠웨이트·
바레인·필리핀·파키스탄 등 아시아 국가들도 해양 관할권 확대를 선언하기
시작하였다. 1952.1. 한국도 유사한 성격의 '평화선'을 선포하였다(☞ p.247).
1952.8. 칠레·페루·에콰도르 3국은 해양자원의 보존을 위해 관할권을 200해리
까지 연장한다는 '산티아고 선언'을 발표하였다. 1960년대 들어서 연안국들은
조업국들로부터 연안 어업(coastal fishing) 자원을 보호하기 위해 12해리 배타적
어업관할권을 주장하였으며, 1972년 아이슬란드는 50해리 배타적 어업수역을
선포하였다. 이후 냉동시설을 갖춘 조업국의 대형어선들이 원양어업(distant sea
fishing)에 나서자 연안국들은 이에 대응하여 200해리 수역에 대한 어업관할권
을 주장하기 시작하였다. 1971년 케냐가 아시아·아프리카법률위원회(AALCC)
에서 200해리 경제수역 개념을 처음 제시하자, 어업자원을 포함하는 천연자원
에 대한 영구주권을 주장하던 개도국의 폭넓은 지지를 받기 시작하였다. 1977
년에는 소련·영국·일본, 1983년에는 미국도 200해리 EEZ를 선언하였다.

협약 협상 과정에서 연안국이 영해 이원의 공해 수역까지 관할권을 확장
하는 데 대해 많은 논란이 있었다. 전통적인 공해 자유의 원칙에 따라 연안국
의 관할권 확장을 억제하려는 해양 선진국은 EEZ는 연안국의 권리가 일부 인
정되는 공해의 일부라는 입장이었던 반면, 개도국들은 항행과 상공비행의 자유
가 인정되는 연안국의 특별한 수역이라는 입장을 보였다. 결국 해양 선진국이
개도국의 200해리 요구를 수용하되, 실질적으로 공해의 자유가 유지되도록 절
충함으로써 협약에 200해리 EEZ 제도가 도입되었다. 200해리 EEZ에 포함되는
수역은 전 세계 바다의 약 40%에 해당한다.

나. 법적 성격

협약상 EEZ는 '협약 제5부에 의해 설립된 특별한 법제도'이다(제55조).

EEZ는 영해와 공해의 성격이 혼재한 독특한(*sui generis*) 수역으로서, 상부 수역·해저 및 그 하층토의 천연자원 이용에 있어 타국이 간섭할 수 없는 배타적 이용권을 갖고 있어 영해와 유사하나, 모든 선박의 항행·상공비행의 자유, 해저전선 및 관선 부설의 자유, 선박·항공기·해저전선 및 관선 운용 등 해양 이용의 자유가 인정된다는 점에서 공해의 성격도 함께 가지고 있다.

연안국이 협약 제5부에 의해 설립된 특별한 법제도로서 EEZ를 갖기 위해서는 EEZ에 대한 자국의 권리를 주장해야 한다. 연안국은 200해리 거리 내에 설정한 EEZ의 범위와 외측 한계선을 표시하는 해도와 좌표 목록을 공표하고, 그 사본을 UN 사무총장에게 기탁한다(제75조).

협약이 발효되기 전인 1985년 ICJ는 리비아/몰타 대륙붕사건에서 EEZ는 국가실행으로 확립된 관습국제법이라고 판단하였다.

다. EEZ 제도의 내용

(ⅰ) 범위

EEZ는 200해리를 초과할 수 없다(제57조). EEZ는 영해 밖에 인접한 수역으로서, 영해 기선으로부터 200해리(약 372㎞) 이내의 수역을 말한다.

해저의 상부 수역과 해저(海底: seabed) 및 그 하층토(下層土: subsoil)를 포함한다. 상부 수역은 수면과 수중(水中: water column)을 포함하나, 상공은 제외된다.

(ⅱ) 연안국의 권리와 의무

(1) 주권적 권리

연안국은 EEZ 내 천연자원의 탐사·개발·보존 및 관리와 관련하여 주권적 권리를 가진다(제56조1항a). EEZ 내 천연자원의 탐사·개발·보존 및 관리와 관련한 연안국의 권리는 주권이 아니라 주권적 권리(sovereign right)이다. 주권적 권리는 ILC가 1956년 보고서에서 대륙붕에서 천연자원을 탐사·개발하는 연안국의 권리를 지칭하기 위해 고안한 개념으로 협약에 새로 도입된 EEZ에 대해서도 사용되었다. 주권은 포괄적인 영역주권을 의미하나, EEZ와 대륙붕에 대한 연안국의 주권적 권리는 천연자원의 탐사 등과 관련하여 협약에 의해 인정되는 범위 내 제한된 권리이다.

타국은 연안국 EEZ 내 천연자원의 탐사(explore)·개발(develope)을 위해서는 연안국의 승인을 받아야 한다. 천연자원은 상부 수역·해저 및 그 하층토의 생물이나 무생물(광물, 석유·천연가스 등) 자원을 말한다. EEZ의 해저와 하층토에 관해서는 제6부(대륙붕)에 따라 주권적 권리를 행사한다(제56조3항). 이러한 점에서 EEZ 제도는 전통적으로 비연안국이 누려 왔던 공해어업의 자유와 대륙붕 천연자원의 탐사·개발 권리를 연안국으로 이전한 것이다.

연안국은 또한 해수·해류·해풍을 이용한 에너지 생산과 같은 경제적 개발과 탐사를 위한 그 밖의 활동에 관해서도 주권적 권리, 즉 수면의 경제적 이용권을 갖는다.

(2) 관할권

연안국은 협약의 관련 규정에 따라 EEZ에서의 인공 섬·시설·구조물 (artificial islands·installations·structures)의 설치와 사용, 해양과학조사, 해양환경의 보호와 보전 등에 관해 관할권을 갖는다(제56조1항b). 타국은 연안국 EEZ 내 인공 섬 등의 설치, 해양과학조사 실시에 관해서 연안국의 승인을 받아야 한다.

- 인공 섬·시설·구조물의 설치와 사용: 연안국은 인공 섬(해상도시, 해상공항 등)·시설(해양과학기지) 및 구조물의 건설·운용 및 사용을 허가하고 규제하는 배타적 권리를 갖는다. Saiga호사건(1999)의 본안 판결에서 ITLOS는, 연안국인 기니가 자국 EEZ 내 인공 섬·시설·구조물에 관한 관세 법령에 대해 배타적 관할권을 갖지만(제60조2항), 자국 EEZ에서 어선에 유류를 공급한 Saiga호에 대해 관세법을 적용한 것은 협약상 연안국에 부여된 관할권을 넘어선 것으로, 기니의 선박 압류·적재 유류의 몰수·선장과 선원들의 기소와 유죄 판결은 협약 위반이라고 판시하였다.

연안국은 인공 섬 등에 대한 관세·재정·위생·안전·출입국 관리 법령에 관해 배타적 관할권을 갖는다. 또한 항행의 안전과 인공 섬 등의 안전을 위해 그 바깥쪽 끝의 각 점으로부터 500m까지 안전수역(safety zone)을 설치할 수 있으며, 모든 선박은 안전수역을 존중해야 한다(이상 제60조).

- 해양과학조사: 후술
- 해양환경의 보호와 보전: 후술

(3) 협약에 규정된 그 밖의 권리와 의무

연안국은 협약에 규정된 그 밖의 권리와 의무를 갖는다(제56조1항c).

연안국은 EEZ에서 권리 행사와 의무 이행에 있어 타국의 권리와 의무를 적절히 고려(due regard)하고, 협약 규정에 따른 방식으로 행동할 의무가 있다(제56조2항).

(iii) 국가의 권리와 의무

모든 국가는, 협약의 관련 조건을 따를 것을 조건으로, EEZ에서 항행·상공비행의 자유, 해저전선과 관선 부설의 자유,8 선박·항공기·해저전선 및 관선을 운용하는 자유를 누린다. 또한 이와 관련하여 협약의 다른 규정과 양립하는 그 밖의 국제적으로 적법한 해양 이용의 자유를 누린다(제58조1항), '협약의 다른 규정과 양립하는 그 밖의 국제적으로 적법한 해양 이용의 자유'는 협약에 의해 연안국이 갖는 접속수역에 대한 통제와 EEZ에 대한 주권적 권리 및 관할권 행사와 양립하는 자유를 의미한다. 이에 따라 연안국의 주권적 권리나 관할권 행사와 무관한 공해에 관한 규칙(제88조 내지 제115조)은 EEZ에도 적용된다(제58조2항). 따라서 공해상 선박충돌 등 항행 사고에 관한 기국의 형사관할권·임검권·추적권 등은 EEZ에도 적용된다. 예를 들어 2010.4. 대청도 인근 한국 EEZ에서 천안함 피격사건 실종자 수색에 참여한 제98 금양호가 캄보디아 국적 화물선 Taiyo호에 의해 충돌하여 선원 9명이 실종·사망한 사고가 발생하였지

----

8 EEZ에서의 해저전선 및 관선 부설의 자유는 제6부(대륙붕)에 따른다(제79조).

만, 공해상 기국주의가 적용되어 Taiyo호 선장 등은 국내에서 기소되지 않고 캄보디아 당국에 이관되었다.

각국은 연안국의 권리와 의무를 적절히 고려하고, 협약 규정과 그 밖의 국제법 규칙에 따라 연안국이 채택한 법령을 준수해야 한다(제58조3항).

라. 해양생물자원의 보존·관리에 관한 연안국의 주권적 권리: EEZ에서의 어업관할 제도

(ⅰ) 해양생물자원의 공동자원화

전통적으로 해양생물자원은 무주물로서 고갈되지 않고 무한정 재생된다고 인식되었으나, 어로 기술의 급속한 발달, 산업화한 어획 활동과 무분별한 남획, 수산물의 수요 증가로 어업자원이 빠르게 고갈되고 있다. 세계 어획량의 약 90%가 플랑크톤이 풍부한 200해리 이내 수역에서 어획되고 있으며, 이 중 3/4이 선진국 수역에서 어획되고 있다. 주요 어획국은 중국·인도네시아·미국·페루·러시아·인도·일본·베트남·노르웨이·필리핀·칠레·한국·태국·말레이시아 등이며, 주 소비국은 유럽 제국·일본·중국 등이다. 과거 주요 어업국이던 선진국은 어업자원의 남획을 방지하고 효과적으로 보호하기 위해 어업 규제를 지속해서 강화하고 있으며, 이를 위해 상호 밀접하게 연계된 해양생태계에 대해 통합적인 접근방식을 취하고 있다. EEZ 내 생물자원은 이제 국제사회가 함께 보존·관리해야 하는 공동자원화하고 있다.

(ⅱ) 연안국의 생물자원 보존·관리와 최적 이용

EEZ 내 생물자원의 보존은 연안국의 배타적 관할사항이다. 연안국은 과학적 자료를 기초로 생물자원의 유지가 위태롭지 않도록 적절한 보존·관리조치를 취하고(제61조2항), 어획 대상 어종의 최대 지속가능한 생산(MSY: Maximum Sustainable Yield)이 유지·회복되도록 계획해야 한다(제61조3항).

연안국은 보존·관리조치를 고려하여, EEZ 내 생물자원을 최적 이용해야 한다. 어종별 생물자원의 총허용어획량(TAC: Total Allowable Catch)을 결정하고

(제61조1항), 생물자원의 최적 이용을 위해(제62조1항) 자국의 어획 능력량(CTH: Capacity to Harvest)을 초과한 잉여량(surplus)은 타국에 배정해야 한다('잉여량 배정 원칙'). 연안국은 자국의 경제 및 국가이익에 미치는 영향이나 전통적 어업국의 경제적 손실의 최소화 등 모든 관련 요소를 고려하여 타국의 입어를 허용해야 한다(제62조2-3항). 그러나 EEZ 내 외국 어선의 조업 허용 여부와 허용량은 사실상 연안국의 재량으로 결정된다. 이에 따라 연안국은 조업국과 어업협정을 체결한다. 원양 어업국인 우리나라는 미국·호주·뉴질랜드·프랑스·PNG·에콰도르·모리타니아·솔로몬 아일랜드·쿡 아일랜드·투발로·키리바시 등과 양자 어업협정을 체결하여 어업권을 확보하고 있다.

총허용 어획량(TAC) = 자국의 어획 능력량(CTH) + 잉여량(surplus)

해양포유동물의 보호

협약상 고래·물개·거북 등 해양포유동물(marine mammals)은 해양생물자원이지만, 연안국의 최적 이용 대상이 아니라 포획 금지 또는 제한 대상이다. 해양포유동물과 해양조류가 조업 과정에서 혼획(by-catch)으로 인해 심각한 부수적 피해(collateral damage)를 입기 때문이다. 협약은 해양포유동물의 포획을 금지·제한 또는 규제하는 연안국의 권리나 국제기구의 권한을 제한하지 않으며, 각국은 해양포유동물의 보존을 위해 노력하고, 특히 고래류의 경우 그 보존·관리 및 연구를 위해 적절한 국제기구를 통해 노력해야 한다(제65조).

1946년 「국제포경규제협약」(ICRW: International Convention on the Regulation of Whaling)이 채택되어 국제포경위원회(IWC: International Whaling Commission)가 설치되었다. 위원회는 초기에는 포경국의 이익 보호에 치중했으나 70년대 이후 고래 보존으로 선회하였다. 1982년 과학조사 목적과 원주민의 생계를 위한 목적 이외의 상업적 포경을 전면 금지하는 유예(moratorium)를 채택하여 1986년부터 시행하였다. 한국은 1978년 협약에 가입하고, 1986년 이래 상업 포경을 중단하였다. 하지만 일본·노르웨이·아이슬란드·페루 등 전통 포경국들은 고래 자원이 증가하였다는 이유로 유예 해제를 계속 주장해 왔다.

일본은 1987-2005년 남극에서의 과학조사계획을 IWC에 제출하고 2005년부터 자국 어선에 대해 협약 제8조에 따른 특별 포경 허가를 발급하였다. 일본은 자국의 고래잡이가 연구 목적의 포경이라고 주장하였으나, 호주는 연간 850마리에 이르는 상업적 포경을 위해 연구를 명분으로 내걸었을 뿐이라며 2010년 ICJ에 일본을 제소하였다('남극포경사건'). 2014년 ICJ는, 일본의 과학조사계획과 관련한 포경 특별 허가는 협약(제8조)의 과학적 조사 목적의 포경에 합치되지 않는다고 결정하고 남극에서의 포경을 중단하라고 명령하였다. 이후 일본은 IWC에 상업 포경의 허용을 제안하였으나 부결되자, 2018.12. 협약을 탈퇴하고, 2019.7.부터 자국 영해와 EEZ에서 밍크고래·브라이드고래·보리고래 3개 어종에 대한 상업적 고래잡이에 나섰다.

(iii) 연안국의 법령 집행

생물자원 보존과 이용에 대한 자국의 주권적 권리를 행사하기 위해 연안국은 어업 관련 각종 법령을 제정한다. 관련 법령은 선원·어선·조업 장비의 허가, 조업 어종(연령, 크기) 및 할당 어획량, 어로기·어로수역·어구(종류·크기·수량), 어선 정보, 감시원·훈련원의 승선 배치, 어획물의 하적 등을 규정한다. EEZ에서 어로행위를 하는 타국 국민은 연안국의 법령에 따른 보존조치와 그 밖의 조건을 준수해야 한다(이상 제62조4항).[9]

연안국은 EEZ 내 생물자원을 탐사·개발·보존 및 관리하는 주권적 권리를 행사하면서 자국 법령을 준수하도록 승선·검색·나포 및 사법절차 등 필요한 조치를 취할 수 있다(제73조1항). 연안국은 나포된 선박과 승무원은 적절한 보석금이나 그 밖의 보증금을 예치한 후에는 신속히 석방한다. 관련 국가 간 달리 합의하지 않는 한, 금고나 다른 형태의 체형은 불가하다. 연안국은 처벌과 관련하여 기국에 신속히 통고한다(제73조2항 내지 4항).[10]

----

9 EEZ에서 생물자원 관리에 관한 법으로 『어업자원보호법』(1953), 『수산업법』(1953), 『해양생태계보전관리법』(2007), 『수산자원관리법』(2009), 『해양수산생명자원의 확보·관리 및 이용 등에 관한 법』(2016)이 있다.

10 『배타적 경제수역에서의 외국인 어업 등에 대한 주권적 권리의 행사에 관한 법률』(1996)은 「UN해양법협약」 내에서 외국인에 의한 어업을 관리하고, 위반 선박에 대한 정선·승선·검색·나포, 벌금 부과와 담보 제공 시 선박과 선원의 즉각 석방 등을 규정하고 있다. 또한 특

이와 관련 기네 비소가 자국 EEZ에서 조업하던 모리타니아 어선에 급유하던 파나마 국적 선박을 나포하고 선박과 가스·오일을 몰수한 M/V Virginia G호사건(파나마/기네 비소 2014)에서 ITLOS는, 자국 EEZ 내 조업하는 외국 선박에 대한 급유는 계속적인 어업 관련 활동과 밀접하게 관련된 것으로, 연안국이 자국 EEZ 내 생물자원의 보존 및 관리를 위해 취할 수 있는 필요한 조치의 하나로서 이를 규제하는 것을 금지하지 않는다고 판단하였다.

(iv) 마찰 또는 분쟁의 해결

협약에 의해 EEZ에서의 권리나 관할권이 연안국이나 다른 국가에 귀속되지 아니하고 또한 연안국과 다른 국가 간에 마찰(conflict)이 발생한 경우(군사활동이나 해양과학조사 등), 그러한 마찰은 당사국들의 이익과 국제사회 전체 이익의 중요성을 고려하면서, 모든 관련 상황에 비추어 형평에 입각하여 해결한다(제59조).

어업에 관한 분쟁은 원칙적으로 의무적 분쟁해결절차가 적용되나, 일부 사항에 대해서는 배제를 선언할 수 있다(☞ p.714).

마. 한·중·일·북한과 EEZ

한국은 원양 어업국으로서 원양 산업의 위축을 우려하여 200해리 EEZ 선언에 소극적이었으나, 「UN해양법협약」 발효에 맞추어 1996.1.29. 협약을 비준하고, 1996.8. 『배타적 경제수역법』을 제정하였다. 법은 200해리까지 이르는 수역 중 영해를 제외한 수역을 EEZ로 설정하고, EEZ에서의 어업이나 해양과학조사 등에 관해서는 관련 법령에서 규율하도록 하였다. 법은 2017.3. 『배타적 경제수역 및 대륙붕에 관한 법률』로 개정되었다.

일본은 전통적인 원양 어업국으로서 200해리 EEZ 제도를 반대했으나, 「UN해양법협약」의 발효가 분명해지자 1996년 『배타적 경제수역과 대륙붕에

정금지구역에서 외국인의 조업을 금지하되 여타 수역에서는 입어 허가를 받도록 규정하였다. 단 외국과의 어업협정은 우선 적용된다.

관한 법률』을 제정하여 200해리 EEZ 제도를 수용하였다. 또한 태평양의 미나미도리시마, 오키노도리시마 등 무인 암석을 섬으로 보고, 이를 기점으로 그 주위에 200해리 EEZ를 설정하였다. 2007년 『해양 기본법』을 제정하여 경계획정·해상운송·자원개발·환경보전 등을 포괄적으로 규율하고 있다.

중국도 1996.6. 『배타적 경제수역 및 대륙붕에 관한 법률』을 제정하고 200해리까지를 EEZ로 설정하였다.

한·중·일 모두 국내법으로 200해리 EEZ를 설정함으로써, 양국 간 해안의 거리가 400해리가 되지 않은 동해 및 서해와 동중국해에서 공해는 더는 존재하지 않게 되었다.

북한은 1977.6. 동해에서는 200해리, 서해에서는 바다 반분선(半分線)까지를 경제수역으로 선포하고, 수중·해저 및 지하의 모든 생물·비생물 자원에 대한 자주권 행사를 선언하였다. 외국인·외국 선박 또는 항공기가 이 수역에서 사전 승인 없이 어로·시설물 설치·탐사·개발·오염하는 행위를 금지하고, 위반 시 처벌을 규정하였다. 북·중 간 EEZ 경계획정이 이루어지지 않고 어업협정도 체결되지 않아 중국 어선은 매년 북한과 서해 및 동해에서 어로기에 입어권을 확보하는 계약을 체결하여 조업하고 있다. 소련과는 1986년 「배타적 경제수역과 대륙붕 경계획정에 관해 협정」을 체결하였다.

바. 관련 문제: 한일/한중어업협정

(i) 「한일어업협정」

(1) 1952.1.18. 「인접 해양의 주권에 대한 대통령선언」

태평양전쟁이 끝난 후인 1945.9. 미 군정은 일본 원양어업 활동 범위를 일본열도 해역으로 제한하는 '맥아더 라인'(MacArthur Line)을 설정하였다. 그럼에도 일본의 동력 어선들은 1950~1953년 한국전쟁 기간 중 혼란을 틈타 맥아더라인을 넘어 한국 연해까지 와서 조업하였다. 「샌프란시스코강화조약」이 발효되어 맥아더라인이 폐기되면 우월한 어로 장비와 기술을 가진 일본 어선들이 한국 연안에 자유롭게 출몰하여 조업할 것에 대비하여 1952.1.18. 한국은 「인접 해양의 주권에 대한 대통령선언」을 발표하였다. 선언은 한반도 전 수역에 육지로부터 최장 200해리까지 좌표로 연결된 선을 설정하고, 이 선을 '**평화선**'으로 명명하였다. 선언을 시행하기 위해 1953.12. 『어업자원보호법』을 제정하여 평화선 내 수역을 어업전관수역으로 설정하였다. 선언은 또한 광물자원을 비롯한 대륙붕 자원에 대한 주권을 천명하였다.

한국은 평화선 선포가 당시 국제적인 선례에 따른 정당한 권리임을 주장하였지만, 일본은 1952.1.28. 각서를 통해 '이승만 라인'은 국제법상 공해어업의 자유 원칙에 배치된 불법 조치이며, 일본 영토인 독도를 포함하였다고 항의하였다. 미국 정부도 1952.2.11. 공한을 통해 한국의 배타적인 주권이 국제법상 항해 및 상공의 자유 원칙이 적용되는 공해까지 미친다는 선언 내용에 깊은 우려를 표명하였다. 하지만 한국의 평화선 선포는 어업전관수역과 대륙붕을 확장 선언하는 당시 국제법적 추세에 따른 선도적 조치라고 할 것이다. 평화선은 이를 집행하는 『어업자원보호법』이 유효하므로 여전히 존재하나, 이후 체결된 일본·중국과의 어업협정이 우선 적용되어 동면 상태로 남아 있다.

(2) 1965년 「한일어업협정」

연합국은 「샌프란시스코강화조약」에서 일본이 연합국 중 희망하는 국가와 의무적으로 양자 또는 다자간 어업협정을 체결하도록 규정하고(제9조), 한국도 이 조항의 적용을 받을 수 있도록 하였다(제21조). 한일협상 과정에서, 한국은 평화선을 침범한 일본 어선과 어민들을 다수 나포하며 협상 우위를 점하고자 하였다. 일본이 이에 항의하며 어업협정 체결을 강력히 요구함에 따라 한일협상 결과 체결된 여러 조약 중 하나로 1965년 「한일어업협정」이 체결되었다.

협정은 어업전관수역과 공동규제수역을 설정하였다. 한국은 40해리 어업전관수역 설정을 주장하였으나, 협정은 기선으로부터 12해리를 각각 자국의 어업전관수역으로 하고 연안국이 배타적 관할권을 행사하도록 하였다. 공동규제수역은 한국 측 어업전관수역 외측에만 설정하였다. 당시 한국 어선은 일본 연안에서 조업할 능력이 없어 일본 연안에 공동규제수역을 설정할 필요성이 낮았기 때문이다. 공동규제수역에서 각국은 연 15만 톤까지 어획하고, 위반 어선에 대한 단속과 재판관할권은 기국이 행사하도록 하였다.

일본은 한국의 평화선 선포에 대한 보복으로 한국에 중고 어선을 매각하지 않았으나, 1965년 국교 정상화 이후 한국은 청구권 자금을 이용하여 일본 선박을 도입하였다. 이후 한국의 조업 능력이 성장하며 1980년대에는 한국 어선이 일본의 12해리 어업전관수역 밖 근해(홋카이도)까지 진출하여 조업하였다. 협정상 기국주의에 따라 한국 어선에 대해 관할권을 행사하지 못하는 일본이 협정 개정을 계속 요구하였으나 한국이 외면하자, 1998.1.23. 일본은 협정 종료를 통보하였다.

(3) 1998년 「한일어업협정」

1965년 「한일어업협정」은 종료 통보 후 1년 후인 1999.1.22. 종료되므로, 양국은 「UN해양법협약」의 EEZ 제도에 기반을 둔 새로운 어업협정 체결을 위해 교섭에 착수하였으며, 1998.11. 「한일어업협정」이 서명되어 1999.1.22. 발효되었다.

- 협정수역: 협정상 '양국의 EEZ로 간주될 수 있는 수역'(이하 '협정수역')은 양국 간 EEZ 경계가 획정될 때까지 과도적으로 「UN해양법협약」상 EEZ로 간주하는 수역을 말한다. 협정수역은 동해에서는 기선으로부터 약 35해리로 정하고 자국의 EEZ법을 적용하기로 하였다. 남해에서는 1974년 「대륙붕 북부구역 경계획정협정」의 경계선(중간선)을 기준으로 협정수역을 구획하였다. 제주도 남부 수역에서는 잠정수역의 북쪽 수역과 동쪽 수역을 각각의 협정수역으로 하였다. 협정수역에서 연안국은 EEZ에서 어업에 관한 주권적 권리를 행사한다('연안국주의'). 상대국의 협정수역에서는 전통적 조업 실적을 인정하여 상호 조업을 허가하되, 어획이 인정되는 어종·어획 할당량·조업 구역 및 기타 조업에 관한 구체적인 조건은 어업공동위원회를 통해 결정한다. 그러나 위원회는 2015년 이래 한국 어선의 갈치 연승어선 입어 규모 등과 관련해 합의하지 못하

고 난항을 겪으면서 개최되지 못하고 있다.

- 중간수역/잠정수역: 독도 영유권과 EEZ 기점에 대해 양국의 입장이 대립하는 동해에서는 협정수역 밖에 중간수역을 설정하고 어업공동위원회가 자원관리 방안을 양국에 *권고*한다. 제주도 남부 수역에도 잠정수역을 설정하고 어업공동위원회가 구속력 있는 자원관리 방안을 *결정*한다. 중간수역 또는 잠정수역은 편의상 명칭이며, 협정에는 좌표로 표시되어 있다. 양국은 어업공동위원회의 건의나 결정을 존중하여 어종별 어선의 조업 척수 등 생물자원 보존 및 관리 조치를 취한다. 중간수역 또는 잠정수역에서는 연안국의 어업에 관한 주권적 권리가 제한되어 타방 국민과 어선에 대한 각국의 어업 관련 법령을 적용하지 않는다('기국주의'). 이들 수역에서 양국은 자국 국내법을 통해 보존조치를 취하고, 조업 실적 등의 정보를 상호 제공한다. 양국 어선이 모두 조업할 수 있는 이들 수역에서의 불법 조업 어선 단속은 기국이 하되, 상대국의 위반 선박이 발견되면 상대 국가에 통보하고, 상대 국가는 위반 사실을 확인하여 필요한 조치를 취하고 결과를 통보해야 한다(부속서 1).

분쟁은 협의에 의해 해결하되, 해결되지 않은 분쟁은 양국이 동의하여 중재에 회부할 수 있다(제13조). 협정은 발효일로부터 3년간 유효하며, 일방 당사국이 종료 의사를 서면 통고하면 6개월 후 종료한다(제16조).

1998년 「한일어업협정」과 독도

1998년 「한일어업협정」에 설정된 동해 중간수역과 독도 영유권과의 연관에 대해 논란이 있다.

독도 영유권과는 무관하다는 입장은 (중간수역 안에 독도가 포함된 것이 아니라) 중간수역은 독도 영해 12해리 외측에 설정되어 있고, 어업협정은 최종적인 해양경계획정 이전에 체결되는 잠정약정으로 EEZ 경계획정에 영향이 없으며, "이 협정의 어떠한 규정도 어업에 관한 사항 이외의 국제법상 문제에 관한 각 체약국의 입장을 해하는 것은 아니다"(제15조)라고 규정한 배제 또는 분리조항(Exclusion/Disclaimer Clause)

으로 영유권 문제가 배제되었다는 입장이다. 또한 2001.3. 헌법재판소는 「한일어업협정」상 독도가 중간수역에 위치하고 있더라도 독도와 그 영해는 중간수역에서 제외되므로 독도 영유권 문제나 영해 문제와는 직접적인 관련을 갖지 않는다고 판시하였다 (2001.3.21. 99헌마139).

이에 반해, 중간수역 설정이 독도 영유권을 약화시킨다는 주장은 (독도 기점 주장을 통해 독도와 오키섬 중간에 배타적 경제수역의 경계선이 획정되었어야 하나) 불필요하게 중간수역을 설정하여 그 안에 독도가 들어가 있고, 이들 수역에서 어족자원의 보존과 개발을 양국이 공동으로 관리함으로써 독도에 대한 한국의 배타적 지배권을 포기하였으며, 제15조에 의해 어업 문제와 영유권 문제가 분리된 것이 아니라 오히려 일본의 독도에 대한 영유권 주장과 분쟁을 국제법상의 문제로 인정한 것이므로, 협정을 파기하고 재협상할 것을 주장한다.

판단컨대, ① 독도가 중간수역 안에 포함된 것처럼 보이지만, 이는 독도 자체의 영해를 표시한 것이 분명하고, ② 중간수역은 경계획정이 이루어지지 않았지만 본래 양국의 EEZ에 속하는 수역으로서, 제3국 선박이 양국의 허가 없이 자유롭게 조업할 수 있는 수역이 아니며, ③ 중간수역에서 양국이 어업을 공동관리토록 한 것은 독도 영유권과는 무관하게 EEZ에서 인정되는 연안국의 주권적 권리에 근거한 것이므로, 한국의 독도 영유권이 훼손된 것은 아니라 할 것이다. 다만 협정 제15조가 「한중어업협정」 제14조나 「중일어업협정」 제15조의 배제조항과 같이 국제법에 관한 문제가 아니라 해양법에 관한 각 당사자의 입장을 저해하지 않는다고 명시하지 않은 것은 아쉬운 대목이라 할 것이다.

1998년 「한일어업협정」은 1965년 어업협정의 종료로 인한 법적 공백상태에서 동해 어업 질서의 혼란을 피하기 위한 현실적이며 불가피한 선택이었다 할 것이다.

(ii) 「한중어업협정」

(1) 체결 경위

1980년대에는 한국 어선들이 주로 중국 연안에서 조업하였으나, 1990년대 들어서면서 반대로 중국 어선의 한국 연안에서의 조업이 급증하였다. 한중 간 EEZ 경계획정 협상이 진전을 이루지 못하자, 한국은 서해 어족자원을 보호하고 중국 어민들의 조업을 규제하기 위해 어업협정을 먼저 체결하길 희망하였다. 1993. 12. 어업협상을 개시하였으나, 공동어로수역을 최대한 넓게 확보하려는 중국과 이를 좁게 하려는 한국의 입장이 대립하였다. 양국이 상대국의 기선을 서로 인정하지 않음에 따라, 결국 한국 측이 대상 수역 면적을 이등분하는 가상 중간선 및 과도수역 설정을 제안함으로써 협상이 타결되어, 2000.8.3. 「한중어업협정」을 서명하고 2001.6.30. 발효하였다.

(2) 내용

협정은 북위 37° 이남, 32° 11′ 이북에 적용된다. 대상 수역을 대략 반분하는 가상 중간선으로 동경 124°를 사용하여 양국 연안 방향으로 일정한 거리를 좌표로 연결한 협정수역(평균 65해리), 잠정조치수역, 과도수역, 현행조업유지수역을 설정하였다.

- 협정수역: 양국의 EEZ로서 타방 국민과 어선은 타방 당사국의 입어 허가를 받아 조업해야 하는 수역이다. 양국은 매년 협정수역에서 조업하는 어선 척수 및 어획 가능 어종·어획 할당량·조업기간·조업구역 등을 통보한다.
- 잠정조치수역: 양국의 EEZ 주장이 중첩되는 수역으로, 어업공동위원회가 공동으로 해양생물자원 보존과 양적 관리조치를 취하며, 원칙적으로 기국이 관할하는 수역이지만 타방 국민과 어선의 위반이 발견되면 주의를 환기하고 타방에 통보한다.
- 과도수역: 잠정조치수역 외측에 각각 설정되었으며, 양국 어민들이 동 수역 내 상호 어로활동을 감축하면서 4년간 유지된 후, 2005.7. 양국의 협정수역으로 각각 편입되었다.
- 현행조업유지수역: 잠정조치수역 밖 '일부 수역'은 연안국의 EEZ이지만 별도의 합의가 없는 한 양국 모두 현행 어업활동을 유지할 수 있는 수역으로서, 양쯔강 하구 수역(이어도 수역 포함)과 서해5도 주변 수역(37° 이북과 NLL 이남)을 말한다. 양국 간에는 자국 법령을 서로 적용하지 않

지만, 상대국의 국내법령을 존중해야 한다. 단 제3국 선박에 대해서는 자국 법령을 적용할 수 있다.

한편 "이 협정으로 해양법상의 제반 사안에 대한 각국의 입장을 저해하는 것으로 해석되지 않는다"는 배제조항(제14조)에 따라 EEZ나 대륙붕의 경계획정 또는 직선기선 사용 등에 관한 각국의 주장은 이 협정으로 영향을 받지 않는다.

(3) 관련 문제: 중국 어선의 불법 조업

「한중어업협정」의 체결에도 불구, 중국 어선의 불법 조업은 한국 근해 여러 수역에서 발생하고 있다. 중국 정부가 중국 어선의 불법 조업 근절을 위해 협정에 명시된 조치를 적극적으로 취하지 않고 있기 때문이다.

협정상 중국 어선이 한국의 협정수역(EEZ)에서 조업하기 위해서는 한국이 발행한 조업허가증을 소지해야 한다. 한국은 협정에 따라 중국에 대해 한국의 EEZ인 협정수역 내에서 매년 약 1,500척, 5만 톤 이상 어획을 허용하고 있지만, 조업허가증 없는 중국 선박들이 협정수역을 침범하여 불법 어획하고 있다.

중국 어선들은 또한 현행조업유지수역으로 한국이 국내법령으로 시행하는 서해 NLL 이남 '특정해역'이나 '특정금지구역' 내 서해5도 수역을 침범하여 조업하고 있다. 특정해역은 우리 어선의 안전 조업을 위해 국방부·행정안전부·해수부가 공동으로 마련한 『선박조업안전규칙』에 따라, 1964.6. 서해(NLL 이남 6해리) 및 동해(NLL 이남 3해리)에서 우리 어선의 어업활동을 통제하는 어로한계선(어로허용선)으로 설정하였다. 특정금지구역은 『배타적 경제수역에서의 주권적 권리의 행사에 관한 법률』에 따라 북한과 인접한 연평도 인근 서해5도를 포함하는 수역에 설정되었으며, 중국 등 외국 선박이 이 수역에서 조업하기 위해서는 허가를 받도록 규정하고 있다. 협정의 양해각서는 "현행조업유지수역에서 연안국이 시행하고 있는 어업에 관한 법령을 존중하고 자국의 국민과 어선이 이러한 법령을 준수하도록 필요한 조치를 취한다"고 규정하고 있으나, 중국은 중국 어선과 어민에 대해 양해각서상 명시된 한국 법령준수에 필요한 조치를 취하는 데 소극적인 모습이다.

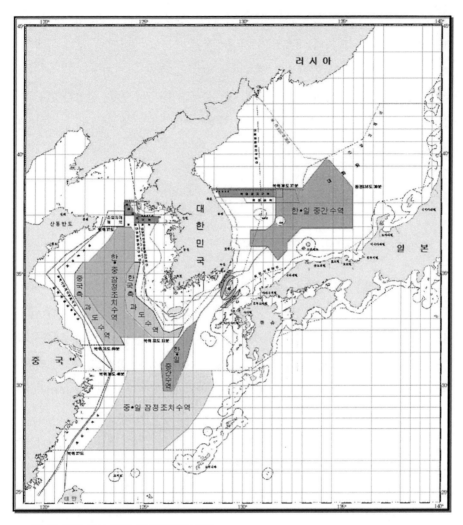

▶▶ 한·중·일의 기선·영해 및 어업협정수역도

8. 대륙붕

가. 배경

대륙붕은 전통적으로 공해 자유의 원칙에 따라 누구나 자유롭게 이용·개발할 수 있는 대상이었다. 하지만 1945년 Truman 미국 대통령은, 대륙괴

(landmass)의 자연적 연장으로서 대륙붕을 연안 수심 100패덤(fathom: 약 183m)까지 확장하고, 그 해저와 하층토의 천연자원을 자국의 관할권과 통제 아래 둔다고 선언하였다. 이후 연안국의 해저자원 개발 요구가 거세지면서 다수 연안국이 석유 등 해저자원 개발을 목표로 대륙붕에 대한 관할권을 선언하였다. 한국도 1952.1.「인접 해양의 주권에 대한 대통령선언」을 통해 대륙붕에 대한 권리를 선언하였다. 이후 각국의 실행을 통해 영해 밖 일정 해저와 하층토의 천연자원을 개발할 수 있는 대륙붕에 대한 연안국의 권리가 인정되며 전통적인 공해 이용의 자유 원칙을 수정하게 되었다.

나. 대륙붕의 범위와 자연적 연장설

지질학적 의미의 대륙붕(continental shelf)은 육지로부터 평균 수심 130~200m까지의 완만한 경사의 해저지형을 말한다. 이후 1,200~1,300m까지 급경사를 대륙사면(continental slope), 그 이원의 3,500~5,500m까지를 대륙융기(continental rise), 그 이원을 심해저(continental deep seabed)라 한다. 대륙붕·대륙사면·대륙융기의 해저와 하층토를 통틀어 대륙변계(continental margin)라 한다.

1958년 「대륙붕에 관한 협약」은 대륙붕을 연안국 영해 밖의 해저와 하층토로서, 수심 200m까지 또는 수심 200m 바깥의 천연자원 개발이 가능한 곳까지라고 규정하였다. 대륙붕을 지질학적 기준과 개발 가능성 기준의 2가지 기준을 적용하여 정의한 것이다. 그러나 수심 200m 바깥의 개발 가능성은 기술력에 의존하는 가변적인 기준으로, 개도국들은 대륙붕의 천연자원이 기술 선진국에 의해 독점될 것을 우려하였다.

하지만 1969년 북해대륙붕사건(☞ p.264)에서 ICJ는, 육지 영토의 자연적 연장(natural prolongation of its land territory)으로서 대륙붕에 대한 연안국의 고유한 권리를 인정하였다('자연적 연장설'). 「대륙붕에 관한 협약」상 수심 200m까지라는 지질학적 기준이 아니라, 육지 영토의 자연적 연장으로서 대륙붕의 지형학적 요소을 중시한 것이다.

다. 1982년 「UN해양법협약」상 대륙붕

(i) 대륙붕의 범위(제76조)

협약은 북해대륙붕사건에서 확인된 육지 영토의 자연적 연장설과 협약에 새로 도입된 200해리 EEZ(거리 기준)을 결합하여 대륙붕의 범위를 규정하였다.

- 대륙붕은 영토의 자연적 연장에 따라 **대륙변계**의 끝까지이다. 단 대륙변계가 200해리를 넘을 때는 대륙사면까지 가장 가까운 거리와 퇴적암의 두께의 비율이 최소 1%인 가장 바깥의 고정점을 연결한 선 또는 대륙사면의 끝으로부터 60해리를 넘지 않은 고정점을 연결한 선으로 대륙변계의 바깥 끝을 설정할 수 있으나(제76조4항), 어느 경우에도 대륙붕의 외측한계는 기선으로부터 350해리를 넘거나 수심 2,500m 등심선(isobath)으로부터 100해리를 초과할 수 없다(제76조5항). 이러한 제한은 연안국의 무분별한 대륙붕 확장으로 심해저가 축소되는 것을 방지하기 위한 것이다.
- 그러나 대륙변계가 200해리에 미치지 못할 때는, 영해 기선으로부터 200해리까지이다(제76조1항). 이로써 200해리 이내까지는 자연적 연장에 따른 대륙붕의 존재 여부가 무의미하게 되었다.

ICJ는 니카라과 v. 콜롬비아 영토 및 해양분쟁사건(2012)에서 대륙변계와 200해리 거리를 기준으로 대륙붕의 범위를 규정한 제76조가 관습국제법의 일부라고 판단하였다.

대륙붕한계위원회(CLCS)

1. CLCS의 기능

대륙변계의 바깥 끝이 200해리를 초과하는 대륙붕(extended continental shelf)을 주장하는 연안국은 그 정보를 대륙붕한계위원회(CLCS: Commission on the Limits of the Continental Shelf, 이하 'CLCS')에 제출해야 한다.

CLCS는 임기 5년(재선 가능)의 해양 전문가 21명으로 구성되며, 뉴욕에서 회합한다. CLCS는 200해리 이원의 대륙붕 한계를 심사하여 *권고*하며, CLCS의 권고에 기초하여 연안국이 확정한 대륙붕 외측 한계는 최종적이며 구속력을 갖는다(제76조8항).[11] 단, CLCS의 권고는 (관련국 간 수역의 거리가 400해리 미만의) 대향국 또는 인접국 간의 경계획정에 영향을 미치지 않는다(제2부속서9항).

2. 한국의 대륙붕 한계 정보 제출

한국은 2009.5. 대륙붕 한계에 관한 예비정보 제출 후, 2012.12. 자연적 연장에 따라 동중국해 200해리 밖 오키나와 해구에 이르는 수역까지 대륙붕 권원을 포함한다는 정식 정보를 CLCS에 제출하였다. CLCS 절차규칙 상 심사 진행을 위해서는 모든 분쟁 당사국이 동의해야 한다. 그러나 일본이 CLCS의 권고는 400해리 미만의 대향국 간의 경계획정에는 영향을 미치지 않으며 또한 중간선에 의한다고 주장하면서 한국이 제출한 정보의 심사에 반대함에 따라, 이에 대한 심사가 중지되었다.

3. CLCS의 대륙붕 한계 권고와 대륙붕 경계획정

CLCS의 권고와 관련, CLCS의 권고가 없는 상태에서 국제재판소가 200해리 외측 경계를 획정할 권한이 있느냐의 문제가 있다. 니카라과 v. 온두라스 카리브해 영토 및 해양분쟁사건(2007)에서 ICJ는, 협약 제76조에 따라 CLCS의 권고가 없는 수역에서 200해리 이원의 대륙붕을 경계획정하기 위해서는 CLCS가 먼저 심사하여야 한다는 이유로 경계획정을 거절하였다. 그러나 방글라데시/미얀마 벵갈만 해양경계획정사건 (2012)에서 ITLOS는, 재판소의 대륙붕 경계획정(delimit)과 CLCS의 대륙붕 외측 한계 설정(delineate)의 역할은 상이하지만, 양자는 상호 보완적인 것으로 ITLOS의 경계획정이 CLCS의 외측 한계 설정 권능을 침범한 것은 아니며, 200해리 이원 대륙붕에 대해 경계를 획정하는 것은 ITLOS의 의무라고 판단하였다.

----
11 현재까지 96건의 정보가 제출되어 35건에 대해 권고가 채택되었다.

(ii) 법적 성격

대륙붕은 연안국의 영해 밖 해저와 그 하층토로 구성된다(제76조1항). 200
해리 EEZ 안의 해저와 하층토도 대륙붕제도를 적용받는다(제56조3항).

대륙붕은 연안국이 영토주권을 행사하는 육지 영토가 해저로 자연적으로
연장된 것으로, 연안국의 고유한 권리이므로 별도의 점유나 명시적 선언을 통
해 주장할 필요가 없다(제77조3항). 이 점에서 대륙붕은 연안국이 선언이나 점유
라는 법률행위를 통해 권리를 주장해야 인정되는 접속수역이나 EEZ와 다르다.

(iii) 연안국의 주권적 권리: 대륙붕 탐사와 천연자원의 개발

연안국은 대륙붕을 탐사하고 그 천연자원을 개발할 수 있는 주권적 권리를
갖는다. 연안국의 탐사나 개발 여부와는 관계없이, 타국은 연안국의 명시적인 동
의 없이 탐사나 개발 활동을 할 수 없다는 의미에서 배타적이다(이상 제77조1 - 2항).

대륙붕 탐사와 관련하여 연안국은, EEZ에서의 인공 섬·시설 및 구조물의
규정(제60조)을 준용하여, 대륙붕 탐사를 위해 필요한 인공 섬·시설 및 구조물
(oil platform, drilling rig 등)의 건설·운용·사용을 허가하고 규제하는 배타적 권
리를 가진다(제80조). 연안국은 또한 대륙붕에서의 모든 시추(drilling)를 허가하
고 규제하는 배타적 권리를 가진다(제81조).[12] 연안국은 하층토 상부의 수심과
관계없이 굴착(tunneling)에 의해 하층토를 개발하는 권리를 보유한다(제85조).

연안국이 개발하는 천연자원은 해저·하층토의 광물과 그 밖의 무생물 자
원(석유·가스 등), 정착성 어종을 포함한다(제77조4항). 상부 수역과 그 생물자원
을 포함하는 EEZ와는 차이가 있다. **정착성 어종**(sedentary species)은 수확 가능
단계에서 해저나 그 아래에서 움직이지 않거나 해저나 그 하층토에 항상 밀착
하지 않으면 이동할 수 없는 어종으로, 굴·(진주)조개·전복·성게·해삼·홍합

----

12 이와 관련 1988년 「대륙붕상에 고정된 플랫폼의 안전에 대한 불법적 행위의 억제를 위한 의
정서」가 채택되었다(한국 가입). 의정서상 고정된 플랫폼은 자원의 탐사나 개발 목적 또는 그
밖의 경제적 목적을 위하여 해저에 영구적으로 부착된 인공 섬·시설·구조물로, 무력 또는
무력의 위협 등에 의해 이를 억류하거나 통제하는 행위를 범죄로 처벌하도록 규정하고 있다.

등 조개류, 새우·게·가재 등 갑각류, 미역 등 해조류, 산호 등을 말한다. 200 해리 이내 EEZ 또는 200해리 이원 대륙붕의 해저나 하층토에 있는 정착성 어종은 연안국의 보존이나 최적 이용의 대상에서 제외되어, 연안국은 자유롭게 이를 수확할 수 있다.

(iv) 연안국의 의무와 타국의 권리

대륙붕에 대한 연안국의 권리는 그 상부 수역이나 상공의 법적 지위에 영향을 주지 않는다. 대륙붕에 대한 연안국의 권리 행사는 그 상부 수역이나 상공에서의 항행·상공비행의 자유 등 다른 국가의 권리나 자유를 침해하거나 부당하게 방해해서는 안 된다(이상 제78조). 모든 국가는 대륙붕 상부 수역에서 해저전선 및 관선 부설의 자유도 갖는다. 단, 대륙붕 위에 부설하는 관선 경로의 설정은 연안국의 동의를 받아야 한다(이상 제79조).

연안국이 확장된 대륙붕에서 무생물 자원을 개발할 때는 그 수익 일부를 국제심해저기구에 금전 납부하거나 현물을 제공해야 한다(제82조). 200해리 밖 인류 공동의 유산인 심해저까지 확장된 대륙붕은 공해 해저의 약 10%에 해당한다. 연안국은 또한 해저 개발 행위와 관련하여 발생하는 해양오염을 방지해야 하며, 이를 위해 관련 규칙을 제정해야 한다(제208조).

라. 한일 대륙붕경계획정협정

(i) 한일 간 대륙붕 경계획정 협상

한국의 동해안은 해안 저조선으로부터 곧바로 대륙사면이 시작되어 지질학적 대륙붕이 없으나, 서해안은 평균 수심 50m 미만으로 해저 전체가 지질학적 대륙붕이다. 1952.1. 한국은 평화선을 선포하여 대륙붕에 대한 주권을 선언하였다. UN 아시아태평양경제사회이사회(ESCAP)의 전신인 ECAFE는 1968년 동아시아 해저를 탐사한 후 1969년 동중국해와 서해에서 석유 자원 매장 가능성이 유망하다는 보고서를 발표하였다. 같은 해 ICJ는 북해대륙붕사건에서 육지 영토의 자연적 연장설에 입각하여 대륙붕의 경계를 판결하였다. 이에 고무

된 한국은 1970.1. 『해저광물자원개발법』을 제정하고, 중국과는 중간선, 일본
과는 자연적 연장설에 기초하여 동중국해에 7개의 대륙붕광구를 설정하였다.
이는 한국의 대륙붕이 수심이 약 1,000m 이상인 오키나와 해구까지 이어져 단
절되었다는 점에 착안한 것이다.

허를 찔린 일본이 한국에 협상을 적극적으로 요구함에 따라, 1970년부터 협
상이 개시되었다. 1974.1. 양국은 「대륙붕 북부구역 경계획정협정」 및 「대륙붕
남부구역 공동개발에 관한 협정」을 함께 체결하였으며, 이들 협정은 1978.6.22.
발효되었다.

「북부구역 경계획정협정」은 독도 수역을 제외한 수역에서 중간선에 따라
경계를 획정하였다. 협정에 종료 조항이 없으므로 이로써 북부구역에 있어서
한일 간 대륙붕 경계는 확정되었다.

「남부구역 공동개발협정」은 한국이 자연연장설에 따라 대륙붕 제7광구를
설정하자 일본이 공동개발 방식을 제안하고, 대륙붕 개발을 위해 일본의 자본
과 기술이 필요하였던 한국이 수용함으로써 체결된 것이다. 협정은 제3차 UN
해양법회의가 진행 중이던 당시 대륙붕 자원의 공동개발을 선도한 국제적 모델
로 평가되었다. 협정은 남부구역에서 경계획정 대신 양국이 주장하는 중첩수역
에서 탐사와 채취를 공동 수행하는 **공동개발구역**(JDZ: Joint Development Zone)
을 설정하였다. 한편 중국 외교부는 1974.2. 협정이 중국의 주권을 침해하는
행위라는 항의 성명을 발표하였다. 한편 한·중·일은 각각 공동개발구역을 포
함하는 자국의 대륙붕 한계를 대륙붕한계위원회에 제출한 바 있다.

(ii) 「대륙붕 남부구역 공동개발에 관한 협정」

(1) 주요 내용

- (한국의 육지 자연연장설과 일본의 중간선 원칙에 따라,) 동중국해에서 양국
  의 주장이 중첩된 수역(한국 측 제7광구 전역과 제4·5·6광구의 일부)의 해
  저와 하층토를 공동개발구역(약 82,000㎢)으로 설정하고(제2조), 6개의 소
  구역으로 나누었다(제3조).
- 각 당사국은 공동개발을 위해 탐사권과 채취권을 가진 조광권자를 승인

하고(제4조), 양국의 조광권자가 합의하여 운영자의 지명을 포함하는 운영계약을 체결하며(제5조), 운영자가 운영계약에 따라 합작투자 방식으로 공동개발한다(제6조). 공동탐사 및 공동 채취를 위한 개발 비용은 공동 부담하고, 개발 이익은 양국 조광권자에게 균분한다(제9조).

- 협정의 해석과 적용에 관한 분쟁이 발생하는 경우 외교 경로를 통해 해결하고, 외교경로를 통해 해결하지 못하면 3인으로 구성되는 중재위원회13의 판정에 따른다(제26조).

- 50년간 유효하며, 최초 50년의 기간이 종료 시 또는 그 후에는 언제든지, 일방 당사국이 3년 전 종료를 통고하면 종료한다(제31조). 협정은 최초 50년이 지난 2028.6.22. 종료된다.

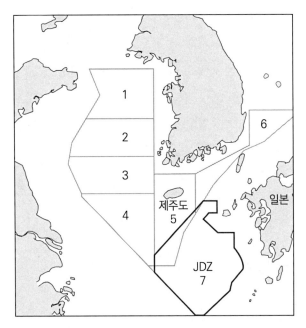

▶▶ 한국의 대륙붕광구와 「남부구역 공동개발협정」상 공동개발구역(JDZ)

----
13 당사국이 각각 1명을 지명하고, 지명된 2명이 합의하여 제3의 중재위원을 결정하거나 제3의 중재위원을 임명할 제3국 정부를 결정한다. 합의에 이르지 못하는 경우 당사국은 ICJ 소장에게 임명을 요청한다(제26조). 중재에 의한 해결방안은 일방이 중재위원회 구성에 합의하지 않는 경우, 사실상 이를 진행할 수 없다.

(2) 협정의 운용

협정 체결 직후 양국은 운영계약을 체결하여 1980~1987년간 7개 공을 공동 시추하였으며 2개 공에서 유징이 나타났다. 2002년에는 제2 소구역에서 3D 탄성파 검사를 시행하였으나, 한국과 달리 일본은 채산성이 없다고 분석하였다. 이후 탐사활동이 중단되자 한국이 공동개발사업 추진을 계속 요구하였지만, 일본은 석유부존 가능성이 작고 채산성이 없다는 점 등을 내세우며 2010년 이후에는 일본 측 조광권자마저 지정하지 않고 있다. 협정은 일방 당사국이 거부하면 공동개발구역 내 탐사·채취 활동을 진행할 수 없는 문제를 안고 있다.

1985년 리비아/몰타 대륙붕사건에서 ICJ는 대향국 간 400해리 미만 수역에서의 대륙붕 경계획정의 경우, 「UN해양법협약」상 200해리 EEZ의 해저를 연안국의 대륙붕으로 인정하는 것이 국가실행으로 관습국제법화되었으므로, 지질학적·지형학적 기준보다는 거리 기준이 우선하여 적용되어야 한다고 판단하였다. 이처럼 대륙붕 경계획정에 관한 국제재판소의 판결이 변화함에 따라, 일본은 2028년 협정 종료 후 새롭게 대륙붕 경계획정이 이루어진다면 일본에 유리하게 중간선이 적용될 것으로 기대하는 것으로 보인다.

(3) 협정 종료의 대비

협정 제31조에 따라 일본이 협정 종료 3년 전인 2025.6.22. 이전 협정 종료를 통보하면, 2028.6.22. 협정은 종료하게 된다. 그러나 협정이 종료된다고 해서 바로 일본이 중간선 이남 수역에서 대륙붕을 탐사·개발할 수 있는 주권적 권리를 행사할 수 있는 것은 아니다. 동 수역이 한중일 3국이 주장하는 해양권원이 중첩된 경계 미획정 수역이기 때문이다. 경계 미획정수역에서 물리적 영향을 주는 활동은 허용되지 않으며(가이아나 v. 수리남 해양경계획정 중재사건 ☞ p.267), 협정 종료 후 어느 일방이 단독 탐사를 실시한다면, 한중일 3국 간 해양분쟁이 격화되거나 충돌을 야기할 수 있다.

이를 방지하기 위해서는 협정이 종료하기 전 「UN해양법협약」에 따라 동 수역에 대한 경계가 최종적으로 획정되어야 한다. 양국이 합의하면 ICJ에 회부할 수도 있지만, 직접 교섭을 통해 경계를 획정하는 것이 효과적이라 할 것이

다. 한편 한국이 배제선언을 하였기 때문에 경계획정과 관련한 ITLOS의 의무
적 재판절차는 적용되지 않지만, 경계획정에 합의하지 못하면 일본은 의무적
조정절차를 제기할 수도 있다(☞ p.715).[14] 한국으로서는 2028년 이후 협정 종
료에 대비한 외교적·국제법적 노력이 요구된다.

9. 관련 문제: 북극

가. 북극의 자연

북극(the Arctic)은 육지가 아니라, 바다가 얼어서 만들어진 빙하지대로, 캐
나·러시아·미국·덴마크 및 노르웨이의 영토로 둘러싸여 있다. 자연 기후조건
이 덜 혹독하여 남극과 달리 주민이 거주한다. 1909년 미국의 Fiery가 북극점
에 최초로 도착하였다.

북극은 석유와 가스, 광물자원(금·은·니켈·아연·코발트·우라늄·망간·희토류
등)과 수산물(명태·대구·가자미·대게 등)이 풍부할 뿐만 아니라, 군사 전략적 가
치가 높다. 지구 온난화에 따라 북극 빙하의 해빙이 가속화되면서 해양 항로로
서 북동항로(Northeast Passage)와 북서항로(Northwest Passage)가 개발되고 있다.
북동항로는 러시아 시베리아 인근을 통과하여 스칸디나비아반도 북부로 연결
되며, 북서항로는 미국 알래스카와 캐나다 인근을 지나 그린란드 사이를 통과
하여 유라시아로 연결된다. 러시아는 북동항로, 캐나다는 북서항로에 대해 역
사적 권리를 주장하나, 미국은 각국 선박이 이들 항로를 이용할 수 있도록 통
과통항이 인정되어야 한다는 입장이다. 북극 항로는 거리와 시간을 단축해 새
로운 해상 실크로드로 부상하고 있으나, 환경오염 방지, 조난 구조, 연료 보급,
북극 항행이 가능한 선박과 쇄빙선 건조 등 항행 안정성과 지속적인 수송 물동

----
14 의무적 조정절차에 따라 체결된 동티모르와 호주 간 해양경계조약(2018)은 육지 영토의 자연
    적 연장설에 따라 호주에 유리하게 설정된 기존의 경계와 공동개발 체제를 종료시키고, 대신
    중간선 원칙을 적용하여 동티모르에게 유리하게 EEZ와 대륙붕의 단일경계를 획정(공동개발
    구역의 이익 배분 포함)하였다.

량 확보 등은 선결과제이다.

나. 법적 지위

러시아와 캐나다는 1920년대 북극 얼음을 육지 영토와 동일하게 보아 선형이론에 따른 영유권을 주장하기도 하였다. 하지만 연안국들은 이제 북극은 원래 바다이므로 「UN해양법협약」을 적용하면 되고, 남극조약체제와 같이 북극 관리를 위한 국제법 체계는 필요하지 않다는 입장이다.

연안국들은 「UN해양법협약」에 따라 북극에서 200해리 EEZ를 선포하였다. 협약 제234조는 북극에 관한 유일한 조항으로, 연안국이 EEZ 내 결빙해역 (ice-covered areas)에서 선박으로부터의 해양오염 방지와 경감·통제를 위해 무차별적인 법령을 제정하여 집행할 권한을 인정하고, 법령이 항행에 대해서도 적절히 고려할 것을 규정하고 있다. 캐나다·러시아·덴마크 등은 이를 근거로 해양환경 보존 및 오염방지를 위한 국내법 제정 등 관할권을 강화하는 한편, 자국 대륙붕이 북극점에 도달하고 있다는 문서를 CLCS에 제출한 바 있다.

다. 북극이사회

1996년 북극 국가들이 설립한 북극이사회(Arctic Council)는 북극 환경보호와 지속가능한 개발을 목표로 결성된 고위급 포럼으로, 노르웨이에 본부를 두고 있다. 정식 회원국인 8개 북극 국가(5개 연안국: 미국·러시아·캐나다·노르웨이·덴마크, 3개 비연안국: 스웨덴·핀란드·아이슬란드), 영구 참가자(Inuit 등 6개 원주민 단체) 및 12개 옵서버 국가로 구성되어있다. 2013.5. 한국을 비롯하여 중국·일본·이탈리아·싱가포르·인도가 영구 옵서버 자격으로 가입하였다.

이사회는 8개 정식 회원국이 총의에 의해 의사결정을 주도하며 폐쇄적 성향을 보이고 있다. 각료 선언과 같이 법적 구속력 없는 연성법을 주로 채택하였으나, 근래에는 북극 개발에 따른 조난과 환경 훼손 문제가 대두함에 따라 이들 분야에서 법적 구속력 있는 협정을 체결해 나가고 있다. 이에 따라 2011년 「북극지방 수색과 구조협정」, 2013년 「북극 해양 유류오염 대비 및 대응협정」, 2017년 「북극 과학협력증진협정」 및 「북극 중앙해에서의 비규제 공해어업방지협정」이 채택되었다.

10. 해양경계획정

가. 경계획정의 원칙

(i) 1958년 「대륙붕에 관한 협약」

해양경계는 그로티우스 이래 전통적으로 중간선 원칙이 대세였다. 1958년 「대륙붕에 관한 협약」도 "대륙붕의 경계획정은 합의에 의하지만, 합의가 없으면 특별한 사정이 없는 한 중간선 또는 등거리 원칙으로 한다"고 규정하였으며 (제6조), 이를 **등거리－특별 사정의 원칙**(equidistance-special circumstances rule)이라 한다. 하지만 협약은 특별한 사정이 무엇인지는 침묵하고 있다.

(ii) 북해대륙붕사건

1958년 「대륙붕에 관한 협약」에 등거리 원칙이 명시되었음에도, ICJ는 1969년 대륙붕 경계획정에 관한 첫 판결인 북해대륙붕사건에서 대륙붕이 육지영토의 자연적 연장임을 확인하고, 형평의 원칙과 모든 관련 사정을 함께 고려하는 **형평과 관련 사정의 원칙**(equitable principle-relevant circumstances rule)을 선언하였다.

⚖️ **북해대륙붕사건(독일/덴마크, 독일/네덜란드 1969)**

1967년 독일과 덴마크, 독일과 네덜란드는 ICJ에 북해 일부에서의 대륙붕 경계획정에 적용될 수 있는 국제법 원칙과 규칙을 제시하여 달라고 요청하였다. 덴마크와 네덜란드는 1958년 「대륙붕에 관한 협약」 제6조에 규정된 특별한 사정이 없으면 등거리를 적용한다는 원칙이 관습국제법의 일부로서 독일에도 적용되어야 하며, 독일의 연안선은 특별한 사정을 구성하지 않는다고 주장하였다. 이에 대해 독일은 등거리 원칙이 관습국제법화되었다고 볼 수 없고, 등거리 원칙을 적용하면 연안이 돌출된 덴마크와 네덜란드의 대륙붕은 확장되지만 독일의 연안선은 오목하게 들어가 있어 북해 중심부까지 연장되어있는 자국 대륙붕이 단절된다는 점을 이유로, 등거리 원칙이 아닌 형평한 원칙에 따른 경계획정을 주장하였다.

재판부는 다음과 같이 판결하였다.

- 협약 제6조의 등거리 원칙은 관습국제법화하지 않았으며, 협약의 비당사국인 독일에 적용할 수 없다(☞ p.24).
- 당사국은 형평과 모든 관련 사정의 원칙을 고려하여 경계를 획정해야 한다. 관련 사정은 해안선의 일반적 형태, 일반적 또는 특이한 지형물, 대륙붕의 물리적 또는 지질학적 구조나 천연자원, 대륙붕의 면적과 연안의 일반적 길이 간 합리적인 수준의 비례 등을 포함한다.
- 대륙붕의 물리적 또는 지질학적 구조와 관련, "육지가 바다를 지배한다"(The land dominates the sea)는 원칙에 따라, 육지 영토가 바닷속으로 자연적으로 연장되거나 계속된 대륙붕은 당연히 그리고 처음부터(*ipso facto and ab initio*) 존재하는 국가의 고유한 권리이다. 당사국은 육지 영토의 자연적 연장을 구성하는 부분들이 연안국에 가능한 한 많이 귀속되고, 타국 영토의 자연적 연장이 침해되지 않도록 경계를 획정해야 한다.
- 중첩수역은 당사국 간 합의된 비율에 따라 나누거나 합의에 이르지 못하면 형평하게 나눈다. 당사국은 합의하여 경계를 획정하고 의미 있는 교섭을 수행해야 할 의무가 있다.

재판소가 제시한 경계획정 원칙에 따라, 1971년 3국 간 대륙붕 경계획정 조약이 체결되어 독일이 더 넓은 대륙붕을 확보하게 되었다.

대륙붕이 육지 영토의 자연적 연장이라는 대륙붕의 정의(제76조)와 대륙붕은 연안국의 점유 또는 명시적 선언에 의존하지 않는다는 판결 내용(제77조3항)이 협약에 명시되었다.

(iii) 1982년 「UN해양법협약」과 경계획정

(1) 형평한 해결과 합의

협약은 영해의 경계획정과 관련해서는 중간선·등거리 원칙을 명시하고 있다(제15조). 그러나 EEZ·대륙붕의 경계획정과 관련하여 제3차 UN해양법회의에서는 1958년 「대륙붕에 관한 협약」에 규정된 중간선 원칙을 주장하는 일본·캐나다 등과 1969년 북해대륙붕사건 판결에서 지지된 형평의 원칙을 주장하는 프랑스 등 간의 근본적인 입장 차이로 EEZ와 대륙붕의 경계획정 원칙에 합의하지 못하였다.

이에 따라 협약은 경계획정에 관해 제74조 및 제83조에서 "대향국과 인접국 간 경계획정은 형평한 해결(an equitable solution)에 이르기 위하여 ICJ 규정 제38조에 언급된 국제법을 기초로 하는 합의에 의해 이루어진다"고 경계획정의 목표만 규정하고 있다. EEZ와 대륙붕이 그 적용 대상이 상이하며 EEZ의 폭(제57조)과 대륙붕의 범위(제76조)가 다른 별개의 제도이기 때문에 협약은 이를 별도로 규정하고 있지만, 문안은 동일하다.

「ICJ 규정」 제38조2항 ICJ의 재판 준칙으로서의 형평(equity)은 당사자가 합의해야 적용되는 비법적인 형평을 의미하나(☞ p.676), 협약 제74조 및 제83조에서의 형평은 EEZ와 대륙붕의 경계획정의 결과가 국제법 안(inside the law)에서 구체적 타당성을 갖는 법적 형평을 의미한다.

니카라과 v. 콜롬비아 영토 및 해양분쟁사건(2012)에서 ICJ는 "EEZ 경계획정에 있어 형평한 해결에 의해 도달할 것을 규정한 제74조는 대륙붕의 경계획정에 관한 제83조와 더불어 관습국제법을 반영하고 있다"고 하였다.

(2) 잠정약정

대향국이나 인접국이 중첩된 EEZ·대륙붕 경계에 합의하지 못하면 경계미획정수역이 발생한다. 이 경우 경계에 관한 합의에 이르기까지 관련국은 실제적 성격의 잠정약정(provisional arrangement of a practical solution)을 체결하기 위해 모든 노력을 다해야 한다(제74조3항 및 제83조3항 전단). 관련국이 반드시 어업협정이나 공동개발협정 등과 같은 잠정약정을 체결해야 하는 것은 아니나, 잠정약정 체결을 위해 신의 성실하게 교섭해야 할 행위 의무를 규정한 것이다. 잠정약정은 최종적인 경계획정에 영향을 미치지 않는다.

관련국은 또한 과도기간 동안 최종 합의에 이르는 것을 위태롭게 하거나 방해하지 않아야 한다(제74조3항 및 제83조3항 하단). 경계 미획정 수역에서 분쟁이 발생하지 않도록 관련국이 권리 행사를 **상호 자제할 의무**를 규정한 것이다.

가이아나 v. 수리남 해양경계획정중재사건(2007)

2000.6. 수리남 군함이 가이아나와 수리남 간 경계가 획정되지 않은 중첩수역에서 가이아나의 의뢰로 지진파 탐사활동을 하던 캐나다 국적 시추선의 장비를 빼앗고 퇴거시키자, 2004.2. 가이아나는 「UN해양법협약」의 의무적 분쟁해결 절차에 따라 이를 중재재판에 회부하였다.

재판소는 가이아나가 시험굴착 전에 이를 수리남에 통보하거나 협의하지 않고 수리남과 공동탐사를 수행하도록 노력하지도 않은 것은 잠정약정 체결을 위해 모든 노력을 다해야 할 의무를 위반한 것이라고 판단하였다.

한편 재판소는 경계 미획정수역에서 탐사·개발을 위한 모든 해양이용 활동이 금지되는 것은 아니라고 보았다. 재판소는 가이아나가 실시한 일시적 성격의 지진파 검사(seismic test)는 상호자제 의무를 위반한 것이 아니지만, 영구적으로 물리적 충격을 주는 석유나 가스의 시험굴착은 공동으로 또는 조약에 근거해야만 허용되는 활동으로 상호 자제 의무를 위반한 것으로 판단하였다. 또한 수리남 군함이 무력사용을 위협하여 가이아나 시추선을 퇴거시킨 것도 상호자제 의무의 위반으로 보았다.

나. 경계획정과 국제재판

(1) 의의

인접국이나 대향국 간에 해양경계획정 문제로 다툼이 있는 분쟁수역(disputed maritime area)은 전 세계적으로 300건 이상 달한다. 영국-노르웨이 어업사건(1951)에서 ICJ는 "해양경계획정(maritime delimitation)은 언제나 국제적 측면을 가지므로, 국내법에 표시된 연안국의 의사에만 종속될 수 없다. 경계획정은 오로지 연안국만이 할 수 있는 일방적 행위이나, 경계획정의 타 국가에 대한 유효성은 국제법에 달려있다"고 판시하였다.

경계획정은 보통 관련국 간 협상을 통해 이루어지나, 직접 협상으로 합의에 이르지 못하면 분쟁당사자 간의 합의에 의해 국제재판에 회부되기도 한다. 국제재판소의 해양경계획정은 당사자 간 협약상 인정되는 잠재적 권리(entitlement)의 주장이 중첩된 수역(overlapping area)에서 우선순위를 결정하는 행위이다. 협약상 관련국들이 합리적인 기간 내에 최종 경계에 대한 합의에 이르지 못할 경우, 협약 제15부에 규정된 의무적 해결절차에 회부될 수 있다(제74조2항 및 제84조2항). 다만 당사국은 해양경계획정과 관련된 제15조(영해), 제74조(EEZ), 제83조(대륙붕)의 해석과 적용에 관한 문제를 협약상 의무적 분쟁해결절차에서 배제하는 선언을 할 수 있다(제298조1항). 해양경계획정사건은 주로 ICJ 또는 중재재판에 회부되지만, ITLOS에 회부되는 사례도 나타나고 있다.

대향국 간 영해 기선 간의 거리가 400해리가 넘는 경우 중첩수역이 발생하지 않으므로, 400해리 미만인 대향국 간의 중간선 또는 인접국 간 등거리 획정과 관련한 분쟁들이 국제재판에 회부되고 있다. 관련국은 경계획정의 원칙이나 방법 또는 경계선 자체를 획정하여 줄 것을 재판소에 요청한다. 400해리 미만 수역의 EEZ와 대륙붕 경계획정의 경우, 국제재판소들은 EEZ와 대륙붕을 단일 경계선으로 획정하는 것이 일반적이다.[15]

(2) 경계획정사건

ICJ는 리비아/몰타 대륙붕사건과 그린란드·얀 마엔 해양경계획정사건에서 대향국 간 중간선 원칙에 개별 사안의 관련 사정을 유연하게 보완함으로써 경계획정에 있어 형평한 결과(equitable result)를 추구함으로써 형평한 해결이라는 목표를 지향하였다.

----
15 호주와 파푸아뉴기니(1978)와 호주와 인도네시아(1997) 간 양자 경계획정에서는 어업 문제 등을 감안하여 EEZ와 대륙붕이 다른 이중 해양경계선을 획정하였다.

사건 1: 리비아/몰타 대륙붕사건 (1985)

리비아와 몰타는 1982년 특별협정을 체결하여, 양국 간 수역(183해리)에서 대륙붕 경계획정에 적용될 국제법 규칙과 이를 실제 적용하는 방법을 제시해 줄 것을 ICJ에 부탁하였다. 리비아는 자연적 연장설에 따라 해저 지질·지형적 측면에서 근본적 단절을 구성하는 단층지대에서 경계가 획정되어야 하며 거리는 고려 요소가 아니라고 주장했지만, 몰타는 폭이 400해리 이내인 대륙붕은 해저지형을 고려하지 않고 거리 기준(중간선)에 따라 경계를 획정해야 한다고 주장하였다.

ICJ는 다음과 같이 판결하였다.

- EEZ 제도는 200해리 거리에 의한 권원과 함께 국가실행에 의해 관습국제법의 일부가 되었다. 대륙붕과 EEZ는 다른 제도이지만, EEZ의 권리가 대륙붕제도인 해저에도 적용되므로, EEZ 없는 대륙붕은 존재하지만, 상응하는 대륙붕이 없는 EEZ는 존재할 수 없다.
- 자연적 연장에 따른 대륙변계가 200해리에 이르지 않은 경우, 대륙붕의 권원은 해저의 지질·지형적 특징과 관계없이 육지로부터의 거리(200해리)로 결정된다. 자연적 연장과 거리 기준은 대립하는 것이 아니라 상호보완적인 것으로, 대륙붕의 법적 개념에 있어 본질적 요소들이다.
- 대향국 간 400해리 미만 수역에서 중첩된 대륙붕 경계는 오로지 거리(중간선)에 의해 결정된다.[16]
- 다만, 리비아 해안선 길이가 몰타와 비교해 8:1로 길다는 점을 고려하여 (몰타에 불리하게) 중간선을 몰타 방향으로 18해리 상향 조정하여 경계를 획정하였다.

재판소는, 400해리 미만 수역의 대향국 간 대륙붕경계획정에 있어서 북해대륙붕사건에서 인정된 자연적 연장설을 포기하고 거리 기준(중간선)을 적용하되, 해안선의 길이 비율을 관련 사정으로 고려하여 중간선을 조정함으로써 형평한 결과를 도모하였다.

----
[16] 니카라과 v. 콜롬비아 영토 및 해양분쟁사건(2012)에서도 ICJ는, 200해리 이내 중첩된 권원에 있어 지질학 또는 지형학적인 요소는 고려되지 않는다는 점을 분명히 하였다.

⚖️ 사건 2: 그린란드·얀 마엔 해양경계획정사건(덴마크 v. 노르웨이 1993)

　　노르웨이와 덴마크 모두 ICJ의 관할권을 수락하였으므로, 1988년 덴마크가 ICJ에 제소하여 소송이 시작되었다. 노르웨이가 기상·통신 인력 약 25명이 체류하는 자국령 Jan Mayen섬과 덴마크 그린란드 간의 중간선을 주장한 데 대해, 덴마크는 상주인구 (55,000명)가 많고 긴 해안선을 가진 그린란드가 200해리의 EEZ와 대륙붕을 가져야 한다고 주장하였다.

　　ICJ는 「UN해양법협약」상 규정된 형평한 해결이 관습국제법을 반영한 것으로 판단하였다. 우선 잠정 중간선을 정하고, 그린란드와 얀 마엔의 관련 해안 길이가 현저한 불균형(9:1)을 보인다는 점을 고려하여 잠정 중간선을 얀 마엔 방향으로 이동함으로써 덴마크에 유리하게 경계를 획정하였다. 재판소는 또한 잠정 중간선을 적용하는 경우 수역 내 열빙어(capelin) 어업자원 이용에 있어 덴마크에게 명백하게 불공평한 결과를 초래한다는 점도 특수한 사정으로 고려하였다.

(3) 경계획정의 3단계 방식

　　ICJ는 리비아/몰타 대륙붕사건(1985)과 그린란드·얀 마엔 해양경계획정사건(1993)에서는 중간선에 특별한 사정을 고려하는 2단계 방식을 사용하였다. 하지만 2009년 루마니아 v. 우크라이나 흑해해양경계획정사건부터 형평한 해결에 도달하는 방법으로 중간선 원칙을 기반으로 3단계 방식을 적용하고 있다. ITLOS도 방글라데시/미얀마 벵갈만 해양경계획정사건(2012), 가나/코트디부아르 대서양에서의 해양경계획정사건(2017) 등에서 3단계 방식을 적용하고 있다.

- 1단계로, 해양경계에 관한 분명한 합의가 없는 한, 관련 해안선(relevant coast)과 대상수역을 정하여 잠정 경계선(provisional delimitation line)을 설정한다. 대향국 간에는 중간선, 인접국 간에는 등거리선을 기초로 잠정 경계선으로 긋는다. 때로는 대상 수역의 특수한 지리 때문에 인접국 해안의 일반적 방향을 따르는 두 선이 이루는 각을 이등분하는 각의 2등분선(angle bisector line)이 사용되기도 한다. ICJ가 튀니지/리비아 대륙붕사건(1982), 니카라과 v. 온두라스 카리브해 영토 및 해양분쟁사

건(2007)에서 사용하였다.

- 2단계로 형평한 결과를 도출하기 위해 고려해야 할 관련 사정이 있는지 검토하여, 필요하다고 판단되면 잠정 경계선의 위치나 방향을 조정한다.
- 3단계로 결과의 형평성을 평가한다. 잠정 경계선에 의한 할당 수역의 비율이 당사국 간 관련 해안선의 길이 비율에 비추어 보아 현저하게 비례하지 않거나 왜곡된 결과를 초래하지 않는지 비교하여 합리적인 수준의 비례성을 확보하도록 하자는 것이다. 바다에 대한 권리가 사실상 해안선에서 출발한다는 점에서 경계획정에 있어 해안선의 길이가 중요한 지표이기 때문이다. 하지만 3단계에서 실제 조정이 이루어진 사례는 아직 없다. 후술하는 흑해해양경계획정사건에서 우크라이나는 루마니아와 자국의 해안선 비율(1:2.8)이 특별한 사정이라고 주장하였으나, 재판소는 할당 수역의 비율(1:2.1)이 잠정 경계선을 조정해야 할 만큼 현저한 차이가 있는 것은 아니라고 보았다. 니카라과 v. 콜롬비아 영토 및 해양 분쟁사건(2012)에서도 ICJ는 니카라과와 콜롬비아의 관련 해안선의 길이 비율이 8.2:1이었지만, 할당 수역은 3.44:1로 이를 큰 불균형이 있다고 판단하지 않았다.

(4) 경계획정의 형평한 결과를 위한 관련 사정

① 관련 사정

형평한 결과를 도출하기 위해 재판소가 고려하는 관련 사정으로 기존 합의, 해안의 지리적 요소, 섬의 존재와 효과(후술), 기점과 기선, 역사적 권리, 경제적 요소 등이 있다. 개별 사건마다 특수한 관련 사정이 존재하며 이들 관련 사정 간에 부여되는 비중도 고려된다.

- 해양경계와 관련하여 명시적 또는 묵시적인 기존 합의가 존재한다면, 관련 사정으로 고려된다. 당사국 간 해양경계에 관한 합의는 섣불리 추정되어서는 안 되며, 특히 묵시적 합의를 입증하기 위해서는 그 증거가 설득력이 있어야 한다.

- 해안의 지리적 요소는 관련 해안선의 길이, 해안지형 등이다. 관련 해안선은 당사자 간 200해리 이내에서 중첩되는 수역을 발생시킬 수 있는 해안선을 말한다. 관련 해안선의 길이는 해안선의 일반적 방향에 따라 측정한다. 해안지형이 오목한 경우, 연안국의 수역이 줄어드는 차단효과(cut-off effect)를 발생시킨다(☞ 북해대륙붕사건, 뱅갈만해양경계획정사건).
- 기점과 기선은 연안국이 재량으로 설정하지만, 당사국 간 이를 인정할 것인지 합의할 수 있다. 재판소는 해도에 표시된 저조선이 실제 저조선과 일치한다고 전제하지만, 반드시 이를 인정할 의무가 없으며 적절한 기점을 스스로 선정할 수 있다.
- 경제적 요소는 관련 사정으로 고려하지 않는 것이 일반적이었다. 전술한 그린란드·얀 마엔 해양경계획정사건(1993)에서 열빙어 조업의 경제적 가치가 고려되었다. 하지만 흑해해양경계획정사건에서 우크라이나는 경계획정에서 자국 대륙붕에서의 석유 탐사와 EEZ에서의 어로행위를 고려해야 한다고 주장하였으나, ICJ는 이들을 영유권에 대한 실효적 지배 증거로 판단하였으나 경계획정에서 고려될 요소는 아니라고 배제하였다.

② 섬의 존재와 효과

관련 사정으로서 섬의 존재와 위치는 경계획정에 있어 특히 중요한 요소이다. 협약상 섬(island)은 바닷물로 둘러싸여 있으며, 만조 시에도 수면 위에 있는, 자연적으로 형성된 육지 지역을 말한다(제121조1항). 크기의 대소나 지질학적 구성과는 무관하며, 환초(環礁: reef)·사주(沙洲: bank)·모래톱(shoal) 등을 포함한다. 자연적으로 형성되어야 하므로, 인위적으로 만들어진 인공섬과 구별된다. 만조 시에도 수면 위에 있어야 하므로, 간조 시에만 드러나는 간조노출지는 설사 그 위에 구조물이 설치되어도 섬이 아니다. 인공 섬·시설·구조물은 자체 영해를 갖지 못하며, 영해나 EEZ 또는 대륙붕의 경계획정에 영향을 미치지 않는다(제60조). 간조노출지나 수중암초를 인공섬으로 조성하는 것 자체를 불법이라고 할 수는 없으나, 수중 암초 위에 조성된 인공섬은 영해를 갖지 못하며 EEZ나 대륙붕도 가질 수 없다. 그러한 인공섬에 대해 영해나 EEZ·대륙붕을 인정한다면 해양법 질서에 큰 혼란을 초래하기 때문이다.

원칙적으로 제121조1항에 정의된 섬은 영해와 접속수역은 물론 EEZ와 대륙붕을 갖는다(제121조2항). 하지만 섬 가운데 인간의 거주 또는 독자적인 경제생활을 유지할 수 없는 **암석**(rocks which cannot sustain human habitation or economic life of their own)은 영해와 접속수역은 갖지만, EEZ나 대륙붕을 가질 수 없다(제121조3항). 1958년 「대륙붕에 관한 협약」은 크기와 관계없이 모든 섬은 영해와 대륙붕을 갖는 것으로 인정하였다. 그러나 제3차 해양법회의에서는 인간이 살지 않거나 연안으로부터 멀리 떨어져 있는 작은 암석이 EEZ나 대륙붕을 갖게 되면 공해나 인류 공동의 유산인 심해저가 축소될 것이 우려되었다. 섬과 암석을 크기·거주 여부 및 위치에 따라 구별하자는 주장도 있었으나, 협약은 결국 거주 가능성 또는 독자적 경제생활이라는 불명확한 기준을 채택하였다. 인간의 거주 또는 독자적인 경제생활 두 가지 요건 중 하나만 충족하면 섬의 지위를 갖게 된다. 이에 따라 일부 연안국은 암석이 이 요건을 충족하는 섬이라고 주장하기 위해 암석에 학교·방송국·병원·관광 시설·종교 시설 등 각종 시설을 설비하고, 인터넷, 이동 통신망 등도 운영한다.

이와 관련, 필리핀 v. 중국 남중국해중재사건(2016)에서 재판소는 협약 제121조상 섬과 암석을 판단하는 구체적 기준을 아래와 같이 제시하였다.

- 암석은 명칭이나 지질적·지형적 특징과는 관계없이 광물이나 유기물의 집합체를 의미한다.
- 섬이냐 암석이냐는 그 지형에 중대한 인위적 변경이 있기 이전에 객관적 능력으로 보아 인간의 거주나 독자적인 경제생활을 유지할 수 있는 자연적 역량이 중요하다. 반드시 실제 거주하고 독자적인 경제생활을 유지해야만 하는 것은 아니지만, 해양지형의 법적 지위를 개선하기 위해 인위적으로 증축하거나 변경하지 않아야 한다. 만조 시에 수면 아래 있는 간조노출지는 영유 대상이 될 수 없고, 인위적으로 변형하더라도 지위를 섬으로 변경시킬 수 없다.
- 인간의 거주는 단기적이 아니라 일정 기간 지속해서 또는 관습적으로

정주함으로써 안정적인 인간 공동체가 존재하고(어민·군인·경찰·과학자 등 일시적 체류자는 제외), 인간의 생명과 건강을 유지하는 데 필요한 식수 확보와 경작·주거가 가능해야 한다.[17]

- 독자적인 경제생활은 해양지형 자체의 자원을 이용한 현지인의 활동이 있어야 하며, 일회성 거래 또는 단기간 유지되는 사업이나 외부 자원에 전적으로 의존하는 경우는 독자적인 경제생활이라 할 수 없다.

니카라과 v. 콜롬비아 영토 및 해양분쟁사건(2012)에서 ICJ는 제121조1항, 2항 및 3항은 하나의 불가분한 제도로 관습국제법을 구성한다고 판단하였다.

오키노도리시마와 독도

오키노도리시마는 일본 남동쪽 1,082해리에 있는 소형 침대 크기의 2개 암초이다. 1931년 일본은 영토(섬)로 선언하고 3해리 영해를 설정하였다. 1952년 미국의 신탁통치로 편입되었다가 1967년 일본에 반환되었다. 일본은 1977년 이를 기점으로 200해리 EEZ를 설정하여 어업 통제권을 선언하였으나, 암초가 자연 침하되어 수면 아래로 사라질 위기에 처하자 암초 주변에 철강재와 콘크리트로 인공 구조물을 설치하고 산호초 복원을 추진하고 있다. 하지만 한국과 중국은 오키노도리시마를 섬으로 인정하지 않는다.

한일 간 EEZ 경계획정 협상에서 양국은 독도가 섬인지 여부, 기점 사용 여부 등에 있어 입장 차이를 보였다. 오키노도리시마와 같이 작은 암초에 대해서조차 섬으로서 EEZ와 대륙붕을 주장하는 일본은 독도를 당연히 섬으로 보고 이를 기점으로 하는 EEZ를 주장하였다. 한국은 당초 독도는 섬이 아닌 암석이므로 영해와 접속수역만 가진다는 입장이었으나, 2006.6. 일본의 독도 인근 해양과학조사 실시 요구로 양국 관계가 긴장된 이후에는 독도가 EEZ를 가지는 섬으로 볼 수 있다는 입장이다.

남중국해 중재재판소의 판정 기준을 적용하더라도, 오키노도리시마나 독도가 인간의 거주 또는 독자적인 경제활동을 지속할 수 있는 섬으로서 인정되기는 쉽지 않다고 할 것이다.

----
17 중재재판소는 남사군도에서 가장 큰 해양지형인 Itu Aba(0.56㎢, 현재 대만이 점유)도 식수는 있지만 일정 규모의 집단이 거주하는 데 필요한 경작이 불가능하다고 보아 암석으로 판단하였다.

한편 현재는 인간의 거주 또는 경제생활을 영위할 수 있는 섬이지만, 기후 변화로 해수면이 상승하여 군소 도서국의 섬이나 암석이 수몰되면 기선은 물론 EEZ나 대륙붕 등 관할수역이 축소될 수밖에 없다. 이에 대해 해수면 상승으로 인해 기선과 해양경계가 변화하면, 새로운 경계를 인정해야 한다는 입장과 수몰 전의 해양경계로 동결시켜야 한다는 주장이 대립한다.

국제재판에서 섬은 형평한 결과를 달성하기 위해 경계획정에서 고려해야 할 관련 사정의 하나로, 재판소는 섬의 위치와 크기·주민 수·경제적 중요도 등에 따라 상이한 효과를 인정한다.

- 섬이 커서 육지의 속성을 모두 갖추고 있는 경우 또는 본토 해안 가까이 있어 본토와 밀접한 관계에 있는 경우에는 완전한 효과를 인정한다 (그린란드, 울릉도, 후술 벵갈만 해양경계획정사건에서 St. Martin 섬 등).
- 본토에서 떨어진 작은 섬이 잠정 경계선에 근접하여 관할수역의 범위 획정에 크게 영향을 주는 경우, 경계획정에 있어 아무런 효과도 인정받지 못한다(후술 흑해해양경계획정사건에서의 뱀섬).
- 섬이 잠정 경계선에서 어느 정도 떨어진 경우, 완전한 효과와 효과를 전혀 인정하지 않는 경우의 반(半)만 효과를 인정하는 예도 있다. 미국·캐나다 간 Maine만 획정사건(1984)에서 ICJ는 Nova Scotia 해안의 Seal 섬에 대해 반의 효과를 인정하였다.

섬의 효과는 잠정 경계선을 상하 이동하거나 각도를 조정하여 부여할 수 있다. 타국의 섬이 잠정 경계선을 넘어 위치하는 경우 잠정 경계선을 이동하지 않고 위요지(enclave)를 설치하기도 한다.

사건 1: 흑해해양경계획정사건(루마니아 v. 우크라이나 2009)

루마니아와 우크라이나는 1998년 이래 경계획정 협상을 진행하였으나, 우크라이나령 뱀섬(Serpent Island) 문제로 타결에 이르지 못하였다. 2004년 루마니아는 1997.2. 체결한 우크라이나와의 「우호협력조약의 추가협정」에 근거하여 EEZ와 대륙붕의 단일

경계획정을 요구하며 ICJ에 제소하였다. 뱀섬은 다뉴브강 하류 흑해 연안에서 약 20 해리 떨어져 우크라이나 영해 밖에 위치하며, 면적은 0.17㎢로 경비대와 과학 연구원 100여 명만이 체류하였다. 섬은 본래 루마니아 영토였으나, 1948년 구소련으로 넘어 갔다가 1991년 소련 해체 후 우크라이나로 귀속되었다. 흑해 인근 연안에 석유와 천연가스가 다량 매장된 것으로 추정되어 양국은 인근 수역에서 탐사작업을 실시하였다.

양국 모두 중간선으로 경계를 획정하자는 입장이었으나, 뱀섬의 지위와 경계획정에 있어 효과에 대해 입장을 달리하였다. 루마니아는 섬이 지질 구조상 담수가 없어 식수나 음식 등 생필품 공급을 전적으로 외부에 의존하므로 인간의 거주나 독자적인 경제 생활이 불가능한 암석이므로 기점이 될 수 없으며 경계획정에 있어 아무런 효과를 갖지 않는다고 주장하였다. 반면에 우크라이나는 섬이 우크라이나 해안선 지형의 일부를 구성하며, 빗물 이용과 경작이 가능한 토지가 있어 사람의 거주와 경제생활이 가능하므로 기점으로서 완전한 효과를 갖는 섬이라고 주장하였다.

ICJ는, 3단계 방식을 적용하여 EEZ와 대륙붕의 단일 경계를 획정하였다. 재판소는 관련 사정으로 해안선의 길이, 뱀섬의 존재, 흑해에서의 석유 개발과 어로 활동 등을 검토하였다. 재판소는 뱀섬이 섬인지 암석인지에 관해서는 판단을 내리지 않았으나, 작은 뱀섬의 존재가 경계획정에 있어 불균형한 결과를 초래하므로 경계획정에 있어 효과를 인정하지 않고 12해리 영해만 갖는다고 판단하였다.

사건 2: 벵갈만 해양경계획정사건(방글라데시/미얀마 2012)

방글라데시와 미얀마 간 영해·EEZ·대륙붕 및 대륙붕 이원의 경계획정사건으로, 2009년 협약 당사국인 방글라데시와 비당사국인 미얀마가 특별 합의하여 ITLOS에 회부되었다. ITLOS가 다룬 최초의 해양경계획정 사건이며, 아시아 국가 간에는 처음으로 국제재판소에 회부된 경계획정사건이고, 200해리 이원에서의 대륙붕 경계에 관한 최초의 판결이기도 하다.

1. 영해

ITLOS는, 영해 획정에 관해 양국 간 기존의 별도 합의나 역사적 권원이 없으므로 중간선를 원칙으로 하되, 미얀마 연안에 가까이 위치한 방글라데시령 St. Martin 섬이 크기(8㎢)나 인구(7천명), 농·축산 및 관광 산업 등 경제활동에 있어 중요한 해양지형으로 보아, 영해 경계획정에 있어 완전한 효과를 인정하였다.

2. 200해리 이내 EEZ 및 대륙붕 경계

EEZ 및 대륙붕 경계획정에 있어 St. Martin 섬의 기점으로서의 효과와 관련, 방글라데시는 섬이 육지영토의 자연적 연장이고 본토와의 근접하다는 점 등을 이유로 완전한 효과를 주장하였으나, 미얀마는 자국 본토 맞은 편에 위치한 이 섬에 완전한 효과를 부여하면 해안선의 일반적인 형상에 심각한 왜곡을 초래한다고 주장하였다. ITLOS는 관련 사정으로서 St. Martin 섬에 효과를 부여하면 미얀마 해안이 해양으로 투사되는 것을 차단하여 부당한 왜곡을 초래할 수 있다는 이유로 아무런 효과를 인정하지 않았다.

방글라데시는 벵골만의 오목한 형태로 인한 차단 효과로 등거리선은 불합리한 결과를 초래하며, 벵갈만 해저에 자국 하천들이 많은 퇴적물을 형성한다는 지질학적·지형학적 요소를 고려할 것을 주장하였다. 그러나 ITLOS는 200해리 이내 EEZ·대륙붕의 단일 경계획정은 당사국 상호 간 연안의 지리를 기초로 판단할 사안이지 해저 지질이나 지형 등으로 판단할 사안은 아니라고 보고, 등거리·관련 사정 원칙에 따라 경계를 획정하였다.

3. 200해리 이원 대륙붕의 경계

ITLOS는, 200해리 이원의 대륙붕에도 등거리·관련 사정 원칙이 동일하게 적용되며, 방글라데시의 대륙붕은 EEZ 경계획정에서 조정된 등거리선이 (제3국인 인도의 권리가 영향을 받는 수역에 도달할 때까지) 200해리 이원에서도 동일 방향으로 연장된다고 판단하였다.

미얀마는 200해리 이내 EEZ를 갖지만, 방글라데시도 조정된 등거리 연장선 안의 200해리 이원에서 확장된 대륙붕을 갖게 되어 양국이 대륙붕의 권한을 함께 갖는 중첩 수역, 이른바 '회색지대'(grey zone)가 설정되었다. ITLOS는 양국이 이 수역에서 상대국의 권리와 의무를 고려하여 주권적 권리를 행사해야 하며, 이를 위해 구체 협정 체결이나 공동개발과 같은 협력 체제를 수립하는 등 적절한 조치를 결정하도록 하였다.

다. 한·중·일·북한의 EEZ·대륙붕 경계획정

(ⅰ) 한·중·일·북한의 경계획정 원칙

한국은 1996.8.『배타적 경제수역법』을 제정하여, 200해리까지 이르는 수역 중 영해를 제외한 수역을 EEZ로 규정하였다. EEZ의 경계는 국제법을 기초로 관계국과의 합의에 따라 획정하되(제2조), EEZ 권원이 중복되고 경계획정이 되지 않은 수역에서 합의가 없는 경우 중간선 외측 수역에서 권리를 행사하지 않는다(제5조2항). 법은 2017.3.『배타적 경제수역 및 대륙붕에 관한 법률』로 개정되었다. 법상 대륙붕은 영토의 자연적 연장에 따른 대륙변계의 바깥 끝까지 또는 대륙변계의 바깥 끝이 200해리에 미치지 못할 때는 기선으로부터 200해리까지의 해저와 하층토로 하되, 대륙변계가 200해리 밖까지 확장되는 곳에서는 「UN해양법협약」에 따라 정한다(제2조2항)고 규정하고 있다.

일본은 1996년『배타적 경제수역과 대륙붕에 관한 법률』을 제정하여 EEZ와 대륙붕의 경계획정에 있어 중간선 원칙을 규정하였다(제1-2조).

중국도 1996.6.『배타적 경제수역 및 대륙붕에 관한 법률』을 제정하여, EEZ와 대륙붕은 200해리까지로 하되, 중첩되는 경우 국제법 기초 위에서 형평의 원칙에 따르도록 하였다(제2조).

북한은 1977.7. 200해리 경제수역을 선포하고, 경제수역 내 모든 생물·비생물 자원에 대한 자주권 행사를 선언하였으며, 이는 대륙붕을 포함하는 것이다.

(ⅱ) 한일 간 EEZ 및 대륙붕 경계획정

1998년 「한일어업협정」은 잠정협정으로서, 어업협정 체결 이후 양국은 조속한 EEZ 경계획정을 위해 성의를 가지고 교섭하기로 하였다(부속서 I.1.). 양국 모두 EEZ 경계획정에 있어 중간선 원칙을 채택하고 있으나, EEZ 경계는 아직 획정하지 못하였다. 양국은 2004년부터 2010년까지 국장급 EEZ 경계획정회담을 진행했으나, 현재는 중단된 상태이다.

동해에서의 EEZ와 대륙붕 해양경계획정은 독도 영유권 문제와 독도 기점

사용 여부 등에 대한 첨예한 입장 차이로 진전을 기대하기 어려운 상황이다. 1974년 양국은 「대륙붕 북부구역 경계획정협정」과 「대륙붕 남부구역 공동개발 협정」을 체결하였다. 대륙붕 남부구역에서의 대륙붕 경계획정과 관련, 한국은 자연적 연장설을 지지하나, 일본은 중간선 원칙을 주장한다.[18]

(iii) 한중 간 EEZ 및 대륙붕 경계획정

한중 간 해안 거리는 140~400해리 이내로 해양경계획정의 대상 수역은 37° 이남과 32° 이북의 서해와 동중국해 북부수역이다.

EEZ 경계와 관련, 한국은 중간선 원칙, 중국은 인구와 전통적 어업활동 등 모든 상황을 고려한 형평한 합리적인 획정을 주장하고 있어, 입장 차이를 보이고 있다. 양국은 EEZ 경계획정을 위해 1996년부터 2008년까지 매년 2회 국장급 협상을 진행하였으나 진전을 이루지 못하자, 협상을 가속하기 위해 2015년 및 2017년 2차례에 걸쳐 차관급 공식회담을 개최하였다.[19]

대륙붕 경계와 관련, 한국은 중간선 원칙을 주장하나, 중국은 대륙붕의 자연적 연장설에 기초하여 대륙괴의 크기, 서해 대륙붕에 형성에 있어 중국의 기여, 관련 해안선의 길이 등을 반영한 형평의 원칙을 주장하며, 중간선 원칙은 형평의 원칙에 합치되어야 수용할 수 있다는 입장이다. 이에 대해, 한국은 해양법상의 원칙과 판례들을 이유로 중간선을 조정해야 할 특별한 사정이 없다는 입장이다. 특히 중국의 직선기선 설정과 수중암초 및 간조노출지의 기점 사용에 있어 문제점을 지적한다.

----

18 2003년 중국이 일본과의 동중국해 중간선 서쪽 4~5㎞에 있는 춘샤오(春曉) 가스전 개발을 추진하자, 일본은 동 수역에서의 '빨대효과'를 우려하며 항의하였다. 2008년 양국은 공동개발 원칙에 합의하고 합의 수역(약 2,700㎢로, 한일 JDZ 서쪽 약 925m 위치)을 설정하였지만, 이후 별다른 진전을 이루지 못하고 있다. 중국은 일본측 주장 중간선 이서 수역에서 자원개발 활동을 계속 중이며, 일본도 인근 대륙붕에서 탐사 개발권 허가 등으로 대응하고 있다.

19 한편 중국과 베트남은 1974년 통킹만에서의 해양경계 협상을 개시하여 26년 만인 2000년 EEZ와 대륙붕의 단일경계로 대상수역을 사실상 양분하는 내용의 협정을 체결하였다(2004.6. 발효).

(ⅳ) 북중/북소 간 EEZ 및 대륙붕 경계획정

북한과 중국은 아직 EEZ 및 대륙붕 경계를 획정하는 협상을 타결하지 못한 것으로 알려졌다. 중국이 형평의 원칙을 주장하는 반면, 북한은 400해리 미만의 서해에서 경계획정에 대해 바다의 반분선을 주장하고 있다.

한편 북한은 1986년 소련과 「배타적 경제수역 및 대륙붕의 경계획정에 관한 협정」을 체결하였다. 협정은 등거리 원칙에 기초한 단일 경계선을 획정하였다. 북소 간 해상경계선은 1977년 북한이 선포한 경제수역보다 약간 하향 조정되었다.

(ⅴ) 한중일 3국 간 경계획정과 해양협력

3국은 양자 간 개별적으로 경계획정회담을 진행하였으나, 경계획정에 관한 원칙이 서로 달라 합의에 이르지 못하고 있다. 한중일 3국 간 해양경계획정으로는 1974년 한일 「대륙붕 북부구역 경계획정협정」이 유일하다. 경계획정이 이루어지지 않자 3국은 협약 제74조1항상 최종 경계획정에 이르기 전 잠정약정에 해당하는 양자 어업협정 체결을 우선 추진하였다. 이로써 「중일어업협정」(1997), 「한일어업협정」(1998), 「한중어업협정」(2000) 3개의 양자 어업협정이 체결되었다. 「중일어업협정」상 잠정조치수역과 「한일어업협정」상 제주 남단 중간수역 간에는 일부 중복 수역이 발생함으로써 분쟁의 소지가 없지 않다.

서해·동해·동중국해는 반폐쇄해로서, 생물자원 보존 및 관리(어업분쟁 방지), 해양환경 보존, 해양과학조사 등을 위해 3국 간 긴밀한 해양 협력이 필요한 수역임에도, 별다른 진전이 이루어지지 않고 있다. 특히 수역의 폭이 400해리가 되지 않는 동중국해 북부수역에서 3국의 EEZ와 대륙붕이 중첩되므로, 3국 간 경계선이 만나는 교차점(tri-junction)을 확인함으로써 3국 간 해양경계를 획정하는 것이 이상적이지만, 3국 간 경계획정이 이루어지지 못한 상황이라도, 3국 간 포괄적인 해양협력 체제 구축을 위한 논의는 시급한 과제라 할 것이다.

Ⅲ. 「UN해양법협약」: 국가관할권 이원의 해양

1. 공해

가. 공해의 자유

(ⅰ) 의의

공해의 자유(freedom of the high seas)는 공해는 모든 국가에 대해 개방되어 다른 국가의 권리를 침해하지 않는 한 각국이 동등하고 제한 없이 자유롭게 이용할 수 있다는 것을 말한다. 전통적으로 너무나 방대한 공해는 어느 국가도 실효적으로 점유·관리할 수 없으므로 모든 국가가 자유롭게 이용할 수 있는 공간이었다. 공해의 자유는 1609년 그로티우스의 자유해론 이래 각국이 관행으로 받아들이면서 19세기 초반 관습국제법으로 확립되었다.

하지만 20세기 중반 이후 대거 출현한 신생국들은 공해의 자유를 해양 세력들이 자신들을 지배하고 착취하는 법적 구실로 인식하고, 공해와 그 자원에 대한 관할권을 확장하고자 하였다. 「UN해양법협약」상 200해리 EEZ의 인정 등으로 연안국의 관할권이 확대되면서 공해의 범위는 축소되고 공해어업의 자유는 제한되는 등 전통적인 공해의 자유는 변화를 겪고 있다.

(ⅱ) 공해의 성격과 범위

공해(公海: high seas)는 지구 전체 바다의 약 2/3를 차지하는 광대한 수역이다. 공해의 성격에 대해 15세기 이래 무주물(無主物: *res nullius*) 또는 공유물(共有物: res public)이라는 설이 있었으나, 현재는 국제법에 따라 어느 국가도 일부라도 영유하거나 관할할 수 없도록 보장된 공공물(公共物: *res communis*)이며 국제공역이라는 것이 통설이다.

1958년 「공해에 관한 협약」상 공해는 국가의 내수 또는 영해에 포함되지 않는 해양의 모든 부문을 말한다. 그러나 1982년 「UN해양법협약」상 공해는 국가의 내수·영해는 물론 EEZ와 군도수역에 속하지 않는 바다의 모든 부문을

말하며, 협약 제7부에 의해 규율된다(제86조). 내수·영해·군도수역이 아닌 접속
수역·EEZ·공해를 국제수역(international waters)이라고도 부른다.

(iii) 공해 자유의 내용

공해의 자유는 어느 국가의 주권에도 귀속되지 않는 공해 귀속의 자유로
부터 도출되었다. 공해는 영유가 금지된다. 어느 국가도 공해의 일부를 자국
주권 아래 둘 수 없다(제89조). 공해의 자유는 또한 공해 이용의 자유와 공해상
자국 선박에 대한 관할권 행사(기국주의)를 포함한다.

공해의 자유를 처음으로 명문화한 1958년 「공해에 관한 협약」은 공해 항
행의 자유, 상공비행의 자유, 어업의 자유, 해저전선 및 관선 부설의 자유 4개
를 규정하였다. 「UN해양법협약」은 협약 당사국이든 비당사국이든, 연안국이든
내륙국이든[20] 관계없이 모든 국가에 대해 개방된다고 공해 자유의 원칙을 천명
하고, 특히 아래 6가지 공해의 자유를 예시하고 있다(제87조1항).

- 항행의 자유: 모든 국가는 공해에서 자국 국기를 게양한 선박을 항행시
  킬 권리를 가진다(제90조). 항행의 자유는 선박이나 선장의 권리가 아니
  라 기국의 권리이다. 공해상 모든 국가의 선박은 평시와 전시를 불문하
  고 **자유통항**(free passage)이 인정되며, 국가는 타국 선박의 공해상 자유
  통항을 방해해서는 안 된다. 다만 해적행위나 노예 수송 선박, 무허가
  방송 선박이나 무국적선 등에는 적용되지 않는다(후술).
- 상공비행의 자유: 모든 국가의 모든 항공기는 공해 상공비행의 자유를
  갖는다. 단 연안국의 접속수역에서의 관세·재정·출입국 관리·위생과
  관련한 통제, EEZ 상공에서의 천연자원 탐사와 같은 주권적 권리나 해
  양과학조사 등 관할권, 확장된 대륙붕 상공에서의 천연자원 탐사와 같
  은 주권적 권리를 침해하는 상공비행 활동은 금지된다.

----

[20] 내륙국(land-locked states)은 공해의 자유와 인류의 공동유산에 관한 권리 등을 행사하기
위한 해양 출입권과 모든 운송 수단에 의해 통과국의 영토를 지나는 통과의 자유를 누린다
(제125조1항). 내륙국은 현재 24개국에 달한다.

- 어업의 자유: 공해생물자원의 관리 및 보존(제7부제2절)의 조건에 따른다 (후술).
- 해저전선과 관선 부설의 자유: 모든 국가는 대륙붕 밖의 공해 해저에서 해저전선과 관선을 부설할 수 있다. 단, 각국은 해저전선이나 관선을 부설하려면 이미 설치된 전선이나 관선을 고려하고, 특히 이들의 수리를 방해하지 않는다(이상 제112조 및 제79조).
- 인공 섬·시설·구조물 설치의 자유: 공해상 인공 섬 등을 설치할 수 있으나(제80조), 확장된 대륙붕 위 공해에 설치할 때는 제60조(EEZ에서의 인공 섬 등)에 따라야 한다.
- 과학조사의 자유: 제13부(해양과학조사)에 따라야 한다(후술).

공해의 자유는 협약과 그 밖의 국제법이 정하는 규칙에 따라 행사되며, 모든 국가는 공해 자유의 행사와 관련한 타국의 이익과 심해저 활동과 관련된 타국의 권리를 적절히 고려해야 한다(제87조2항). 예컨대 공해에서 해저전선 또는 관선을 부설하는 경우, 어업·해양환경보호·안전 등 타국의 이익을 고려해야 한다.

(iv) 공해어업의 자유 규제

1970년대 이전까지만 해도 공해어업의 자유는 공해상 항행의 자유를 저해하지 않는 한 자유롭게 인정되었다. 그러나 협약은 "모든 국가는 ① 조약 의무(후술 공해어업협정 및 IUU협정), ② 특정 어족의 보존과 관련한 연안국의 권리·의무 및 이익(제63~67조), ③ 공해 생물자원의 관리 및 보존에 관한 협약 규정(제7절 제2부)을 준수하는 조건으로, 자국민이 공해에서 어업에 종사할 권리를 가진다"(제116조)고 규정하고 있다. 이에 따라 공해 생물자원의 보존·관리를 위해 공해에서 각국의 어업권이 제한된다. 이제 전통적으로 공해 자유의 하나로 인정되어 온 공해어업의 자유는 국제적으로 엄격한 규제를 받게 되었다. 공해어업은 전 세계 어획량의 10% 정도를 차지하고 있다.

(1) 조약 의무: 공해어업협정과 IUU협정

협약상 EEZ 제도가 도입되어 연안국의 EEZ에서의 조업이 어렵게 되자 원양 어업국들은 연안국 EEZ에 인접한 공해(특히 오호츠크해, 베링해, 바렌츠해 등)에서 조업을 확대하였다. 연안국들은 조업국들의 남획과 불법조업으로 인해 자국 EEZ 생물자원의 고갈을 우려하며 공해 생물자원의 관리·보존을 규정한 「UN해양법협약」을 구체적으로 이행하는 협정을 체결할 것을 요구하였다. UN은 1993년 고도회유성어종과 경계왕래어족의 남획을 방지하고 이를 보존·관리하기 위한 교섭을 시작하여, 1995년 「경계왕래어족 및 고도회유성어종의 보존 및 관리에 관한 「UN해양법협약」의 규정 이행에 관한 협정」(이하 '공해어업협정')을 채택하였다. 협정은 2001년 발효하였으며, 당사국은 한국을 포함 92개국이다. 협정은 공해 조업 선박의 기국·기항국·연안국 등 이해 당사국 간의 합의와 지역적 협력을 통해 연안국과 원양 어업국 간 이익을 조화시켜 공해어업 분쟁을 해소하려는 것이다. 협정의 주요 내용은 다음과 같다.

- 각국은 경계왕래어족과 고도회유성어종 자원의 보존·관리·이용을 위해 사전주의에 의한 보존 및 관리조치를 마련한다(제6조). 사전주의는 어족자원의 실태에 관해 과학적 정보가 없더라도 유예(moratorium)와 같은 긴급 보존조치를 먼저 취하는 것을 말한다.
- EEZ와 공해에서의 보존·관리 조치 간에 양립할 수 있는 조치를 달성하기 위해 지역수산관리기구의 역할과 이행 권한을 강화한다(제7조). 공해 조업을 희망하는 국가와 관련 연안국은 지역수산관리기구의 회원국으로 가입하거나 수산관리약정에 참가한다. 지역수산관리기구는 보존 및 관리조치(쿼터 할당, 조업 방식 및 일수, 금어 구역 및 기간, 어선 척수 및 톤수 제한, 검색관 승선 등)를 취한다.[21]

----

21 공해생물자원 보호를 목표로 하는 지역수산관리기구(RFMOs: Regional Fishery Management Organizations)로, 대서양참치보존위원회(ICCAT), 인도양참치위원회(IOTC), 남방참다랑어보존위원회(CCSBT), 북태평양소하성어류위원회(NPAFC), 북서대서양수산위원회(NAFO), 남극해양생물자원보존위원회(CCAMLR) 등과 「중부베링해명태자원보존협약」(CBSPC), 「북태평양

- 공해 조업 선박의 기국은 자국 어선이 지역수산관리기구나 수산관리약정의 보전 및 관리조치에 동의하고 준수하며(제8조), 그 효과를 저해하는 어떤 활동도 하지 않도록 필요한 조치(어로행위 등의 감시·통제·감독)를 취한다(제18조).
- 지역수산관리기구의 회원국이나 수산관리약정의 참가국인 당사국은 정당한 권한을 부여받은 검색관이 타 당사국 어선에 승선·검색할 수 있도록 허용한다. 검색국은 어선이 중대한 위반을 저질렀다고 믿을 만한 명백한 근거가 있는 경우, 혐의 사실을 지체없이 기국에 통보하여 시정을 요구한다(이상 제21조). 검색관의 승선·검색은 공해 기국주의 원칙의 예외를 인정한 것이다. 다만 위반 선박에 대한 처벌은 선적국만 할 수 있다.
- 기항국은 공해상 불법 조업 선박이 자발적으로 입항한 경우, 문서나 어구 및 어획물을 검색할 수 있으며, 불법 어획물로 입증되면 양륙 및 환적을 금지할 수 있다(제23조).
- 협정의 해석과 적용에 관한 분쟁은 (분쟁당사자가 「UN해양법협약」 당사국이 아니라도) 「UN해양법협약」상 의무적 분쟁해결절차(제15부)를 적용한다(제30조).

또한 농업과 수산업 문제를 다루는 세계식량농업기구(FAO: Food & Agriculture Organization)는 기국에 의해 효과적인 통제가 이루어지지 않는 공해 어족자원의 불법·비보고·비규제 어업을 방지하기 위해 2009년 「불법·비보고·비규제 어업의 예방·억지·근절을 위한 항구국 조치에 관한 협정」(Agreement on Port State Measures to Prevent, Deter and Eliminate Illegal, Unreported and Unregulated Fishing, 이하 'IUU 협정')을 채택하였다(2016.6. 발효).[22] 협정은 공해생물자원의

연어 보존조약」(NASCO), 「북태평양 소하성 어족 보존협약」(NPAFC) 등의 협정이 있다. 한국은 이들 지역수산관리기구와 협약에 모두 가입하였다.

22 한국은 2016.1. IUU 협정에 가입하였다. 원양 산업을 육성·지원하기 위해 제정된 『원양산업발전법』(2007)은 원양 어업자의 IUU 어업에 대한 처벌을 강화하고, 조업 감시센터 설립, 원

보존·관리 의무의 위반 여부를 확인할 수 있는 항구국이 입항 선박에 대해 효과적인 조치를 취함으로써 IUU 어업을 예방·억지·근절하려는 것이다. 불법 어업은 연안국의 어업 관련 규정을 위반한 남획, 비보고 어업은 연안국 및 지역수산관리기구에 대해 보고하지 않거나 허위 보고하는 어획, 비규제 어업은 무국적 선박 또는 해당 지역수산관리기구의 회원국이 아닌 국가의 선박에 의한 어획을 말한다. 항구국은 선박이 입항하기 전 조업 허가 및 어획물에 대한 정보를 요구하고(제8조), IUU 어업에 종사하였다고 믿을 만한 충분한 증거가 있는 경우에는 입항을 거부하며(제9조), 입항 후에도 IUU 혐의 선박에 대해 자국 항구에서 어획물의 하역·가공·환적 및 그 밖의 항만시설 이용을 금지해야 한다(제11조).

(2) 특정 어족의 보존(제63조~제67조)

EEZ 내 생물자원 중 EEZ와 공해상에서 독특한 이동 경로를 갖는 특정 어족에 대해서는 이를 보호하기 위해 연안국과 어업국은 직접 또는 적절한 (소)지역기구를 통해 필요한 조치에 합의하도록 노력해야 한다.

- 경계왕래어족(straddling fish stocks): 일국의 EEZ와 공해 사이에 걸쳐 서식하는 대구·명태·오징어 등으로, 어업국은 관련 연안국과 직접 또는 적절한 (소)지역 기구를 통해 EEZ와 인접 수역에서 어족 보호를 위해 필요한 조치에 대해 합의하도록 노력해야 한다(제63조). 관련 지역 조약으로 「중부 베링해 명태자원보전협약」(CBSPC)이 있다.

- 고도회유성어종(highly migratory species): EEZ와 공해를 관통하며 광대한 수역을 이동하는 참치·꽁치·고등어·병어·상어 등 17종으로, 어획국은 연안국과 직접 또는 적절한 국제기구를 통해 EEZ와 인접 수역에서의 보존과 최적 이용을 위해 협력해야 한다(제64조). 관련 국제기구로

양어선에 대한 선박 위치 추적 장치(VMS: Vessel Monitoring System) 장착, 어획 증명서 제도 등을 실시하여 IUU 조업을 방지하고 있다. 한편 우리 원양어업은 원양어선 척수의 감소 및 노후화, 원양어업 인력 부족 등으로 어려움을 겪고 있다.

'남방참다랑어 보존위원회'(CCSBT), '대서양 참치 보존위원회'(ICCAT), '인도양 참치 보존위원회'(IOTC) 등이 있다.

- 소하성(遡河性) 어족(anadromous stocks): 바다에서 살다가 산란기에 강을 거슬러 돌아오는 연어, 송어 등 하천 회귀성 어족으로, 기원국(起源國)이 1차적 이익과 책임을 지고 EEZ 안에서 어획과 보존을 위한 조치를 취할 수 있으며, 공해상에서의 어획은 기원국과 관련국과의 협의에 의한다(제66조). 관련 지역 조약으로 「북태평양 연어 보존조약」(NASCO), 「북태평양 소하성 어족 보존협약」(NPAFC)이 있다.
- 강하성(降河性) 어종(catadromous species): 뱀장어와 같이 생존 기간 대부분을 강에서 살다가 산란기에 바다로 가서 산란하는 어종으로, 연안국은 어종의 관리에 책임을 지며, EEZ 안에서만 어획이 허용된다(제67조).

(3) 공해 생물자원의 보존·관리에 관한 협약 규정

협약은 모든 국가는 자국민을 대상으로 공해 생물자원의 보존·관리에 필요한 조치를 취하거나 다른 국가와 협력할 의무가 있으며(제117조), 공해수역에서 생물자원의 보존·관리를 위해 서로 협력하고 관련 생물자원의 보존에 필요한 조치를 교섭하고, 필요한 경우 (소)지역 어업기구를 설립하는 데 서로 협력하도록 규정하고 있다(이상 제118조).

나. 공해상 관할권

(ⅰ) 선적과 선적국의 의무

(1) 선적

어느 국기를 게양할 자격이 있는 선박(vessel, ship)은 그 국가의 국적을 갖는다(제91조). 모든 국가는 자국 국기를 게양할 자격이 있는 선박의 등록과 요건을 결정한다. 우리나라의 경우, 『선박법』상 한국 선박은 한국 국민이 소유하거나 한국 법에 따라 설립된 상사 법인이 소유하는 선박 등을 말한다(제2조). 편의치적 선박이라도 소유주가 한국 국민이면 한국 선박으로 간주한다.

선박의 국적인 선적(船籍)은 공해상 선박에 대한 관할권과 외교적 보호권을 행사하는 국가를 결정하는 기준이다. 협약은 선적국과 선박 간에 **진정한 연계**가 있어야 한다고 규정하고 있으나(제91조 하단), 진정한 연계의 구체 내용이나 기준은 국내법에 위임하고 있다. Saiga호사건(1999)에서 기니는 세인트빈센트 그레나딘과 동 선박이 진정한 연계가 없음을 이유로 재판관할권이 성립하지 않는다고 주장하였으나, ITLOS는 진정한 연계는 기국의 통제를 효과적으로 이행하기 위한 것이지 선박 등록의 유효성을 다투는 기준이 아니라고 기니의 주장을 배척하였다. ITLOS의 이러한 판결이 편의치적을 조장한다는 비판이 있었다.

과거에는 선적 부여에 있어 선박 소유권·선원 구성·선박 건조지 등에 엄격한 요건이 있었으나, 제1차 대전 이후 점차 요건이 완화되어 외국인이 전적으로 소유하는 선박에 대해서도 자유롭게 등록을 허용하는 **편의치적**(便宜置籍: flag of convenience) 또는 개방 등록제(open registry) 국가들이 출현하였다. 라이베리아·파나마· 마셜제도·바하마·온두라스·코스타리카·몰타·사이프러스·몽고 등이 주요 편의치적국이다. 라이베리아는 등록 톤수에서 세계 1위 선적국이며, 주로 미국과 그리스가 선주이다. 이들 국가는 선박 매입 또는 임차 관련 금융 제공, 해운 소득 면세 등의 인센티브를 제공하고, 선박 안전이나 선원의 근로 조건을 완화하며 등록 수수료만 부과하여 편의치적을 유인하고 있다. 편의치적은 선주로서는 선박 금융·세금·선원 수급 및 운송 비용 등에 있어 유리하다. 그러나 편의치적국의 느슨한 집행으로 인해 선박의 불법조업이나 환경오염행위가 발생할 뿐만 아니라, 낮은 안전기준으로 해상사고가 빈발하고 선원들의 열악한 근로 환경 등 인권 문제도 제기되고 있다. 이에 따라 편의치적을 해소하려는 IMO·OECD(해운위원회) 등의 노력에도 불구하고, 전 세계 선복량(적재능력)의 3/4을 차지하는 30여 개 편의치적 국가의 반대로 선적 부여 규칙은 아직 국제적으로 통일되지 못하고 있다. 1986년 「선박의 등록조건에 관한 UN 협약」도 채택되었으나 아직 발효되지 못하고 있다. 편의치적국이라도 선적국으로서 선박에 대해 외교적 보호를 행사할 수 있다.

선박은 등록 국가의 국기를 게양하고 항행하며, 진정한 소유권 이전 또는 등록 변경의 경우를 제외하고는 항행 중이나 기항 중에 그 국기를 바꿀 수 없다. 실제로는 항행 중인 선박도 단시간에 저가에 선적 변경(reflagging)이 이루어진다. 2개국 이상의 국기를 편의에 따라 게양하고 항행하는 선박은 어느 국적도 주장할 수 없으며, 무국적선(stateless ship)으로 취급될 수 있다(이상 제92조). 연안국은 무국적선의 입항을 허용하지 않는다. UN, UN 전문기구 또는 IAEA는 자신의 기를 게양할 수 있다(제93조).

한편 **국제해사기구**(IMO: International Maritime Organization)는 선박·화물·승객의 해상운송에 따른 안전·오염 등의 문제와 관련하여 운송사업자 간 관계를 규율하는 국제사법인 해사법(海事法: maritime law, admiralty law)을 다룬다. IMO는 해상안전 및 환경오염 등과 관련 각종 협약을 제·개정하고 권고한다. 1948년 런던에 본부를 두고 설립하여 174개 회원국을 두고 있다. 총회, 이사회(40개국), 위원회(해상안전, 해양환경 보호, 법률, 기술 위원회 등)가 있다.

(2) 선적국의 의무

모든 국가는 자국 선박으로 등록된 선박에 대해 행정적·기술적·사회적 사항에 관하여 실효적으로 자국의 관할권을 행사하고 통제해야 한다.

- 선박 안전: 선주·선원·승객·하주를 위해 선박의 안전 운항은 필수적이다. 이를 위해 기국은 선박 등록대장을 유지하고 국내법에 따라 선박·선장·선원에 대한 관할권을 행사하며, 해상안전 확보를 위해 필요한 조치를 취하며, 선박 검사를 실시해야 한다. 특히 선박의 건조·장비 및 감항성, 선원의 배치·근로 조건 및 훈련, 신호 사용 및 충돌 방지 등에 관해 조치한다. 이러한 조치를 취함에 있어 각국은 일반적으로 수립된 국제적인 규제 조치·절차 및 관행을 따른다(이상 제94조). IMO는 1974년 「해상인명안전조약」(SOLAS: International Treaty for the Safety of Life at Sea)을 채택하여, 선박의 건조·장비(화재 방지·인명구조 설비)·운송·화물 안전관리 등에 있어 최소 안전기준을 설정하고, 당사국 선박들이 이를 준수하도록 규정하고 있다.
- 수색·구조: 모든 국가는 자국 선박의 선장에 대해, 선박이나 선원 승객

에 대해 중대한 위험이 없는 한, 실종 위험에 처해 해상에서 발견된 사람을 지원하고, 조난자를 구조하며, 충돌 후 상대 선박과 선원이나 승객에 대한 지원을 제공하도록 해야 한다. 범세계적 해난구조 협력 체계 구축을 위해 1979년 「해상수색 및 구조에 관한 국제협약」(International Convention on Maritime Search & Rescue, 'SAR협약')이 채택되었다. 해난구조는 조난상태에 처한 개인을 구출하여 필요한 사항을 제공하고 안전한 곳으로 이동시키는 것을 말한다. 한국은 1995년 협약에 가입하였으며, 일본·중국·러시아 등과는 양자 협정을 체결하였다. 연안국은 해상안전에 관한 적절하고도 실효적인 수색·구조 기관을 설치·운용한다(제98조).

• 해저전선 및 해양환경 보호: 모든 국가는 또한 자국 선박이 고의나 과실로 해저전선이나 관선을 절단·파손하지 않도록 법령을 제정하고(제113조), 해양환경을 보호·보존해야 한다(제12부).

(ii) 공해상 선박에 대한 관할권

(1) 기국주의

공해에서 하나의 국기를 게양하고 항행하는 선박은, 국제조약이나 이 협약에 명시적으로 규정된 예외적인 경우를 제외하고, 기국의 배타적 관할권에 속한다(제92조). 공해상 자국 선박에 대해 기국은 배타적 집행관할권을 행사하고, 선박 내 사람과 화물도 그 국적과 관계없이 기국의 보호를 받는다. 공해상 자국 선박의 활동에 대한 외국의 간섭을 배제하는 대신 기국이 책임지고 자국 선박의 활동을 관리하여 공해상 법질서를 유지하는 것을 기국주의(flag state principle)라 한다.

Norstar호 사건(파나마 v. 이탈리아 2019)에서 ITLOS는, 공해에서 이탈리아의 요트 등에 유류를 공급하던 파나마 국적의 Norstar호에 대해 이탈리아가 국내법(형법, 관세법)을 적용하여 나포한 것은 협약 제87조에 규정된 공해자유의 원칙을 위배한 것이라고 판시하였다. 기국주의가 적용되는 공해에서 국가의 집행관할권 행사뿐만 아니라 입법관할권의 확장도 금지되기 때문이다.

(2) 재판관할권

⚖ **Lotus호사건(프랑스/터키 1927)**

1926.8. 프랑스 선적 Lotus호가 공해상에서 터키의 석탄 운반선과 충돌하여 터키 선박이 침몰하고 선원 8명이 사망하였다. Lotus호가 사고 후 원래 목적지인 터키의 이스탄불에 입항하자, 터키 당국이 선장과 당직 항해사를 과실치사 혐의로 체포하여 재판에 넘겨 처벌하였다. 터키와 프랑스는 특별 합의를 통해 이 사건을 PCIJ에 회부하였다.

프랑스는 공해상 충돌사고는 가해 선박의 기국이 독점적으로 형사관할권을 갖는 기국주의가 관행이므로 터키가 관할권을 행사하기 위해서는 이를 반증해야 한다고 주장하였다. 이에 대해 터키는, 국제법상 주권국가의 행위가 금지되지 않는 한, 충돌로 피해를 본 자국 선박에 대해 관할권을 행사할 수 있다고 주장하였다. 프랑스는 주관적 속지주의, 터키는 객관적 속지주의(또는 소극적 속인주의)에 따라 재판관할권을 주장한 것이다.

PCIJ는, ① 프랑스는 기국주의가 법적 확신을 갖는 관습국제법으로 성립하였다는 것을 입증하지 못하였으며, ② 공해상 사고의 피해국인 터키가 객관적 속지주의 원칙에 따라 관할권을 행사하는 것을 금지하는 국제법 규칙은 존재하지 않으므로, 터키의 관할권 행사가 국제법 위반은 아니라고 판결하였다(재판장의 결정투표로 판결).

PCIJ의 판결은 국가는 국제법상 금지되지 않은 것은 할 수 있다는 금지이론 (prohibitive theory)을 전제한 것이다.[23]

Lotus호사건에서 PCIJ가 가혹한 판결을 할 가능성이 큰 피해국의 형사관할권을 인정하자 선주들이 크게 반발하였다. 판결은 1958년 「공해에 관한 협약」과 「UN해양법협약」에 반영되지 않았으며, 이들 협약은 대신 가해 선박의 기국이나 선장 국적국의 형사관할권을 인정하였다. 기국은 공해상 자국 선박에 대

----

23 이에 반해 국가는 국제법상 허용되는 것만 할 수 있다는 입장을 허용이론(permissive theory)이라 하며, 이는 전시 국제법에서 적용된다. 전시 국제법에서는 전투 수행에 관하여 금지하는 조약이나 관습국제법이 존재하지 않더라도 이를 허용하는 것으로 해석되지 않는다. 이와 관련된 것이 마르텐스조항(☞ p.424)이다.

해 형사재판관할권을 행사한다. 공해상 선박충돌이나 그 밖의 항행 사고가 발생하여 선장이나 선박에 근무하는 그 밖의 사람에게 형사 또는 징계 책임이 발생한 경우, 가해 선박의 기국 또는 관련자(선장이나 항해사 등 사고 책임자)의 국적국의 사법·행정당국만 이를 제기할 수 있으며, 해당 선박의 나포와 억류는 비록 조사를 위한 조치라도 기국이 아니면 명령할 수 없다(제97조).

민사재판관할권과 관련, 협약은 별도로 규정하지 않고 있다. 그러나 「선박충돌에 관한 민사재판관할권에 대한 일부 규칙의 통일을 위한 국제협약」(1952)에 의하면, 피해자는 가해 선박의 기국, 가해 선박을 억류한 국가, 선박충돌이 발생한 내수 또는 항구국 중 한 곳에서 소송을 제기할 수 있다.

(iii) 공해상 외국 선박에 대한 관할권: 기국주의의 예외

전통적으로 인정되어 온 공해상 기국주의는 절대적인 원칙은 아니며, 공해 질서의 유지를 위해 외국 선박에 대한 제3국 군함 등의 임검권과 추적권을 예외적으로 인정하고 있다. 그러나 군함이나 비상업용 정부 선박은 공해상 기국 이외의 어떠한 국가의 관할권으로부터 완전히 면제된다(제95조 및 제96조).

(1) 임검권

공해상 선박에 대한 기국주의 원칙에 따라, 제3국은 기국의 동의나 요청이 없으면 공해상 외국 선박에 대해 간섭할 권한이 없다. 그러나 기국의 동의나 요청이 없더라도, 협약은 공해상에서 해적행위·노예 수송·무허가 방송에 종사하는 선박이나 무국적선 등에 대해서는 제3국 군함 등의 임검권(right of visit & inspect)을 인정하고 있다. 다만 혐의를 의심할 합리적 근거가 없으면 승선(boarding)은 정당화되지 않는다고 소극적으로 규정하여(제110조1항), 임검권이 남용되지 않도록 제약하고 있다. 군함의 임검권은 일종의 간섭행위(act of interference)로서 관습국제법으로 인정된다.

군함의 임검은 정선 명령 후 접근(approach)하여 국기(국적)의 진위를 심사·확인하고 필요한 경우 승선하여 관련 서류를 조사·수색하고, 혐의가 확인되면 나포·호송 과정을 거친다. 혐의가 없는 것으로 판명되는 경우 임검으로 인해 그 선박이 입은 손실이나 피해를 보상해야 한다(제110조3항). 임검권은 항 공기가 아닌 선박에 대해서만 행사되나, 해적행위의 경우에는 항공기에도 적용 된다. 선박에 대한 임검은 군함이나 군항공기 또는 정부 업무를 수행 중인 것 으로 명백히 표시되고 식별할 수 있으며 그러한 권한이 부여된 그 밖의 모든 정부 선박·항공기가 할 수 있다(제110조5항).

공해상 임검권이 인정될 때도 이를 처벌하는 사법 조치는 원칙적으로 임 검국이 아니라 기국에 의해 이루어진다. 다만 해적행위와 무허가 방송 선박의 경우에는 임검국은 기국의 동의 없이 사법 조치를 취할 수 있다.

① 해적행위

17세기 영국의 엘리자베스 여왕은 해적 활동을 공인하였다. 하지만 18세 기 초 이래 해적(piracy)이 공해의 자유를 이용해 해상 교역과 안전을 위협하는 것으로 인식되면서 각국은 이를 불법화하고 퇴치하기 시작하였다.

협약은 "모든 국가는 공해 또는 국가관할권 밖 어디에서라도 해적행위를 진압하기 위해 협력한다"(제100조)고 규정하고 있다. 공해상 해적행위에 관한 규 칙은 EEZ나 국가관할권 밖의 남극에서도 적용되나, 영해 내 선박에서 발생한 불법적인 폭행·억류·약탈은 연안국 국내법에 따라 처리된다.

해적행위는 "민간선박이나 민간항공기의 승무원 또는 승객이 공해 또는 국가관할권 밖에서 다른 선박·항공기·사람·재산에 대해 사적인 목적으로 불 법적으로 폭행·억류·약탈하거나, 그러한 활동에 자발적으로 참여하거나 이러 한 행동을 선동하거나 고의로 방조하는 모든 행위"(제101조)를 말한다. 민간선박 이나 민간항공기의 승무원 또는 승객에 의한 행위이므로 군함이나 정부 항공 기의 승무원이나 승객의 행위는 제외된다. 다만, 반란을 일으킨 승무원이 지배 하는 군함 또는 정부 항공기가 다른 선박·사람·재산에 대해 폭행·억류·약탈하 는 행위는 민간선박 또는 민간항공기에 의한 행위로 본다(제102조). 다른 선박· 항공기·사람·재산에 대한 불법적인 행위이므로, 해당 선박 내에서 이루어진 불법 납치(hijacking)나 선상 반란 또는 선박 승무원이 당해 선박·사람·재산에 대해 폭행·억류·약탈하는 행위는 해적행위에 포함되지 않는다. 사적인 목적으로 행해져야 하므로, 정치적 동기나 목적의 해상테러 행위는 포함되지 않는다.

해적은 모든 사람을 공포와 불안에 떨게 하는 '인류 공동의 적'이며, 해적기를 게양한 해적선은 기국을 확인하기 어렵다. 이에 따라 모든 국가는 공해상 해적 활동에 대해 보편적 관할권을 행사할 수 있다. 모든 국가는 해적선·해적 항공기·해적의 지배 아래 있는 선박·항공기를 임검하여 나포하고, 범인들을 체포하고, 재산을 압류할 수 있다. 선박이나 항공기가 해적선이나 해적 항공기가 되더라도 원래 국적을 보유할 수 있으며, 국적의 보유나 상실은 국적을 부여한 국가의 법률에 따라 결정된다(제104조). 나포국의 재판소는 형벌을 결정하고 선박·항공기·재산에 대해 조치를 취할 수 있다(제105조). 2011.1. '삼호주얼리호' 선원 구출을 위한 '아덴만 여명 작전'에서 한국 해군이 생포한 소말리아 해적 5명은 국내로 구인되어 재판받았다. 나포가 충분한 근거 없이 행해졌으면 나포로 인한 손해나 손실에 대해 책임진다(제106조).

1980년대 이후에도 동부 아프리카, 동남아 및 카리브 해안에서 해적활동이 계속 증가하면서, 해적 퇴치는 IMO와 UN 안보리가 다루는 주요 의제 중 하나가 되었다. 안보리는 소말리아 영해와 인근 공해상에서 해적행위(유조선 납포, 선원 인질 등)가 이 지역에서의 국제평화와 안전에 위협이 된다고 판단하여 헌장 제7장을 적용하였다. 안보리는, 관습국제법을 형성하지 않는다는 조건으로, 소말리아 과도정부의 동의를 얻어 제3국이나 국제기구가 해적 소탕을 위해 소말리아 영해 안까지 진입하여 추적권을 행사할 수 있는 결의(2008년 결의 1816, 1846호)와 영토 내까지 진입하여 해적을 진압할 수 있는 결의(2009년 1897호)를 채택하였다. 한편 해상운송이 밀집된 말라카해협과 싱가포르해협 등 아시아(인도네시아, 싱가포르, 말레이시아 등)에서 전 세계 해적행위의 50% 이상이 발생하자, 역내 국가 간 협력을 위해 「아시아에서의 해적행위 및 선박에 대한 무장 강도 행위 퇴치에 관한 지역협력협정」(Recaap 또는 '아시아 해적퇴치협정')이 2004.11. 채택되어 2006.9. 발효되었다. 협정은 공해상 해적 외에도 영해 등 당사국 관할수역에서 발생한 무장 강도 행위의 방지·진압과 이와 관련한 범죄인인도 등 형사사법공조를 규율하고 있으며, 당사국 간 관련 정보공유를 위해 정보공유센터(싱가포르 소재)를 설치하였다. 한국에 대해서도 2006.9. 발효하였다.

② 노예 수송

20세기 들어서 노예제가 폐지되고, 주로 해상을 통해 이루어지는 노예무역은 일반국제법상 금지되었다. 1958년 「공해에 관한 협약」에 이어, 「UN해양법협약」은 "모든 국가는 자국 선박에 의한 노예 수송을 방지하고 처벌해야 하며, 노예 수송을 목적으로 자국 국기가 불법 사용되는 것을 방지하기 위해 실효적인 조치를 취해야 한다"고 규정하였다(제99조).

모든 군함 또는 군항공기와 정부 선박·항공기는 노예 수송 선박을 임검하여 수색·나포하고, 기국에 이를 통보하여 범인들을 기국으로 인도해야 한다. 해적 선박에 대해 보편적 관할권이 인정되는 것과 달리, 노예 수송 선박에 대해서는 제3국 군함 등의 임검권은 허용되나 재판관할권은 기국이 보유한다.24

③ 무허가 방송

공해상에서 상업적 또는 정치적 목적으로 이루어지는 불법 방송은 국제무선통신 질서를 교란하는 행위로, 모든 국가는 공해로부터의 무허가 방송(unauthorized broadcasting)을 진압하는 데 협력해야 한다. 무허가 방송은 "국제규정을 위반하여 일반 대중의 수신을 목적으로 공해상의 선박이나 시설로부터 음성 무선방송(라디오) 또는 TV 방송을 송신하는 것"을 말한다. 무허가 방송에 대한 임검권은 일반국제법상 확립된 원칙은 아니지만, 협약은 이를 별도로 인정하고 있다.

무허가 방송 선박에 대한 임검권은 모든 국가가 행사할 수 있는 것은 아니며, 선박의 기국, 시설의 등록국, 종사자의 국적국, 방송이 수신될 수 있는 국가,

----

24 한편 협약은 "모든 국가는 공해에서 선박에 의해 이루어지는 **마약 및 향정신성 물질**의 거래를 진압하기 위해 협력하고, 자국 선박이 마약 및 향정신성 물질의 불법 거래에 종사하고 있다고 믿을 만한 합리적인 근거가 있는 경우 다른 국가에 대해 불법 거래 진압을 위한 협력을 요청할 수 있다"고 규정하고 있다(제108조). 따라서 공해상 마약 및 향정신성 물질의 불법 거래 선박에 대해서는 기국이 동의하거나 요청하지 않는 한 군함 등이 제110조에 의거한 임검권을 행사할 수 없다. 그러나 1988년 「마약 및 향정신성 물질의 불법 거래 방지에 관한 UN협약」은 이를 보완하여 마약 등의 해상 불법 거래 진압에 필요한 조치를 취하기 위한 당사국 간의 협력을 규정하고 있다(남북한 가입).

무선통신이 방해받는 국가들이 행사할 수 있다. 이들 국가의 군함이나 군항공기와 정부 선박·항공기는 공해상 무허가 방송 선박이나 종사자를 임검하여 체포하거나 나포하고 방송기기를 압수할 수 있다. 또한 무허가 방송에 종사하는 자는 (기국의 동의가 없어도) 이들 국가의 재판소에서 기소될 수 있다(이상 제109조).

④ 무국적선

모든 국가의 군함이나 군항공기와 정부선박·항공기는 공해상에서 국기를 게양하지 않고 항행하는 무국적선을 임검할 수 있다(제110조1항d).

⑤ 외국 국기를 게양하고 있거나 국기 제시를 거부하였으나, 실질적으로 군함과 같은 국적을 보유한 선박

공해에서 선박은 자국 군함의 통제를 받지만, 선박이 공해에서 불법행위를 하는 경우 자국기를 게양하지 않거나 외국 국기를 게양함으로써 자국 군함의 통제를 회피하고자 한다. 선박이 외국 국기를 게양하고 있거나 국기 제시를 거부하였으나, 선박이 실제 그 군함과 같은 국적을 보유하고 있다고 의심이 가는 경우, 그 군함은 자국 선박임을 확인하기 위해 그 선박을 임검할 수 있다(제110조1항e).

⑥ 조약에 의한 임검

임검권은 조약에 의해 부여된 권한에 의해서도 행사할 수도 있다(제110조1항 단서). 조약 규정에 따라, 선적국인 당사국은 타 당사국 군함이 공해상 자국 선박을 임검할 수 있도록 사전 동의할 수 있다. 이들 조약은 전통적인 공해상 기국주의 원칙의 예외를 인정한 것이다.

ⓐ PSI와 PSI 승선협정

2002.12. 캄보디아 선적의 북한 선박 서산호가 국기를 게양하지 않은 채 공해를 항해하던 중, 미국의 요청에 따라 서산호를 적발한 스페인 군함이 국기 게양을 요구하였으나 서산호가 이를 거부하자, 무국적선임을 근거로 임검하여 북한산 스커드 미사일 15기를 발견하고 억류하였다. 하지만 예멘이 스커드 미사일을 합법적으로 구매하였다고 주장하고 나서자, 서산호는 억류 이틀 만에 풀려

났다. 공해 자유의 원칙에 따라, 공해상에서 WMD(Weapons of Mass Destruction)를 운송하는 혐의가 있는 선박을 제3국이 강제적으로 차단할 수 있는 권한이 인정되지 않기 때문이었다.

서산호 사건에 자극받은 부시 미국 대통령은 2003.5. 대규모의 인명 살상과 피해를 초래할 수 있는 핵·생물·화학무기 등 WMD나 그 물질·장비·부품·기술 등의 해상운송을 물리적으로 차단하기 위한 대확산(counter-proliferation) 정책의 하나로 **대량살상무기 확산방지구상**(PSI: Proliferation Security Initiative)을 발표하였다. PSI는 WMD의 운반체계나 관련 화물의 운송을 차단하기 위해 미국이 주도하여 수립한 국가 간 자발적 협력체제로, 100여 개국이 참여하고 있다. 영국·프랑스·독일·네덜란드·러시아·폴란드·일본·한국이 참여하였으나, 중국·인도·인도네시아는 불참하고 있다.

차단(interdiction)은 평시 국제법상 해상봉쇄가 금지되므로 이를 우회하여 WMD 관련 물자의 해상운송을 물리적으로 저지하려는 개념이다. 참여국은 WMD 관련 화물의 운송이나 운송지원 금지,25 혐의가 있는 자국 선박에 대한 승선·검색과 WMD 관련 화물 압류, 혐의가 있는 자국 선박에 대한 타국의 승선·검색·압류 요청 고려, 자국 내수·영해·접속수역에 출입한 타국의 혐의 선박에 대한 정선·검색·압류, WMD 환적지로 이용되는 자국 공항 또는 항구 시설에서의 검색 및 압류, 참가국의 국내법 및 국제법 체제 강화 등 차단 원칙을 약속(commitment)한다. 차단의 성공적 사례로 2003.10. 파키스탄의 원심분리기를 리비아로 운송하던 BBC China 호를 미국이 선적국인 독일과 협력하여 회항시킨 사례가 있다.

참여국의 약속은 관련 국제법과 국내법에 따라 자발적으로 이행하는 것이므로, 조약에 기반을 둔 것이 아니다. 안보리 결의 1540호(2004)는 WMD의 확산을 국제평화와 안전에 대한 위협으로 규정하고, 모든 회원국에 대해 비국가행위자에 대한 WMD 생산·운송·이전·사용 등 지원을 금지하고(1항), 회원국

----
25 안보리의 대북 제재 결의(1874호 및 2094호)도 북한의 금수품을 수송하고 있다고 충분히 의심되는 공해상 선박에 대해서 기국의 동의하에 검색할 것을 회원국에 요청하고 있다.

은 국내법에 따라 국제법에 부합되게 이를 방지하기 위한 협력 조치를 취할 것을 요구하고 있어(10항), PSI의 근거로 원용된다.

참여국은 차단 훈련, 항구국 통제, 컨테이너 화물 검색(CSI: Container Security Initiative) 등을 실시한다. 세계 화물의 90%가 컨테이너를 통해 운송되며, CSI에 따라 미국으로 수출하는 컨테이너 화물을 미국 세관원이 참여국 항구에 상주하며 검색한다. 차단원칙은 선박뿐만 아니라 혐의 항공기의 영공 통과 시, 영공 통과 거부 또는 검사 목적의 착륙 및 관련 물자의 압수도 포함한다.

자발적 협력체제인 PSI를 조약 의무로 규정함으로써 공해상 WMD 운송 차단의 실효성을 높이기 위해 미국은 주요 편의치적 국가(라이베리아·파나마·몰타·바하마·벨리즈 등 11개국)들과 양자 간 **승선협정**(Ship Boarding Agreements)을 체결하였다. 협정들은 공해상 WMD를 운송하는 이들 국적의 혐의 선박이 발견되어 기국에 승선·검색·억류 등을 요구한 후 기국이 4시간 이내 반대를 표시하지 않으면 제3국이 차단조치를 취할 수 있는 권한을 인정하고 있다. 협정을 통해 사전에 기국의 동의를 확보함으로써 차단조치(consensual interdiction)를 취할 수 있는 권한을 확보한 것이다.

ⓑ 「항해의 안전에 대한 불법행위의 억제를 위한 협약」의 2005 의정서

1985.10. 팔레스타인해방전선 요원 4명이 이집트 근해에서 이탈리아 선적 크루즈 Achille Lauro호를 납치하고, 이스라엘에 대해 팔레스타인 수감자 50명의 석방을 요구하였으나 받아들여지지 않자, 미국인 1명을 살해하였다. 이로 인해 해상에서 벌어지는 각종 불법행위를 억제하여 해상안전을 확보해야 할 필요성이 제기되었다. 국제해사기구(IMO)는 1988년 「항해의 안전에 대한 불법행위의 억제를 위한 협약」('SUA 협약')을 채택하였으며, 1992.3. 발효되었다. 협약은 무력을 이용해 선박을 억류·통제하는 행위(정치적 동기에 의한 해상 피랍이나 해상테러), 선상 사람에 대한 폭력행위, 선박 파괴 또는 선박·화물의 훼손 행위, 항해 시설의 파괴나 손상 등의 행위와 그와 관련된 상해 및 살인 행위를 항해의 안전에 대한 해상 범죄(crimes at sea)로 규정하였다. 협약은 협약 대상 범죄에 대해 속지주의, 적극적 속인주의, 소극적 속인주의 및 기국주의에 의한

관할권을 명시하고, 이들 범죄인의 형사처벌이나 인도 의무를 규정하였다. 한국은 2003년 「SUA 협약」을 비준하고, 2017년 『선박 및 해상 구조물에 대한 위해행위의 처벌 등에 관한 법률』을 제정하여, 영역 밖에서 한국의 선박이나 대륙붕 위 해상 구조물 안에 있는 사람에 대한 폭행·협박·상해·살인과 선박의 납치·손괴 등을 범한 외국인의 처벌을 규정하였다.

2005.10. 채택된 「SUA 협약의 2005 의정서」는 선박의 불법 탈취 등을 대상 범죄로 확대하는 한편, 기국에 승선 요청을 한 후 4시간 이내 응답이 없으면, 요청국의 임의 승선 및 검색(board & search)을 허용하고 있다. 단, 체약국은 조약 비준 시 자국 선박에 대한 임의 승선 및 검색 승인 여부를 선택(opt in)할 수 있다. 의정서는 2010.7. 발효되었으나, 한국은 아직 비준하지 않았다.

(2) 추적권

① 의의

추적권(right of hot pursuit)은 연안국의 관할수역에서 법령을 위반한 외국 선박을 공해까지 추적하여 나포할 수 있는 연안국의 권리를 말한다. 연안국 법령을 위반한 외국 선박이 공해로 도주하면 기국주의가 우선 적용되어 연안국은 관할권을 행사할 수 없게 되므로, 연안국이 위반 선박을 공해까지 계속 추적하여 실효적으로 관할권을 행사할 수 있도록 기국주의의 예외를 인정한 것이다.

추적권은 19세기 전반 미국과 영국의 관행에서 시작되어 19세기 후반 이래 관습국제법으로 인정되어왔으며, 1958년 「공해에 관한 협약」과 「UN해양법협약」에서 명문화되었다. 추적권은 원래 내수와 영해에서 발생한 위법행위에 대해 행사되었으나, 연안국의 관할권이 확장된 「UN해양법협약」하에서는 내수·영해는 물론 접속수역·군도수역·EEZ나 대륙붕 상부 수역에서 저지른 위법행위에 대해서도 추적권을 행사할 수 있다.

② 행사 요건(제111조)

- 추적권은 추적 선박이 관할수역에 적용되는 연안국 법령을 위반하였다

고 믿을 만한 충분한 이유가 있을 때, 행사할 수 있다. 임검권 행사를 위해서는 혐의를 의심할 만한 합리적인 근거가 요구되는 데 비해, 추적권 행사는 더 엄격하게 법령을 위반하였다고 믿을만한 충분한 이유가 요구된다. 통항 규칙이나 보고 의무 등 경미한 위반을 이유로 하는 추적권 행사는 정당화될 수 없으나, 외국 선박이 공해로 도주하면 연안국 법령을 위반하였다고 믿을 만한 충분한 이유가 있다고 추정할 수 있다.

- 연안국의 관할수역인 내수·영해·접속수역·군도수역이나 EEZ 또는 대륙붕에 적용되는 연안국 법령을 위반해야 한다. 접속수역에서의 추적권 행사는 연안국 영토나 영해에서의 관세·재정·출입국 관리 또는 위생 관련 법령 위반으로 연안국의 권리가 침해되는 경우로 제한된다(제11조1 항 하단). EEZ나 대륙붕(시설 주변에 설정된 500m 이내 안전수역 포함) 관련 연안국 법령 위반에 대해서도 준용된다.

- 피추적선이 연안국의 내수·영해·접속수역·군도수역이나 EEZ 또는 대륙붕의 상부 수역에 있어야 한다(1−2항). 모선(母船)은 공해상에 있으나 자선이 연안국 관할수역에서 법령을 위반한 경우, 모선도 연안국 관할수역에 존재한 것으로 추정되어 정선 명령 후 추적할 수 있다. 이를 '추정적 존재의 원칙'(Principle of Constructive Presence)이라 한다. 1890년 러시아 영해 밖에 있던 아라우나(Araunah)호는 그 선원들이 자선을 타고 러시아 영해로 들어가 불법으로 물개를 포획한 혐의로 추적되어 나포되었다. 하지만 추적 선박이나 항공기는 반드시 피추적선과 같은 관할수역에 있을 필요는 없다.

- 연안국의 군함이나 군항공기 또는 비상업용 정부 선박이나 항공기만이 추적권을 행사할 수 있다(5항). 비상업용 정부 선박은 정부 업무에 사용 중인 것으로 명백히 표시되어 식별할 수 있으며 정당하게 권한이 부여된 선박(해양경찰청 선박 또는 어업지도선 등)을 말한다.

- 추적선은 피추적선이 관할수역 안에 있음을 확인한 후, 피추적선이 보거나 들을 수 있는 거리에서 시각 또는 청각에 의한 정선 신호를 보내야 한다. 따라서 무선통신을 통한 정선명령은 원칙적으로 추적의 개시

로 인정되지 않지만, Artic Sunrise호 중재사건(2015)에서 재판부는 3해리 떨어진 거리에서 무선으로 정선을 명령한 행위가 추적권의 개시 요건에 합당하다고 판단했다. 피추적선이 정선 신호에 따르지 않고 도주하면 추적이 개시된다(이상 4항).

- 추적은 즉각성과 계속성이 있어야 한다. 신속한 조치를 필요로 하는 상황에서 즉각적으로 개시되어야 하나, 통상적으로 추적 개시 준비에 걸리는 시간은 허용된다. 추적은 중단되지 않고 계속되어야 하며, 추적을 포기하면 재개될 수 없다. 다만, 불가피한 사유(추적선의 기관 고장 등)로 다른 선박이나 항공기로 추적이 인계되었으면 추적이 계속된 것으로 인정된다. 피추적선이 기국이나 제3국의 영해로 들어가면 추적권은 소멸하며(3항), 추적은 종료되어야 한다.

- 추적되어 나포·호송된 선박은 추적국의 국내법에 따라 처벌된다. 단, 추적권의 행사가 정당화되지 않는 상황, 즉 믿을 만한 충분한 이유 없이 추적권을 행사하여 외국 선박을 영해 밖에서 정지 또는 나포한 경우, 추적국은 피추적선의 손실이나 피해를 보상해야 한다(8항).

추적권의 행사를 위해서는 행사 요건을 모두 충족시켜야 한다. Saiga호사건에서 ITLOS는, Saiga호가 기니 국내 법령을 위반하였다고 믿을 만한 충분한 이유가 있어야 하지만 기니 국내 법령의 근거가 빈약하며,[26] 추적을 개시하기 전 시각 또는 청각 신호에 의한 정선 신호를 보냈다는 기니의 주장이 확인되지 않았고, 추적이 중단되는 등 추적권 행사를 위해 필요한 누적적인 요건을 충족하지 못하였다고 판시하였다.

한편 협약은 추적 시 무력사용과 관련하여 규정하고 있지 않다. 그러나 미국 해안경비대가 캐나다 밀수 선박에 대해 추적권을 행사한 I'm Alone호사건(1935)에서 영미합동위원회는 피추적선을 검색·나포하기 위해 추적선이 필요하고 합리적인 무력을 사용할 수는 있으나, 피추적선이 나포 과정에서 사고에 의해 침몰한 것이 아니라 추적선이 고의로 과잉 대응하여 침몰시킨 것은 불법

----
26 『해양경비법』 제13조는 추적권 행사를 규정하고 있다.

행위라고 판단하였다. Saiga호사건에서도 ITLOS는, 추적 시 가능한 한 무력사용은 피해야 하고, 무력사용을 피할 수 없다면 최후 수단으로서 그 상황에서 인명 피해가 발생하지 않도록 필요하고 합리적인 최소한의 범위를 초과해서는 안 된다고 판시하였다. 기니가 사전 경고 없이 선박에 대해 실탄을 발사하였고, 선원들의 무력사용이나 위협이 없었음에도 승선 후 선원들에게 무차별 총격을 가하는 등 과도한 무력을 사용하여 인명을 위태롭게 함으로써 세인트빈센트 그레나딘의 권리를 침해하였다고 판단하였다. 무력사용은 또한 반드시 경고 이후 실행되어야 하고, 추적권을 행사하는 이들의 자위권도 인정된다.

2. 심해저

가. 경위

(ⅰ)「UN해양법협약」

전통 국제법상 영해 밖 공해의 해저는 공해 자유의 원칙에 따라 자유롭게 이용할 수 있는 대상이었다. 1970년대 이후 선진국들이 심해저 자원 개발 경쟁에 나서면서 관련 국내법을 제정하자, 개도국은 기술과 자본을 가진 선진국들이 심해저 자원을 독점할 것을 우려하였다. 개도국들은 심해저 자원을 공동 개발하여 발생하는 수익을 공유함으로써 선진국과 후진국 간 경제적 불평을 해소하는 이른바 '남북문제' 해결에 기여하기를 희망하였다.

1967년 A. Pardo 주 UN 몰타대사가 총회 연설에서 심해저를 '**인류의 공동유산**'(common heritage of mankind)으로 선언하고 인류 전체의 이익을 위해 심해저 광물자원을 공동 개발하는 국제제도를 수립할 것을 처음 제안하였고, 이를 토대로 1970년 총회는 '심해저원칙선언'(2749호)을 채택하였다. 이로써 촉발되어 소집된 제3차 UN해양법회의에서는 심해저를 인류공동의 유산으로서 국제관리 아래 두려는 개도국과 심해저 자원의 자유로운 개발을 주장하는 선진국 간의 대립으로 협상이 어려움을 겪기도 하였으나, 절충을 통해 협약 제11

부에 심해저가 포함되었다.

(ⅱ)「UN해양법협약」 제11부의 이행에 관한 협정

선진국들은 여전히 심해저의 국제관리와 개발 방식을 매우 정교하게 규정한 협약 제11부에 거부감을 가진 선진국들이 협약 비준을 주저하였다. Perez UN 사무총장은 미·영·독 등 선진국의 협약 참여를 유도하기 위해 1990.6.부터 25개국이 참가하는 비공식협의를 개최하였다. 이에 따라 선진국들의 입장을 반영하여 협약 제11부를 개정한 「UN해양법협약 제11부의 이행에 관한 협정」(이하 '이행협정')이 1994.7. 채택되었으며, 1994.11. 「UN해양법협약」이 먼저 발효되고 난 후인 1996.7. 발효하였으며, 당사국은 한국을 포함 151개국이다. 선진국들이 협약을 비준함으로써 협약의 보편성이 강화되었을 뿐만 아니라 ITLOS와 국제심해저기구 등 협약 기구의 운영 예산을 확보함으로써 협약을 정상적으로 운영할 수 있게 되었다.

이행협정은, 협약상 심해저공사가 개발하는 광구에 대한 자금 지원 의무를 삭제하여 선진국의 재정적 부담을 낮추고, 해저 광물자원 생산제한 완화, 심해저 기술의 강제 이전 원칙 삭제, 심해저 활동에 대한 보조금 지급 금지 등 시장경제원리를 강화하는 한편, 국제심해저기구의 조직을 축소하여 운용비용을 절감하고 의사결정 방식을 총의로 개정하였다.

협약 제11부와 이행협정은 단일 문서로 해석되고 적용되나, 양자가 일치하지 않는 경우 이행협정이 우선한다(이행협정 제2조1항).

나. 정의 및 법적 지위

심해저(Area)는 국가관할권 밖의 해저·해상(ocean floor) 및 그 하층토를 말한다(제1조1항). 심해저는 대략 수심 4,000~6,000m의 해저·해상 및 그 하층토로서 전체 해양의 약 2/3를 차지한다. 해저에서의 국가관할권의 한계는 대륙붕까지이므로, 연안국의 대륙붕이 200해리 이원으로 확장되면 심해저는 축소된다. 심해저의 상부 수역이나 상공의 법적 지위에 영향을 미치지 않으며(제135

조), 상부 수역과 상공은 공해의 자유가 보장된다.

심해저와 그 자원은 인류의 공동유산이다(제136조).[27] 인류의 공동유산 개념은 심해저 체제에 있어 핵심이다. 당사국은 제136조에 규정된 인류의 공동유산에 관한 기본원칙에 대한 어떠한 개정도 있을 수 없으며 이 기본원칙을 일탈하는 어떠한 협정의 당사국도 되지 않는데 합의한다(제311조6항). ILC는 이를 대세적 의무로 인정하나, 선진국과 개도국 간의 이에 대한 법적 인식의 차이가 커 대세적 의무로 확립되었다고 하기는 시기상조라 할 것이다. 심해저는 특정 국가의 전유물이 아닌 국제공역이나, 인류가 공동으로 개발하여 수익을 형평하게 공유한다는 점에서 개별 국가가 자유롭게 이용할 수 있는 여타 국제공역에 비해 진전된 개념이다. 어떤 국가도 심해저의 일부나 그 자원에 대해 주권이나 주권적 권리를 행사할 수 없으며, 어떠한 국가·자연인·법인도 이를 독점할 수 없다(제137조1항). 심해저는 또한 모든 국가에 오로지 평화적 목적을 위해 이용되도록 개방되며(제141조), 군사적 목적의 이용은 금지된다.

다. 심해저 자원의 개발

(i) 심해저 자원

심해저 자원은 심해저의 해저나 해저 아래에 있는 자연 상태의 모든 고체성·액체성·기체성 광물자원이다(제133조). 대표적 심해저 자원인 망간단괴(manganese nodule)는 석유·천연가스·가스 하이드레이트(gas hydrate)·금·다이아몬드와 망간·니켈·코발트·구리·희토류 등 희귀 전략 광물을 함유한 주먹 형태의 광물로 '검은 황금'으로 불린다. 그 밖에 망간각(manganese crust), 심해저 화산활동에 의해 마그마로 가열된 열수가 심해저에서 솟아 나오면서 차가운 바닷물과 접촉하는 과정에서 생성된 해저열수광상(海底熱水鑛床: polymetallic sulphides) 등이 있다.

----

27 이에 앞서 1979년 「달과 천체에서의 국가의 활동에 관한 조약」은 달과 그 천연자원을 인류의 공동유산으로 규정하였으나, 심해저에서와 같은 구체적인 국제개발방식은 규정하지 못하였다.

(ⅱ) 심해저 활동과 국제심해저기구

심해저 자원에 대한 모든 권리는 인류 전체에게 부여된 것이며, 국제심해
저기구(ISA: International Seabed Authority, 이하 '기구')는 인류 전체를 위하여 활
동한다. 심해저 자원은 양도될 수 없으며, 국가·자연인·법인은 협약 제11부에
따르지 않고 채취한 광물에 대해 권리를 주장·취득 또는 행사할 수 없다(제137
조2-3항). 심해저 활동은 심해저 자원을 탐사하고 개발하는 모든 활동을 말하며
(제1조3항), 기구의 주관과 통제 아래 이루어진다(제157조1항). 기구는 심해저 활동
에서 나오는 재정적·경제적 수익을 차별 없이 공평하게 분배한다(제146조2항).

기구는 모든 협약 당사국으로 구성되며, 자메이카 킹스턴에 소재한다(제156조).
기구는 총회(Assembly), 이사회(Council), 사무국(Secretariat), 심해저공사(Enterprise)
로 구성된다(제158조). 총회는 최고 의사결정 기관으로서, 이사회와 협력하여 결
정한다. 총회의 결정은 총의를 원칙으로 하되, 합의에 이르지 못하면 투표한다.
실질 문제에 대해서는 출석하여 투표한 국가의 2/3가 찬성하여야 한다. 이사회
는 36개국, 5개 그룹 대표로 구성되는 집행기관이다. 심해저공사는 심해저 자
원 개발 활동을 수행하는 초국가적 광업회사로 개발과 관련된 기술적·산업적·
상업적 활동을 수행한다. 심해저공사는 설치되지 않고, 현재 기구 사무국이 그
기능을 대행하고 있다.

(ⅲ) 심해저 자원의 개발 방식

심해저 자원은 아래 방식으로 개발한다.

- 병행개발(parallel system) 방식: 심해저공사가 직접 개발하거나, 심해저
  공사의 제휴 아래 당사국·국영기업·당사국이 보증하는 당사국 국적의
  자연인이나 기업이 개발하는 방식을 병행한다(제153조).
- 광구유보제도: 개별 국가나 기업이 2개의 광구(각각 150,000 ㎢)를 지정
  하여 신청하면, 기구가 그중 하나를 유보광구로 지정하여 개발하고 나
  머지 하나는 신청자가 개발한다(제3부속서 제8-9조).
- 생산제한 정책: 개도국이 생산하는 광물 가격의 하락을 방지하기 위해

심해저 광물의 생산을 제한할 수 있다(제150조).

- 기술이전: 심해저 개발에 참여하는 기업은 심해저공사 및 개도국에 심해저 광업 기술을 이전해야 한다(제144조).
- 선행투자자(pioneer investor) 보호: 협약 발효 전 심해저 탐사 활동에 3천만 달러 이상을 투자한 선행투자자에 대해 조사·개발권을 우선적으로 인정한다('선행투자보호결의').

(iv) 개발 현황

심해저 자원 개발에 대한 국제사회의 높은 기대에도 불구하고 개발은 활발히 이루어지지 않았다. 심해저 광물자원의 경제적 가치는 높이 평가되었으나, 탐사 후 채광 → 수송 → 제련 등 복잡한 개발 과정 및 기술 문제와 광물 가격의 하락으로 상업적 개발이 예상보다 부진하였기 때문이다. 근래 해저 자원개발 기술의 발전으로 심해저 광물자원의 상업 개발이 가시화되고 있으며, 기구와 개발국 간 체결하는 망간단괴·망간각·해저열수광상 탐사계약이 늘고 있다. 기구는 이들 자원의 개발을 위해 망간단괴 광업규칙(2000), 해저열수광상 탐사규칙(2010), 망간각 광업규칙(2012)을 제정하였다.

한국은 1994.8. 선행투자자로 등록하였으며, 2008년 이래 기구 제2그룹의 이사국으로 활동 중이다. 한국해양과학기술원(KIOST)은 1992년 태평양 Clarion-Cliperton 광구에서 탐사하고 2002년 기구와 탐사계약을 체결하여 독점 탐사 구역(75,000㎢)를 확보하였다. 1994년 망간단괴 개발 광구를 등록하고 2014년 해저열수광상(인도양), 2018년 망간각(서태평양) 광구를 각각 확보하였다.

3. 관련 문제: 「BBNJ 조약」

심해저의 극한 환경에서도 생존하는 해양유전자원(MGR: Marine Genetic Resources)의 존재와 그 수익성이 새롭게 알려지면서, 국가관할권 이원의 공해 및 심해저의 생물다양성(BBNJ: Bio-diversity Beyond National Jurisdiction) 문제가 대두하였다.

미국·일본·러시아 등은 제133조에 규정된 심해저 자원의 통상적 의미에 따라 해양유전자원은 광물자원이 아니므로 공해 자유의 원칙에 따라 자유롭게 개발할 수 있다고 주장하였다. 그러나 77그룹과 중국 등은 심해저와 그 자원을 인류의 공동유산이라고 규정한 제136조에 따라 해양유전자원도 인류의 공동유산으로서 개발과 이익 공유를 규율하는 새로운 이행협정을 체결해야 한다는 입장이었다.

이와 관련 UN 총회는 2018년 국가관할권 이원지역에서의 해양생물 다양성의 보존 및 지속가능한 이용과 관련하여 「UN해양법협약」상 국제법적으로 구속력 있는 문서의 협상을 시작하였다. 협상 결과 2023.3. 「국가관할권 이원의 해양 생물다양성의 보존과 지속가능한 이용을 위한 조약」이 마련되었다 ('BBNJ 조약' 또는 '공해조약'). BBNJ 조약은 심해저 해양유전자원에 대한 접근과 이에 따른 공평하고 형평한 이익 공유뿐만 아니라, 공해 해양환경보호 및 해양생물자원의 다양성 보존을 위한 구체적 이행 조치로서 해양보호구역(MPA: Marine Protected Area) 설정, 환경영향평가(EIA) 실시, 해양 기술이전을 통한 개도국의 역량 강화 등을 규율하고 있다. 60개국이 비준한 후 120일 후에 발효한다. BBNJ 조약은 「UN해양법협약」 이행을 위한 심해저 이행협정과 공해어업협정에 이은 세 번째 이행협정이다.

Ⅳ. 「UN해양법협약」: 주제별 이슈

1. 해양환경의 보호와 보전

가. 해양환경의 보호·보전 의무

해양은 하나의 거대한 단일 생태계로 연결되어 있어 모든 오염물질은 궁극적으로 해양에 도달한다. 해류 이동을 통한 오염은 해양생태계 전체를 위협하나 해양의 자정 능력에는 한계가 있으므로, 해양환경오염을 줄이기 위해서는 인위적으로 노력해야 한다. 이를 위해서는 생태학적·전체적인 접근방식(ecological and holistic approach)이 이루어져야 한다.

협약은 해양환경보호를 국제공동체 전체의 공동 이익으로 보고, 제12부에서 전 지구적 차원에서 해양환경을 오염으로부터 보호·보전하기 위한 일반적이며 포괄적인 원칙을 제시하고 있다. 협약은 **해양환경오염**(pollution of the marine environment)을 생물자원과 해양생물의 손상, 인간의 건강에 대한 위험, 어업 등 해양활동에 대한 장애 등과 같은 해로운 결과를 가져오거나 가져올 수 있는 물질이나 에너지를 해양환경에 들여오는 것으로 정의하고(제1조4항), 각국은 해양환경을 보호하고 보전할 의무를 진다고 규정하였다(제192조). 국가가 해양환경을 훼손하지 않을 소극적인 보호(protect) 의무와 해양환경 보호를 위해 적극적인 조치를 취해야 할 보전(preserve) 의무를 함께 부과한 것이다.

이에 따라 각국은 국내적으로 해양환경의 훼손을 방지·보호하고, 해양환경을 적극적으로 보전·증진하는 데 필요한 적절하고 충분한 조치를 취해야 한다. 각국은 자신이 가진 최선의 수단을 사용하고 자국의 능력에 따라 해양환경오염을 방지·경감 또는 통제하는 데 필요한 모든 조치를 취한다(제194조1항). 각국은 또한 자국의 관할권이나 통제하의 활동이 해양환경에 실질적인 오염(substantial pollution)이나 중대하고 해로운 변화를 초래할 수 있다고 믿을 만한 합리적인 이유가 있는 경우, 잠재적 영향을 평가한다(제206조). 각국은 환경영향평가 결과 보고서를 발간하거나 권한 있는 국제기구에 제출하며, 국제기구는 이를 모든 국가가 이용할 수 있도록 한다(제205조).

나아가 각국은 해양환경오염과 관련한 국제협력 의무를 진다. 각국은 자국의 관할권이나 통제하의 활동이 타국의 환경에 오염 피해를 주거나 오염이 확산되지 않도록 필요한 모든 조치를 취하고(제194조2항), 오염 피해를 다른 지역으로 전가하거나 오염 형태를 변형시키지 않아야 하며(제195조), 급박한 오염 위험이나 피해로 영향을 받을 수 있는 다른 국가와 국제기구에 신속히 통보해야 한다(제198조). 이러한 지구적 국제기구로 국제해사기구(IMO), 식량농업기구(FAO), UN 환경계획(UNEP) 등이 있고, 지역적 협의체로 동해와 서해의 해양환경 보존을 위한 북서태평양보전실천계획(NOWPAP)이 있다.

나. 해양 오염원에 따른 해양오염 규제

협약은 각국이 오염원별 해양오염을 방지·경감·통제하기 위해 국내법을 제정해야 할 의무(제207조－제212조)와 위반행위에 관한 법 집행 의무를 따로 규정하고 있다(제213조－제222조). 다만, 협약 당사국들이 국내 법령을 제정할 때 사용할 국제규칙이나 기준을 구체적으로 제시하고 있지 않아, 국내 법령의 실효성이 충분히 확보되지 못하고 있다.

(i) 육상 오염원으로부터의 오염

육상 오염원으로부터의 오염은 육지의 생활하수, 산업 및 농·축산 폐수, 화학 및 방사성 물질, 플라스틱 등이 강·하구·관선·배출시설 등을 통해 바다로 유입되어 발생하는 오염으로, 해양오염을 일으키는 가장 주된 원인이다. 각국은 국제적으로 합의된 규칙·기준 등을 고려하여 육상 오염원에 의한 해양오염 방지·경감·통제를 위한 국내 법령을 제정하고(제207조), 집행해야 한다(제213조). 그러나 육상으로부터의 해양오염은 국가관할권에 속하는 사항이므로, 협약도 국제적으로 합의된 규칙·기준 등을 고려하여 국내 법령을 제정하도록 권고하고 있을 뿐이다.

육상에서의 방사성 물질 배출기준은 국제원자력기구(IAEA)에서 다루고 있으나, 관련하여 체결된 조약은 없다. IAEA는 방사성 물질 배출을 의무적으로 규제하지는 않고, 방출 기준의 근거가 되는 배경지식이나 실행 방법에 대한 정보를 공유하여 각국이 개별적으로 방사성 물질 관리 기준을 정하도록 하고 있다.

(ii) 국가관할권하 해저활동으로 인한 오염

국가관할권하 해저활동으로 인한 오염은 내수·영해·EEZ·대륙붕 등 자국 관할권에서의 해저자원의 탐사나 채취 등 해저활동이나 인공 섬·설비·구조물로부터 발생하는 해양오염을 말한다. 각국은 이를 방지·경감·통제하기 위해, 적어도 국제규칙·기준 등과 같은 효력을 갖는 국내 법령을 제정하고(제208조), 집행해야 한다(제214조).

(iii) 심해저 활동으로 인한 오염

국제심해저기구는 심해저 활동으로 초래될 수 있는 해로운 영향으로부터 해양환경을 효과적으로 보존하는 데 필요한 조치를 취하고, 이를 위해 제11부 (심해저)에 따라 해양환경에 대한 오염과 해양환경의 생태학적 균형에 대한 영향의 방지·경감·통제를 위한 국제규칙·규정 및 절차를 수립하고(제209조1항), 집행해야 한다(제215조). 각국은 자국의 선박이나 설비·구조물 등의 심해저 활동으로 인한 해양오염을 방지·경감·통제하기 위해, 적어도 국제규칙이나 규정 및 절차와 같은 효력을 갖는 국내 법령을 제정한다(제209조2항).

심해저 탐사로 인한 해양오염에 대해서는 1977년 「심해저 광물자원의 이용 및 탐사로 야기된 유류오염 손해에 대한 민사책임에 관한 협약」이 채택되었다.

(iv) 해양 투기에 의한 오염

협약은 전통적으로 허용되어 온 해양 투기를 제한하고 있다. 해양 투기 (dumping at sea)는 선박·항공기·플랫폼·인공 구조물로부터 폐기물이나 그 밖의 물질을 고의로 해양에 버리는 행위와 선박·항공기·플랫폼·인공 구조물을 고의로 해양에 버리는 행위를 말한다(제1조5항). 각국은 투기로 인한 해양오염의 방지·경감·통제를 위하여 적어도 국제규칙이나 기준과 같은 효력을 갖는 국내 법령을 제정하도록 규정(제210조)함으로써 각국의 자의적인 해양 투기를 제한하고 있다.

해양 투기에 의한 오염을 규율하는 국제규칙으로 IMO가 채택한 「1972년 폐기물 및 기타 물질의 투기에 의한 오염방지 협약」(Convention on the Prevention by Dumping of Wastes and Other Matter, 일명 「런던투기방지협약」)이 있다. 협약은 고의적인 해양 투기를 금지하고(불가항력 등의 경우는 예외), 폐기물을 투기금지물질, 특별허가물질,28 일반허가물질로 구분하여 일반허가물질은 투기할 수 있도록 하였다. 「런던투기방지협약」을 대체한 「1996년 런던의정서」는 사전주의와 오염자 부담 원칙을 적용하여, *모든* 물질의 투기를 원칙적으로 금지하고, 폐기물의 해양 소각과 해양 투기나 해양에서의 소각을 목적으로 하는 물질의 수출을 금지하는 등 해양 투기를 대폭 규제하였다. 예외적으로 선박·항공기·플랫폼·인공 해양구조물 등으로부터 준설 물질, 하수 오물, 생선 폐기물이나 생선 가공과정에서 발생한 물질, 선박·플랫폼 및 인공 해양구조물은 투기가 허용되었다. 다만 선박·플랫폼 및 인공 해양구조물을 투기를 위해서는 해양 오염물질을 최대한 제거하고, 투기 물질이 어업이나 항해에 심각한 장애를 초래하지 않아야 한다. 「런던투기방지협약」과 「1996년 런던의정서」는 1975년 및 2006년에 각각 발효하였다.

해양 투기에 관한 국내 법령과 국제규칙 등의 집행과 관련, 연안국의 명시적 사전 승인이 필요한 영해·EEZ·대륙붕상 투기는 연안국이, 자국기를 게양한 선박이나 등록된 선박·항공기에 의한 투기는 기국이, 자국의 영토나 연안 정박시설에서 폐기물이나 그 밖의 물질을 싣는 행위에 관해서는 적재국이 집행한다(제216조).

「런던투기방지협약」·「1996년 런던의정서」·「UN해양법협약」의 당사국인 한국은 연안국으로서 『해양환경관리법』에 의해 2016.1.부터 육상 폐기물의 해양 투기를 전면 금지하였다.

(v) 선박으로부터의 오염

60년대 대형 유조선이 등장한 이후, 선박으로부터의 원유 유출로 대규모 해양오염 사고가 발생하자 이를 방지해야 할 시급성이 인식되었다. 1967.3. 라이베리아 선적 Torrey Canyon호의 영국 남서부 Scilly섬 좌초 사고, 1978.3.

----

28 투기금지물질은 유기 할로겐, 수은, 카드뮴, 플라스틱·어망·밧줄, 유류, 방사성 물질, 생화학 물질 등을 포함하며, 특별허가물질은 비소, 베릴륨, 크롬, 구리, 납, 니켈, 바나듐, 아연, 살충제 등을 포함한다. 고준위 핵폐기물은 해양 투기를 금지하고, 중·저준위 핵폐기물은 특별허가를 받아 해양 투기해야 한다.

라이베리아 선적 Amoco-Cadiz호의 프랑스 Portsall 근해 좌초 사고, 1989.3. Exxon Valdez 호의 알래스카 좌초 사고 등이 있다. 선박으로부터의 오염은 선박 좌초나 충돌 등 해난사고로 인한 오염뿐만 아니라 선박의 통상적인 운항 중에 발생하는 하수 오물(sewage)·폐기물(waste)·폐유 등에 의한 오염을 포함한다.

각국은 항구나 내수로 진입하는 외국 선박, 영해를 무해통항 하는 외국 선박, EEZ를 운항하는 외국 선박에 의한 해양오염의 방지·경감·통제를 위해 일반적으로 수락된 국제규칙 및 기준에 합치하고 이에 효력을 부여하는 국내 법령을 제정할 수 있다(제211조3-5항).

선박으로부터의 오염방지에 관한 국제규칙으로는 국제해사기구(IMO)가 채택한 「1973년 선박으로부터의 오염방지를 위한 국제협약」(MARPOL: International Convention for the Prevention of Pollution from Ships)이 있다. 협약을 흡수한 의정서 「MARPOL 73/78」은 선박으로부터의 유류·유독 액체물질·포장 유해 물질·하수 오물·플라스틱과 폐기물·선박에 의한 대기오염에 대한 6개 부속서를 채택하여 유해물질 배출을 규제하고 이에 대한 증명서를 발행하여 통제한다. 또한 오염원에 따른 보호를 위해 지정된 특별해역(special areas)을 명시하고 있다. 협약은 1983.10. 발효하였으며, 6개 부속서도 모두 발효하였다. 한국은 「MARPOL 73/78」과 6개 부속서를 비준하였다.

선박으로부터의 오염방지를 위해 권한 있는 국제기구나 외교회의를 통해 수립된 적용 가능한 국제규칙 및 기준과 이 협약에 따라 제정된 국내 법령은 선적국뿐만 아니라 기항국, 연안국에 의해서도 집행된다(제217조-제220조).[29]

(1) 선적국(제217조)

선적국은 자국 선박의 설계·구조·장비·인원 배치 요건 등에 관한 국제규칙·기준을 준수하며, 자국 선박이 그러한 요건을 준수하며 항행할 수 있을 때까지 항행이 금지되도록 적절한 조치를 취한다. 자국 선박이 국제규칙·기준을

---

29 한국은 1977년 『해양오염방지법』을 제정하여 이를 관리하는 해양환경관리공단을 설치하였다. 2007년 『해양오염방지법』이 폐지되고 『해양환경관리법』이 제정되었다.

위반하였거나 다른 국가의 서면 요청이 있는 경우, 선적국은 위반 장소 또는 오염이 발생하거나 발견된 장소와 관계없이 위반 혐의를 즉각 조사하고 적절한 경우 소송을 제기한다.

(2) 기항국

- 기항국은, 요청에 의하거나 스스로, 자국 항구나 연안 정박시설에 있는 선박이 감항성에 관한 국제규칙·기준을 위반하여 해양환경에 피해를 줄 위험이 있다고 확인하면, 그 선박의 항행 금지를 위한 행정조치를 취한다. 그러한 선박은 최인근 수리 장소까지만 운항하도록 허가하고, 위반 원인이 제거되면 즉시 항행을 계속하도록 허가한다(이상 제219조). **감항성**(堪航性: seaworthiness)은 선박이 통상적인 위험을 감내하여 안전하게 항해할 수 있는 능력을 말하며, 선박 자체의 안정성을 확보하기 위해 선체와 기관에 이상이 없고, 선장·선원·연료나 식수 등을 확보하여 선박의 정상적인 항해가 가능한 상태를 말한다. 한편 국제적으로 이동하며 항구에 입출항하는 선박이 배출하는 평형수에 의해 해양 미생물이 이동함으로써 해양생태계가 교란될 수 있다. 이를 방지하기 위해 타국 항구에서의 평형수의 흡입과 배출을 규제하는 「선박평형수관리협약」(Ballast Water Management Convention)이 2004년 채택되어 2017년 발효하였다(한국 가입).
- 기항국은 자국의 영해·EEZ에서 선박의 오염방지 등을 위해 국제규칙이나 기준에 따라 제정된 자국의 법령을 위반한 선박이 자국 항구나 정박시설에 자발적으로 들어온 경우, 소송을 제기할 수 있다(제220조1항).
- 기항국은, 자국 항구나 연안 정박시설에 자발적으로 들어온 선박이 자국의 내수·영해·EEZ 밖에서 국제규칙·기준을 위반하여 행한 배출을 조사하여 증거가 있는 경우, 소송을 제기할 수 있다(제218조1항). 다만 ① 자국의 내수·영해·EEZ에서 배출 위반이 발생한 국가·기국·배출 위반에 따른 피해국이 요청하지 않았거나, ② 배출 위반이 소송을 제기하는 국가의 내수·영해·EEZ에서 오염을 초래하였거나 초래할 위험이

있지 않은 한, 타국의 내수·영해·EEZ에서의 배출 위반에 대한 소송은 제기될 수 없다(제218조2항). 즉 EEZ 밖 공해상에서 이루어진 선박의 환경오염행위에 대해서 선적국이 관할권을 행사하는 기국주의가 원칙이지만, 협약은 직접 피해를 입지 않은 기항국도 소송을 제기할 수 있는 관할권을 예외적으로 인정하고 있다. 다만 기항국이 실제 이러한 관할권을 행사할 가능성은 희박하다 할 것이다.

(3) 연안국(제220조)

자국의 영해를 항행하는 선박이 영해에서 선박으로부터의 오염방지 등을 위한 국제규칙·기준이나 연안국의 법령을 위반하였다고 믿을 만한 명백한 근거가 있는 경우, 연안국은 물리적 조사나 선박 억류를 포함한 소송을 제기할 수 있다(2항).

자국의 영해나 EEZ를 항행하는 선박이 EEZ에서, ① 선박으로부터의 오염방지 등을 위한 국제규칙·기준이나 연안국의 법령을 위반하였다고 믿을만한 명백한 근거가 있는 경우, 연안국은 관련 정보를 요구할 수 있으며, ② 중대한 오염을 초래하거나 초래할 위험이 있는 실질적인 배출이 발생하였다고 믿을만한 명백한 근거가 있는 경우, 선박에 대해 물리적 조사를 할 수 있고, ③ 중대한 피해를 초래하거나 초래할 위험이 있는 배출을 하였다는 명백하고 객관적인 증거가 있는 경우, 선박 억류를 포함한 소송을 제기할 수 있다(3–6항).

(vi) 해난사고에 의한 오염

각국은, 국제법에 따라, 해난사고(maritime casualty)로 인한 해양오염이나 오염 위협으로부터 자국 해안이나 어업 등 관련 이익을 보호하기 위해 실제 또는 위협이 되는 피해에 상응하는 집행조치를 영해 밖까지 취할 권한을 갖는다. 해난사고는 선박의 충돌·좌초나 여타 항행사고·선상이나 선외에서 발생한 그 밖의 사고로 인해 선박이나 화물에 실질적인 피해나 급박한 피해의 위험을 초래하는 사고를 말한다(이상 제221조).

(vii) 대기로부터 또는 대기를 통한 오염

항공기로부터 반출되는 물질, 살충제 살포, 대기 핵실험 등 대기로부터 또는 대기를 통한 오염을 포함한다. 각국은 대기로부터 또는 대기를 통한 해양오염을 방지·감소·통제하기 위하여, 국제적으로 합의된 규칙·기준 등과 항공안전을 고려하여 영공과 자국 선박·항공기에 적용하는 국내 법령을 제정하고(제212조), 집행한다(제222조). 국제민간항공기구(ICAO), UN 환경계획(UNEP) 등이 관련 국제규칙을 제정한다.

다. 해양환경오염 관련 외국 선박에 대한 연안국의 법령 집행 권한

환경오염과 관련하여 외국 선박에 대해 집행하는 권한은 공무원이나 군함·군항공기나 정부 업무에 사용되는 것이 명백하게 표시되고 식별 가능한 그 밖의 선박이나 항공기에 의해서만 행사될 수 있다(제224조). 각국은 해양환경 보호·보전과 관련한 권리 행사와 의무 이행에 있어 외국 선박을 형식상 또는 실질적으로 차별하지 않아야 한다(제227조).

투기에 의한 오염 관련 법령 집행(제216조)·기항국에 의한 법령 집행(제218조)·연안국에 의한 법령 집행(제220조)을 위한 외국 선박 조사는 필요한 기간 이상 지체시킬 수 없으며, 물리적 조사는 선박이 비치해야 할 증명서·기록이나 그 밖의 서류 심사에 국한된다. 외국 선박의 조사 결과 국제규칙·기준과 법령 위반 사실이 밝혀지면 보석금이나 금융보증 등의 합리적인 절차를 따른다는 조건으로 신속히 석방한다(이상 제226조).

외국 선박이 영해 밖에서 해양오염 관련 국제규칙·기준이나 국내 법령을 위반하면 벌금만 부과하고, 영해에서도 고의로 중대한 오염행위를 한 경우가 아니라면 벌금만 부과할 수 있다(제230조). 각국은 외국 선박에 대해 취한 조치를 기국과 관계국에 신속히 통보해야 한다(제231조).

라. 해양환경 손해에 대한 책임 및 보상

각국은 해양환경 보호와 보존을 위한 국제적 의무를 이행할 의무가 있으며, 국제법에 따라 책임을 진다. 해양환경 보호 및 보전을 위한 국제규칙과 기준 위반 등 해양환경 분쟁은 협약상 의무적 분쟁해결 절차가 적용된다(제297조1항).

각국은 자국 관할 아래 있는 자연인이나 법인에 의한 환경오염으로 발생한 손해를 신속하고 적절히 보상하고 구제하는 국내법 제도를 수립하고, 손해평가 및 보상 책임과 이와 관련된 분쟁해결, 강제 보험이나 보상기금 등 적절한 보상 지급 기준과 절차의 발전을 위해 노력한다(제235조). 이와 관련 「유류오염 손해에 대한 국제민사책임협약」(1969)은 유류오염 손해에 대해 선주들의 무과실책임과 책임 배상 한도를 규정하고 있다. 「유류오염 손해배상을 위한 국제기금설립에 관한 협약」(1971)은 정유사 등의 분담금으로 국제유류오염 배상기금을 조성하고, 협약의 2003년 「보충기금의정서」는 유조선에 의한 오염 피해 배상 한도를 증액하여 배상의 실효성을 높였다. 한국은 2009년 『유류오염손해배상보장법』을 제정하여 보상제도를 마련하고 있으나, 피해 평가 방식이나 청구권자 등에 대한 기준이 미흡하다는 지적이 있다.

군함, 해군 보조함, 국가가 소유하고 운영하며 일시적으로 비상업용으로 사용되는 선박 및 항공기는 해양환경 보호와 보전을 위한 협약 규정이 적용되지 않으며, 의무 위반에 따른 책임에서 배제된다. 단, 이러한 선박이나 항공기는 가능한 한 협약과 합치되는 방식으로 행동하도록 해야 한다(제236조).

2. 해양과학조사

가. 의의

전통적으로 해양 자료수집(marine data collection)은 공해 이용의 자유로 인식되었으나, 제2차 대전 이후 경제적·과학적 목적의 해양 자료수집 활동이 늘어나자, 이에 대해 연안국들이 부정적인 입장을 보이기 시작하였다.

해양 자료수집 활동에는 해양생물이나 자연 등과 관련한 과학적 지식을 증진하기 위한 순수한 해양과학조사(MSR: Marine Scientific Research), 항행의 안전에 필요한 해도 작성을 위해 수심·해류·조수 등 관련 자료를 수집하는 수로측량(hydrographic survey), 군함의 군사작전에 필요한 해양 관련 정보를 수집하는 군사조사(military survey) 등이 있다. 협상 과정에서 해양과학조사의 자유를 주장하는 해양 강국과 해양과학조사에 대한 관할권을 강화하려는 연안국 간의 타협으로 해양과학조사를 협약 제13부에 규정하였다. 해양 강국은 협약상 해양과학조사의 개념을 제한적으로 해석하여 해양 이용의 자유를 최대한 확보하려고 하나, 개도국은 이를 넓게 해석하여 해양 강국의 해양조사활동을 규제하려고 한다.

나. 해양과학조사의 권리

원칙적으로, 모든 국가와 권한 있는 국제기구는 협약에 규정된 다른 국가의 권리와 의무를 존중하는 조건으로 해양과학조사를 수행할 권리를 가진다(제238조). 권한 있는 국제기구는 FAO, IMO, IAEA, UNESCO 정부 간 해양과학위원회(IOC) 등을 포함한다.

해양과학조사는 오로지 평화적 목적으로 수행되어야 하며, 적절한 과학적 수단과 방법에 따라 수행되어야 하고, 다른 적법한 해양 이용 활동을 부당하게 방해하지 말아야 하며, 해양환경의 보호·보전 규칙을 준수해야 한다(제240조). 해양과학조사는 해양환경이나 그 자원에 대한 권리를 주장하는 법적 근거가 될 수 없다(제241조).

다. 수역별 해양과학조사

(ⅰ) 내수·영해·통과통항이 허용되는 국제해협·군도 항로대

연안국이 주권을 행사하는 수역, 즉 내수·영해·통과통항이 허용되는 국제해협·군도수역 항로대에 있어 연안국은 해양과학조사를 규제·허가·수행하는 배타적 권리를 보유한다. 타국의 해양과학조사는 연안국의 명시적 동의와 연안국이 정한 조건에 따라서만 수행할 수 있다(제245조). 이들 수역에서 군사조사도 연안국의 동의 없이는 불가하다.

외국 선박이 영해 통항 중에 조사나 수로측량 활동(research or survey activities)을 수행하는 것은 연안국의 평화·공공질서 또는 안전을 해치는 유해한 통항(제19조2항j)으로, 연안국은 영해에서의 무해통항과 관련한 법령에 해양과학조사와 수로측량 활동을 포함할 수 있다(제21조1항g). 국제항행용 해협에서 통과통항 중인 해양과학조사선과 수로측량선은 해협 연안국의 사전 허가 없이는 조사나 측량 활동을 할 수 없으며(제40조), 이는 군도 항로대에도 준용된다(제54조).

(ii) EEZ와 대륙붕

연안국은 관할권을 행사하면서 EEZ와 대륙붕에서의 해양과학조사를 규제·허가·수행할 권리를 보유한다. 연안국이 아닌 국가가 EEZ나 대륙붕에서 해양과학조사를 수행하기 위해서는 연안국의 동의가 필요하다. 조사가 생물·무생물 천연자원의 탐사와 개발에 직접적인 영향을 미치는 경우, 대륙붕의 굴착이나 폭발물의 사용 또는 해양환경에 해로운 물질의 반입을 수반하는 경우, 인공 섬·시설 및 구조물의 건조·운용 또는 사용을 수반하는 경우, 조사와 관련된 정보가 부정확한 경우와 같이 응용된 조사에 대해서는 연안국은 동의하지 않을 수 있다. 그러나 오로지 평화적인 목적이나 인류 모두를 위한 해양과학 지식을 증진하기 위해 실시되는 순수한 해양과학조사에 대해서는 연안국은 동의해야 한다(제246조). 순수 조사와 응용 조사의 기준이 불명확해 연안국이 자의적으로 구분할 소지가 있다. 연안국은 동의를 벗어나거나 조건을 이행하지 않으면 조사 활동에 대해 정지를 요구하거나, 합리적 기간 내에 시정되지 않으면 중단을 요구할 수 있다(제253조). 조사하려는 국가와 국제기구는 적어도 조사 개시 6개월 전에 조사의 성질과 목적, 연안국이 참여하거나 대표를 파견할 수 있다고 고려되는 범위 등 관련 정보를 연안국에 제공하고(제248조), 조사 신청서 제출 후 6개월이 지나도록 연안국이 반대 의사를 표시하지 않으면 조사를 시작할 수 있다(제252조).

협약상 해양과학조사가 정의되지 않아, EEZ와 대륙붕에서 수로측량이나 군사조사가 해양과학조사에 포함되는지에 대해 논란이 있다. 미국·러시아를 위시한 해양 강국들은, 협약에 따라 연안국이 EEZ와 대륙붕에서 타국의 해양과학조사를 규제·허가할 수 있으나, 수로측량은 제58조1항의 그 밖의 국제적으로 적법한 공해의 자유로 인정되는 것으로 협약이 해양과학조사와는 별개의 개념으로 구분하고 있으며, 군사조사는 협약상 전혀 언급이 없으므로 해양과학조사에 포함되지 않는다는 이유로, EEZ와 대륙붕에서 수로측량이나 군사조사는 모든 국가가 자유롭게 실시할 수 있다고 주장한다. 반면에 중국을 위시한 개도국들은 해양과학조사는 오로지 평화적 목적을 위해 수행한다고 규정하고 있으며(제240조), 실질적으로 수로측량이나 군사조사와 해양과학조사를 구분하기가 쉽지 않으므로 협약에 규정된 해양과학조사 규정이 수로측량이나 군사조사에도 적용된다고 주장한다. 중국은 2001.3. 미 해군 해양조사선 Bowditch호가 서해 중국 EEZ에서 측량활동을 하자 중국의 동의를 받지 않았다는 이유로 강제 퇴거시킨 바 있다. EEZ나 대륙붕에서의 수로측량이나 군사조사가 인정되더라도, 평화적인 목적으로 수행되어야 하며, 공해의 자유를 행사하는 타국의 이익과 천연자원 탐사와 개발 등과 관련한 연안국의 권리를 적절히 고려하고, 연안국의 해양환경을 훼손하지 않아야 할 것이다.

(iii) 공해

모든 국가는 공해 자유의 하나로 이 협약 제6부(대륙붕)와 제13부(해양과학조사)에 따른 해양과학조사의 자유를 가진다(제87조1항f). 모든 국가와 권한 있는 국제기구는 EEZ 바깥 수중에서 해양과학조사를 수행할 권리를 보유한다(제257조). 따라서 모든 국가는 EEZ 밖 공해 수중에서 수로측량과 군사조사를 자유롭게 수행할 수 있다.

(iv) 심해저

모든 국가와 권한 있는 국제기구는 협약 제11부에 따라 심해저에서 해양과학조사를 수행할 권리를 가진다(제256조). 단, 심해저 자원에 대한 해양과학조사는 국제심해저기구만 수행한다.

라. 해양과학조사 시설과 장비

해양과학조사에는 인공 시설 또는 구조물 외에도, 조사선, 잠수정, 부표(buoy), 수중 드론, 원격탐사 장치 등 다양한 장비가 사용된다. 과학조사 시설과 장비에는 등록국이나 소속 국제기구를 나타내는 식별표식을 부착하고 경고 등 안전을 확보하며(제262조), 시설 주위에 500m를 초과하지 않는 범위 내에서 안전수역을 설정할 수 있다(제260조). 해양과학조사를 수행하는 데 필요한 시설이나 장비는 섬의 지위를 갖지 않는다(제259조).

이어도와 이어도 해양과학기지

이어도는 제주도 남방 81해리 수중 4~5m 아래 있는 수중암초(underwater rock)이다. 따라서 협약 제121조상 섬이나 암석 또는 간조노출지도 아니다. 1900년 영국 상선 Socotra호가 수중 암초와 접촉하는 사고가 발생하면서, 이 암초를 Socotra Rock으로 명명하였다. 이어도에는 풍부한 생물자원이 존재하며, 태풍의 길목에 위치해 기상관측에 적합하다.

해양과학조사를 위한 인공 시설인 이어도 해양과학기지는 2003.6. 이어도 인근 수역에 건립되었으며, 주변에 500m의 안전수역이 설정되었다. 중국은 2000.11. 및 2002.9. 한국의 이어도 해양과학기지 건설에 항의하고, 이어도 수역이 중국 측 200해리에 포함되므로 한국의 일방적인 관할권 행사는 정당화될 수 없다고 하였다. 하지만 한국은 이어도 수역이 한국에 가까워 중간선에 따라 경계획정을 하더라도 한국의 EEZ에 속하는 수역으로, 해양과학기지 건설은 정당한 권리 행사라는 입장이다.

한중 양국은 이어도가 수중암초로서 영토가 아니므로 영유권 분쟁의 대상이 아니며 양국 간 해양경계획정을 통해 해결해야 할 문제라는 데 인식을 같이하고 있다. 중국은 2012년 이어도 수역을 중국 해양 감시선과 항공기의 정기순찰 대상 수역으로 포함한 데 이어, 2013년에는 자국의 방공식별구역에 포함하였다.

마. 해양과학조사에 대한 책임 및 분쟁해결

각국과 권한 있는 국제기구는 해양과학조사가 협약에 따라 실시되도록 보장할 책임을 지며, 이를 위반하여 취한 조치에 대해서는 책임을 지고 이로 인해 초래된 손해를 보상해야 한다(제263조).

해양과학조사와 관련된 분쟁은 의무적 분쟁해결절차가 적용된다. 다만 EEZ와 대륙붕에 관한 해양과학조사와 관련된 연안국의 권리나 재량권 행사에 관한 분쟁, 해양과학조사 계획의 정지나 중지를 명령하는 연안국의 결정에 관한 분쟁은 배제를 선언할 수 있다(제298조1항b).

바. 한국과 해양과학조사

1995.1. 제정된 『해양과학조사법』은 영해에서 해양과학조사를 실시하려는 외국인 등은 해양수산부장관의 사전 허가를 받아야 하며(제6조), EEZ나 대륙붕에서 해양과학조사를 실시하려는 외국인 등은 해양수산부장관의 동의를 받도록 규정하고 있다(제7조).

한국이 독도 인근 동해 해저지명 등록을 추진하자, 이에 반발한 일본은 2006.4.14. 동해상 독도 주변 수역에서 방사성 오염조사를 위해 해상보안청 소속 조사선이 해양과학조사를 실시한다는 계획을 발표하였다. 당초 일본은 수로측량이라고 내세웠다. 한국이 일본에 대해 「UN해양법협약」과 『해양과학조사법』에 따라 허가받을 것을 요구하자, 일본은 자국의 독도 영유권 주장을 전제로 독도 인근 EEZ에서 연안국으로서 평화적 목적의 해양과학조사를 수행할 수 있는 권리를 주장하였다. 한국은 일본 해양과학조사선의 활동을 저지한다는 입장을 견지하는 한편, 4.18. 협약 제298조에 따라 해양과학조사를 포함한 법집행활동에 관한 분쟁의 의무적 분쟁해결절차 배제를 선언하였다. 일본이 해양과학조사를 감행하려고 하자 양국 간 긴장이 고조되었으나, 외교 교섭 끝에 일본 지정 3개 지점과 한국 지정 3개 지점에서 공동과학조사를 하기로 합의하였다.

경계 미획정수역에서 해양과학조사에 따른 분쟁을 방지하기 위해, 특정

수역에서 해양과학조사를 실시하는 경우 관련국 간에 이를 사전에 상호 통보하거나 해양과학조사에 관한 협약을 체결하는 방안이 제시되고 있다.

3. 해양에서의 군사활동

가. 기본원칙

협약에 따른 권리 행사나 의무 이행에 있어, 다른 국가의 영토보전 또는 정치적 독립에 반하거나 「UN헌장」에 구현된 국제법의 원칙에 부합하지 않는 방식에 의한 무력의 위협이나 행사는 금지된다(제301조). 이 규정은 영해나 EEZ 또는 공해에서의 군사활동에도 적용된다.

나. 수역별 군사활동

(ⅰ) 영해에서의 군사활동: 군함·잠수함·항공기의 무해통항(☞ p.224)

(ⅱ) EEZ에서의 군사활동

협약은 EEZ 내 제3국의 군사활동을 명백히 금지하는 규정을 두지 않아 해석이 대립한다. 해양 강국들은 EEZ가 전통적으로 군사활동이 허용되던 공해였으며, EEZ에서의 주권적 권리는 천연자원의 탐사 및 개발에 관한 권리로서, 제58조1항에 '협약의 다른 규정과 양립하는 그 밖의 적법한 해양이용의 자유'에 EEZ에서 군사활동의 자유가 포함된다는 입장이다. 이러한 군사활동으로는 군사 기동, 항공기 이·착륙 등 군사훈련, 수중 음향탐지장치 등 군사 장비의 설치 및 정보수집 등을 말한다. 또한 영해와 달리 EEZ 내 군사활동을 하는 타국 군함이 연안국의 법령을 위반해도 연안국이 퇴거를 요구할 수 있는 규정이 없다는 점을 지적한다. 이에 반해 연안국은 군함이 항행 이외의 목적으로 EEZ를 군사적으로 사용하는 것은 연안국 EEZ에서의 주권적 권리를 침해하는 것이며, 각국은 연안국의 권리와 의무를 적절히 고려해야 한다는 협약 규정(제58조

3항)을 위반한 것이라는 입장이다. EEZ에 대한 연안국의 주권적 권리의 범위와 관련하여 입장 차이가 드러나고 있다. 중국은 2010.11. 연평도 포격 사건 이후 미 항공모함 George Washington 호가 한미합동군사훈련에 참가하기 위해 서해로 진입하려는 것과 관련하여 한중 간 EEZ 경계가 획정되지 않은 서해에서 군사훈련은 EEZ 제도의 취지에 반하는 것이라고 우려를 표명한 바 있다.

EEZ에서 개별 군사활동의 허용 여부는 협약 규정과 함께 그 성질과 양태와 규모 등을 함께 고려하여 신중히 판단되어야 할 것이다. 협약상 EEZ는 평화적 이용을 위해 보존되어야 하며(제88조), 각국은 EEZ에서 모든 국가의 적법한 해양 이용의 자유와 함께 연안국의 권리와 의무를 적절히 고려해야 하고(제58조 3항), 해양환경의 보호와 보존 의무(제12부) 등 협약상 의무를 성실하게 이행하며, 협약상 인정되는 권리·관할권·자유를 남용하지 않아야 하기 때문이다(제300조). 예컨대 타국 EEZ에 낙하하는 미사일 시험발사가 설사 허용된다고 하더라도, 발사국은 최소한 위험 수역을 설정하고 관련국과 국제기구 등에 사전 통보하여 타국의 권리를 적절히 고려해야만 할 것이다.

EEZ에서의 군사활동과 관련하여 마찰은 연안국이나 다른 국가에 주권이나 관할권의 귀속이 결정되지 않은 사안이라 할 것이므로 형평에 기초하여 모든 관련 사정을 고려하여 해결되어야 한다(제59조).

군사수역

중국은 1955년 발해만과 동중국해에서 각각 군사수역을 선포하였으며, 북한도 1977.6. 200해리 경제수역을 선포하고, 동년 8월 경제수역을 보호하고 자주권을 지킨다는 명목하에 군사(경계)수역을 설정하였다. 제1차 및 제3차 유엔해양법회의 과정에서 일부 국가는 영해 외측에 군사 안보 목적의 수역 설정을 인정해야 한다고 주장하였으나, 합의에 이르지 못해 협약에는 관련 규정이 없다.

북한의 군사수역은 서해에서는 영해 기선으로부터 배타적 경제수역의 최외곽까지, 동해에서는 영해 기선으로부터 50해리까지이다. 영해를 포함하는 군사수역 내 수상·수중·공중에서 외국인과 외국 군함 및 군항공기의 활동을 금지하고, 민간선박과 민간항공기의 진입에 대해서도 사전 동의 또는 사전승인을 받게 하였다. 이는 선박의 무해통항과 항공기의 상공비행의 자유를 부정하고, 자국 관할권을 공해까지 확대하여 타국의 권리를 제한하는 것으로, 협약이나 관습국제법에 위배되는 것이다. UN사·미국·일본·한국 등은 이를 인정하지 않고 있다.

(iii) 공해에서의 군사활동

협약은 공해상 군사활동 허용 여부에 관해 명시적인 규정을 두고 있지 않지만, 협약상 공해의 자유에 군사활동이 포함된다는 것이 통설이다. 그러나 공해에서의 군사활동이라고 해서 무제한인 것은 아니라 할 것이다. 공해는 평화적 목적을 위해 보존되어야 하기 때문이다(제88조). 핵무기 등 WMD의 공해상 실험이나 배치 등은 평화적 목적을 위한 공해 이용으로 볼 수는 없다 할 것이다(☞ 핵실험사건 p.623).

모든 국가는 또한 공해의 자유를 행사하면서 공해의 자유를 행사하는 타국의 이익도 적절히 고려해야 한다(제87조2항). 함포 발사나 기동훈련 등 군사훈련의 경우 일정 수역을 경고 수역으로 설정·공표하여 타국이 누리는 항행의 자유 등 공해의 자유를 침해하지 않아야 할 것이다.

다. 분쟁해결

군사활동(비상업용 정부 선박이나 항공기에 의한 군사활동 포함)에 관한 분쟁은 협약상 의무적 분쟁해결절차의 적용을 배제하는 선언을 할 수 있다(제298조1항b).

제8장
하늘과 「국제민간항공협약」

Ⅰ. 하늘

하늘은 대기권(大氣圈: airspace)과 외기권(外氣圈: outer space)으로 이루어진다. 대기권은 영공(領空: territorial·sovereign·national airspace)과 공공(公空: international airspace)으로 이루어진다. 영공은 영토와 영수(내수와 영해)의 수직 상공으로서 국가영역의 일부이며, 공공은 영공을 제외한 상공으로서 국제공역이다. 영공과 공공은 항공법(air law)과 해양법의 적용을 받는다.

대기권 이원의 외기권 또는 우주(宇宙: space)는 우주법의 적용을 받는다.

Ⅱ. 영공

1. 법적 지위

1903.12. 미국의 Wright 형제가 동력을 장착한 비행에 성공한 이래 항공 산업이 급속히 발전하면서, 해양의 자유와 같이 상공에서의 자유가 주장되었다. 그러나 1919년 제1차 세계대전 중 전투기들이 중립국 상공에서 공중전을 벌이자, 각국이 자국 상공 폐쇄를 주장하면서 완전하고 배타적인 영공의 개념이 대두하였다.

1919.3. 채택된 「항공 규제를 위한 협약」(Convention for the Regulation of Aerial Navigation, 이하 '파리협약')은 제1조에서 "모든 국가는 자국 영토의 상공에 대해 완전하고 배타적인 주권(complete and exclusive sovereignty over the airspace above its territory)을 가진다"라고 규정하였으며, 1944.12. 채택된 「국제민간항공협약」(Convention on the International Civil Aviation, '시카고협약')에서도 동일하게 규정되었다. 1982년 「UN해양법협약」도 "주권은 영해의 상공·해저·하층토에 미친다"고 규정(제2조)하고 있다. 영공에 대한 각국의 배타적 주권은 이제 관습국제법으로 확립되었다.

2. 영공의 범위

영공의 수평적 범위는 영토와 영수의 최외측이다. 그러나 영공의 수직 한계인 고도, 즉 영공과 영공 이원의 우주와의 경계에 대해서는 아직 합의에 이르지 못하고 있으며, 시카고협약도 고도를 정의하지 않고 있다.

영공의 고도와 관련, 공기의 반동으로부터 추진력을 얻어 항공기가 비행할 수 있는 대류권(최고 20km), 위성의 궤도 유지가 가능한 고도(최소 70~90km), 물체가 양력의 도움 없이 관성만으로 비행할 수 있는 고도(최고 100km), 기체가 존재하는 대기권(최대 1,000km) 등 다양한 주장이 있다. 1979년 소련이 영공이 지상 100~120km 이내라는 것은 확립된 관행이라고 주장한 데 대해 상당수의 국가가 대체로 공감하였다. 영공의 높이는 최고 100km까지이며, 그 이상은 우주로 보는 것이 일반적으로 수용되고 있다.

Ⅲ. 영공 통항

1. 영토국의 영공 통항 허가

모든 선박은 타국 영해에서 무해통항권을 누리지만, 항공기는 타국 영공에서 통항이 허용되지 않는 것이 원칙이다. 따라서 외국 항공기는 영토국의 허가 없이 타국 영공에 진입하거나 영역에 착륙할 수 없다. 다만 「UN해양법협약」에 따라 통과통항이 인정되는 국제해협이나 군도 항로대의 상공은 영공이지만, 모든 항공기는 지체없이 통과할 통항권을 갖는다(제39조1항 및 제53조2항).

외국의 민간항공기는 영토국에 비행계획을 제출하여 사전 허가를 받거나, 시카고협약 등 다자조약이나 양자 항공협정에 의거해 타국 영공을 비행할 수 있다(후술 Ⅳ.). 외국의 국가항공기는 특별협정이나 그 밖의 방법에 따라 체약국의 승인을 받아야만 타국 영공을 비행하거나 영역에 착륙할 수 있다(이상 시카고협약 제3조b, c). 항공기의 소유권과는 관계없이 군 및 세관·경찰 업무에 사용하는 항공기는 국가항공기로 간주한다. 니카라과사건에서 ICJ는, 항공기에 의한 타국 영공의 무단 비행은 영토주권을 직접 침해한 것이라고 하였다. 하지만 민간항공기나 국가항공기가 조난 또는 불가항력에 의해 외국 영공에 진입하였다면 위법성이 조각된다.

2. 영공 침범과 영토국의 조치

가. 민간항공기의 영공 침범

민간항공기가 허가 없이 타국 영공에 진입한 경우, 영토국은 경고·퇴거나 착륙 명령 또는 필요하면 강제 착륙 유도 등 필요한 선행 조치를 취할 수 있으나, 자위권 행사와 같은 긴급한 사정이 있지 않은 한, 원칙적으로 무력사용은 불가하다. 1955.7. 불가리아 영공에 진입한 이스라엘 민항기가 불가리아 공군기에 의해 피격되어 승무원과 승객이 모두 사망하자, 불가리아는 호의상(*ex gratia*) 배상하였다. 1973년 시나이반도에 침입한 리비아 항공기를 이스라엘 공군기가 피격하였으며, 이스라엘 측은 착륙 명령을 따르지 않았다고 항변하였으나 결국 사과하고 배상하였다.

1983.9. 뉴욕발 대한항공 007편 보잉 747기가 항로를 이탈하여 소련 영공인 사할린 상공에서 소련 전투기의 미사일에 요격되어 269명이 사망하였다('대한항공 007편 피격사건'). 소련은 007편이 군사 첩보활동 중이었으며 격추 전에 요격 절차를 밟았으나 007기가 도주하였으므로 정당한 자위권 행사라고 주장하였다. 이 사건의 후속 조치로 ICAO는 1984.5. 영공을 비행 중인 민간항공기에 대한 무기사용은 원칙적으로 자제해야 한다는 시카고협약에 신설하였다(제3조 *bis*).[1] 하지만 "「UN헌장」에 명시된 국가의 권리·의무를 수정하는 것으로 해석되지 않는다"고 규정한 제3조*bis*(d)는 영토국이 헌장 제51조상 자위권을 행사하여 민간항공기에 무력을 사용할 가능성을 배제하지 않고 있다.

나. 국가항공기의 영공 침범

국가항공기가 사전 허가 없이 고의적으로 영공을 침범한 경우, 영토국의 경고·퇴거·착륙 요구·착륙 유도 등에 불응하며 중대한 위험을 초래할 때는 무력사용이 인정된다는 것이 통설이다. 1960.5. 미국의 U−2기가 소련 영공에서 첩보 비행 중 사전경고 없이 소련의 지대공 미사일에 의해 격추되고 조종사는 탈출 후 체포되어 간첩죄로 처벌되었으나 미국은 아무런 이의를 제기하지 않았다. 그러나 2개월 후인 1960.7. 소련이 공해 상공에서 정찰 중이던 미국의 RB−47을 격추하자 미국은 이를 안보리에 제기하는 등 엄중히 항의하였다.

----
1 제3조*bis*: (a) 체약국은 비행 중인 민간항공기에 대한 무기사용을 자제해야 하며, 민간항공기를 유도 통제하는 경우 탑승자의 생명과 항공기의 안전을 위험에 빠뜨리지 말아야 한다. (b) 체약국은 허가 없이 체약국 상공을 비행하는 외국 민항기에 대해 착륙을 요구할 수 있으며, 체약국 상공 비행이 협약의 목적과 양립하지 않는다고 결론을 내릴 수 있는 합리적인 근거가 있는 경우 위반행위의 중지를 요구하고 국제법과 협약에 합치된 적절한 수단에 호소할 수 있다. (c).....(중략). (d) 이 조항은 「UN헌장」에 명시된 국가의 권리·의무를 수정하는 것으로 해석되지 않는다.

2015년 터키는 영공을 침범한 러시아 군용기를 격추하였으나, 러시아는 별다른 항의를 하지 않았다. 2019.7. 러시아 군용기가 독도 영공을 2차에 걸쳐 일시 침범한 데 대해 한국 공군은 경고사격을 실시하여 퇴거시키고, 주한 러시아 무관을 초치하여 항의한 바 있다.

예방적 자위조치로서 국가항공기에 대해 무력을 사용하더라도 영토의 안전과 영공 침범에 따른 위험의 정도가 필요성과 비례성을 충족해야만 정당한 자위 조치로 인정된다고 할 것이다.

Ⅳ. 「국제민간항공협약」

1. 경위

파리협약은 1922.7. 발효하여 당시 갓 태동한 민간국제항공을 규율하였으나, 미국이 가입하지 않아 실효성이 낮았다. 제2차 세계대전을 통해 항공산업이 비약적으로 발전한 미국의 주도로 1944.12. 「국제민간항공협약」(이하 '협약')이 채택되었다. 1947.4. 발효하여 회원국은 193개국이다(남북한 가입). 항공 기술과 자본이 우세한 미국은 민간항공의 완전한 자유경쟁을 주장하였으나, 영국이 국제기구 창설을 통한 조정을 제의하여 국제민간항공기구(ICAO: International Civil Aviation Organization, 이하 'ICAO')의 통제를 받는 국제항공 관리체제가 성립되었다. 협약은 제1부 국제항공과 제2부 ICAO 총 96개 조문으로 구성되어 있다.

2. 주요 내용

가. 국제항공

국제항공은 항공기가 2개 이상 국가의 영공을 통과하는 것을 말한다. 협약은 민간항공기에만 적용되며 국가항공기에는 적용되지 않는다(제3조a).

협약상 적용 대상인 항공기에 관한 정의는 없으나, 협약 제7부속서는 "항공기란 지구 표면에 공기를 부딪쳐서 얻는 반동이 아닌, 공기의 반동으로 대기권에서 부양을 얻는 기계"로 규정하고 있다. 여기에는 비행기·헬리콥터·비행선·유인 또는 무인 기구(풍선)·글라이더·무인 항공기를 포함하지만, 지구 표면의 반동을 이용하는 공기 부양정(hovercraft)은 제외된다. 무인 항공기(pilotless aircraft, drone, unmanned aerial vehicle)는 협약이 적용되는 항공기로서, 민간용이든 군사용이든 영토국의 특별 허가 없이는 타국 영공을 비행할 수 없다(제8조). 무인 항공기가 민간항공에 미칠 수 있는 위험을 방지하기 위한 것이다.

협약은 항공기의 국적을 규율하고 있다. 항공기는 등록국의 국적을 보유하고(제17조), 오로지 한 국가에서만 유효하게 등록할 수 있지만, 한 국가에서 다른 국가로 등록을 변경할 수 있다(제18조). 항공기의 등록과 변경은 등록국의 국내 법령에 따라 시행하고(제19조), 등록국은 등록 항공기와 그 소유에 관한 정보를 ICAO에 제공해야 한다. 항공기 소유주와 등록국 사이에 '진정한 연계'를 요구하지는 않으나, 등록국은 등록된 국적 항공기를 효과적으로 통제해야 할 의무가 있어 선박과 같은 편의치적은 허용되지 않는다. 다만 등록국의 권리와 의무를 운영자의 주 영업지 국가(임차국)로 이전할 수 있어, 항공기의 임차나 전세가 가능하다(제83조*bis*).

민간항공기가 영역 내에서 조난한 경우, 체약국은 실행할 수 있는 구호 조치를 취해야 한다(제25조). 항공사고가 발생한 영토국은 사고 진상 조사를 개시하며, 항공기 등록국이 조사 입회인을 파견할 기회를 주고, 사고에 관해 보고하고 소견을 통보한다(제26조). 협약은 또한 항공기의 국적과 등록 부호의 표기(제20조), 항공기가 휴대해야 할 서류(제29조), 항공기의 감항증명서 비치(제31조), 항공 종사자의 면허 소지(제32조), 항공일지의 보관(제34조) 등을 규정하고 있다.

나. 국제민간항공기구

ICAO는 협약 제2부에 따라 국제민간항공의 원칙과 기술을 발전시키고 국제항공 운송의 안전과 발전을 도모하기 위해 설립되었다. UN 전문기구이며,

본부는 몬트리올에 소재한다.[2]

ICAO는 총회(Assembly), 이사회(Council), 사무국(Secretariat), 항공위원회(Air Navigation Commission)로 구성된다. 총회는 모든 체약국이 참가하며 3년마다 회합한다(제48조). 이사회는 총회에 책임을 지는 상설기관으로 36개국으로 구성된다(제50조 개정). 이사국은 항공운송에 있어 가장 중요한 국가(Part I) 11개국, 국제항공을 위한 시설 기여국(Part II) 12개국, 지역 대표국(Part III) 13개국으로 구성되며 그룹별로 3년마다 개최되는 총회에서 선출한다. 한국은 2001년 이래 지역 대표국 그룹의 이사국으로서 선출되었으며, ICAO 본부 내에 상주대표부를 운영하고 있다. 항공위원회는 이사회 산하기관으로 항공의 이론과 실무에 관하여 자격과 경험을 지닌 각국의 전문가 19명의 위원으로 구성된다(제56조 개정). 항공 운항의 통일성을 촉진하기 위해 항공위원회가 마련한 표준과 권고 관행(Standards and Recommended Practices)은 이사회와 총회에서 채택되고, 회원국들이 준수하도록 권고된다.[3]

ICAO는 **비행정보구역**(FIR: Flight Information Region)을 설정한다(제71조). 비행정보구역은 민간항공기의 안전하고 효율적인 운항에 필요한 비행 운항 정보를 제공하고, 항공사고 발생 시 해당 국가가 구조 및 수색 업무를 책임지도록 ICAO가 분할하여 설정한 일정한 공역이다. ICAO가 영공을 포함한 전 세계 공역을 세분하여 구역마다 책임 있는 당국(한국의 경우 '인천 FIR')을 지정하고, 공역 별 책임 국가는 항공관제 서비스(air traffic service)를 제공하고 이에 대해 수수료를 받는다. ICAO가 민간항공기의 운항과 안전을 위한 기능적인 필요에 따라 설정한 공역이므로, 영공 경계와 무관하며 영토국의 주권도 인정되지 않는다.

ICAO는 분쟁의 의무적 해결 절차 및 상소(appeal) 제도를 두고 있다. 협

----

2 국제항공운송협회(IATA: International Air Transport Association)는 정기항공 운송사들이 1945년 조직한 비정부기구이다. 제네바와 몬트리올에 소재하며, ICAO를 비롯한 국제기구와 협력하고 운송사 간 수송과 운임(구간 요금 정산 등) 등을 협의한다.

3 2/3의 다수결로 채택된 부속서 또는 개정안은, 3개월 이내에 체약국의 과반수가 불승인을 통보하지 않는 한, 발효한다(제90조a). 표준의 예로, ICAO는 기존의 기계 판독형 여권(machine-readable passport)을 대신하여 여행자 생체인식 여권(biometric passport)을 설계하였다.

약의 해석과 적용 문제가 체약국 간 교섭으로 해결되지 못하는 경우, 관련국의 신청에 따라 이사회가 결정하며, 이사회의 결정에 대해 이의가 있는 경우 당사국이 합의한 중재재판소 또는 국제사법재판소(ICJ)에 상소할 수 있다(제84조 내지 제86조).

다. 국제 민간항공에 대한 영공 개방

(ⅰ) 협약상 영공 개방

협약은 국제 민간항공에 대해 영공을 개방하였다.

부정기 국제항공(non-scheduled international air service)은 영토국의 사전 허가 없이 체약국 영토에 착륙하지 않고 횡단 비행하는 무착륙(non-stop) 통항의 자유와 운송 이외에 정비·급유 등을 위한 기술적 착륙(technical landing) 권리를 가진다(제5조 전단). 무착륙 통항은 영해에서 선박의 무해통항권과 유사하지만, 영토국의 착륙 요구에 따라야 한다. 전세 또는 자가용 비행기 등의 증가로 부정기 항공의 수요는 증가하는 추세이다. 그러나 체약국은 승객·화물·우편물을 운송하는 부정기 항공(전세기 등)에 대해서는 필요하다고 인정하는 규칙이나 조건을 설정하거나 제한할 수 있어(제5조 단서), 부정기 민간항공기의 무착륙 통항을 규제할 수 있다.

정기 국제항공(scheduled international air service)은 영토국의 특별 허가나 인가를 받아야 한다(제6조). 체약국은 자국 영역 내 두 지점 간 승객·화물·우편물의 국내 운송(cabotage)에 대해 배타적 권리를 가진다(제7조). 영토국은 외국 항공기의 국내 운송 허가를 거부할 수 있지만, 이는 점차 허용되는 추세이다.

체약국은 협약의 목적과 양립하지 않는 목적으로 민간항공기를 사용하지 않아야 한다(제4조). 체약국이 국가항공기에 관한 규칙을 제정할 때는 민간항공기 항행의 안전을 위해 적절히 고려(due regard)해야 한다(제3조d). 체약국은 군사상의 필요나 공공안전을 이유로 외국 민간항공기가 자국 영역 내 특정 구역 상공을 비행하는 것을 일률적으로 제한 또는 금지할 수 있다. 국가원수의 집무실 또는 원자력발전소 등 일정 상공은 비행금지구역(prohibited area)으로 지정될 수 있다. 체약국은 또한 특별사태·비상시기나 공공안전(예컨대 화산 폭발)을 위해 일시적으로 비행금지구역을 설정하여 상공비행을 즉각 제한·금지할 수 있다(이상 제9조). 국가항공기는 체약국의 허가 없이 군수품 또는 군수기재를 그 영역 내 또는 상공에서 운송해서는 안 된다(제35조). 체약국은 또한 전쟁이나 국가 긴급사태 시 협약의 적용을 배제할 수 있다(제89조).

(ii) 「국제항공업무통과협정」과 「국제항공운송협정」상 영공 개방

수요가 많은 정기 국제항공에 대해 사전에 개별 영토국의 특별 허가나 인가를 요구하는 시카고협약을 보완하여 모든 체약국 간 상업적 목적의 정기 국제민간항공을 활성화하기 위해, 「국제항공업무통과협정」과 「국제항공운송협정」이 별도로 채택되었다.

「국제항공업무통과협정」(Chicago International Air Services Transit Agreement, 이하 '통과협정')은 상업적 목적의 정기 국제항공에 대해서 (시카고협약상 부정기 국제항공에 대해 인정하는) 2개의 자유를 허용하였다. 제1의 자유는 체약국의 영공을 무착륙 통항할 권리이며, 제2의 자유는 운송 이외의 목적으로 하는 기술적 착륙의 권리이다.

「국제항공운송협정」(Chicago International Air Transport Agreement, 이하 '운송협정')은 상업적 목적의 정기 국제항공에 대해 제1과 제2의 자유에 더하여 제3, 4, 5의 자유를 추가한 것이다. 제3의 자유는 기국으로부터 허가국으로 승객·화물·우편물을 운송할 권리, 제4의 자유는 허가국으로부터 기국으로 승객·화물·우편물을 운송할 권리, 제5의 자유는 기국으로부터 허가국을 경유하여 제3국까지 승객·화물·우편물을 운송할 수 있는 권리로, 이원권(以遠權: Beyond right)이라 한다.

통과협정은 130여 개국이 비준하여 발효하였다(한국 비준). 하지만 운송협정은 항공운송 능력이 취약한 국가들이 항공 강국의 시장 지배를 우려하며 비준을 외면함으로써 다자차원의 실효적인 영공 개방이 이루어지지 못하고 있다. 협정은 현재 11개국만 비준하였다.

(iii) 항공협정

항공협정(air transport agreement)은 항공 수요가 있는 국가 간에 제3, 4, 5
의 자유를 상호 보장함으로써 상업적 목적의 정기 민간항공을 활성화하기 위
한 것이다. 초기 항공협정에서는 5개의 자유를 상호 인정하되, 당사국의 항공
당국자 간에 노선·항공사·수송력(항공기 원 적재량에 운항 횟수를 곱하여 산출)·
운임 등에 대해 합의하여야 했다. 일방 체약국이 지정한 항공사는 체약국과 실
질적 소유나 지배 관계가 있어야 하고 상대 체약국의 항공 당국이 이를 허가하
므로, 운항사가 독자적으로 노선의 개설·증편 등을 할 수 없었다. 1990년대 이
후 국제항공 운송의 자유화를 목표로 하는 '항공운송 자유화 협정'(Open Skies
Agreement)들이 체결되어,4 노선·수송력·운임 등이 운항사의 판단에 위임되고
운항사 간 자유로운 제휴가 허용되고 있다. 한국은 현재 총 87개국과 항공협정
을 체결하였다.

3. 관련 문제: 민간항공 범죄의 규제

민간항공기의 안전 운항을 위협하는 항공 범죄를 예방하고 처벌하기 위해
시카고협약과는 별도로 다수의 국제조약이 체결되었다. 이들 조약은 대상 범죄
및 범죄인에 대한 재판관할권과 범죄인인도 또는 기소 등을 규율하고 있다.

1963년 「항공기 내에서 범한 범죄 및 그 밖의 행위에 관한 협약」(「도쿄협약」)
은 비행 중인 항공기와 기내의 인명과 재산의 안전을 위태롭게 하거나 기내 질
서와 규율을 위협하는 행위에 적용되며, 이를 위반하는 탑승자에 대한 등록국
의 관할권 행사(기국주의 적용),5 항공기 기장의 경찰권 행사(감금, 강제 하기 또

----
4 한편 「영공개방조약」(Treaty on Open Skies)은 「유럽재래식무기협약」(CFE)의 이행을 검증
하기 위해 체약국 영역에서 비무장 정찰기의 공중 관찰 비행을 허용하는 다자 군축조약이다.
1992년 채택되어 2002년 발효하였으며, 미국·러시아 등 35개국이 가입하였다.
5 1987.11. 바그다드에서 출발하여 아부다비-방콕-김포로 비행하는 대한항공 858편 폭파사건
이 발생하였다. 김현희는 바그다드에서 탑승하여 폭발물을 설치한 후 아부다비에서 내린 후

는 착륙국 당국 인도 등) 등을 규정하였다. 「도쿄협약」을 개정한 2014년 「몬트리올의정서」는 등록국에 대해서만 인정되던 대상 범죄에 대한 관할권을 착륙국과 운항국도 행사할 수 있도록 확대하였다.

1950~1960년대 항공기 납치가 빈발하자, 비행 중인 항공기 내 탑승자가 폭력·위협 등으로 항공기를 불법 점거 또는 납치(hijacking)하는 행위에 적용되는 「항공기 불법납치억제협약」(「헤이그협약」)이 1970년 채택되었다. 등록국·착륙국·항공기 주 영업국이 관할권을 행사하며, 범죄인인도 또는 기소 원칙을 규정하고 있다.

이어서 1971년 「민간항공기의 안전에 대한 불법행위의 억제를 위한 협약」(「몬트리올 협약」)은 비행 중인 항공기 탑승자에게 폭력을 행사하여 항공기 안전에 위해를 가하는 행위, 운항 중인 항공기를 파괴하거나 훼손하여 비행의 안전에 위해를 줄 가능성이 있거나 그러한 장치나 물질을 설치하는 행위, 항공시설을 파괴 또는 손상하거나 그 운용을 방해하여 비행 중인 항공기의 안전에 위해를 줄 수 있는 행위, 허위 정보를 교신하여 항공기의 안전에 위해를 주는 불법적 행위에 적용된다. '비행 중'(in flight)은 항공기 출발을 위해 출입문이 닫힐 때부터 승객 하기(下機)를 위해 출입문이 열릴 때까지이다. '운항 중'(in service)은 지상 요원이나 승무원의 사전 비행 준비부터 착륙 후 24시간까지를 의미한다. 등록국·착륙국·임차국뿐만 아니라 범죄 발생지국도 관할권을 행사할 수 있으며, 범죄인이나 범죄 혐의자가 소재하는 영토국의 인도 또는 기소를 규율하고 있다. 「몬트리올협약」을 보충하는 「국제민간항공에서 사용되는 공항에서의 불법적 폭력행위의 억제를 위한 의정서」('몬트리올의정서')도 1988년 채택되었다.

9·11 발생 이후 민간항공기의 안전을 강화하기 위해 「몬트리올협약」의 대상 범죄를 확대한 「국제민간항공에 관련된 불법행위 억제에 관한 협약」(「베이징협약」)이 2010년 채택되었다. 「베이징협약」은 항공기 자체를 무기로 사용하는 행위, 민간항공기에 대한 무기 공격, 민간항공기를 이용한 무기 및 관련 물

바레인 당국에 의해 체포되었으며, 항공기 등록국인 한국이 바레인 정부로부터 범인 김현희를 인도받아 관할권을 행사하였다.

자의 불법 운송행위 등을 새롭게 포함하였다.[6]

V. 공공

1. 공공의 자유

모든 국가는 공공을 자유롭게 이용할 수 있는 공공 자유의 원칙이 적용된다. 공공(公空 international air space)은 각국의 영토와 영해 바깥쪽의 상공, 즉 EEZ·대륙붕 및 공해의 상공을 말한다. 영해에 대한 연안국의 주권은 상공을 포함하지만, EEZ와 대륙붕은 상공을 포함하지 않기 때문이다. 「UN 해양법협약」에 따라 공공에서 모든 국가의 민간 또는 국가항공기는 상공비행의 자유를 가진다. 다만, EEZ·대륙붕 상공에서 연안국의 주권적 권리에 속하는 탐사활동(제56조 및 제77조)이나 해양과학조사(제246조)를 위한 상공비행은 허용되지 않는다.

⚖ 미국 정찰기의 하이난 불시착 사건(2001)

2001.4. 중국 하이난섬 인근 상공에서 정보수집 활동 중이던 미 해군 EP-3 정찰기(승무원 24명)가 출동한 중국 공군 전투기 F-8과 공중 충돌하여, 중국 전투기는 추락하여 조종사가 사망하였으나, 미군 정찰기는 조난 구조신호를 발신한 후 중국의 허가 없이 중국 비행장에 비상 착륙하였다. 중국은 미군 정찰기가 영공을 침범했다고 주장하고 미국의 사과를 요구하였으나, 미국은 충돌 지점이 영공이 아닌 EEZ 상공(중국 하이난섬 남동 70마일)이므로 공공 비행의 자유가 있다고 주장하였다.

----

6 한편 항공운송사업자(항공사)는 승객의 사망·화물 분실이나 항공기의 연착, 화주의 화물 피해 등 항공사고에 대해 책임을 진다. 1999년 「국제항공운송에 있어서의 일부 규칙 통일에 관한 협약」(Convention for the Unification for the certain Rules for International Carriage by Air, '몬트리올협약')은 협약은 승객의 사망 또는 부상 시 일정 금액(약 10만불)을 초과하지 않는 범위에서 승객의 고의가 없는 한 항공사의 무과실 책임을 인정함으로써 승객의 권익을 보호하고 있다(2003년 발효, 한국 가입).

이에 대해 중국은 EEZ에서의 정찰비행은 「UN해양법협약」상 EEZ에서 인정되는 협약에 규정된 그 밖의 권리(제56조1항C)와 그 밖의 국제법 규칙에 따라 연안국이 채택한 법령을 준수해야 할 각국의 의무(제58조3항)를 넘어선 것이라고 주장하였다. 양국은 협상 끝에 미국이 유감을 표명하는 합의문을 발표하고, 중국은 승무원 전원을 석방하였다. 그러나 기체는 분해 조사 후 3개월이 지나 미국에 반환되었다.

2. 방공식별구역

방공식별구역(ADIZ: Air Defense Identification Zone)은 연안국이 자신의 영공 방위에 필요한 항공기의 식별·위치 확인 등 추적 및 관제를 위해 국내 법령에 기초하여 영공 바깥쪽 공공까지 일방적으로 설정한 구역을 말한다. 구역에 진입하는 모든 항공기에 대해 위치나 항로 등 비행계획을 영토국의 비행 통제센터에 사전 통보할 것을 요구함으로써 외국 항공기의 운항을 통제하려는 것이다. 고속성과 기동성을 갖춘 항공기가 자국 영공을 침범할 경우 초래될 심각한 안보 위협에 대처하려는 것이다. 민간항공기는 비행정보구역(후술)의 관제를 받기 때문에 방공식별구역의 설정으로 별 영향을 받지 않으나, 외국 군항공기는 통보 의무가 부과되어 공공 비행의 자유를 제한받게 된다.

1950년 미국이 해안으로부터의 공습을 막기 위해 처음 설정한 이래, 캐나다·영국·독일·이탈리아·노르웨이·스웨덴·멕시코·일본·한국·터키·인도·파키스탄·필리핀·베트남·오만 등 20여 개국이 설정하였으며, 중국도 2013년에 처음 설정하였다. 북한은 별도의 방공식별구역을 설정하지 않았으나, 1977년 선포한 군사수역 상공에 대해서 외국 항공기의 활동을 금지하였다. 러시아는 방공식별구역을 설정하지 않았으며, 타국의 방공식별구역도 인정하지 않는다.

방공식별구역의 설정과 관련, 자유통항이 인정되는 공해에서의 군사수역 설정이 인정되지 않듯이, 상공비행의 자유가 인정되는 공공에서 연안국이 외국 항공기를 통제하는 것은 국제법적 근거가 없다는 주장이 있다. 이에 대해 국가의 고유한 자위권에 근거한 조치로서 다수 국가가 묵인함으로써 (지역)관습법이 되었다거나 「UN해양법협약」상 EEZ 연안국의 국내법령 준수 규정(제58조3항)을 근거로 방공식별구역의 설정이 인정된다는 반론 등이 있다. 방공식별구역의 규범성이 아직 확실치 않으나, 방공식별구역의 설정이 국제법 위반이라고 주장하는 국가는 없어 관련국 간 분쟁화되고 있지는 않다. 그러나 방공식별구역으로 선포할 수 있는 공공의 범위, 중첩 상공에 대한 관할권, 위반 항공기에 대응하는 연안국 조치의 범위 등이 논란이 될 소지가 있다.

　　외국 군항공기가 통보 없이 방공식별구역에 *진입*한 경우, 연안국의 전투기가 긴급 발진하여 영공을 침범하지 않도록 식별·근접 감시·퇴거 요구 등 방어적 조치는 할 수 있겠지만, 연안국의 지시를 따르지 않았다는 이유로 무력을 사용할 수는 없다 할 것이다. 외국 군항공기의 통보를 강제하거나 미통보를 이유로 처벌할 수도 없으므로 외교적으로 항의하고 재발 방지 등을 요구하는 것이 일반적이다.

▶▶ 한·중·일 방공식별구역

한국 방공식별구역(KADIZ)은 한국전쟁 중이던 1951.3. 미태평양공군사령부가 일본·대만과 함께 설정하였다. 2007년 『군용항공기 운영 등에 관한 법률』을 제정하여 근거 규정을 마련하고, 국방부령으로 방공식별구역에 진입하기 최소 15~30분 전 통과 예정 시간·통과지점·비행고도 등을 통보할 것과 강제 퇴거·강제 착륙 또는 무력사용 등 필요한 조치를 취할 수 있다고 규정하고 있다. 2013.11. 중국이 처음으로 동중국해에 선포한 방공식별구역이 한국 및 일본의 방공식별구역과 중복되자, 2013.12. 한국과 일본은 자국 방공식별구역을 이어도 인근 상공과 센가꾸 수역까지 각각 확대하였으며, 이로 인해 한중일 3국의 방공식별구역이 중복되는 구역이 발생하였다. 한국의 새로운 방공식별구역의 남쪽 경계선은 인천 비행정보구역선과 일치한다.

제 9 장
우주와 「우주조약」

I. 의의

1. 배경

1957.10. 소련이 최초의 인공위성 Sputnik 1호 발사에 성공하자, 이에 자극받은 미국이 1958.7. 항공우주국(NASA: National Aeronautics and Space Administration)을 설립하면서 미소 간 우주 경쟁이 본격화되었다. UN 총회는 냉전체제 하 평화적인 우주활동을 촉진하기 위해 1959년 외기권의 평화적 이용에 관한 위원회(Committee on the Peaceful Uses of Outer Space, 이하 'COPUOS')를 설치하였다. COPUOS가 마련하여 UN 총회가 1963년 채택한 '우주탐사와 이용에 있어 국가 활동을 규율하는 원칙에 관한 선언'(결의 1962호)은 우주와 천체에 대한 국가의 영유 금지를 처음 규정하였다. 이후 COPUOS의 논의를 중심으로 우주법(space law)이 급속히 형성되었다.

2. 우주와 영공·공공의 경계

우주(space)는 대기권(영공과 공공) 밖 국가의 주권이 미치지 않은 상부 공역(空域)을 말한다. 우주는 달을 비롯한 천체(天體: celestial bodies)와 우주공간인 외기권(outer space)으로 이루어진다.

우주와 영공의 경계와 관련, 개도국들은 우주가 인류의 유한한 천연자원으로서 우주개발을 활성화하여 그 혜택이 모든 국가에 돌아가도록 조속히 우주의 경계를 획정해야 한다는 입장이나, 미국 등 우주 선진국은 이를 성급히 획정하면 오히려 우주활동을 위축시키고 경계에 대한 관할권 다툼으로 분쟁을 촉발하게 된다는 점을 들어 경계획정에 반대하는 입장이다. 영공·공공과 우주의 경계는 합의되어 있지 않지만, 인공위성이 타국 영공 위 우주를 통과해도 발사국은 하부 국가에 사전 통고하지 않으며 하부 국가들도 이에 항의하지 않은 점으로 보아, 각국의 실행은 자국 영공 위에 있는 우주에 대한 주권을 사실상 포기한 것으로 보인다.

II. 「우주조약」

1. 개요

UN 총회는 1966.12. 「달과 다른 천체를 포함한 외기권의 탐사와 이용에서 국가 활동을 규율하는 원칙에 관한 조약」(Treaty on Principles Governing the Activities of States in the Exploration and Use of Outer Space, including the Moon and Other Celestial Bodies: 'Outer Space Treaty', 이하 '우주조약')을 채택하였다. 우주조약은 국제 우주활동을 규율하는 기본법으로, 1967.10. 발효하였으며 미·러·중·영·불·일 및 한국 등 주요 우주활동 국가를 포함한 113개국이 비준하였다.

2. 주요 내용

가. 탐사·이용·접근의 자유(제1조)

모든 국가는 차별 없이 평등의 원칙에 따라 우주공간을 자유로이 탐사·이용·접근할 수 있다. 우주공간의 탐사와 이용은 모든 국가의 이익을 위해 수행되어야 하며, 달과 다른 천체를 포함하는 우주는 모든 인류의 활동 영역 (province of all mankind)이다(제1조).

우주는 모든 국가의 자유로운 탐사·이용·접근을 위해 개방된다. 하지만 고도의 우주과학기술과 대규모 자본이 필요한 우주탐사·이용 및 접근을 할 수 있는 국가는 한정되어 있다. 특히 우주자원 개발을 선도하는 미국은 우주는 개별 국가의 능력에 따라 탐사·이용·개발이 가능하다고 인식한다. 미국·러시아·영국·프랑스뿐만 아니라 중국·일본·독일·인도·브라질·UAE 등도 국내법을 제정하며 우주개발에 본격 참여하고 있다.

한국은 우주개발에 있어 후발 국가이지만, 2004년 「한·러 우주기술협력협정」을 체결하고, 2005.5. 『우주개발진흥법』과 『우주손해배상법』을 제정하여 우주활동에 대한 국내법적 기초를 마련하였다. 2006년 「한·러 우주기술보호협정」을 체결하고, 2013년 러시아와 공동으로 개발한 우주 발사체 나로호를 나로우주센터(전남 고흥)에서 발사하여 성공하였다. 2016.3. 「한미우주협력협정」을 체결하여, 달 탐사 등에서 양국 간 협력을 추진하게 되었다. 한국은 2013년 자국 영토에서 자국 기술로 인공위성과 우주선 발사가 가능한 우주클럽(Space club)에 11번째로 가입하였다. 2021.5. 미국과 NASA의 주도하에 달 또는 화성 탐사를 통해 우주자원의 상업적 이용을 추구하려는 유인 우주탐사 계획인 「아르테미스약정」(Artemis Accord)에 서명하였다.

나. 우주의 전유 금지(제2조)

우주는 주권을 주장하거나 이용과 점유에 의하거나 기타 어떠한 수단에 의해서도 특정 국가가 전유(專有: national appropriation)할 수 없다. 1957년 소련의 인공위성 발사나 1968.7. 미국의 최초 달 착륙 등 우주활동으로 우주에 대해 주권을 주장하는 것은 인정되지 않는다. 우주는 특정 국가가 전유할 수 없는 국제공동체 전체의 공공물 내지 국제공역이다.

우주조약 제1조와 제2조는 각국의 실행과 법적 확신으로 속성 관습국제법화된 것이라 할 수 있다.

다. 우주의 평화적 이용(제3조)

우주탐사와 이용 활동은 「UN헌장」을 비롯한 국제법에 따라 국제평화와 안전을 유지하기 위하여 그리고 국제적 협조와 이해를 증진하기 위하여 수행해야 한다(제3조). 따라서 침략 목적이나 자위권의 요건을 벗어난 우주의 군사적 이용은 허용되지 않는다. 우주탐사와 이용 활동에 관한 관할권은 원칙적으로 속인주의가 적용된다.

우주의 평화적 이용이 가장 활발한 분야는 인공위성이다. 지구궤도에서 정상적으로 활동 중인 인공위성은 4,700여 기로 추산된다. 대다수 위성이 고도 500~1,000Km와 36,000Km 부근의 정지궤도에 밀집되어 있다. 이 가운데 50% 이상이 미국의 인공위성으로 70%는 순수 군사위성이며, 나머지 30%는 군사 목적과 상업 목적의 이중 용도로 사용되고 있다. 군사위성 중 정찰 위성(reconnaissance satellite '스파이 위성')은 국가안보와 관련된 목적으로 원격탐사 기능을 이용해 지상의 물체로부터 신호나 이미지 등을 관찰하고 정보를 수집한다. 근래에는 통신·항법(navigation)·원격 탐사 등 상업적 목적의 위성이 증가하는 추세이다.[1] 인공위성의 평균 주기는 약 15년이다.

우주활동은 막대한 자금이 소요되지만 수익성이 높지 않아 각국은 정부기관(미국 NASA, 유럽 ESA 등)을 설립하여 추진하여 왔다. 우주항공 기술의 발달로 최근에는 우주여행이나 개발 등 우주를 상업적으로 활용하려는 시도가 활발하다. 국가 주도의 우주활동에서 벗어나, SpaceX, Rocket Lab 등 민간 기업의 우주활동 참여가 두드러지고 있다. Elon Musk가 추진하는 SpaceX 사업도 NASA와 공동으로 연계하여 진행되고 있다.

----
1 인공위성 중 민간 위성을 규율하는 국제기구로 국제전기통신위성기구와 국제해사위성기구가 있다. 국제전기통신위성기구(INTELSAT)는 범세계적인 상업위성 통신망을 운영하는 정부 간 기구로 사무국은 워싱턴에 있으며, 2001년 국제통신위성기구(ITSO)로 명칭을 변경하였다. 국제해사위성기구(INMARSAT)는 당초 해사 분야에서의 이동 위성통신서비스를 목표로 설립되었으나 현재는 공용 위성의 안전 및 보안 통신서비스를 감독하는 정부 간 기구로 사무국은 런던에 있으며, 1994년 국제이동위성기구(IMSO)로 명칭을 변경하였다.

라. 우주에서의 군축(제4조)

우주조약은 우주에서 일정한 군사 활동을 금지하고 있어, 군축조약의 성격도 갖는다. 우선 지구주변궤도에 핵무기 또는 그 밖의 모든 종류의 WMD를 두는 것은 금지된다. 지구주변궤도에서 핵과 WMD를 두는 것만 금지하고 있어, WMD가 아닌 재래식 무기를 두거나 지구주변궤도가 아닌 우주공간의 군사적 이용(감시 surveillance, 미사일 유도 장치, 킬러위성 anti-satellite 운용 등) 등은 가능하다고 주장할 소지가 있다. 우주공간을 단순 통과하는 대륙간탄도미사일(ICBM), 잠수함 발사 탄도미사일(SLBM), 요격미사일(ABM), 여러 개의 탄두가 각각 독립적으로 공격할 수 있는 다목표 탄두체(MIRV: Multiple Independently Re-entry Vehicle)는 제외된다. 또한 이러한 무기를 천체에 설치(install)하거나 외기권에 배치(station)하는 것도 금지된다.

달과 천체는 오직 평화적 목적으로만 이용해야 하고, 천체에서의 군사 기지·시설·요새의 설치, 모든 형태의 무기 실험, 기동훈련의 실시는 금지된다(이상 제4조). 이와 관련하여 러·중은 달과 그밖의 천체의 완전한 비군사화를 주장하나, 미국은 침략 목적이 아닌 군사적 이용은 기본적으로 가능하다는 입장이다.

우주는 각국의 안보와 직결되어 있다. 군사 강국들이 통신·지휘·감시·정찰 및 정보 활동 등을 위한 정보자산으로 인공위성에 크게 의존하면서 우주력은 이제 국방력의 기초가 되고 있다. 미국·중국·프랑스·일본 등이 우주군을 창설하는 등 우주에서의 군비경쟁이 가속되고 있어 추가적인 우주 군축의 필요성이 제기되고 있다.

군축회의(CD)

군축회의(CD: Conference on Disarmament)는 매년 우주에서의 군비경쟁 방지(PAROS: Prevention of Arms Race in Outer Space) 의제를 논의한다. 러시아 및 신흥 우주 강국인 중국은 우주에서의 군비경쟁을 방지하기 위해 우주조약을 대체하는 새로운 국제조약이 필요하다는 입장으로, 2008년 및 2014년 법적 구속력을 갖는

「외기권에서의 무기 배치 방지 조약」(PPWT: Treaty on the Prevention of the Placement of Weapons in Outer Space)(안)을 공동 제출하였다. 그러나 미국은 법적 구속력을 갖는 새로운 조약은 필요하지 않으며, 굳이 필요하다면 기존 우주조약을 개정·보완하거나 행동규범(code of action)의 수립 개정·보완하거나 행동규범(code of action)의 수립 또는 투명성 및 신뢰구축조치(TCBM: Transparency & Confidence Building Measures)를 강화해야 한다고 주장한다.

EU는 양측의 입장을 절충하여 2012년 투명성 및 신뢰구축을 위한 점진적이고 포괄적인 방식으로 우주활동의 국제행동규범(ICoC: International Code of Conduct for Outer Space Activities)(안)을 제안하였으나, 우주 관련 국제규범 수립을 위한 논의는 별다른 진전을 이루지 못하고 있다. 이와 관련 2020년 UN 총회는 '책임 있는 행동의 규범·규칙·원칙을 통한 우주 위협 감소' 결의를 채택하였으며, 이에 따라 우주 안보 워킹그룹이 구성되어 활동 중이다.

마. 우주비행사(제5조)

외기권이나 천체에서 활동하는 우주비행사(astronauts)는 외기권에서 '인류의 사절'로서, 당사국은 가능한 모든 원조를 상호 제공한다.

「우주비행사의 구조, 우주비행사의 귀환 및 우주물체의 반환에 관한 협정」은 우주조약 제5조를 상세 규정하고 있다. 1968.4. 채택되어 1968.12. 발효하였다(한국 비준). 체약국은 우주비행사의 구조를 위하여 즉시 가능한 모든 조치를 취하고, 이러한 조치를 등록국과 UN 사무총장에게 통보하며(제2조), 구조된 우주비행사들은 안전하고 신속하게 발사국으로 송환한다(제3조).

바. 우주물체(제8조)

우주물체(space objects)는 우주선, 우주선의 발사 장비, 우주기지(space station)와 이러한 물체들의 구성 부문을 말한다. 우주선은 인공위성, 우주탐사선(space probe), 우주왕복선(space shuttle) 등을 말한다. 1990년대 동구권 몰락 후 미·러 간의 우주협력이 추진되어, 국제우주기지(ISS: International Space Station)

가 건설되었다. 미·러·영·프·독·일본·캐나다 등 16개국이 참여하여, 약 400km 상공에 건설한 우주기지로 「국제우주기지협정」에 의해 관할권을 규정하고 있다. ISS 참여가 거부되어 온 중국은 자체적인 우주기지 건설을 추진 중이다.

우주물체의 등록국은 우주공간이나 천체에 설치한 우주물체와 그 속의 우주비행사가 외기권에 있는 동안, 그에 대한 관할권과 통제권(control)을 갖는다. 따라서 등록국은 우주공간에 설치한 자국의 인공위성이나 우주기지뿐만 아니라, 달·화성 등 천체에 설치한 우주물체에 대해서도 관할권과 통제권을 주장할 수 있다. 등록국은 우주물체가 외기권이나 천체에 있든 지구에 있든 소유권을 갖는다. 타국 영역에 떨어진 우주물체는 등록국에 반환한다.

우주조약 제8조를 상세 규정한 「우주물체등록협약」이 1975.1. 채택되어 1976.9. 발효하였다(한국 비준). 발사국은 우주물체를 자국의 등록부에 등록하고 UN 사무총장에게 우주물체의 정보를 제공하며, UN 사무국의 등록부에 기록한다. 「구조협정」(Rescue Agreement)은 우주조약 제5조 및 제8조를 구체화한 협정으로 1968.12. 발효하였다(한국 비준). 협정은 우주물체의 조난이나 비상착륙시 관련 사실의 통보, 우주비행사의 구조 및 우주비행사와 우주물체의 발사국으로의 인도를 의무화하고 있다.

사. 협력과 상호지원의 원칙(제9조)

당사국은 협력과 상호지원의 원칙(principle of cooperation and mutual assistance)하에 우주활동을 수행한다.

당사국은 우주에 해로운 오염을 피하고 외계 물질의 반입으로 인해 지구환경에 나쁜 변화가 일어나지 않도록 활동하고, 필요한 경우 적절한 조치를 취한다. 당사국은 우주활동이 타국의 우주활동에 잠재적으로 해로운 방해를 초래할 수 있으면, 서로 협의한다.

아. 우주활동에 대한 국제책임

당사국은 정부기관 뿐만 아니라 비정부 실체, 즉 사기업에 의해 수행되는 국가의 우주활동에 대해서도 국제책임을 진다. 당사국은 비정부 실체에 의해 수행되는 우주활동을 인증하고 지속해서 감독해야 한다(이상 제6조). 사인의 활동에 대해서 국가가 책임을 지지 않는 일반국제법 원칙의 예외라 할 수 있다.

발사국(launching state)은 지상·대기권 또는 달과 천체를 포함한 외기권에서 발사체나 그 부품에 의해 다른 당사국이나 그 자연인 또는 법인에 입힌 손해에 대해 국제책임을 진다(제7조).

우주조약 제6조 및 제7조를 상세 규정한 1972년 「우주물체에 의하여 발생한 손해에 대한 국제책임에 관한 협약」(이하 '배상협약')이 1972.9. 발효하였다(한국 비준). 주요 내용은 다음과 같다.

- 책임 주체인 발사국은 우주물체를 직접 발사하거나 우주물체의 발사를 조달한 국가, 우주물체가 발사된 지역·시설의 소속국을 말한다(제1조c).
- 우주물체가 지구 표면에 또는 비행 중인 항공기에 손해를 입히면, 발사국은 과실 여부와 관계없이 **절대책임**(absolute liability) 또는 무과실책임을 진다(제2조). 고도의 위험성을 수반하는 우주활동에 있어 발사국에 무과실책임을 인정하되, 발사국이 이러한 손해가 피해국의 중대한 과실이나 피해국이나 그 국민의 고의적인 작위 또는 부작위에 의하여 발생한 것을 증명하면 절대책임이 면제된다(제6조1항). 1978년 소형 원자로를 탑재한 소련의 Cosmos 954 위성이 캐나다에 추락하여 방사성 물질이 살포되는 사고가 발생하자, 캐나다는 위성 잔해 수색과 방사능 제거작업을 실시하고 배상협약상 규정된 절대책임에 따른 배상을 요구하였다. 양국 간 협상 끝에 소련은 호의적으로(*ex gratia*) 300만 캐나다 달러를 지급하였다.
- 우주물체가 지구 표면 이외의 장소, 즉 우주에서 타국의 물체나 그 속의 사람이나 재산에 손해를 입혔을 때는 발사국의 과실이 있는 경우에만 책임진다(제3조).
- 2개 또는 그 이상의 국가가 공동으로 우주물체를 발사한 때에는 그들은 발생한 손해에 대하여 공동으로 그리고 개별적으로 책임을 진다(제5

조1항).

- 우주활동으로 입은 손해에 대한 청구국의 배상 청구는 국내 구제수단의 완료 원칙을 적용하지 않는다(제11조).
- 협약상 국가의 우주활동에 대한 책임은 국제기구에도 적용된다. 국제기구가 손해에 대한 책임을 지는 경우, 국제기구와 회원국은 공동으로 그리고 개별적으로 책임을 진다(제22조).

III. 「달조약」

1979년 「달과 그 밖의 천체에서의 국가의 활동에 관한 협정」(Agreement Governing the Activities of States on the Moon and Other Celestial Bodies: 'Moon Treaty', 이하 '달조약')이 채택되어 1984년 발효하였다. 달조약은 제3세계 국가들의 주도로 우주조약 상 달의 지위를 보완하여 달과 그 천연자원의 개발과 이용을 위한 국제관리 체제를 도입하였다. 그러나 이에 부정적인 미·러 등 주요 우주 활동국이 불참하고 있어 당사국은 18개국에 불과하며 한국도 가입하지 않았다.

조약은 달을 비롯한 태양계 내 천체에 적용된다(제1조). 달의 개발과 이용을 포함하는 달에서의 활동은 「UN헌장」과 1970년 총회가 채택한 우호관계원칙선언을 고려하여 국제법의 원칙에 따라 수행한다(제2조). 달과 그 밖의 천체를 오로지 평화적 목적으로만 사용하며, 핵무기나 WMD를 탑재한 물체를 달과 달 궤도에 배치하지 않아야 한다(제3조).

달과 그 천연자원은 **인류의 공동유산**(common heritage of mankind)으로, 천연자원의 개발을 실현할 수 있게 될 때 그 개발을 규제하기 위한 국제제도를 수립한다(제11조). 달조약은 인류의 공동유산 개념을 최초로 명시하였지만, 이는 추상적이고 모호한 정치적 개념으로 법 원칙으로 확립되었다고 보기는 어렵다고 할 것이다. 달과 그 밖의 천체(소행성 포함)에는 백금·아연·니켈·코발트·티타늄·희토류 등 광물자원, 핵융합 에너지 자원인 헬륨3 등 우주 천연자원이 풍부하다.

IV. 외기권의 평화적 이용에 관한 위원회

1. 개요

COPUOS는 1959년 UN 총회결의 1472호에 따라 설치된 총회 보조기관으로서, 우주활동을 수행하는 92개국(한국 포함)으로 구성되어 있다.

우주활동과 관련한 법적 문제를 다루는 유일한 기구로서, 우주 기술과 우주 연구에 있어 기술적·정치적 측면을 검토하는 '과학기술소위원회'와 우주활동의 발전에 대응하는 법적 틀을 다루는 '법률소위원회'를 중심으로 활동한다. 위원회는 투표 없이 총의에 의해 결정하며, 총회에 권고와 제안을 한다. 비엔나에 소재한 UN 우주국(UNOOSA: UN Office for Outer Space Affairs)은 회원국에 우주 관련 기술 서비스와 정보를 제공하며, COPUOS 사무국 역할을 수행한다.

COPUOS는 우주와 관련된 상기 5개 조약과 다수의 우주 관련 원칙을 채택하였다.

2. 주요 이슈

가. 지구정지궤도

지구정지궤도(geostationary orbit)는 적도 상공 35,786km의 원형 궤도로 인공위성이 별도의 동력이 없어도 지구 자전 속도와 같이 회전하므로 지구에서 보면 항상 같은 위치에 정지한 듯 보인다. 지상 안테나를 조정하지 않고 상시 접촉할 수 있으며, 위성 하나가 지구 전체 면적의 1/3을 커버할 수 있어 3개의 지구정지궤도 위성으로 전 지구를 커버할 수 있다. 500~1,000km 상공의 저궤도 위성보다 고도가 높아 발사 비용이 많이 들지만, 위성방송·통신·기상관측·원격탐사 등에 널리 사용되어 전체 위성의 약 40%를 차지한다.

1976년 인도네시아·브라질·케냐 등 8개 적도 국가는 지구정지궤도는 천연자원으로서 하부 국가에 속하므로 위성 발사를 위해서는 적도 국가의 허가를 받아야 한다고 선언하였다('Bogota선언'). 이에 대해 우주활동국들은 지구정지궤도는 우주의 불가분의 일체를 구성하는 것으로 위성이 우주를 비행하는 통로이지 천연자원이 아니므로 이들 국가가 전속적으로 관할할 수 없다고 반박하고, 우주조약 제1조 및 제2조에 따른 지구정지궤도 이용의 자유를 주장하였다. 이후 보고타선언은 사실상 사문화되었다.

경제적 이용 가치가 높은 지구정지위성에 대한 각국의 수요가 계속 증가하여, 지구정지궤도는 포화상태에 이르고 있다. 이로 인해 지구정지궤도 위성 간의 충돌 문제와 지상기지와의 교신 중 전파 간섭 문제를 해결해야 하는 상황이다. 국제전기통신연합(ITU)은 1865년 제네바에 설립된 정부 간 기구로, 주파수 배정·통신 표준화 등 전기 통신의 개선과 합리적 이용을 목표로 위성의 위치를 지정하고 주파수를 할당한다. 국제전기통신연합이 선착순 원칙에 따라 위성의 위치와 주파수를 배정하고 있으나, 개도국들은 이를 대신할 형평한 이용 원칙의 수립을 요구한다.

나. 위성직접방송

위성직접방송(satellite direct television broadcasting)은 지상에서 송신한 TV 방송을 지구정지궤도의 직접방송위성(BBS: direct broadcasting satellite)이 수신하여 증폭한 후 지상에 재송신하는 방송을 말한다.

위성직접방송을 통한 전파월경(spillover)으로 반정부활동 지원이나 선전, 이질적인 외래문화의 유입을 우려하는 제3세계 국가들은 주권 평등 및 국내문제 불간섭의 원칙에 따라 영토국에 대한 사전 통고나 동의가 없는 위성직접방송은 허용될 수 없다는 입장이나, 선진국들은 인권, 특히 정보의 자유라는 관점에서 이에 반대한다.

1982년 UN 총회는 '국제 직접TV 방송을 위한 국가들의 인공위성 이용을 규율하는 원칙' 결의를 투표로 채택하였다. 원칙은 위성직접방송을 개시하려는 국가는 수신 대상 국가에 그러한 의사를 통보하고, 이들 국가의 요청이 있는 경우 협의를 거쳐 방송하도록 규정하였다.

다. 지구원격탐사

지구원격탐사(remote sensing of the Earth)는 인공위성에 탑재한 감지기를 통해 지상을 탐지·분석하는 행위로 군사첩보 수집, 해양조사, 기상 관측, 농작물 작황 조사, 어족 등 부존자원 탐사 등에 널리 사용된다.

개도국들은 인공위성에 의한 원격 자원탐사 활동에 대해서도 하부 국가의 사전 허가 또는 탐사 결과에 대한 접근권을 요구하나, 우주탐사의 자유를 내세우는 선진국들은 원격탐사 실시에 대한 허가나 그로부터 얻은 정보의 자유로운 이용을 규제하는 데 반대한다.

선·후진국들의 타협으로 1986년 UN 총회는 '외기권으로부터 지구의 원격탐사에 관한 원칙'을 만장일치로 채택하였다. 원칙에 따르면, 원격탐사는 피탐사국의 합법적 권리와 이익을 침해하지 말아야 하며, 피탐사국이 합리적 비용을 지급하면 탐사자료에 대한 접근을 허용하고, 피탐사국의 요청이 있는 경우 탐사국은 원격탐사의 실시에 관해 협의하도록 하였다. 그러나 피탐사국이 요구하는 사전 동의는 반영되지 않았다.

라. 우주 환경보호

(i) 우주 잔해 처리

우주 잔해 또는 우주 폐기물(space debris)은 수명이 다했거나 고장으로 기능을 상실한 인공위성, 우주물체의 폭발 또는 충돌로 인한 파편, 우주 발사체의 일부 등을 말한다. 우주 잔해는 지상 500Km 이상에서는 지구 중력이 현저히 약해지기 때문에 지구로 떨어지지 않고 우주공간에 대량으로 산재하며 매우 빠른 속도로 떠다니므로 우주활동에 심각한 위험을 초래한다. 또한 우주 잔해가 대기권에 진입하여 낙하하면 지상에 피해를 줄 수도 있다. 우주 선진국들은 정상적으로 기능하지 못하는 위성을 킬러위성이나 위성요격 미사일(anti-satellite missile) 또는 레이저 등 군사기술을 이용해 파괴하기도 한다.

우주조약은 우주에 해로운 오염 활동을 금지하고 있다(제9조). 2007년

COPUOS는 '우주 잔해 경감 가이드라인'을 채택하여, 정상 작동 중에 발생하는 우주 잔해를 최소화하거나, 우발적인 위성 충돌 방지를 위한 궤도 수정, 요격미사일 등에 의한 의도적인 파괴행위 제한,[2] 위성의 수명 종료 시 궤도로부터 제거 등 우주 잔해를 줄이는 조치를 규정하였다. 그러나 주요 우주활동국들은 가이드라인은 법적 구속력이 없으며 자율적으로 준수해야 한다는 입장이다.

(ii) 핵 동력원 사용 규제

우주에서 장기간 활동해야 하는 대다수 위성은 핵을 동력원으로 사용하고 있다. 핵 동력원의 폭발이나 이에 따른 방사성 물질 누출 사고 등에 대비하기 위해, UN 총회는 1992년 '우주에서의 핵 동력 사용에 관한 원칙' 결의를 채택하여, 핵 동력 사용 위성 사고의 사전 예방 및 사후 배상원칙 등을 규율하고 있다.

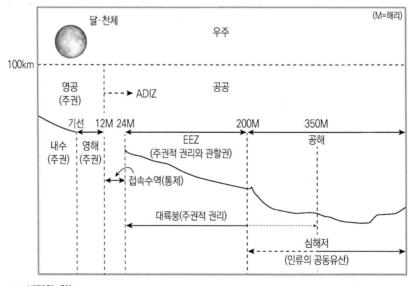

▶▶▶ 바다와 하늘

----
2 우주 강국들은 정상적으로 기능하지 못하는 위성을 킬러위성이나 위성요격 미사일(anti-satellite missile) 또는 레이저 등 군사기술을 이용해 파괴하기도 한다.

V. 관련 문제: 사이버공간

1. 사이버공간

사이버공간(cyberspace)은 인터넷 및 컴퓨터 연계망과 개인 휴대전화로 만들어진 가상의 공간으로, 컴퓨터 연계망에 의해 정보가 저장되고 공유되며 유·무선으로 통신하는 모든 영역을 말한다.

자연 공간인 육지 → 해양(심해저) → 하늘 → 우주로 팽창되어 온 인간의 활동 공간이 과학기술의 발달과 더불어 인간이 인위적으로 만들어 낸 사이버 공간으로 확장되었으며, 이제 사이버공간은 21세기 인류에게 필수적인 생활공간이 되었다. 사이버공간은 언제든지 어디서나 누구나 관계없이 광속으로 정보를 선택하고 송수신할 수 있으며, 국경의 한계가 없다는 특징이 있다.

2. 사이버 거버넌스

새롭게 출현한 사이버공간을 어떻게 관리해야 할 것인가 하는 사이버 거버넌스(cyber governance)와 관련하여 접근방식에 근본적인 차이가 있다.

러시아·중국은 사이버공간을 규율하는 국제규범이 없어 사이버 공격과 범죄가 성행하고 각국은 사이버 군비를 강화하므로, 이를 막기 위해서는 국제기구를 통한 인터넷 감시가 필요하며, 이를 위해 조약 형식의 새로운 국제규범이 필요하다는 입장이다. 또한 사이버공간에는 국경이 없지만 본질적으로 국가주권이 미치는 통제 가능한 국가영역으로 보고, 체제를 위협하는 정보안보(IS: Information Security)를 지키기 위한 국가의 개입과 통제는 정당하다고 본다. 따라서 일부 국가들은 내·외부로부터의 사이버 공격을 차단하기 위해 은밀하게 사이버상 정보를 분류하고 차단하여 표현의 자유를 제약하거나, 사이버 안보를 구실로 표현의 자유에 보장된 익명성을 제한한다. 또한 사기업 소유의 기간산업을 사이버 공격으로부터 보호한다는 명분으로 기업 활동의 자유도 제한한다.

이에 반해 미국·EU 등 인터넷 시장을 선도하는 서방 국가들은 국제공역
으로서 사이버공간의 자유로운 사용을 통제하는 새로운 조약의 체결보다는 현
존 국제법이 사이버공간에서도 적용되어야 하며, 이를 위해서는 투명성 제고,
신뢰구축 및 위험감소 조치 등 국제협력을 강화함으로써 안전한 사이버공간을
확보해야 한다는 입장이다. 또한 개별 국가가 무차별적인 인터넷 검열 권한을
가지고 안보를 이유로 민간에 대한 규제를 강화함으로써 정보의 자유로운 이
동과 표현의 자유 등 기본권이 침해되는 것을 우려하며, 정보통신기술이 범죄
목적에 사용되지 않도록 사이버 범죄에 대한 각국 형법의 집행력과 처벌을 제
고해야 한다는 입장이다.

사이버공간의 법적 지위가 국가영역화할 것인지 아니면 국제공역화할 것
인지는 각국의 실행과 향후 국제사회의 논의 경과를 지켜보아야 할 것이다.

3. 국제사이버법

사이버공간의 법적 지위가 아직 불투명한 가운데 이를 규율하기 위한 국
제사이버법(International Cyber Law)에 대한 논의가 활발히 이루어지고 있다. 국
제사회는 사이버공간에 대해 새로운 국제법 체계를 창설하는 것이 시간이 걸
리므로 우선 기존 국제법을 적용함으로써 사이버공간을 규율하려고 시도하고
있다. 국제사이버법은 현재 있는 실정법(*lex lata*)이 아니라 현재 형성 중인 있
어야 할 법(*lex ferenda*)이다.

국제사이버법은 사이버 범죄에 대한 국가 관할권 행사와 국제형사사법공
조, 사이버 공격과 이에 대한 국제인도법 적용 및 국가책임, 인권 문제인 디지
털 프라이버시 보호와 디지털 무역 등을 중심으로 논의되고 있다.

가. 사이버 범죄와 국제형사사법공조

사이버 범죄(cyber crime)는 컴퓨터·인터넷·통신을 이용한 사기·협박·불
법 복제·불법 사이트 운용 등의 범죄를 말한다. 범죄 발생지와 범죄자를 확정

하기 어려운 사이버 범죄에 대해서는 속지주의나 속인주의 등 국가의 역외관할권 행사 원칙을 적용하기 어렵다.

2001.11. 유럽평의회가3 채택한 「사이버범죄협약」(Convention on Cybercrime, '부다페스트협약')은 2004.7. 발효되었다(한국 미가입). 협약은 인터넷과 컴퓨터 네트워크 범죄와 관련하여 개인에 의한 사이버 범죄의 처벌과 예방을 위한 국제 형사사법공조를 규정한 최초의 국제협약으로, 국제 수사에 공조할 의무, 사이버 범죄에 사용되었다는 혐의를 받는 서버의 확보 및 보관 의무, 인터넷 서비스 제공자의 의무 등을 규율하고 있다. 한편 UN에서는 2019년 러시아의 제안으로 부다페스트협약을 대체하는 포괄적인 사이버 범죄 조약(안)을 작성하는 총회결의가 채택되었으며, 특별 위원회가 설치되어 조약 초안을 논의 중이다.

나. 사이버 공격

(ⅰ) 의의

정보통신기술(ICTs: Information and Communication Technologies) 시대 사이버공간에서는 개인뿐만 아니라 국가 또는 국가가 후원하는 비국가 행위자에 의한 사이버 활동(cyber operation)이 활발히 진행되고 있다.

이 중 사이버 공격은 사이버 테러, 사이버전(cyber warfare) 등 컴퓨터 네트워크상 다양한 형태의 적대적 조작 행위와 사이버 스파이·심리전 활동을 망라하는 광의의 개념이다. 사이버 공격의 한 형태인 사이버 테러는 사이버상에서 정치적인 목적으로 불특정 다수에게 공포심을 조장하기 위해 의도된 행위로, 국가정보 시스템을 파괴하거나 무력화시켜 국가기능을 마비시키고 사회적 혼란을 일으키는 행위를 말한다. 사이버 공격은 전투기나 미사일 등 재래식 무기에 비해 저렴하고 기만적인 공격으로, 비전통적 안보 위협이다. 국경이 존재하지 않는 초국경성, 공격의 광속성(光速性), 소수 인원에 의해서도 치명적인

----
3 유럽평의회(Council of Europe)는 유럽 내 민주주의 및 인권 증진, 자유 및 법의 지배 강화, 유럽 통합 성취를 목적으로 1949년 설립된 정부 간 국제기구이다. 현 회원국은 47개국이며, 프랑스 스트라스부르그에 본부가 있다.

공격이 가능한 비대칭성, 행위자가 노출되지 않는 익명성을 특징으로 한다.

좁은 의미의 사이버 공격은 타국의 컴퓨터 네트워크에 침투하여 네트워크가 통제하는 대상에 데이터를 변경하여 네트워크에 피해를 주거나 붕괴시키는 행위를 말한다. 인터넷으로 연결된 컴퓨터 시스템에 의존하는 정부·의회·언론, 자본·주식·신용 거래, 발전소·가스·화학·정유 등 에너지 설비, 철도·항공관제 등 수송 체계, 상수도 등 각국의 핵심 기간 시스템이 사이버 공격을 받아 일순간에 기능이 마비되는 경우 국가적 대혼란을 일으킬 수 있다. 2007.4. 에스토니아, 2008.7. 조지아는 악의적인 사이버 공격으로 국가정보 시스템이 마비되었으며, 2010년 이란 핵시설에 대한 Stuxnet 공격이 확인된 바도 있다.

(ii) 사이버 안보

사이버 공격에 대응하는 개념인 사이버 안보는 사이버공간에 저장된 정보와 자료, 사이버공간을 보호하는 사이버 환경과 이를 지원하는 핵심사회기반시설(CSI: Critical Social Infrastructures)이 외부 위협으로부터 노출·훼손·왜곡되지 않도록 안전하게 보호·방어하는 것을 말한다.

외부의 사이버 공격에 대비하여, 각국은 국가 사이버 전략을 채택하고 사이버 군대를 창설하였다. 각국은 군사적 측면에서 사이버 무기에 대한 투자 및 개발을 진행하는 등 적극적인 사이버 방어 또는 보복 체계를 수립함으로써 사이버 억지력을 강화하고 있다. 미국과 유럽 국가들은 거의 모든 사회기반시설이 컴퓨터화되어 있으나 이들 대부분이 사기업에 의해 운영되고 있어 사이버 공격에 취약하지만, 국가가 사이버공간을 통제하고 있는 중국·러시아 등은 외부로부터의 사이버 공격 방어 구축에 유리하다.

(iii) 사이버 공격과 국제인도법

사이버 공격에 대해 국제인도법을 적용하기 위해서는 재래식 무력충돌 상황과는 판이한 사이버 공격 양상을 반영할 필요가 있다. 사이버상에는 물리적 국경이 존재하지 않으며, 타국 영토 내에서도 공격 개시가 가능하다. 이에 따라, 사이버 공격이 「UN헌장」 제2조4항에 의해 금지된 무력사용에 해당하는지,

제51조에 따른 자위권 행사의 대상인 무력공격에 해당하는지가 논란이다. 또한 전시와 평시의 구분이 애매하며, 여러 나라의 컴퓨터와 서버가 연결되어 교전국과 중립국의 구별이 무의미하고, 교전자를 확인하기 어려우며, 공격 대상으로서 군사목표물과 민간물자의 구분이 어려워 국제인도법의 여러 원칙(중립의 원칙, 군사적 필요 원칙, 구별의 원칙, 비례의 원칙 등)의 적용 여부와 범위 등도 쟁점이 되고 있다.

2013년 사이버전에 적용할 수 있는 국제법에 관한 **탈린 매뉴얼**(Tallinn Manual on the International Law Applicable to Cyber Warfare)이 출간되었다. 미국의 M. Schmitt 교수 등 25명의 서방 국제법 전문가그룹이, 미·영·독 및 캐나다 등 서방 국가들의 무력사용에 관한 군사 매뉴얼을 참조하여 작성하였다. 2017년 탈린 매뉴얼 2.0(개정)이 발간되었다. 매뉴얼은 헌장 제51조에 따른 자위권 행사, 전쟁 개시에 관한 법(*jus ad bellum*)과 교전규칙(*jus in bello*)의 적용 가능성 등 사이버공간에서의 무력충돌법의 적용 가능성을 확인하였다. 매뉴얼은 사이버공간에서의 무력충돌에 관한 국제규범이 아직 존재하지 않은 상황에서 서방 국가의 국가실행을 확인하여 국제법적 정당성을 확보하려 함으로써 서구에 편향되었다는 비판을 받는다.

(iv) 사이버 공격과 국가책임

사이버 공격을 직접 감행한 가해국이 확인된 경우, 그에 따른 국가책임을 추궁할 수 있다. 그러나 사이버 공격에 사용된 컴퓨터나 서버가 가해국이 아닌 제3국 또는 피해국 내에 위치하거나, 공격자는 자신을 은닉하거나 대리인을 내세워 위장하므로, 가해국을 확인하여 국가책임을 귀속시키기가 결코 쉽지 않다.

사이버 공격의 경유국이 사후에 이를 알았거나 피해국으로부터 통보받은 후에도 적절한 조치를 취하지 않았다면, 경유국에 대한 국가책임 추궁도 가능하다 할 것이다. 국가는 자국 영토에서 사인의 불법행위로 인해 타국에 심각한 피해를 주지 않도록 상당한 주의(due diligence)를 기울여 예방해야 하며, 사인에 의해 불법행위가 발생하면 추가적으로 발생하지 않도록 사후 조치를 취할 일반국제법상 의무가 있기 때문이다.

다. 디지털 프라이버시와 개인정보의 디지털 무역

국가는 디지털 감시 과정 중 자의적·불법적으로 개인의 사생활·가족·주택·통신 관련 정보를 침해해서는 안 된다. 모든 행태의 통신 데이터 수집 및 보유는 해당 정보의 사용 여부와 상관없이 프라이버시 침해로 간주된다. 프라이버시에 대한 간섭이 이루어지더라도 이는 필요한 상황에서 불가피하게 행해져야 하며, 간섭을 통해 이루고자 하는 목적에 비례하는 합리적 수준이어야 한다.

홍채·지문·걸음걸이 등 생체 데이터와 차량 운행 데이터 등 개인정보를 포함하는 데이터의 확보는 인공지능(AI: Artificial Intelligence)의 성능 개발에 있어 필수적이다. 디지털 무역(digital trade)의 관점에서 상업적 가치가 있는 개인정보를 수집·분석·가공한 데이터는 교역 대상이지만, 디지털 프라이버시 관점에서 개인정보는 보호 대상이다. 개인정보의 국경 간 이동과 관련, 중국·러시아는 정보안보를 이유로 데이터의 현지화를 요구하며, EU와 호주·인도 등도 개인정보의 보호를 이유로 자국 내에서 발생한 데이터는 자국 내에 저장하도록 하는 국내 법령을 제정하여 데이터의 국외 반출을 제한하고 있다. 하지만 미국은 이러한 제한이 디지털 무역의 활성화를 저해한다고 보고, 각국에 대해 미국 정보통신기업(구글·애플·MS·아마존·메타·트위터 등)에 대한 데이터 시장의 개방을 요구한다.

제4편
다자조약

제10장
무력사용 금지와 「UN헌장」

I. 국가 간 무력의 위협 또는 사용 금지 의무

1. 무력사용 제한의 역사

전쟁은 국가 간 무력에 의한 충돌을 말한다. 전쟁을 규율하려는 노력이 국제법의 출발점이라고 말할 수 있다. 중세에는 기독교 신학에 근거하여 국가는 신의 뜻에 합치된 범위 내에서 정당한 사유가 있는 경우에만 전쟁에 호소할 수 있는 권리를 가진다는 **정전론**(正戰論: just war theory)이 지배하였다. 이에 따라 무력사용이 허용되는 정당한 사유를 찾아, 전쟁을 정당한 전쟁과 정당하지 않은 전쟁으로 구분하는 '전쟁 개시에 관한 법'(*jus ad bellum*)이 주를 이루었다. 그로티우스는 '전쟁과 평화의 법'(1625)에서 정당방위, 침해된 권리의 회복, 불법행위에 대한 처벌을 정당한 전쟁의 사유로 보았다.

17세기 세속적인 근대 주권국가 체제로 들어서자 전쟁의 정당성을 판정하던 교황의 종교 권력이 쇠퇴하면서 정전론도 쇠퇴하였다. 19세기 세력균형 체제로 들어서며 교전 당사국의 개전권(開戰權)을 동등하게 인정하는 **무차별 전쟁관**이 대두하였다. 무차별 전쟁관은 전쟁 목적의 정당성을 따지지 않고 국가가 자신의 판단에 따라 제한 없이 전쟁을 개시할 수 있는 개전권을 인정되었다. 독일의 군사 전략가인 Carl von Clausewitz는 1832년 '전쟁론'(On War)에서 '전쟁은 다른 수단에 의한 정치의 연장', 즉 전쟁을 국가정책 수단의 하나로 간주하고, 적의 완전한 파괴를 위해 제한 없는 무력사용을 주장하였다. 국가가 언제든지 정당방위나 무력복구 그리고 채무 회수나 인도적 개입 등을 명분으로 무력을 사용할 수 있게 된 것이다. 국가의 권리로서 개전권이 인정되자, 일단 발생한 전쟁의 수행 방식을 규제함으로써 그로 인한 피해와 고통을 줄여보려는 움직임이 나타났다. 국제법이 전쟁 목적의 정당성보다는 전쟁행위의 정당성을 추구하면서 국제법은 전쟁 개시 절차나 전투 수단과 방법 등 '전쟁 과정 중의 법'(*jus in bello*), 즉 교전법규가 중심이 되었다.

무차별 전쟁관에 의해 사실상 모든 전쟁이 합법화되어 전쟁이 빈번해지자, 근대에 들어 이를 제한하려는 움직임이 나타났다. 아르헨티나 외무장관 Luis Drago는 1902년 서구열강이 계약상 채권 회수를 위해 중남미국가에 대해 병력을 사용하지 말 것을 주장하였다('드라고주의'). 1907년 헤이그 만국평화회의에서 「계약 채무의 회수를 위한 병력 사용의 제한에 관한 제2차 헤이그협약」('Drago-Porter협약')이 채택되었다. Horace Porter는 제2차 헤이그 만국평화회의의 미국 대표였다. 협약은 채권국이 중재재판 전에 계약상 채무 회수를 위해 무력을 사용하는 것을 제한한 최초의 조약이었다. 하지만 국가 간 힘에 의한 세력균형 원칙이 지배하던 제1차 대전 전까지 그 밖의 전쟁은 여전히 합법적인 것이었다.

제1차 대전 후 설립된 국제연맹은 전쟁을 통제하려고 하였다. 「국제연맹규약」상 회원국은 국교단절의 우려가 있는 분쟁을 중재나 사법적 해결 또는 이사회의 심사에 회부하고 그 결과가 나온 후 3개월까지는 전쟁에 호소하지 않도록 의무를 부과하여 국가의 개전권을 제한하였다(제12조). 규약은 전쟁을 부분적으로 금지하였지만, 사실상의 전쟁과 무력복구 등을 이유로 하는 전쟁을 막지 못하고, 국제연맹은 불법적인 침략국을 효과적으로 제재하는 수단도 갖지 못하였다.

1928년 체결된 「전쟁 포기에 관한 조약」(General Treaty for the Renunciation of War: 일명 **부전조약**(不戰條約) 또는 파리조약(Pact of Paris))이 채택되었다. 프랑스 외상 Briand이 제안하고 미 국무장관 Kellogg가 수용하여, 미국·프랑스·영국·독일·이탈리아·일본 등 15개국 간에 체결되어 1929년 발효하였다. 조약은 체약국 상호관계에서 국가정책 수단으로서 전쟁을 포기하고(제1조), 모든 분쟁을 평화적 수단에 의해 해결할 것을 규정하였다(제2조). 조약은 전쟁 자체의 불법성을 처음으로 인정하고 제한하였으나, 위반국에 대한 제재 등 조약 이행을 담보할 수단이 없어 실효를 거두지 못하였다. 조약이 전쟁을 불법화하자, 개전 선언이나 최후통첩 등 합법적인 전쟁 개시 절차를 밟지 않고 무력을 사용하는 '사실상의 전쟁'이 나타나기 시작하였다. 한편 무력복구(armed or military reprisal)는 일국이 타국의 위법행위에 대해 손해배상 등을 받기 위해 위법행위에 상응하는 범위 내에서 전쟁 의사 없이 무력을 사용하는 조치로, UN 창설 이전까지 관습법상 허용되었다. 무력사용을 제한하려는 인류의 노력에도 불구, 제2차 세계대전의 발화는 피할 수 없었다.

2. 무력의 위협 또는 사용의 금지

무력사용은 제2차 대전이 끝난 후 「UN헌장」에 의해 전면 금지되었다. 회원국은 공동의 이익을 위한 경우를 제외하고는 무력을 사용하지 않을 것을 결의하고(전문), 다른 국가의 영토보전(territorial integrity)이나 정치적 독립(political independence)에 반하거나 UN의 목적과 양립하지 않는 어떠한 방식으로든 무력의 위협이나 사용을 금지하였다(제2조4항). UN의 목적은 국제평화와 안전의 유지, 국가 간 우호관계의 발전, 인권 및 기본적 자유를 존중하는 국제협력의 실천이므로(제1조), 이에 반하는 모든 무력의 위협이나 사용은 불법이다. UN 총회는 1970년 우호관계원칙선언을 채택하여 이를 확인하였다. 1974년 침략의 정의(Definition of Aggression)에 관한 결의도 침략을 국제관계에서 국가가 헌장 제2조4항을 위배하여 무력을 먼저 사용하는 것으로 정의하고, 침략을 불법적인 무력사용 중에서 가장 심각하고 위험한 형태로 규정하여, 무력을 사용하지 않을 국가들의 의무를 재확인하였다. ILC는 「조약법에 관한 비엔나 협약」 해설서에서 「UN헌장」에 위배된 무력사용금지를 강행규범의 예로 들고 있다. 헌장이 무력사용을 전면적으로 금지한 것은 인류 역사상 중대한 규범적 성취이다.

무력사용금지의 원칙(principle of non-use of force)은 국제법의 가장 근본적인 원칙으로서, 관습국제법으로 수락되어 국제사회에서 힘의 지배가 아닌 법의 지배(international rule of law)를 강화하게 되었다.

전쟁을 금지한 「부전조약」이나 「국제연맹규약」과 달리, 헌장은 전쟁이란 용어를 사용하지 않고 무력의 위협 또는 사용을 금지하고 있다. 이는 전통 국제법상 선전포고로 전의(戰意)를 표시한 합법적인 전쟁뿐만 아니라 개전 선언이 없는 사실상의 전쟁, 무력복구나 무력 개입 등 전쟁에 이르지 않은 무력사용도 포함하여 모든 무력사용을 포괄적으로 금지한 것이다. 무력은 군사력(armed force)을 의미하는 것으로, 정치적·경제적 힘이나 압력의 사용은 포함되지 않는다. 핵무기의 위협 또는 사용의 합법성에 관한 권고적 의견에서 ICJ는, 헌장 제2조4항은 특정한 무기를 지칭하지 않았으며, 사용되는 무기와 관계없이 모든 무력사용에 적용된다고 하였다. 정규군에 의한 직접적인 무력사용이나 타국에 무장단체를 파견하여 실행한 무력공격은 물론, 타국 반군에 대한 무기 공급이나 병참 지원·훈련하는 행위와 같은 간접적인 무력사용도 금지되며, 이러한 행위는 타국의 국내문제에 대한 무력 개입에 해당될 수 있다. 다만 무력사용금지는 국가 간의 관계에만 적용되며, 내전 시 중앙 정부의 반군에 대한 무력사용에는 적용되지 않는다. 국가 간의 관계가 아닌 국내문제라는 이유로 무력이 사용된 사례로 중국의 티베트 점령(1951), 인도의 고아 점령(1961) 등이 있다.

니카라과사건(미국 v. 니카라과 1986)

1979년 니카라과의 산디니스타(Sandinista) 정권이 집권하여 엘살바도르 반정부 게릴라 활동을 지원하는 등 반미 정책을 추진하자, 미국은 니카라과 정부의 반란단체인 콘트라(Contras)에 대해 군사 고문단 파견 및 훈련, 자금과 무기를 지원하여 산디니스타 정권의 전복을 시도하였다. 니카라과는 1984.4. 미국이 내전 중인 콘트라 반군의 군사활동을 지원하고 니카라과 영해와 항구 내 기뢰를 부설한 행위는 니카라과 국내문제에 대한 불법적인 간섭이며 헌장 제2조4항 및 관습국제법을 위배한 무력사용으로, 이에 대한 배상을 요구하며 ICJ에 미국을 제소하였다. 미국은 ICJ의 관할권에 대해 항변을 제기하였으나, ICJ는 관할권을 인정하고 심리하였다.

ICJ는 다음과 같이 판시하였다.

- 미국의 콘트라 반군에 대한 훈련·무장·장비 및 자금 지원 등 지원 활동은 「UN 헌장」상 무력 사용 또는 위협의 금지를 위반하였을 뿐만 아니라, 관습국제법상 의무인 니카라과의 주권 존중·국내문제 불간섭 원칙을 위반한 것이다.
- 미국이 니카라과 영해 내 기뢰를 부설한 것은 무력사용금지원칙을 위배한 것이 며, 관습국제법으로서 무력의 사용 또는 위협의 금지에 대한 법적 확신은 국가 간 우호관계원칙선언에 대한 총회결의에서 추론될 수 있다.
- 미국이 선박의 항만 이용권을 침해하여 교통(communication)과 해상 통항의 자 유를 침해한 것은 양국 간 「우호통상항행조약」(1985)의 대상 및 목적을 벗어나 동 조약 제21조를 위반한 것이다.
- 따라서 미국은 니카라과에 대한 모든 위반행위를 즉각 중단하고, 양국은 국제법에 따라 평화적으로 분쟁을 해결할 의무가 있다. 또한 미국은 당사자 간 합의하여 손 해를 배상할 의무가 있지만, 미국이 재판에 불출석한 상황에서 재판소가 배상액을 결정하는 것은 협상에 의한 해결의 장애가 될 수 있으므로 이를 자제한다.

1991년 니카라과가 ICJ에 미국에 대한 소송절차 진행 중단을 요청함에 따라 사건 목록에서 삭제되었다.

헌장은 무력사용만이 아니라 **무력의 위협**(threat of force)도 금지하고 있다. 불법적인 무력사용 의도를 직접적이고 명백한 방법으로 표출하여 공포심을 일 으키는 것은 금지된다. ICJ는 핵무기의 위협 또는 사용의 합법성에 관한 권고 적 의견(1996)에서, 특정 사건에서 무력사용 자체가 불법이라면 그러한 무력사 용의 위협도 마찬가지로 제2조4항에서 금지하는 불법으로, 무력의 사용과 위협 은 병존한다고 하였다.

「UN헌장」하 무력사용이 원칙적으로 금지되지만, 예외적으로 제51조에 따 른 자위권 행사, 제7장에 따른 안보리의 강제조치(☞ 제11장)는 UN의 목적과 양립하는 합법적인 무력사용으로 인정된다.

II. 자위권

1. 법적 성격

전술한 무력사용금지원칙의 예외로 일반국제법과 「UN헌장」에 의해 인정되는 무력사용이 자위권(right of self-defense)이다. 자위권은 국가가 외부의 무력공격에 대하여 자신의 영토보전이나 정치적 독립을 보존하기 위해 무력을 사용하여 필요한 대응조치를 취할 수 있는 권리를 말한다. 즉 자위권 행사로 보호하려는 법익은 국가의 영토보전이나 정치적 독립이다. 자위권은 국가의 생존권 내지 자기 보존권(right of self-preservation)에서 분리된 자력구제 수단의 하나이다.

정당한 자위권의 행사는 국가책임의 위법성 조각사유에 해당한다. 「국가책임 조문」도 국가의 행위가 「UN헌장」에 따라 취해진 적법한 조치로 이루어진 경우, 위법성을 조각한다고 규정하고 있다(제21조).

국가는 타국의 무력공격에 대비하여 자위권 행사에 필요한 국방력을 강화할 수 있지만, 자위권을 행사하기 위해서는 요건을 충족해야 한다.

2. 관습국제법상 자위권 행사

1837년 영·미 간 캐롤라인호사건에서 관습국제법상 자위조치의 요건이 명확히 제시되었다.

⚖ **캐롤라인호사건(미국 v. 영국 1837)**

미국 선박 Caroline 호는 영국과 내란 중이던 캐나다(당시 영국 식민지) 무장 반군에게 무기와 탄약 등을 수송하여 지원하였다. 1837.3. 영국군은 나이아가라호 인근 미국 항에 정박한 캐롤라인 호를 공격하고 방화하여 12명의 미국인이 실종되었다. 미국은 자국의 영토주권이 침해되었다고 영국에 항의하고 손해배상을 요구하였으나, 영국은 급박한 침해를 방지하기 위해 부득이 취한 정당방위(자위권)와 자기 보존 조치라고 주장하였다.

영국과 이 사건을 협상하던 미 국무장관 Webster는 1841.4. 주미 영국 대사에게 보낸 서한에서, 자위권 행사를 위한 무력사용은 인정되지만, 자위권 행사를 위해서는 급박하고, 공격이 압도적이고, 수단을 선택할 여지나 숙고할 시간도 없으며(필요성), 비합리적이거나 과도한 행위를 하지 않아야 한다(비례성)고 주장하였다.[1]

양국 간 외교 교섭 끝에 1842년 영국이 선박 파괴에 대한 책임을 인정하고 사죄함으로써 사건이 종결되었다.

무력을 사용한 자위권 행사는 무력공격의 격퇴라는 자위권 행사의 목적에 따라 엄격히 제한된다. 이에 따라 관습국제법상 자위조치를 위한 무력사용에는 아래 요건이 충족되어야 한다.

- 필요성(necessity): 자위권 행사는 무력공격을 격퇴하기 위해 부득이 사용하는 최후의 유일한 수단으로서, 군사적 수단 외에 선택할 수 있는 다른 대안이 없어야 한다.
- 비례성(proportionality): 자위권 행사 과정에서 무력사용은 무력공격의 격퇴라는 목표 달성에 필요한 합리적 범위 내에서 행사되어야 한다. 비례에 벗어난 과도한 무력사용은 불법이지만, 상대의 무력공격으로 인해 발생한 물리적 피해에 반드시 비례해야 하는 것이 아니다. 2005년 콩고 영토에서의 무장활동사건에서 우간다는 콩고 반군이 자국군에 대해 무력을 사용했기 때문에 이에 대해 자위권을 행사하였다고 주장하였지만, ICJ는 우간다군이 대규모로 콩고 내륙 깊숙이 들어와 장기간 점령하며 군사활동을 한 것은 자위권 행사의 비례성에 어긋난 것이며, 또한 무력사용금지 원칙의 중대한 위반이라고 판결하였다.

----
1 'Webster 공식'이라 부른다. 원문은 a necessity of self-defence, instant, overwhelming, leaving no choice of means, and no moment for deliberation and involving nothing unreasonable or excessive이다.

그 밖에 석유생산시설사건, 니카라과 사건, 핵무기 사용에 관한 권고적 의견 등에서도 필요성과 비례성의 요건을 요구하고 있다.

석유생산시설사건(이란 v. 미국 2003)

1992년 이란은 1987~1988년 미 해군함 전투기가 국영 이란석유회사 소유 해상 석유생산시설(oil platforms) 3곳을 폭격한 것이 1955년 「미·이란 영사우호조약」(이하 '우호조약')에 규정된 통상과 항행의 자유를 위반한 것이라고 배상을 요구하며 미국을 ICJ에 제소하였다. 이에 대해 미국은 이란이 국제수역에서 미국과 중립국 상선을 빈번히 공격하고 기뢰를 설치하여 우호조약상 통상과 항행의 자유를 위반하였는바, 이란의 공격(미 군함에 대한 미사일 발사 등)과 기뢰가 무력공격의 심각성을 높여 자위조치의 필요성을 강화시킨다고 주장하였다. 또한 미국의 석유생산시설 폭격은 이란의 추가적인 공격을 방지하기 위해 남은 유일한 방법으로서 우호조약 제20조에 따라 조약 적용이 배제되는 '본질적인 안보 이익을 보호하는 데 필요한 조치' 범위 내 자위권의 행사라고 주장하였다.

ICJ는 우선 우호조약의 분쟁해결조항(제21조)에 근거한 관할권을 인정하였다. 본안과 관련 ICJ는 미국의 주장을 배척하고 다음과 같이 판시하였다.

- 미국이 주장하는 우호조약 제20조의 본질적인 안보 이익을 보호하는 데 필요한 조치의 합법성은 자위권 행사에 관한 국제법에 비추어 판단되어야 한다.
- 자위권 행사를 위해서는 미국이 이란으로부터 심각한 무력공격을 받아야만 한다. 그러나 (미국 소유 선박이 아닌) 미국 국기를 게양한 선박에 대한 공격이 없었고, 기뢰 공격이 이란의 책임이라는 증거가 불확실하며, (1척의 미국 군함에 대한 기뢰 공격으로 고유의 권리인 자위권이 작동할 가능성을 배제하지는 않지만) 미국은 이란의 공격이 미국이 자위조치를 취할만한 무력공격을 구성한다는 충분한 증거를 제시하지 못하였다.
- (설사 미국의 자위조치가 정당하다고 하더라도) 미국이 군사목표물이 아닌 이란의 석유생산시설을 공격한 행위는 관습국제법상 자위조치의 요건인 필요성과 비례성을 충족하지 못한 것이다.

- 즉각성(immediacy): 자위권 행사는 무력공격 당시 또는 직후에 바로 즉각적으로 행사되어야 하며, 무력공격이 완료된 이후에는 자위권을 행사할 수 없다. 무력공격이 종료되어 상당 기간이 지난 후 군사적으로 대응하는 것은 무력복구에 해당한다고 할 것이다. 침략국의 점령은 침략이 계속 진행 중인 것으로 보아 자위조치가 인정되어야 할 것이다. 또한 침략국의 연속된 무력공격이 일시 중단되었더라도 추가적인 무력공격이 예상될 때는 자위조치를 발동할 수 있다고 할 것이다. 그러나 즉각성의 요건을 엄격하게 적용하는 경우, 자위권을 행사할 수 있는 시간이 부족한 피침략국에 불리한 결과를 초래하게 된다. 따라서 자위권 행사 준비에 불가피하게 소요되는 시간적 지연과 같이 합리적인 이유가 있는 경우에는 즉각성을 완화해야 한다는 주장이 있다.

한편 필요성·비례성·즉각성에 따라 자위권을 행사하더라도 무력충돌에 적용되는 국제인도법의 기본원칙을 지켜야 한다. 합법적인 군사목표물만 대상으로 함으로써 민간인에 대한 무차별적 피해를 최소화해야 한다.

3. 헌장상 자위권 행사

가. 헌장 규정

헌장은 "회원국에 대하여 무력공격이 발생한 경우(if an armed attack occurs)에는 안보리가 국제평화와 안전을 유지하는 데 필요한 조치를 취할 때까지, 개별적 또는 집단적 자위의 고유한 권리(inherent right)를 침해하지 않는다"고 규정하여(제51조), 침략국의 무력공격에 반격하는 자위권 행사를 무력사용 금지원칙에 대한 예외로 인정하고 있다.

제51조의 규정이 국가의 고유한 권리로서 관습국제법인 자위권을 재확인한 것인지 아니면 헌장에 의해 창설된 조약상의 권리인지에 대해 논란이 있다. 헌장상의 권리라면 실제 발생한 무력공격에 한해 자위권을 행사될 수 있지만,

관습국제법이라면 급박한 무력공격에 대해서도 자위권을 행사할 수 있게 된다 (☞ 후술 예방적 자위권 행사).

한편 제51조는 무력공격에 대한 피침략국 자신의 개별적 자위권뿐만 아니라, 집단적 자위권도 관습국제법상 국가의 고유한 권리로 확인하고 있다. **집단적 자위권**(right of collective self-defense)은 무력공격에 대한 공동방위를 약속한 국가들이 피침략국에 대한 무력공격을 집단적으로 격퇴하기 위해 군사적으로 지원하는 것으로, 약소국의 개별적 자위권을 보강하기 위한 제도이다.

나. 무력공격의 존재와 심각성

자위권 행사를 위해서는 우선 자국 영역에 대한 무력공격이 있어야 한다. 자위권은 자국 영역 밖의 국가기관(예컨대 외교공관)이나 해외 체류 자국민에 대한 무력공격에는 적용되지 않는다. 1980.4.24. 미국은 테헤란 주재 미국대사관 등에 인질로 잡힌 외교관 등을 구출하기 위해 헬리콥터로 구조작전을 수행하였으나, 기상악화 등으로 인해 작전을 중단하고 철수하였다. 미국은 인질 구출작전이 헌장 제51조에 따른 자위권 행사라고 주장하였으나, 재판소는 구출작전은 미국 영토에 대한 무력공격이 존재하지 않으므로 자위권 행사의 근거가 될 수 없으며, 인질 구출을 위한 군사작전은 명백히 이란 영토를 침범한 행위라고 규정하였다.

헌장 제51조는 무력공격을 정의하고 있지 않다. 무력공격은 무엇을 의미하는가? 헌장 제2조4항에 규정된 무력사용 금지원칙상 무력사용은 모든 군사력의 사용을 금지하는 것이지만, 제51조의 자위권 행사의 대상인 무력공격은 제2조4항의 무력사용에 비해 좁은 의미의 무력침략을 의미한다. 헌장의 불어본도 agresssion armée를 사용하고 있다. 따라서 UN 총회가 채택한 침략의 정의 결의(1974)에 적시된 침략행위(☞ p.494)는 무력공격과 동일한 것으로 이해된다.

자국에 대한 무력공격이 실제 발생해 존재해야 한다. 또한 무력공격의 규모와 효과가 심각해야 한다. 무력공격의 심각성을 요구하는 것은 자위권 행사의 남용을 방지하기 위한 것이다. 니카라과사건에서 ICJ는, 무력공격이 규모와 효과에 있어 가장 심각한 형태의 무력사용에 대해 자위권을 행사해야 하며, 무력공격에 이르지 않은 그 밖의 덜 심각한 무력의 사용(국경에서의 단순 총격 사건 등 소규모 무력사용)에 대해서는 자위권을 행사할 수 없다고 하였다. ICJ는 또한 정규군이 국경을 넘어 공격하는 행위뿐만 아니라 타국 영토에 무장단체·비정규군 또는 용병을 보내 실제 무력공격에 관여하는 행위(이른바 '간접 침략')도 그 규모 및 효과가 정규군에 의해 행해진 무력공격과 같다면 무력공격으로 보았다. 다만 각국은 효과와 규모에 있어 덜 심각한 소규모 무력사용에 대해서도 (국가가 아닌) 부대 단위 차원에서 필요성과 비례성의 요건에 따라 자위권을 행사할 수 있다는 실행을 보이고 있다.

다. 무력공격의 주체

헌장 제51조는 자위권을 발동시키는 무력공격의 주체를 명확히 규정하고 있지 않지만, 침략의 정의 결의는 국가에 의한 침략만을 상정하고 있으며, ICJ 또한 니카라과사건(1986)에서 무력공격의 주체로 국가만을 인정하고 있다. 그러나 비국가 행위자인 무장단체나 테러 조직 등 국가가 아닌 비국가 행위자에 의한 무력공격도 심각한 형태의 무력사용이라면 자위권 행사가 허용된다는 주장이 있다. 제51조가 'UN 회원국에 대해 무력공격이 발생한 경우'라고 규정하여, 무력공격의 주체를 명시하지 않고 있기 때문이다.

이와 관련 안보리는 2001년 비국가 행위자에 의한 9·11 테러 이후 결의 1368호 및 1373호를 채택하였다. 결의 1368호에서 안보리는 "테러활동으로 인한 국제평화와 안보 위협에 대처하고 헌장상 개별적·집단적 자위권을 인정하며(전문), 9·11 테러 공격이 국제평화와 안전에 대한 위협으로서 이에 대응하는 모든 필요한 조치(take all necessary steps)를 취한다"는 의도를 표명함으로써, 테러 조직 Al-Qaeda의 무력공격에 대응하는 자위권의 존재를 인정한 것처럼 보인다. 미국은 동 결의에 언급된 자위권과 모든 필요한 조치를 취한다는 안보리의 승인을 내세워 Al-Qaeda와 아프가니스탄의 Taliban 정권에 대해 '테러와의 전쟁'(2001~2002)을 수행하였다.

우선 비국가 행위자인 Al-Qaeda의 무력공격에 대해 제51조에 따른 자위권 행사가 인정되는가? 안보리가 이들 결의를 채택한 이후에도 ICJ는 무력공격의 주체로서 국가만을 인정하고 있다. 팔레스타인 점령지역에서의 장벽 건설의 법적 결과에 관한 권고적 의견(2005)에서 ICJ는, 자위권은 타국의 무력공격에 대항하는 것으로 이스라엘이 주장하는 위협은 영토의 외부가 아닌 내부에서 비롯된 것이므로 자위권 행사와는 무관하다고 판단하였다. 콩고영토에서의 무장활동사건(2005)에서도 ICJ는, 콩고영토 내에서 콩고의 반군 조직이 우간다 군을 공격한 행위에 대해 자위권을 행사하였다는 우간다의 주장을 배척하였다. 그러나 규모와 효과가 심각한 무력공격을 감행할 만큼 강력한 비국가 행위자가 출현한 현실을 외면할 수는 없다 할 것이다.

다음으로 무력공격을 직접 감행한 것은 아니지만 Al-Qaeda를 자국 내에 비호하고 후원한 아프가니스탄의 Taliban 정권에 대해서도 제51조에 따른 자위권 행사가 가능한가에 대해 찬반 논란이 있다. 미국은 자위권 행사라고 주장하나, 관련 안보리 결의상 무력사용 승인 여부가 명확치 않고, 9·11 테러를 무력공격이 아닌 테러 공격(terrorist attack)이라고 하였으며, 자위권이 즉각적으로 행사되지 않고 한 달 이상 지연되어 자위권 행사 요건을 갖추지 못하였으므로 미국의 군사행동은 현대 국제법상 허용되지 않는 무력복구라는 반론이 있다. 1985년 이스라엘이 자국민에 대한 PLO의 테러 행위를 문제 삼아 튀니지에 있는 PLO 본부를 공습하면서 자위권 행사를 주장하였지만, 안보리는 PLO를 비호한 튀니지 영토에 대한 이스라엘의 무력 침략행위가 「UN헌장」과 국제법을 심각하게 위반하였다고 비난한 바 있다.

라. 자위권 행사의 판단

(ⅰ) 무력공격을 받은 피침략국

무력공격에 대한 자위권 행사를 판단하는 주체는 피침략국이다. ICJ는 니카라과사건에서 개별적 자위권은 무력공격의 피해자가 된 국가에 대해서만 인정된다고 하였다. 피침략국은 무력공격에 대해 필요성·비례성 등에 비추어 정당한 자위권 행사임을 입증해야 한다.

피침략국은 침략의 희생자로서 제3국에 침략 격퇴를 위한 군사적 지원을 요청하거나 또는 동맹국과의 방위조약에 근거하여 집단적 자위권을 행사한다.[2] 피침략국의 제3국에 대한 군사적 지원 요청과 관련, 니카라과사건에서 미국은 동맹국인 엘살바도르의 요청에 따라 집단적 자위권을 행사하였다고 주장하였다. 그러나 ICJ는 피침략국인 엘살바도르가 니카라과의 무력공격의 희생자로서 미국의 지원을 명시적으로 요청하여야 했으나 그러한 요청이 있었는지 불분명하며, 엘살바도르에 대한 니카라과의 명백한 무력행사가 선행되어야 하나 엘살바도르 반군에 대한 니카라과의 무기 지원은 무력공격에 해당될 만큼 심각하지 않으므로 이에 대해 제3국이 자위권을 행사하여 간섭하는 것은 필요성·비례성의 원칙상 정당화될 수 없다고, 미국의 집단적 자위권 행사 주장을 배척하였다. 한편 집단적 자위권 행사를 위한 방위조약으로는 1949년 「북대서양조약」(NATO), 1951년 「미일안보조약」, 1953년 「한미상호방위조약」, 1955년 「바르샤바조약」(Warsaw Pact, 1991년 해체) 등이 있다.

(ii) 안보리

피침략국의 자위권 행사는 안보리에 즉각 보고해야 하고, 안보리가 국제평화와 안전을 위해 필요한 조치를 취할 때까지 허용된다. 자위권 행사를 보고받은 안보리는 필요성과 비례성 등을 기준으로 피침략국의 무력사용이 정당한 자위권의 행사인지 여부를 판단하고 무력공격을 격퇴하기 위한 필요한 조치를 취해야 한다. 다만 자위권 행사의 요건을 구비한 자위조치를 안보리에 보고하지 않았다고 해서 그러한 자위조치가 불법이 되는 것은 아니다. 피침략국은 안보리가 침략국에 대한 강제조치 등 실효적인 집단안전보장 조치를 취할 때까지 잠정적으로 자위권을 행사할 수 있다.

----

2 미국은 베트남전쟁 개입시 집단적 자위권을 원용하였으며, 1956년 헝가리 및 1968년 체코슬로바키아 민주화운동 당시 구소련은 사회주의 공동체 전체 이익을 위한 집단적 자위권 행사를 주장하였다. 9/11 테러 이후 미국이 아프가니스탄과의 전쟁을 수행하자 NATO는 「북대서양조약」 제5조와 헌장 제51조의 집단적 자위권을 원용하여 미국을 지원하였다.

하지만 상임이사국의 거부권 행사 등으로 인해 안보리가 아무런 필요한 조치를 취하지 못한 사례들이 없지 않다. 안보리가 필요한 조치를 취하지 못하는 동안 피침략국은 자위권을 계속 행사할 수 있지만, 무력공격의 격퇴라는 자위의 목적이 달성되면 자위권 행사는 정지되어야 한다.

4. 자위권 개념의 확장: 예방적 자위권

제51조가 무력공격에 한해 자위권을 행사할 수 있도록 규정한 이유는 자위권 행사의 남용을 우려했기 때문이다. 하지만 현대전에 있어서, 핵무기 등 WMD에 의해 먼저 공격받은 국가는 대응능력을 크게 상실하게 되어 전쟁에서 패배할 가능성이 농후하다. 제51조를 엄격히 해석하여 무력공격 발생 후 즉각적으로만 자위권을 행사할 수 있다면, 생존 또는 자기 보존이라는 자위권 본래의 취지가 크게 훼손될 수밖에 없다. 이에 따라 무력공격이 실제 발생하지 않았지만 임박하였을 때 사전에 무력공격의 위협을 제거할 수 있도록 이른바 '예방적 자위권'(anticipatory/preventive self-defense)이 허용된다는 주장이 있다. 이는 캐롤라인호사건의 Webster 공식에서 관습국제법상 자위권 행사의 요건으로서 일촉즉발의 압도적인 상황이 전제되었으며, 이는 급박한 상황에서 취하는 예방적 자위권이 관습국제법으로 인정된다는 것을 의미한다는 것이다. ICJ는 니카라과사건에서 제51조가 규정하지 않은 사항에 대해서는 여전히 관습국제법에 의해 규율된다는 입장을 보였다. 그렇다면 무력공격 이전 임박한 상황에 대한 예방적 자위권 행사는 제51조에 규정되지 않은 사항으로서 관습국제법상 예방적 자위권 행사가 허용된다고 할 것이다.

그럼에도 무력공격에 대해서만 자위권을 행사하도록 무력사용을 엄격히 금지한 「UN헌장」에 우선할 수는 없다는 반론이 있다. 콩고영토에서의 무장활동사건(2005)에서 ICJ는, "자위권 행사에 있어 무력사용은 제51조에서 정해진 엄격히 제한 범위 내에서 이루어져야만 정당화될 수 있고, 이러한 제한 범위를 넘어 인지된 안보 이익을 위한 무력사용은 허용되지 않는다"라고 판단하였다.

아직 발생하지 않은 급박한 위협에 대해 인지만으로 자위권을 행사하는 것을 배제하고, 무력공격이 실제 발생한 경우로 한정한 것이다.

국가실행을 보면, 자위권 개념이 확장되어 자칫 예방 전쟁의 구실로 남용될 것을 우려하는 다수 국가는 헌장상 예방적 자위권은 허용되지 않는다는 입장을 보이고 있지만, 일부 국가는 다른 실행을 나타내고 있다. 미국의 국가안보전략 보고서는 적 공격의 시간과 장소가 불확실하더라도 적의 공격을 차단하거나 방지하는 데 필요하다면 선제적으로 행동(act preemptively)할 수 있는 권리를 명시하고 있다. 북한의 핵 공격에 대비한 한국의 3축 체계는 1단계 공격이 임박하면 공격 원점을 선제적으로 반격한다는 Kill Chain, 2단계 미사일을 공중에서 방어하는 한국형 미사일 방어체계(KAMD), 3단계 적에 대한 대량응징보복(KMPR)으로 구성되어 있다. 1단계는 예방적 자위권을 상정한 계획이라 할 것이다.

현대전에 있어 핵과 WMD 등 1차 공격은 무력충돌의 승패를 좌우하는 치명적인 결과를 초래한다. 현실적으로 핵미사일 발사 등과 같은 징후를 사전에 포착하여 이를 제거하는 예방적 자위 조치를 인정해야 할 군사적 필요성을 결코 외면할 수 없다. 다만 예방적 자위권의 자의적 행사를 우려하여 학설은 나뉘고 국가실행은 일관되지 않는다는 점에서 예방적 자위권이 관습국제법으로서 인정되었다 하더라도 충분한 법적 확신을 확보하지 못하고 있다 할 것이다.

한편, 급박하지는 않지만 미래에 현실화될 수 있는 잠재적인 위협을 제거하기 위해 선제 타격(preemptive strike)할 수 있다는 이른바 **'선제적 자위권'**(preemptive self-defense)이 9·11 이후 미국에서 부각되었다. 미국은 1962년 쿠바 봉쇄와 관련하여 예방적 자위권을 원용하였다. 1981년 이스라엘도 이라크의 Osirak 원자로를 폭격하고 이를 예방적 자위권의 행사로서 제51조에 부합하는 것이라고 주장하였다. 언젠가 원자력발전소에서 추출된 플루토늄으로 핵무기를 생산할 것을 우려하였기 때문이다. 미국과 이스라엘은 예방적 자위권의 행사라고 주장하였으나, 당시에는 급박하지 않은 잠재적 위협에 대한 선제적 자위권의 개념이 예방적 자위권으로부터 분리되기 이전이었다는 점을 고려해야 할 것이다.3 이스라엘의 주장에 대해 다수 국가는 급박하지도 않은 상황에서 자위권 행사를 인정할 수 없다거나 그 필요성과 비례성이 충족되지 않았다는 입장을 보였으며, 안보리는 결의를 채택하여 이스라엘이 「UN헌장」을 위배하였다고 비난하였다. 무력공격이 아닌 급박한 위협에 대해 예외적으로 예방적 자위권을 인정할 것인지가 논란이 되는 상황에서, 미래의 불확실한 위협을 제거하기 위한 무력사용을 정당화하려는 선제적 자위권 주장은 국제법상 확립된 무력사용금지 원칙을 사실상 부인하는 위험한 결과를 초래하게 될 것이다.

Ⅲ. 자위권이 아닌 그 밖의 무력사용과 위법성

무력을 사용하는 국가가 자위권 행사임을 내세워 정당성을 주장하는 경우가 왕왕 있다. 하지만 관습국제법상 그리고 헌장상 자위권 행사의 요건을 갖추지 못한 자위권 행사 주장은 자위권으로 포장한 불법적인 무력사용이다.

자위권 외에도 각국은 인도적 개입, 민주적 개입 또는 국외 자국민 보호를 위한 무력사용의 정당성을 주장하는 경우가 없지 않다.

가. 인도적 개입

무력사용 금지원칙에도 불구하고, 타국은 대세적 의무로 인정되는 인권 존중의 원칙을 근거로 무력을 사용하여 타국에 개입할 수 있는가? 영토국 내 극심한 인도적 재앙을 방지하기 위해 제3국이 일방적으로 무력을 사용하여 위기를 수습할 수 있다는 이른바 '인도적 개입'(humanitarian intervention)의 권리가 관습국제법상 허용된다는 주장이 있다. 그로티우스도 통치자가 신민(臣民)에게 부당하게 고통을 주면 그에 대해 전쟁하는 것이 자연법적으로 허용된다고 주장하였다.

----
3 anticipatory/preventive 또는 preemptive 자위권의 우리말 용어 번역에 있어서 혼선이 있어 이를 통일할 필요가 있다.

영토국이 자국 내 대규모 인권 유린에 대처할 의지나 능력이 없다면 인도적 위기를 수습하기 위해 타국이 무력을 사용하여 개입할 필요성은 수긍되는 측면이 없지 않다. 순수한 인도적 개입은 영토국의 영토보전이나 정치적 독립을 저해하지 않기 때문이다. 하지만 인도적 개입은 강대국이 약소국에 개입하기 위한 정치적 동기에서 비롯될 소지가 크다는 점에서 제3세계 국가는 이를 부정하는 입장이다. 인도적 개입이라고 주장하며 안보리의 승인 없이 개입한 사례는 소련의 헝가리 침공(1956), 미국의 베트남 침공(1966), 베트남의 캄보디아 침공(1978), 중국의 베트남 침공(1979), 소련의 아프간 침공(1979), 미국의 그라나다 침공(1983) 등이 있다. 무력사용금지가 강행규범화되었으며, 무력에 의한 개입 자체가 영토국의 정치적 독립을 해치는 행위이므로 허용되지 않는다는 것이 통설이다. ICJ도 니카라과사건(1986)에서 니카라과에서 자행되는 인권 위반에 대해 군사적 개입권을 가진다는 미국의 주장에 대해, "미국이 니카라과의 인권 상황을 평가할 수는 있으나, 미국의 무력사용은 인권을 감시하거나 인권 존중을 확보하는 적절한 수단이 될 수 없다"고 배척하였다.

따라서 합법적인 인도적 개입은 안보리의 승인이 있어야만 가능하다. 그러나 대규모 인권유린이 발생하였음에도 일부 상임이사국이 거부권을 행사하여 안보리가 아무런 조치를 취하지 못하는 경우에도 국제사회는 방관할 수밖에 없는가? 1999년 구유고(세르비아) 경찰이 코소보 지역의 회교도 알바니아계 주민을 인종청소하고 코소보 해방군을 대량 살상하자, UN과 미국이 세르비아와 코소보 간 평화협상을 중재하였으나 실패하였다. 안보리가 명시적으로 승인하지 않았지만, 미국 주도 하의 NATO군이 결의 1199호를 근거로 1999.3.~6. 세르비아에 대규모 공습을 감행하자, 세르비아는 결국 1999.6. 평화중재안을 수락하였다. NATO의 무력사용이 비록 안보리의 승인 없이 이루어졌지만, 이는 UN의 목적을 달성하기 위해 불가피하게 이루어진 불법이지만 정당한(illegal but legitimate) 개입이라는 주장이 있다. 이처럼 안보리가 무력사용을 허가하지 않은 경우라도 개입이 순수하게 인도적인 목적이며, 최후 수단으로서 개입의 필요성과 급박성이 압도적이고, 개입 조치가 비례적이라는 조건 하에 이를 허용해야 할 필요성이 제기되고 있다. 인도적 개입의 필요성에 관한 국제사회의 논의는 보호책임으로 발전하였다(☞ 보호책임 p.395).

나. 민주적 개입

인도적 개입과 유사하게, 정당성이 없거나 억압적인 체제에 대항하여 민주적인 정부를 수립하기 위해서는 무력을 사용할 수 있다는 이른바 '민주적 개입'(pro-democratic intervention)이 주장되기도 한다. 미국은 1989년 파나마 침공, 1994년 아이티 침공 및 2003.3. 이라크 침공 시 민주적 개입을 주장한 바 있다.

민주적 개입은 정치적 동기에 의해 남용될 소지가 크다. 인도적 개입을 명분으로 내세운 무력사용이 인정되지 않는 것과 동일한 이유로 민주적 개입 또한 허용되지 않으며, 그러한 개입이 불가피하다면 안보리의 승인을 받아 이루어져야 할 것이다.

다. 해외 자국민 보호

영토국은 영역 내 외국인을 보호할 의무가 있으며, 국가가 해외 자국민 보호 조치를 취하기 위해서는 원칙적으로 영토국의 동의가 필요하다. 이에 대해 자국민 보호는 국가의 의무이며, 해외에서 급박한 위험에 처하거나 억류된 자국민 구조를 위해 불가피하게 무력을 사용하는 것은 관습국제법상 허용되어 왔으며, 영토국의 영토보전이나 정치적 독립을 침해하는 것은 아니므로 허용된다는 주장이 있다. 이러한 사례로 1965.5. 미국의 도미니카 공화국 침공, 1976.6. 이스라엘의 우간다 엔테베 공항 인질구출 작전, 1980.4. 미국의 테헤란 미 대사관 인질구출 작전 등이 있다.

관습국제법상 또는 「UN헌장」하에서 영토국의 요청이나 동의 없이 무력을 사용하여 자국민을 구조하는 활동은 영토국의 영토주권을 침해하고 무력사용 금지원칙에 위배된다. 그러나 이를 지나치게 엄격히 적용하는 경우, 자국민을 보호해야 할 의무가 있는 국가가 위험에 처한 자국민을 방치하는 결과를 초래할 수 있다. 따라서 영토국의 동의를 얻을 수 없는 상황에서, 자국민의 생명·

신체에 중대한 침해가 발생하였거나 급박한 위험에 처한 경우, 영토국이 외국인을 보호할 능력이나 의사가 없다면, 자국민의 생명 보호를 유일한 목적으로 필요한 합리적인 범위 내라는 엄격한 조건하에 무력사용금지의 예외를 인정하는 것이 필요하다고 할 것이다.

제11장
국제평화와 안전의 유지와 「UN헌장」

I. UN과 국제평화와 안전의 유지

국제평화와 안전의 유지는 UN의 근본 목적 중 하나이다. 「UN헌장」은 국제평화와 안전을 유지하고 이를 위하여 평화에 대한 위협의 방지, 제거 그리고 침략행위 또는 기타 평화의 파괴를 진압하기 위한 유효한 집단적 조치를 취하는 것을 최우선 목적으로 규정하고 있다(제1조1항). 국제평화와 안전의 유지를 위한 UN의 활동은 안전보장이사회가 주된 역할을 하며, 총회는 이를 보완하는 역할을 한다. UN 사무총장도 국제평화와 안전의 유지를 위협한다고 판단하면 어떠한 사항에 대해서도 안보리에 주의를 환기할 수 있다(제99조).

헌장은 국제평화와 안전을 실현하기 위한 그 밖의 방안으로 분쟁의 평화적 해결(제6장), 무력사용금지 및 강제조치(제7장), 군비축소(제26조), 국제법의 점진적 발전과 법전화(제13조) 등을 규정하고 있다.

국제평화와 안전을 유지하는 UN의 활동은 중개·조정 등을 통해 갈등의 고조나 확산을 방지하는 예방외교(preventive diplomacy), 분쟁을 방지하기 위한 평화유지(peace-keeping)(후술), 헌장 제7장에 따른 UN의 평화강제(peace-enforcement), 분쟁 관리를 위한 국가의 역량을 강화함으로써 갈등의 원인을 제거하여 재발을 방지하는 평화구축(peace-building) 활동을 포함한다.

Ⅱ. 안전보장이사회

1. 집단안전보장제도와 UN

안전보장은 외부로부터의 침략이나 무력공격으로부터 자국의 안전을 확보하는 것을 말한다. 전통적으로 근대 유럽 국가들은 가상의 적국을 전제로 군비를 강화하는 한편, 세력균형과 동맹을 통해 스스로 안전을 확보하는 개별 안전보장 방식을 취했다. 제3국은 타국 간 전쟁에 중립을 유지해야 하지만 중립제도는 제대로 기능하지 못하였다. 개별 안전보장 방식은 국가 간 군비경쟁을 유발하여 결국 제1차 세계대전이 발발하였다.

제1차 세계대전 이후 출범한 국제연맹은 개별 안전보장제도를 보완하여 집단안전보장제도를 선언하였다. 집단안전보장은 집단 내 국가 모두가 상호 무력사용을 포기하고 이를 위반하여 침략하는 국가에 대해서는 집단 전체가 함께 피침략국을 도와 대항함으로써 모두의 안전을 확보하려는 것이다. 연맹 규약은 "전쟁 또는 전쟁 위협이 전체 연맹에 대해 우려 사안임을 선언하고, 연맹은 국가들의 평화를 유지하기 위해 현명하고 효과적인 조치를 취해야 한다"(제11조)고 집단안전보장의 원칙을 선언하였다. 하지만 연맹은 1931년 일본의 만주 침공과 1935년 이탈리아의 에티오피아 침공에 제대로 대응하지 못하였다. 미국은 연맹에 가입하지 않고, 독일·일본·이탈리아는 연맹을 탈퇴하였으며, 소련은 제명되어 집단안전보장에 필요한 실효성을 확보하지 못해 실패하고 말았다.

제2차 세계대전 이후 출범한 UN은 안보리를 축으로 하는 집단안전보장을 제도화하였다. 헌장은 국제평화와 안전의 유지를 위해 모든 회원국에 대해 무력사용을 금지하고(제2조4항), 어느 회원국이 평화의 위협이나 파괴 또는 침략행위를 하는 경우, 이를 진압하기 위해 효과적인 집단적 조치를 취하는 것을 UN의 목적으로 명시하고 있다(제1조1항 전단). 요컨대 UN의 집단안전보장제도는 회원국의 무력사용과 위협을 금지하는 대신, 이를 위반한 회원국에 대해서는 안보리가 제7장에 따라 필요한 조치를 취해 피침략국의 안전을 도모한다는 것이다. UN의 신속하고 효과적인 조치를 확보하기 위해 회원국은 국제평화와 안전

을 유지를 위한 일차적 책임(primary responsibility)을 안보리에 부여하며, 안보
리는 UN의 목적과 원칙에 따라 활동한다(제24조). 한편 회원국은 UN이 헌장에
따라 취하는 조치에 대해 모든 지원을 다 하며, 예방조치 또는 강제조치의 대
상이 되는 국가를 지원하지 않아야 한다(제2조5항). 회원국은 안보리의 결정을
헌장에 따라 수락하고 이행할 것을 동의함으로써(제25조), 침략을 진압하기 위
해 안보리가 결정한 집단안전보장 조치의 이행을 담보하고 있다. 제7장에 따른
안보리의 결정은 모든 회원국을 구속한다.

2. 안보리의 집단안전보장 조치

가. 평화에 대한 위협, 평화의 파괴 또는 침략행위의 존재 결정

안보리는 우선 평화에 대한 위협, 평화의 파괴 또는 침략행위의 존재를 결
정한다(제39조전단).

- **평화에 대한 위협**(threats to the peace): 타국을 무력으로 위협하는 행위
  를 의미하였지만, 근래 안보리가 평화에 대한 위협으로 판단하는 위협
  의 형태는 다양하다. 전통적인 주권 중심의 국가안보의 개념이 인권을
  포함하는 인간안보(human security)의 개념으로 확장되고 있기 때문이
  다. 국내 치안 상황 악화(217호: 로디지아의 인종차별정책, 418호: 남아공, 1264호:
  동티모르), 국제적으로 파급되는 대규모적이고 중대한 인권침해(688호: 이
  라크 내 쿠르드족 난민, 841호: 아이티 난민), 인도적 구호활동에 대한 장애(770
  호: 보스니아 사태, 794호: 소말리아 사태), 국제인도법의 위반(827호: 구 유고에서
  의 인종청소, 929호: 르완다 종족 분쟁), 테러리즘(748호: 리비아의 로커비사건, 1373
  호: 9/11 테러), 핵·탄도미사일 등 WMD 개발(1718호를 비롯한 대북 제재 결의)
  도 포함한다. 평화에 대한 위협이라는 판단 아래 안보리가 개별 국가의
  상황에 개입하는 빈도가 잦아지면서 국내문제 불간섭의 원칙과의 조화
  문제가 제기되고 있다.

- **평화의 파괴**(breaches of the peace): 타국에 대한 군사적 적대행위를 수반하는 무력충돌을 의미한다. 한국전쟁이 발발하자, 안보리는 결의(82호)를 채택, 북한의 행위가 평화의 파괴를 구성한다고 규정하고, 북한의 폭력에 의한 무력공격·평화파괴행위·적대행위의 즉각 중지 및 38선 이북으로의 즉시 철수를 요구하였다. 안보리는 1982년 아르헨티나의 Falkland 침공, 1987년 이란－이라크전쟁, 1990년 이라크의 쿠웨이트 침공 등을 평화의 파괴로 규정하였다. 하지만 1979년 소련의 아프가니스탄 침공 때에는 소련의 거부권 행사로 아무런 조치를 취할 수 없었다.
- **침략행위**(act of aggression): 1974년 UN 총회는 안보리가 침략행위를 결정하면서 고려할 지침으로서, '침략의 정의'(Definition of Aggression)에 관한 결의(3314호)를 총의로 채택하였다. 결의는 침략을 타국의 주권, 영토보전 또는 정치적 독립에 대해 무력을 사용하거나 「UN헌장」과 양립하지 않는 그 밖의 모든 방식에 의한 무력사용으로 정의하고(제1조), 침략행위를 구체적으로 적시하였다(☞ p.494). 또한 「UN헌장」에 위배되는 선제 무력사용은 일견 침략행위의 증거를 구성하며(제2조), 그 밖의 행위들도 안보리가 「UN헌장」에 따라 침략을 구성하는 것으로 결정할 수 있는 권한을 인정하였다(제4항).

평화에 대한 위협, 평화의 파괴 및 침략행위에 대한 안보리의 결정은 국제평화와 안전 유지를 위한 것으로, 국제법상 적법한 행위(대응조치나 자위권 행사 등)일지라도 안보리는 평화에 대한 위협이나 평화의 파괴로 볼 수 있다. 안보리는 사법기관이 아니라 정치적 판단을 하는 정치적 기관이기 때문이다.

나. 잠정조치

평화에 대한 위협, 평화의 파괴 또는 침략행위의 존재를 결정한 후, 안보리는 국제평화와 안전의 유지나 회복을 위해 권고하거나 제41조나 제42조에 따라 집단적 강제조치를 취할 것인지를 결정한다(제39조). 안보리는 권고나 강제조치를 결정하기 전에, 사태의 악화를 방지하는 데 필요하거나 바람직하다고 인정되는 잠정조치(provisional measure)에 따르도록 관련 당사자에게 요청할 수 있다(제40조).

잠정조치는 병력 철수나 휴전 등 사태 악화 방지를 위한 임시적 조치를 말한다. 제40조에 의거한 안보리의 잠정조치 요청(call upon)은 권고이지만 구속력을 갖는다는 것이 통설이다.

다. 강제조치

강제조치는 병력의 사용을 포함하지 않은 비군사적 조치(제41조)와 병력을 사용하는 군사적 강제조치(제42조)를 포함한다. 제7장에 따른 안보리의 강제조치는 국내문제 불간섭 의무가 적용되지 않는다(제2조7항 단서). 안보리가 강제조치에 관한 결의안을 채택할 때는 통상적으로 제7장에 따라 결정한다(decide)라고 명시하고 있다.

(ⅰ) 비군사적 강제조치

(1) 제재

비군사적 강제조치(non-military enforcement action)는 평화에 대한 위협·평화의 파괴·침략행위가 존재할 때 이를 중단시키기 위해서 UN 차원에서 취하는 집단적인 조치로서, 회원국에 대해 특정 국가에 대한 경제·무역 관계의 금지나 제한, 철도·항해·항공 등 교통·통신수단의 중단 등 제재(sanctions) 이행을 요청하는 것이다.

제재는 주로 상품·서비스의 수출입을 금지하는 무역 금지(embargo), 신규 투자 금지, 금융제재(금융 자산의 동결, 금융 거래나 자금 이체·투자·신용장 개설 금지, 보험 인수 거절이나 보험계약 해지 등), 인적 왕래 제한 등 경제적 조치를 취한다. 또한 외교관계 단절(1960년대 인종차별정책을 취한 남아공), 특정 국가의 위법행위에 대한 불승인(1990년 이라크의 쿠웨이트 점령의 무효 선언), 책임자 처벌과 대규모 인권침해의 재발 방지를 위한 국제형사재판소(ICTY·ICTR 등) 설치도 제재에 의한 비군사적 강제조치에 포함된다.

1990년 이라크의 쿠웨이트 침공에 대한 안보리 결의 661호 및 665호에 따른 제재가 이라크 국민에게 인도적 재앙만 초래하였다는 비판이 있었다. 실제로 제재는 식량·의약품 부족 등을 초래하여 제재 대상국의 취약 계층에 대한 경제·사회적 인권침해와 인도적 피해만 초래할 뿐, 별다른 효과를 보이지 않은 경우가 많았다. 국가를 대상으로 하는 포괄적인 제재로 인한 인도적 피해를 최소화하고 제재 효과를 높이기 위해, 안보리는 특정 산업이나 품목의 수출입을 금지하고 개인이나 집단을 대상으로 자산 동결·금융제재·여행 금지 등을 직접 부과하는 표적 제재(smart/targeted sanctions) 방식을 취하고 있다. 또한 결의 1730호(2006)는 부당하게 표적 제재의 대상이 된 개인이나 집단이 제재 해체를 청구할 수 있는 절차를 마련하였다.

제재는 1966년 로디지아의 인종차별정책에 대해 처음 시작되어, 이후 30개국에 대한 제재가 시행되었다. 제재 이행을 감시·권고하기 위해 설립된 국별 제재위원회(sanctions committee)는 회원국이 제출한 제재 이행보고서를 검토하고, 제재 대상과 품목을 결정하며, 인도적 사유 등 필요한 경우에는 예외를 인정하여 조정한다. 제재위원회의 결정은 총의에 의한다. 수단·리비아·이라크·북한 등 14개 제재위원회가 활동 중이다.

회원국은 안보리 결의를 이행하는 데 필요한 조치를 취해야 한다(제48조). 안보리가 결정한 제재조치를 국내적으로 이행하기 위해 별도의 국내법을 제정한 나라도 있지만, 우리나라는 『대외무역법』, 『외국환거래법』, 『테러자금금지법』 등 개별 법률을 통해 이행하고 있다.

(2) 대북 제재

북한이 2006.10.9. 1차 핵실험을 감행하자, 안보리는 NPT 당사국으로서 이를 위반하여 비밀리에 핵을 개발한 북한에 대해 제재를 시작하였다. 안보리는 우선 국제적 비확산 체제의 유지 및 NPT상 북한의 핵무기국의 지위 인정이 불가함을 확인하고, 북한의 핵실험을 국제평화와 안전에 대한 위협으로 규정한 **결의 1718호**를 채택하였다. 헌장 제7장에 따라 북한에 대해 비군사적 강제조치를 규정한 결의는 북의 추가 핵실험 및 탄도미사일 발사 자제, NPT와 IAEA로의 복귀, 기존의 모든 대량살상무기와 탄도미사일 프로그램의 완전하고 검증가능하며 불가역적인 폐기(CVID: Complete, Verifiable and Irreversible Dismantlement)를 요구하였다. 이와 함께 회원국에 대해서는 북한에 대한 WMD 관련 물질이나 장비의 공급·판매·이전 금지와 불법 이전을 방지하기 위해 북한을 출입하는 화물에 대한 검색 협조를 요청하고, 사치품의 판매를 금지하였다. 대북제재 위원회인 **1718 제재위원회**(1718 Sanctions Committee)가 15개국으로 구성되었다. 이를 지원하기 위해 8명으로 구성된 전문가 패널(panel of experts)은 제재 위반 사례와 정보를 수집하고, 기업이나 개인 등 제재 대상을 확정하며, 개별 사안을 검토하여 제재를 해제 또는 면제한다. 회원국은 새로운 결의가 채택된 후 90일 이내에 1718 제재위원회에 결의안 이행을 위한 조치를 보고해야 한다.

안보리는 이후 북한이 추가 핵실험 또는 탄도미사일을 발사할 때마다 결의를 채택하여 대북 제재를 강화해 왔다.

- 2008.11. 북한은 6자회담에서 합의한 핵시설 신고 및 검증을 거부하고, 2009.5.25. 2차 핵실험을 실시하자, 안보리는 결의 1874호를 채택하였다.
- 2012.12. 북한이 탄도미사일 광명성 3호를 발사하자 안보리는 2013.1. 이에 대응하여 추가적인 탄도미사일 발사 중단 등을 요구하는 결의 2087호를 채택하였다.
- 2013.2.12. 북한이 3차 핵실험 후 핵을 소형화·경량화·다종화하였다고 발표하자, 안보리는 3.8. 결의 2094호를 채택하였다.
- 2016.1.6. 북한이 4차 핵실험 후 수소폭탄 실험이라고 발표하자, 안보리는 기존 북한의 핵과 미사일 개발을 제한하는 직접 제재 방식에서 벗어나, 북한 경제에 타격을 주기 위한 포괄적 제재 방식을 도입하여 3.7. 결의 2270호를 채택하였다.
- 2016.9.9. 북한이 5차 핵실험을 실시하자, 안보리는 11.30. 결의 2321호를 채택하여 제재의 폭을 대폭 확대하였다.
- 2017.6.2. 안보리는 결의 2356호를 채택하여, 북한의 4개 기관과 개인 14명을 제재 명단에 포함하였다.

- 2017.7. 북한이 대륙간 탄도미사일(ICBM)을 실험하자, 안보리는 8.5. 대북 제재 결의 2371호를 채택하였으며, 2017.9.3. 북한이 제6차 핵실험을 감행하자, 9.12. 결의 2375호를 채택하였다.
- 북한이 2017.11.29. 화성 15형 대륙간탄도미사일을 발사하고 핵 무력 완성을 선언하자, 안보리는 12.23. 결의 2397호를 채택했다.

이들 결의는 제7장에 따라 행동하며 제41조에 따라 조치를 취한다고 명시하고 있다. 국제법의 법원으로서 안보리의 대북 제재 결의는 결의 간에 신법 또는 특별법 우선의 원칙이 적용되는 것이 아니라 관련 모든 결의가 누적하여 적용된다. 북한의 계속된 핵실험 및 탄도미사일 발사 실험은 안보리가 채택한 상기 대북 결의를 위반한 것이다.

개별 국가의 대북 제재

안보리의 대북 제재 결의와는 별개로 미국을 위시한 EU·독일·영국·일본·호주·한국 등은 자국 국내법에 의해 독자적인 대북 제재를 실시하고 있다.

한국은 2010.3. 천안함 폭침 사건 이후 5.24. 조치(개성공단을 제외한 남북교류 전면 중단, 북한 선박의 우리 영해 및 EEZ 항행 불허, 우리 국민의 방북 불허, 대북 투자사업 보류 등)를 취하고, 2016년 북한의 핵실험 이후에는 개성공단의 가동 중지 등 독자적인 제재를 시행하고 있다.

미국은 대외정책이나 국가안보와 관련한 대북 제재 법률(『대북제재강화법』, 『적성국제재법』, 『수출통제개혁법』)과 행정부(국무부, 상무부, 재정부, 에너지부)의 행정명령(executive order)에 의해 대북 제재를 시행하고 있다. 『대북제재강화법』(2016)과 『적성국제재법』(2017)은 북한 제재 대상자와 물품이나 금융을 직접 거래한 자국민에 대한 제재뿐만 아니라 북한과 거래하거나 지원한 제3국의 기업(금융기관 포함)과 개인도 처벌할 수 있는 이른바 '**2차 제재**'(secondary boycott)를 적용하고 있다. 미국은 그러한 거래가 자국에 해로운 효과나 영향을 미친다는 효과주의(객관적 속지주의)에 근거하고 있으나, 미 국내법의 역외적용에 따른 관할권의 경합과 GATT 제21조 안보상의 예외 적용 여부에 대해 논란이 있다.

(ⅱ) 군사적 강제조치

제41조에 의한 비군사적 강제조치가 불충분한 것으로 인정되거나 판명되는 경우, 안보리는 육·해·공군에 의한 시위·봉쇄 및 기타 작전 등 무력사용을 통한 군사적 강제조치(military enforcement action)를 결정할 수 있다(제42조). 모든 회원국은 군사적 강제조치를 취하는 데 필요한 군대·원조 및 통과권을 포함한 편익을 안보리가 이용할 수 있도록 특별협정(special agreements)을 체결하고(제43조), 회원국들이 파견한 군대로 구성된 UN군을 지휘하고 안보리를 조언하기 위한 군사참모위원회(military staff committee)가 설립되어야 한다(제47조). 그러나 냉전체제 하 미소 간의 대립으로 특별협정이 한 건도 체결되지 않아 UN군과 군사참모위원회를 구성할 수 없게 되고, 강제조치를 실행할 자체 병력을 갖지 않은 안보리는 집단안전보장제도에 필수적인 군사적 강제조치를 결정할 수 없게 되었다. 헌장상 당초 예정된 집단안전보장을 위한 군사적 강제조치가 작동하지 못하게 되자, 안보리는 대신 평화유지활동이나 제7장에 따라 회원국의 무력사용을 승인함으로써 불완전하게나마 집단안전보장제도를 보완하고 있다.

(ⅲ) 지역적 협정·기구에 의한 강제조치

헌장은 국제평화와 안전의 유지에 관한 지역적 조치에 적합한 사항을 처리하기 위한 지역적 협정 또는 기관의 존재를 인정한다(☞ p.666). 지역적 협정이나 기구에 속하는 회원국은 분쟁을 안보리에 회부하기 전에 지역적 협정이나 기구를 통해 해결하도록 노력해야 한다(이상 제52조).

안보리는 비군사적 또는 군사적 강제조치를 위해 적절한 경우에는 지역적 협정이나 기구를 이용할 수 있다. 그러나 지역적 협정이나 기구가 강제조치를 취할 때는 안보리의 허가를 받아야 한다(제53조). 안보리가 강제조치를 위해 지역적 협정이나 기구를 자주 사용하는 것은 아니나, 1999년 결의 1244호를 채택하여 NATO의 코소보 내 국제안보군(International Security Presence) 배치를 승인한 바 있다.

3. UN 평화유지활동

가. PKO 활동의 근거

UN 평화유지활동(PKO: Peace-Keeping Operations, 이하 'PKO')은 안보리가 회원국의 병력으로 구성한 평화유지군(PKF: Peace-Keeping Force)을 분쟁지역에 파견하여 휴전 감시와 국경 통제 등을 통해 분쟁을 예방하는 활동이다. PKO는 헌장상 명문의 규정이 없으나, UN의 일정 경비에 관한 권고적 의견(1962)에서 ICJ는 묵시적 권한 원칙에 근거하여 이를 처음 인정하였다. 함마슐드 전 사무 총장은 PKO를 성격상 제6장(외교적·사법적 수단에 의한 분쟁의 평화적 해결)과 제7장(집단안보를 위한 강제조치) 사이, 즉 6.5장(Chapter 6 and a half)의 조치라고 규정하였다. PKO는 분쟁 당사국의 동의를 얻어 수행된다는 점에서 안보리가 결정하는 제7장의 강제조치와 차이가 있다.

> ### ⚖ UN의 일정 경비에 관한 권고적 의견(1962)
>
> 1956년 수에즈운하 사태 시 총회결의에 의해 파견된 제1차 UN 긴급군(UNEF I)과 1960년 안보리 결의에 따라 파견된 콩고 UN군(ONUC)의 경비와 관련, 총회는 헌장 상 규정이 없는 PKO 경비가 헌장 제17조2항의 '이 기구의 경비'에 해당하는지 ICJ에 권고적 의견을 요청하였다. 소련과 프랑스 등 일부 회원국은 '조치를 필요로 하는 것'은 총회 토의 전후에 안보리에 회부되어야 하므로(제11조2항) UNEF I 파병이 총회결의로 이루어진 것은 헌장 위반이며 총회의 UNEF I 파견 결정은 월권행위라고 주장하였다. ICJ는 다음과 같이 권고적 의견을 제시하였다.
>
> - 안보리는 국제평화와 안전 유지에 관해 1차적 책임을 지지만 안보리의 권한은 배타적이지 않고, 총회도 국가 간의 우호관계를 해칠 우려가 있는 사태의 평화적 조율을 위한 조치를 권고(제14조)하는 등 2차적 책임을 진다.
> - UN의 각 기관은 스스로 관할권을 결정하므로 총회의 그러한 결정이 권한을 벗어난 것은 아니라고 추정된다.
> - 총회 토의 전후에 안보리에 회부되어야 하는 '조치'(action)는 안보리의 권한에 속하는 제7장에 의한 강제조치를 의미하는 것으로 PKO는 이러한 '조치'에 해당

> 하지 않고, 총회는 국제평화와 안전을 위해 포괄적인 권한을 가지므로 PKO에 대
> 해 안보리에 회부하지 않고 토의할 수 있다.
> • 헌장상 PKO에 관한 명문 규정은 없으나 PKO는 UN의 전반적인 목적과 기능 수
>   행을 위해 필요한 활동으로서(묵시적 권한 원칙), 평화유지군의 설치 근거는 제
>   29조(안보리의 보조기관 설치)에 있다.
> • UNEF I과 ONUC 활동과 관련한 경비는 제17조2항의 UN 경비에 해당하므로 회
>   원국은 PKO 경비를 분담할 의무가 있으며, 기구의 예산을 심의할 뿐만 아니라
>   승인하는 권한(제17조1항)을 가진 총회는 관련 경비를 결정하여 회원국들에 할
>   당하는 권한을 가진다.

나. 설치

PKO는 안보리의 보조기관으로 설치되며, 안보리는 PKO의 설치, 임무·규
모·전략적 평가와 조정, 임무 종료를 결정한다. PKO는 1948년 중동지역에
UN정전감시기구(UNTSO)가 설치된 이래 58개의 PKO를 완료하였고, 현재는
12개 PKO(87,500명)가 진행 중이다. 수에즈운하 사태와 관련하여 1956년 이집
트에 파견된 UNEF 등 처음 2회는 총회결의로 파견하였으나, 이후에는 모두 안
보리가 결의하여 파견되었다.

평화유지군 파견을 위해서는 원칙적으로 파견 및 배치에 대해 수용국이
동의하고, 평화유지군은 분쟁당사자 간 공평성을 유지해야 하며, 교전규칙
(ROE: Rules of Engagement)상 자위를 위한 최소한의 무력사용만 가능하였다.
그러나 제7장에 따라 안보리 강제조치가 적용되면 해당 국가의 동의 없이 평
화유지군 파견이 가능하고 민간인 보호를 위해 제한된 무기사용을 허용하는
등, 기존의 원칙들을 개별 임무에 맞게 유연하게 적용하고 있다. 이 경우 평화
유지군은 1949년 「제네바협약」상 전투원은 아니지만, 협약의 제 규정과 적용
가능한 한 인권조약이 적용된다.[1]

----
1 한편 국제평화와 안전 유지 활동에 참가하는 UN과 UN 요원의 안전을 확보하기 위해 「UN과
   UN요원의 안전에 관한 협약」이 1999년 발효하였다(남북한 가입).

다. 기능과 운용

초기 PKO는 휴전 감시와 완충지대 통제 등을 통해 분쟁을 예방하는 평화유지 기능을 수행하였다. 냉전 해체 이후 PKO는 소극적인 분쟁예방을 넘어 평화강제와 평화구축도 포함하는 적극적이며 복합적 성격의 활동으로 변화하고 있다. 인도적 구호(1992년 제2차 보스니아 평화유지군: UNPROFOR II, 1992년 제1차 소말리아 활동단: UNOSOM I), 군대 해산 및 무장해제(1992년 엘살바도르 감시단: ONUSAL, 1993년 제2차 소말리아 활동단: UNOSOM II), 분쟁 후 국가 사회 재건·통치 활동(1992년 UN 캄보디아 잠정통치기구: UNTAC, 1999년 UN 동티모르 잠정통치기구: UNTAET), 선거관리 및 선거 절차 감시(1999년 코소보 UN 임시행정당국 UNMIK), 인권감시 및 난민송환 활동까지도 수행하게 되었다. 국가 간 분쟁뿐만 아니라 내전에도 PKO가 파견되면서 제7장에 근거하여 강화된 PKO를 승인하는 결의안들이 나오고 있다.

평화유지군은 UN의 지휘 아래 활동한다. 안보리로부터 지휘권을 위임받은 사무총장이 최고사령관으로서, 특별대표와 군사령관을 통해 평화유지군을 지휘한다. 사무국은 PKO의 구성 및 활동에 필요한 예산을 조달하고 적정 병력·장비를 확보하여 배치한다. PKO 부대는 UN 사무국의 요청에 따라 UN 회원국들이 제공하는 군인 또는 경찰·민간인으로 구성되며, 국별 파견 부대는 평화유지군으로 통합되어 통일 사령부의 지휘하에 임무를 수행한다. 평화유지군은 UN의 깃발 아래 푸른 헬멧(blue helmet)과 UN군 휘장을 착용하며, UN이 인원·장비·시설 및 유지 비용을 부담한다. 회원국은 정규 분담금과는 별개로 PKO 분담금을 납부해야 한다. 수시로 발생하는 PKO 수요에 대응하여 적시에 개입할 수 있도록 회원국과 상비협정(UN Stand-by Agreement)을 체결하여 병력 및 장비 등을 상시 비축하고 있다.

한국은 1993년 제2차 소말리아 활동단(UNOSOM II)에 참가하기 시작하여, 현재는 레바논·남수단·서부 사하라 등 PKO에 참가하고 있다. 한편 국군의 외국 파병은 헌법에 따라 국회가 동의해야 하는 사항(제60조2항)이므로, 평화유지군을 파견할 때마다 국회 동의를 받은 후 파병 부대를 구성하여 훈련해야만 했기 때문에 수시로 발생하는 PKO 수요에 신속히 대응하기 어려웠다. 이에 따라 2010년 『UN 평화유지활동 참여에 관한 법률』을 제정하여 PKO 상비부대(이미 파견된 병력을 포함하여 1천 명 이내)를 운용하고 있다.

라. PKO 활동에 대한 책임

PKO 활동은 원칙적으로 UN이 책임진다. 다만 UN은 자신의 실효적 통제 하에서 이루어진 PKO의 위법행위에 대해서만 책임을 진다(☞ 국제기구의 책임 p.175). 1995.7. 구 유고의 스레브레니차 지역의 UN 지정 안전지대에 대피하던 보스니아 회교도 1만여 명이 세르비아 군대에 의해 살해된 사건과 관련, 네덜란드 정부는 PKO 활동에 따른 책임은 UN에 귀속된다고 주장하였으나, 네덜란드 대법원은 네덜란드가 파견한 PKO 부대가 이를 막지 못한 데에 대해 실효적으로 이를 통제한 네덜란드가 전적으로 책임져야 한다고 판결하였다.

평화유지군은 UN 직원으로서 UN과 접수국 간 체결된 주둔군지위협정 (SOFA)에 따라 임무 수행에 필요한 특권·면제를 누린다. UN이 PKO 활동을 통제하지만, 통상적으로 PKO 병력에 대한 재판관할권은 주둔군지위협정상 파견국이 가진다. 평화유지군에 대한 접수국의 형사재판관할권은 면제되며, 민사재판관할권도 공무집행과 관련된 사건의 경우에는 면제된다.

4. 안보리의 승인에 의한 무력사용

가. 무력사용 승인의 근거

안보리는 자체 병력이 없으므로 제42조에 의한 군사적 강제조치를 스스로 집행할 수 없지만, 대신 국제평화와 안전의 유지를 위해 회원국들이 자발적으로 연합하여 결성한 **다국적군**(MNF: Multi-National Forces)에 대해 필요한 모든 수단을 사용할 권리(use all necessary means), 즉 무력사용 권한을 승인(authorization)하고 있다. 헌장 해석상 안보리는 회원국의 무력사용 권한을 승인할 수 있는

묵시적 권한을 갖는다고 볼 수 있으며, 이는 한국전쟁 당시 미군 주도의 통합
군을 인정한 이래 관행적으로 인정되고 있다. 안보리의 무력사용 승인은 분쟁
을 평화적으로 해결할 수 있는 모든 수단이 고갈되고 평화에 대한 위협이나 파
괴 또는 침략이 실제로 존재한다는 것이 확실할 때 최후의 수단으로 허용된다.

　　다국적군은 평화유지군과 달리 UN의 지휘·통제가 아닌 자체의 지휘체계
를 구성하며 원칙적으로 참가국들이 병력·비용·장비 등을 부담한다. 다국적군
의 활동은 UN의 승인에 의한 것이지만 UN이 이를 실효적으로 지배하지 않으
므로, 다국적군의 위법행위에 대해서는 파견국이 책임을 진다.

나. 무력사용 승인 사례

　　1966년 로디지아에 대한 수출금지 결의를 이행하기 위해 영국이 필요하다
면 군사력을 사용하도록 처음 승인(221호)한 이래, 1990년 이라크의 쿠웨이트
침공 시에도 필요한 모든 수단을 사용할 권리를 승인(678호)하였다. 안보리는
제7장에 따라 이라크의 쿠웨이트 침공을 국제평화와 안전을 파괴하는 행위로
규정하고, 결의 678호를 채택하였다. 결의는 이라크군이 쿠웨이트로부터 즉각
철수할 것을 요구하고, 쿠웨이트 정부와 협력하는 회원국들이 이 지역에서의
국제평화와 안전을 확보하는 데 필요한 모든 수단을 사용하도록 하였다. 안보
리의 무력사용 승인에 따라, 1991.1. 미국이 주도하는 다국적군은 군사작전을
감행하여 이라크군을 쿠웨이트로부터 퇴각시켰다('1차 걸프전'). 2003.3. 미국은,
이라크가 WMD의 제거와 그 의무 확인을 위한 사찰단(UNMOVIC) 활동에 대해
적극적으로 협력할 것 등 정전조건을 규정한 결의 687호를 위반하였으며, 또한
결의 1441호가 이라크가 정전조건을 이행하지 않으면 중대한 결과(serious
consequence)에 직면할 것이라고 규정하였으므로, (적용 시한이 명시되지 않은)
678호에 따른 무력사용 권한을 계속 행사할 수 있다고 주장하고, 미·영 연합
군을 다시 구성하여 이라크를 공격하였다('2차 걸프전'). 미국은 이후 결의 1483
호 및 1511호 등에 의해 다국적군의 무력사용이 사후 승인되었다는 입장이었
으나, 러시아·중국·프랑스·독일 등은 1차 걸프전 종료로 678호는 소멸하였으

며, 2차 걸프전은 자위권 발동이 아니므로 헌장상 무력사용 금지 의무를 위반한 것이라고 주장하였다.

　　그 밖에도 안보리의 승인에 의해 다국적군이 무력을 사용한 사례들이 있다.

- 결의 788호(1990): 서아프리카경제공동체(ECOWAS) 감시단이 라이베리아에서의 대규모 인권 유린 사태에 개입하자, 안보리는 결의 788호를 채택하여 동 감시단의 무력사용을 사후적으로 승인하였다.

- 결의 794호(1992): 소말리아 내전과 관련한 대규모 인권침해 사태를 평화에 대한 위협으로 보고, 제7장에 따라 사무총장과 회원국이 내전 상황에서 순수한 인도적 구호 활동이 가능한 안전한 환경을 확보하는 데 필요한 모든 수단을 사용할 권한을 승인하고 1차 소말리아 활동단(UNOSOM I)과 미군이 참여한 통합사령부(UN Task Force)를 설치하였다. 안보리는 1993년 결의 814호를 채택하여 무장 파벌 세력 격퇴를 목표로 2차 소말리아 활동단(UNOSOM II)를 설치하고, 결의 837호를 채택하여 회원국의 군사지원을 요청함으로써 미군이 재파병되었다. 2차 소말리아 활동단은 PKO 활동에 헌장 제7장의 강제조치를 적용한 첫 사례로서, 그 밖에 시에라리온(1270호, 1289호), 콩고(1291호) 등에서도 적용되었다.

- 결의 929호(1994): 르완다 내란으로 인해 대량 학살이 발생하자 안보리는, UN르완다지원단(UNAMIR: UN Assistance Mission in Rwanda)활동과는 별개로, 회원국들이 사무총장과 협력하여 인도적 목표 달성을 위해 필요한 모든 수단을 사용하도록 승인하였다. 이에 따라 프랑스가 주도하여 민 보호를 위한 안전지역 설치 및 구호 활동을 수행하였다.

- 결의 940호(1994): 불법 쿠데타에 의해 집권한 Haiti 군사정부를 제거하여 민주 정부를 복원할 수 있도록 필요한 모든 수단을 사용하도록 결정함에 따라, 미국 주도의 다국적군이 파견되었다.[2]

2　그 밖의 안보리 승인 사례로, 크로아티아(958호), 보스니아(1031호), 코소보(1244호), 동티모르(1272호), 아프가니스탄(1386호, 1510호), 이라크(1546호), 리비아(1973호) 등이 있다.

안보리가 PKO 활동 또는 다국적군 파견 시 무력사용을 승인한 결의의 위임(mandate) 범위와 관련하여 해석상 논란이 빈발하자, 근래에는 결의에 목표·적용 기한·보고 의무 등을 세부적으로 명확히 규정하는 추세이다.

5. 관련 문제: 보호책임

안보리는 전통적으로 인권 문제에 대한 개입을 회피하였으나, 근래에는 인권 보호를 위해 적극적으로 관여하고 있다. 국제사회가 보호해야 할 핵심 가치로서 인권을 인식하게 된 것이다. 국경을 넘어 영향을 미치는 대규모 인권 유린 사태가 국제평화와 안전에 대한 위협을 구성하는 것으로 규정하고, 인권 유린 사태를 종식하기 위한 무력사용을 승인하였다. 이라크 북부 쿠르드족 보호를 위해 UN 사무총장이 모든 가용자원을 사용하여 인권침해 방지 및 인도적 구호활동을 할 것을 요구한 결의 688호(1991)를 비롯하여, 소말리아(794호), 보스니아(836호), 르완다(929호) 등에서 발생한 심각한 인권침해에 대해서도 인도적 구호활동을 위한 무력사용을 승인하였다.

개별 국가의 극심한 인권 유린 상황에 대해 안보리의 인도적 개입이 빈번해지자, UN 차원에서 이에 대해 일정한 기준을 마련해야 한다는 주장이 나오며 보호책임에 대한 논의가 본격화되었다. 보호책임은 국가가 대규모 잔혹 행위로부터 국민을 보호할 능력이나 의사가 없거나 국가 자체가 가해자일 때에는 국내문제 불간섭의 원칙에도 불구하고 국제사회가 불가피하게 나서서 보호할 책임이 있다는 것으로, 국가 주권의 원칙과 인권 존중의 원칙을 결합한 것이다. 2005년 UN 세계정상회의 결의문에서 보호책임(Responsibility to Protect: R2P)이 수용되었으며, 2005년 UN 총회는 이를 결의로 채택하였다.

보호책임은 3개의 축으로 구성되어 있다.

첫째, 국가는 국가 주권의 원칙에 따라 Genocide·전쟁범죄·인종청소 및 인도에 반한 죄와 이들 범죄에 대한 선동으로부터 주민을 보호해야 하는 우선적인 보호책임이 있다. 4개 국제범죄에 한하여, 각국이 자국민뿐만 아니라 외국인도 포함하는 주민(population)을 보호할 책임을 규정하였다. 둘째, 국제공동체는 국가들이 이들 4개 국제범죄로부터 주민을 보호할 수 있도록 (관련 국가들의 동의를 받아) 개별 국가의 역량 강화를 지원하고 장려함으로써 4개 국제범죄 실행과 선동을 예방할 국제공동체의 예방책임(responsibility to prevent)을 규정하였다.

셋째, 국제공동체는 4개 국제범죄로부터 주민을 보호하기 위해, 외교적·인도적 그리고 평화적인 수단을 통해, 그리고 평화적인 수단이 불충분하고 국가가 명백히 주민을 보호하지 못할 때는 헌장 제7장에 따른 더 강력한 수단을 통해, 시의적절하고 과감한 행동을 취해야 할 대응책임(responsibility to react)이 있다. 제7장에 따른 강제조치를 결정할 수 있는 안보리가 대응책임을 허가할 권한을 갖는다.

보호책임은 국제공동체가 4개 국제범죄를 예방하고 궁극적으로 안보리가 헌장 제7장에 따라 단계적으로 행동할 책임을 규정한 것으로, 개별 국가가 무력을 사용하여 인도적 개입을 할 수 있는 권리를 인정한 것이 아니다. 또한 보호책임이 법적 의무화한 것은 아니다. 보호책임은 극심한 인권 유린에 대처하려는 국제공동체의 집단적 정치적 선언으로, 국가의 법적 확신을 얻어 국제법 규칙으로 생성되어 가는 중이다.

안보리가 2006.4. 결의 1674호에서 처음으로 보호책임을 확인한 이래, 코트디부아르(2006)·리비아(2011)·예멘(2011)·말리(2012/2013)·수단 및 남수단(2011/2013)·중앙아프리카(2013)·시리아(2014) 등 다수의 결의에서 보호책임을 적용하였다. 2011년 카다피 정권의 자국 민간인에 대한 광범위하고 체계적인 공격이 인도에 반하는 죄임을 고려하고 민간인을 보호하는 데 필요한 모든 수단을 사용할 것을 승인한 안보리 결의 1973호가 보호책임을 적용한 성공적인 사례이지만, 2014년 시리아에 대한 안보리 결의 2254호는 보호책임의 한계를 보여준 실패 사례라 할 수 있다. 또한 2021년 미얀마 사태와 같이 대규모 인권 침해 사태에도 불구하고 중·러의 거부권 행사로 안보리가 아무런 조치를 취하지 못한 것은 보호책임의 한계를 극명히 드러낸 사례이다.

III. 총회

국제평화와 안전의 유지에 관한 안보리의 권한은 1차적이지만, 배타적인 것은 아니다. 총회도 국제평화와 안전의 유지와 관련하여 부차적이지만 일정한 권한을 가지고 있다. 총회는 국제평화와 안전의 유지를 위한 협력의 일반원칙(군비축소·군비규제 포함)을 심의하고, 회원국이나 안보리에 권고할 수 있다(제11조1항). 또한 일반적 복지 또는 국가 간의 우호관계를 해칠 우려가 있는 어떠한 사태에 대해서도 평화적 조율을 위한 조치를 권고할 수 있다(제14조).

총회는 회원국이나 안보리 또는 비회원국이 회부한 국제평화와 안전의 유지와 관련한 어떠한 문제도 토의하고 안보리 또는 관련국에 권고할 수 있으나, 조치가 필요한 문제는 토의 전이나 후에 안보리에 회부해야 하고(제11조 2항), 국제평화와 안전을 위태롭게 할 우려가 있는 사태에 대해 안보리에 주의를 촉구할 수 있다(제11조3항).3 그러나 안보리가 어떠한 분쟁(dispute)이나 사태(situation)와 관련하여 헌장에서 부여된 임무를 수행하고 있는 동안에는 총회는 안보리의 요청이 없는 한 어떠한 권고도 하지 않는다(제12조1항). 총회가 안보리의 조치에 반하는 권고를 하는 것을 방지하기 위한 것이다.

실제 총회는 안보리가 국제평화와 안전에 관해 일차적 책임을 다하지 못하는 경우, 안보리가 논의 중인 사안에 대해서도 권고를 채택하고 있다. 1950.6. 한국전쟁 발발 직후 채택된 안보리 결의 3건(82, 83, 84호)은 소련이 불참한 가운데 이루어졌다. 그러나 1950.8.1. 소련이 안보리에 복귀한 후 거부권을 계속 행사하여 안보리가 헌장에서 부여된 임무를 수행하지 못하게 되자, 1950.11. 미국의 주도 아래 **평화를 위한 단결 결의**(Uniting for Peace Resolution)(제377호)가 총회에서 채택되었다. 결의는 안보리가 어떠한 분쟁이나 사태와 관련하여 헌장에서 부여된 임무를 수행하지 못하는 상황, 즉 안보리가 상임이사국의 거부권 행사로 국제평화의 안전과 유지를 위한 일차적 책임을 다하지 못

----

3 마브로마티스양허사건(1924)에서 PCIJ는 사태란 국제적인 마찰을 초래하는 국가 간의 상태로 분쟁의 전 단계라고 하였다.

하면, 총회가 즉각 문제를 심의하여 평화의 파괴 또는 침략행위에 대해 필요하다면 무력사용을 포함하는 집단적 조치를 회원국에 *권고*할 수 있고, 총회가 회기 중이 아닌 경우에는 안보리의 7개 이사국 또는 총회 회원국 과반수가 요청하면 24시간 이내에 **비상특별회기**(ESS: Emergency Special Session)를 소집할 수 있도록 하였다. 결의는 특히 제3세계 국가들에 의해 적극 활용되고 있다. 1956년 이집트의 수에즈운하 국유화 조치 후 영국·프랑스·이스라엘이 이집트를 침공하자 동 결의에 근거하여 총회 비상특별회기가 소집되어, 이집트와 이스라엘 간 완충지대에 제1차 UN 긴급군(UNEF I)의 파견을 결의하였다. 1956년 헝가리 사태, 1979년 소련의 아프가니스탄 침공, 1982년 이스라엘의 시리아령 골란고원 점령도 다루었으며, 2003년 제10차 총회 비상특별회기에서는 이스라엘이 팔레스타인 점령지역에 건설하는 장벽이 국제법상 합치하는지에 대한 권고적 의견을 ICJ에 요청하기로 결의하였다. 2022.3. 러시아의 우크라이나 침공과 관련하여 소집된 제11차 비상특별회기에서는 러시아의 침략을 강력히 규탄하고 군사행동 중단 및 철군을 요구하는 결의안을 채택하였다.

제12장
국제인도법과 「제네바협약」

I. 전통 국제법하 전쟁

1. 평시 국제법과 전시 국제법

중세 정전론이 쇠퇴한 이후 근대 국제법하에서는 주권국가가 전쟁에 호소하는 것이 불법이 아니라 권리로 인식되었다. 교전국 간에 개전 절차가 정당하게 이루어지면 평화상태(state of peace)는 전쟁상태(state of war)로 전환하였으며, 교전국 간에는 전쟁상태가 종료될 때까지 평시 국제법(international law of peace)이 아닌 전시 국제법(international law of war), 즉 전쟁법(law of war)이 적용되었다.

전쟁상태는 개전 절차가 이루어진 교전국(belligerent) 사이에서만 발생한다. 그 밖의 나라는 개전 절차를 밟아 스스로 교전국 중 어느 한 편에 참전을 선언하지 않는 한, 중립국(neutral country)이 되었다. 따라서 전시 국제법은 교전국 간에 적용되는 교전법규와 교전국과 중립국 간에 적용되는 중립법규로 구성된다. 중립국 간에는 평시 국제법이 계속 적용된다.

2. 교전법규와 중립법규

가. 교전법규

교전법규(laws of warfare)는 전시 교전국 간에 적용되는 법규를 말한다. 근세 유럽 국가의 전쟁 관행과 그로티우스로 대표되는 근대 국제법학자들의 학설을 통해 형성된 관습법으로서, 19세기 중반 이후 조약의 형태로 법전화되며 발전하였다.

교전법규는 교전국이 공평하게 전쟁을 수행할 수 있는 전쟁 개시의 절차, 교전국 간의 전투 수단과 방법, 전쟁희생자의 보호, 전시점령, 전쟁의 종료 등을 규율한다. 전통 국제법상 전쟁은 교전국이 선전포고나 최후통첩을 통해 적국 및 중립국에 전의(戰意: *animus belligerendi*)를 명시적으로 표명해야만 합법적으로 개시되었다.

교전법규는 교전국이 전쟁을 통해 달성하려는 목적을 위한 **군사적 필요성**(military necessity)과 전쟁 상황에서도 인간에게 불필요한 고통을 주는 것을 피하려는 **인도적 고려**(humanitarian considerations)라는 상충하는 요구 사이에서 균형을 이루고 있다. 전통 국제법하에서 교전국이 전쟁 중 자국의 중대 이익이 위험에 직면하는 경우 군사적 필요성에 의해 전쟁법의 준수 의무로부터 면제된다는 주장을 교전조리(交戰條理) 또는 전수론(戰數論: kriegsräson)이라 한다. 하지만 전쟁법은 이미 군사적 필요와 인도적 고려를 타협한 결과이므로, 다시 군사적 필요를 적용할 수 없다는 것이 통설이다.

교전국이 적대행위(act of hostility)를 할 수 있는 공간인 교전구역(region of war)은 교전국의 영역과 공해 및 공공이다. 중립국 영역이나 국제법상 적대행위가 금지된 공역(국제해협, 남극)에서는 적대행위를 할 수 없다. 적대행위가 이루어지는 공간에 따라 육전법, 해전법 및 공전법으로 구분된다.

나. 중립법규

(ⅰ) 중립의 의무

전시 교전국과 중립국의 관계를 규율하는 국제법이 중립법규(laws of neutrality)이다. 중립법규는 교전국을 대등하게 대우하는 무차별 전쟁관과 함께 나타났다. 전쟁에 참여하여 교전국이 될 것인지 중립을 유지하는 중립국이 될 것인지는 각국이 결정하며, 중립국은 선언이나 통고를 통해 중립국의 지위를 갖게 된다. 중립은 단순히 어느 교전국도 지지하지 않는다는 정치적 입장이 아니라, 교전국과의 사이에서 중립국으로서 일정한 권리와 의무를 수반하는 법적 지위이다.

중립국은 교전국에 대해 공평하고 원조하지 않을 중립의무를 진다. 구체적으로 ① 교전국 일방 또는 쌍방에 대해 전쟁 수행을 직·간접적으로 원조하지 않을 자제 의무(군대 제공, 병기 등 군수품의 지원 등), ② 자국 영역이 교전국의 전쟁 수행에 이용되지 않도록 하는 방지 의무(자국 영역 내 교전국 군대·군수품 등의 통과, 통신장비의 설치, 교전국 군함의 자국 영해 내 임검·포획·수색 활동 등), ③ 교전국의 전쟁행위로 인하여 받는 불이익을 묵인할 의무이다. 이러한 의무는 중립국의 의무이므로, 중립국 국민이 의용병(volunteers)으로 일방 교전국의 군대에 가담하거나 원조해도 국적국인 중립국이 중립의무를 위반한 것은 아니다.

⚖ 알라바마호 중재사건(미국 v. 영국 1872)

미국 남북전쟁 중 영국은 남군을 교전단체로 승인하고 중립을 선언하였다. 1861년 영국의 민간 조선소는 남군이 주문한 선박 Alabama 호를 건조하여 남군으로 이관하였다. 무장한 Alabama 호는 연방군 상선을 해상 포획하는 등 연방군에 막대한 타격을 입혔으나, 1864년 연방군에 의해 침몰당하였다. 전쟁이 끝난 후 연방군은, 영국에 이를 사전 통보하였음에도 불구하고 영국이 상당한 주의를 기울이지 않아 Alabama 호가 건조되어 남군에 이관된 것은 중립의무를 위반한 것이라고 주장하며, Alabama 호가 연방군에 끼친 피해를 배상할 것을 요구하였다. 1871.5. 양국은 영국·미국·이탈리아·스위스·브라질이 지명하는 5명의 재판관으로 구성된 중재재판소를 스위스 제네바에 설치하기로 합의하였다.

중재재판부는, 영국이 자국 내에서 교전국 군함의 건조·출항을 방지해야 하는 중립의무를 이행하지 않았고, 중립의무를 위반하지 않도록 자국 항구나 자국민에 대해 상당한 주의를 다하지 않은 데 따른 손해배상을 명령하였다. 영국은 동 선박의 건조를 금지하는 국내법이 없어 이를 막을 수 없었다고 항변하였으나, 중재재판부는 영국은 국제법상 의무 불이행에 대한 면책 사유로 국내법령 미비를 원용할 수 없다고 판정하였다.

중재재판소는 영국이 미국이 입은 피해에 대해 1,550만 달러를 배상할 것을 판정하였다.

(ii) 전시금제품과 전시봉쇄

교전국은 제3국 또는 그 국민이 적국을 군사적·경제적으로 지원하는 것을 차단하려 하나, 제3국들은 교전국을 원조하지 않으면서 전쟁 기간에 교전국과 교역을 계속하길 희망한다. 교전국과 제3국 간의 이러한 상반된 이해를 타협한 중립법규가 전시금제품(contraband of war)과 전시봉쇄(belligerent blockade) 제도이다.

중립에 관한 최초의 조약인 1856년 「파리선언」(Paris Declaration Respecting Maritime Law)에서는 적선과 적화는 포획하되, 중립국 선박이 운송하는 전시금제품 이외의 화물은 포획을 금지하였다. 교전국 군함은 적국 또는 적국 군대로 향할 수 있는 화물을 적재한 중립국 선박을 중립국 영수 이외의 수역에서 임검하여, 적국의 전쟁 수행 능력을 높이는 전시금제품이 발견되었을 때는 이를 포획한 후, 포획재판소(prize court)의 심판을 거쳐 몰수할 권리를 가지며, 중립국은 자국 선박에 대한 임검을 묵인할 의무를 진다. 그러나 교전국들이 자의적으로 전시금제품을 확대 지정함으로써 중립국의 자유로운 교역이 제한받게 되었다.

전시봉쇄는 교전국 해군이 적국 또는 적국 점령지의 항구나 연안의 해상교통로를 주변 해역에서 무력으로 차단하는 것을 말한다. 전시봉쇄의 사실을 알면서 이를 침파하는 적국과 중립국의 선박·항공기를 포획하고 그 화물은 전시금제품 여부와 관계없이 몰수할 수 있으며, 중립국은 이를 묵인할 의무가 있다. 전시봉쇄는 교전국이 남용하지 않도록, 요건이 엄격하게 설정된다. 봉쇄는 모든 국가의 선박에 대해 공평하게 실시되고, 적국 및 중립국에 선언·통보되어야 한다. 또한 실효적이어야 하며, 실효성이 없는 서면 봉쇄(paper blockade)는 효력이 없다. 양차 세계대전에서 교전국들은 종종 실효성 없이 광대한 수역에서 해상운송을 규제하는 '장거리 봉쇄'를 실시하였다.

하지만 양차 세계 대전 중에는 전쟁 불참 입장을 견지하면서도 일방 교전국을 원조하는, 교전국도 중립국도 아닌 이른바 '비교전국'(non-belligerent)이 출현하였다. 미국은 1941.3.『무기대여법』(Lend-Lease Act)을 제정하여 영·프·중·소 등 연합국에 대하여 군함·군항공기·식량·석유 등 막대한 물자를 공급하면서도 비교전국의 입장을 취하였다.

Ⅱ. 국제인도법

1.「UN헌장」과 전시 국제법

제2차 세계대전 후「UN헌장」에 의해 사실상의 전쟁을 포함한 모든 무력 사용이 금지되고 UN 집단안전보장체제가 들어서자, 교전국 간의 대등한 관계는 침략국과 피침략국의 관계로 대치되었다. 무력사용이 금지되었으므로 교전 법규 중 전쟁 선언(선전포고)은 존재 의미를 잃게 되었다. 하지만 침략국에 대한 자위권 행사 등 여러 형태로 무력충돌은 실제 발생하기 때문에 전투 방법·해적 수단의 규제나 민간인 보호 등에 관한 규범은 여전히 유효하다.

반면에 교전국을 대등하게 취급하면서 어느 일방에 가담·원조하지 않아야 하는 중립제도는 침략국을 제외한 모든 국가가 피침략국을 원조해야 하는 집단안전보장제도와는 양립할 수 없게 되었다.「UN헌장」하에서 안보리가 평화의 파괴 등을 판단하여 제7장에 따라 침략국에 대해 강제조치를 결정하면 모든 회원국은 이에 구속되어 중립을 유지할 수 없기 때문이다. 제42조에 따른 안보리 자체의 군사적 조치는 불가능하지만, 제41조에 따른 비군사적 조치도 모든 회원국을 구속하므로, 전통적인 중립국의 자제 의무와 배치된다.[1] 이에 따라 전시금제품 제도나 전시봉쇄 등 중립법규는 이론적으로 적용 기반을 상실하게 되었다. 다만 안보리가 상임이사국의 거부권 행사 등으로 침략국을 결정하지 못하고 장기간 아무런 결정을 내리지 못하는 경우, 제3국의 중립 필요성이 제기되고 있다.

2. 국제인도법의 의의

「UN헌장」하 모든 무력사용이 금지되자, 전통적으로 국가 간 전쟁에 적용되어 온 '전쟁법' 대신, 게릴라전과 같은 새로운 형태의 비정규전이나 내란 등 비국제적 무력충돌을 포함하는 '무력충돌법'(law of armed conflicts, 또는 '무력분쟁법')이 사용되었으나, 이제는 '국제인도법'(international humanitarian law)이 일반적으로 사용되고 있다.

국제인도법은 모든 무력충돌에 적용된다. 무력충돌은 오래 지속되는 대규모의 폭력을 말한다. 국제인도법은 조약체결이나 해석에 있어 군사적 필요성보다 인도적 고려를 상대적으로 더 중시한다. 무력충돌의 희생자 보호를 목적으로 하는 제네바법만 국제인도법으로 보는 견해도 있으나, 전투원의 불필요한 고통 경감을 위한 헤이그법을 포함하는 넓은 의미로 국제인도법이 사용되고 있다. ICJ는 핵무기의 위협 또는 사용의 합법성에 관한 권고적 의견(1996)에서 헤이그법과 제네바법의 분류를 언급하면서 두 분야는 매우 밀접하게 관련되어 있으며, 점진적으로 하나의 복합체계(one single complex system)를 이루며 오늘날 국제인도법으로 알려졌다고 하였다.

국제인도법은 조약국제법(헤이그법과 제네바법)과 관습국제법으로 구성되

----
1 영세중립국인 오스트리아와 스위스는 조약에 의해 자위권 이외에 전쟁에 참여하지 않는다는 의무를 부담한다. 중립의무에도 불구, 양국은 1955년 및 2002년 각각 UN에 가입한 이후 안보리가 결정한 비군사적 강제조치를 이행하고 있다.

며, 헤이그법과 제네바법의 주요 규정은 관습국제법화하였다.

국제인도법과 국제인권법

국제인도법과 국제인권법은 원칙적으로 적용되는 상황이나 대상이 상이하다. 국제인도법은 무력충돌시 적대행위에 참여하지 않는 부상자·병자·포로·민간인 등 전쟁희생자의 보호를 주목적으로 하나, 국제인권법은 평시 모든 사람에게 차별 없이 적용된다. 국제인도법과 국제인권법은 다 같이 인간의 존엄성과 생명의 보호를 추구하지만, 국제인도법은 무력충돌이라는 급박한 상황에서 군사적 필요성을 고려할 수밖에 없으며, 국제인권법 또한 적용이 일부 제한될 수 있다. 다만 무력충돌 하에서도 인권침해를 최소화하기 위해 국제인권법은 고문금지(「고문방지협약」 제2조2항)나 아동보호(「아동권리협약」 제38조) 등을 명문화함으로써 국제인도법을 보완하고 있다.

팔레스타인 점령지역에서의 장벽 건설의 법적 결과에 관한 권고적 의견(2004)에서 국가의 관할 아래 있는 점령지역에서의 인권규범 적용과 관련하여 이스라엘은 자신이 가입한 국제인권규약은 평시 자국 정부로부터 시민을 보호하기 위한 것이므로 자국 영토가 아닌 점령지역에는 적용되지 않으며, 전시점령 지역에서의 무력충돌에는 국제인도법이 적용된다고 주장하였다. 그러나 ICJ는, ① 전시점령 중이라도 (자유권규약 제4조2항에 따라 적용이 정지된 경우를 제외하고는) 국제인권법 조항의 적용이 정지되는 것은 아니며, ② 국제인권규약과 「아동권리협약」은 당사국 영토 밖이라도 (합법 여부를 불문하고) 이스라엘의 실효적인 관할권 아래 있는 점령지역 내 주민에게 적용될 수 있고, ③ 장벽 건설은 점령지역에서의 추방·이송을 금지하는 「전시 민간인 보호에 관한 제네바협약」(제4협약)이나 인권협약 등에 의해 보호되는 팔레스타인인들의 권리를 침해하는 것으로 판단하였다.

3. 국제인도법의 구성: 헤이그법과 제네바법

가. 헤이그법

헤이그법(Hague law)은 교전자의 권리와 의무를 규정하고, 전쟁 수행 방법과 공격수단을 규제하여 교전자를 보호하기 위한 법이다. 19세기 후반 전쟁이 빈발하여 국제평화를 위협하자, 러시아와 네덜란드가 주도하여 개최된 1899년 제1차 헤이그 만국평화회의(Hague Peace Conferences)에서는 「국제분쟁의 평화적 해결에 관한 협약」, 「육전의 법과 관습에 관한 협약」('헤이그 제2협약') 및 부속 「헤이그 육전규칙」, 「해전에 관한 협약」이 채택되었다. 1907년 제2차 만국평화회의에서는 상기 3개 협약의 개정안과 「개전에 관한 협약」을 포함 10개의 협약이 채택되었으며, 이들 13개 협약은 헤이그법의 기본적인 문서로 현재까지 이어지고 있다. 「육전의 법과 관습에 관한 협약」과 「헤이그 육전규칙」은 관습국제법으로 인정되고 있다.

나. 제네바법

(ⅰ) 국제적십자위원회

제네바법(Geneva law)은 무력충돌하 전투 능력을 상실한 부상자·병자·포로와 적대행위에 가담하지 않은 민간인 등 전쟁희생자를 존중하고 보호하기 위한 법을 말한다. 무력충돌에서 과도한 군사적 필요성을 억제하여 전쟁희생자의 고통을 경감하고 인간의 존엄성을 확보하려는 것이다. 스위스 사업가 앙리 뒤낭은 이탈리아 통일전쟁 당시 솔페리노 전투(1859)에서 부상한 전투원들의 참상을 목격하고 인도적 구호 활동에 참여한 후 '솔페리노의 추억'을 썼다. 뒤낭은 1863년 스위스 제네바에서 국제적십자위원회(ICRC: International Committee of the Red Cross)를 창설하고, 국제인도법의 효시라 할 수 있는 1864년 「군대 부상병의 상태 개선을 위한 제네바협약」('제1차 적십자협약')을 스위스 정부가 발의하도록 하여 채택하였다. 이러한 공헌이 인정되어 국제적십자위원회는 1901년 제1회 노벨 평화상 수상자로 선정되었다. 대한제국도 1903년 협약에 가입하고, 1905년 대한적십자사가 창설되었다.

국제적십자위원회는 스위스 국내법에 따라 설립된 민간기구이다. 비정부 국제기구이지만, UN에서 옵서버 자격이 인정되고 각국과 조약을 체결하며 특권·면제를 인정받는 등 일정한 국제법 주체성을 갖게 되었다. 스위스도 ICRC의 국제 법인격을 인정하고 있다. 무력충돌에 관한 인도적 지원과 전쟁희생자 보호에 관한 여러 협약을 성안하고 협약 이행과정에서 일정한 역할을 수행한다.

(ii) 4개 「제네바협약」

군사과학 기술과 무기의 비약적인 발달로 민간인의 피해가 막심했던 제2차 세계대전에 대한 반성으로 1949년 제네바에서 외교회의가 개최되어 부상자·병자·조난자 구호 및 포로의 대우와 함께 민간인에 대한 인도적 대우를 새롭게 추가한 4개 제네바협약이 채택되었다. 4개 제네바협약은 「육전에 있어 군대의 부상자와 병자의 상태 개선에 관한 협약」(이하 '제1협약'), 「해상에 있어 군대의 부상자·병자·조난자의 상태 개선에 관한 협약」(이하 '제2협약'), 「포로의 대우에 관한 협약」(이하 '제3협약'), 「전시 민간인의 보호에 관한 협약」(이하 '제4협약')을 말한다. 당사국은 196개국이다. 한국은 1966년, 북한은 1957년 4개 제네바협약을 각각 비준하였다. 체약국은 일부 조항에 대해서 유보할 수 있으며, 한국은 제4협약의 제68조(간첩에 대한 사형 금지)을 유보하였다.

제1차 세계대전까지 체결된 전쟁 법규들은 교전국 모두가 조약의 당사국일 경우에만 해당 조약이 적용되는 이른바 '총가입 조항'(general participation clause 또는 *si omnes* clause)을 포함하였다. 이로 인해 교전국 중에 1개국이라도 조약 비당사국이면 해당 조약이 적용되지 않고, 체결국인 교전국 사이에서도 해당 조약은 적용되지 못하였다. 4개 제네바협약은 총가입 조항을 폐기하고, "충돌 당사국의 일방이 협약 당사국이 아니어도 협약 당사국은 그들 상호 간 협약의 구속을 받으며, 또한 협약 당사국이 아닌 충돌 당사국이 협약의 규정을 수락할 때는 당사국은 그 국가와의 관계에 있어서 협약의 구속을 받는다"고 규정(공통 제2조, 제1추가의정서 제96조2항)하여, 협약 적용범위를 확대하였다.

4개 제네바협약은 또한 전의를 표명하지 않은 무력충돌, 즉 '사실상의 전쟁'에 대해서도 적용된다(공통 제2조1항). 한편 내란은 전통적으로 국내법상의 문제로서 반도들은 국내 형법에 따라 처벌되었으며, 국제법이 적용되지 않았다. 그러나 반도가 해당 국가의 영역 일부를 사실상 장악하여, 중앙 정부 또는 제3국이 이를 교전단체로 승인하면 반도는 합법적인 교전단체로 인정되어 전쟁법이 적용되며, 제3국의 중립의무도 발생한다. 중앙 정부는 내란에 국제사회가 개입하는 것을 원치 않기 때문에 가능한 반란단체를 교전단체로 승인하지 않고 국내 형법상 범죄로 처벌하기를 원한다. 내란의 경우 제3국은 중앙 정부에 대해서는 모든 지원을 할 수 있으나, 반란단체에 대해서는 국내문제 불간섭의 원칙에 따라 인도적 지원 이외에는 지원할 수 없기 때문이다. 야만적인 스페인 내전(1936~1939)을 겪은 후 개최된 1949년 제네바협상에서 협약 적용 대상에 장기간 대규모로 발생하는 내전도 포함할 것인지가 크게 논란이 되었다. 이에 따라 4개 제네바협약은 무력충돌을 국제적 성질의 무력충돌과 국제적 성질을 갖지 않는 무력충돌(armed conflict not of international character)로 구별하고, 원칙적으로 국제적 무력충돌에 이들 협약을 적용하지만, 내전에 대해서는 4개 제네바협약상 동일한 내용의 **공통 제3조**(common Article 3)만 적용하도록 하였다.2 이로써 중앙 정부가 반도를 교전단체로 승인하지 않아도 비국제적 성질의 무력충돌에 대해서 공통 제3조가 적용되도록 한 것이다. 공통 제3조는 중요한 인도적 원칙으로서, ICJ는 코르푸해협사건에서 이를 기본적인 인도적 고려라고 하였으며, 니카라과사건에서도 모든 무력충돌에 적용될 수 있는 최소한의 기준이라고 보았다.

(iii) 추가의정서

1949년 제네바협상은 헤이그법을 개정할 권한은 없어, 제네바법만을 개정한 4개 제네바협약을 채택하였다. 그러나 한국전쟁과 베트남전쟁을 겪고 난 후인 1977년 제네바협상에서는 헤이그법도 그 대상에 포함하여 2개의 추가의정서를 채택하였다. 제1추가의정서는 174개국, 제2추가의정서는 169개국이 가입하였다. 미국·이스라엘·북한 등은 가입하지 않았지만, 한국은 모두 가입하였다.

----

2 공통 제3조: "비국제적 무력충돌에 있어서 충돌 당사자들은, 무기를 버린 전투원 및 질병·부상·억류 기타 사유로 전투력을 상실한 자를 포함하여 적대행위에 능동적으로 참가하지 아니하는 자는 모든 경우에 있어서 인종·색·종교 또는 신앙·성별·출생이나 재산 또는 기타의 유사한 기준에 근거한 불리한 차별 없이 인도적으로 대우하여야 하며, 이들에 대한 생명 및 신체에 대한 폭행(특히 모든 종류의 살인, 상해, 학대 및 고문), 인질 행위, 인간의 존엄성에 대한 침해(특히 모욕적이고 치욕적인 대우), 법원의 사전 재판에 의하지 아니하는 판결의 선고 및 형의 집행 행위는 때와 장소를 불문하고 이를 금지한다"

「제네바협약에 대한 추가 및 국제적 무력충돌의 희생자 보호에 관한 의정서」(이하 '**제1추가의정서**')는 4개 제네바협약에 헤이그법의 내용을 수용하여 군사목표주의를 강화함으로써 민간인 등의 보호를 확대하였다. 또한 민족자결권을 행사하기 위한 식민통치, 외국의 점령 및 인종차별 정권에 대항하여 투쟁하는 무력충돌을 국제적 무력충돌에 포함하였다(제1조4항). 식민 통치를 경험했던 제3세계 국가들이 민족해방운동 참여자의 국제법상 교전자 자격 인정을 요구하였기 때문이다. 이에 따라 민족해방기구가 선언하면, 민족해방기구의 무력투쟁도 4개 제네바협약과 제1추가의정서가 적용되어 민족해방기구의 운동원들은 의정서를 가입한 당사국에 대해 포로로서 보호받을 수 있다.

「제네바협약에 대한 추가 및 비국제적 무력충돌의 희생자 보호에 관한 의정서」(이하 '**제2추가의정서**')는 4개 제네바협약상 공통 제3조 1개 조항에 불과하던 비국제적 무력충돌 희생자(민간인 포함)에게 적용되는 인도적 보호 의무를 강화하였다. 제2추가의정서는 체약국 군대와 반군 또는 다른 조직된 무장집단 간의 무력충돌에 적용된다. 비국제적 무력충돌에 참가한 반군이 제2추가의정서의 보호 대상이 되기 위해서는 반군이 체약국의 영토 내에서 책임 있는 지휘 아래 지속적이고 일치된 군사작전을 수행하고 이 의정서를 이행할 수 있을 정도로 그 영토의 일부를 통제하고 있어야 한다(제1조1항). 그러나 무력충돌이 아닌 폭동, 고립되고 산발적인 폭력행위 및 그 밖의 유사한 성질의 행위와 같은 국내적 소요와 긴장 사태에는 적용되지 않는다(제1조2항). 반군이 중앙 정부에 의해 체포되면 국내법에 따라 처벌된다(제3조1항).

2005년에는 추가적 식별 표장(additional distinctive emblem)에 관한 제3추가의정서가 채택되었다. 기존의 적십자(Red Cross)와 이슬람 국가들의 적신월(Red Crescent)을 통합하여 다이아몬드 모양의 적수정(Red Crystal)을 인도적 구호활동의 상징으로 인정한 것이다. 74개국(한국 미가입)이 가입하였다.

III. 국제인도법의 내용

1. 교전자격

교전자격은 적대행위에 직접 참가할 수 있는 자격을 말한다. 교전자격을 가진 자만이 공격수단을 사용할 수 있다. 육전에서 교전자는 국가의 법령에 따라 조직되어 제복을 착용한 정규군의 구성원을 말한다. 해전에서는 군함, 공전에서는 군항공기가 교전자격을 갖는 교전자이다.

제1추가의정서는 충돌 당사자의 군대는 부하의 행동에 대해 책임을 지는 지휘관 휘하에 조직된 모든 무장 병력·집단·부대로 구성되며, (의무요원과 종교요원을 제외한) 군대 구성원을 전투원(combatant)으로 규정하였다. 전투원은 직접 적대행위에 참가할 수 있는 권리와 전쟁포로가 될 권리가 있다.

전투원은 민간인 보호를 위해 공격이나 예비적인 군사작전에 참여하는 동안 민간인과 식별되어야 한다(이상 제43조). 또한 적대행위의 성격 때문에 무장전투원(게릴라 대원 등)이 자신을 구별시킬 수 없는 무력충돌의 상황에서는 이들이 수행하는 적대행위의 영향으로부터 민간인을 보호하기 위해, 교전 기간 중 및 공격 개시 전 작전을 전개하는 동안에 무기를 공공연히 휴대하는 경우 전투원의 지위를 부여하였다(제44조3항).

2. 적대행위의 규제

가. 공격 대상의 규제: 군사목표주의

적대행위가 허용된 영역이라도 모든 대상을 공격 목표로 할 수 없다. 군사목표주의(doctrine of military objective)는 전투원과 민간주민, 군사목표물과 민간물자를 구별하여, 군사행동의 대상을 전투원과 군사목표물로 한정하는 원칙으로, 적 전력을 효과적으로 무력화시키려는 군사적 필요성과 민간주민의 생명·재산을 보호하려는 인도적 고려를 결합한 것이다. 교전국은 민간인을 공격대상으로 하지 않으며, 민간 목표물과 군사목표물을 구분하지 못하는 무기는 사용해서는 안 된다.

1907년 「육전의 법 및 관습에 관한 협약」은 어떠한 수단에 의해서도 방어되지 않은 도시·마을·주택 또는 건물에 대한 공격 또는 포격을 금지하고 있다(제25조). '방어되지 않은'(undefended)은 육군 또는 공군의 공격에 대해 실제 저항이나 방어하지 않는 것을 말한다. 방어하는 지역에 대해서는 공격이 허용된다. 방어되지 않은 해안이나 도시 지역에 대한 군함의 함포사격은 허용되지 않으나, 방어되지 않은 지역 내 군사목표물에 대해서는 포격할 수 있다(1907년 「전시해군 포격에 관한 조약」 제1조). 공전에도 군사목표물에 대한 공습만 적법으로 인정된다(1923년 「공전법규안」 제24조).

제1추가의정서도 군사목표주의에 기초한 **구별의 원칙**(Principle of distinction)을 제시하고 있다.

- 민간주민과 민간물자의 보호를 위해 민간주민과 전투원, 민간물자와 군사목표물을 구분하며 군사목표물에 대해서만 작전이 이루어지도록 한다(제48조).
- 민간물자는 군사목표물이 아닌 모든 것으로, 공격 또는 복구의 대상이 되지 아니한다(제52조1항).
- 공격 대상은 엄격히 군사목표물에 한정하되, 그 성질·위치·목적·용도상 군사적 용도에 유효하게 기여하고 그 물건의 전부 또는 일부의 파괴·포획 또는 무용화가 명백한 군사적 이익을 가져오는 물건으로 한정된다(제52조1~2항). 하지만 군사목표물을 성질·위치·목적·용도에 비추어 판단하기는 쉽지 않다. 일반적으로 전투원·군 시설·무기고와 군수공장·비행장·철도·도로·교량·통신시설 등을 포함하지만, 민간물자라도 군인들이 군사적 이익을 위해 사용하면 군사목표물이 될 수 있다. 예를 들어 민간물자인 학교 시설을 군인 숙소로 사용한다면 군사목표물이 될 수 있다.
- 국민의 문화적 또는 정신적 유산을 형성하는 역사적 기념물, 예술작품

및 예배 장소는 보호되어야 한다(제53조).³

- 식품·농경지역·농작물·가축·음료수 시설 같은 민간주민의 생존에 필요불가결한 물건을 공격·파괴·이동하는 것은 군대 구성원의 급양 또는 군사행동에 대한 직접 지원이 아닌 한 금지된다. 이러한 물건은 보복의 대상이 되어서도 안 된다(제54조).

- 댐·제방·원자력발전소 등 위험한 물리력을 포함한 시설물은 그에 대한 공격이 민간주민에게 극심한 손상을 초래하는 경우 공격 대상이 되지 않으며, 보복 대상으로 하는 것도 금지된다. 다만 이들 시설이 군사작전에 대해 중요한 지원이 되고 공격이 이러한 지원을 종결시키기 위해 실행할 수 있는 유일한 방법이면 공격할 수 있다(제56조).

나. 공격수단의 규제

(ⅰ) 기본원칙

무기 규제의 원칙은 군사적 효과에 비교해 교전자에게 불필요하게 큰 고통을 주는 잔혹한 공격수단 또는 해적수단(害敵手段)의 사용을 금지하는 것이다. 「육전의 법 및 관습에 관한 협약」은, "교전자가 해적수단을 선택하는 권리는 무제한이 아니다"(제22조)라고 규정하고, 군사적 효용에 도움을 주지 않고 교전자들에게 불필요한 고통을 주는 무기·발사물·기타 물질의 사용을 금지(제23조e)함으로써 군사적 필요성과 인도적 고려가 균형이 유지되는 범위 내 성능을 가진 무기의 사용만 허용하고 있다.

제1추가의정서도 "무력충돌에 있어서 전투 수단을 선택할 당사국의 권리는 무제한이 아니다"라는 원칙을 재확인하고, 과도한 상해 또는 불필요한 고통

----

3 한편 UNESCO는 1954년 「무력충돌시 문화적 재산 보호를 위한 헤이그협약」을 채택하였다(한국 미가입). 협약에 따르면, 각국(점령국 포함)은 무력충돌 시 자국 및 타국에 소재하는 문화적 재산을 존중해야 하며, 군사적 필요성이 절대적인 경우에만 존중 의무로부터 면제된다. 또한 문화적 재산의 도난·약탈·수용·파괴·압류를 금지 또는 예방하며, 복구의 대상으로 하지 않는다(제4조).

을 초래할 성질의 무기·투사물·물자 및 전투 수단의 사용을 금지하고(제35조 1–2항), 당사국이 신무기, 전투 수단 또는 방법의 연구·개발·획득 및 채택에 있어서 그러한 무기 및 전투 수단의 사용이 이 의정서 및 적용할 수 있는 국제 법의 다른 규칙에 따라 금지되는지를 검토할 의무를 규정하고 있다(제36조).

(ii) 개별 조약에 따른 특정 무기의 금지·제한

상기 기본원칙하에 특정한 무기 자체의 사용을 금지하거나 제한하는 개별 조약들이 체결되었다.

① 1868년 St. Petersburg 선언: 전시 400g 미만의 작열성, 폭발성 또는 소이성 물질을 충전한 발사물의 사용을 금지하였다.

② 1899년 제1차 헤이그 평화회의 채택 선언: 질식성·독성 가스를 살포 하는 투사물과 덤덤탄(dum dum bullet)의 사용을 금지하였다.

③ 1907년 제2차 헤이그 평화회의 채택 협약: 「자동 촉발 기뢰 부설에 관 한 협약」을 채택하였다.

④ 1925년 제네바 의정서: 질식성·독성 또는 기타 가스·액체·재료 등의 사용 및 세균학적 전투 방법을 금지하였다.

⑤ 1972년 「생물무기협약」(BWC: Biological Weapons Convention): 생물(세 균) 및 독성무기의 개발·생산·비축·획득·보유를 금지하고 이미 생산 된 무기의 폐기를 규정하였다. 이행 여부를 검증하는 절차가 없어 실 효성이 의문시되고 있다(1975년 발효, 남북한 비준).

⑥ 1980년 「특정재래식무기금지협약」(CCW: Convention on Certain Con- ventional Weapons): 5개 의정서를 채택하여, 과도하게 상해를 주거나 무차별적인 영향을 주는 비인도적인 무기 사용을 금지 또는 제한하였 다(1983년 발효, 한국 비준 북한 미비준). 협약 당사국 회의는 현재 치명 적 자율무기체계(LAWS: Lethal Autonomous Weapons System)를 논의 중 이다. 자율무기는 통합된 정보와 프로그램 등의 통제 속에 스스로 목 표를 설정하여 공격할 수 있는 무기체계를 말한다.

- 의정서 I(탐지할 수 없는 파편 무기의 사용 금지)
- 의정서 II(지뢰·부비트랩의 사용 금지): 의정서 II는 내전에는 적용되지 않고 탐지 불가능한 지뢰 등을 금지하지 않은 문제가 있어, 내전에도 적용되고 탐지할 수 없거나 자체 파괴 기능이 없는 지뢰의 사용과 이전을 제한하도록 1996년 개정되었다. 그러나 대인지뢰의 제한만으로는 불충분하다고 판단한 NGO들이 CCW 체제 밖에서 이른바 '오타와 프로세스'를 주도하여 1997년 대인지뢰를 전면 금지하는 「대인지뢰금지협약」이 채택되었다.
- 의정서 III(소이성(燒夷性) 무기의 사용 제한): 소이성 무기는 화염 작용을 통해 자연 또는 목표물에 화재를 발생시키거나 사람에게 화상을 입히는 무기를 말한다. 대표적인 소이성 무기로 네이팜(napalm)탄이 있다.
- 의정서 IV: 실명을 가져올 레이저 무기의 사용 금지
- 의정서 V: 폭발성 전쟁 잔류물의 규제

⑦ 1993년 「화학무기협약」(CWC: Chemical Weapons Convention): 화학무기의 개발·생산·획득·비축·보유·인도 및 사용을 금지하고, 화학무기 생산시설의 신고 및 10년 내 폐기, 화학무기금지기구(OPCW: Organization for the Prohibition of Chemical Weapons, 헤이그 소재)의 검증 및 사찰을 규정하였다(1983년 발효, 한국 비준 북한 미비준). 당사국은 다른 당사국에 대해 현장 강제 사찰(on-site challenge inspection)을 요구할 수 있다.

⑧ 1997년 「대인지뢰금지협약」(APMBC: Anti-Personnel Mine Ban Convention, 일명 '오타와협약'): 대인지뢰의 사용·비축·제조·이전을 포괄적으로 금지한다(1999년 발효, 남북한 미비준).

⑨ 2008년 「확산탄협약」(CCM: Convention on Cluster Munitions): 특정 확산탄(또는 '집속탄')의 생산·보유·이전 및 사용을 금지한다(2010년 발효, 남북한 미비준).

⑩ 「무기거래조약」(ATT: Arms Trade Treaty): 재래식 무기(탱크, 장갑차, 대포, 전투기, 공격 헬기, 전함, 미사일과 미사일 발사체, 소형 및 경화기 등)의

수출입·통과·환적·기술이전을 규제하였다(2014년 발효, 한국 비준 북한 미비준).

다. 공격 방법의 규제

(ⅰ) 무차별 공격 금지

양차 세계대전을 거치면서 전쟁 당사국이 확대되고, 전쟁 수행 수단은 대규모화하였으며, 군사력은 물론 경제력·과학 기술력 등 모든 국력을 집중하는 총력전(total war)으로 변화되었다. 방어되지 않은 도시에 대해서도 무제한 잠수함 작전(unrestricted submarine warfare)이나 지역 폭격(aerial bombing)과 같은 무차별 공격이 감행되었다.

이에 따라 제1추가의정서는 공격수단과 공격 대상의 규제에 더해 공격 방법에 있어 무차별 공격을 금지하고 있다. 무차별 공격(indiscriminate attack)은 특정한 군사 목표물을 목표물로 하지 않거나, 특정한 군사목표물을 표적으로 할 수 없는 전투 방법 또는 수단을 사용하는 공격을 말한다(제51조4항). 또한 군사목표물에 대한 공격으로 인해 예상되는 구체적이고 직접적인 군사적 이익에 비해 민간주민이나 민간물자에 대한 과도한 피해를 일으킬 우려가 있는 무차별 공격을 금지하는 **비례의 원칙**(제51조3항 및 5항나)과 군사작전 수행에 있어 민간주민 및 민간물자가 피해받지 않도록 부단한 보호조치를 해야 하는 **예방의 원칙**을 규정하고 있다(제57조1항). 민간물자도 공격 또는 보복의 대상이 되지 않는다. 민간물자는 군사목표물이 아닌 모든 물건을 말한다(제52조1항). 민간주민에 대한 무차별 공격 금지는 관습국제법이다.

(ⅱ) 환경에 대한 공격 금지

자연환경에 광범위하고 심각한 손상을 야기할 의도를 가지거나 그렇게 예상되는 전투 수단이나 방법을 사용하는 것을 금지하고(제35조3항), 그로 인해 주민의 건강 또는 생존을 침해할 의도를 갖거나 침해할 것으로 예상되는 전투 수단이나 방법을 사용하는 것과 보복의 수단으로서 자연환경에 대한 공격은 금지한다(제55조). 월남전에서 미군이 사용한 고엽제(defoliant, 이른바 'Agent orange') 에 의해 환경이 심각하게 파괴·훼손된 된 바 있다. 강이나 우물에 독극물을 투 입하는 것도 금지된다.

이와 관련 1978년 발효한 「환경변경기술의 군사적 또는 그 밖의 적대적 사용의 금지에 관한 협약」('ENMOD Convention': Environmental Modification Convention)은 날씨나 기후 등 환경을 변경시키는 기술의 군사적 사용을 금지 한다(한국 가입). 핵무기의 위협 또는 사용의 합법성에 관한 권고적 의견(1966) 에서도 ICJ는, 광범위하고 장기적인 혹독한 환경 피해로부터 자연환경을 보호 해야 할 일반적 의무, 환경 피해를 일으킬 의도가 있거나 예상되는 공격수단과 방식의 금지, 자연환경에 대한 복구 금지를 확인하였다.

(iii) 배신행위 금지

제1추가의정서는 자신들이 국제법에 따라 보호받을 권리나 의무가 있다고 적이 신뢰하도록 가장한 후 그러한 적의 신뢰를 배신하여 적을 살해·상해·포 획하는 배신행위(perfidy)를 금지한다. 배신행위로서 ① 정전이나 항복기(백기) 를 들고 협상할 것처럼 가장하는 것, ② 부상 또는 병으로 인해 무력함을 가장 하는 것, ③ 민간인 또는 비전투원의 지위를 가장하는 것, ④ UN 또는 중립국, 전쟁 비당사국의 부호·표장·제복을 사용함으로써 보호받는 자격으로 가장하 는 것(제37조1항) 등이다. 배신행위를 금지하는 것은 진정으로 보호해야 할 대상 의 보호가 소홀해질 수 있기 때문이다.

그러나 적의 착각이나 판단 착오를 유도하는 위장·유인 미끼·모의 작전· 거짓 정보 등 전시 위계(僞計: war ruse)는 합법이며 금지되지 않는다(제37조2항). 매복·기습공격, 허위 방송 등 심리전, 적의 암호 해독 및 이용, 도로 표지의 변경 등도 금지되지 않는다.

전시복구

전통 국제법상 복구(reprisal)는 평시는 물론 전시에도 인정되었다. 전시 적의 교전 법규 위반을 중지시키기 위해 그와 균형을 이룬 교전법규 위반으로 대항하는 전시복구(belligerent reprisal)는 위법성이 조각되었다. 하지만 국제인도법은 특정한 방법·형태의 복구를 명시적으로 금지하고 있다. 4개 제네바협약 및 제1추가의정서는 협약으로 보호받는 자나 재산에 대한 복구를 명확히 금지하고 있다(제1협약 제46조, 제2협약 제47조, 제3협약 제13조, 제4협약 33조, 제1추가의정서 제51조6항 등). 그러나 전시복구가 완전히 부정된 것은 아니며, 전투원에 대한 복구는 관습법적으로 인정되고 있다. 전시복구가 엄격한 조건하에서 허용되더라도, 그 조치는 위반행위에 비례해야 한다.

3. 전쟁희생자의 보호

가. 부상자·병자·조난자

국제인도법은 전쟁희생자에 대한 특별한 보호 의무를 규정하고 있다. 전쟁희생자는 질병 또는 부상으로 인해 전투 능력을 상실하고 전력에서 이탈한 부상자·병자·조난자 또는 적의 수중에 들어가 억류된 포로이다.

제1협약 및 제2협약은 각각 육전 및 해전에서 부상이나 질병으로 인하여 전투력을 상실한 전투원과 조난자에 대한 공격을 금지하고, 이들을 보호하는 당사국의 의무를 규정하고 있다. 부상한 군인과 군속은 국적의 구별 없이 보호하고 인도적으로 대우해야 한다(제12조). 적국의 수중에 들어간 교전국의 부상자와 병자는 포로가 되며 억류국은 그들에게 포로의 자격을 부여한다(제14조).

제1추가의정서상, 충돌 당사국은 자국의 수중에 들어온 부상자·병자·조난자를 성별·인종·국적·종교 등에 의한 차별 없이 인도적으로 대우하고 간호해야 한다(제9조). 그들의 생명에 대한 위협 또는 신체에 대한 폭행은 엄격히 금지된다. 살해되고 몰살되거나 고문 또는 생물학적 실험을 받거나, 고의로 의료와 간호를 받지 않고 방치되어서는 안 된다(제11조). 의무부대는 항상 존중되고 공격의 대상이 되어서는 안 된다(제12조1항). 민간 의무요원도 존중되고 보호되어야 한다(제15조1항).

나. 포로

(ⅰ) 포로의 자격

제3협약상, 포로는 무기를 버린 전투원 및 질병·부상·억류·기타의 사유로 전투력을 상실한 자를 포함하여 적대행위에 능동적으로 참가하지 아니하는 자이다(제3조1항). 충돌 당사국 군대의 구성원과 군대 일부를 구성하는 민병대와 의용병, 그 밖의 일정 조건을 갖춘 민병대와 의용병은 포로의 지위를 갖는다(제4조1항가). 민병대(militias)는 시급한 군사적 필요를 충족하기 위해 일반 시민을 소집하여 조직하며, 의용병(volunteer corps)은 뜻있는 자들이 전투에 참여하기 위해 자발적으로 조직한다. 제2차 세계대전 중 연합국 내 레지스탕스와 빨치산(partisan)과 같은 조직적인 저항운동의 구성원을 포함한다. 충돌 당사국의 영토 내외에서 활동하는 그 밖의 민병대와 의용병의 구성원이 ① 부하에 대해 책임을 지는 자에 의한 지휘, ② 멀리서 식별할 수 있는 고정된 식별표식의 착용, ③ 공공연한 무기의 휴대, ④ 전쟁법규와 관례에 따라 작전을 수행한다는 조건을 충족하면 포로의 지위가 인정된다(제4조1항나). 군대의 구성원은 아니나 군의 허가를 받아 종군하는 자(군속, 종군 기자, 군수계약자, 군노무자, 상선 및 민간 항공기의 승무원), 충돌 당사국 상선의 승무원(선장, 도선사 및 수습 선원) 및 민간 항공기의 승무원도 포로의 지위를 가질 수 있다(제4조1항라, 마). 적대행위에 참가한 민간인이 체포되면 포로의 대우를 받지 못하고, 전쟁범죄자로 취급된다.

제1추가의정서상, 전쟁 포로(POW: Prisoners of War)는 교전자격을 가진 자로 적의 권력 내에 들어가 억류된 모든 전투원을 말한다(제44조1항). 스스로 적의 권력 내에 들어간 자는 억류된 것이 아니므로 귀순병(deserter)이다. 불법 전투원(unlawful combatant)은 포로로서 대우받지 못한다. 정규군의 구성원으로 적에 대한 정보수집 활동 중 적국에 생포된 자는 간첩(espionage)으로 취급되어 포로로 인정받지 못하고(제46조), 체포되어 국내법에 따라 처벌될 수 있다. 민간인이 교전국에 의해 현지 또는 해외에서 사적 이익을 위해 고용되어 사실상 직접 적대행위에 참여하는 용병(mercenaries)은 전투원이나 포로의 자격이 인정되지 않는다(제47조).[4]

민간군사보안회사

　냉전 해체 이후 각국은 민간군사보안회사(PMSC: Private Military & Security Company)와 계약을 체결하여 여러 군사활동을 위탁하고 있다. 이들 회사가 채용한 민간인들은 전투원을 대신하여 군대의 경비·경호, 병참 등 군수지원, 정보 수립 및 분석, 사이버 활동 등 여러 분야에서 활동하고 있다. 대표적인 민간군사보안회사로 미국의 Academi(구 Blackwater)사, 러시아의 Wagner Group 등이 있다.

　PMSC가 고용한 민간 직원의 법적 지위와 관련 국제인도법의 적용, 전투원 또는 용병인지 여부 등이 논란이 되고 있다. 이와 관련 2008년 ICRC와 스위스 정부의 주도로 성안된 몽트뢰 문서(Montreux Document)는, 무력충돌 PMSC의 활동과 관련한 국가의 법적 의무와 실행을 상세히 명시하고 있다. ① 각국은 국제인도법상 정부만 수행할 수 있는 기능(예컨대 포로수용소에서의 책임 있는 장교에 의한 권한 행사)은 이들 회사에 맡기지 않고, ② 이들 회사는 국제인도법과 국제인권법을 존중하고 보장하도록 할 의무를 지며, ③ 정부의 권한을 위임받거나 지휘나 통제를 받는 이들 회사의 직원이 국제위법행위를 한 경우 계약을 체결한 국가에 책임이 귀속되며, ④ 이들 직원은 적대행위에 직접 가담하지 않는 한 공격 대상이 되지 않으며, 국제인도법상 민간인으로 간주된다.

　몽트뢰 문서는 법적 구속력은 없으며, 민간군사보안회사와 관련한 규칙은 아직 형성 중이다. UNHRC는 용병과 민간군사보안회사에 의한 인권침해와 관련하여 논의 중이다.

----

4 서구제국은 요건을 갖춘 용병은 합법 전투원으로 인정할 것을 주장하나, 개도국들은 용병은 불법 전투원이라는 입장이다. 1989년 UN 총회가 채택한 「용병의 모집·사용·자금 조달과 훈련을 방지하는 국제협약」은 용병의 모집·사용·자금 조달과 훈련 등 용병 활동을 금지하고 있다. 2001년 발효하였으며 당사국은 37개국이다(한국 미가입).

(ii) 포로의 대우

제3협약은 포로의 대우에 대해 상세 규정하고 있다. 포로는 항상 인도적으로 대우해야 한다('**인도의 원칙**'). 교전행위를 행하여 적의 수중에 빠진 자가 포로에 속하는가의 여부에 대하여 의문이 생기면 그러한 자들은 그들의 신분이 관할 재판소에 의해 결정될 때까지 협약의 보호를 누린다(제5조). 미국은 아프간과 테러와의 전쟁을 수행하면서 체포한 알카에다 조직원과 탈레반 정부 병사들을 정규 전투원의 요건을 충족하지 못한 불법 전투원으로 규정하여 포로로 인정하지 않고, 2001년 부시 대통령의 군사명령에 따라 군사위원회에서 재판하였다. 하지만 미연방법원은 Hamdan v. Rumsfeld 사건(2004)에서 제5조에 따라 '권한 있는 재판소'가 Salim Hamdan의 전투원의 지위를 결정하기까지 전쟁포로로서 보호받을 권리가 있다고 하면서, 그를 포로로 대우하지 않은 것은 국제법 위반이라고 판단하였다.

억류국이 포로를 사망하게 하거나 건강에 중대한 위해를 가하는 여하한 불법적인 작위 또는 부작위도 금지되며, 이를 어기면 협약의 중대한 위반으로 간주된다. 특히 포로의 신체 절단이나 모든 종류의 의료 또는 과학적 실험을 하지 못한다. 포로에 대한 복구는 금지된다(제13조). 포로는 억류국의 군대에 적용되는 법률·규칙 및 명령에 복종해야 하며 이를 위반(도주 등)하면 처벌될 수 있으나, 억류국에 대한 적대행위 참여를 이유로 처벌받지 않는다(제82조). 포로가 도주하여 자국군에 도달하거나 적군의 점령지를 이탈하면 포로의 신분이 종료된다(제91조). 중상 및 중병에 이른 포로는 중립국에 수용하거나 본국으로 직접 송환해야 한다(제109조~제110조). 포로의 송환 또는 중립국 이송 비용은 억류국의 국경으로부터 포로가 속하는 국가가 부담한다(제116조). 포로는 적극적인 적대행위가 종료한 후 지체없이 석방하고 송환해야 한다(제118조). 한국전쟁의 정전협상 당시 포로교환 문제로 난항을 겪었던 한국은 협약 가입 시 "대한민국은 제118조1항의 규정을 포로를 억류하고 있는 국가가 공개적으로 자유로이 발표된 포로의 의사에 반하여 그 포로를 강제 송환할 의무는 지지 아니하는 것으로 해석한다"라는 해석선언을 첨부하였다.

다. 민간주민

(ⅰ) 무력충돌하 민간주민의 보호

무력충돌에서 충돌 당사국이 추구하는 기본 목표는 상대국 전력의 무력화이므로, 적군의 전력을 구성하지 않는 민간인은 무력충돌에 필연적으로 수반되는 적대행위로 인해 피해나 불이익을 받지 않도록 특별히 보호해야 할 대상이지만, 전통적으로 민간인은 보호받지 못하였다. 제2차 세계대전에서 민간인들이 무차별적인 대규모 피해를 보자 이에 대한 반성으로 제4협약이 별도로 채택되었다.

제4협약상 '피보호자'는 무력충돌 또는 점령시 충돌 당사국의 영역 또는 점령지역에 있는 '적국과 점령국의 국민이 아닌 외국인'(중립국 국민 등)을 말한다(제4조). 다만 협약 제2편(전쟁의 특정 결과에 대한 주민의 일반적 보호)은 특히 인종·국적·종교 또는 정치적 의견에 따른 차별 없이 충돌 당사국의 주민 전체에 대해 적용된다(제13조). 제2차 세계대전 중 여러 유럽국가에서 자행된 유대인 학대와 같이, 자국 정부에 의한 자국민 학대를 방지하기 위해 충돌 당사국의 자국민도 그 대상으로 포함한 것이다. 피보호자는 모든 경우에 신체·명예·가족으로서 가지는 권리, 신앙 및 종교상의 행사, 풍속 및 관습을 존중받을 권리를 가진다. 또한 항상 인도적으로 대우해야 하며, 특히 모든 폭행 또는 협박, 모욕 및 대중의 호기심으로부터 보호해야 한다(제27조). 피보호자에 대한 육체적 고통·학살·협박·공갈·약탈·복구·인질 등은 금지된다(제32조). 피보호자에 대한 단체 벌 및 모든 협박 또는 테러행위에 의한 조치는 금지된다. 충돌 당사국 영역에 있는 피보호자가 퇴거를 희망하면 그 나라의 국가이익에 반하지 않는 한 퇴거할 권리를 갖는다(제35조). 억류국의 안전에 절대적으로 필요한 경우에만 피보호자를 억류하거나 주거를 지정할 수 있다(제42조). 피보호자는 어떠한 경우라도 그들의 정치적 의견 또는 종교적 신앙 때문에 박해받을 우려가 있는 국가에 이송되어서는 안 된다(제45조).

제1추가의정서는 제4협약상 피보호자의 범위를 적국이나 점령지역 내에 있는 민간주민까지 보호 대상으로 넓혔다. 민간주민(civilian population)은 민간인인 모든 사람을 말하며(제73조), 난민이나 무국적자도 포함한다. 아동은 특별한 보호의 대상이다. 15세 미만의 아동은 적대행위에 직접 가담하지 않고 징집되지 않도록 모든 실행 가능한 조치를 취하고, 15세 이상 18세 미만의 자 중에서 징집하는 경우 최연장자가 우선 징집되도록 노력한다(제77조).5 무력충돌 지역 내에서 위험한 직업적 임무에 종사하는 기자는 민간인으로 간주하여 보호된다(제79조1항). 민간 개인에 대한 직접 공격만이 아니라, 민간주민에게 우발적으로 미칠 수 있는 부수적 피해(collateral damage)를 막기 위해 민간주민은 군사적 행동으로부터 발생하는 위험으로부터 일반적 보호를 받는다. 또한 민간주민 사이에 테러를 만연시키기 위한 목적의 폭력행위나 위협, 무차별 공격, 복구 수단으로서 민간주민 또는 민간인들에 대한 공격은 금지된다(이상 제51조). 군사작전 수행에 있어 민간주민이나 민간물자가 피해를 입지 않도록 사전 경고 등 부단한 보호조치를 취해야 한다('예방의 원칙')(제57조).

(ii) 전시점령하 민간주민의 보호

전시점령(war-time occupation)은 전시 적국 영역의 일부 또는 전부를 군의 실효적 지배하에 두는 것을 말한다. 전통 국제법에서 점령국은 점령지에서 무제한의 권력을 행사하였으나, 현대 국제법에서 점령국은 점령지에서 입법·사법·행정 권한을 행사하지만, 점령 기간 중 군사적 필요에 따라 점령지를 지배하고 그 재산을 일정한 범위에서 이용하며 질서 유지를 위해 주민을 지배하기 위한 권한을 행사할 수 있다. 그러나 점령국은 점령지를 합병·독립시키거나 점령지 영토를 처분할 수 없으며, 점령지의 지위는 강화조약에 의해서 최종적으로 결정된다. 전시점령하 민간인 보호에 관해서는 「육전의 법 및 관습에 관한 협약」과 제4협약에서 규정하고 있다.

「육전의 법 및 관습에 관한 협약」에 따르면, 사실상 적국의 권력 하에 놓

----

5 「아동권리협약」(1990)도 동일한 내용을 규정하고 있다(제38조). 한편 「아동의 무력충돌 참여에 관한 아동의 권리에 관한 협약 선택의정서」(2000)는 18세 미만인 자가 군대 구성원으로서 적대행위에 직접 참여하지 않도록 가능한 모든 조치를 취하고(제1조), 군대에 징집되지 않도록 보장한다고 규정하여 나이 기준을 강화하였다(제2조).

인 영토는 점령된 것으로 본다(제42조). 국유 재산, 비축 무기, 운송 수단, 식량과 군사작전에 사용할 수 있는 모든 국유 동산은 압수할 수 있다(제53조). 하지만 사유재산은 몰수할 수 없다(제46조).

제4협약은 전시점령하 민간주민의 보호를 상세 규정하고 있다. 이는 충돌 당사국들이 상호 외교관계를 단절시켜, 피보호자 국적국이 외교적 보호권을 행사하기 어렵기 때문이다. 피점령국 국민이 아닌 피보호자는 점령지역에서 퇴거할 수 있다(제48조). 점령국은 점령지 주민을 점령지역으로부터 타국의 영역으로 개인적 또는 집단적으로 강제 이송 또는 추방할 수 없으며 점령국은 자국의 민간인 주민의 일부를 자기의 점령지역으로 이동시켜 정착시킬 수 없다(제49조). 이스라엘에 의한 팔레스타인 점령지역에서의 장벽 건설의 법적 결과에 관한 권고적 의견(2004)에서 ICJ는, 이스라엘 정부에 의한 이스라엘인의 점령지 정착이 동 조의 위반을 구성한다는 의견을 제시하였다. ICJ는 주민의 추방이나 강제 이송은 물론, 점령국이 자국 주민을 일부 점령지로 이주하도록 조직하거나 권장하기 위한 목적으로 취하는 어떠한 조치도 금지하고 있다고 하였다. 점령국은 피보호자들에 대하여 자국의 군대 또는 보조부대에 복무할 것을 강요하여서는 안 된다(제51조). 군사활동에 절대적으로 필요한 경우가 아니라면 점령지의 부동산 또는 동산은 파괴할 수 없다(제53조).

4. 국제인도법의 이행

가. 체약국의 이행 책임

국제인도법을 이행해야 하는 1차적 책임자는 체약국이다. 위급한 무력충돌 상황에서 적용되는 국제인도법은 다른 국제법 분야보다 이행을 확보하는 것이 어려워 개별 국가의 이행 의지가 무엇보다 중요하다. 국제인도법은 결함이 없지 않지만, 무력충돌에 있어 충돌 당사자들이 준수해야 할 최소한의 기준을 제시하고 있다. 4개 제네바협약은 공통으로 '체약국은 어떠한 상황에서도 협약을 존중할 것과 협약이 존중받도록 보장할 것을 약속한다'(제1조)라고 규정하고 있다. 체약국은 어떠한 상황에서도 상호주의를 배제하고 협약을 존중해야 한다.

협약에 명시적으로 금지되지 않았다고 해서 불필요한 피해를 초래하는 무기의 사용이나 행위가 적법하다는 것을 의미하지 않는다. 4개 제네바협약(탈퇴 조항)과 제1추가의정서(제1조2항)는 전투 수행 방법에 관해 협약상 규정이 없는 경우에도 인도법과 공공 양심의 명령(dictates of the public conscience)에 따라 그리고 문명국의 확립된 관습에 따라 민간인과 교전자가 국제법의 보호를 받도록 선언한다는 이른바 '**마르텐스 조항**'(Martens' Clause)을 포함하고 있다.

체약국은 국제적십자위원회나 인도단체가 체약국의 동의를 얻어 수행하는 인도적 활동을 방해하지 않아야 한다(제1~3협약 제9조, 제4협약 제10조). 또한 국제인도법의 국내적 이행을 위해 국내법을 제정하고, 국제인도법을 보급하기 위한 교육과 홍보를 해야 한다.

나. 제네바협약의 중대한 위반 행위자에 대한 처벌

4개 제네바협약은 '중대한 위반행위'를 하였거나 위반하도록 명령한 자에 대해 유효한 형벌을 부과하는 필요한 입법조치를 취하고, 중대한 위반행위에 대해 보편주의의 원칙에 따라 자국 법원에 기소하거나, 재판을 받도록 관련국에 인도할 체약국의 의무를 규정하였다(제1협약 제49조, 제2협약 제50조, 제3협약 제129조, 제4협약 제146조). 또한 제1추가의정서는 중대한 위반행위의 범위를 확대하는 동시에 제네바협약과 동 의정서에 대한 중대한 위법행위를 전쟁범죄로 규정하고 있다(제85조). 국가는 협약의 중대한 위반에 대해 범행자를 처벌하고, 배상할 의무가 있다(제91조). 중대한 위반에 대한 모든 혐의 사실이나 기타 심각한 위반을 조사하기 위해 '국제인도사실조사위원회'(International Humanitarian Fact-Finding Commission)가 설치되며, 체약국은 그러한 위원회의 권능을 인정할 수 있다(제90조).

한편 전쟁범죄를 범한 자가 처벌을 면하는 것을 방지하기 위해, UN 안보리는 구유고국제형사재판소(ICTY) 및 르완다국제형사재판소(ICTR)를 설치·운영하였으며, 국제형사재판소(ICC)도 4개 제네바협약과 추가의정서상 중대한 전쟁범죄를 관할범죄로 규정하고 있다.

다. 이익보호국 지정

전통 국제법상 전쟁 발발은 외교관계를 단절시키기 때문에 교전국은 이익보호국(protecting power)으로 역할을 하는 중립국을 통해 연락하였다. 4개 제네바협약상 이익보호국은 충돌 당사자들의 동의로 지정되어 조약상의 의무 이행 감시(부상병·포로의 시찰 등)나 상호 의사전달 등 인도적 활동을 수행할 수 있는 중립국 또는 충돌 비당사국을 말한다(제1-3협약 제8조, 제4협약 제9조). 하지만 충돌 당사국들이 합의하여 상호 수용할 수 있는 이익보호국을 선정하기 어려워 거의 적용되지 못하고 있다.

국제적십자위원회도 충돌 당사국의 동의하에 보호와 감시활동을 수행할 수 있다(제1-3협약 제9조, 제4협약 제10조). 이익보호국을 선정할 수 없는 경우에는 국제적십자위원회나 인도단체가 인도적 기능을 수행하겠다고 제안하면 희생자들의 억류국은 이를 승인해야 한다(제10조3항). 최근에는 실제 국제적십자위원회가 보호 역할을 하는 경우가 늘고 있다.

제13장
원자력과 「핵무기비확산조약」

I. NPT 체제

1. 배경

1945.8. 미국이 히로시마와 나가사키에 원폭을 투하하자 일본은 무조건 항복하였다. 전후 미국은 다른 핵보유국이 출현하지 못하도록 『원자력법』을 제정하여 원자력 기술의 해외 이전을 차단하였다. 그러나 1949.8. 소련의 핵실험 성공으로 미국의 핵 독점이 무너지고 1952년 영국도 핵실험에 성공하였다. 1960년 프랑스와 1964년 중국도 핵실험에 성공하자, 1968.3. 미·소 양국은 공동으로 군축회의(CD)에 핵무기 비확산을 위한 조약(안)을 제출하여 협상을 시작하였으며, 그해 7월 UN 총회에서 「핵무기비확산조약」(Treaty on the Non-Proliferation of Nuclear Weapons, 이하 'NPT' 또는 '조약')이 채택되었다. 1970.3. 발효하였으며 당사국은 192개국(한국 포함)이다.

남아공은 1979년 핵실험에 성공하였지만, 1989년 자발적으로 핵무기 폐기를 선언하고 이를 해체한 1991년 NPT에 가입하였다. 중국과 프랑스는 1992.3. 및 1992.8. 각각 가입하였다. 1994년 우크라이나·카자흐스탄·벨라루스 3국은 미국·러시아와 「리스본 의정서」를 체결하여, 3국이 구소련 시대 보유하였던 모든 핵탄두와 운반수단을 1996년까지 러시아로 이전하고 NPT에 가입하였다.[1]

----

1 이와 함께 핵무기국인 미·영·러는 이들 3국과 개별적으로 핵무기 포기와 NPT 가입에 따른 안전을 약속한 「부다페스트각서」에 서명하였다. 각서는 정치적 합의 문서로서 3국의 영토보

사실상의 핵무기국인 인도·파키스탄·이스라엘은 처음부터 NPT에 참여하지 않은 채, 인도는 1974년, 파키스탄은 1998년 핵실험에 성공하였다.

2. 핵무기

원자력의 이용은 핵무기에서 시작되었다.「핵확산금지조약」은 핵무기를 정의하지 않고 있지만, 일반적으로 핵무기는 군사적 목적으로 핵분열 또는 핵융합 반응으로 발생하는 방대한 에너지로 인명을 살상하거나 시설을 파괴하는 핵탄두를 말한다.「남미비핵지대조약」제5조는 "핵무기는 통제되지 않은 방식으로 핵에너지를 방출하며 전쟁과 같은 목적에 사용하기 적절한 특성을 가진 폭발물이다"라고 정의하고 있다.

WMD인 핵무기를 제작하여 군사적 목적으로 사용하기 위해서는 3요소가 필요하다.

첫째, 핵무기 개발을 위해서는 원심분리기를 이용하여 핵분열물질인 우라늄(U235)을 90% 이상 농축(enrichment)시켜 무기급 고농축을 확보하는 방법과 원자력발전소에서 사용하고 남은 사용 후 핵연료를 재처리(reprocessing)하여 플루토늄을 추출하여 확보하는 두가지 방법이 있다. 천연 우라늄을 채광·선광·정련하여 정광(yellow cake)을 만들고, 이를 농축하여 U235가 2~5% 포함된 연료봉(fuel rod)으로 가공한 핵연료를 원자로에 넣어 에너지를 생산한 후, 남은 '사용 후 핵연료'(spent fuel)를 재처리하여 플루토늄을 추출하는 전 과정을 '핵연료 주기'(nuclear fuel cycle)라 한다. 고농축 우라늄과 플루토늄은 임계질량 이상 확보해야 한다. 임계질량(critical mass)은 핵분열을 일으키는 물질이 연쇄반응을 유지할 수 있는 최소의 질량을 말한다.

둘째, 분리된 상태의 핵물질의 연쇄반응을 유발하기 위해 중성자를 방출시키는 폭약 장치로서 기폭장치(detonator)를 개발해야 한다.

전과 정치적 독립을 보장하고, 안보를 위협하는 상황이 발생하면 협의하기로 약속하였지만, 러시아는 2014년 크림반도를 병합하고 2022년에는 우크라이나를 침공하였다.

셋째, 핵무기 개발에 성공하였다 하더라도 이를 운반하는 운반수단을 가져야 한다. 핵무기는 대규모 군사시설이나 도시 전체를 초토화하기 위한 고위력(100킬로톤 이상)의 전략핵무기와 전략핵무기보다 위력이 제한되어 핵심 기간 시설이나 특정 군사목표물 등을 파괴하기 위한 전술핵무기로 구분할 수 있다. 전략핵무기를 운반할 수 있는 대륙간 탄도미사일(ICBM: Inter-Continental Ballistic Missile), 전략 폭격기(strategic bomber), 잠수함발사 핵탄도미사일(SLBM: Submarine Launched Missile)을 장착한 탄도미사일잠수함(SSBN) 3가지 운반수단을 '핵 삼각축'(nuclear triad)이라 한다. 전술핵무기는 순항미사일 또는 야포 등으로 투발한다. 참고로 순항미사일(cruise missile)은 제트 엔진을 사용하여 보통 마하 1 정도의 속도로 동체에 부착된 날개로 방향을 조절하며 날아가나, 탄도미사일(ballistic missile)은 로켓 추진체를 사용하며 마하 4~5의 속도로 포물선을 그리며 날아간다.

미사일기술통제체제

미사일기술통제체제(MTCR: Missile Technology Control Regime)는 핵무기 등 WMD의 운반수단인 미사일의 개발과 확산을 방지하기 위한 국제 수출통제체제이다. 1987년 미국이 주도하여 설립하였으며 현재는 35개국이 참가하는 다자 협의체이다. 사정거리 300kg 이상 탄두 중량 500kg 이상의 탄도미사일과 중량 500kg 이하 순항미사일(단 WMD의 발사체는 사정거리와 탄두 무게와 관계없이 통제)의 완제품과 부품·기술 등의 수출을 통제한다. 이를 위해 수출통제지침(guideline)과 통제대상 품목 리스트를 만들어 관리하고, 회원국은 자발적으로 이를 국내법에 반영하여 이행한다.

한국은 2000년 미국과 「미사일 지침」에 합의한 후, 2001년 회원국이 되었다. 2020.7. 지침상 한국의 우주 발사체에 대한 고체연료 사용 제한이 해제되고, 2021.5. 미사일 지침이 종료됨으로써 최대 사거리와 탄두 중량에 대한 제한이 폐지되었다.

핵무기국은 적의 핵 공격에 대비하고 이를 저지할 수 있는 핵 억지력(nuclear deterrence)을 확보하고자 한다. 이를 위해서는 적의 1차 기습공격을 저지할 수 있는 대규모 2차 반격(보복) 능력 또는 상호확증파괴(MAD: Mutually

Assured Destruction) 능력을 갖춰야 한다. 핵보유국들이 핵무기의 다량화·다종화·경량화를 통해 핵 능력을 강화하려는 이유이다.

3. NPT의 구조

NPT는 핵무기 비확산, 원자력의 평화적 이용, 핵군축의 3개의 축(pillar)으로 구성되어 있다.

- 핵무기 비확산(Non-Proliferation): 제1조 내지 제3조에서 규정하고 있다. 핵무기국(NWS: Nuclear Weapon State)이 수적으로 증가하지 못하도록 비핵무기국(NNWS: Non-Nuclear Weapon State/nuclear have-nots)에 대한 핵무기의 양도를 금지하는 수평적 비확산(horizontal non-proliferation)을 규정하고 있다. 핵물질 등의 군사적 전용을 방지하기 위해 IAEA의 안전조치를 적용한다. 한편 핵무기를 양적으로 증가시키거나 질적으로 고도화하지 못하도록 하는 것을 수직적 비확산(vertical non-proliferation)이라 하지만, 협약은 이를 직접 규정하지 않고 있다.
- 원자력의 평화적 이용(peaceful use of nuclear energy): 제4조 및 제5조에서 규정하고 있다. NPT상 원자력의 평화적 이용 활동은 주로 **국제원자력기구**(IAEA)에 의해 수행되고 있다. 1953년 아이젠하워 미국 대통령이 핵의 국제적 관리를 위한 기구 설립을 제안하고 1957.7. 「국제원자력기구규정」(IAEA Statute)이 발효함에 따라, 국제원자력기구(IAEA: International Atomic Energy Agency, 이하 'IAEA')가 비엔나에 설립되었다. IAEA는 총회·이사회·사무국으로 구성된다. 총회는 186개 회원국 대표로 구성되며, 매년 9월 하순 개최된다. 이사회(Board of Governors)는 실질적인 의사결정기구로서 35개국으로 구성된다. 독립된 국제기구로서, UN 총회와 제휴 협정을 맺어 연례 보고서를 제출하고, 적절한 경우 안보리에도 보고한다. 사무국의 수장인 사무총장은 이사회의 통제에 따라 직무를 수행한다. IAEA는 원자력의 국제적 공동 관리를 목적으로, 원자력

의 평화적 이용과 원자력 시설의 안전 확보를 목표로 한다. 이를 위해 IAEA는 원자력 시설의 안전(nuclear safety) 기준을 법적 의무로 규정한 「핵 안전에 관한 조약」(1994), 사용 후 핵연료의 안정성 확보를 위한 「사용 후 핵연료 및 방사성 폐기물 관리의 안전에 관한 협약」(1997)을 채택하였다.

- 핵군축(nuclear disarmament): 제6조에서 규정하고 있다. 주로 군축회의 (CD)를 통한 다자 협상과 미·러 간 양자 협상을 통해 핵군축 협상이 이루어지고 있다. 이에 대해 비핵무기국가는 핵무기국의 핵군축과 핵실험 금지를 요구하는 한편, 핵무기국의 안전보장 제공과 비핵무기국가에 대한 핵 사용 방지를 요구하며 비핵지대를 설치하였다.

요컨대 NPT는 비핵무기국의 핵무기 포기를 전제로 원자력의 평화적 이용 권을 보장하는 대신, 핵무기국은 핵군축을 이행하기로 타협한 것이다.

II. NPT의 주요 내용

1. 핵무기 비확산

가. 핵무기국의 핵무기의 양도 금지(제1조)

핵무기국은 어떠한 수령자에게도 핵무기 또는 기타의 핵폭발 장치나 이들 의 관리를 양도(transfer)하지 않으며, 비핵무기국이 핵무기 또는 기타 핵폭발 장치의 제조나 획득 또는 이를 관리하는 것을 원조·장려·권유하지 않는다. 핵 무기국은 1967.1.1. 기준으로 핵무기를 제조·폭발한 5개 국가(미, 러, 영, 프, 중) 로 한정된다(제9조). 따라서 사실상 핵무기국인 인도·파키스탄·이스라엘·북한 은 NPT상 핵무기국으로 인정되지 않는다.

어떠한 수령자에게도 양도하지 않으므로, NPT 당사국은 물론 비당사국이 나 비국가 행위자에 대해서도 양도할 수 없다. 다만 핵무기국이 핵무기 또는 기타의 핵폭발 장치의 관리를 양도하지 않고 자신이 관리하는 한, 제3국에 핵무기를 배치하는 것은 금지되지 않는다.[2] '기타의 핵폭발 장치'는 군사적 용도가 아닌 평화적 목적으로 개발한 핵폭발 장치 등을 포함한다.

나. 비핵무기국의 핵무기 수령·제조 금지(제2조)

비핵무기국은 어떠한 양도자로부터 핵무기 또는 기타의 핵폭발 장치나 이들의 관리를 양도받거나 제조·획득하지 않고, 핵무기를 제조하는 데 원조를 구하거나 받지 않는다. 핵무기국에 대해 핵무기의 양도나 핵무기의 제조·획득·관리 지원 금지 의무를 규정한 제1조에 상응하여, 제2조는 핵무기를 양도·제조·획득하지 않고 제조를 위한 원조를 받지 않을 비핵무기국의 의무를 규정하였다.

어떠한 양도자라고 하였으므로, 비당사국 또는 비국가 행위자도 포함한다. 제1조 및 제2조는 핵무기국과 비핵무기국가 간의 수평적 비확산 의무를 규정한 것이다. 보편적 규범인 NPT 제2조의 비확산 의무는 관행과 법적 확신이란 점에서 관습국제법으로 확립되었으며, 북한의 핵무기 제조는 NPT와 관습국제법의 중대한 위반이라는 주장이 있다.

다. 핵 안전조치협정 체결(제3조)

비핵무기국은 원자력의 평화적 이용으로부터 핵무기 또는 기타의 핵폭발 장치로 군사적 전용을 방지하기 위해 자국 영역 또는 관할 하에 있는 모든 평화적 원자력 활동에 사용되는 핵물질에 IAEA의 안전조치를 수락하고, IAEA와 핵 안전조치협정(Nuclear Safeguard Agreement)을 체결한다(1항). 비핵무기국이 ① IAEA로부터 핵물질이나 시설·서비스 등을 받고자 하는 경우, ② 제3국으로부터 원자력 관련 지원을 받기 위한 경우, ③ 비핵지대조약에 가입하는 경우, 안전조치협정을 체결한다. 핵무기국도 자발적으로 IAEA와 핵 활동에 관한 협정을 체결할 수 있다. 1970년 IAEA는 일부 원자력 시설에 국한되었던 모델 핵안

----
2 미국은 1958년 이래 수백 기의 전술핵무기를 한국에 배치하였으나, 1991년 철수하였다.

전조치협정을 보완하여 모든 원자력 시설에 적용하는 '전면안전조치협정'(CSA: Comprehensive Safeguard Agreement)을 채택하였으며, 180여 개국이 이를 수용하였다. 1997.5. IAEA는 핵관련 정보와 시설에 대한 접근권을 강화한 「안전조치협정 추가 모델의정서」(Model Protocol Additional to the Agreement for the Application of Safeguards: INFCIRC/540)를 채택하였으며, 130여 개국이 이를 수용하였다. 이로써 IAEA의 '강화된 안전조치체제'(Strengthened Safeguard System)가 구축되었다.

핵 안전조치협정은 핵 물질·장비·시설·기술 등이 비핵무기국에 의해 핵무기 제조에 전용되는 것을 막기 위한 검증(verification) 장치로서, 핵무기나 핵폭발 장치 제조를 위해 핵물질 유의량(significant quantity)으로 전용되는 것을 적시에 탐지하는 것을 목표로 한다. 검증 방법으로 모든 핵시설에 대해 핵물질의 계량·격납 및 감시·사찰(accountancy·containment·surveillance & inspection)이 사용된다. 사찰을 통해 피사찰국이 제출한 핵물질과 시설에 관한 보고 내용이 사실에 합치하는지 판단하는 정확성(correctness)과 신고되지 않은 핵물질이나 시설의 누락 여부를 조사하는 완전성(completeness)을 확인함으로써, 핵물질의 이동을 감시·통제한다. 검증을 통해 회원국이 안전조치를 위반한 불이행(non-compliance) 사항이 확인된 경우, 사무총장은 이사회에 보고하여 회원국의 불이행 사항을 시정토록 하고, 필요한 경우 제재조치를 취할 수 있다. IAEA 이사회는 이를 UN 총회와 안보리에 보고한다. 안보리는 보고 사안이 국제평화와 안전에 대한 위협인지를 판단하고, 필요한 경우 제재를 결정할 수 있다. 현재까지 이라크·북한·이란 3개국의 불이행이 안보리에 보고되었다. 한국은 2004년 극소량의 원자력 물질 실험 연구를 IAEA에 신고하지 않은 사실이 확인되었지만, 일부 과학자의 순수 연구용 분리 실험으로 인정되어 안보리에 보고되지 않았다.

안전조치를 수락하지 않는 비핵무기국에 대해서는 핵물질과 장비 등의 이전은 금지된다(2항). 이와 관련 1980년에 체결된 「핵물질의 방호에 관한 협약」(Convention on the Physical Protection of Nuclear material)은 핵물질에 대해 합법적 권원이 없는 수령·소유·사용·이전 등의 행위, 핵물질의 절도나 강탈·유용 또는 사취 등을 범죄로 규정하고, 피의자를 인도하거나 처벌할 의무를 규정하고 있다. 원자력 관련 민간 품목의 수출통제 기준과 지침을 결정하는 수출통제체제로 쟁거위원회(Zangger Committee)와 원자력 공급국 그룹(NSG: Nuclear Suppliers Group)이 있다. 쟁거위원회는 IAEA의 안전조치가 적용되는 통제품목(trigger list)을 작성·유지하여 NPT 비당사국으로의 수출을 통제한다. NSG는 NPT 당사국은 물론 비당사국에 대해서도 통제품목 이외에도 이중용도(dual use) 품목과 관련 기술의 수출을 통제하는 이른바 'catch all' 제도를 도입하고 있다. catch all 제도는 수출통제 대상 품목에 포함되지 않은 새로운 기술이나 품목이라도 정부 당국의 통보나 의심이 가는 경우 또는 사전 정보 등에 의해 WMD나 미사일 개발로 전용될 수 있는 모든 품목을 통제하는 제도이다. 이들 기구의 결정은 법적 구속력은 없으나, 사실상 핵물질과 장비의 자유로운 교역을 규제하고 있어 원자력의 평화적 이용권을 침해하고 있다는 주장이 있다.

2. 원자력의 평화적 이용(제4조~제5조)

원자력은 군사적 목적의 핵무기로 개발되어 사용되기 시작하였지만, 에너지 자원으로서 발전(發電)뿐만 아니라 방사선 치료와 같은 의학이나 산업 등 여러 분야에서 응용되어 평화적 목적으로 사용된다. 모든 당사국이, 차별 없이 또한 제1조 및 제2조에 따른 비확산을 준수하며, 평화적 목적을 위해 원자력을 연구·생산·이용할 수 있는 불가양의 권리(inalienable right)를 인정하고, 원자력의 평화적 이용을 위한 장비·물질·과학기술정보를 교환하는 권리를 부여한다(제4조). 당사국은 또한 핵폭발의 평화적 응용에 따른 잠재적 이익이 무차별 원칙에 따라 비핵무기국에 제공되도록 적절한 조치를 취한다(제5조). 적절한 조치란 비핵무기국에 대한 기술 지원 등을 의미한다.

평화적 이용에 대한 불가양의 권리를 인정하였음에도, 실제 비핵무기국의 평화적 이용은 양자 원자력협정이나 전술한 핵 물질 수출통제체제에 의해 엄격히 제한되고 있다. 또한 NPT상 평화적 목적의 재처리나 농축 활동이 허용되지만, 일본·인도·이란3 등 일부 국가에 대해서는 선택적으로 허용되고 있어, NPT 체제의 일체성을 약화시킨다는 주장이 있다. 무엇보다도 핵무기 제조 이전의 단계, 즉 가공·농축·이용 후 연료의 재처리 등 원자력의 연구·생산 및 사용을 발전시키는 권리를 허용하고 있으나, 이러한 핵분열에 의한 원자력의 평화적 이용 기술이 핵무기 제조 기술과 다르지 않기 때문에 제4조의 핵무기의 평화적 이용 권리와 제2조의 핵무기 제조 금지의무의 경계가 모호하여 논란이 된다.

한국은 원자력의 평화적 이용에 적극적이다. 원자력 발전이 국내 전체 발전량의 약 27%를 차지하며, 미국·프랑스·일본·중국·러시아에 이어 세계 6위의 민수용 원자력발전소를 운영하고 있다. '한국수력원자력'은 한울·월성·고리·한빛 네 곳의 원자력발전소 24기를 운영 중이다. 호주·미국·캐나다·영국·프랑스·남아공으로부터 우라늄을 수입하여 미국·프랑스·영국·러시아의 농축시설에서 핵연료로 제작하여 사용하고 있다. 사용 후 연료를 각 원자력발전소 시설 내에 임시 저장·보관 중으로, 고준위 핵폐기장 건설을 계획 중이다. 한편 2015년 개정된 「한미 원자력협정」은 사용 후 연료의 20% 미만 농축 가능성을 허용하고, 플루토늄이 나오지 않는 건식 재처리방식(pyro-processing)의 개발을 위한 공동 연구, 사용 후 핵연료의 제3국 위탁 처리 허용, 원전 수출 제한 완화 등을 규정하였다.

----

3 2015.7. E3(영·불·독)와 미·중·러 3개국은 이란과의 협상 끝에, 이란의 농축시설을 1/3로 제한하고 생산 저농축 우라늄의 해외 반출을 허용하는 등 포괄적 공동행동계획(JCPOA: Joint Comprehensive Plan of Action)에 합의하였다. 한편 IAEA와 이란은 이란의 핵 프로그램과 관련하여 규명되지 않은 과거와 현재의 문제를 해소하기 위한 계획에 서명하였다. 이로써 대이란 경제제재 결의(2006.7.)가 해제되었으나, 트럼프 미 대통령은 2018.5. 합의를 파기하고 대이란 제재를 복원하였다.

3. 핵군축(제6조)

가. 핵군축 협상

(ⅰ) 핵군축 의무

5개 핵무기국은 모두 15,000개 이상의 핵탄두를 보유한 것으로 추정되고 있으나, NPT는 핵무기국의 핵무기 추가 제조를 명시적으로 금지하지 않고 있다. 핵무기국을 포함한 모든 당사국은 '핵 군비경쟁의 조속한 중지와 핵군축과 관련한 효과적인 조치'와 '엄격하고 효과적인 국제적 통제 아래 일반적이고 완전한 군축조약'에 관한 협상을 성실하게 추구하기로 약속한다. 조약은 핵무기국뿐만 아니라 모든 당사국에 대해 핵 군축조약 체결을 위해 성실하게 협상하라는 약속을 규정하고 있다. 이와 관련 ICJ는 핵무기의 위협 또는 사용의 합법성에 관한 권고적 의견(1996)에서 "모든 당사국 또는 국제사회 전체가 핵군축 협상을 성실하게 추구해야 할 뿐만 아니라 협상을 공식 종료하여 구체적인 결과를 성취해야 할 2중의 의무가 있다"고 하였다.

(ⅱ) 다자 핵군축협상

다자 군축협상은 UN을 중심으로 이루어지고 있다. 「UN헌장」상 총회는 군축과 군비규제의 원칙을 심의한다(제11조). 군축문제는 총회 산하 제1위원회, 심의기구인 UN 군축위원회, 독립적인 군축협상기구인 군축회의에서 다루어진다. UN 군축위원회(UNDC: UN Disarmament Commission)는 매년 4-5월 모든 회원국이 뉴욕에 모여 군축 분야의 주요 문제를 심의한다.

군축회의(CD: Conference on Disarmament)는 유일한 상설 다자 군축 협상 기구로서, 5개 핵보유국과 인도·파키스탄·이스라엘·북한 등 NPT에 참여하지 않은 사실상의 핵무기국 등 65개국(남아공·일본·호주·캐나다·한국 등 포함)으로 구성되어 있다. 핵군축과 관련하여 군축회의는 핵무기 제조에 필수적인 핵분열물질을 안전하게 통제하고 추가 생산을 금지함으로써 핵무기국과 비당사국이 핵탄두 수를 증가하지 못하도록 하는 「핵분열물질감축조약」(FMCT: Fissile

Materials Cut-off Treaty) 협상을 진행 중이나, 별 진전을 이루지 못하고 답보상태에 있다. 군축회의는 「핵비확산조약」(NPT), 「부분적 핵실험금지조약」(PTBT), 「포괄적 핵실험금지조약」(CTBT)과 같은 핵군축 관련 조약뿐만 아니라 「생물무기금지조약」(BWC), 「화학무기금지조약」(CWC) 등 군축조약을 협상하여 성안하였다.

(iii) 미·소 간 양자 핵군축협상

UN 차원의 협상과는 별개로, 핵군축 협상은 최대 핵무기 보유국인 미·소 간 양자 협상을 중심으로 이루어져 왔다. 핵군축을 위해 미국과 소련은 1969년부터 전략무기제한회담(SALT: Strategic Arms Limitation Talks)을 개최하여 1972년 탄도요격미사일의 배치를 제한하는 「탄도요격미사일제한조약」(Treaty on the Limitation of Anti-Ballistic Missile System, SALT I 또는 ABM Treaty)을 체결하였으나, 2001년 미국의 탈퇴로 중단되었다. 1979년 양국은 탄두 수와 운반수단을 제한하는 「전략공격무기제한조약」(Treaty on the Limitation of Strategic Offensive Arms, SALT II)에 합의하였으나, 이 조약은 정식 발효되지 못하였다.

양국은 또한 1981년부터 중·단거리 미사일 폐기를 협상하여 1987년 「중·단거리미사일폐기조약」(Treaty on the Elimination of Intermediate-Range and Shorter-Range Missiles, 'INF 조약')을 체결하였으나, 상호 조약 위반을 주장하며 중단을 선언함에 따라 2019.8.2. 종료되었다. 조약은 핵 선제공격에 사용가능한 지상 발사 중거리(1,000~5,500㎞) 및 단거리(500~1,000㎞) 탄도 미사일, 순항미사일과 발사대 등 모든 관련 시설의 폐기와 검증을 규정하였다.

양국은 1982년부터 전략무기감축회담을 개최하여 전략무기의 상호 감축을 규정한 1991년 「전략무기감축조약」(START I: Strategic Arms Reduction Treaty I)에 합의하였으며 이는 2009.12. 종료되었다. 그러나 탄두 수의 추가 감축을 규정한 1993년 「START II」는 양국 모두 비준하지 않아 발효되지 못하였다. 양국은 2010.4. 탄두 수 및 운반수단의 추가적인 감축과 이를 검증하기 위한 통보를 규정한 「New START」(Treaty on Measures for the Further Reduction and Limitation of Strategic Offensive Arms, '프라하 조약')를 체결하였다. 2011.2. 발효하였으며 2026.2. 종료 예정이지만, 푸틴 러시아 대통령은 2023.2. 「New Start」
참여를 중단한다고 발표하였다.

나. 핵실험 금지

핵무기 성능을 평가하고 개량하여 파괴력을 높이려는 핵실험을 규제하는
것은 핵군축을 이루기 위해서 필수적인 조치이다. 군축회의는 1962년 쿠바미
사일위기 이후 미·영·소 3국이 주도하여 1963년 **「부분적 핵실험금지조약」**
(PTBT: Treaty Banning Nuclear Weapon Tests in Atmosphere, in Outer Space and
under Water 또는 PTBT: Partial Test Ban Treaty)을 채택하였다. 조약은 대기권·
외기권·수중에서의 핵실험을 규제하였지만, 지하 핵실험은 적용 대상에서 제
외되어 있다. PTBT는 1963.10. 발효하였으며, 당사국은 126개국으로 한국은
가입하였지만, 북한은 가입하지 않고 있다. 이를 보완하기 위해 1996년 채택
된 **「포괄적 핵실험금지조약」**(CTBT: Comprehensive Test Ban Treaty)은 지상·수
중·대기·지하 등 모든 장소에서 모든 종류의 핵실험을 금지하고, 국제탐지시
스템(IMS: International Monitoring System)을 설치하여 조약 이행 여부를 엄격
히 검증하는 체계를 구비하고 있다. CTBT는 한국을 포함하여 177개국이 비준
하였으나, 반드시 비준해야만 조약이 발효하는 8개국(미·중·이스라엘·인도·북
한·파키스탄·이란·이집트)이 비준하지 않고 있어 아직 미발효 상태이다. 그러나
포괄적 핵실험금지조약의 조약기구인(CTBTO)의 임시 기술사무국(provisional
technical secretariat)이 1997년 비엔나에 설치·운영되어 337개의 검증 시설과
현장 사찰제도로 구성된 국제검증체계를 구축하는 등 조약 발효에 대비하고
있다.

다. 안전보장

비핵무기국은 핵무기국에 대해 NPT 체제하 핵 공격 및 핵 위협으로부터
법적 구속력 있는 안전보장을 요구하였다. 이에 미·영·러 3개 NPT 기탁국은
1968년 비핵국가의 안전을 보장하는 성명을 개별적으로 발표하고, 안보리에서

"핵무기에 의한 침략이나 위협이 있는 경우, NPT에 가입한 비핵무기국은 「UN 헌장」이 허용하는 범위 내에서 핵 원조 및 지원을 받는다"는 **적극적 안전보장** (PSA: Positive Security Assurances)에 관한 결의 255호를 채택하였다. 그러나 실제 핵에 의한 무력공격이 발생하면 핵무기국인 상임이사국의 거부권 행사로 동 결의가 실효성이 없다고 비판받자, 미국은 1977년 UN 총회에서 "미국과 그 동맹국에 대한 공격의 경우를 제외하고는 어떠한 국가에 대해서도 핵무기를 사용하지 않으며, NPT 당사국이나 이와 동등한 내용의 조약(예컨대 비핵지 대조약)에 가입한 어떠한 비핵무기국에 대해서도 핵무기를 사용하지 않을 것이다"라는 **소극적 안전보장**(NSA: Negative Security Assurance)을 약속하였다.4 여타 핵무기국도 유사한 내용을 선언하였으며, 중국은 잠재적 적국에 대해 핵무기를 먼저 사용하지 않는다(NFU: No First Use)고 선언하였다. 핵무기국의 핵무기 불사용이라는 소극적 안전보장 제공에 기초하여 지역별 비핵지대가 설치되었다.

라. 비핵지대(제7조)

NPT는 핵 없는 지역을 만들기 위한 지역적 조약을 체결할 수 있는 권리를 규정하고 있다. 비핵무기국가들은 핵확산을 방지하기 위한 지역별 비핵지대 (NWFZ: Nuclear Weapon Free Zone)를 설치하여 NPT 체제를 보완하고 역내 안보 강화를 시도하였다. 1962년 쿠바위기를 겪은 중남미국가들이 1967년 핵무기 사용을 금지하는 「남미비핵지대조약」(Tlateloco조약)을 처음 체결하자, 프랑스의 남태평양에서의 핵실험으로 위협을 느낀 남태평양 국가들도 1985년 「남태평양비핵지대조약」(Rarotonga 조약)을 체결하였고, 이어서 1995년 「동남아시아비핵지대조약」(Bangkok조약), 1996년 「아프리카비핵지대조약」(Pelindaba조약), 2006년 「중앙아시아비핵지대조약」이 체결되었다. 조약들은 지역별 비핵지대를

----

4 미국의 2022년 핵태세검토보고서(NPR: Nuclear Posture Review)도 "미국은 극단적인 상황에서 미국과 동맹국의 핵심적인 이익을 지키기 위해서만 핵무기 사용을 *고려*한다"고 선언하고 있다.

설치하고, 지역 내 핵무기의 제조·획득·보유 등을 금지하고 있다. 중동 비핵화지대 방안은 계속 제기되고 있으나, 실현되지 못하고 있다. 몽골은 1998년 자체적인 비핵지대를 선포하였다.

한편 남극·우주·해저 및 천체에 대해서도 핵무기 배치 등이 금지되고 있다. 「남극조약」은 남극지역에서의 모든 핵실험 및 방사성 폐기물의 처분을 금지하고 있다(제5조1항). 「우주조약」(1967)은 핵무기 또는 그 밖의 WMD를 운반할 물체를 지구궤도나 외기권 및 천체에 설치하는 것을 금지하고 있다(제4조). 「핵무기와 그 밖의 WMD의 해저 등에서의 배치 금지조약」(1971)은 12해리 영해 밖 해저 및 해저토에 핵무기 등 WMD의 배치를 금지하고 있다. 1979년 「달조약」도 달과 그 밖의 천체에 WMD의 배치를 금지하고 있다(제3조).

4. 최종조항

당사국 과반수의 제의로 5년마다 조약 운용을 검토하는 재검토회의(review conference)를 개최한다(제8조3항). 1995년 제5차 재검토회의에서 NPT의 **무기한 연장**(indefinite extension)을 결정하였다.

조약은 비준되어야 하며, 미국·영국·소련 정부에 기탁된다(제9조).

각 당사국은 당사국의 주권을 행사하면서 조약상의 문제에 관련되는 비상사태가 자국의 지상 이익(supreme interests)을 위태롭게 하고 있다고 결정하면 NPT로부터 탈퇴할 수 있는 권리를 가진다. 각 당사국은 3개월 전에 모든 당사국과 안보리에 탈퇴를 통고한다(이상 제10조). 통고에는 국가의 지상 이익을 위태롭게 하는 것으로 그 국가가 간주하는 비상사태에 관한 설명이 포함되어야 한다. 1993년 북한은 이 조항에 따라 최초로 NPT 탈퇴를 통고하였다.

북한의 NPT 탈퇴

1953년 북한은 소련과 「원자력이용협정」을 체결하고, 1962년 영변에 원자력발전소(5MW)를 건설하였으며, 1974.6. IAEA에 가입하였다. 한국은 1975년 NPT를 비준하고 IAEA와 「안전조치협정」을 체결하였다. 북한도 1985.12. NPT를 비준하였다. 1991.11.8. 노태우 대통령이 「한반도 비핵화와 평화구축 선언」을 발표한 데 이어, 그해 12.31. 남북한은 「한반도의 비핵화에 관한 공동선언」을 발표하였다. 이들 선언은 원자력을 평화적 목적으로 사용하고, 핵무기를 시험·제조·보유·저장·배치·사용하지 않으며, 핵연료의 재처리 및 핵농축 시설을 보유하지 않는다는 내용을 포함하고 있다. 1992.1.30. 북한은 IAEA와 「안전조치협정」을 체결하였으나, 1993.3.12. 영변 지역에 대한 IAEA의 특별사찰 요구를 거부한 후 NPT 탈퇴를 통보하고, 탈퇴 발효 하루 전인 1993.6.11. 탈퇴 일시 유예(moratorium)를 선언하였다. 1994.6. 북한은 IAEA를 탈퇴하였다.

1994.10. 미·북은 제네바 합의를 통해, 북한의 핵시설 동결의 대가로 경수로 원자력발전소(1,000MW급 2기)를 건설하고 경수로 완공 시까지 중유를 공급하며 북한에 대한 소극적 안전보장(NSA)을 약속하였다. 경수로 건설을 위해 1995년 경수로 기획단(KEDO)이 설립되었다. 2002.10. 북한이 우라늄 농축 사실을 인정하자, 미국은 이를 제네바 합의의 심각한 위반으로 판단하고, KEDO의 대북 중유공급 중단을 발표하였으며, 이에 2003.1. 북한은 유예 중이던 NPT 탈퇴를 다시 통보하였다. 2003.8. 6자회담이 개시되어 북핵 문제 해결을 재차 시도하였다.

III. 핵무기 사용의 합법성

1. UN에서의 핵무기 사용 금지 논의

1961년 UN 총회가 채택한 핵무기와 수소폭탄의 사용 금지에 관한 선언 (Declaration on the Prohibition of the Use of Nuclear and Thermo−Nuclear Weapons, 결의 1653호)은 핵무기 사용이 UN의 정신과 목적에 어긋나 「UN헌장」을 직접적으로

위반하는 것이며, 무차별 살상과 파괴로 국제법 규칙과 국제인도법에 반하는 것으로 인류와 문명에 대한 범죄행위라고 선언하였다. 핵무기 사용을 불법화하는 것이 핵무기 비확산에 가장 유효한 방법이라 하겠지만, NPT는 핵무기의 양도·수령·제조 등을 금지하였을 뿐 핵무기의 위협이나 사용에 대해서는 침묵하고 있다.[5]

2017.7. UN 총회가 채택하여 2021.1. 발효한 **「핵무기금지조약」**(TPNW: Treaty on the Prohibition of Nuclear Weapons)은 궁극적으로 핵무기의 전면적인 제거를 목적으로 핵무기 또는 그 밖의 핵폭발 장치의 개발·실험·생산·저장·배치·이전·사용과 사용의 위협을 포괄적으로 금지함으로써 핵무기 자체와 핵무기 사용의 불법성을 규정하고 있다. 2021년 발효하였지만, 핵무기국은 모두 불참하였다(남북한 미비준).

북한 핵무기와 확장 억제

2022.9.8. 북한이 제정한 『핵무력정책법』은 북한의 핵정책을 법제화한 것으로, 북한이 필요하다고 판단하면 언제든지 핵을 사용할 수 있도록 명문화하고 있다. 특히 '국가지도부와 국가핵무력지휘기구에 대한 적대세력의 핵 및 비핵 공격이 감행되거나 림박하였다고 판단되는 경우' 자동적인 핵 타격을 명시하고 있다.

이에 대응해 한미가 2023.4.26. 발표한 '워싱턴선언'에서 바이든 미 대통령은 한국에 대한 미국의 확장억제(extended deterrernce)는 항구적이고 철통같으며 핵을 포함한 미국의 역량을 총동원하여 지원된다고 강조하였다. 또한 양국은 '핵협의그룹'(NCG) 설치하고 탄도미사일잠수함의 정기적인 한국 입항 등을 통해 확고한 확장억제체제를 구축하기로 합의하였다.

----

5 이에 반해 「생물무기협약」(BWC)는 생물(세균) 및 독성무기의 개발·생산·비축·획득·보유를 금지하고 있으며, 「화학무기협약」(CWC)은 화학무기의 개발·생산·획득·비축·보유·인도는 물론 사용을 금지하고 있다.

2. ICJ의 핵무기의 위협 또는 사용의 합법성에 관한 권고적 의견

핵무기는 불필요한 고통을 야기하고 군사목표주의에서 벗어나 무차별적으로 파괴하는 치명적인 WMD로서, 「육전의 법 및 관습에 관한 협약」 및 제1추가의정서 등 국제인도법에 명백히 위배된다할 것이다. 그럼에도 자위권 행사와 같이 「UN헌장」에 의해 무력사용이 허용되는 경우 핵무기 사용이 금지되는가에 대해서는 논란이 있다. 이와 관련 UN 총회가 ICJ에 핵무기의 위협 또는 사용의 합법성(Legality of the Threat or Use of Nuclear Weapons)에 관한 권고적 의견(1996)을 요청한 데 대해 ICJ는 아래 의견을 제시하였다.

- 「UN헌장」 제2조4항에 규정된 무력의 위협이나 사용 금지는 (핵무기를 포함하는) 어떠한 무기에 대해서도 차별 없이 적용된다.
- (1945년 이후 핵무기가 사용되지 않은 관행이 핵무기 사용을 금지하는 관습국제법의 존재에 대한 핵무기국의 법적 확신의 표현이라는 주장에 대해) 핵무기국이 핵무기의 억제력을 원용하며 핵무기의 사용 금지에 지속적으로 반대하고, 핵무기 사용 금지 관련 UN 총회에서 결의 채택 시 상당수가 반대 또는 기권하였다는 점에서 핵무기의 위협이나 사용 금지가 관습국제법으로 성립하는 데 필요한 법적 확신이 형성되었다고 보기 어렵다. 또한 WMD를 명백히 금지하는 조약에서도 이를 특정하여 금지하지 않고 있다.
- 그러나 핵무기의 위협이나 사용은 무력충돌에 적용되는 일반적인 국제법 규칙, 특히 민간인 목표와 군사적 목표물을 구분할 수 없는 무기 사용을 금지한 국제인도법에 위배된다.
- 헌장 제51조상 필요성과 비례성의 요건을 갖추지 못한 자위권 행사는 불법이지만, 비례의 원칙이 모든 상황에서 자위권 행사를 위한 핵무기 위협이나 사용을 배제하는 것은 아니다. 다만 국가의 존망이 걸린 극단적인 상황에서 자위 조치로서 핵무기의 위협 또는 사용이 합법인지에 대해서는 확정적으로 결론을 내릴 수 없다(7:7 가부동수에서 소장의 결정

투표로 결정).

자위 조치로서 핵무기의 사용 가능성에 관한 ICJ의 모호한 입장에 더해, 군사목표물을 대상으로 개발·배치된 저위력(20킬로톤 이하) 전술핵무기를 자위권 행사를 구실로 사용할 경우, 필요성과 비례성에 근거한 적법성 판단은 쉽지 않은 문제라 할 것이다.

3. 로마규정과 핵무기 사용

핵무기국의 반대에도 불구하고, 「국제형사재판소(ICC)에 관한 로마규정」은 과도한 상해나 불필요한 고통을 일으키는 성질을 가지거나 무차별한 성질의 무기·발사체·장비 및 전투방식의 사용을 관할 전쟁범죄로 규정함으로써(제8조2항 b20호) 핵무기 사용이 ICC가 관할하는 전쟁범죄에 포함될 수 있도록 하였다.

그러나 동 조 단서는 "그러한 무기·발사체·장비 및 전투방식이 포괄적인 금지 대상이어야 하며 또한 규정 개정 절차에 따라 부속서에 포함되어야 한다" 고 규정하고 있다. 핵무기국의 반대로 핵무기가 포괄적 금지 대상이 되기 어렵고 부속서 개정에 필요한 당사국 7/8 이상의 비준 또한 얻기 어려워 핵무기 사용이 ICC의 관할범죄가 되는 것은 현실적으로 기대하기 어렵다고 할 것이다.

Ⅳ. NPT 체제의 이행과 평가

NPT는 핵무기국이 급속히 증가하여 인류를 위협할 것이라는 우려 속에 탄생하였다. NPT 체제상 인정되는 5개 핵무기국 외에도 인도·파키스탄·이스라엘·북한을 포함하여 사실상 핵무기국은 9개국으로 늘어났지만, NPT는 현재 192개국이 참여하는 보편성을 확보함으로써, 핵 비확산에 크게 기여하였다고 평가할 수 있다.

그러나 인도·파키스탄·이스라엘과 같이 애초부터 NPT에 가입하지 않은 비당사국의 핵 개발은 물론, 북한과 같이 NPT 체제하에서 핵 기술을 이전받은 후 탈퇴하여 핵무기를 개발하는 악용 사례도 발생하였다. NPT 당사국이라 할 지라도 비밀리에 연구·개발을 수행하고 의도적으로 신고하지 않는 경우, 당사 국의 동의가 없이는 사찰을 강제할 수단이 없는 NPT 체재의 결함이 노출된 것 이다. 당사국이 핵 개발을 강력한 의지로 추구하면, NPT가 현실적으로 이들 국가의 핵 개발 의지를 꺾을 수 있는 실효적 수단이 없다는 것은 NPT 체제에 내재한 심각한 결함이라 할 것이다.

출범 당시부터 5개 핵무기국의 독점적 지위를 인정한 NPT 체제의 불평등 성이 지적되었음에도, 핵무기국의 담합에 의한 핵 우위 또는 독점은 계속 유지 되고 있다. NPT상 핵무기국의 우월적인 지위가 인정된 것은 이에 상응하는 핵 무기국의 군축 노력과 비핵무기국의 비확산 및 원자력의 평화적 이용권 보장 과 상호 연계되어 있다. 핵군축을 위한 전제조건으로써 2000년 평가회의에서 는 CTBT의 조속한 발효, 군축회의(CD)에서의 FMCT 협상 조속 개시 등 '핵군 축을 위한 13개 실질 조치'를 채택하였지만, 이후 핵무기국의 핵군축은 별다른 진전을 이루지 못하고 있다. 재검토회의에서는 비확산을 강조하는 핵무기국과 비동맹을 주축으로 군축을 강조하는 비핵무기국과의 상호불신은 오히려 증폭 되어왔다. 비동맹국가는 핵무기국이 핵무기 비확산에만 집중하며 핵군축 의무 를 소홀히 하는 이중기준을 적용하고 있다고 핵무기국을 비난한다. 2010.5. 재 검토회의에서는 어렵게 최종문서를 채택하였지만, 2015년 제9차에 이어, 2022.8. 제10차 재검토회의에서도 최종문서의 채택에 합의하지 못하였다. 핵무 기국이 핵군축을 실질적으로 이행하도록 담보하는 장치가 마련되어 있지 않기 때문이다. 핵무기국이 핵 없는 세상을 실현하기 위한 군축 협상에 성실히 임하 지 않는다면 비확산과 원자력의 평화적 이용권의 제약을 받는 비핵무기국의 불만이 팽배해져 NPT 체제를 균열시키는 요인으로 작용하게 될 것이다.

I. 인권 존중의 원칙

1. 인권과 UN

　　전통적으로 국민은 국가에 종속된 부속물로 취급되었으며, 국가가 자국민을 여하히 대우하느냐는 국가의 국내문제로 취급되었다. 타국으로부터 간섭을 받지 않는 국가 주권의 원칙에 따라 국내 관할권에 속하던 개인의 인권은 국제법이 관여하는 사안이 아니었다. 1865년 미국에서 흑인 노예제도가 폐지되고, 19세기 후반에 들어서 부상병, 난민, 노동자, 소수 민족 등 특정 부문에서부터 인권 규범이 출현하기 시작하였다. 역사상 최대의 사상자를 초래한 제1차 세계대전과 나치의 참혹한 인권 유린이 자행된 제2차 세계대전을 거치면서 국제사회는 인권의 보장과 국제평화는 불가분의 관계라는 점을 자각하게 되었다. 또한 인권을 보호해야 할 국가가 오히려 인권을 탄압하는 사례가 늘면서, 국내문제로 인식되어 온 인종차별·고문·난민 보호·집단학살 등이 점차 국제문제로 인식되기 시작하였다.

　　UN 창설과 더불어 인권의 국제화가 시작되었다. 헌장은 인권 존중을 UN이 추구하는 기본 목적의 하나로, "인종·성별·언어 또는 종교에 따른 차별이 없는 모든 사람을 위한 인권 및 기본적 자유를 존중하고 준수하도록 촉진하고 장려하기 위해 국제적 협력을 달성한다"(제1조3항)라고 규정하고, 국가 간의 평화롭고 우호적인 관계를 위해 UN이 모든 사람을 위한 인권 및 기본적 자유의 보편적 존중과 준수를 촉진할 것을 재확인하였다(제55조다). 한편 회원국은 이러한 목적을 달성하기 위해 UN과 협력하여 공동으로 또는 개별적인 조치를 취할 것을 약속한다(제56조). 헌장은 회원국이 인권 및 기본적 자유의 증진을 UN과 협력할 의무를 부과함으로써, 국제인권법 형성의 근거를 제공하였다. 인권은 국제평화와 안전, 개발과 함께 UN이 수행하는 핵심적인 활동이 되었다.

2. 인권 존중의 원칙

가. 대세적 의무로서의 인권

인권은 개인이 인간이기 때문에 당연히 갖는 권리이다. 국가는 인권을 존중하고 보호해야 할 의무가 있다. 존중은 국가가 스스로 개인의 인권을 침해하지 않으며, 보호는 국가가 타인이 개인의 인권을 침해하지 않도록 하는 것을 말한다. 주권의 절대성과 국내문제 불간섭을 강조하며, 인권침해를 변명하는 국가도 여전히 없지 않다. 인권을 정치화하여 대외정책 목표 달성을 위한 압력 수단으로 사용하려고 하는 국가도 없지 않다. 하지만 보편적 가치로서 인권이 개별 국가의 주권을 침해하거나 국내문제라는 인식은 더는 유효하지 않다. 존엄성을 갖는 인간으로서 개인이 갖는 기본적이며 핵심적인 권리로서, 인권 존중의 원칙(principle of respect for human rights)이 국제법의 일반원칙의 하나로 확립된 것이다.

국제인권법의 주요 원칙은 국가나 지역과 관계없이 모든 나라에 적용되는 보편적 규범이다. 언제 어디서나 누구에게나 차별 없이 적용되는 보편적 가치로서, 인권을 위반하는 국가에 대해 타국은 인권 보호를 요구하고 책임을 추궁할 수 있다. 국가가 인권을 보장하는 것은 이제 국제공동체 전체에 대한 대세적 의무이다. 국제재판소들은 고문, 집단살해, 차별금지 등 주요 인권 규칙이 대세적 의무임을 확인하고 있다.

나. 인권의 보편성과 상대성

보편적 가치로서 인권개념은 서구사회의 기독교와 자유주의 사상을 기반으로 형성된 서구적 개념이다. 모든 사람의 권리에 관해 규정하고 있는 1948년 「세계인권선언」이나 1966년 「국제인권규약」은 인권이 국가나 지역의 문화적 차이와 관계없이 보편적으로 적용되는 것임을 전제한 것이다.

하지만 인권의 세계화가 진행되면서 유교적 전통의 아시아와 이슬람 세계를 비롯한 제3세계 국가는 국가마다 상이하고 독특한 문화와 전통을 가지고 있다는 문화적 상대성을 주장한다. 인권 규범이 보편적 규범일지라도 일률적으로 적용되어서는 안 되며 각국의 역사적 전통과 문화적 특성에 맞게 해석되고 적용되어야 한다는 것이다. 이들 국가는 국제인권조약의 내용 중 자국이 수용하기 곤란한 부분은 유보를 통해 적용을 배제하고 있다. 이슬람 제국은 별도로 1990년 카이로 이슬람 인권선언을 채택하였다. 문화적 다양성을 수용하되, 인권의 보편성을 최대한 확보되도록 양자를 조화시켜 나가야 할 것이다.

3. 인권의 확장

인권은 이를 향유하는 주체인 개인과 이를 규율하는 국가와의 관계 속에서 규정된다. 인권은 국가의 부당한 간섭과 억압을 축소·배제함으로서 개인을 보호하기 위한 시민적·정치적 자유(자유권)를 강조하는 제1세대 인권에서, 경제적·사회적·문화적 권리(사회권)를 중심으로 개인의 인간다운 생활과 생존에 필요한 최소한의 보호를 위해 국가의 적극적인 개입과 책임을 요구하는 제2세대 인권으로 발전하였다. 자유권은 「시민적·정치적 권리에 관한 국제규약」, 사회권은 「경제적·사회적·문화적 권리에 관한 국제규약」에서 구체화되었다.

인권은 이제 개인이 국제적 연대를 통해 국가로 구성된 국제공동체에 대해 요구하는 집단적 권리(collective rights)인 제3세대 인권으로 확장되고 있다. 「세계인권선언」 제28조는 "모든 사람은 이 선언에서 제시된 권리와 자유가 완전히 실현될 수 있는 사회적 및 국제적 질서에 대한 권리를 가진다"라고 규정하여 제3세대 인권의 근거가 되고 있다. 인민자결권(후술)·평화권·발전권·환경권·세대 간 형평 등 제3세대 인권은 집단적 성격을 띠고 있어 연대권이라고 불리기도 한다. 1986년 UN 총회는 **발전권**(right to development) 선언을 채택하였다. 이에 따르면, 발전권은 양도할 수 없는 인권으로서, 모든 개인이나 인민이 경제적·사회적·문화적·정치적 발전에 참여하고 기여하며 향유하는 권리이며, 국가들은 발전권을 이행하는 1차적 주체로서 개별적·집단적으로 국내적·국제적으로 발전권의 실현을 위해 우호적인 환경을 조성해야 한다. **환경권**(right to environment)은 별개의 권리로서 명문화되지 않았지만, 자유권규약상 보장된 생명권, 사회권규약상 보장된 제 권리(건강권, 식량권, 물에 대한 권리, 주거권 등)를 달성하기 위해 전제되는 권리이다.

II. 인권의 규범화: 국제인권법

국제인권법(International Human Rights Law)은 국내적·지역적·국제적 차원에서 인권을 증진하기 위한 법체계를 말한다. UN 총회의 주도하에 헌장 제55조와 제56조의 인권과 기본적 자유를 구체화하는 선언과 조약을 채택함으로써 국제법의 규율 대상으로서 인권의 규범화 작업이 본격화되었다. 국제인권장전(international bill of human rights)이라 불리는 「세계인권선언」, 「경제적·사회적·문화적 권리에 관한 국제규약」, 「시민적·정치적 권리에 관한 국제규약」과 이를 보완하고 강화하는 분야별·지역별 인권조약들이 채택되었다. 일반국제법은 국가 간의 권리·의무 관계를 규율하지만, 국제인권법은 당사국을 매개로 당사국과 당사국이 관할하는 개인과의 관계를 규율한다.

국제인권법은 인권 관련 조약과 관습국제법 및 법의 일반원칙으로 구성된다. 인권조약의 여러 규정은 일반적 관행과 법적 확신을 통해 관습국제법화되었다. 이에 따라 개별 인권조약의 비당사국에 대해서도 인권 관련 관습국제법이 보편적으로 적용되고 있다.

1. 「세계인권선언」

「세계인권선언」(Universal Declaration of Human Rights)은 경사리 산하 인권위원회(Commission on Human Rights)가 작업하여 1948.12.10. UN 총회에서 총의로 채택되었다. 모든 사람을 대상으로 구체적인 인권 보호를 규정한 최초의 국제문서(전문과 30개 조문)로서, 헌장에 규정된 추상적인 인권 및 기본적 자유의 개념을 구체화하고 있다. 모든 인민과 국가가 달성할 공통의 기준으로서, 시민적·정치적 권리(제3조–21조)와 사회적·경제적·문화적 권리(제22–27조)를 함께 명시하고 있다.

총회결의에 의한 선언은 형식상 구속력 없는 정치적·도덕적 문서이지만, 「세계인권선언」에 포함된 권리는 대부분은 보편적 가치로서 인권조약과 국내법에 수용됨으로써 관습국제법화되었다는 것이 통설이다. 테헤란인질사건에서 ICJ는, "인간의 자유를 불법적으로 박탈하고 궁박한 상태에서 신체적으로 제약하는 것은 그 자체로서 「UN헌장」 및 「세계인권선언」에 제시된 인권의 기본원칙과 명백히 양립하지 않는다"고 함으로써 「세계인권선언」의 내용이 관습국제법화하였음을 시사하고 있다. 선언은 세계 인권 존중 및 보호의 도덕적 기초로서 인권조약이나 국내법 해석에 있어 권위있는 지침이 되고 있다.

2. 국제인권규약

「세계인권선언」 채택 후, 인권위원회는 인권 규범의 성문화를 위한 협상을 시작하였다. 선진국들은 시민적·정치적 권리인 자유권을, 개도국들은 사회적·경제적 권리인 사회권을 강조하였다. 협상 끝에 1966.12. 「사회적·경제적·문화적 권리에 관한 국제규약」과 「시민적·정치적 권리에 관한 국제규약」이 별개로 채택되어 1976년 발효하였다(남북한 가입). 두 규약 모두 제1조에서 자결권을 규정하고 있으며, 제2조에서는 "인종·피부색·성·언어·종교·정치적 또는 기타의 의견·민족적 또는 사회적 출신·재산·출생 또는 기타의 신분 등에 의한 어떠한 종류의 차별도 없이 행사되도록 보장한다"고 차별금지를 규정하고 있다. 이들 규약은 독립되어 있으나 상호 의존적이며 불가분의 관계로, 다수의 규정은 관습국제법화하였다.

가. 「경제적·사회적·문화적 권리에 관한 국제규약」

1966년 「경제적·사회적·문화적 권리에 관한 국제규약」(ICESCR: International Covenant on Economic, Social and Cultural Rights, 이하 '사회권규약' 또는 A규약)은 노동조건의 보장·노동조합의 결성 등 노동권, 사회보장을 받을 권리, 가정의 보호를 받을 권리, 적당한 생활 수준을 누릴 권리, 신체적·정신적 건강을 누릴 권리, 식량권(기아로부터의 해방), 주거권, 교육권, 문화적 권리, 아동이나 소수자의 권리 등 프로그램적 성격의 사회·경제적 권리를 규율하고 있다.

당사국은 이 규약에서 인정된 권리의 완전한 실현을 점진적으로 달성하기 위해 입법조치를 포함한 모든 적절한 수단에 의해, 개별적으로 또는 국제협력을 통해, 자국의 경제적 능력을 고려하여 가용자원이 허용하는 최대한도까지 조치를 취할 것을 약속하였다(제2조1항). 다만 개도국은 외국인에 대해서는 국가 경제를 충분히 고려하여 경제권 보장에 차등을 둘 수 있다(제2조3항). 당사국은 오직 공공복리의 증진을 목적으로 반드시 법률에 의해 규약이 부여한 권리를 제한할 수 있다(제4조 하단).

2008년에는 「국가 간 통보와 개인통보에 관한 사회권규약 선택의정서」가 채택되었다.

사회권규약에는 조약기구(treaty body)에 관한 규정이 없지만, 1985년 경사리의 결의로 '사회권규약위원회'가 설치되었다. 개인 자격으로 선출되는 임기 4년의 위원 18명으로 구성된다.

나. 「시민적·정치적 권리에 관한 국제규약」

1966년 「시민적 및 정치적 권리에 관한 국제규약」(ICCPR: International Covenant on Civil and Political Rights, 이하 '자유권규약' 또는 B규약)은 인간으로

서의 존엄, 신체의 자유(자의적 구금으로부터 자유로울 권리), 이전의 자유, 사생활 보호, 사상·양심·종교의 자유, 표현의 자유, 집회와 결사의 자유, 차별받지 않을 권리, 고문을 받지 않을 권리, 생명권, 공정한 재판을 받을 권리, 법 앞에 평등, 국적을 취득할 권리 등을 규정하고 있다.

당사국은 자신의 영토 내에 있거나 관할 아래 있는 모든 개인에 대해 어떠한 차별도 없이 규약상의 권리를 존중하고 보장할 것을 약속하고(제2조1항), 즉각적이고 완전한 권리를 실현하는 데 필요한 입법이나 사법적 구제 조치를 취할 의무가 있다(제2조2항). 국가의 이러한 의무는 자국 안에 있는 자국민과 외국인(난민, 무국적자, 이주노동자 포함)은 물론 영역 밖에서 당사국의 관할권 또는 실효적 통제 아래 있는 모든 사람에게 적용된다(☞ 전시점령하 민간주민의 보호 p.423).

국민의 생존을 위협하는 공공의 비상사태가 공식 선포된 경우(무력충돌의 발생, 자위권 행사 등), 사태의 긴급성에 따라 엄격한 한도 내에서 규약 의무에 대한 적용정지 조치를 취할 수 있으나, 이 경우에도 생명권, 고문 또는 잔혹한 형벌 금지, 노예나 예속 상태, 계약 불이행에 따른 구금, 죄형법정주의, 법 앞에 인간으로서 인정받을 권리, 사상·양심·종교의 자유 위반 등은 허용되지 않는다(제4조1항 및 2항).

개인통보에 관한 「제1선택의정서」와 사형폐지를 규정한 「제2선택의정서」가 1989년 채택되어 1991년 발효하였다.

생명권

생명권은 국제인권법상 전시와 평시를 막론하고 보장되어야 하는 보편적 권리이다. 「세계인권선언」은 생명권은 전쟁과 분쟁 상황을 포함한 어떠한 경우에도 반드시 지켜져야 할 절대적 권리임을 강조하고 있다(제3조). 자유권규약도 모든 인간이 갖는 고유한 생명권을 확인하고, 국가에 의한 자의적인 생명 박탈을 통제하고 생명권을 보장할 국가의 의무를 규정하였으며, (당사국에 사형폐지 의무를 부과하고 있지는 않지만) 가장 중한 범죄에 대해서만 사형이 선고되도록 제한하고 있다(이상 제6조).

자유권규약위원회는 사형제도는 생명권의 본질적 내용을 침해하는 것으로 국가기관에 의해 생명권이 박탈되는 상황을 엄격히 통제하고 제한해야 한다는 입장이며, 한국의 제2선택의정서 가입을 권고하였다. 우리 헌법재판소는 1996년 및 2010년 두 차례에 걸친 위헌심사에서 사형제도가 합헌이라고 판결하였으나, 1998년 이후 사형이 집행되지 않아 한국은 실질적 사형폐지국으로 간주되고 있다.

조약기구인 '자유권규약위원회'(Human Rights Committee)는 개인 자격으로 선출되는 임기 4년의 18명의 위원으로 구성된다(제28조). 위원회는 비공개이며 서신과 서류의 기밀을 유지하나, 위원회의 결정은 공표된다.

3. 분야별 조약

국제인권규약과는 별도로 분야별 인권조약들이 채택되었다. 중대한 인권 침해행위(집단살해, 인종차별, 고문)로부터 보호와 사회적 소수자나 약자(난민, 여성, 아동, 장애인, 강제실종자, 이주노동자)를 보호하기 위한 조약이 체결되었다. 그 밖에 1919년 창설된 국제노동기구(ILO)는 노동자의 결사의 자유, 단결권 및 단체교섭권, 강제노동 금지, 최저 연령 등에 관한 189개 협약(convention)과 205개 권고를 채택하였다.

가. 「집단살해범죄의 방지 및 처벌 협약」(「Genocide협약」)(1948)

Genocide(집단살해죄)는 나치 독일이 600만 명에 이르는 유대인을 학살한 역사적 경험에서 유래된 범죄이다. 협약은 Genocide를 국제법상 범죄로 확인하고(제1조), 이를 정의하고 있다(제2조 ☞ p.491). 집단살해의 실행 외에도 이를 모의·선동·기도하는 것을 처벌하며(제3조), 국내 또는 국제형사재판소가 관할권을 가진다(제6조). 협약의 해석·적용 또는 이행에 관한 분쟁은 분쟁당사자의 요구로 ICJ에 회부될 수 있다(제9조).

나. 「난민지위협약」과 「난민지위의정서」(1951): ☞ 제15장

다. 「모든 형태의 인종차별 철폐에 관한 국제협약」(「인종차별철폐협약」)(1966)

남아프리카공화국의 인종차별(Apartheid) 정책은 극단적인 인종차별의 사례로, 협약은 인종과 관련하여 모든 형태의 차별을 금지·폐지하기 위해 채택되었다. 협약상 인종차별은 '인종·피부·가문·민족이나 종족의 기원에 근거하는 구별·배척·제한 또는 우선권'을 말한다. 다만 어느 개인이나 집단의 진보를 유일한 목적으로 취한 적극적인 조치(affirmative action)는 인종차별로 간주되지 않는다(이상 제1조). 당사국은 어느 인간·집단 또는 조직에 의한 인종차별을 해당 사정에 따라 입법을 포함한 모든 적절한 수단으로 금지하고 종료할 의무를 진다(제2조1항). 당사국은 인종차별을 촉진하고 고무하는 조직과 활동을 불법으로 금지하고 처벌하는 범죄로 인정한다(제4조). 1973년 「인종차별 범죄의 진압 및 처벌을 위한 국제협약」이 별도로 채택되었다.

라. 「고문 및 그 밖의 잔혹한·비인도적인 또는 굴욕적인 대우나 처벌의 방지에 관한 협약」(「고문방지협약」)(1984)

협약상 고문은 '공무원이나 그 밖의 공무 수행자가 직접 또는 이러한 자의 교사·동의·묵인 아래, 어떤 개인이나 제3자로부터 정보나 자백을 얻어내거나, 이들의 행위를 처벌하거나 협박·강요하기 위한 목적으로, 또는 모든 종류의 차별에 기초한 이유로, 개인에게 고의로 극심한 신체적·정신적 고통을 가하는 행위'이다(제1조). 당사국은 관할권이 미치는 영토 내에서 고문을 막기 위해 실효적인 입법·행정·사법적 또는 그 밖의 조치를 취해야 한다(제2조1항). 전쟁상태, 전쟁 위협, 국내의 정치 불안정 또는 그 밖의 공공 위기 등 어떠한 예외적 상황도 고문을 정당화하기 위하여 원용될 수 없다(제2조2항). 어떠한 당사국도 고문 또는 비인도적 처우나 처벌을 받을 위험이 있다고 믿을만한 상당한 근거가 있는 나라로 개인을 추방·송환하거나 인도하여서는 안 된다('강제송환금지원칙')(제3조1항). 고문 행위는 물론 미수나 공모, 가담도 범죄행위로 처벌된다(제4조).

당사국은 고문 혐의자를 인도하지 않으면 기소한다(제7조). 고문에 미치지 않더라도 그 밖에 잔혹한·비인도적인 또는 굴욕적인 대우나 처벌 역시 금지된다(제16조). 고문 금지는 「세계인권선언」(제5조)과 「자유권규약」(제7조)에도 명시되어 있으며, 강행규범으로 인정되고 있다.

2002년 채택된 협약의 「선택의정서」는 구금시설을 방문하고 보고할 권한이 있는 국내 기구 설립을 규정하고 있으며, 2006년 발효하였다.

마. 「여성차별철폐협약」(CEDAW)(1979)

협약상 여성에 대한 차별은 '정치적·경제적·사회적·문화적·시민적·기타 모든 분야에서 결혼 여부와 관계없이 남녀평등의 기초 위에서 인권과 자유를 인식·향유·행사하는 것을 저해하거나 무효화하는 효과나 목적을 가지고 성에 근거한 모든 형태의 구별·배제 또는 제한'을 의미한다(제1조). 협약은 당사국이 여성을 차별하는 법률·규칙·관습 및 관행을 철폐하고, 여성의 참정권과 교육권, 고용과 건강에 관한 권리를 보장하며, 결혼과 가정에서의 평등, 법 앞에서의 평등 등의 권리를 보장하고 있다.

1999년 채택된 「개인통보에 관한 선택의정서」가 채택되어 2002년 발효하였다.

한편 2010년 UN 총회결의로 UN 내 여성 관련 기구를 통합한 'UN Women'(UN 여성기구)이 뉴욕에 설립되었다. 기구는 「여성차별철폐협약」의 확산 및 이행 지원, 여성 권익 향상, 성평등 실현 등을 목적으로 한다.

바. 「아동권리협약」(1989)

협약상 아동은 '18세 미만의 모든 사람'을 말한다(제1조). 아동에 관한 모든 활동에 있어 아동의 최선 이익(the best interests of the child)이 최우선으로 고려되어야 한다(제3조1항). 당사국은 아동 복지에 필요한 보호와 배려를 보장해야 한다(제3조2항). 아동의 생명권, 성명권과 국적 취득권, 신분 보존, 가족 결합 등을 보장하되, 아동에 대한 경제적 착취, 약물 남용, 성적 학대, 아동 학대와 매매 등으로부터 아동을 보호하도록 하고 있다.

3개의 선택의정서를 채택하였다. 제1의정서는 아동의 무력충돌 참여, 제2의정서는 아동매매·성매매·음란물, 제3의정서는 개인통보에 관한 것이다.

사. 「장애인권리협약」(2006)

협약상 장애인은 '장기간의 신체적·정신적·지적 또는 감각적 손상으로 인해 다른 사람들과의 동등한 기초 위에서 완전하고 효과적인 사회 참여에 어려움을 겪는 자'를 말한다. 협약은 장애인을 비장애인과 동등하게 인간의 기본권을 누리는 적극적인 권리 주체로 인정하고, 법 앞의 평등, 교육·건강·고용·문화생활 등 모든 생활영역에서의 장애인의 권리를 보장한다. 존엄성과 자율성 존중, 완전하고 효과적인 사회 참여 및 통합, 장애가 갖는 차이에 대한 존중, 접근성 등의 원칙을 명시하고 있다(제3조).

협약과 함께 「개인통보에 관한 선택의정서」가 채택되어 2008년 발효하였다.

아. 「강제실종자보호협약」(2006)

협약상 '강제실종'은 국가기관 또는 국가의 허가·지원 또는 묵인 아래 행동하는 개인이나 집단이 사람을 체포·감금·납치나 그 밖의 형태로 자유를 박탈한 후 이러한 자유의 박탈을 부인하거나 실종자의 생사 또는 소재를 은폐하여 실종자를 법의 보호 밖에 놓이게 하는 것을 말한다(제2조). 협약은 강제실종 범죄의 방지 및 처벌과 실종자(Persons from Enforced Disappearance)의 권리를 보장하고, 실종자의 상황 및 생사와 관련하여 실종자의 가족이 진실을 알 권리를 보장하고 있다. 전쟁상태, 전쟁 위협, 국내의 정치 불안정 또는 그 밖의 공공 위기 등 어떠한 예외적 상황도 강제실종을 정당화하기 위해 원용할 수 없다(제1조2항). 강제실종은 「ICC에 관한 로마규정」상 인도에 반한 죄도 구성한다(제6조1항).

2010년 발효하였으며, 당사국은 71개국이다.

자. 「이주노동자와 그 가족의 권리보호협약」(1990)

협약상 이주노동자는 '국적국이 아닌 나라에서 유급 활동에 종사할 예정이거나 이에 종사하고 있거나 종사하여 온 사람'으로(제2조1항), 미등록 노동자를 포함한 모든 이주 노동자에게 일반적으로 적용된다.

2003년 발효하였으며, 당사국은 58개국이다. 이주노동자 송출국 다수가 협약을 비준하였지만, 유입국들은 이를 기피하고 있다.

4. 지역 인권조약

정치적·문화적 동질성이 강한 일정 지역 내 인권 보호를 목적으로 하는 지역 인권조약과 인권위원회들이 있다.

유럽평의회는 1950년 시민적·정치적 권리를 주 내용으로 하는 「유럽인권협약」과 15개의 추가 의정서를 채택하였다. 협약에 따라 1959년 유럽인권위원회와 유럽인권재판소(ECHR)가 프랑스의 Strasbourg에 설립되었으며, 현재는 두 기구를 통합하여 상설재판소로 운영하고 있다. 재판소의 판결은 법적 구속력을 가지며, 당사국을 구속한다. 재판소는 당사국이 타 당사국의 협약 위반에 대해 청원하는 '국가 간 진정절차'와 1994년 채택된 협약 「제11의정서」에 따라 개인·집단 또는 비정부 단체가 협약을 위반한 국가에 대해 국내 구제수단 완료 후 직접 제소할 수 있는 '개인진정 절차'를 갖추고 있다.

1960년 인권의 보호와 이행을 증진하기 위해 미주기구(OAS) 산하에 미주인권위원회가 설치되고, 1969년 채택된 「미주인권협약」에 따라 미주인권재판소가 설치되었다. 인권위원회와 회원국만 재판소에 제소할 수 있다.

그 밖에 1981년 「인간과 인민의 권리에 관한 아프리카헌장」에 따라 아프리카인권위원회와 인권재판소(2006)가 설치되었다. 또한 중동에서 「아랍인권헌장」(2004)이 채택되어 발효하였으며, ASEAN에도 인권선언(2010)이 채택되었다. 아시아 지역을 대상으로 하는 인권선언이나 협약 채택 또는 인권 기구를 설립하려는 시도가 있었으나, 지역 내 다양성을 극복하지 못해 아직 구체화되지 못하고 있다.

5. 한국의 인권조약 가입

한국은 1950년 「Genocide협약」, 1978년 「인종차별철폐협약」에 가입하였다. 1990년대 민주화가 진행되면서, 한국은 적극적으로 국제인권조약에 가입하기 시작하였다. 1990.7. 사회권규약 및 자유권규약을 가입하였다. 그러나 「국가 간 통보와 개인통보에 관한 사회권규약 선택의정서」 및 사형폐지에 관한 「자유권규약 제2선택의정서」에는 가입하지 않았다. 1995년에는 「고문방지협약」에 가입하였으며, 이후 「난민지위협약」과 「난민지위의정서」, 「인종차별철폐협약」, 「고문방지협약」, 「여성차별철폐협약」, 「아동권리협약」, 「장애인권리협약」, 「강제실종자보호협약」에 각각 가입하였다. 그러나 「이주노동자와 그 가족의 권리보호협약」은 이주노동자에 대한 노동권 보장 및 가족 결합 허용 문제 등 때문에 아직 가입하지 않고 있다.

한국은 국가 간 통보에 관한 자유권규약 제41조를 수락하였다. 개인통보에 관한 「여성차별철폐에 관한 선택의정서」, 「아동의 무력충돌 참여에 관한 제1선택의정서」 및 「아동매매·아동성매매 및 아동 음란물에 관한 제2선택의정서」를 수락하였다. 하지만 개인통보에 관한 「아동권리협약의 제3선택의정서」, 「장애인권리협약」의 선택의정서, 「고문방지협약」의 선택의정서는 가입하지 않았다.

한국은 인권조약 가입 시 첨부한 유보를 일부 유지하고 있다. 자유권규약은 결사의 자유(제22조)에 대해 국내법의 범위에서만 적용하겠다고 유보하고 있다. 「여성차별철폐협약」은 혼인과 가족관계에 있어서 여성차별 철폐에 관한 제16조1항 사호(가족성 및 직업을 선택할 권리를 포함하는 부부로서의 동일한 개인적 권리), 「아동권리협약」은 제40조2항 나5(아동에 대한 상소권 보장), 「장애인권리협약」은 생명보험 제공에 있어 차별을 금지하는 제25조 마호를 유보하고 있다. 인권조약에 대한 유보는 인권조약의 보편성·통일성을 저해하여, 인권의 국제적 보호라는 목적을 약화시키므로 최대한 자제하는 것이 바람직하다 할 것이다.

한편 북한은 자유권규약, 사회권규약, 「여성차별철폐협약」, 「아동권리협약」
에 가입하였으나, 「인종차별철폐협약」, 「고문방지협약」, 「이주노동자권리보호
협약」, 「강제실종자보호협약」에는 가입하지 않았다.

Ⅲ. 인권 보호의 제도화

인권조약은 인권 존중 의무를 기초로 당사국의 국내적 의무 이행을 규정
하고 있으나, 위반국에 대한 제재나 처벌을 규정하고 있지 않아 집행력이 높지
않다. 무엇보다도 개별 국가의 인권침해에 대해 당사국 간 상호주의를 적용할
수 없다. 따라서 인권조약은 이를 준수하려는 개별 당사국의 자발적인 의지가
중요하다. 이를 위해 개별 국가가 인권 규범을 스스로 이행하도록 장려·지원
하고 인권 이행을 효율적으로 감시하는 인권 보호의 제도화가 필요하다.

UN은 인권의 규범화와 함께, 회원국의 인권 규범 준수와 이행을 담보하
는 제도화를 진행하였다. 총회·경사리·UN 인권이사회·UN 인권최고대표·사
무총장·안보리 등 UN 기관 외에도, 지역인권위원회와 인권재판소가 인권 보
호와 감시 역할을 다층적으로 수행하고 있다. 한편 인권 NGO들은 정치적 고
려를 떠나 인권 취약국의 인권조약 이행 여부를 감시하고, 심각한 인권침해 사
실을 국제사회에 전파하여 인권 상황 개선을 위한 국제여론을 조성하기도 한
다. 주요 국제인권 NGO로 국제사면위원회(AI: Amnesty International), 인권감시
기구(HRW: Human Rights Watch), 국제인권연맹(International League of Human
Rights), 국제법률가위원회(ICJ: International Commission of Jurists) 등이 있다.

1. UN 기관에 의한 보호

UN 총회(제3위원회)는 「세계인권선언」 등 주요 인권조약을 채택하여 인권

의 규범화를 주도하였다. 또한 인권 관련 다양한 사안에 관한 원칙·규칙·선언 등 결의를 채택하여 그 지침을 제공한다.[1] 개별 국가의 인권 상황에 대해서 결의를 채택하는 등 UN 내 인권 문제에 있어 중심적인 역할을 하고 있다.

경사리는 총회의 권능하에 인권 및 기본적 자유의 존중과 준수를 촉진하기 위해 권고할 수 있으며(제62조2항), 인권 신장을 위한 위원회를 설치할 수 있다(제68조). 1946년 경사리의 보조기관으로 설치된 **인권위원회**(Commission on Human Rights)와 인권소위원회는, 1970년 경사리가 채택한 결의 1503호에 따라, 심각하고 신뢰할 수 있는 인권 위반이 지속적으로 발생하는 상황에 관해 통보를 접수하고 비공개로 심리하였다('1503 절차'). 인권위원회는 「세계인권선언」의 채택에 주도적인 역할을 하는 등 인권의 국제화에 크게 기여하였지만, UN 인권이사회로 그 기능과 임무를 이관하였다.

총회는 2006년 지나치게 정치적이며 편향적이라고 비난받던 인권위원회를 해체하고 대신 총회 보조기관으로 **UN 인권이사회**(UNHRC: UN Human Rights Council)를 설치하였다. 인권이사회는 인권증진과 보호를 목적으로 회원국의 인권 상황과 인권침해를 다루는 정치적 기관이다. 3년 임기의 47개 이사국으로 구성되며, UN 총회에서 재적 과반수로 선출된다. 제네바에서 매년 3회 정기회의가 개최되고, 1/3 이상 이사국의 요구로 특별 회의를 수시 개최할 수 있어 거의 상설로 운영되고 있다. 자문위원회(Advisory Committee)는 경사리의 인권소위원회를 개편한 것으로, 18명의 전문가로 구성되어 인권이사회에 전문적인 자문을 제공한다.

• 보편적 정례 인권검토(UPR: Universal Periodic Review): 모든 UN 회원국

----

[1] 1993년 UN 총회는 개별 국가의 인권 역량을 강화하기 위하여 국가인권기구 지위에 관한 원칙을 채택하였다. 이에 따라 한국도 2001.11. 『국가인권위원회법』을 제정하고 독립적 국가기구인 국가인권위원회를 설치하였다. 인권위는 인권의 보호와 향상을 위해 관련 법령·정책·관행을 조사하여 개선·권고하며, 국민이나 외국인에 대한 인권침해나 차별 행위를 조사·구제하는 사업을 한다. 인권침해 피해자는 사건이 발생한 날로부터 1년 이내에 인권위에 진정서를 제출하고, 인권위가 조사에 착수한 후 조정, 구제 조치 권고, 고발, 수사 의뢰 등의 조치를 취할 수 있다. 단 수사기관이 수사 중이거나 수사가 종결된 사건에 대해서는 인권위가 조사할 수 없으며, 인권위의 조사 요청을 강제할 수도 없다.

의 인권 상황을 4~5년마다 상호 점검하고 권고한다.

• 특별절차(Special procedures): 특정 국가별·특정 주제별로 독립적인 특별보고관(Special Rapporteur)을 임명하여 인권 상황을 조사하고 권고사항을 담은 연례 보고서를 발표하는 제도로,[2] 특별보고관의 임기는 최대 6년이다.

• 진정절차(complaint procedure): 인권위원회의 1503 절차를 계승한 것으로, 특정 국가에서 심각하고 신뢰할만한 인권침해가 지속해서 발생한 경우, 그 피해자인 개인·집단 또는 비정부 단체는 해당 국가를 상대로 인권이사회에 진정을 제기할 수 있다. 진정은 비공개로 심리한다. 진정실무그룹은 해당 국가의 해명을 요청하고 심의하고, 필요하면 인권이사회에 회부하여 공식 안건으로 처리한다.

UN과 북한 인권

인권위원회가 2003년 처음 북한인권결의안을 채택한 이래, 이를 계승한 인권이사회도 지금까지 매년 북한인권결의안을 채택하고 있다. 결의안은 북한의 인권 유린 실태를 지적하고 인권이사회의 권고를 이행할 것을 촉구하고 있다. 총회 또한 2005년 이내 매년 북한인권결의안을 채택하고 있다. 한편 2004년 인권위원회 결의로 설치된 북한인권특별보고관은 북한 인권 상황을 조사·연구하여 UN 총회 및 인권이사회에 보고하는 임무를 수행하고 있다.

2013.5. 인권이사회는 북한에서 자행되는 조직적이고 광범위하며 중대한 인권침해 관련 조사를 위해 UN 북한인권조사위원회(COI: Commission of Inquiry)를 구성하여 조사하는 한편, 북한 내 인권침해 상황의 기록 및 증거 보존 등을 위해 2015.6. 서울에 북한인권사무소를 설치하였다.

북한은 국제사회가 북한 인권 문제를 제기하는 것은 내정간섭으로 이를 단호히 배척한다는 입장을 견지하고 있다.

---

2 현재 45개 주제별(다국적기업, 노인 인권, 장애인, 인터넷 프라이버시, 발전권, 기후변화 등) 절차와 12개 국가별(미얀마, 팔레스타인 점령지역, 벨라루스, 캄보디아, 북한, 소말리아, 아프가니스탄, 이란, 시리아, 에리트레아, 말리, 중앙아) 절차를 운영하고 있다.

1993년 '비엔나세계인권회의'에서 UN에서의 인권 이행 문제를 효율적으로 다루기 위한 **UN 인권최고대표**(High Commissioner for Human Rights) 임명을 권고함에 따라, 총회결의로 설치되었다. 최고대표는 사무총장이 선임하고 총회의 동의를 받아야 한다. 임기는 4년이고, 사무소(OHCHR)는 제네바에 소재한다. 사무총장의 지휘에 따라, UN 체제 내 인권 활동을 통합 조정하고, 인권 우려 국가에 현장 사무소와 지역 사무소를 설치하는 등 각국의 인권 상황을 감시 및 방지하며, 인권이사회의 사무국 역할을 수행한다.

UN 사무총장은 심각한 인권침해가 발생하면 인권 개선을 위해 관련국들을 수시 접촉 또는 방문하여 인권 상황을 협의하고 인도적 주선을 제공한다.

안보리는 전통적으로 인권 문제 개입에 소극적이었으나, 냉전 해체 이후에는 국내 인권침해를 국제평화와 안보에 대한 위협으로 보고 인권 보호를 위한 PKO 파견 또는 무력사용을 승인하는 사례가 증가하고 있다.

UN의 주요 사법기관인 ICJ, 안보리가 보조기관으로 설치한 ICTY과 ICTR은 판결을 통해 인권의 규범성을 확인하고 강화하고 있다. 예컨대 나미비아에서의 남아공의 계속된 주둔이 국가들에 미치는 법적 효과에 관한 권고적 의견(1971)에서 ICJ는, 인종이나 피부색에 의한 차별은 기본적 인권을 부인하는 것으로 이는 「UN헌장」의 목적과 원칙의 중대한 위반이라고 하였다. IMF나 IBRD를 비롯한 국제기구도 인권을 일정 부문 고려하여 활동한다.

2. 조약기구에 의한 보호

「Genocide협약」과 「난민지위협약」을 제외한 분야별 인권조약은 조약기구인 위원회를 두고 있다. 분야별 조약기구는 당사국의 관련 조약 이행을 감독한다. 해당 조약에 따라 당사국이 지명하거나 선출된 독립 전문가 10~25명으로 구성된다. 위원의 임기는 2~4년이며 비상임이다.

위원회는 수시로 일반 논평(General Comment)을 발표해 모든 당사국에 조약 쟁점과 관련한 조약기구의 해석 입장과 운용 지침을 제시한다. 예를 들어

사회권규약위원회는 1990년 일반 논평에서 다수의 국민이 필수적인 의식주와 건강을 박탈당하였으면 국가가 최소한의 핵심 의무를 다하지 않아 일견 규약을 위반한 것으로 볼 수 있다고 판단하였다.

위원회는 또한 국가 이행보고서를 심사하고, 국가 간 통보 또는 개인통보 절차를 통해 인권을 보호·감독한다.

가. 국가 이행보고서

당사국은 개별 위원회에 정기적으로 국가 이행보고서를 제출해야 한다. 각국은 국가 이행보고서에 가능한 자국의 인권 상황을 긍정적으로 서술하기 때문에 인권 NGO들은 국가 이행보고서와는 별도로 독자적인 대체 보고서(alternative 또는 shadow report)를 위원회에 제출하여 위원회의 활동을 지원한다.

국가 이행보고서를 제출받은 위원회는 공개회의를 통해 이행 실태를 검토하고 인권 개선을 위한 당사국의 조치를 권고한다. 위원회는 보고서 검토를 인권증진을 위한 위원회와 당사국 간의 '건설적 대화'라고 규정한다. 위원회는 국가 이행보고서를 평가한 최종 견해(concluding observation)를 해당 국가에 송부한다. 위원회가 권고나 의견을 제시하면 당사국은 일정 기간 내에 해명서를 제출해야 하지만 위원회가 당사국의 이행이나 시정을 요구할 수는 없다.

한국의 국가 이행보고서에 대해 개별 위원회들은 포괄적인 차별금지법 제정, 외국인에 대한 편견과 인종 혐오 해소 및 문화 다양성 가치의 장려, 외국인에 대한 사회권 보장 확대, 부모의 체류자격과는 별개로 이주자 아동들의 출생을 확인하는 출생등록제도 도입 등 개인의 권리를 옹호하는 견해를 제시하고 있다.

나. 국가 간 통보

국가 간 통보(inter-state communication)는 「국가 간 통보에 관한 사회권규약 선택의정서」 제10조 또는 자유권규약 제41조를 수락한 당사국 간에 일방 당사국이 규약을 위반한 타 당사국에 주의를 환기하고 해결되지 않으면 위원회에 통보하여 시정을 요구하는 제도이다. 「인종차별철폐협약」은 제11조에 따라 모든 당사국 간에, 「고문방지협약」은 제21조를 수락한 국가 간에 적용된다. 국가 간 통보제도는 당사국들이 타국의 인권 문제에 개입을 꺼리며 수락하지 않아 거의 활용되지 않고 있으나, 2018.4. 팔레스타인이 이스라엘을 상대로 통보한 사례 등이 있다.

다. 개인통보

개인통보(individual communication)는 인권 피해자인 개인이 특정 사안에 대한 당사국의 규약 위반을 위원회에 직접 통보하고 이에 대한 위원회의 판단을 요구하는 제도이다. 사회권규약위원회는 2008년 채택된 「국가 간 통보와 개인통보에 관한 사회권규약 선택의정서」(2013년 발효, 22개 당사국)에 따라, 자유권규약위원회는 1966년 채택된 개인통보에 관한 「자유권규약 제1선택의정서」에 따라 위원회가 이들 선택의정서를 수락한 당사국에 대한 개인통보를 접수·심의한다. 여타 인권조약도 모두 개인통보와 유사한 개인진정(individual complaint) 절차를 채택하고 있다. 한국은 개인통보에 관한 「자유권규약 제1선택의정서」와 「여성차별철폐협약 선택의정서」에 가입하였고, 「인종차별철폐협약」(제14조)과 「고문방지협약」(제22조)에 따른 개인진정 절차를 수락하였다.[3]

이하에서는 「자유권규약 제1선택의정서」를 중심으로 설명한다.

- 당사국의 관할권 아래 있는 개인(외국인 포함)이 규약상 권리를 침해받으면 개인통보를 할 수 있다. 개인이 아닌 조직의 통보는 허용되지 않는다.
- 피해가 실제 발생해야 한다. 국가의 행위와 피해 간에 인과관계가 있어야 한다. 국가에 의한 권리 침해이므로, 사인에 의한 침해는 그 책임이 국가로 귀속되지 않는 한 통보 대상이 아니다.

----

3 인종차별철폐위원회는 외국인 원어민 교사가 매년 계약할 때마다 의무적으로 AIDS 검사를 요구한 데 대해, 「인종차별철폐협약」의 근로 권리에서의 평등(제5조e·i) 위반으로 결정하였다.

• 피해를 주장하는 개인이 위원회에 서면으로 통보해야 한다. 피해자 자신이 통보할 수 없는 경우에는 피해자의 위임을 받거나 부부 또는 부자와 같이 긴밀한 관계에 있는 대리인의 통보는 허용된다. 하지만 피해자의 신원을 확인할 수 없는 익명의 통보는 인정되지 않는다.

• 개인통보는 국내 재판소의 재판절차 등 국내 구제절차를 완료한 후에만 이용할 수 있다. 국내 구체절차가 완료되지 않았다면 통보는 심리없이 종결된다. 다만 구제절차를 이용할 수 없거나 실효성이 없다면 국내 구제절차는 요구되지 않는다. 또한 동일 사안에 대해 다른 국제조사나 해결절차가 진행 중이면 심리할 수 없다. 1998.10. 인권위원회는 박태훈의 개인 통보와 관련, 한국 정부는 그가 헌법소원을 제기하지 않은 것이 선택의정서 제5조2항b호에 규정된 국내적 구제 절차를 완료하지 않았다고 주장하였으나, 인권위원회는 헌법재판소가 『국가보안법』 조항에 대해 여러 번 합헌을 판결하여 헌법소원은 더 이상의 실효적 구제수단이 될 수 없으므로 국내적 구제절차를 완료할 필요가 없다고 결정하였다.

• 위원회는 개인통보의 적격성(admissibility)을 판단 후 적격성이 인정되면 비공개로 본안을 심리한다. 통보를 제출할 권리가 남용된 경우, 통보는 심의되지 않는다. 위원회는 통보자와 관련국이 제시한 증거를 평가하여 사실을 확인하고 관련국이 규약상 권리를 침해하였는지에 대한 견해 (view)를 당사자와 관련국에 통보한다. 관련국이 권리를 침해했다고 결정한 경우, 책임자 처벌 및 재발 방지, 피해자 보상 및 권리 회복, 관련 법률 개정 등 구제를 위한 방안을 권고한다.

개인통보는 사법절차가 아니며, 위원회의 결정은 당사국에 대해 법적 구속력이 없는 권고적 효력만 갖는다. 그러나 규약에 대한 위원회의 권위 있는 해석으로서 설득적 권위를 가지고 당사국에 상당한 정치적 압력으로 작용한다. 하지만 당사국이 위원회의 결정에 따르는 비율은 그다지 높지 않다.

한국인의 개인통보에 대한 자유권규약위원회의 결정

자유권규약위원회는 주로 양심적 병역 거부,『국가보안법』및 사형제도(☞ 전술 생명권)와 관련하여 120여 건에 달하는 한국인의 개인 통보를 심의·결정하였다.

1. 양심적 병역 거부

여호와의 증인 신도 윤여범 및 최명진의 개인통보와 관련, 2007년 자유권규약위원회는 개인의 종교적 신념이나 양심 등을 이유로 살상 무기의 사용을 거부하는 양심적 병역 거부(conscientious objection)는 자유권규약상 사상과 양심·종교의 자유(제18조)에 내재한 권리로 판단하고, 양심적 병역 거부자의 석방과 대체 복무제의 도입을 권고하였다.

헌법재판소는 2011년까지 자유권규약에 따른 양심적 병역 거부권과 대체 복무제를 인정하지 않았으나, 2018.6. 양심적 병역 거부자의 처벌은 헌법에 위배되지만, 대체 복무제를 불허하는 『병역법』이 헌법에 합치하지 않으므로 국제표준에 부합하는 민간 대체복무제도를 시행할 것을 주문하였다. 2018.11. 대법원도 종교적인 양심에 따른 병역 거부가 정당한 병역 거부 사유에 해당한다고 무죄 판결하였다. 이에 따라 2021년 『대체역의 편입 및 복무 등에 관한 법률』이 제정·시행되고 있다.

2. 『국가보안법』

표현의 자유를 제한하는 『국가보안법』과 관련, 1993년 박태훈사건의 판결에서 대법원과 헌법재판소는 동 법 위반을 처벌하는 것이 국제인권규약의 위반이 아니라고 판결하였다. 그러나 1998년 자유권규약위원회는 박태훈의 개인통보와 관련, 동 법 제7조(찬양·고무)가 자유권규약상 보장된 표현의 자유(제19조)를 부당하게 침해하였다고 인정하였다.

국내법원은 대체적으로 자유권규약위원회 결정의 구속력을 인정하지 않는다는 태도를 보이고 있다. 인권조약은 결국 개별 국가의 국내적 이행과 판결을 통해서 준수된다. 설득력 있는 해석 기준으로서 자유권규약위원회의 결정은 국내 재판소의 판결에서 최대한 존중되어야만 할 것이다.

Ⅳ. 관련 문제: 인민자결권

1. 의의

　　인민자결권(right of self-determination of peoples)은 인민이 외부로부터 간섭을 받지 않고 자신들의 정치적·법적 지위와 생활방식을 스스로 결정하는 집단적 권리를 말한다. 국가는 국경 획정 등과 같이 인민과 관련한 결정을 내릴 때 피지배자인 인민의 진정한 의사 또는 동의를 존중해야 한다. 인민자결권은 일정한 집단으로서 인민의 권리이다. 자결권은 원래 1민족 1국가를 원칙으로 하는 민족자결(national self-determination)을 의미하였으나, 20세기 초 이래 민족 개념은 약화되고 인민의 자유가 강조되었다. 이에 따라 「UN헌장」은 자결권의 주체를 인민(peoples)으로 명기하였다. 인민은 일반적으로 피지배자인 자연인을 의미하는 것으로, 소시민·노동자·농민을 의미하는 계급적 집단 개념이 아니다. 또한 언어·역사·종교·문화·풍습 등을 공유하는 민족이나 국가 구성 요소로서 국민과도 차이가 있다.

　　탈식민(decolonization)을 외치는 피식민 인민은 인민자결권을 내세워 영토주권을 주장하는 식민국가에 저항하였다. 1965.11. 영국 식민지이던 로디지아에서 소수 백인 정부가 일방적으로 독립을 선언하자 안보리는 이를 비난하고 각국에 대해 인종차별적인 소수 백인 정부를 승인하거나 지원하지 말 것을 결의하였으며, 결국 1980년 다수 흑인이 지배하는 짐바브웨가 독립한 것은 인민자결권을 행사한 대표적 사례이다.

2. 인민자결권과 민족해방운동

　　식민지배하 인민들은 인민자결권에 근거하여 독립을 쟁취하기 위해 무장단체인 민족해방운동(NLM: national liberation movement)을 조직하였다. 민족해방운동은 비자치인민(non-self governing peoples) 또는 인민자결 단위를 대표하며, 영토 일부를 지배하거나 우호적인 제3국의 영토에 소재하면서 저항하였다. 민족해방운동은 국가나 국제기구(UN, OAU)에 의해 제한적이나마 국제법 주체성을 인정받는다.

식민지배하 자결권·자유·독립을 위해 투쟁하는 민족해방운동은 압제국에 대해 무력을 사용하여 대항할 고유한 권리가 있다고 주장한다. 이러한 주장의 근거로 우호관계원칙선언(1970)이 자결권을 행사하는 인민은 무력을 사용하여 이를 진압하려는 압제국에 대해 「UN헌장」의 목적과 원칙에 따라 지원을 구하고 받을 권리가 있다고 규정하고 있으며, 민족해방운동원은 정당한 교전자로서 1977년 제네바협약 「제1추가의정서」가 적용된다는 점을 제시한다(☞ p.409). 하지만 서방국가들은 이들 근거가 민족해방운동의 무력사용을 명시적으로 허용하는 것은 아니라는 입장이다.

팔레스타인의 대표권을 주장하며 1964년 출범한 팔레스타인해방기구(PLO: Palestine Liberation Organization)는 대표적 민족해방운동기구이다. PLO는 1988년 '팔레스타인 국가' 수립을 선언한 이래 현재 138개국의 국가승인을 받아 외교관계를 수립하고, 조약도 체결하고 있다. 또한 아랍연맹과 UNESCO 등 국제기구에 가입하고, 2012년 UN 총회 영구 옵서버 자격을 취득하였다. 한국은 PLO를 아직 국가로 승인하지 않고 있으나, PLO를 합법적 대표기구로 승인하고, 2014년 팔레스타인의 라멜라에 상주대표부를 설치·운영하고 있다.

3. 인민자결권의 국제 규범화

제2차 대전 이전 자결권은 법적 권리라기보다는 영토 문제를 해결하는 정치적 원칙에 불과하여, 「국제연맹규약」에도 언급이 되지 않았다. 하지만 「UN헌장」은 UN의 목표 중 하나로 인민들의 평등권과 자결원칙(principle of equal rights and self-determination of peoples)을 기초로 하는 국가 간 우호관계 증진을 규정하였다(제1조2항 및 제55조). 탈식민지를 주도하는 제3세계와 사회주의 국가들은 UN을 비롯한 국제회의에서 인민자결권을 확인하는 문서를 채택함으로써 인민자결원칙의 규범화를 시도하였다. 1960년 UN 총회는 식민지독립선언 (결의 1514호)을 채택하여 식민주의의 종식과 인민자결원칙을 명시하였다. 1970 년 UN 총회가 채택한 국가 간 우호관계원칙선언도 모든 인민이 외부의 간섭 없이 자신의 정치적 지위를 자유롭게 결정할 권리를 인정하였다. 자유권규약과 사회권규약 모두 제1조에서 "모든 인민은 자결권을 갖는다"라고 규정하였으며, 이는 인권의 보장이 인민자결권의 보장에서 출발한다는 것을 의미한다. 이로써 인민자결권은 실정법상의 권리로서 인정되었다.

1970년대 이후 국제재판에서 인민자결권은 국제법의 원칙으로 확립되었 다. 나미비아에서의 남아공의 계속된 주둔이 국가들에 미치는 법적 결과에 관 한 권고적 의견(1971)에서 ICJ는, 남아공의 계속된 나미비아 점거는 불법이며 각국은 이러한 불법 점거를 용인하지 않을 의무가 있음을 확인하고, 인민자결 권이 현대 국제법에 있어 긴요한 원칙의 하나로 관습법화되었다고 인정하였다. 동티모르사건(1995)에서도 ICJ는, 「UN헌장」과 회원국들의 국가실행으로 발전 되어 온 인민자결권이 모든 국가에 대해 대항할 수 있는 대세적 성격의 권리로 서 현대 국제법의 기본원칙의 하나라고 인정하였다.

식민지배하, 인종차별체제하, 외국 점령하의 인민은 독립 주권국가를 수립 하거나, 기존 국가와 통합하거나, 다른 정치 체제로 변경할 목적으로 자결권(예 컨대 인민의 동의를 묻는 투표)을 행사할 수 있다. 식민지 본국, 인종차별 국가, 점령국은 이들의 자결권 행사를 허용할 의무가 있으며, 제3국은 압제국에 대해 군사원조 등을 제공해서는 안 된다. 이들 인민은 제3국에 대해서도 지지를 요 구할 권리가 있으며, 제3국은 자결권을 행사하는 인민을 원조할 수 있다. 다만 소수 민족에게 문화적·언어적 권리의 자유로운 행사와 자치권(autonomy)이 보 장되는 한, 독립 국가의 영토보전이나 정치적 통합을 해치는 소수 민족의 자결 권 행사(분리·독립)는 인정되지 않는다.

제15장
난민과 「난민지위협약」

Ⅰ. 난민의 보호

1. 배경

1919년 볼셰비키 혁명 후 소련이 해외로 탈출한 유대인과 터키인 등에 대해 시민권을 박탈하자, 이로 인해 150만 명 이상의 무국적 난민이 발생하였다. 1921년 국제연맹에 의해 '러시아 난민을 위한 고등판무관'으로 임명된 노르웨이의 F. Nansen은 약 45만 명에게 난민 체류국이 인정하는 여권(Nansen Passport)을 발급하여 난민 구호 사업을 진행하였다. 나치독일이 유대인을 박해하여 유럽에 난민이 대량 발생하자 1933년 '독일난민고등판무관'이 설치되었다.

1949년 UN 총회는 UN 난민최고대표(UNHCR: UN High Commissioner for Refugees) 설치를 결의하였다. 1951년 「난민지위협약」(Convention relating to the Status of Refugees, 이하 '협약')이 채택되고, 1967년에는 「난민지위의정서」(Protocol relating to the Status of Refugees, 이하 '의정서')가 채택되었다. 협약은 1954년, 의정서는 1967년 각각 발효하였다. 한국은 모두 가입하였으나, 북한은 가입하지 않았다.

협약은 난민의 수용은 국내 정치적으로 대단히 민감한 문제로서 특정 국가에 과도한 부담이 될 수 있고, 이로 인해 국가 간 긴장의 원인이 되지 않도록 국제협력이 필요한 사안임을 밝히고 있다(전문).

2. 난민과 영토적 비호권

가. 난민의 정의

전통적인 의미의 난민은 정치적 난민과 무국적자를 의미한다. 무국적자의 보호를 위한 국제협약으로는 「무국적자의 지위에 관한 협약」(1954)과 「무국적자 감소에 관한 협약」(1961)이 있다. 동구 집시족, 시리아 쿠르드족, 미얀마 로힝야족를 비롯한 무국적자는 약 1,200만으로 추산된다.

광의의 난민은 무력충돌이나 내전, 자연재해(기근·홍수 등)·기후변화·환경오염·개발 계획 등으로 인해 비자발적으로 국외로 나가거나 국내에 체류하는 피난민(IDPs: Internally Displaced Persons) 등을 모두 포함한다. 다만 경제적 이유 등으로 더 나은 생활을 찾아 스스로 국외로 나가는 이주자(migrant)는 난민에 포함되지 않는다.

나. 영토적 비호권

영역주권을 가진 국가는 국경 통제권을 가지며, 외국인의 영역 내 입경(入境) 여부는 영토국이 재량으로 결정한다. 영토국은 비호 신청자(asylum seeker)에 대해 자국 영토 또는 영해로의 입경을 허락하거나 거부할 수 있는 영토적 비호권(right of territorial asylum)을 갖는다. 광의의 난민을 포함하여 외국인은 비호를 신청할 수 있다. 하지만 비호를 신청 받은 국가는 이를 허용해야 할 의무가 없으며, 비호를 허가하더라도 비호 신청자의 국적국에 대한 위법행위도 아니다.

개인이 타국에 대해 비호를 요구할 수 있는 비호권(또는 망명권)이 일반국제법상 확립된 것은 아니다. 「세계인권선언」은 모든 사람은 박해를 피하여 타국에서 피난처를 구하고 비호를 추구하여 향유할 권리를 규정하였지만(제14조), 개인의 비호권 자체는 인정하지는 않고 있다. 「시민적·정치적 권리에 관한 국제규약」에서도 비호권은 권리로서 명문화되지 못하였다.

「난민지위협약」과 「난민지위의정서」도 체약국에 영토적 비호 의무를 부과한 것은 아니다. 다만 「난민지위협약」과 「난민지위의정서」상 난민에 해당하는 자는 이를 근거로 체약국에 대해 난민의 지위를 신청하고, 체약국은 협약상 일정 요건을 갖춘 난민의 지위를 판단하고 보호할 의무를 규정하고 있다.

Ⅱ. 「난민지위협약」과 「난민지위의정서」

1. 협약상 난민

가. 정의

협약상 난민의 지위를 인정받기 위해서는 첫째, 자신이 박해(迫害)받을 충분한 이유가 있고 그로 인해 공포를 느껴야 한다. 협약은 적용대상으로서 난민을 광의의 난민에 비해 매우 제한하고 있다. 박해하는 주체는 정부 기관뿐만 아니라 무장 집단이나 사적 집단을 포함한다. 박해의 사유는 인종·종교·국적·특정 사회집단의 구성원 신분·정치적 의견으로 인한 것이어야 한다. 2008.7. 대법원은 박해는 생명·신체·자유 등에 대한 위협 등 인간의 본질적 존엄성에 대한 중대한 침해나 차별을 초래하는 행위로, 난민 신청자의 전체적인 진술이 일관성을 유지하는 경우 신빙성을 인정하는 것이 합리적이라고 보았다(2007두3930). 따라서 난민 신청자는 박해받을 우려가 있다는 배경 상황과 충분한 이유를 설명할 객관적인 증거와 이로 인해 자신이 느끼는 주관적 공포를 입증해야 한다. 특정 사회집단의 구성원 신분과 관련, 여성 또는 동성애자 등 성적 소수자도 박해의 대상이다. 2017.7. 대법원은 동성애자인 자신이 본국인 이집트에 돌아가면 박해를 받을 것이라는 이유로 난민 지위를 신청한 이집트 남성에 대해서 박해받을 충분한 근거가 없다고 판단하여 난민 지위를 인정하지 않았으나(2016두56080), 2018.10. 서울고법은 동성애자인 우간다 여성에 대해서는 박해받을 위험이 있다고 판단하여 난민 지위를 인정하였다. 입국 시에는 난민의 사유가 없었더라도 거주국에 체류하는 동안 거주국에서 이미 난민으로 인정된 자와 결합하거나 정치적 의견을 표명하는 등 자신의 활동으로 인해 박해 받을 공포를 느끼는 이른바 '현장 난민'(refugees *sur place*) 또는 '체제 중 난민' 도 포함한다. 2006.2. 서울행정법원은 국내 입국 후 미얀마 민주화운동에 참여 한 자에 대해 법원은 박해받을 충분한 공포를 느끼고 있다고 보아 난민 지위를 인정한 바 있다.

둘째, ① 국적국 밖에 있으면서, 그 국적국의 보호를 받을 수 없거나 그러 한 공포로 인해 그 국적국의 보호를 받지 않으려는 자이거나, ② 무국적자로서 자신이 이전 거주하던 상주국(country of his former habitual residence) 밖에 있 으면서, 상주국으로 돌아갈 수 없거나 그러한 공포로 인해 상주국으로 돌아가 지 않으려는 자이여야 한다(제1조A).

한편 의정서는 협약상 난민 정의의 시간적 제한(1951.1 이전)과 장소적 제 한(유럽)을 제거함으로써, 적용대상 난민의 범위를 사건 발생 시간에 구애받지 않고 모든 지역으로 확대하였다(제1조).

나. 협약 적용이 배제되는 대상

협약상 난민 보호 제도를 남용하지 않도록 아래 해당자는 협약의 적용 대 상에서 배제된다(제1조 D, F).

- UN 난민최고대표 외에 UN의 기관이나 기구로부터 현재 보호 또는 원조를 받는 자[1]
- 평화에 반한 죄, 전쟁범죄 또는 인도에 반한 죄를 범한 자
- 난민으로서 피난국으로 입국이 허가되기 전, 피난국 밖에서 중대한 비정치적 범죄를 범한 자
- UN의 목적과 원칙에 반하는 행위(침략, 인종차별, 고문 등)를 행한 것으로 볼 타 당한 이유가 있는 자

----

[1] UN 팔레스타인난민구호기구(UNRWA: UN Relief & Works for Palestine Refugees in the Near East)는 1948년 아랍-이스라엘 전쟁 이후 설립되어 약 520만 명의 팔레스타인 난민에 대해 교육·보건·식수 등을 지원하고 있다.

2. 난민 인정

가. 난민판정 절차

협약은 난민 신청자의 난민 자격을 판정하는 절차나 기관 등에 대해 침묵하고 있다. 따라서 체약국이 국내법으로 난민판정 절차와 기관 등을 규정하여 난민 신청자가 협약상 보호 대상인 난민에 해당하는지를 재량으로 판단한다. 체약국은 별도의 독립 기구를 설치하거나(독일, 벨기에), 외무부(볼리비아, 콜롬비아) 또는 법무부(미국, 일본, 한국) 등이 주관하여 난민 지위를 판정한다. 난민 지위 판정에 이의가 있는 경우, 통상적으로 법원에서 재심을 통해 최종적으로 결정한다.

체약국이 협약상 난민인지를 판단하여 난민 지위 부여를 결정하면 체약국 국내법상 난민 지위를 정식 취득하고 보호받는다.

나. 난민 지위의 상실

난민 지위를 인정받았더라도, 국적국의 보호를 다시 받거나 난민 인정 사유가 소멸하는 아래 사유가 발생하면, 협약 적용이 중단되어 난민의 지위가 상실된다(제1조C). 난민 지위를 상실하고 계속 체류하는 자는 일반 외국인과 같은 지위를 가진다.

- 임의로 국적국의 보호를 다시 받는 경우
- 국적을 상실한 후 임의로 국적을 회복한 경우
- 새로운 국적을 취득하여 새로운 국적국의 보호를 받는 경우
- 박해받을 우려가 있는 공포 때문에 떠났던 국가에 자발적으로 돌아와 재정착하는 경우
- 난민으로 인정되어 온 사유가 소멸하여 국적국의 보호를 받는 것을 거부할 수 없게 된 경우
- 무국적자로서, 난민으로 인정되어 온 사유가 소멸하여 종전의 상주국으로 되돌아갈 수 있는 경우

3. 난민 보호의 원칙

협약상 난민 요건을 충족하면 체약국은 난민을 보호할 의무를 부담한다. 갑작스럽게 대량 난민이 발생하여 난민 여부를 판단할 충분한 시간적 여유가 없는 경우, 영토국은 일견 인정(*prima facie* recognition) 절차에 따라 임시 보호 등 필요한 최소한의 인도적 보호를 우선 제공한다.

체약국은 생명 또는 자유가 위협받는 영역에서 직접 온 난민이 불법 입국 하였거나 불법으로 체류하더라도 난민에게 형벌을 부과할 수 없다(제31조). 다만 불법 입국한 난민은 지체없이 당국에 출두하여 불법 입국 및 체류의 정당한 이유를 제시해야 한다.

또한 체약국은 자신의 국가안보나 공공질서에 중대한 위협이 있지 않은 한, 합법적으로 체약국 영토 안에 있는 난민을 추방할 수 없다. 이러한 난민의 추방은 적법절차에 따라 내려진 결정에 의해야 한다(제32조). 무엇보다도 체약국 은 인종·종교·국적 또는 특정 사회집단의 구성원 신분 또는 정치적 의견 때문에 난민의 생명이나 자유가 위협받을 우려가 있는 영토의 국경으로 어떠한 방법으로든 난민을 추방 또는 송환해서는 안 된다(제33조1항). 이를 **강제송환금지원칙** (non-refoulement)이라 한다. 영토국이 난민으로 판정하기 전이라도, 합법 또는 불법 입국 여부와 관계없이 체약국인 영토국에 들어와 있는 모든 난민에게 적용되는 원칙이다. 난민이 영토국에 체류하는 한, 영토국은 난민의 생명이나 자유가 위협받을 우려가 있는 국가로 난민을 추방 또는 송환할 수 없지만,[2] 난민의 생명이나 자유가 위협받을 우려가 없는 국가로 송환하는 것마저 금지하는 것은 아니다. 강제송환금지원칙은 난민 개인의 의사에 반하여 생명이나 자유가 위협받을 곳으로 송환 당하지 않을 인권을 포함하고 있어, 관습국제법으로 확

----
2 한편 난민이 되고자 하는 자가 영토국에 아직 입경하지 않은 경우, UNHCR과 유럽인권재판소는 대량 난민 유입 시 국경을 폐쇄하여 난민이 되고자 하는 자의 입경을 거부하는 것은 생명이나 자유가 위협받을 국가로 추방해서는 안 된다는 강제송환금지 원칙에 어긋난다는 입장이나, 미국·이탈리아 등 국가는 동 원칙은 난민이 되고자 하는 자가 국가영역 밖에 있으면 적용되지 않는다는 입장이다.

립되었다는 것이 통설이다. 강제송환금지의 원칙을 규정한 제33조에 대한 유보는 금지된다(제42조1항). 다만 원칙은 협약 적용이 당초 배제되는 자(제1조F), 체약국에 있는 난민으로서 그 국가의 안보에 위험하다고 인정될 타당한 이유가 있는 자, 특히 중대한 범죄에 관하여 유죄의 판결이 확정되고 그 국가 공동체에 대하여 위험한 존재가 된 자에게는 적용되지 않는다(제33조2항).

4. 난민의 대우

국적국의 외교적 보호를 받지 못하는 난민에 대해 협약은 일반 외국인보다 포괄적인 대우를 규정하고 있다. 체약국은 인종·종교 또는 출신 국가에 따른 차별 없이 난민에게 협약을 적용해야 한다(제3조). 협약은 난민에 대해 조약 등에 의한 상호주의 적용을 면제하고, 체약국 내에서 외국인에게 일반적으로 부여되는 대우와 동등한 최혜국대우(제7조1항)와 체약국 내에서 3년 거주 후에는 내국민과 동등한 내국민대우(제7조2항)를 규정하고 있다. 난민의 개인적 지위는 1차적으로 주소지국(country of domicile)의 법률로, 주소지가 없는 경우에는 거주국(country of residence)의 법률에 따라 규율된다(제12조).

체약국에 들어와 난민이 되고자 하는 자는 그 지위가 확정될 때까지 난민이라는 추정 하에 대우받는다. 협약은 난민이 되고자 하는 자(refugee seeker)가 난민 지위를 신청하면 난민 신청자(refugee applicant)가 되고 이후 정식으로 난민(refugee)으로 인정되는 단계별로 난민에게 인정되는 권리들을 명시하고 있다(제2조–제34조). 체약국은 필요한 국내 입법을 통해 난민의 권리를 보호해야 한다.

- 체약국 영토 안에 있는 모든 난민에게 적용: 무차별(제3조), 종교의 자유(제4조), 동산 및 부동산(제13조), 재판을 받을 권리(제16조1항), 공공교육(제22조), 신분증명서(제27조), 자산의 이전(제30조), 강제송환금지(제33조) 등
- 합법적으로 체약국 영토 안에 있는 난민(refugees lawfully in their territory)에게 적용: 자영업(제18조), 이동의 자유(제26조), 추방 금지(제32조) 등
- 합법적으로 체약국 영토 안에 체류하고 있는 난민(refugees lawfully staying

in their territory)에게 적용: 결사의 자유(제15조), 임금을 받는 고용(제17조 1항), 자격증을 요구하는 자유업(제19조), 주거(제21조), 노동 법령과 사회 보장(제24조), 여행증명서(refugee travel document) 발급(제28조) 등

한편 난민은 거주국 법령준수와 공공질서 유지(제2조), 납세(제29조) 의무를 갖는다.

III. UN 난민최고대표

1. 의의

UN 난민최고대표(UNHCR: UN High Commissioner for Refugees)는 1950년 UN 총회결의 428호에 의해 설립된 총회의 보조기관이다. UNHCR은 난민과 무국적자에 대한 국제적 보호 제공을 목적으로 하는 비정치적 기관으로서, 협약 규정의 적용을 감독하는 국제기관으로 역할하고(제35조) 「UNHCR 규정」에 따른 위임 난민에 대해 보호 활동을 수행한다.

UNHCR은 제네바에 소재하며, 집행이사회는 94개국으로 구성된다. 행정 비용을 제외한 사업비는 UN 회원국 등의 자발적 기여금에 의존한다. UNHCR 은 1954년 및 1981년 2차례 노벨 평화상을 수상하였다.

2. 보호 대상 난민

가. 협약 난민(statutory/convention refugee)의 보호

협약상 규정된 순수한 정치적 난민과 무국적자는 1차적으로 거주국이, 2차 적으로는 UNHCR이 난민의 국적국 또는 상주국을 대신하여 외교적·영사적 기 능을 보충적으로 수행한다. 체약국은 UNHCR이 협약 규정의 적용을 감독하는

임무를 수행하도록 편의를 제공해야 한다(제35조1항).

UNHCR은 개별 난민의 비호 요청을 직접 접수하지 않으며, 난민 지위를 직접 부여하는 권한은 없다. 난민 수용국의 난민 지위 판정 절차에 직접 참여 하지 않으나, 난민이 되고자 하는 자나 신청자를 접촉·자문하여 난민 신청 과 정을 지원하고, 수용국의 난민 의사 확인 절차에 참여하며, 난민의 신체적 안 전을 지원하고 강제송환을 방지한다.

나. 위임 난민(mandate refugee)의 보호

협약상 난민의 정의는 다양화·대규모화되고 있는 난민 문제를 대처하기 에는 제한적이다. 보호 대상 난민을 확장하기 위해서는 협약의 개정이 필요하 나, 국가들은 협약 개정에 미온적이다. 이에 따라 UNHCR은 UN 총회와 경사 리 결의로 위임받은 권한에 의거, 전쟁 난민·경제적 난민·국내 피난민 등 광 의의 난민을 「UNHCR 규정」상 위임 난민 대상으로 포함하여 보호하고 있다.

UNHCR은 체류국의 동의 또는 묵인 아래 난민수용소 설치·운영 등 난민 에 대한 인도적 보호 및 구호 활동(rescue and assistance)을 수행하고, 정착국을 물색하는 동안 UN 난민수용소에 임시 수용하며, 정착국과의 교섭이 끝나면 난 민 여행증명서를 발급하여 정착국에 인도한다. 중장기적인 해결책으로 자발적 인 본국 귀환(voluntary repatriation), 체류국 현지 통합(local integration) 또는 제 3국 정착(resettlement) 사업 등을 실시한다.

IV. 한국과 난민

1. 한국과 난민 보호

한국은 1992.12. 협약 및 의정서에 가입하고, 1993.12. 『출입국관리법』상 난민 인정 조항을 추가하였다. 2001년 난민 지위를 처음으로 인정하고, 2012.2.

아시아 국가로서는 최초로 『난민의 지위와 처우에 관한 법률』('난민법')을 제정하였다.

난민 지위를 인정받고자 하는 자는 출입국 항에서 입국심사를 받을 때 출입국관리소장에게 난민 지위를 신청하거나, (적법 여부와 관계없이) 국내 체류하는 외국인으로서 난민 지위를 인정받고자 하는 자는 입국 허가 후 1년 이내에 출입국관리사무소·외국인 보호소에 신청해야 한다. 난민 신청자에 대해서는 난민심사 또는 소송 기간 동안 체류자격을 부여하고 난민여행증명서를 발급하며, 생계비 및 주거·의료를 지원하며 취업을 허가한다. 사실조사 또는 면접을 거쳐, UNHCR과 외교부의 의견 등을 참조하여 1차 난민 지위를 심사한다. 심사 결과 난민 인정자에 대해서는 '난민인정증명서'와 거주 자격을 부여하여, 자유 취업, 사회보장 및 기초생활보장, 교육, 학력·자격 인정, 가족 결합 등이 허용된다. 난민 지위는 아니지만, 고문 등 비인도적 처우나 처벌 또는 그 밖의 상황으로 인하여 생명이나 신체의 자유 등을 현저히 침해당할 수 있다고 인정할 만한 합리적 근거가 있는 자에 대해서는 '인도적 체류자' 지위가 부여된다. 이들은 강제송환되지 않고 체류 허가 사유가 종료할 때까지 체류와 취업이 허용된다. 1차 난민 인정 심사에서 난민으로 인정받지 않은 자는 30일 이내 법무부장관에게 이의를 신청할 수 있으며, '난민위원회'가 이를 심사한다. 난민위원회는 법무부·외교부 등 정부 유관 부처 인사와 전문가 등 15명의 위원으로 구성되는 비상설 기구이다. 1차 난민 인정 심사에서 난민으로 인정받지 않은 자 또는 난민위원회에서 난민 지위를 인정받지 못한 자는 서울행정법원에 난민불인정결정 취소 또는 무효 행정소송을 제기한 후, 항소(서울고등법원) 및 상고(대법원)를 할 수 있다.

난민 신청부터 대법원 확정까지 난민 인정 절차가 적어도 2년 이상 장기화하면서 체류 기간 연장이나 취업 자격 취득을 목적으로 난민 신청 절차를 남용하는 위장 난민 사례가 없지 않다. 하지만 한국의 난민 인정 비율이 여전히 매우 낮다는 점에서, 난민 인정 결정에 있어 전향적인 자세를 취함으로써 순수 난민 보호를 강화해 나가야 할 것이다.

2. 관련 문제: 중국 내 탈북자와 난민

대다수 탈북자는 생존을 위한 식량 구입 또는 경제활동을 위해 중·단기간 중국에 불법 체류하므로 협약 난민은 아니더라도 경제적 이유에 의한 광의의 난민으로서 UNHCR의 위임난민 대상에 포함된다고 할 것이다. UNHCR은 탈북자를 위임 난민 대상인 '중요한 관심 대상'으로 분류하여 이들을 보호하고자 하나 중국은 탈북자 문제에 관한 UNHCR의 개입을 허용하지 않고 있다. 중국은 「조·중 변경지역 관리에 관한 의정서」(1986)에 따라 이들에 대해 난민 지위를 일절 인정하지 않고 불법 월경자 또는 경제적 난민으로 간주하여 북한으로 송환하고 있다. 하지만 체제 비판 등 정치적·사상적 이유로 북한에 돌아가지 못하거나 북한으로 귀환할 의사가 없는 일부 탈북자는 단순 월경자와는 달리 협약 난민에 해당한다. 중국이 「조·중 변경지역 관리에 관한 의정서」를 적용하여 이들을 송환하는 것은 「난민지위협약」의 당사국으로서 협약은 물론 일반 관습국제법상 인정되는 강제송환금지의 원칙을 위배한 것이다. 중국은 이들을 북한으로 강제 송환하지 않고, 본인들의 자유의사에 따라 중국 체류나 제3국 정착 또는 한국 이송을 허용해야 할 것이다.

중국은 한국에 대해서는 탈북자를 국제법·국내법·인도주의에 따라 처리한다는 공식 입장을 견지하고 있다. 중국이 탈북자에 대한 한국의 외교적 보호권 행사를 허용하지 않으므로, 한국이 탈북자 처리에 직접 개입할 수 있는 여지는 없다. 탈북자들은 북한 영역을 벗어나 한국 공관에 들어와 보호를 요청해야 비로소 한국민으로서 보호받을 수 있다. 주중 한국대사관 등 외교공관은 공관지역 안으로 들어온 탈북자들을 보호하면서 중국과의 교섭을 통해 이들을 제3국이나 한국으로 이송한다. 외교공관은 외교적 비호권은 없으나 불가침권을 가지므로 중국 관헌이 공관에 진입하여 공관 안 탈북자의 신병을 강제로 인수할 수 없으며, 우리 공관도 이들의 신병을 인도할 의무가 없기 때문이다. 이에 중국은 주중 공관 내 진입한 탈북자들에 대해 제3국을 통한 한국 이송을 허용하고 있다.

외교공관을 이용한 탈북이 어려워짐에 따라 탈북자들이 제3국(태국, 라오

스, 몽골 등)을 경유한 새로운 탈북 경로를 통해 한국에 들어와 정착하거나 미
국·캐나다·영국과 북구 유럽 등 제3국으로 이동하여 난민 지위를 신청하는 사
례도 있다. 한국으로 입국한 탈북자의 경우, 국내 절차를 거쳐 한국 국민으로
서의 법적 지위를 갖게 되며, 이들을 보호하기 위해 2019년 『북한이탈주민의
보호 및 정착지원에 관한 법률』이 제정되었다.

제16장
국제범죄와 「국제형사재판소(ICC)에 관한 로마규정」

Ⅰ. 국제형법

1. 연혁

전통 국제법은 개인을 직접 규율하지 않았으며, 국가기관인 개인이 국제범죄를 저질러도 형사처벌의 대상이 아니었다. 개인의 국제범죄 행위가 국가에 귀속되어 국가책임이 성립하더라도 개인은 이에 대해 직접 책임을 지지 않았기 때문이다. 개인이 해적·노예매매·전쟁범죄 등 국제범죄를 저질러도 위반한 개인에 대한 형사처벌은 국내법과 국내법원에 의해 이루어졌다. 그나마 국가는 국제범죄를 저지른 자국민의 처벌을 면제하거나 처벌하더라도 형식적인 경우가 많았다.

제1차 세계대전의 결과 1919.6. 체결된 「베르사이유조약」은 독일 황제 Wilhelm 2세 개인에 대해 전쟁책임을 묻는 특별 재판소를 설치하기로 하였지만, 그가 피신한 네덜란드가 정치범이라는 이유로 인도를 거절함에 따라 재판소 설치가 무산되었다. 제2차 대전 중 나치 정권에 의해 인권이 처참하게 유린당하자 인간의 존엄성을 확보하기 위해서는 개인이 국제형사범죄를 저지르지 못하도록 국제법적 의무를 부과하고, 위반한 개인에 대해서 직접 국제법적 책임을 물어 처벌해야 한다는 인식이 확산되었다.

1945.8. 연합국은 독일 뉘른베르크에 독일국제군사재판소(International Military

Tribunal for Germany)를 설치하고, 나치가 저지른 전통적 전쟁범죄, 반인륜적 박해 행위에 대한 인도에 반한 죄 및 전쟁을 일으킨 평화에 반한 죄(crimes against peace)를 재판소의 관할범죄로 규정하여, 전쟁과 전시 인권 유린에 책임이 있는 독일의 정치·군사 지도자들에 대해 직접 형사책임을 물었다. 피고 측은 사후 입법에 따른 처벌은 죄형법정주의에 위배되며, 국가 간 행위인 전쟁에 대한 책임은 국가에 귀속되는 것이므로 국제법상 의무가 부과되지 않은 개인은 국제법으로 처벌할 수 없다고 주장하였다. 하지만 재판부는 침략행위는 제2차 세계대전 이전 「부전조약」에 의해 금지된 것이므로 소급 입법이 아니며, 전쟁이 국가 간 행위일지라도 이를 실행하고 개시하는 국가기관인 개인은 국제법상 의무를 준수해야 한다고 판단하고, 침략전쟁을 준비·개시·수행한 죄목으로 기소된 나치 독일의 핵심 전범자 24명을 처벌하였다.

1946.5. 맥아더 연합국최고사령관의 특별 포고령에 의거, 동경에 극동국제군사재판소(International Military Tribunal for the Far East)가 설치되었다. 재판소는 침략전쟁을 일으킨 평화에 반한 죄와 중대한 전쟁범죄를 저지른 28명을 기소하여 처벌하였다.

1948년 UN 총회는 전시 및 평시 집단살해를 금지한 「집단살해 범죄의 방지 및 처벌 협약」(Convention on the Prevention and Punishment of the Crime of Genocide, 이하 「Genocide협약」)을 채택하였다. 1951.1. 발효하였으며, 153개국이 가입하였다(남북한 가입). 협약은 집단살해 범죄자는 범죄 발생지국의 권한 있는 재판소 또는 체약국에 대해 관할권을 갖는 국제형사재판소에서 재판하도록 하였으나(제6조), 이후 냉전체제 하 동서 진영 간 대립으로 국제형사재판소는 설치되지 못하였다.

1990년대 초 냉전이 종식되자, 냉전 시대 이념에 갇혀 있던 종교·민족 간 분쟁이 분출하였다. 1993.5. 안보리 결의(827호)에 따라 **구유고국제형사재판소**(ICTY: International Criminal Tribunal for the Former Yugoslavia)가 헤이그에 설치되었다. 1991년 유고 붕괴 이후, 세르비아 민병대가 구 유고에서 자행한 전쟁범죄, Genocide 및 인도에 반한 죄를 처벌하기 위해 안보리가 헌장 제7장에 따라 한시적인 보조기관으로 설치하였으며, 2017.12. 해산될 때까지 총 161명을 기소하였다. 1999.5. ICTY는 코소보에서 자행된 잔혹 행위와 관련하여 현직 국가원수로서는 처음으로 당시 재직 중이던 유고연방의 S. Milosevic 대통령을 기소하였다. 그는 2001년 체포되어 ICTY에서 재판받던 중이던 2006.3. 헤이그의 교도소에서 사망하였다.

1994.11. 안보리 결의(955호)에 따라 **르완다국제형사재판소**(ICTR: International Criminal Tribunal for Rwanda)가 탄자니아 수도 아루샤에 설치되었다. 1994년 르완다 내전 중, 다수파인 후투족(Hutu)이 소수파 투치족(Tutsi)에 대해 자행한 잔혹 행위로 투치족 80여만 명이 사망하자, 안보리가 Genocide와 전쟁범죄 등을 처벌할 목적으로 헌장 제7장에 따라 보조기관으로 설치하였다. 70여 명을 기소하고 2015.12. 임무를 종료하였다. ICTY와 ICTR의 핵심 잔여 기능(잔여 도피자 처벌, 형기 또는 재심 등)을 함께 수행하기 위해 2010년 안보리 결의(1966호)에 따라 2012년 국제형사재판 잔여업무처리기구(IRMCT: International Residual Mechanism for Criminal Tribunals)가 탄자니아 아루샤에 설치·운영되고 있다. 또한 ICTY와 ICTR 운영에 과도한 경비와 시간이 소요되자 이를 효율적으로 운영하기 위해 이후에는 국제재판소와 국내법원의 성격이 혼재된 이른바 '혼합형 또는 국제화된 재판소'(hybrid 또는 internationalized court)가 동티모르, 코소보, 레바논, 시에라리온, 캄보디아, 보스니아 헤르체고비나 등에 설치되었다.

2. 국제형사재판소(ICC)의 설립

ICTY와 ICTR의 설립 직후인 1995년 UN 총회는 상설 국제형사재판소 설립을 위한 준비위원회 설치를 결의하고, ILC가 기초한 상설 국제형사재판소 설치에 관한 초안을 중심으로 협상하였다. 1998.7. 로마 외교회의에서 「국제형사재판소에 관한 로마규정」(Rome Statute of the International Criminal Court, 이하 '로마규정' 또는 'ICC규정')과 범죄구성요건(elements of crimes)이 채택되어 2002.7.1. 발효하였다. 미국·중국·인도·이스라엘·이란·이라크 등은 채택에 반대하였다. 2003년 헤이그에 본부를 둔 국제형사재판소(이하 'ICC')가 핵심 국제범죄에 대한 불처벌(impunity) 관행 종식을 목표로 출범하였다. 당사국은 123개국이며, 한국은 2002년 가입하였으나 북한은 아직 가입하지 않았다.

ICC는 상설 국제기구로서(제1조), 국제 법인격을 보유한다(제4조1항). UN의 주요 사법기관인 ICJ와는 달리, ICC는 UN과 독립된 국제기구이다. 그러나 ICC와 안보리와의 관계, 정보교환 및 물자 지원 등 UN과의 협력 사항을 규율하기 위해 「UN과의 관계 협정」을 체결하였다(제2조). 또한 소재지인 네덜란드와 본부협정을 체결하고(제3조), 「ICC의 특권과 면제에 관한 협정」을 채택하였다.

3. 국제형법과 개인의 국제형사책임

1945년 개인의 국제형사책임을 확인한 독일국제군사재판소의 판결은 개인에 의한 국제범죄를 국제법으로 처벌함으로써 국제형법이 형성되는 촉매가 되었다. 이후 국제범죄를 저지른 개인에 대해 국제법상 직접 형사책임을 묻는 국제형법(international criminal law)이 형성되기 시작하였다. 국제형법은 국제범죄 행위로 인권을 침해한 개인을 처벌하기 위한 것이다. 국제범죄를 구성하는 행위를 한 개인이 국내법이 아닌 국제법상 책임을 지며 국제형법에 의해 직접 처벌받게 된 것이다.

로마규정도 국제사회 전체가 우려하는 가장 심각한 국제형사범죄를 저지른 자는 개인적으로 책임을 지며 처벌을 받도록 규정하고 있다(제25조2항). 이로써 개인에 대해 국제형사책임을 추궁하는 원칙이 확립된 것이다.

아이히만사건(1961)

1960.5. 이스라엘 요원들은 유대인 학살을 지휘하였다는 혐의를 받던 아이히만(Adolf Eichmann)을 아르헨티나에서 납치하여 이스라엘 국내 재판소에 기소하였다.

피고 측은, ① 이스라엘이 국가로 성립되기도 전에 이스라엘 국경 밖에서 독일 국적자인 아이히만이 유대인에 대해 저지른 범죄이므로 속지주의나 속인주의에 따른 이스라엘 재판소의 관할권이 성립되지 않으며, ② 이스라엘이 국가로 성립한 이후 제정된 국내법인 『나치와 나치 협력자의 처벌에 관한 법률』(1950)에 따라 나치시대 이뤄진 아이히만의 범죄를 소급 처벌하는 것은 죄형법정주의를 위배한 것이므로 불법이며, ③ 국가의 공적 임무를 단지 수행한 아이히만의 행위는 국가면제의 적용 대상이므로, 이스라엘 재판소는 형사재판관할권을 행사할 수 없으며, ④ 이스라엘이 아이히만을 불법 납치한 것은 아르헨티나의 주권을 침해한 것이라고 주장하였다.

이스라엘 재판소는 우선 보편주의와 보호주의에 입각하여 관할권을 인정하였다. 인도에 반한 죄는 범죄지 또는 범인의 국적과 관계없이 모든 국가가 처벌할 수 있을 뿐만 아니라 처벌해야 할 의무가 있으며('보편적 관할권'), 이스라엘은 Holocaust라는 유대인 대학살의 피해 당사자로서 유대인을 대상으로 하는 범죄에 대해 보호주의에 입각한 관할권이 성립된다고 보았다. 이스라엘 재판소는 Holocaust와 같은 인도에 반한 죄에 대해서는 소급 처벌이 금지되지 않는다는 것이 뉘른베르크 재판에서 확인되었고, 반인도적 범죄가 나치의 국가행위이지만 반인도적인 공적 행위에 대해서는 피고 자신의 개인적 책임이 면제되지 않는다는 뉘른베르크 재판 판결에 따른 것이라는 이유로, 아이히만에 대해 교수형을 선고하였다. 또한 아르헨티나에 대한 주권 침해는 국제위법 행위에 관한 양국 간 외교문제이지 피고가 주장할 사안은 아니라고 하였다.

한편 아르헨티나는 아이히만의 납치 문제를 UN 안보리에 회부하였다. 1960년 안보리는 이스라엘의 납치행위를 아르헨티나의 주권을 침해하는 행위로 규정하고 이스라엘에 대해 (즉각적인 송환 대신) 아르헨티나에 적절히 배상할 것을 요구하는 결의(138호)를 채택하였다. 이후 양국은 공동성명을 통해 납치로 발생한 일체의 국제법 위반은 치유되었다고 발표하여 이를 마무리하였다.

한편 개인의 국제형사책임은 국가책임에 영향을 미치지 않는다(제25조4항). 개인의 국제범죄 행위가 국가로 귀속될 때는 개인의 형사책임과는 별개로 그 국가도 국제책임을 부담한다. 개인의 국제형사책임은 행위자의 주관적 의도를 기준으로 범죄자 개인에 대한 형사처벌이 목적이지만, 국가책임은 국가의 국제 의무 위반행위가 발생하였는가를 판단하여 피해를 구제하려는 목적이기 때문이다.

II. 「국제형사재판소(ICC)에 관한 로마규정」

1. 일반

가. 재판소의 구성

ICC는 재판부, 소추부, 사무국으로 구성된다.

재판부의 판사는 18명으로 임기는 9년이며 재선될 수 없다. 단 3년 미만 잔여 임기로 선출된 경우에는 재선될 수 있다. 로마규정 당사국 총회에서 출석하여 표결한 당사국 2/3 이상의 득표로 선출한다(이상 제36조). 재판관은 독립적으로 그 직무를 수행하며, 영리적 성격의 다른 직업에 종사하여서는 안 된다(제40조). 재판소의 업무 수행 중 외교공관장과 동일한 특권과 면제를 누리며, 임기 만료 후에도 공적 지위에서 행한 행위에 대하여는 모든 종류의 법적 절차로부터 영구히 면제된다(제48조2항).

재판소는 3년 임기의 재판소장(president)과 2명의 부소장이 소장단을 구성한다(제38조). 재판부는 전심 재판부, 1심 재판부 및 상소심 재판부로 구성된다(제39조).

소추부는 재판소의 별도 기관으로 독립적으로 활동한다. 소추부는 재판소에 회부되는 관할범죄와 그 범죄에 관한 구체적 정보를 접수하며, 이를 조사하고 수사하여 기소한다. 소추부는 수장인 소추관과 부소추관으로 구성된다. 소추관(prosecutor)은 당사국의 비밀투표에 의해 절대 다수결로 선출되며, 임기는 9년이다(제42조).

사무국은 재판소의 행정 사무를 처리하며, 5년 임기의 사무처장(registrar)과 사무차장이 있다(제43조).

로마규정 당사국 총회는 행정·예산 등을 처리하며, 연 1회 헤이그 또는 뉴욕에서 개최한다(제112조).

나. 적용규칙

재판소는 ① 로마규정, 범죄구성요건 및 절차·증거 규칙, ② 적용가능한 조약과 관습국제법(무력충돌에 관한 확립된 국제법 원칙 포함), ③ 국내법으로부터 도출한 법의 일반원칙을 적용한다. 재판소는 또한 재판소의 기존 결정(선례) 속에서 해석된 법의 원칙과 규칙을 적용할 수 있다(이상 제21조).

2. 관할권

가. 시간적 관할

재판소는 로마규정 발효(2002.7.1.) 이후 발생한 재판소의 관할범죄에 대해서만 관할권을 갖는다. 발효 이후 가입한 국가에 대해서는 가입 이후 발생한 범죄에 대해서만 관할권을 행사할 수 있다(이상 제11조).

재판소의 관할 범죄는 어떠한 시효도 적용되지 아니한다(제29조). 다만 누구도 규정이 발효하기 전 행위에 대해 형사책임을 지지 않으므로(제24조), 규정 발효(2002.7.) 이후 또는 당사국의 규정 가입 이후 발생한 관할 범죄에 대해서만 공소시효가 적용되지 않는다. 따라서 그 이후 관할 범죄를 저지른 범죄자는 사망하기 전이라면 언제라도 소추할 수 있다. 이에 반해 1968년 「전쟁범죄 및 인도에 반하는 죄에 대한 공소시효 부적용에 관한 협약」은 전쟁범죄 및 인도에 반하는 죄에 대해 범죄 발생 시기와 관계없이 공소시효를 적용하지 않고 있다(제1조). 이로써 이들 범죄는 아무런 시간적 제한 없이 소급 처벌이 가능하지만, 다수 국가는 협약을 비준하지 않고 있다(한국 미비준).

나. 인적 관할

재판소는 자연인에 대해서만 관할권을 가진다(제25조1항). 따라서 국가나 조직에 대해서는 관할권을 갖지 않는다. 자연인도 범행 당시 18세 미만자에 대해서는 관할권을 가지지 않는다(제26조). 18세 미만에만 적용되는 「아동권리협약」 제1조와 합치시킨 것이다.

규정은 공적 지위에 근거한 어떠한 차별 없이 모든 자에게 동등하게 적용된다. 특히 국가원수 또는 정부수반, 정부 또는 의회의 구성원, 선출된 국회의원 또는 정부 공무원으로서 공적 지위는 어떠한 경우에도 이 규정에 따른 형사책임으로부터 면제시키지 아니하며, 또한 본질적으로 그리고 자동적으로 감형사유가 되지 아니한다(제27조). 국내법상 개인의 공적 지위에 따른 면제나 특별한 절차 규칙도 재판소의 관할권 행사를 방해하지 않는다. 이는 국가원수·정부수반·외무장관 등 공적 지위에 있는 자나 외교관에 대해서 특권과 면제를 부여하는 일반국제법의 예외이다.

상급자의 명령에 따른 형사책임 면제와 지휘관 및 기타 상급자의 형사책임

1. 상급자의 명령에 따른 형사책임 면제

어떤 자가 정부의 명령이나 군대·민간 상급자의 명령(superior orders)에 따라 재판소 관할범죄를 범하였다고 그에 대한 형사책임이 면제되지는 않는다. 상급자가 내린 명령의 수행이 하급자의 형사 책임에 대한 면제 사유를 제공하는가에 대하여 뉘른베르크 재판소는, 상급자가 내린 명령의 수행은 하급자의 형사 책임에 대한 면제 사유를 자동적으로 제공하지 않으며, 해당 하급자가 실질적인 의미에서 범행 참여 여부에 관하여 선택권을 보유하고 있었는지에 달려 있다고 판시하였다. 규정상 하급자의 형사책임은, ① 하급자가 정부나 관련 상급자의 명령에 따라야 할 법적 의무가 있고, ② 그러한 명령이 불법임을 알지 못하였으며, ③ 그 명령이 명백히 불법이지 않은 때에만 예외적으로 면제된다. 그러나 Genocide와 인도에 반하는 범죄를 실행하라는 상급자의 명령은 명백히 불법이다(제33조).

2. 군 지휘관 및 그 밖의 상급자의 형사책임

규정은 군대가 범한 ICC 관할범죄에 대해 군대를 적절하게 통제하지 못한 결과에 대한 군 지휘관 또는 사실상 군 지휘관의 형사책임(command responsibility), 하급자가 범한 관할범죄에 대해 하급자를 적절하게 통제하지 못한 그 밖의 상급자(대통령, 수상, 국방장관 등)의 형사책임(superior responsibility)에 대해서도 별도로 규정하고 있다(제28조).

다. 물적 관할(관할범죄)

국제사회 전체가 우려하는 가장 심각한 범죄는 국제공동체 전체가 우려할 만한 수준의 중대한 범죄로서, Genocide·인도에 반한 죄·전쟁범죄·침략범죄 4개의 핵심 국제범죄(core international crimes)로 특정된다. 국제테러리즘(후술), 고문, 해적, 마약 거래, 인신매매,[1] 부패[2] 등 여타의 국제범죄는 ICC 관할 대상에서는 제외된다. 이들 국제범죄는 별도의 조약에 의해 금지되고 국내법에 따라 기소·처벌된다. 예를 들어 「고문방지협약」은 고문이 인간의 고유한 존엄성을 침해하는 행위로서, 당사국들이 고문행위에 대한 관할권을 확립하고 국내 형법에 따라 처벌할 것을 규정하고 있다(제3조 및 4조). 고문이 ICC의 관할 범죄는 아니지만, 고문 행위가 로마규정상 인도에 반한 죄나 전쟁범죄를 구성하면 ICC의 관할권이 적용되어 처벌될 수 있다.

ICC규정 당사국이 된 국가는 이로써 관할범죄에 대한 재판소의 관할권을 수락한다(제12조1항). ICC규정을 비준·수락·승인 또는 가입하여 당사국이 된 국가는 4개 관할범죄에 대한 재판소의 관할권을 함께 수락하므로, 재판소는 관할범죄에 대해 자동으로 관할권을 갖게 되며, 이를 재판소의 **자동 관할권**(automatic jurisdiction)이라 한다. ICJ는 당사국이라도 개별 분쟁에 대해 당사국 간 별도의 특별 합의, 선택조항의 사전 수락, 확대 관할에 의해 ICJ의 관할권을 별도로 수락해야 하나, ICC의 관할권은 당사국의 별도 절차 없이 자동으로 성립한다.

핵심 국제범죄는 객관적인 구성요건으로서 상당한 규모의 폭력적 상황과 이러한 상황 속에서 자발적으로 자행된 개별적 행위로 구성된다. 살해행위라도, 어떠한 상황에서 개별적 행위가 자행되었는가에 따라 Genocide, 인도에 반한 죄 또는 전쟁범죄를 구성한다. 또한 주관적 구성요건으로서 행위자가 의도와 인식(intent & knowledge)을 가지고 관할 범죄를 저지른 경우에만 형사책임을 지고 처벌받는다(제30조1항).

----

1 「인신매매금지 및 타인의 매춘행위에 의한 착취 금지에 관한 협약」이 1950년 채택되어 1951년 발효하였다(한국 가입).

2 부패 예방 및 척결을 위해 「UN부패방지협약」이 2005년 채택 및 발효되었다(한국 가입).

(i) 인도에 반한 죄

인도에 반한 죄는 제2차 대전 이후 뉘른베르크 재판에서부터 형성되었다. 재판소가 관할하는 인도에 반한 죄(Crime against Humanity)는 민간주민에 대한 광범위하거나 체계적인 공격의 일부로서, 그 공격에 대해 인식하고 범해진 행위를 말한다(제7조). 무력충돌 시는 물론 평시에 자행되는 개인의 존엄성에 대한 심각한 공격이나 중대한 모독 또는 이를 손상하는 아래 행위를 말한다.

> 살해, 절멸, 노예화, 주민 추방 또는 강제이주, 구금 또는 신체적 자유의 심각한 박탈, 고문, 강간·성적 노예화·강제매춘·강제임신·강제불임 또는 이에 상당하는 그 밖의 중대한 성폭력, 동일시되는 집단이나 집합체에 대한 박해, 강제실종, 인종차별, 신체 또는 정신적·육체적 건강에 대하여 중대한 고통이나 심각한 피해를 고의적으로 일으키는 유사한 성격의 *그 밖의* 비인도적 행위를 말한다(제7조1항).

이러한 행위가 인도에 반한 범죄를 구성하기 위해서는 다음 조건을 충족시켜야 한다.

- 국가나 조직의 정책에 따라 민간주민에 대한 광범위하거나 체계적인 공격의 일부로 저질러진 행위이다. '국가나 조직의 정책'이 반드시 공식 채택될 필요는 없으나 이에 대한 사전 인지가 있어야 한다. 따라서 개인 차원에서 실행된 살해·강간 등 행위는 비록 잔혹하고 반인도적 행위일지라도 국가나 조직의 정책으로서 이루어진 행위가 아니므로 이에 포함되지 않는다. '조직'은 무장단체나 반도 등을 말한다. '민간주민'은 민간인인 자국민은 물론 외국인(난민 또는 무국적자)도 포함한다. 자국민에 대해서도 적용된다는 점에서, 자국민에 대한 대우를 국내문제로 취급하던 전통 국제법에서 벗어나고 있다. '광범위한' 공격은 다수의 피해자를 대상으로 대규모로 빈번하게 행해지는 것을 말한다. 광범위한 것인지는 피해자의 수 등으로 판단될 수 있다. '체계적인' 공격은 국가나 조직의 공통 정책에 기초하여, 조직화되고 규칙적으로 실행되는 것을 말한다. '공격'은 살해·절멸·노예화 등의 물리적 폭력뿐만 아니라 인종

차별체제(Apartheid)를 강요하거나 민간주민에게 특정 양식의 행위를 강요하는 것과 같은 비폭력적 행위를 포함한다.
- 범행자는 국가나 조직의 구성원으로서, 자신의 행위가 광범위하고 체계적인 공격의 일부라는 것을 인식해야 한다.

(ii) Genocide(집단살해죄)

Genocide는 1915년 오토만 터키의 아르메니아인 학살사건과 나치 독일의 유대인 학살사건(Holocaust)에서 유래되었으며, 원래 인도에 반한 죄에 포함되어 있었으나 특정 집단의 존립을 보호하기 위한 목적으로 분리되었다. 재판소의 관할 대상 범죄로서 Genocide는 국민적·민족적·인종적·종교적 집단의 전부 또는 일부를 파괴할 의도로 무력충돌 시 또는 평시에 자행된 아래 행위를 말한다(제6조). 이 조의 규정은 1948년 「Genocide협약」 제2조의 집단살해죄의 정의와 동일하다. Genocide는 강행규범으로 인정되고 있다.

- 집단 구성원의 살해: 1인 또는 다수를 불문한 모든 살해
- 집단 구성원에 대한 중대한 신체적 또는 정신적 위해를 초래하는 행위: 고문, 비인간적 취급, 성폭력 등
- 전부 또는 부분적인 육체적 파괴를 초래할 목적으로 계산된 생활 조건을 집단에게 고의적으로 부과하는 행위: 식량 공급 중단이나 과도한 노동 부과 등
- 집단 내의 출생을 방지하기 위하여 의도된 조치: 성 불구화, 강제 단종, 강제적 출산 통제 등
- 집단 아동의 타 집단으로 강제이주

집단(구성원)에 대한 상기 행위가 Genocide 범죄를 구성하기 위해서는 다음 조건을 충족해야 한다.

- 국민적·민족적·인종적·종교적 집단(national·ethnic·racial·religious group)의 전부 또는 일부의 파괴를 목적으로 한다. 이들 '집단'의 소속은 출생에 의해 자동적으로 결정된다. 국민은 국적, 민족은 언어·전통·역사·문화, 인종은 유전적인 신체적 특징, 종교는 교파나 신앙방식에 의해 구

별된다. 개인이 자발적으로 참여 여부를 선택할 수 있는 정치·경제 집단은 Genocide 범죄 대상인 집단에서 제외되지만, 인도에 반하는 죄로 처벌될 수 있다. '파괴'는 물리적 파괴를 의미한다. 특정 집단의 언어나 문화를 파괴하는 문화적 말살(cultural Genocide)이나, 특정 인종적·종교적 집단의 구성원을 일정 지역으로부터 강제로 이동시키거나 축출하는 이른바 **'인종청소'**(ethnic cleansing)는 물리적인 파괴가 아니므로 Genocide에서는 제외되나, 인도에 반한 죄 또는 전쟁범죄를 구성하여 처벌될 수 있다. 파괴는 집단 전체 또는 일부를 대상으로 하며, 집단 지도자들을 살해하는 상징적인 행위도 포함된다. 보스니아 v. 세르비아 「Genocide협약」의 적용에 관한 사건(2007)에서 ICJ는, 1995.7. 보스니아 Srebrenica 학살은 보스니아계 무슬림 일부를 파괴할 특별한 의도를 가지고 저질러진 Genocide로 판단하였다. 또한 파괴의 대상으로서 '집단의 일부'는 ① 의도가 적어도 특정 집단의 상당한 일부(substantial part)을 파괴하려는 것으로, 특정 집단 전체에 대한 충격이 심각해야 하고, ② 의도가 지리적으로 제한된 지역 안에 집단을 파괴하려는 것으로, ③ 파괴된 인원은 절대적인 숫자뿐만 아니라 집단의 전체 규모와 관련해 함께 평가해야 한다고 하였다.

• 범행자는 국가 또는 소수 집단이나 개인으로서, 범행자가 살해행위 시에 갖는 일반적 의도와 함께, 자신의 행위가 이들 집단의 전부 또는 일부를 파괴한다는 특정한 의도(specific intent)를 인식해야 한다. 특정한 의도와 관련, ICTR은 Jean-Paul Akayesu 사건(1998)에서 집단학살에 직접 참여하는 행위뿐만 아니라 이를 선동·조장하려는 특정한 의도를 가지고 발언을 한 경우 그로 인해 집단학살이 실제로 발생하였는가와는 무관하게 처벌하였으며, ICTY는 R. Kristie 사건(2001)에서 집단학살이 진행 중임을 인식할 만한 상황임에도 이를 묵인한 경우에도 처벌할 수 있다고 넓게 해석하고 있다.

Genocide와 인도에 반하는 죄의 구성요건을 비교해보면, Genocide의 피해자는 특정 집단이나, 인도에 반한 죄는 민간인 주민을 대상으로 한다. Genocide가 피해자의 집단성을 강조하나, 인도에 반한 죄는 가해자의 집단성을 강조한다. Genocide 범죄는 집단의 파괴를 목적으로 하나 인도에 반한 죄는 광범위하거나 체계적인 공격을 요건으로 한다.

(iii) 전쟁범죄

재판소는 전쟁범죄를 관할한다(제8조). 통상적으로 전쟁범죄(war crimes)는 무력충돌하 전투원·민간인에 의해 개인적 또는 집단으로 행해진 국제인도법의 위반행위를 의미한다. 1949년 4개 제네바협약 등 교전법규를 위반한 전쟁범죄자는 교전국에 의해 처벌되어야 한다. 하지만 현실적으로 교전국이 자국을 위해 싸우는 과정에서 교전법규를 위반한 전쟁범죄자들을 엄히 처벌할 것으로 기대하기는 어렵다. 심각한 전쟁범죄를 저지른 자들이 자국 내에서 처벌을 모면하는 것을 방지하기 위해 재판소는 이를 관할범죄로 규정하고 있다.

ICC규정상 전쟁범죄는 무력충돌 시 적용되는 국제인도법(☞제12장)의 중대한 위반행위로서, 통상적인 전쟁범죄에 비해 그 범위가 좁다. 그러나 '특히' 계획이나 정책의 일부로서 또는 대규모적인 전쟁범죄 실행의 일부로서 저지른 범죄라고 강조하고 있어, 계획이나 정책의 일부로서 또는 대규모적인 전쟁범죄 실행의 일부로서 저지르지 않은 그 밖의 다른 전쟁범죄에 대해서도 관할권을 행사할 수 있다 할 것이다. ICC규정은 국제적 성격의 무력충돌뿐만 아니라 비국제적 성격의 무력투쟁(내전) 시 전쟁범죄도 관할 범죄로 포함하고 있다.

- 국제적 무력충돌에 적용되는 1949년 4개 제네바협약의 중대한 위반 행위: 고의적 살해, 고문 또는 생물학적 실험을 포함한 비인도적인 대우 등 열거된 8개 행위(2항a)
- 국제적 무력충돌에 적용되는 법과 관습에 대한 그 밖의 중대한 위반행위: 제네바협약 제1추가의정서와 헤이그법 규정 가운데 민간인에 대한 고의적 공격, 독 또는 독성무기·유독가스·금지된 탄환(덤덤탄 등)의 사용 등 26개 행위(2항b)

- 비국제적 무력충돌에 적용되는 1949년 4개 제네바협약 공통 제3조의 중대한 위반행위: 무기를 버리거나 전투 능력을 상실한 전투원에 대한 폭행·살해·고문, 인간의 존엄성 침해(특히 모욕적이고 치욕적인 대우), 인질 행위, 정식 재판에 의하지 않는 판결 또는 형의 집행(2항c)
- 비국제적 무력충돌에서 적용되는 법과 관습에 대한 그 밖의 중대한 위반행위: 제네바협약 제2추가의정서 가운데 민간인에 대한 고의적 공격 등 12개 행위(2항e)

전쟁범죄가 성립하기 위해서는 해당 범죄 행위와 무력충돌 간의 연관성이 존재해야 하고, 범행자는 무력충돌이 존재하는 상황을 인식해야 한다.

(iv) 침략범죄

침략범죄는 뉘른베르크 재판에서 적용된 '평화에 반한 죄'와 유사한 개념이다. 협상 과정에서 일부 국가들은 침략은 국가에 의한 범죄로서 개인에 대한 국제형사범죄를 다루는 ICC에서 이를 관할 범죄로 포함하는 것에 반대하였으나, 결국 관할 범죄에 포함하되 그 정의는 협약 채택 이후 계속 협의하기로 타협하였다(제5조1항 및 2항). 2010.5. 우간다 캄팔라에서 개최된 제1차 협약 재검토회의에서 침략범죄의 정의에 관한 개정조항(제8조*bis & ter*)이 합의되어 2018.7.17. 발효되었다.

침략행위(act of aggression)는 한 국가가 다른 국가의 주권·영토보전 또는 정치적 독립에 반하여 무력을 행사하거나 「UN헌장」에 위배되는 다른 방식으로 무력을 사용하는 것을 말한다. 다음의 행위는, 선전포고의 유무와 관계없이, 1974년 UN 총회의 침략의 정의에 관한 결의(3314호)에 따라 침략행위를 구성할 수 있다(제3조*bis* 2).

- 타국 영토에 대한 무력 침입 또는 공격, 그에 따른 (일시적) 군사점령, 무력사용에 의한 타국 영토나 일부의 병합
- 타국 영토에 대한 무장군의 폭격 또는 무기의 사용
- 타국 항구나 연안에 대한 군대의 봉쇄

- 타국 육해공군 또는 함대와 항공대에 대한 군대의 공격
- 합의에 따라 접수국의 영토 내에 있는 군대를 합의를 위반하여 사용하거나 합의 종료 이후 계속 주둔시키는 행위
- 타국의 처분하에 둔 자국 영토를 타국이 제3국에 대한 침략행위를 위해 사용하는 것을 허용하는 행위
- 일국이 또는 자국을 대신하여 무장 집단·단체·비정규군·용병을 타국에 파견하여 상기 행위에 해당하거나 그러한 행위에 실질적으로 관여할 정도로 중대한 활동의 수행

개정조항은 이처럼 침략행위를 일반적 정의와 열거적 정의 방식을 결합하여 정의하고 있다. 또한 침략행위를 국가에 의한 무력침략으로 제한하여, 테러조직과 같은 비국가 행위자에 의한 행위는 제외하고 있다.

침략범죄(crime of aggression)는 한 국가의 정치적 또는 군사적 행동을 실효적으로 통제하거나 지시할 수 있는 지위에 있는 개인이 그 성격·중대성·규모로 보아 「UN헌장」을 명백히 위반하는 침략행위를 계획·준비·개시·실행하는 것이다(제8조*bis* 1). 침략범죄는 한 국가의 정치적 또는 군사적 행동을 실효적으로 통제하거나 지시할 수 있는 사람에게만 적용된다(제25조3항*bis*). 침략행위의 주체는 국가이지만, 이를 계획·준비·개시·실행하는 침략범죄는 국가의 범죄가 아닌 지도자 개인의 범죄이다.

3. 관할권의 행사

재판소가 관할권을 행사하기 위해서는, 우선 해당 범죄에 대해 보충성의 원칙이 성립하고, 시간적·인적·물적 관할권(관할범죄)에 속해야 하며, 관할권 행사가 발동되어야만 한다.

가. 보충성의 원칙

　　ICC의 관할 대상 범죄라도 이를 저지른 개인을 재판에 회부할 1차적 책임
은 개별 국가에 있다. 개별 국가의 사법 관할권을 존중한다는 차원에서 당해
범죄에 대한 개별 국가의 관할권이 ICC의 관할권에 앞서 우선 적용된다. ICC
는 개별 국가의 관할권 행사를 보충하는 역할을 하며(전문 및 제1조), 이를 보충
성의 원칙(principle of complementarity)이라 한다. 다만 상설된 ICC와는 달리,
구 유고와 르완다에서의 특정 범죄의 처벌을 목적으로 한시적으로 설립된 ICTY
와 ICTR은 보충성의 원칙이 적용되지 않았다.

　　구체적으로, 당해 범죄에 대해 관할권을 갖는 국가가 ① 이미 수사 중이
거나 기소한 경우, ② 수사 후 기소하지 않기로 한 경우, ③ 제소 대상 행위에
대해 이미 재판받은 경우, ④ ICC가 추가로 조치할 만큼 중대성이 충분치 않은
경우, ICC는 관할권을 행사하지 못한다(제17조). 다만 ①과 ②의 경우라도 그
국가가 진정으로 수사나 기소할 의사가 없거나 능력이 없는 경우에는 ICC가
관할권을 행사할 수 있으며, 이러한 판단은 ICC가 스스로 결정한다(제17조1항).
제17조2항은 재판소가 관할권을 행사하는 국가의 의사 부재(unwilling)를 판단
하는 기준, 3항은 관할권을 행사하는 국가 사법부의 능력 부재(unable)를 판단
하는 기준을 상세 규정하고 있다.

나. 관할권 행사의 발동

(i) 인도에 반한 죄·Genocide·전쟁범죄

　　인도에 반한 죄·Genocide·전쟁범죄에 대한 재판소의 관할권 행사는 다
음 3가지 경우에 발동된다(제13조).

　　① 어느 당사국이 관할범죄가 범해진 것으로 보이는 사태를 소추관에게 회
　　　　부한 경우(제14조): 당사국은 사건(case)보다는 넓은 의미의 사태(situation)
　　　　를 회부할 수 있다. 어느 당사국이라도 사태를 회부할 수는 있으나, 제
　　　　3국이 회부하기보다는 사태에 직접 관련된 당사국이 스스로 회부하는

경우가 일반적이라 할 것이다.

② 소추관이 직권으로 관할범죄에 관한 수사를 개시한 경우(제15조): 소추관은 관할범죄에 관한 정보에 근거하여 독자적으로(*proprio motu*) 수사를 개시할 수 있다. 당사국이나 안보리가 국제범죄에 대해 정상적으로 대응하지 못하는 경우 등에 대비하여 소추관의 독자적인 수사권을 인정한 것이다. 다만 소추관은 그 정보의 중대성을 분석한 후, 수사를 진행할 만한 합리적인 근거가 있다고 판단하는 경우 이를 전심 재판부에 제출하고, 전심 재판부가 허가하면 수사를 착수할 수 있다. 또한 안보리가 헌장 제7장에 따라 채택된 결의를 통해 ICC의 수사 또는 기소의 연기를 요청하는 경우, 12개월 동안 그러한 수사 또는 기소가 개시되거나 진행될 수 없다(제16조).

①, ②의 경우, 재판소가 관할권을 행사하기 위해서는 전제조건으로, 당해 범죄의 발생지국이나 범죄 혐의자의 국적국 중 적어도 어느 한 국가가 당사국이어야만 한다(제12조2항). 즉 비당사국인 A국 국민이 당사국인 B국에서 관할범죄를 실행하면 B국이 범죄 발생지국이므로 재판소의 관할이 가능하며, 당사국인 A국 국민이 비당사국인 B국에서 관할범죄를 저지른 경우라도 A국이 범죄 혐의자의 국적국이므로 재판소의 관할이 가능하다. 따라서 ICC는 핵심 국제범죄와 관련하여 비당사국에 대해서도 관할권을 행사할 수 있게 된 것이다. 독일을 비롯한 일부 국가는 재판소의 보편적 관할권을 주장하였으나, 미국이 범죄 혐의자 국적국의 동의를 강력히 요구함에 따라, 결국 범죄 혐의자의 국적국(속인주의)이나 범죄의 발생지국(속지주의) 중 하나의 당사국으로 타협한 것이다. 2010.12. 소추관은 북한의 천안함 피격(2010.3.26)과 연평도 포격 사건(2010.11.23.)에 대해 전쟁범죄 여부를 예비 조사하겠다고 발표하였다. 북한이 비당사국이지만 당사국인 한국 영토에서 이들 범죄가 발생하였기 때문에 소추관은 예비 조사를 할 수 있었다. 2014.6. ICC는 천안함은 군함에 대한 공격이므로, 연평도 포격은 고의적으로 민간인만을 목표물로 한 것이 아니므로 ICC가 관할하는 중대한 전쟁범죄에 포함되지 않는다는 예비 조사 결과를 발표하고 조사를 종결하였다.

또한 비당사국이라도 당해 범죄에 대해 관할권 행사를 수락하면 재판소는 이를 행사할 수 있다(제12조3항). 우크라이나는 비당사국이지만 2014년 및 2015년 선언을 통해 2013년 러시아의 크림반도 침공 이래 자국 내에서 발생한 인도에 반한 죄와 전쟁범죄에 대한 ICC의 관할권 행사를 인정하였으며, 이에 당사국이던 러시아는 2016년 ICC를 탈퇴하였다. 2022.2. 러시아의 우크라이나 침공 당시 우크라이나와 러시아 모두 로마규정의 당사국이 아니었지만, 우크라이나가 ICC의 관할권을 이미 수락하였기 때문에 우크라이나 침공과 관련한 러시아의 전쟁범죄 등에 대해 ICC의 관할권이 발동되었으며, 우크라이나 침공 이후 전쟁범죄(우크라이나 아동의 불법 추방 및 이송) 혐의로 러시아 푸틴 대통령에 대한 체포영장이 발부되었다.

③ 안보리가 제7장에 따라 관할범죄가 범해진 것으로 보이는 사태를 소추관에게 회부한 경우(제13조나): 국제평화와 안전에 1차적 책임이 있는 안보리는 제7장에 따라 행동하고, 당사국은 물론 비당사국이 관련된 사태에 대해서도 소추관에게 회부할 수 있다. 안보리가 비당사국을 ICC에 회부한 사례는 2건이 있었다. 2005년 Darfur 사태와 관련한 결의(1593호)에 따라 수단 대통령 Al Bashir에 대해 ICC의 체포영장이 두 차례 발부되었으나 체포되지 않아 수사가 중단되었다. 2011년 리비아 사태와 관련 카다피 전 대통령에 대한 영장이 발부되었으나 카다피 사망으로 사건이 종료되었다.

북한 인권 문제의 ICC 회부

UN 인권이사회가 2013.3. 설치한 UN 북한인권조사위원회(COI)는 2014.2. 보고서를 발간하였다. 보고서는, 북한 인권 상황이 최고위급에서 수립한 정책이며 북한 체제에 위협이 되는 모든 민간인 주민에 대해 광범위하고 조직적으로 이루어진 공격이므로 ICC의 관할범죄인 인도에 반한 죄가 성립한다고 판단하였다. 보고서는 북한의 인도에 반한 범죄행위로서, 정치범 수용소 수감자·일반 구금시설 수용자·체제 전복 위험분자·탈북자·종교인 등에 대한 고문·즉결 처형·강제실종, 비정상적 예산 배분과 차 등 배급으로 인해 기아 상태에 처한 주민의 살해 또는 절멸, 외국인의 납치 및 강제실종 등을 지적하고 있다. 그러나 북한의 정치범 수용소 수감자들은 다양하고 광범위한 계층을 포함하고 있어 특정 집단을 대상으로 하는 Genocide로 판단하기는 어려워 보인다. 이에 따라 보고서는 북한이 인도에 반한 죄로부터 주민을 보호할 책임을 다하지 않은 것이 명백하므로, 국제공동체는 인도에 반한 죄로부터 북한 주민을 보호할 책임을 수락해야 하며 이를 위해 안보리가 북한 사태를 ICC에 회부하거나 특별 재판소를 설치하여 처리할 것을 권고하였다.

로마규정상 당사국에 의한 회부나 소추관의 독자적인 수사 개시는 범죄 발생지국 또는 범죄 혐의자의 국적국이 당사국인 경우에만 가능하므로, 비당사국인 북한에 대해서는 로마규정이 적용되지 않는다. 비당사국인 북한이 스스로 ICC의 관할권을 수락할 리가 없으므로 안보리의 결의 채택을 통해서만 ICC로의 회부가 가능하나, 안보리에서 북한의 ICC 회부를 위한 결의를 추진하더라도 상임이사국인 중국과 러시아가 이에 대해 거부권을 행사할 것으로 예상되어 ICC로의 회부 가능성도 사실상 희박하다 할 것이다.

(ⅱ) 침략범죄

침략범죄에 관한 개정조항은 침략범죄에 대해서도 안보리에 의한 회부뿐만 아니라 당사국에 의한 회부와 소추관의 직권 기소를 모두 인정하지만, 다른 대상 범죄와는 내용상 차이가 있다.

당사국이 개정조항을 비준한 당사국에 대해 침략범죄에 관한 사태를 회부하거나 소추관이 직권으로 침략범죄에 관한 수사를 개시하여 관할권 행사를 발동하는 경우, 소추관은 UN 사무총장에게 이 사실을 통보하고 6개월 이내 안보리가 침략행위의 존재 여부에 관해 아무런 결정을 내리지 않으면 전심 재판부의 허가를 받아 수사를 개시할 수 있다. 당사국은 사전에 침략범죄에 대한 관할권을 수락하지 않는다고 적용 배제(opt out)를 선언할 수 있으며, 이에 따라 개정조항을 배제한 국가에 대해서는 당사국이 소추관에게 사태를 회부하거나 소추관이 독자적으로 수사를 개시하여 관할권 행사를 발동할 수 없다. 재판소는 또한 비당사국의 국민에 의해 범해졌거나 비당사국의 영토에 대해 범해진 침략범죄에 관하여 관할권을 행사할 수 없다(이상 제15조*bis*). 다만 비당사국이 피침략국으로서 로마규정 제12조3항에 따라 임시로 관할권을 수락하면 재판소가 관할권을 행사할 수 있다.

안보리는, 침략행위에 책임 있는 국가가 당사국인지 또는 재판소의 관할권을 수락하였는지 또는 안보리가 침략행위의 존재를 결정하였는지와 관계없이, ICC에 침략범죄를 회부할 수 있다(제15조*ter*).

다. 절차

(ⅰ) 수사의 개시

당사국이 사태를 회부하였거나 소추관이 독자적으로 수사를 개시하는 경우, 소추관은 모든 당사국과 해당 범죄에 대해 통상적으로 관할권을 행사하는 국가에 이를 통지해야 한다. 통지를 접수한 후 1개월 이내에 국가는 관련 범죄행위에 대해 자국민을 수사하고 있음을 ICC에 통지할 수 있다. 소추관은 재량으로 수사나 기소 여부를 판단하여 전심 재판부에 허가를 요청한다. 전심 재판부가 소추관의 신청에 따라 수사를 허가하지 않는 한, 소추관은 해당 국가의 요청이 있으면 그 국가의 수사를 존중한다. 해당 국가 또는 소추관은 전심 재판부의 결정에 대해 상소심 재판부에 상소할 수 있다(이상 제18조1-2항). 2020.3. ICC 상소심 재판부는 2003.5.1. 이후 아프가니스탄에서 발생한 인도에 반하는 죄 및 전쟁범죄에 관한 소추부의 수사 개시를 허가하였다. 소추관이 2000년대 ICC규정 당사국인 아프가니스탄에서 자행된 탈레반 반군의 민간인 살상행위, 아프간 정부군과 민병대에 의한 고문·강간·납치·살해, 미군 및 미국 중앙정보부(CIA)에 의한 고문 등에 대해 수사를 개시할 수 있게 되었다. 재판부는 회부된 모든 사건에 대해 재판소가 관할권을 갖는 사안인지 재판적격성을 우선 확인하여야 한다. 체포영장이나 소환장이 발부된 자나 관할권을 주장하는 국가는 재판적격성이나 관할권에 대해 이의를 제기할 수 있다(이상 제19조).

관할권 행사가 발동되면, 소추관은 이용가능한 정보를 평가한 후, 절차를 진행할 합리적 이유가 없다고 판단하지 않는 한, 수사를 개시해야 한다. 소추관은 수사 개시를 결정하면서 관할권, 재판적격성, 범죄의 심각성 및 피해자의 이익을 고려한다(제53조). 수사 중 개인은 스스로 복죄하거나 유죄를 시인하도록 강요받지 않는다. 또한 어떠한 형태의 강요, 강박 또는 위협, 고문, 또는 다른 어떠한 형태의 잔혹하거나 비인도적이거나 굴욕적인 대우나 처벌받지 않는다(제55조). 전심 재판부는 소추관의 수사 개시 요청에 대한 허가, 재판적격성에 대한 예비 결정 또는 이의 제기, 인정 신문, 체포영장 또는 소환장 발부 등을 처리한다(제57조).

(ii) 인도

재판소는 범죄인의 신병을 확보하기 위해 당사국에 협력을 요청할 권한을 갖는다. 소추관은 전심 재판부에 체포영장 또는 범죄인의 출두 확보가 충분한 경우에는 소환장 발부를 요청하여 발부받는다. 체포영장은 재판소가 달리 명령할 때까지 효력을 지속한다(제58조1항 및 4항). 재판소는 범죄인을 발견할 수 있는 국가에 문서로 체포·인도(arrest·surrender)에 관한 협력을 요청한다. 당사국은 재판소 관할범죄의 기소 및 수사에 있어 최대한 협력한다(제86조). 재판소는 비당사국에 대해서도 특별 약정, 협정 또는 그 밖의 적절한 근거에 기초하여 조력 제공을 요청할 수 있다(이상 제87조). 당사국은 ICC규정과 자국 국내법상의 절차에 따라 재판소의 체포 및 인도 청구에 따라야 한다(제89조). 재판소는 정식 인도 청구서 및 청구 증빙서류가 제출되기 전, 긴급하게 피청구자의 구속을 청구하는 긴급인도구속(provisional arrest)을 요청할 수 있다(제92조). ICC규정은 ICC와 국가 간의 범죄인인도는 surrender로, 국가 간 범죄인인도는 extradition으로 구별하여 사용하고 있다. 국가 간 범죄인인도는 제21장에서 상술한다. 국가 간 범죄인인도에서 적용되는 정치범·자국민·순수 군사범의 불인도 원칙, 공소시효나 사면, 고령이나 질병 등의 인도적 사유에 의한 인도 거부는 ICC와 국가 간 인도에서는 적용되지 않는다. 그러나 ICC규정도 "인도된 자는 인도 대상 범죄 행위나 행위 과정 이전에 범한 행위에 대해 처벌되거나 구금되지 않는다"고 특정성의 원칙을 적용하고 있다(제101조).

해당 사건에 대해 재판적격성이 있다고 결정한 재판소와 당사국인 다른 청구국의 청구권이 경합하는 경우, 피청구국은 재판소의 청구에 우선권을 준다(제90조2항). 재판소가 인도받고자 하는 피청구국 내 제3국인이 국가면제나 외교면제 대상이거나 또는 파견국의 인도 동의가 필요한 경우, 제3국이 면제를 포기하거나 파견국이 인도에 동의하지 않으면, 재판소는 인도 청구를 진행할 수 없다(제98조). 이와 관련하여 미국은 해외 미군·미국인이 ICC에 인도되는 것을 막기 위해 ICC 인도를 위해서는 미국의 동의를 요한다는 내용을 포함하는 협정을 100여 개 국가와 체결하였다('제98조 협정': Article 98 Agreement). 한국의 경우, 「한미주둔군지위협정」에 따라 파견된 미군의 ICC 인도를 제한할 수 있으므로 한미 간 별도의 양자 협정은 체결되지 않았지만, 1999년 「한미범죄인인도조약」 비준 시 미 상원은 미국의 동의 없이는 한국이 미국인을 ICC에 다시 인도하지 않는다는 양해사항을 첨부하였다. 미국은 국내적으로도 2001년 『미국복무요원보호법』(American Service members' Protection Act)을 제정하여 미군 또는 관료에 대한 ICC 관할권 행사를 차단하고 있다.

(iii) 재판

공소사실이 확인되면 소장단은 1심 재판부를 구성한다. 피의자가 인도되거나 자발적으로 출석한 후 합리적인 기간 내에, 전심 재판부는 소추관과 피의자 및 피의자 변호인이 참석한 가운데 소추관의 공소사실을 확인하기 위한 심리를 진행한다(이상 제61조). 재판 장소는, 달리 결정되지 않는 한, 재판소의 소재지인 헤이그로 한다(제62조). 피고인은 재판하는 동안 출석해야 하며, 피고인의 인권 보호를 위해 궐석재판은 인정되지 않는다(제63조).

1심 재판부는 재판이 공정하고 신속하게 공개재판을 진행한다(제64조). 피고인은 부당한 지체없이 재판을 받을 권리와 법적 조력을 받을 권리 등 피고인으로서의 권리를 보장받는다(제67조1항). 재판소는 피해자와 증인의 안전, 신체적·정신적 안녕 및 사생활 보호를 위한 적절한 조치를 취한다(제68조1항).

재판의 기본원칙으로 아래 국내 형법상의 일반원칙이 적용된다.

• 일사부재리의 원칙(principle of *ne bis in idem*): ICC가 이미 유죄 또는

무죄 판결을 내린 경우, 동일한 범죄 행위에 대해 ICC나 다른 재판소(범죄인 국적국의 법원)에 의해 다시 재판받지 않는다. 다만 다른 재판소의 절차가 ① 당해인을 재판소의 관할 범죄에 대한 형사처벌로부터 보호할 목적이었던 경우, ② 적법절차에 따라 독립적이거나 공정하게 수행되지 않고 당해인을 처벌하려는 의도와 부합하지 않은 방식으로 수행된 경우, ICC는 당해인을 재판할 수 있다(이상 제20조).

- 죄형법정주의: 행위 당시 ICC규정에 범죄로 규정되어 있지 않으면 범죄로 인정할 수 없다(제22조).
- 형벌법정주의: 유죄 선고를 받은 자는 ICC규정에 의해서만 처벌된다(제23조).
- 소급효 금지: 누구도 ICC규정이 발효하기 전 행위에 대해 형사책임을 지지 않는다(제24조).
- 형사책임의 조각사유: 정신적 질환 또는 결함, 자신의 능력을 통제할 능력이 훼손된 중독 상태, 정당방위, 강박 등이 형사책임 조각사유로 인정되며, 재판소는 이들 사유가 재판에 적용되는지를 결정한다. 재판소는 그 밖의 사유(군사적 필요, 전시복구 등)를 고려할 수 있다(제31조).
- 무죄추정(presumption of innocence)의 원칙(제66조): 모든 사람은 재판소에서 유죄가 입증되기까지 무죄로 추정된다. 피고인의 유죄를 입증할 책임은 소추관에게 있다.

(iv) 판결·상소

유죄 선고는 최대 30년을 초과하지 않는 유기 징역, 범죄가 극도로 중대한 경우에는 무기 징역을 부과할 수 있다. 단 사형은 부과되지 않는다. 또한 벌금을 부과하며, 범죄로부터 발생한 수익·재물·자산을 몰수할 수 있다(이상 제77조). 재판소는 피해자에 대한 원상회복·보상 또는 복권(復權) 등 배상원칙을 수립하고, 유죄 판결을 받은 자에게 직접 배상을 명령할 수 있다(제75조). 징역형은 수형자를 수용할 의사를 표시한 국가 중에서 재판소가 지정한 국가에서 집행한다(제103조).

소추관이나 유죄 판결을 받은 자 등은 절차상의 하자, 사실 착오, 법령 위반 등을 이유로 유·무죄 판결이나 양형에 대해 상소(appeal)할 수 있다(제81조). 유죄 선고를 받은 자, 그가 사망한 후에는 그 가족이나 소추관 등은 재판 당시 알 수 없었던 새로운 증거가 발견되면 상소심 재판부에 재심(revision)을 요청할 수 있다(제84조).

4. ICC의 성취와 과제

과거에는 심각한 국제형사범죄를 저지르고도 국제법적으로는 물론 국내법적으로도 아무런 처벌을 받지 않는 사례가 빈번하였다. 핵심 국제범죄의 발생과 이로 인한 대규모 인권 유린 상황의 발생을 억제하려는 상설 국제형사재판소의 설치는 국제법상 개인 형사책임의 원칙을 확고히 하고 있다. 또한 핵심 국제범죄를 저지른 범죄인을 처벌하는 강제성을 담보하고 있다는 점에서 국제인권법 분야 측면에서도 큰 진전임이 분명하다.

무엇보다도 ICC는 비준국을 확대하여 보편성을 확보해 나갈 필요가 있다. ICC규정은 현재 123개국이 비준하였으나, 미국·중국·인도 등 주요국들이 비준하지 않고 있다. 러시아가 2016년 탈퇴하였고, 필리핀은 두테르테 대통령의 마약 범죄 소탕과 관련한 소추관의 검사가 진행되자 2018년 규정을 탈퇴하였다.

ICC는 출범한 지 20년이 더 지났지만, ICTR이나 ICTY와 비교해 그 성과가 기대에 미치지 못하고 있다. 유죄 판결이 5건에 불과하다. 이로 인해 ICC의 실효성에 대한 국제사회의 실망감 또한 적지 않게 표출되고 있다. 집행 수단이 없는 ICC는 범죄인의 신병 확보와 증거 수집에 있어 범죄인 소속 국가의 인도에 전적으로 의존하는 수밖에 없다. 특히 비당사국이 자국 내 소재하는 범죄 혐의자의 인도를 거부하면 궐석재판을 금지한 ICC규정상 재판 자체가 불가능하다. 따라서 당사국은 물론 비당사국도 범죄인인도에 협력하도록 범죄인의 체포와 인도를 위한 국제 공조체제를 강화할 필요가 있다. 재판절차가 지연되어 장기화(전심 재판과정, 피고인의 장기 구금, 대질 심문, 피해자 참여 등)되고 더불어 과도한 경비(방대한 문서의 통·번역, 다수의 증인 채택, 재판 횟수 등)가 지출되고 있어, 재판이 신속하고 효율적으로 진행되도록 재판절차를 정비해야 한다. 기소 대상 또한 주로 아프리카 지도자(수단 대통령 Al Bashir, 케냐 대통령 Uhuru Kenyatta, 코트디부아르 전 대통령 Laurent Gbagbo 등)로 편향되어 부룬디 등 일부 아프리카 국가가 탈퇴를 선언하는 등 ICC에 대한 아프리카 당사국들의 거부감이 늘고 있다.

한편 우리나라는 2002년 ICC규정을 비준하고, 이를 이행하기 위해 『ICC 관할범죄의 처벌 등에 관한 법률』(2007)을 제정하였다. 법은 ICC 관할범죄를 저지른 내·외국인에 대해 보편적 관할권을 행사하여 처벌하고, ICC규정에 부합하도록 공소시효를 배제하고 있다. 또한 『범죄인인도법』상 규정된 정치범 불인도의 원칙·내국인 불인도 원칙·쌍방 가벌성의 원칙 등의 적용을 배제하며, 로마규정과 상치되면 로마규정이 우선 적용되도록 규정하고 있다. 2018.7. 침략범죄에 관한 개정조항이 발효하였지만, 한국은 아직 비준하지 않았다.

Ⅲ. 국제범죄와 국제테러리즘

1. 의의

국제테러리즘은 테러 조직이 불특정 민간인 또는 공중 시설을 상대로 무력을 사용 또는 위협하여 사회적 공포감을 조성하고 이로써 테러 발생지 국가가 특정한 행위를 하도록 유인하여 정치적·이념적 목적을 달성하려는 국제적 성격의 범죄 행위를 말한다. 「테러자금조달억제협약」(1999)은 테러리즘을 '민간인 또는 무력충돌의 상황에서 적대행위에 적극적으로 가담하지 않은 사람에게 사망이나 중대한 신체적 상해를 주려고 의도한 일체의 행위로서, 그러한 행위의 목적이 그 성격이나 정황상 주민을 겁박하거나, 정부나 국제기구가 어떤 행위를 하거나 단념하도록 하는 경우'로 정의하고 있다.

테러행위는 주로 비국가 행위자인 테러 조직에 의해 독자적으로 수행되지만, 국가 자신이나 국가가 지원하는 테러 조직이 외국인 또는 자국민을 상대로 수행하는 국가 테러리즘(state terrorism) 또는 국가지원 테러리즘(state-sponsored terrorism)도 발생한다. 테러에 대한 국가의 후원은 금지된다. 1970년 UN 총회는 "국가는 타국에서의 테러행위를 조직·선동·지원 또는 참여하지 않아야 하며, 이러한 활동을 수행하기 위해 자국 영토 내의 조직적인 활동을 묵인하지 말아야 한다"고 결의하였다(결의 2625호). 국가 테러리즘의 대표적인 사례로 1983.10. 북한 공작원들에 의한 미얀마 아웅산 폭탄테러사건과 로커비사건(후술)을 들 수 있다.

로마규정 협상 과정에서도 테러리즘을 ICC 관할 대상인 중대한 국제범죄로 포함하자는 주장이 있었으나, 테러에 대한 정의에 합의하지 못하고 테러 관련 개별 조약으로 처벌할 수 있어 관할범죄에 포함되지 못하였다. 그러나 테러행위는 로마규정의 대상 범죄인 인도에 반한 죄 또는 전쟁범죄가 성립되어 처벌될 수 있다.

2. 국제테러리즘 관련 조약

1972년 뮌헨올림픽 당시 팔레스타인 테러단체가 이스라엘 선수단을 살해한 사건을 계기로 테러행위가 국제범죄 행위로서 처벌받아야 한다는 국제적 여론이 형성되었다. 이를 계기로 UN 총회는 '국제테러리즘특별위원회'를 설치하여 '국제테러리즘에 관한 포괄적 협약안'(draft Comprehensive Convention on International Terrorism)을 논의하여 왔으나, 서구제국과 제3세계 국가 간 입장 차이로 국제테러리즘에 대한 국제법상 정의는 아직 합의되지 못하고 있다. 서구제국은 테러행위를 개인 또는 단체가 정치적 목적으로 공포감을 조성하고자 불특정 민간인을 대상으로 취하는 폭력행위로 보지만, 제3세계 국가들은 인민자결을 위해 투쟁하는 개인이나 민족해방운동 단체의 정당성을 옹호하며 이들의 행위를 테러에서 제외하려 하기 때문이다. 또한 선진국들은 포괄적 협약이 여타 테러협약을 보충하길 원하나, 제3세계 국가들은 포괄적 협약이 여타 테러

협약의 모조약으로서 우선 적용되길 원하기 때문이다.

테러리즘의 정의에 대한 근본적인 의견 차이로 테러리즘을 포괄적으로 규제하는 협약을 마련하지 못하고, 테러 성격을 갖는 특정한 범죄행위를 대상별·분야별로 규율하는 다자조약들이 채택되었다. 테러행위는 국내법상 형사범죄로서, 테러범은 발생지국의 국내법에 따라 처벌된다. 이들 조약은 각국이 여러 이유로 테러범을 처벌을 회피하는 것을 방지하기 위해 당사국이 테러행위를 국내법상 중대한 범죄로 기소하여 처벌하거나, 테러범을 정치범으로 인정하지 않고 인도하도록 규정하고 있다.

- 「항공기 내에서 행한 범죄 및 기타 행위에 관한 협약」(1963, '도쿄협약')
- 「항공기 불법납치억제협약」(1970, '헤이그협약')
- 「민간항공의 안전에 대한 불법적 행위의 억제를 위한 협약」(1971, '몬트리올 협약') 및 「국제민간항공에서 사용되는 공항에서의 불법적 폭력행위의 억제를 위한 의정서」(1988, '몬트리올의정서')(이상 ☞ 민간항공 범죄의 규제 p.334)
- 「외교관 등 국제적 보호인물에 대한 범죄의 예방 및 처벌에 관한 협약」(1973)(☞ p.150)
- 「인질억류방지협약」(1979): 인질범은 제3자에 대해 인질 석방을 위한 명시적 또는 묵시적 조건으로 어떠한 작위 또는 부작위를 강요할 목적으로 인질을 억류 또는 감금하여 살해·상해 또는 계속 감금하겠다고 협박하는 자를 말한다. 인질범을 적발한 당사국은 인도 또는 기소할 의무를 갖는다.
- 「테러범의 폭탄테러억제협약」(1997): 공공장소 등에서 폭발성 장치나 그 밖의 치명적인 장치를 불법적이며 고의적으로 폭발한 범죄 혐의자가 소재한 당사국에 대해 인도 또는 기소 의무를 규정하고 있다.
- 「테러자금조달억제협약」(1999): 전통적으로 테러 조직은 테러 지원 국가로부터 재정적 지원을 받아왔으나, 이들 국가의 지원이 차단되면서 테러 자금을 직접 조달하기 위해 마약·무기 거래, 인신매매 등 일반 범

죄 활동에 참여하는 현상이 나타나고 있다. 이를 규제하기 위해 1999년 「테러자금조달억제협약」(International Convention for the Suppression of the Financing of Terrorism)이 채택되었다. 2002년 발효하였으며 당사국은 189개국이다(남북한 가입). 테러 조직의 활동에 필요한 자금 유입과 세탁을 차단하기 위해, 당사국은 테러자금의 제공·모금 행위를 처벌하고 이를 확인하여 몰수하며, 금융기관은 금융 거래 고객의 신원을 확인하고 범죄행위로 의심되는 금융 거래를 보고한다.3 당사국은 범죄자를 기소하거나 인도해야 한다.

• 「핵테러 행위억제협약」(2005): 당사국은 불법적이고 고의적으로 방사성 물질을 소유하거나 장치를 제조 또는 소유하는 행위를 국내법상 형사범죄로 규정하고 처벌한다. 범죄 혐의자가 소재한 당사국은 기소하거나 인도한다.

한국은 이들 조약을 모두 가입하였다. 우리나라의 『공중 등 협박 목적을 위한 자금조달행위의 금지에 관한 법률』(약칭 '테러자금금지법')(2014)과 『국민보호와 공공안전을 위한 테러방지법』(2016)은 테러자금의 모집·운반이나 테러단체 구성에 대한 처벌 등에 있어 보편주의를 적용하고 있다.

3. UN과 국제테러리즘

1994년 UN 총회는 테러리즘의 모든 행위와 방법 및 시도는 범죄이며 정당화되지 않는다고 선언하였다(결의 49/60호).

국제테러리즘은 안보리 차원에서 활발히 논의되고 있다. 안보리는 결의 1373호(2001)에서 국제테러리즘 행위를 국제평화와 안보에 대한 위협으로 규정

----
3 이와 관련 1989년 OECD는 테러 자금 등의 세탁 방지와 불법 자금 감시를 목적으로 자금세탁방지금융대책기구(FATF: Financial Action Task Force on Money Laundering)를 설립하였다. 이는 37개 국가 간 자금세탁 및 테러 자금 차단을 위한 정책 조율 및 이행 상황을 점검하는 협력체이다.

하고, 테러 예방 및 진압을 위한 국제협력을 위해 대테러위원회를 설립하였으며, 각국은 법적으로 가능한 모든 수단과 국제법 및 국내법에 합치되는 방식으로 대테러정책을 수행할 것을 권고하였다. 2005년에는 레바논의 요청에 따라 레바논 전 수상 Rafiq Hariri 일행에 대한 폭탄 테러범 처벌을 위한 레바논특별재판소 설치를 결의하였다(1757호). 안보리 결의 2178(2014)도 모든 형태의 테러리즘은 국제평화와 안전에 대한 가장 심각한 위협의 하나로, 어떠한 형태의 테러리즘도 모두 범죄이며 정당화될 수 없다고 명시하고 있다.

로커비사건(영국 v. 리비아 1992)

1988.12. 영국 스코틀랜드 Lockerbie 상공에서 미국의 Pan Am 항공기가 폭파되어 승객·승무원 및 로커비 주민 총 270명이 사망하자, 미국과 영국은 1991.11. 리비아에 폭파 용의자인 리비아인 2명의 인도를 요구하였다. 리비아는 항공기 테러범의 기소 또는 인도를 규정한 「몬트리올협약」에 따라 자국 내에서 소추를 개시하였다는 이유로 인도를 거부하였다.

1992.1. 안보리가 국제테러리즘의 척결을 위해 혐의자의 인도를 권고하는 결의 731호를 채택하자, 동년 3월 리비아는 미국과 영국이 협상과 중개를 통한 해결을 규정한 「몬트리올협약」(제14조)을 위반하여 범인의 인도를 강요하지 않도록 하는 잠정조치를 신청하며, ICJ에 제소하였다. 그러자 안보리는 리비아가 결의 731호를 이행하지 않는 것은 국제평화와 안전에 대한 위협을 구성하는 것으로 보고, 헌장 제7장에 따른 결의 748호를 다시 채택하여 리비아에 대한 경제제재를 결정하였다. 동년 4월 ICJ는 헌장 제103조에 따라 UN 회원국에 대해서 「UN헌장」상의 의무가 「몬트리올협약」상 의무에 우선한다고 리비아의 잠정조치 신청을 불허하였다. 1993.11. 안보리는 결의 883호로 리비아에 대한 공중 봉쇄를 결정하였다.

1998.2. ICJ는 관할권을 인정하고 본안 심리를 개시하였다. 협상 끝에 1999.4. 리비아가 혐의자들을 UN에 인도하자 리비아에 대한 UN 제재는 해제되고, 2001.1. 피의자 2명은 네덜란드에 설치된 재판소에서 각각 종신형과 무죄를 선고받았다. 2003년 리비아는 미국 및 영국과 배상 지급에 합의하고 ICJ에 제기한 소를 취하하였다.

제17장

국제환경법과 「기후변화에 관한 UN기본협약」·「파리협정」

Ⅰ. 국제환경법

1. 국제환경법의 형성

국제환경법은 건전한 지구 생태계를 유지하는 데 필요한 자연환경을 보호·보존하기 위한 국제규범을 말한다. 1972.6. 스톡홀름에서 개최된 UN 인간환경회의(UN Conference on the Human Environment)는 국제적 차원에서 환경문제를 처음으로 논의하고 **인간환경선언**(Declaration on the Human Environment, '스톡홀름선언')을 채택하였다. 선언에서 제시된 원칙·행동계획·권고를 기초로 이후 관련 국제회의에서 환경 규범에 대한 논의가 본격화되면서 국제환경법이 형성되기 시작되었다.

1972년 UN 총회는 스톡홀름선언을 이행하기 위해 UN 체제 내에서 환경문제를 조정하는 **UN 환경계획**(UNEP: UN Environmental Program)을 설립하였다. UN 환경계획은 총회 보조기관으로 58개국으로 구성되며, 사무국은 케냐의 나이로비에 소재한다. 이후 UNEP은 「멸종위기에 처한 야생동식물 종의 국제거래에 관한 협약」(CITES), 「런던투기방지협약」, 「오존층 보호를 위한 비엔나협약」 및 「몬트리올의정서」, 「유해폐기물의 국가 간 이동 및 처리 통제에 관한 바젤협약」, 「생물다양성협약」 등의 체결을 주관하였으며, UN 환경기금(Environmental Fund)을 운영하고 있다. 2022년 UNEP 총회는 해양을 포함하는 플라스틱 오염을 종식하기 위해 2024년까지 목표로 법적 구속력 있는 국제조약(안)을 마련하기로 결정하였다.

1982년 UN 총회는 자연보전의 원칙과 자연에 영향을 미치는 인간 행위를 규율하는 **세계자연헌장**(World Charter for Nature)을 채택하였다. 1987년 Brundtland 보고서(전 노르웨이 수상)는 환경적으로 건전하고 지속가능한 개발(environmentally sound and sustainable development) 개념을 제시하여 경제개발과 자연환경 보호의 필요성을 결합하고자 하였다. 국제자연보존연맹(IUCN: International Union for the Conservation of Nature)은 자연환경의 보존과 보호를 목적으로 1948년 프랑스 정부의 주도로 설립된 세계 최대의 환경 기구이다. 「습지보호협약」·「생물다양성협약」·「CITES」 등 국제환경법 성립에 기여하였다. 그 밖의 환경운동단체로 Greenpeace International, 세계자연기금(WWF: World Wide Fund for Nature) 등 비정부기구가 있다.

UN 인간환경회의 20주년을 기념하여, 1992.6. 브라질의 Rio de Janeiro에서 UN 환경개발회의(UN Conference on Environment & Development)가 개최되었다. 회의에서는 선진국과 개도국 간의 개발을 둘러싼 갈등을 관리하기 위해 지속가능한 개발·공동의 그러나 차등화된 책임 등의 원칙을 선언한 **리우환경개발선언**('리우선언')이 채택되고, 지구환경 보호를 위한 구체적 실천계획인 의제 21(Agenda 21)을 마련하였다. 의제 21은 대기 보호, 산림 벌채 방지, 토양 유실 및 사막화 방지, 수질 오염 방지, 어류 고갈 방지, 독성 폐기물의 안전관리 등을 포함한다. 1992.12. UN 총회는 개도국들의 요구에 따라 의제 21의 이행을 지원·감독하고 향후 과제를 논의하기 위해 경사리 산하에 53개국으로 구성된 지속가능개발위원회(CSD: Commission on Sustainable Development)를 설치하였다. 회의에서는 「기후변화에 관한 UN 기본협약」·「생물다양성협약」도 채택하였다.

2002년 요하네스버그에서 지속가능개발정상회의(World Summit for Sustainable Development)가 개최되었다. 구속력 있는 문서에는 합의하지 못하였지만, 환경 보호 정책의 장애 요소인 빈곤 퇴치 등을 위한 이행계획을 마련하였다.

2012.6. Rio de Janeiro에서 UN 지속가능개발회의(Rio+20 회의)가 개최되어, 지속가능한 개발과 빈곤 퇴치를 이행하는 방안으로서 녹색경제 수용, UNEP

강화, 지속가능한 개발목표 수립 등을 공약하였으나, 선·후진국 간 재원 조달 문제에 합의하지는 못하였다. 2013년 지속가능한 개발을 강화하기 위한 자문기 구로 총회와 경사리 산하에 고위급 정치포럼(HLPF: High-Level Political Forum on Sustainable Development)이 설치되었다. 2015년 총회는 2016~2030년 선진국과 개도국이 함께 이행해야 할 지속가능한 개발목표(SDGs: Sustainable Development Goals)로서 빈곤·질병 퇴치와 지구 환경문제(기후변화·환경·물·생물다양성 등) 17개 목표를 채택하였다.

2. 국제환경법의 특성

가. 연성법적 성격

인간환경선언이나 리우환경개발선언 등 UN 총회결의에 의한 선언은 환경 보호를 위한 목표나 원칙을 제시하고 있다. 「기후변화에 관한 UN기본협약」· 「생물다양성협약」 등 환경조약도 구체적 의무를 부과하지 않고 기본원칙·행동 계획·권고·기준·지침(guideline) 등을 제시하는 프로그램적 성격을 가진다.

이렇듯 국제환경 규범은 법이지만 법적 구속력이 약한 연성법의 성격이 강하다. 연성법은 장래에 있어야 할 법 내지 형성되어 가는 법(*lex farenda*)으 로, 각국의 환경 법규범 제정과 이행을 선도하여 궁극적으로 경성법으로 진화 하게 한다. 현재 있는 법(*lex lata*)으로서 법적 구속력을 갖는 경성법은 채택이 어려울 뿐만 아니라 위반 시 제재나 국가책임을 추궁받게 되므로 국가들이 참 여를 주저하나, 연성법은 각국이 유연성을 가지고 자발적으로 참여하도록 유도 하는 장점이 있다. 전 지구적 이슈인 환경보호 문제는 가능한 많은 국가가 참 여하여 보편성을 확보하고 국제공동체의 총의를 기반으로 국제협력을 추진하 는 것이 긴요하기 때문이다.

연성법 성격의 환경조약은 통상적으로 목적과 기본원칙 등 일반적·추상 적인 내용을 담은 골격협정(framework convention)을 먼저 채택한 후, 추후 의 정서나 부속서를 별도로 채택하여 세부적·기술적인 이행 사항을 규정하는 구조를 취하고 있다. 골격협정과 의정서 구조는 국제적인 환경 규제에 소극적인 국가와 기업이 국제환경법을 각자 실정에 맞춰 유연하게 수용할 수 있는 효과를 가진다.

나. 이행 방식상 특성

중앙권력의 규제와 처벌을 통해 이루어지는 국내법상 환경오염과 달리, 국제사회에서 환경오염의 규제와 처벌은 쉽지 않다. 장기간에 걸쳐 복합적인 원인이 누적되어 나타나는 환경문제는 과학적인 인과관계를 증명하기 어렵고 경제적 피해도 산정하기가 어렵다. 상호주의를 적용하기도 어렵다. 다른 당사국이 협약상 환경보호 의무를 이행하지 않는다고 해서 자국도 이를 위반할 수는 없기 때문이다. 사인에 의한 환경피해 발생에 대해 국가의 상당한 주의 의무 위반을 확인하여 국가책임을 묻는 것도 쉽지 않다.

이에 따라 국제환경법은 개별 국가의 협약 불이행에 따른 환경오염에 대해 전통적인 방식의 제재나 국가책임을 추궁하기보다는 환경 위험과 피해를 사전 예방하는 데 중점을 둔다. 환경 규범은 위반국이 제출한 국가보고서 등을 심사하여 위반 상태를 예방·제거하고 개별 국가의 환경보호 역량을 배양하거나 환경 기술이전 등 기술·재정지원을 통해 자발적으로 협정을 이행하도록 장려한다(☞ 비준수 대응절차 p.524).

3. 국제환경법의 일반원칙

가. 초국경 환경피해 방지

전통적으로 국가는 자국의 영토를 제한 없이 자유롭게 사용할 수 있다는 **절대적 영토주권설**이 지배하였다. 환경문제도 국가의 주권적 재량사항으로 인식되었으며, 국가는 자국 영토 안에서 자원을 사용하면서 야기된 환경문제에 대해 어떠한 책임이나 의무도 부담하지 않는다는 입장이었다.

1962년 UN 총회가 채택한 천연의 부와 자원에 대한 영구주권선언(permanent sovereignty over natural wealth and resources)에도 각국은 자신을 위해 천연자원을 자유롭게 처분할 권리를 보유한다고 규정하였다. 그러나 영토와 천연의 부와 자원을 자유롭게 사용하는 국가 주권은 절대적·무제한적인 것이 아니며, 선린 우호의 원칙(principle of good neighborliness)에 따라 타국의 영토·인체·재산·환경 등에 피해를 줘서는 안 된다는 **제한적 영토주권설**이 대두하기 시작하였다. 미국 v. 캐나다 트레일제련소중재사건(1941)은 초국경 환경피해(transboundary environmental damage)에 관한 사인 간의 분쟁이 국가책임 문제로 비화한 최초의 사건으로, 중재재판소는 모든 국가는 자국 관할권 내에서의 활동이 국경을 넘어 타국의 환경에 피해를 일으키지 않을 책임과 이를 위해 영역사용을 관리할 책임이 있다고 판단하였다('무해원칙': no harm principle). 이후 각국은 인접국에 환경피해를 주지 않는 범위에서 주권을 행사해야 한다는 제한적 영토주권설이 새롭게 자리 잡게 되었다.

트레일제련소중재사건(미국 v. 캐나다 1941)

1925년 미국과 접경한 캐나다 British Columbia주에 소재한 민간 제련소에서 납과 아연을 정련하면서 유독 아황산가스를 다량 배출하자, 미국은 인근 워싱턴주의 농작물이 피해를 입고 산림이 황폐해졌다고 캐나다에 배상을 요구하였다. 양국은 협상 끝에 1935년 이를 중재재판에 회부하기로 합의하였다.

중재재판부는, 어떠한 국가도 자국에서 발생한 환경오염으로 타국 영역이나 인체·재산이 심각한 피해를 입는 방법으로 자국 영토를 사용하거나 사용하도록 허가하는 권리를 갖지 않으며, 피해를 주지 않도록 상당한 주의를 기울여 관리하고 이를 위해 가용한 모든 수단을 사용해야 하는 바(☞ p.626), 캐나다 정부는 사인의 행위에 대해 관리 의무를 다하지 않은 부작위로 인해 발생한 초국경 환경피해에 대해 미국에 배상하고, 나아가 미래에도 피해가 발생하지 않도록 감독하는 것이 국제법상 의무라고 판결하였다. 다만 재판소는 손해배상을 위해서는 환경오염이 심각한 피해(serious harm)를 초래하고, 명백하고 확실한 증거에 의해 입증되어야 한다고 하였다.

한편 코스타리카와 니카라과 간 국경지역에서의 니카라과의 일정 활동사건(2018)에서 ICJ는, 니카라과의 운하 건설 및 준설이 코스타리카의 영토주권 침해임을 인정하고 이로 인한 중대한 환경피해(significant trans-boundary harm)에 대해 니카라과가 배상금(약 38만 미불)을 지급할 것을 명령하였다.

국가는 타국은 물론 국가관할권 이원의 국제공역(공해, 심해저, 남극, 우주 등)에서도 환경피해가 발생하지 않도록 해야 할 책임이 있다. 1972년 스톡홀름 선언(원칙 21) 및 1992년 리우선언(원칙 2)은 '국가는 「UN헌장」과 국제법 원칙에 따라 자국의 환경정책에 맞추어 자신의 천연자원을 개발할 주권적 권리를 가지나, 자국의 관할이나 통제 아래 있는 행동이 타국의 환경이나 국가관할권 이원의 영역에 손상을 초래하지 않도록 보장할 책임이 있다'라고 규정하고 있다. 「UN해양법협약」은 자국의 주권적 권리를 행사하는 지역 밖으로 확산되지 않도록 환경오염을 방지·감소·통제할 *의무*를 구체화하였다(제194조2항). ICJ는 핵무기의 위협 또는 사용의 합법성에 관한 권고적 의견(1996), 가브치코보-나기마로스사업사건(1997)과 우루과이강 펄프공장사건(2010) 등 판결에서 타국이나 국가관할권 밖의 환경에 대한 존중 또는 피해에 대한 책임은 국제환경법의 근본적인 원칙으로서 관습국제법이라고 확인하였다. 환경보호 책임은 이제 개별 국가 차원이 아니라 국제공동체의 일원으로서 개별 국가들이 함께 보전·보호해야 하는 대세적 의무로 인식되어 가고 있다.

나. 방지원칙과 사전주의원칙

초국경 환경피해 방지원칙에 따라 환경보존 조치를 취하기 위해서는 과학적 확실성에 기초해야 한다는 방지원칙(principle of prevention: '사전 예방원칙')이 관습국제법상 원칙이다. 우루과이강 펄프공장사건(2010)과 코스타리카 산후안강 연안 도로건설사건(니카라과 v. 코스타리카 2015)에서 ICJ는, 방지원칙을 환경 관련 국제법 체계의 일부로서 관습국제법으로 인정하고 있다. 환경 훼손과 관련하여 사후적으로 국가책임을 추궁받는 가해국은 과학적 확실성에 따라 피해를 예방하거나 발생한 피해를 최소화하기 위해 사전적으로 상당한 주의 의무를 다하였다는 것을 입증해야 한다. 예방 조치는 환경 기준설정 및 허가 절차, 환경영향평가, 통고, 협의 등을 포함한다.

그러나 미래에 발생할 잠재적 환경피해가 극심하거나 회복할 수 없을 것으로 예상되는 경우, 사후 환경 복원에 엄청난 비용과 시간이 소요될 수 있다. 이에 따라 비록 과학적 확실성이 충분치 않거나 인과관계가 불명확하더라도 그러한 개연성에 대비하여 사전에 구체적 조치를 취해 환경 훼손을 방지하려는 새로운 원칙이 사전주의원칙(precautionary principle, '사전 배려원칙')이다.[1] 사전주의원칙은 아직은 연성법적인 접근방식(approach)이지만 관습국제법화하는 과정에 있다고 볼 수 있다. 개인과 실체의 심해저 활동을 후원하는 국가의 책임과 의무에 관한 권고적 의견(2011)에서 ITLOS 해저분쟁재판부는, 사전주의 접근방식이 관습국제법의 일부가 되어가는 추세라고 보았다.

다. 지속가능한 개발

환경문제와 관련, 선진국과 개도국은 상이한 태도를 보여 왔다. 환경보호를 우선하는 선진국은 환경 규제의 필요성과 대응의 시급성을 강조하지만, 개도국은 환경이 악화한 역사적 책임이 선진국에 있으며 환경에 대한 규제는 선진국과 개도국 간의 빈부 격차를 심화시킨다고 반발했다. 환경에 대한 새로운 규제가 개도국의 개발에 장애가 될 것으로 우려하였기 때문이다. 선진국과 개도국 간의 이러한 시각차를 극복하고, 경제개발의 기획과 이행 단계에서부터 환경보호에 필요한 조치를 취해 환경과 개발을 통합·조화하려는 지속가능한 개발(sustainable development) 개념이 출현하였다.

1992년 리우환경개발선언에서 채택된 지속가능한 개발은 무분별한 경제성장 개발의 대안으로서 미래 세대의 욕구를 충족시키는 능력을 손상하지 않고 현세대의 욕구를 만족시킬 수 있는 개발을 말한다.[2] 구체적으로, ① 천연자원

----

1 스톡홀름선언(원칙 2), 리우선언(원칙 15), 「기후변화에 관한 UN기본협약」, 「오존층 파괴물질에 관한 몬트리올의정서」, 「런던투기방지협약」, 「바이오 안전성에 관한 카타르헤나의정서」, 「공해어업협정」, 「초국가 차원에서의 환경영향평가협약」(1991) 등에 명시되어 있다.

2 스톡홀름선언, 리우선언(원칙 3 및 4), 「국제포경규제협약」, 「기후변화에 관한 UN기본협약」

과 환경의 재생능력을 고려하여 지속가능하게 이용하고(sustainable use), ② 각
국의 경제적 사정이나 상이한 개발 필요성을 고려하여 선진국이든 개도국이든
천연자원을 형평하게 이용하며(equitable use of natural resources), ③ 환경은 인
류 모두의 자산이므로 환경을 보호하고 개선함으로써 현세대뿐만 아니라 미래
세대의 환경권을 훼손하지 않도록 세대 간 형평(inter-generational equity)을 도
모하고, ④ 환경을 개발에 통합(integration of environment and development)하여
조화를 이루는 것을 포함한다.

　　지속가능한 개발원칙은 국제환경법이 지향하는 목표를 제시하는 일반원칙
이지만, 그 내용은 법적 구속력을 갖는 데 필요한 구체성을 결여하고 있다.

라. 공동의 그러나 차등화된 책임

　　인류가 공유하는 지구환경의 보호는 선진국과 개도국 모두의 공동 책임이
다. 선진국은 과거 산업화 발전 과정을 거치며 대기오염이나 산림 벌목 등 지구
환경을 훼손시킨 역사적 책임이 있고, 아직 발전 단계에 이르지 못한 개도국들
이 환경문제를 다루는 데 있어 재정적·기술적 능력이 부족하므로 기후변화 대
응에 있어 선진국과 개도국이 공동으로 그러나 개별 국가의 능력(RC: respective
capabilities)에 따라 차등화된 책임(CBDR: common but differentiated responsibilities)
을 진다는 원칙이다. 환경오염의 피해를 더 크게 입고 있는 개도국들이 지속가
능한 개발에 필요한 능력을 갖추도록 선진국들이 환경 관련 기술적·재정적 지
원에 있어 더 큰 부담을 져야 한다는 논거이다.[3]

　　공동의 그러나 차등화된 책임이 일반원칙이지만, 이에 대한 선·후진국 간

(제3조4항), 「UN해양법협약」, 「공해어업협약」, 「생물다양성협약」 등에 규정되어 있다. 핵무기
사용의 합법성에 관한 권고적 의견, 우루과이강 펄프공장사건 등에서 원용되었다. 가브치코
보-나기마로스사업사건(1997)에서 ICJ는, 사전주의 접근방식을 지속가능한 개발원칙의 한 구
성요소로 간주하였다.

3　스톡홀름선언 및 리우선언에 명시되어 있고, 「오존층 파괴물질에 관한 몬트리올의정서」, 「기
후변화에 관한 UN기본협약」, 「기후변화에 관한 교토의정서」, 「런던투기방지협약」 등에 규정
되어 있다.

법적 확신이 아직은 불분명하므로 관습국제법화되었다고 하기는 시기상조라 하겠다.

마. 국제협력의 원칙

환경문제는 국경을 초월하는 전 지구적 문제로서, 개별 국가의 노력만으로 해결될 수 없다. 환경보존과 보호를 위해서는 전 지구적 차원에서 긴밀하게 국제협력이 이루어져야만 한다. 국제환경법은 환경피해에 대한 책임 추궁이나 구제를 넘어 국제적 차원에서 적극적인 환경보호와 보전을 규율하고 있다. 스톡홀름선언은 환경의 보호와 증진에 관한 국제문제는 대·소국을 막론하고 동등하게 모든 국가가 협력의 정신으로 다룰 것을 규정하고 있으며(원칙 24), 리우선언도 지구 생태계 보호를 위해 범세계적 동반자의 정신으로 협력할 것을 명시하고 있다(원칙 7). 국제협력은 또한 지역적 차원에서도 이루어져야 한다. 지역적 차원의 환경협력기구로 동북아에서의 포괄적 환경 협력을 위한 동북아 환경협력계획(NEASPEC)이 있다. 계획은 자연보전, 초국경 대기오염, 사막화와 토지 황폐화, 해양환경보호 등과 관련한 공동 연구 및 정책 공유를 통한 협력을 추진하고 있다.

각국은 특히 긴급 상황에서 회복할 수 없는 환경오염 피해를 최소화하기 위해 협력해야 한다. 각국은 환경에 영향을 주는 활동이나 사업을 계획하는 경우, 통보 및 정보 제공, 사전 협의 등 타국과 신의성실하게 협력해야 할 절차적 의무가 있다. 특히 환경에 급격한 위해를 초래할 수 있는 돌발적인 재해나 긴급사태를 즉시 통보하고 지원해야 한다. 환경에 심각한 악영향을 초래할 수 있는 활동에 대해 피해가 예상되는 국가에 사전에 시의적절하게 통보하고, 정보를 제공하며 초기 단계에서부터 성실하게 사전 협의해야 한다(리우선언 원칙 18, 19).[4] 긴급사태 시 통보 의무는 관습국제법화하였다는 주장이 있다.

----

4 1986.4. 우크라이나 Chernobyl 원전 사고가 발생하여 엄청난 양의 방사능이 유출되자, IAEA 는 핵사고 시 국제협력을 강화하기 위하여 「핵사고 또는 핵물질로 인한 비상시 조기 통보에 관한 협약」(1986) 및 「핵사고 또는 방사능 위기시 조력에 관한 협약」(1986)을 채택하였다.

바. 환경영향평가 실시

환경영향평가(EIA: Environmental Impact Assessment)는 사업 시행으로 인해 환경에 미칠 영향을 미리 분석하여 사업 계획 수립에 반영하는 것으로, 잠재적 환경피해를 사전에 평가하고, 영향을 받을 국가에 대해 이를 통보하고 사전에 협의해야 하는 의무이다. 리우선언 원칙 17은 환경에 중대한 악영향을 끼칠 가능성이 있는 사업 계획에 대해 각국이 환경영향평가를 실시하도록 규정하고 있으며, 이후 여러 조약 및 국제재판에서도 이를 확인하고 있다.[5] 우루과이강 펄프공장사건(2010)에서 ICJ는, 타국에 중대한 환경피해(significant trans-boundary harm)를 유발할 위험이 있는 산업 활동에 대한 환경영향평가는 일반국제법상의 요건으로 간주하였다. 코스타리카와 니카라과 간 국경지역에서 니카라과의 일정 활동사건(2018)과 코스타리카 산후안강 연안 도로건설사건(2015)에서도 ICJ는, 각국은 타국에 중대한 환경피해가 발생하지 않도록 상당한 주의를 다해야 할 의무가 있으므로, 개발 사업을 시작하기 전에 그러한 위험이 있는지 확인해야 하며, 확인 결과 위험이 있다면 환경영향평가를 실시해야 하고, 환경영향평가를 실시하여 중대한 환경피해가 확인되면 영향을 받을 국가에 성실하게 통보하고 협의해야 하나, 중대한 환경피해 위험이 없다면 환경영향평가를 실시할 의무가 없다고 판시하였다.

우루과이강 펄프공장사건(아르헨티나 v. 우루과이 2010)

우루과이강은 우루과이와 아르헨티나의 국경하천으로, 양국은 1975.2. 우루과이강의 최적 및 합리적 이용을 위한 협력 기구로서 관리위원회를 설립·운영하는 「우루과이강 규정」(이하 '규정')을 체결하였다. 2003년 및 2005년 우루과이 정부는 강 인근

---

5 「UN해양법협약」(제205조 및 제206조), 「기후변화에 관한 UN기본협약」, 「생물다양성협약」, 「유해폐기물의 국가 간 이동 및 처리 통제에 관한 바젤협약」, 「환경보호에 관한 남극조약의 정서」, 「초국경적 환경영향평가에 관한 협약」(1991, 'Espoo협정'), 「사용 후 핵연료 및 방사성 폐기물 관리의 안전에 관한 협약」(1997) 등에서 의무화하고 있다. 또한 가브치코보-나기마로스사업사건(1997), Mox 재처리시설 중재사건(2001) 등에서도 확인되었다.

에 2개의 펄프공장 건설을 승인하였으며, 이들 공장은 2007.11. 가동되었다. 우루과이의 펄프공장 건설로 강 환경이 파괴된다고 반대하던 아르헨티나는 2006.5. 우루과이가 사전 통보나 협의 없이 일방적으로 공장 건설을 승인한 것은 강 개발 시 관리위원회에 통보하도록 한 규정상 의무를 위반한 것으로, 특히 환경영향평가를 통보하지 않았음을 이유로 ICJ에 제소하였다.

ICJ는 아래와 같이 판결하였다.

- 초국경적인 중대한 오염 위험이 있는 개발사업의 경우, 당사국은 규정에 따라 해양환경보호와 오염방지를 위해 개별적인 조치를 취할 의무가 있다.
- 산업 활동이 타국에 중대한 환경피해를 유발할 위험이 있는 경우, 환경영향평가를 실시하는 것은 일반국제법상의 요건으로 간주된다. 환경영향평가에 포함될 구체 내용은 영향평가를 하는 국가가 관련 국제기준을 참고하여 국내법으로 규정하거나 개별 사업의 승인 과정에서 결정한다. 환경영향평가는 사업 이행 전 또는 필요하다면 사업이 시행되는 전 과정에 걸쳐 계속 이루어져야 한다.
- 규정은 목적 달성을 위한 양국 간 협력 메커니즘을 명시하고 있는바, 우루과이가 관리위원회를 통해 아르헨티나에 환경영향평가를 사업 승인 전에 통보하지 않은 것과 이에 따른 양국 간 협상 기간이 종료하기 전에 공사를 승인한 것은 규정상 절차적 의무를 위반한 것이다. 그러나 우루과이가 규정상 절차적 의무를 위반하였다고 해서 규정의 목적인 우루과이강의 최적 및 합리적 이용이라는 실체적 의무 위반이라는 결과를 초래할 정도로 양자가 불가분한 관계는 아니다. 즉 우루과이의 펄프공장 건설이 규정상 실체적 의무를 위반한 것은 아니다.
- 우루과이의 절차적 의무 위반에 대해 펄프공장을 해체하여 원상회복하는 것은 적절한 구제수단은 아니며, 우루과이의 절차적 의무 위반을 확인하는 재판소의 판결은 아르헨티나에 대한 만족을 구성한다.

개인과 실체의 심해저 활동을 후원하는 국가의 책임과 의무에 관한 권고적 의견(2011)에서 ITLOS 해저분쟁재판부는, 환경영향평가는 「UN해양법협약」상 직접적 의무이며 관습국제법상 일반적 의무라고 보았다. 남중국해중재사건(2016)에서도 재판부는 환경영향평가의 통보 의무는 절대적이라고 평가하였다.

사. 오염자 부담 원칙

오염자 부담 원칙(PPP: Polluter-Pays Principle)은 상품이나 용역을 생산하면서 환경오염을 일으키는 경우, 그 생산자가 환경보호 비용을 상품이나 용역의 가격에 포함하여 부담해야 한다는 원칙이다. 리우선언은 "국가는 오염자가 오염 비용을 부담한다는 접근방식을 고려하여, 환경 비용의 내부화와 경제적 수단의 이용을 증진하도록 노력해야 한다"(원칙16)고 명시하고 있다. 하지만 이 원칙은 생산과정에 참여한 오염자의 범위 및 오염자 간 부담 비율을 확정하기가 쉽지 않다는 문제가 있다. 선진국보다 환경오염 규제가 적은 개도국들은 상품 제조비용이 증가할 수밖에 없어 이 원칙 적용에 소극적이다.

원자력 손해배상이나 선박에 의한 유류오염 손해와 관련한 조약에서 일부 적용되고 있으나, 관습국제법에 이르지 못하였다는 것이 통설이다.

4. 분야별 환경조약[6]

가. 오존층 보호와 지구 기후변화 대응: 후술

나. 해양환경의 보호·보전(☞ p.307)

다. 자연 보호

- 「물새 서식처로서 국제적으로 중요한 습지에 관한 협약」(1971)(습지보호협약 또는 'Ramsar협약'): 물새를 비롯한 동식물의 주 서식지인 습지를 지정하여 보호한다.[7]
- 「멸종위기에 처한 야생 동식물종의 국제거래에 관한 협약」(CITES 1973): 멸종위기에 처한 야생 동식물종을 분류하고, 수출 허가 또는 증명서 발

----
6 한국은 분야별 환경조약을 모두 비준하였다.
7 한국은 『습지보전법』을 제정하였다.

급을 통해 국제거래를 금지 또는 규제함으로써 이들을 보호한다.8 I은 멸종위기에 처한 종(I), II는 멸종위기에 처하지는 않았지만 국제거래를 엄격하게 규제하지 않으면 멸종위기에 처할 수 있는 종, III은 당사국이 관할권 안에서의 과도한 이용을 방지하기 위한 목적으로 국제거래를 규제하기 위해 타 당사국과의 협력이 필요한 종으로 구분하고 있다.

- 「UN사막화방지협약」(UNCCD 1994): 심각한 사막화의 영향을 받는 개도 국(주로 아프리카)의 사막화 대응 능력을 높이기 위해 체결되었다. 사막화는 토양이 건조하고 영양분을 잃는 사막으로 변하는 현상으로, 강수량 부족이나 지하수 고갈과 같은 자연적 요인이나, 벌목·개간·목축 등 인위적인 활동에 따른 토양의 염류화 현상을 말한다.

그 밖에 「야생철새보호협약」(CSM 1979), 「국제열대목재조약」(1994) 등이 있다.

라. 생물다양성

- 「생물다양성협약」(Convention on Biological Diversity 1992): 유전자·종·생태계에 있어 환경 파괴로 인한 생물다양성의 보존, 유전자원의 지속 가능한 이용과 이에 따른 이익의 형평한 공유 등 생명공학 기술의 사용 원칙을 규정한 골격 협정이다.9 협약의 「바이오 안전성(bio-safety)에 관한 카타르헤나의정서」(2000)는 인위적으로 유전자를 재조합하여 살아있는 유전자변형생물체(LMOs: Living Modified Organs)를 규제한다. 수입국은 유전자변형생물체의 잠재적인 부정적 영향에 대해 과학적 지식이 충분하지 않아도 사전주의원칙을 적용하여 규제할 수 있다.10 또한 「나고야의정서」(2010)는 유전자원의 접근 및 이익 공유(ABS: Access to genetic resources and Benefit Sharing)를 규정하였다. 유전자원에 대한 접근은 제

----

8 한국은 『야생생물 보호 및 관리에 관한 법률』을 제정하였다.
9 한국은 『생물다양성 보존 및 이용에 관한 법률』을 제정하였다.
10 한국은 『유전자변형생물체의 국가 간 이동 등에 관한 법률』을 제정하였다.

공국에 사전 통보 및 승인을 받아야 하며, 유전자원으로부터 발생하는 이익은 제공국과 합의하여 공정하게 공유해야 한다.[11]

마. 유해폐기물 이동

• 「유해폐기물의 국가 간 이동 및 처리 통제에 관한 바젤협약」(1989): 유해폐기물은 최대한 국내시설에서 처리해야 한다. 국가 간 이동은 수출국이 유해폐기물을 환경적으로 건전하고 효율적으로 처리할 능력이 없고, 수입국이 문제의 유해폐기물을 재활용 또는 회수 산업의 원료로 필요로 하는 경우에만 허용하고, 이동 시 발생한 사고에 대해 책임 및 보상해야 한다.[12] 유해폐기물이 환경적으로 건전한 방식으로 관리되지 못하리라고 믿을 만한 이유가 있으면 당사국은 수출입을 하지 말아야 한다. 당사국은 비당사국에 대한 폐기물의 수출입을 허가하지 않아야 한다. 당사국은 유해폐기물 또는 그 밖의 폐기물의 불법거래를 범죄로 간주한다.

II. 오존층 보호와 지구 기후변화 대응

1. 오존층 보호

가. 「오존층 보호를 위한 비엔나협약」

오존층은 상공 20~30km 대기권에 분포하며, 태양으로부터 방출되는 자외선을 흡수하여 지표면에 도달하지 못하게 차단한다. 그러나 지상에서 배출된 오존층 파괴물질인 프레온(염화불화탄소: CFCs)과 할론(Halon)은 상공에서 화학

---

11 한국은 『유전자원 접근 및 이익 공유에 관한 법률』을 제정하였다.
12 한국은 『폐기물의 국가 간 이동 및 그 처리에 관한 법률』을 제정하였다.

반응을 일으켜 오존층을 파괴한다. 오존층이 파괴되면 해양 생태계와 기후변화를 일으키며, 인간이 자외선에 직접 노출되어 피부암이나 백내장을 유발하게 된다. 80년대 중반 남극 성층권에서 오존층이 파괴되어 구멍(ozone hole)이 관측되면서 프레온 가스를 규제해야 한다는 국제적 논의가 촉발되었으며, 1985년 UNEP의 주도로 오존층 보존을 위한 일반원칙을 규정한 골격 협정인 「오존층 보호를 위한 비엔나협약」(Vienna Convention for the Protection of the Ozone Layer)이 채택되었다.13

나. 「오존층 파괴물질에 관한 몬트리올의정서」

협약에 따라 구체적이고 실질적인 규제를 위해 1987.9. 「오존층 파괴물질에 관한 몬트리올의정서」(Montreal Protocol on Substances that Deplete the Ozone Layer)가 채택되었다.

의정서는 사전주의원칙에 기초하고 있다. 오존층 파괴 물질의 생산 및 소비를 1989년부터 1986년 수준으로 동결하고, 2010년까지 완전히 폐기한다. 당사국과 비당사국 간, 규제물질·규제물질을 포함한 제품·규제물질을 사용한 제품의 교역을 단계적으로 금지하고, 의무 이행이 어려운 개도국에 대해서는 예외를 인정하고 기술이전을 실시한다. 각국이 제출한 국가별 정기 보고서를 평가하고 의무 비준수 문제가 제기된 국가는 스스로 또는 다른 당사국의 통보에 의해 이행위원회에 출석하여 입장을 소명할 수 있으며, 당사국회의에서 이행위원회의 보고를 검토하여 구속력 있는 제재 또는 지원을 결정함으로써 협약 이행을 확보하는 '**비준수 대응절차**'(non-compliance procedure)를 도입하였다. 또한 오존층 파괴물질의 대체 물질 개발, 당사국의 국내 생산 금지 시한 설정, 비당사국에 대한 수출입 금지, 개도국에 대한 기술이전 및 재정지원 등의 유인책을 제공함으로써 의정서는 성공적으로 이행되었다.

----

13 한국은 『오존층 보호를 위한 특정물질의 제조·규제 등에 관한 법률』을 제정하였다.

2. 지구 기후변화 대응

가. 「기후변화에 관한 UN기본협약」

(i) 지구 기후변화와 국제적 대응

석유·석탄 등 화석연료를 주로 사용하는 인간 활동은 이산화탄소·메탄·아산화질소 등 온실가스를 배출한다. 이산화탄소(CO_2)는 석유·석탄 등 화석연료의 연소나 산림 벌채, 메탄(CH_4)은 농업·축산 폐기물의 매립이나 처리, 아산화질소(N_2O)는 주로 비료 사용으로 발생한다. 특히 아마존, 인도네시아, 콩고 등 열대 우림 지역이 대규모로 벌목된 후 가축을 사육하거나 팜유를 생산함에 따라 엄청난 양의 메탄이 방출된다. 이들 온실가스의 대기 중 농도가 높아져 열이 우주로 방출되는 것을 막아 대기 온도가 상승하는 것을 **온실효과**(greenhouse effect)라 한다. 온실효과는 지구 온난화(global warming) 및 기상 이변을 일으키며 지구 기후변화(global climate change)를 초래한다.

지구 온난화로 남극·북극·그린란드·고산지대 등의 빙하가 녹으면 해수면 상승, 해수 온도의 상승으로 인한 해류 변화와 해양 산성화, 초대형 태풍·폭염·가뭄·홍수 등 기상 이변과 이로 인한 곡물 수확 감소, 사막화 등이 발생하여 다양한 생물 종의 멸종을 초래한다. 기후변화는 인간의 생존 기반인 생태계를 파괴함으로써, 인간의 안전과 건강한 삶을 위협한다. 전 세계인구의 30%만이 화석연료를 이용한 에너지와 열을 사용하는 혜택을 받고 있지만, 화석연료 사용으로 인한 기후변화는 사회 기반 시설이 구축된 선진국보다는 개도국에 더 큰 피해를 주며 세계 각지에서 환경 난민이 양산되고 있다.

지구 온도는 12,000년 동안 1°C 범위에서 변화되었으나, 18세기 중반 이후 산업화와 개발이 이루어지는 동안 지구 온도가 1.1°C 급속히 상승하였으며 이런 추세라면 기후변화를 제어할 수 없는 분기점(tipping point)을 넘어서게 될 것으로 우려되고 있다. 80년대 중반 UNEP, 세계기상기구(WMO), 국제과학연합위원회(ICSU: International Council for Science) 등이 온실효과로 인한 지구 기후변화에 대응하여 화석연료 사용을 감축하는 국제협약 마련을 촉구하였다.

1988.12. UN 총회는 기후변화의 과학적 분석을 위해 기후변화에 관한 정부 간 협의회(IPCC: Inter-Governmental Panel on Climate Change) 창설을 결의하였다. IPCC는 WMO와 UNEP이 공동으로 설립한 정부 간 기구로 제네바에 소재하며, 약 3,000여 명의 과학자가 참여하여 지구 온난화의 원인·영향·대응 전략을 분석한 보고서를 5년마다 작성한다. 2007년 고어 미 부통령과 함께 노벨 평화상을 수상하였다.

1990년 UN 총회는 기후변화협약에 관한 정부 간 교섭 위원회(INC: Intergovernmental Negotiating Committee)를 설치하여 협상을 개시하였으며, 협상에는 국가는 물론, NGO와 다국적기업 등 다양한 이해관계자들이 참가하였다. 1992.6. 리우데자네이루에서 개최된 UN 환경개발회의에서 「기후변화에 관한 UN기본협약」(UNFCCC: UN Framework Convention on Climate Change, 이하 '기본협약')이 채택되어 1994.3.21. 발효하였다(남북한 포함 197개국과 EU 가입). 그 밖의 대기환경과 관련한 조약으로, UN 유럽경제위원회(UNECE)가 유럽의 산성비 문제 해결을 위해 채택한 「장거리 월경대기오염에 관한 협약」(1979), 「미국·캐나다 대기 질에 관한 협정」(1991), ASEAN의 「월경 연무오염(haze pollution)에 관한 협정」(2002) 등이 있다.

한편 UN 총회는 2023.3. 결의(77/276)를 채택하여, 기후 체계 및 환경보호를 위한 국가의 국제법상 의무와 의무 위반으로 야기된 중대한 위해에 대한 법적 결과에 대해 ICJ에 권고적 의견을 요청하였다.

(ⅱ) 기본협약의 주요 내용

협약은 대기 중 온실가스 농도의 안정화를 목표로, 공동의 그러나 차등화된 책임 원칙, 사전주의 접근방식, 지속가능한 개발의 원칙을 명시하고 있다. 협약은 또한 기후변화에 대응하는 각국의 조치가 국제무역에 있어 자의적이거나 정당화될 수 없는 차별 수단이나 위장된 제한 수단(무역 장벽)으로 사용되어서는 안 된다고 국제무역 왜곡 금지를 규정하고 있다(이상 제3조). 「멸종위기에 처한 야생동·식물종의 국제 거래에 관한 협약」, 「오존층 파괴물질에 관한 몬트리올의정서」, 「유해폐기물의 국가 간 이동 및 처리 통제에 관한 바젤협약」,

「바이오 안전성에 관한 카타르헤나의정서」 등 환경조약은 당사국 간 또는 당사국과 비당사국 간의 무역을 직접 규제하고 있다. 이에 따라 무역을 규제하는 환경조약과 무역자유화를 추구하는 「WTO 설립협정」의 적용과 해석을 조화시켜야 하는 문제가 있다.

기본협약은 기후 체계가 위험한 인위적 교란을 받지 않는 수준으로 대기 중의 온실가스 농도를 안정시키고(제2조), 기후변화의 원인 및 부정적 효과를 완화하기 위해 조치를 취하며(제3조), 기후변화를 완화하고 기후변화에 적응하는 것을 목표로 한다(제4조). 완화(mitigation)는 온실가스 배출을 감축하거나 대기 중 온실가스를 제거하는 것이며, 적응(adaptation)은 기후변화로 인해 야기되는 취약성에 대응하는 것이다.

선진국(부속서 I에 규정된 OECD 24개국, 시장경제 전환 11개국 총 36개국)에 대해서 2000년까지 온실가스 배출 규모를 1990년 수준으로 안정시키는 감축 공약을 권고하고, 부속서 II 국가(OECD 24개국)에 대해서는 개도국의 기후변화 적응과 온실가스 감축을 위해 재정과 기술을 지원하는 의무를 규정하였다. 개도국(부속서 I에 속하지 않는 국가)에 대해서는 온실가스 감축과 기후변화 적응에 관한 보고·계획 수립·이행과 같은 일반적이며 자발적인 조치만을 규정하였다. 한국은 부속서 I에 속하지 않는 개도국으로 분류되어 감축 공약에 구속받지 않았다. 선진국은 개도국의 협약 이행을 지원하기 위해 기술이전을 포함한 재원 제공을 위한 재정 메커니즘을 확립한다(제11조). 이를 위해 녹색기후기금(GCF: Green Climate Fund)이 설립되었다.

당사국 총회(COP: Conference of Parties)는 협약의 최고의사결정 기관으로서, 연례 회의를 통해 협약의 운용을 감독·검토하며 효과적 이행방안을 결정한다(제7조).

나. 「기후변화에 관한 UN기본협약의 교토의정서」

(ⅰ) 경위

기본협약은 선진국 및 시장경제 전환국(부속서 I 국가)에 대해서 온실가스의 배출 억제를 규정하였으나, 이는 구속력 없는 권고에 불과하여 한계를 노출하였다. 이에 따라 온실가스의 배출 삭감 목표와 삭감을 위한 조치를 구체적으로 규율하기 위한 협상이 개시되어, 1997.12. 3차 당사국 총회(COP 3, 교토)에서 「기후변화에 관한 UN기본협약의 교토의정서」(Kyoto Protocol of the UNFCCC, 이하 '교토의정서')가 채택되었으며, 7년 후인 2005.2. 발효하였다.

(ii) 주요 내용

배출을 억제하는 온실가스는 기후변화의 주범인 6가지 온실가스(이산화탄소, 메탄, 아산화질소, 수소불화탄소, 과불화탄소, 육불화황)이다.

부속서 1 국가들에 대해서는 제1차 공약 기간인 2008~2012년 동안 온실가스 배출량을 1990년 수준 대비 평균 5.2%(EU 8%, 미국 7%, 일본 6%, 호주 −8%, 아이슬란드 −10% 등 차등 설정) 감축을 공약(reduction commitment)하고 구속력 있는 법적 의무를 부과하였다. 부속서 1에 속하지 않는 국가에 대해서는 기본협약과 같이 온실가스 감축과 기후변화 적응과 관련한 보고·계획 수립·이행 등 일반적이며 자발적인 조치만 요구하였다.

온실가스를 비용 효과적으로 감축하기 위한 시장 메커니즘, 이른바 '**교토 메커니즘**'(Kyoto Mechanism)을 도입하였다. 공동이행제(joint implementation)는 부속서 I 국가들이 감축 사업에 공동으로 투자하여 발생한 감축량 일부를 투자국의 감축분으로 인정받는 제도이다. 청정개발체제(clean development mechanism)는 부속서 I 국가들이 부속서 I에 속하지 않는 국가의 감축 사업에 투자하여 자국에 할당된 감축의무 일부를 상쇄하는 동시에 청정개발체제 운용 및 개도국 지원을 위해 일정한 부담금을 납부하는 제도이다. **국제배출권거래제**(international emission trading scheme)는 부속서 I 국가들이 자국의 의무 감축량을 초과 달성하여 할당받은 배출권, 공동이행제 및 청정개발체제로 발생한 배출권, 조립 등으로 발생한 배출권을 부속서 I 국가 간에 서로 거래하는 제도이다.

(iii) 운용 및 평가

2011년 제17차 당사국 총회(COP 17, 더반)에서는 2020년 이후 모든 당사

국이 참여하는 새로운 기후변화체제를 수립하기 위한 협상을 시작하기로 합의
하였다. 2012년 제18차 당사국 총회(COP 18, 도하)에서는 제2차 공약 기간
(2013~2020년)을 설정하고, 2020년 새로운 기후변화체제 출범 전까지 부속서 I
국가들은 교토의정서를 2020년까지 연장 적용하고, 부속서 I에 속하지 않는 국
가들은 자발적으로 감축 공약을 이행하기로 하였다.

교토의정서상 감축의무는 공동의 그러나 차등화된 책임 및 개별 국가의
능력(CBDR-RC) 원칙에 따라 선진국에만 적용되고 개도국에 대해서 적용되지
않아 이러한 차별적 적용에 대해 논란이 많았다. CO_2 배출량 1, 3위 국가인 중
국 및 인도는 부속서 I에 속하지 않아 감축의무 자체가 없었다. 배출량 2위인
미국은 중국·인도·브라질·싱가포르 등 주요 개도국에 대한 온실가스 감축의
무 면제에 반대하여 비준을 거부하고, 러시아·일본·뉴질랜드도 제2차 공약 기
간에 불참하였으며, 2012.2. 캐나다가 감축목표 불이행에 대한 제재에 항의하
여 탈퇴하자, 제2차 공약 기간 참가국들의 배출량은 전 세계 배출량의 약 15%
수준에 불과하게 되어 교토의정서 체제는 사실상 무의미하게 되었다.

다.「파리협정」

(ⅰ) 경위

2013년 제19차 당사국 총회(COP 19, 바르샤바)에서 지구 평균 기온 상승을
산업화 이전 대비 2° 이내로 억제하기 위해, 2020년 이후 당사국들이 의도하는
온실가스 감축목표를 결정하여 2015년 제21차 당사국 총회 전 사무국에 제출
하기로 하였다.

2015년 제21차 당사국 총회(COP 21, 파리)에서 본격적인 협상이 진행되었
다. 선후진국 간의 차별화, 감축목표 이행의 법적 구속력, 기후 재원 등 쟁점이
극적으로 타결되어, 기본협약을 모조약으로 하는「파리협정」(Paris Agreement, 이
하 '협정')이 2015.12. 채택되어 2016.11. 발효되었다(남북한 포함 195개국 비준).
교토의정서를 대체한「파리협정」은 2021년부터 이행되었다.

(ii) 주요 내용

기본협약상의 원칙, 특히 공동의 그러나 차등화된 책임과 국가별 상황을 고려하는 개별 국가의 능력(CBRD-RC) 원칙을 재확인하였다.

지구 평균 기온 상승을 산업화 이전 수준 대비 2°C보다는 낮게 1.5°C 이내로 억제하기 위해 노력한다(제2조). 21세기 후반기 중 온실가스의 배출원에 의한 인위적 배출과 흡수원에 의한 제거 간에 균형을 달성할 수 있도록 한다(제4조1항).

감축과 관련, 모든 국가는 감축목표에 도달하기 위해 2020년부터 기후 행동에 참여하며, 온실가스의 감축·적응·재원·기술·역량 배양·투명성의 6개 요소로 구성된 **국별감축목표**(NDC: Nationally Determined Contribution, 이하 'NDC')를 이행하도록 의욕적으로 노력하고, 이를 통보해야 한다(제3조). NDC는 이전 NDC와 비교해 시간이 지남에 따라 진전되도록 설정되어야 하며, 언제든지 조정할 수 있다. NDC 설정에 있어 선진국은 1990년 등 과거 특정 연도 대비 절대량 감축목표, 개도국은 자국 여건을 참작하여 절대량 감축목표나 배출 전망치(BAU: Business As Usual) 대비 감축 방식 가운데 선택할 수 있다. 배출 전망치는 특별한 감축 노력을 하지 않을 때 예상되는 미래의 배출량을 말한다. 각국은 자발적으로 온실가스 감축목표를 정하고 이를 달성하기 위한 저탄소(탄소중립) 경제성장 계획을 포함하는 NDC를 마련하여 5년마다 기후변화 사무국에 통보해야 한다(이상 제4조). 감축의무를 하향식으로 설정하여 구속력을 부과한 교토의정서가 실패한 점을 감안, 협정은 각국이 자발적으로 NDC를 설정하여 제출하도록 상향식으로 의무화하였다. 그러나 NDC의 이행은 각국이 반드시 이행해야 할 법적 구속력이나 강제할 수단이 없다.

각국의 NDC 달성을 위한 방안으로, 산림을 포함한 온실가스 흡수원 및 저장고를 적절히 보존하고 증진해야 한다(제5조). 산림 조성은 온실가스를 흡수하는 저장고이나, 산림 벌채는 전 세계 온실가스 배출하는 주요 원인 중 하나이다. 각국은 또한 자국의 NDC 달성을 위해, 교토의정서의 시장 메커니즘과 유사한 '감축 결과의 국제적 이전'(ITMO: Internationally Transferred Mitigation

Outcome)을 활용할 수 있다. 그러한 국제시장 메커니즘은 당사국 총회의 권한과 지침에 따라 설립되고 당사국 총회가 지정한 기구의 감독을 받는다(제6조).

　　적응과 관련, 당사국은 개도국의 적응 노력에 대한 지원과 국제협력의 중요성을 인식한다(제7조). 당사국은 개도국, 특히 저지대 국가들이 기후변화로 인해 입은 심각한 기후변화와 관련된 손실과 피해(loss and damage)를 최소화하고 이에 대한 지원을 강화한다(제8조). 군소도서국가연합(AOSIS: Alliance of Small Island States)은 해수면 상승으로 수몰 위험에 처해 국가의 존립 위기를 맞고 있는 투발로·몰디브·미크로네시아·바누아트 등 남태평양 도서 국가를 말한다. 다만 파리 당사국 총회에서는 이러한 지원이 배상책임이나 보상의 근거가 될 수 없다고 결정하였다. 또한 선진국들은 개도국의 환경피해를 지원할 용의는 있으나 이것이 법적 책임을 지는 것은 아니라는 점을 명확히 하였다. 선진국은 개도국의 기후변화 감축 및 적응을 지원하기 위해 기후재정기금(climate finance)을 조성하여 제공하며(제9조), 그 밖의 당사국은 자발적으로 제공한다. 파리 당사국 총회에서는 2025년까지 매년 1,000억 불의 재원 조성을 위한 공동 노력을 계속해 나가되, 이와는 별개로 2025년까지 연간 최소 1,000억 불을 기반으로 하는 새로운 재원 목표액을 설정하기로 하였다. 기후변화에 대한 회복력을 강화하고 온실가스 배출을 감축하기 위한 기술개발과 기술이전의 중요성을 공유하며 개도국에 대한 재정지원 등을 제공하는 체제를 설립한다(제10조). 또한 개도국의 적응 및 감축 이행을 위한 역량을 배양한다(제11조).

　　투명성과 관련, NDC 이행에 있어 투명성을 강화하기 위해 NDC에 대한 국제적으로 통일된 측정·보고 및 검증 체계를 수립하고(제13조), 각국은 2년마다 이행보고서를 제출해야 한다. 개도국 NDC의 범위 및 구성요소·빈도 등을 조정하고 보고 능력 등 다양한 상황을 고려하여 유연성을 부여하고 필요한 능력개발을 지원한다. 2023년부터 5년 단위로 협정 이행을 전 지구적으로 점검(global stock-taking)하고 장기목표 달성 가능성을 평가한다(제14-15조). 협정의 이행과 준수를 촉진하는 성격의 전문가 위원회를 설치하며, 위원회는 투명성 있고 비징벌적인 방식으로 기능한다(제15조).

(iii) 평가 및 현황

온실가스 감축만을 규율하는 교토의정서와는 달리, 협정은 온실가스 감축·적응·재원·기술·역량 배양·투명성을 포괄적으로 규율하고 있다. 또한 선진국과 개도국을 구분하여 선진국에 대해서만 온실가스 감축 의무를 부과하던 교토의정서와는 달리, 협정은 선진국과 개도국 모두가 자발적으로 온실가스 감축 목표를 설정하고 정기적으로 이행 점검을 받는 보편적인 기후변화 대응 체제를 마련하였다.

그러나 협정의 성패를 좌우할 핵심 수단인 NDC와 관련, 협정은 각국이 NDC를 제출하고 이를 달성하기 위해 행동할 노력만 규정하고 있을 뿐, 그에 따른 이행을 법적 구속력이 있는 의무로 규정하지 않아 당사국들의 자발적인 선의에 의존할 수밖에 없는 한계를 안고 있다. 협정은 또한 연성법 성격의 선언적 내용으로 주로 구성되어 있어, 이를 실행하는 구체적이며 실효적인 실천 방안을 마련하는 것이 중요하다. 2021년 제26차 당사국 총회(COP 26, Glasgow)에서는 파리협정 이행에 필요한 제반 규칙이 마무리되고, 20세기 말까지 지구 평균온도 상승을 $1.5°C$로 억제하기로 합의하였으며, 2050 탄소중립과 2030년까지 삼림 파괴 금지 및 2040년대까지 석탄 화력발전의 단계적 감축 등 주요 정책 제안이 발표되었다.

3. 한국과 기후변화 대응

온실가스 배출이 많은 철강·화학·조선 등 중화학 공업을 중심으로 성장한 한국은 세계 10위의 온실가스 배출국이다.[14] 한국은 기본협약과 교토의정서하에서 개도국으로 분류되어 감축의무를 부담하지는 않았다. 하지만 파리협정하에서는 선진국은 물론 개도국 모두가 온실가스 감축에 동참해야 하며, OECD

----
14 중국은 전 세계 온실가스 배출량의 27%로 세계 1위이며, 미국 11% 2위, 인도 6.6% 3위, 한국은 1.67%로 10위이다. 1인당 이산화탄소 배출량(2019년)의 세계 평균은 연 4.4톤이나, 한국은 14톤, 중국은 9톤, 북한은 0.9톤이다.

회원국으로서 적극적으로 감축의무를 이행하라는 국제적 압력이 가중되고 있다.

2021년 제정된 『탄소중립·녹색성장기본법』은 탄소중립 목표연도를 2050년으로 설정하였다.[15] 탄소중립은 이산화탄소의 배출량과 흡수량이 같아 이산화탄소의 순 배출량이 0이 되는 net zero 상태를 말한다. 법은 또한 이 목표를 달성하기 위한 중간 단계인 2030년까지 NDC를 2018년 순 배출량(7억 280만 톤) 대비 35% 이상으로 규정하고 있다. 2021년 문재인 정부는 이를 상향하여 2030년 NDC를 2018년 순 배출량 대비 40% 감축하는 목표(5억 3600만 톤)를 통보하였다.[16] 한국이 이를 달성하기 위해서는 연평균 4.17%씩 탄소 배출을 감축해야만 한다. 석유화학·철강 등 에너지 다소비형 제조 산업구조를 지닌 한국의 탈산소화를 위해서는, 에너지 소비 분야(산업·발전·건물·수송·농축산·산림 등)에서 온실가스 배출을 감축하고, 에너지 사용을 효율화하며, 저탄소 신재생 녹색 산업을 육성하고, 재생 에너지 사용을 확대하는 한편, 새로 구축될 국제시장 체제에 따라 국제탄소시장(global carbon market)을 활성화할 필요가 있다. 한국은 2012년 『온실가스배출권의 할당 및 거래에 관한 법률』을 제정하고, 아시아 국가로서는 처음으로 2015.1. 탄소 배출이 많은 525개 기업을 대상으로 국가 단위 배출권 거래 제도를 시작한 바 있다.

한편 한국은 2010.6. 개도국의 저탄소 녹색성장을 지원하기 위해 글로벌 녹색성장기구(GGGI: Global Green Growth Institute)를 서울에 설립하였다. 이와 함께 기본협약 제11조 재정지원체계의 운영을 위한 국제기구로서, 선진국들의 기금을 이용하여 개도국의 온실가스 감축 및 적응 활동을 지원하는 녹색기후기금(GCF) 사무국을 2013.12. 송도에 유치하였다.

----

15 한국·EU·미국·일본·호주·캐나다 등은 2050년, 중국·러시아·인도네시아·사우디아라비아는 2060년, 인도는 2070년을 탄소중립 목표연도로 결정하였다.

16 북한도 2016.8. 「파리협정」을 비준하면서 2030년까지 BAU 대비 8%를 감축하고, 국제사회가 원전이나 태양광 등 사업을 지원해 주면 추가로 32.5%를 감축하겠다고 발표하였다. 기후변화로 인해 가뭄과 호수 등 피해를 보고 있는 북한은 황폐해진 산림 조성을 위한 협력 사업에 관심을 보이고 있다.

제5편
양자조약

Ⅰ. 한국전쟁

1. 전쟁의 발발

북한의 기습 남침으로 한국전쟁이 발발한 1950.6.25. 당일 UN 안보리는 결의 82호를 채택하여, 남한에 대한 북한의 무력공격이 평화의 파괴를 구성한다고 규정하고, 북한 당국에 대해 폭력에 의한 무력공격·평화파괴·적대행위의 즉각 중지, 38선 이북으로의 즉시 철수를 요구하였다. 북한이 이에 응하지 않자, 6.27. 안보리는 결의 83호를 채택하였다. 결의는 북한의 무력공격을 격퇴하고, 회원국들이 이 지역에서의 국제평화와 안전을 회복하기 위해 한국에 대해 필요한 원조를 제공할 것을 권고하였다. UN의 지원 요청에 대해 16개국이 전투 병력 파견, 5개국이 의료부대 파견, 20개국이 물자를 지원하였다. 7.1. 미군 8개 사단이 한국에 도착하였다.

7.7. 안보리는 결의 84호를 채택하여 한국에 대한 무력공격을 격퇴하고 역내 평화와 안전을 회복하기 위해 미국 주도 아래 통합사령부(Unified Command under the US)를 설치하고, 통합군사령관 임명을 위임하며, 통합사령부가 작전 중 참전국 국기와 함께 UN기를 사용할 수 있는 권한을 허가하였다. 이는 안보리가 「UN헌장」 제7장에 따른 집단안전보장 조치로서 군사적 강제조치를 승인한 첫 사례이다. 소련은 UN에서 중국이 아닌 대만의 대표권이 인정된 데 항의

하여 1950.1.17.부터 7월 말까지 안보리에 불참하였다. 하지만 불참은 거부권 행사가 아니라는 안보리 관행에 따라 한국전쟁과 관련한 이들 결의가 채택될 수 있었다. 트루먼 미 대통령은 7.8. 동경에 UN사령부를 창설하고 연합군 최고 사령관인 맥아더 장군을 UN사령관으로 임명하였다. 7.14. 한국은 UN사령관에게 작전지휘권을 이양하였다.

북한이 한 달여 만에 낙동강을 제외한 남한의 전 지역을 점령하였으나, 9.15. 인천 상륙에 성공한 UN군은 9.28. 서울을 수복하고 한국 정부에 행정권을 이양하였다. 1950.10.7. UN 총회는 결의 376호(V)를 채택하였다. 결의는 UN군의 임무가 북한의 무력공격 격퇴에서 나아가, 통일되고 독립적이며 민주적인 한국 정부의 수립(the establishment of a unified, independent and democratic Government in the sovereign State of Korea)이라고 천명하고,[1] 한국에 대한 정치·경제적 지원을 위해 UN 한국통일부흥위원회(UNCURK: UN Commission for the Unification and Rehabilitation of Korea)의 설치를 결정하였다. 통일 한국 정부의 수립을 명시한 이 결의가 채택되자, UN군은 10.8. 38선 이북으로 북진을 시작하였다. 10.16. 중국 인민지원군(최대 120만 명)이 참전하였다. 초기 내란·내전 성격의 한국전쟁은 UN사와 중국군의 참전으로 국제화된 내전(internationalized civil war)으로 변질하였다. UN사는 한국전쟁 당시 북한지역 점령 및 통치의 주체였다. 1950.10.30. 이승만 대통령은 UN사령관의 허가 하에 대통령이 아닌 개인 자격으로 평양을 방문해야 했다.

1951.2.1. 총회는 평화를 위한 단결 결의에 따라 결의 498호를 채택하였다. 결의는 중국이 침략자(북한 당국)를 직접 지원하고 UN군에 대해 적대행위를 함으로써 중국 자신도 한국에서 침략을 범하고 있음을 확인하고, 중국이 UN군에 대한 적대행위를 중지하고 한국으로부터 철수할 것을 요구하였다. 4.10. 트루먼 대통령이 군에 대한 문민 통제의 원칙에 따라 맥아더 UN사령관을 해임하였다.

----

1 1947.11.14. 총회결의 112호(II), 1948.12.2. 총회결의 195호(III), 1949.12.21. 총회결의 293호(IV)에서도 명시된 이래, 이 표현은 1970년 총회결의 2668호까지 계속 유지되었다.

2. 정전 협상

6.23. 주 UN 소련대표부 Malik 대사가 38선으로 상호 철군할 것을 조건으로 휴전을 제의하여 7.10. 개성에서 정전 협상이 시작되었다. 협상에 있어 최대 쟁점은 포로송환 문제였으며, 이로 인해 협상은 장기간 교착되었다. 한국은 통일을 이루지 못한 상태에서 정전협정을 체결하는 데 극력 반대하였다. 1952.3. 이승만 대통령은 UN사령관으로부터 한국군에 대한 작전지휘권을 회수하여 독자적으로 북진하겠다고 공언하면서 미국에 대해 방위조약 체결과 원조를 요구하였다. 미국은 정전협정 체결에 반대하는 이승만 대통령을 제거하고 군정을 실시하는 계획을 수립하였으나 실행되지는 않았다. 트루먼 대통령은 대신 이승만 대통령에게 정전협정 체결을 위한 협조를 요청하였다. 1953.6.8. UN군과 공산측 간 포로송환 문제에 합의하였으나, 이승만 대통령이 6.18. 7개 포로수용소에 수용된 반공포로 27,000여 명을 미국과의 협의 없이 일방적으로 석방하여 정전협정 체결에 제동을 걸자, 미국이 방위조약 체결 등 이승만 대통령의 요구를 수용함에 따라 한국의 동의하에 정전협정이 체결되었다.

7.27. 「UN군총사령관을 일방으로 하고 조선인민군최고사령관 및 중국인민지원군사령관을 다른 일방으로 하는 한국 군사 정전에 관한 협정」(이하 '협정')이 서명되었다. 8.28. UN 총회결의 711호는 협정을 승인하고, 한반도 문제의 평화적 해결을 위한 고위급 정치회담 개최를 지지하였다.

II. 「정전협정」

1. 정전협정 일반

일반적으로 정전은 교전자 간 적대행위가 일시적으로 중단된 상태를 말한다. 전쟁이 종료된 것은 아니므로, 적대행위의 중지 이외의 전쟁상태(예컨대 중립 관계, 전시금제품 차단, 간첩행위, 심리전 등)는 계속된다. 정전협정(armistice agreement)은 적대행위를 일시적으로 중지하기 위해 교전국 사령관 간에 체결한 협정을 말한다.

정전은 정전협정에 규정된 기간이 만료되거나, 해제조건이 충족되면 종료한다. 정전협정의 중대한 위반에 대해 타방은 정전협정의 폐기를 원용할 수 있으며, 긴급한 경우 적대관계가 재개될 수 있다. 「육전의 법 및 관습에 관한 협약」은 "당사자 일방이 휴전협정을 중대하게 위반하였을 때 타 당사자는 협정을 폐기할 권한을 가지며, 긴급한 경우에는 즉시 전투를 개시할 권리도 가진다"(제40조)라고 규정하고 있다. 「조약법에 관한 비엔나협약」도 조약의 중대한 위반(material breach)을 조약의 종료 사유의 하나로 인정하고 있다(제60조). 타방 당사자가 사소한 위반을 이유로 협정을 파기하는 것을 방지하기 위한 것이다.

2. 「정전협정」의 체결

한국전쟁에 대한 「정전협정」은 UN군사령관, 조선인민군사령관, 중국인민지원군사령관의 서명으로 발효하였다(17항). 이와 함께 참전 16개국은 당일 워싱턴에서 '한국에 관한 참전 16개국 선언문'('워싱턴 선언')을 발표하여, 무력공격이 재발하면 16개국은 다시 단결하여 즉각적으로 이에 대항할 것을 선언하였다.

협정은 한반도에서의 국제적 무력충돌을 중지시킨 국제적 합의 문서로, 적대행위의 완전한 중지를 목적으로 한다. 협정은 전면적인 정전을 위해 군사령관들이 교전 당사자를 대표하여 서명하여 발효한 약식조약이며, 정치적 성격이 아닌 순수한 군사적 성격의 조약이다. 「UN헌장」하에서 무력사용 자체가 금지됨에 따라, 전통적으로 일시적 적대행위 중지를 의미하던 휴전(truce) 대신 정전(armistice)이 사용되었다.

협정 체결에 반대한 한국은 서명에 불참하였다. 이 때문에 북한은 과거 한국이 정전협정의 당사자가 아니라고 주장하였다. 그러나 한국군에 대해 작전지휘권을 가진 UN사령관이 협정에 서명하였으므로 한국군에 대해서도 협정은 효력이 발생하였다. 최근에는 북한도 한국이 협정의 당사자라는 데 이견을 보이지 않았다.

3. 주요 내용

가. 군사분계선과 비무장지대

쌍방 간 적대행위를 분리하여 중지시키기 위한 군사분계선(MDL: Military Demarcation Line)과 비무장지대를 설치한다. 육상분계선(land demarcation line)을 확정하고, 이 선으로부터 각기 2km씩 후퇴하여 비무장지대(DMZ: De-Militarized Zone)를 설정하였다(1항). 비무장지대에서는 적대행위가 금지되고, 지역 사령관의 특정한 허가가 있어야만 출입할 수 있다.[2]

한강 하구는 공동 관할수역으로 순수 민용 선박에 한해 통항이 개방되며 (5항), 군사정전위원회의 허가에 의해 평화적 이용이 가능하다.

나. 정전조건

쌍방 사령관은 통제하에 있는 모든 무장 역량이 일체의 적대행위를 완전히 정지할 것을 명령하고 보장한다(12항). 이에 따라, 1953.7.27. 오후 10시 육·해·공군의 적대행위가 일체 중지되어, 정전상태가 시작되었다. 쌍방의 군사 통제하에 있는 지상 군사 역량은 비무장지대와 상대방의 통제하에 있는 지역을 존중한다(14항).

----
2 2018.9.19. 체결된 「남북군사합의서」는 비무장지대를 평화지대로 만들어 나가기 위한 군사적 대책을 강구하기로 하였으며, 군사분계선 일대에서의 각종 군사 연습 중지, 비무장지대 내 전술 도로 연결 및 감시초소(GP)의 철거, 판문점 공동경비구역(JSA)의 비무장화, 한강(임진강) 하구의 공동 이용 등에 합의하였다.

다. 군사정전위원회·중립국감독위원회

정전 감시를 위한 기구로, 군사정전위원회(19–35항)와 중립국감독위원회 (36–50항)를 설치한다.

군사정전위원회(MAC: Military Armistice Commission, 이하 '군정위')는 협정을 이행·감독하는 최고기구로, DMZ 내뿐만 아니라 밖에서 발생한 협정 위반사항 을 조사하여 처리하며, 중립국감독위원회에 조사를 요청할 수 있다. 또한 군사 분계선 통과와 비무장지대 출입 허가 등을 관리한다. 10명(각 5명)의 양측 고급 장교로 구성되며 판문점 공동경비구역(JSA: Joint Security Area)에 본부를 둔다.

중립국감독위원회(NNSC: Neutral Nations Supervisory Commission 이하 '중 감위')는 협정 위반사항을 감시·시찰하며, UN군이 지명한 스위스·스웨덴과 공산측이 지명한 체코·폴란드 4개국으로 구성되었다. 하지만 구소련 붕괴 이 후 북한은 공산권에서 이탈한 체코·폴란드 대표를 추방하였다. 현재는 스위스 와 스웨덴 군인 각 5명 정도가 상주하여 한미 합동훈련 등을 참관하며 감시하 고 있다.

라. 포로 송환

한국전쟁 발발 당시 전쟁희생자 보호를 위한 1949년 4개 제네바협약은 발 효하지 않았으나, UN군과 북한은 「포로의 대우에 관한 제네바협약」(제3협약)의 적용을 수용한다는 의사를 밝혔다. 정전협상에서 준칙으로 적용된 제네바 제3 협약은 "적대행위가 종료되면 모든 포로는 지체없이 송환한다"고 규정하였다 (제118조). UN군은 북한에 의해 강제로 인민군에 편입되어 송환을 원치 않는 반 공포로와 중국 본토 송환을 원하지 않은 중공군 포로들을 정치적 망명자로 간 주하여 이들은 개인의 자발적이며 자유로운 의사에 따라 송환할 것을 주장하 였다. 제네바협약의 기본원칙인 인도주의를 고려하여 제3협약 제118조를 목적 주의적으로 해석하여 이들을 비호하고자 한 것이다. 이에 대해 공산측은 협약 에 포로의 비호에 관한 규정이 없으므로 억류국은 국적에 따라 포로 전원을 일 괄 송환해야 한다고 주장하였다.

이로 인해 협상이 장기간 교착되었으나 1953.8. 마침내 타결되어, 복귀를 원하는 포로는 정전 성립 후 60일 이내 자국으로 송환하되, 송환을 선택하지 않은 포로들은 스웨덴·스위스·폴란드·체코슬로바키아·인도 5개국으로 구성된 '중립국송환위원회'에 인계되었다. 자국 송환을 계속 거부한 포로 대부분은 민간인 신분으로 석방되고, 남은 일부는 자신의 의사에 따라 중립국(인도나 중남미)으로 갔다.

마. 고위급 정치회담의 소집

협정은 발효 후 3개월 이내에 한국으로부터 모든 외국 군대의 철수 및 한국문제의 평화적 해결 문제를 협의하기 위해 고위급 정치회담을 소집할 것을 건의하였다(60항). 군사적 성격의 정전협정을 대체하여 최종적인 평화적 해결방안인 평화협정을 협상하기 위해 고위급 정치회담이 1954.4.26.~6.15. 제네바에서 개최되었으나, 아무런 합의를 이루지 못하였다.

한편 북한은 모든 외국군의 철수를 고위급 정치회담의 의제로 규정하고 있는 이 조항에 근거하여 UN군(및 주한미군)의 철수를 주장한다.

바. 효력

협정은 최종적인 평화적 해결이 달성될 때까지 한국에서의 적대행위와 일체의 무력행동의 완전한 정지를 보장하는 정전을 확립할 목적으로 한다(전문).

협정은 쌍방의 합의에 의해 수정·증보되거나 평화적 해결을 위한 새로운 협정 규정에 의해 대체되지 않는 한, 그 효력을 잃지 않는다(부칙 62항). 이들 규정으로 보아, 북한의 일방적인 협정 무효화 또는 백지화 선언에도 불구하고, 쌍방의 합의로 평화적 해결에 달성되거나 새로운 협정을 체결하지 않는 한, 「정전협정」은 계속 유효하다 할 것이다.

4. 「정전협정」의 관리

협정의 준수와 집행은 협정에 서명한 사령관, 즉 UN사령관과 북한인민군 사령관이 책임을 지고 관리·감독한다(17항).

UN사령부(UNC: United Nations Command, 이하 'UN사')는 남측에서 협정의 준수를 보장해야 할 책임과 권한이 있다. 협정 위반사건의 보고·조사, 비무장지대 내 군사분계선이남 남측 지역에서의 민사행정 및 구제사업, 출입 허가, 유해 발굴·교환 등 권한을 갖는다(8~9항). 다만 UN사는 DMZ 매복 및 수색, JSA 경비 임무, DMZ 내 남북교류 및 협력을 위한 관리 권한은 한국군에 이양하였다.

UN사령부

1. 창설 및 안무

안보리 결의 84호에 근거하여 1950.7. UN사가 도쿄에 창설되고, UN사령관은 모든 UN군 병력에 대해 작전지휘권을 보유하였다. 1953.7. 「정전협정」이 서명된 후, UN사는 협정 이행을 위해 1957.7. 도쿄에서 용산으로 이전하였다가, 2018.6. 평택으로 이전하였다. UN사는 한국을 포함한 16개 참전국을 중심으로 구성되어, 현재는 군정위·참모·연락 장교단·의장병 등 30~40여 명이 상징적으로 소속되어 있다.

UN사는 한미연합사를 통해 정전협정의 유지·관리 임무를 수행한다. 정전업무에 관해서 한미연합사사령관은 UN사령관의 지시에 따라야 한다. UN사령부의 지휘하에 취한 활동에 관한 보고서를 안보리에 제출할 것을 요구한 안보리 결의 84호에 따라 미국은 UN사의 활동이나 중대한 협정 위반 사항(예컨대 천안함 피격사건이나 연평도 포격사건 등)에 대해 안보리에 보고하고, 매년 UN 총회에도 활동 보고서를 제출한다. 1978.7. 한미군사위원회와 한미연합사령부의 권한위임사항에 따라 UN사령관은 DMZ 내 적의 침투·습격·공격 행위 등 협정 위반사항에 대해 한미연합사사령관에게 대처하도록 요구할 수 있다.

2. 법적 지위

UN사는 UN의 보조기관이 아니라, 헌장 제7장에 근거한 안보리의 권고로 구성된 미국 주도의 다국적군이다.

1994.5.28. 북한이 「정전협정」의 대체와 UN사 해체를 요구한 데 대해, 부트로스 갈리 사무총장은 "안보리 결의 84호는 통합사령부 설치를 권고한 것으로, 미국만이 UN사의 존속이나 해체에 관해 결정할 권한을 갖는다"라고 답변하였다. UN사 해체는 안보리가 승인한 다국적군의 사령부인 미국이 결정할 수 있지만, 미국은 참전국들과 협의를 거치고 이를 안보리에 보고하는 것이 필요하다고 할 것이다.

3. UN사 후방기지

1954.2.19. UN사는 유사시 한국 방위를 위한 UN군의 군수 및 지원을 담당하는 UN사 후방지휘소(UNC-Rear)를 설치하였으며, 이를 운영하기 위해 「일본과 일본 내 UN군의 지위에 관한 협정」(SOFA)을 체결하였다. 협정에 따라 운영되는 UN사 후방기지는 주일 미군기지 가운데 7개 기지(자마, 요코스카, 요코다, 사세보, 후텐마, 화이트 비치, 가데나)로, 탄약 등 전시물자 비축, 미군 선박·항공기의 재급유 등을 지원한다. 도쿄 요코다 공군기지에 소재하는 UN사 후방지휘소가 UN사 후방기지를 관리한다.

「미일안보조약」에 의거한 미국의 일본 내 기지 사용은 일본과의 사전 협의 대상이지만, UN사 후방기지는 미군이 사실상 자유롭게 사용할 수 있다. UN사 후방기지는 UN군이 한국으로부터 철수하는 날로부터 90일 이내에 일본으로부터 철수하며, 모든 UN군이 일본으로부터 철수하는 날 SOFA 협정은 종료한다.

5. 북한의 정전체제 무력화

북한은 1990년대 이후 군정위 및 중감위를 부인하며 정전체제의 무력화(無力化)를 시도해 왔다. 1991.9. 남북한이 UN에 동시 가입하자, 북한은 「정전협정」의 평화협정으로 대체, UN사 해체 및 주한미군 철수 등을 주장하며, 협정 당사자인 미·북 간 직접 대화를 통한 한국전쟁의 공식 종결을 시도하였다.

1991.3. UN군 군정위 수석대표가 미군 장성에서 한국군 장성으로 교체되자, 북한은 한국이 협정 당사자가 아니므로 이는 협정 위반이라고 주장하고 군정위 개최를 거부하였으며, 이후 군정위는 재개되지 않고 있다. 1994.4. 북한은 군정위 북한대표단을 일방적으로 철수하면서 대신 '조선인민군 판문점 대표부'

설치를 통보하고, UN군이 아닌 미국과 직접 군사문제를 협의하는 장성급 회담 개최와 새로운 평화체제 수립을 요구하였다. 북한측 요청에 따라 중국은 1994.12. 군정위의 중국 대표를 소환하였다. 북한은 또한 중감위의 공산측 대표인 체코 및 폴란드 대표를 1994.4. 및 1995.2. 각각 철수시키고, 2005.5. 중감위 사무실을 폐쇄하여 중감위의 기능도 사실상 마비시켰다.

북한은 1996.4. 비무장지대의 유지·관리 임무 포기를 선언하였다. 북한이 군정위에 참석하지 않자, UN사는 1998.2. 「정전협정」의 틀 내에서 UN사와 북한군 간 장성급 회담 개최를 수용하였으며, 이는 1998.6. 부터 2009.3.까지 16차례 개최되었다. 북한은 2009.1. 이래 협정의 효력을 부정하고, 2013.3.5. 정전협정을 백지화한다고 선언하였다. 북한이 정전체제를 무력화하고 부정하고 있으나, 남한의 정전협정 준수와 집행을 위한 UN사의 관리·감독은 계속되고 있다.

6. 관련 문제: 북방한계선(NLL)

가. 정전협상과 해상분계선

1952.1. 정전협상 과정에서 육상에서의 군사분계선은 쌍방의 군사 역량이 대치하는 접전선(line of contact)을 기준으로 육상과 한강 하구 수역까지 결정되었다. 그러나 해상분계선(sea demarcation line)과 섬 인접 해면의 범위와 관련, UN군의 해상봉쇄를 우려한 공산측은 황해도와 경기도의 도계선(道界線)을 연장하는 선과 12해리를 주장하였고, UN군은 서해5도를 모두 포함하는 해상분계선과 당시 영해에 관한 국제관행인 3해리를 주장하여, 양측은 이와 관련 수십 차례 협상하였으나 합의를 이루지 못하였다. 공산측이 전쟁 전 상태(*status quo ante bellum*)로의 복귀를 강력하게 주장함에 따라, 결국 양측은 도계선을 기준으로 섬에 대한 쌍방의 군사 통제권을 규정하되, 도계선 이북이지만 한국전 발발 당시 한국이 지배하던 서해5도에 대해서는 UN사의 군사 통제권을 인정하는 문안에 합의하였다.

황해도와 경기도의 도계선 서북쪽에 있는 모든 도서는 북한과 중공 총사령관의 군사통제하에 두되, 그중 5도(백령도, 대청도, 소청도, 연평도, 우도)는 UN사령관의 군사통제하에 둔다. 상기 도계선 이남에 있는 모든 섬은 UN사령관의 군사통제하에 둔다(제2조13항ㄴ). 협정이 효력을 발생한 후 10일 이내에 상대방의 후방과 연해 섬 및 해면으로부터 그들의 모든 군사 역량과 보급물자 및 장비를 철거한다. 또한 양측 해군이 비무장지대와 상대방의 군사 통제하에 있는 육지(섬)의 인접 해면(waters contiguous to the island groups)을 존중하고 어떠한 종류의 봉쇄도 하지 않는다(15항).

나. 북방한계선(NLL)의 설정

협정에 따라 UN군은 서해5도와 도계선 이남 도서에 대해서만 군사 통제권을 보유하므로, UN군은 도계선 이북의 여타 섬에 대한 군사 통제권을 이양하였다. 이와 함께 Mark. W. Clark UN사령관은 1953.8.30. 전시 봉쇄선이던 Clark line을 해제하고, 서해상 한강 하구로부터 서해5도와 북한 황해도 해안과 도서 사이에 대략적인 중간선으로, 약 42.5해리를 11개의 좌표로 연결하는 북방한계선(NLL: Northern Limit Line)을 설정하였다. 동해상에는 육상 군사분계선을 직선으로 218해리까지 연장한 북방경계선(NBL: Northern Boundary Line)을 설정하였다.

해상분계선과 섬 인접 해면의 범위가 합의되지 못한 상황에서, UN사는 쌍방의 접촉을 차단하여 해상에서의 우발적인 군사적 충돌을 피하고 한국의 독자적인 해상 군사활동을 억제하기 위해 UN군과 한국 해·공군 초계활동의 한계선을 자체적으로 설정한 것이다. NLL은 미 해군과 한국 해군의 비밀 작전 규칙이었으므로 한국에만 통보하고 북한에는 공식 통보되지 않았다.

협정은 해상분계선이 확정되지 않은 상태에서 섬의 인접 해면을 존중할 것을 규정하였으나, 인접 해면의 폭을 규정하지 못해 그 이원 수역, 특히 UN사가 설정한 NLL 인근 수역의 지위가 모호하게 되어 NLL 인근 수역에서 남북한 간 해상충돌 사건(1999.6.16. 제1차 제1연평해전, 2002.6.29. 제2차 연평해전,

2009.11.10. 대청해전, 2010.3.26. 천안함 피격 등)이 수차 발생하였다.

다. 관련국의 입장

(ⅰ) UN사·미국

협정 체결 이후, UN사와 미국은 협정상 해상군사분계선에 대해 어떠한 합의도 없었기 때문에 NLL은 협정과 직접적으로 무관하며, NLL 인근 수역은 1953년 당시 전쟁수역으로서 관할권을 둘러싸고 논란이 있는 분쟁수역(contested waters)으로 보았다. UN사는 또한 서해5도의 인접 해면이 3해리라는 입장을 계속 유지하였다. 따라서 북한 함정이 단순히 NLL을 넘는 것은 협정 위반이 아니지만, NLL을 넘어와 적대행위를 하거나 UN사가 통제하는 서해5도의 3해리 인접 해면을 침범하는 것은 협정 위반이라는 입장이었다. 미 국무부도 "「정전협정」은 기본적으로 주권이나 영해에 대한 협정이 아니며, UN사의 군사 통제지역과 인접 해면에 관해서만 규정하고 있으므로 남북한의 영토나 관할권 문제와는 아무런 관계가 없고, 서해5도가 UN사령관의 군사통제하에 있다"고만 표현하였다.

이러한 UN사의 입장은 1999년 연평해전을 전후로 변화되기 시작하였다. 연평해전 후 개최된 UN사와 북한군 간 장성급회담에서 UN사는 "NLL은 실질적인 해상분계선이며, 지난 40여 년간 쌍방이 인정하고 지켜 온 엄연한 해상분계선으로 협상의 대상이 아니다. 새로운 해상불가침경계선은 (남북기본합의서 부속합의서에서 합의한 대로) 남북 간 군사공동위원회에서 협의해야 하며, 그때까지는 현 NLL이 준수되어야 한다"라고 하였다. 미 국무부도 "서해 NLL이 새로운 해상군사경계선을 합의할 때까지 서해에서 유효한 해상분계선이며, 북측이 월선하는 경우 도발로 간주하겠다"는 방침을 천명하였다.

(ⅱ) 한국

한국은 NLL이 비록 UN사령관의 일방 조치로 설정되었으나, 협정상 쌍방 사령관은 협정 준수에 필요한 모든 조치와 방법을 취해야 하므로(17항), NLL은 이에 근거하여 협정의 이행 및 준수를 위해 취한 후속 조치로 본다. NLL은 협정 이행과정에서 쌍방의 무력충돌 방지와 정전체제의 안정적 관리를 위해 불가피하게 설정된 선으로, 협정의 목적에 부합한다는 입장이다.

나아가, 한국이 NLL 이남 수역을 군사력에 의해 실효적으로 관할하여 왔으며, 북한이 NLL을 인지하고 묵인하는 등 장기간에 걸쳐 사실상 이를 수용함으로써 정전체제하 실질적이고 합법적인 해상분계선으로 응고되었다는 입장이다. 따라서 북한 함정의 NLL 월선 자체가 협정 위반이며,3 「정전협정」과 남북기본합의서에 따라 남북이 새로운 해상경계선을 합의할 때까지 NLL이 준수되어야 한다는 입장을 견지하고 있다.

(iii) 북한

북한은 협정상 명시된 바 없는 NLL에 대해 아무런 이의를 제기하지 않았다. 그러나 1973년 이후 협정상 명기된 유일한 선인 도계선을 수평 연장한 선의 이북 수역을 북한 연해라고 주장하며 서해5도 출입 선박은 사전 허가를 받을 것을 요구하였다. 이러한 북한의 주장에 대해 UN사는 협정의 문구와 정신을 위배한 것이라고 항의하였다.

1999.6. 연평해전 이후, 북한은 협정상 해상경계가 이루어지지 않았으므로 NLL은 UN군에 의해 불법적으로 설정된 유령선이라고 이를 공식 부인하고 UN사와 북한 간 새로운 해상경계선을 설정해야 한다고 주장하였다. 이에 대해 미국은 NLL이 쌍방이 준수해 온 실질적인 경계선이며 이는 협상의 대상이 될 수 없다는 입장을 보였다.

1999.9.2. 북한은 북한 인민군 총참모부 특별 보도를 통해 NLL이 무효라고 주장하며 (종래 주장하던 도계선이 아닌) 새로운 해상경계선을 일방적으로 선포하였다. 북한은 북한과 한국 연안의 등거리선4을 서해 해상군사경계선으로 하

----

3 NLL의 특별(지역) 관습국제법의 형성을 주장하는 입장은 인도령 통행권 사건, NLL의 실효적인 해상분계선화와 관련한 주장은 묵인에 의한 영토취득 사건인 프레아비히어사원사건을 인용한다.

4 임진강 하구에서 북측 등산곶과 남측 굴업도 사이의 등거리 점, 북측 옹도와 남측 서격렬비

여 그 이북의 수역을 북한의 '해상군사통제수역'으로 선포하고, 이 선이 국제법 상 등거리 원칙에 입각한 가장 타당한 선이라고 주장하였다. 이어서 2000.3. 북 한은 '서해5도 통항질서'를 발표하여 '서해 해상군사경계선'상에 폭 2km의 통 항로(백령도·대청도·소청도로 통하는 제1수로 및 연평도로 통하는 제2수로)를 지정 하고, 모든 미군 함정과 민간 선박·항공기의 통항을 허용하지만, 이 수로를 벗 어나는 것은 북한측 영해와 군사통제수역 및 영공을 침범한 것으로 간주한다 고 발표하였다.

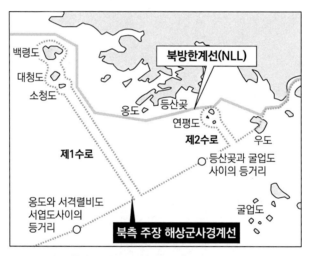

▶▶ NLL과 북한의 해상군사경계선

라. NLL 관련 남북한 간 주요 합의

1991.12. 「남북 사이의 화해와 불가침 및 교류 협력에 관한 합의서」(이하 '남북기본합의서')는 "남과 북의 불가침 경계선과 구역은 「정전협정」에 규정된 군사분계선과 지금까지 쌍방이 관할하여 온 구역으로 한다"(제11조)고 규정하였 다. 또한 1992.9.17. 체결된 「남북기본합의서 제2장 남북불가침에 관한 부속합

도 서엽도 사이의 등거리 점, 한반도와 중국 사이 반분선(半分線)의 교차점 이북의 수역을 말 한다.

의서」는 "남과 북의 해상 불가침 경계선은 앞으로 계속 협의한다. 해상 불가침 구역은 해상 불가침 경계선이 확정될 때까지 쌍방이 지금까지 관할하여 온 구역으로 한다"라고 규정하였다(제10조). 그러나 '쌍방이 지금까지 관할해 온 구역'의 해석과 관련, 한국은 NLL이 기준이라는 입장인 데 반해, 북한은 도계선의 연장선이 기준이라던가 또는 한강 하구 수역이 쌍방이 공동으로 관할해 온 수역이라고 주장하였다. 1993.1.29. 북한이 남북대화를 재개할 의사가 없다고 선언하자 남북기본합의서에 기초한 남북대화가 중단되었다.

2004년 개최된 남북장성급회담에서 북한은 양측의 과거 주장들을 백지화하고 새로운 해양법 체계에 맞추어 서해 해상군사경계선을 다시 정하는 문제를 먼저 협의할 것을 제의하였다. 북한은 새로운 원칙으로 합의의 원칙, 공정성의 원칙, 등거리 원칙, 자연 연장의 원칙을 내세웠다. 북한이 주장하는 새로운 해양법 체제는 「UN해양법협약」을 의미하는 것으로 보인다. 북한이 「UN해양법협약」 서명 후 비준하지 않았지만, 서명국으로서 협약의 대상과 목적에 반하는 행위를 하지 않을 의무가 있으며, 협약 내용이 대부분 관습국제법화되었다고 할 것이므로 북한도 협약상 관습국제법화된 해양법의 규율을 받는다. 그러나 평화협정이 아직 체결되지 않아 평시 국제법이 온전히 적용되지 않는 남북관계에서 해상경계선부터 획정하자는 북한의 주장은 논리적이라 할 수 없을 것이다.

2007.10.4. 남북 정상은 '서해평화협력특별지대'를 선언하여 남북공동어로수역과 평화수역 설치에 합의하였다. 2007. 11. 2 차 남북국방장관회담에서 서해공동어로구역 설정을 협의하였으나, 북측이 (NLL 이남에) 서해해상경비계선을 설정할 것을 주장한 반면, 한국은 NLL을 중심으로 양측 수역에서 등거리 면적으로 설치할 것을 주장하여 합의에 이르지 못하였다.

2018.4.27. 남북이 합의한 「판문점선언」 제2조2항에서 남북은 서해 NLL 일대를 평화수역으로 만들어 우발적인 군사 충돌을 방지하고 안전한 어로를 보장하기 위한 실제적인 대책을 세워나가기로 합의하였다. 또한 2018.9.19. 「평양공동선언」의 부속합의서로 채택된 「판문점선언을 위한 군사분야합의서」 3항은 서해 NLL 일대를 평화수역으로 만들고, 서해 해상에서 평화수역과 시범

적 공동어로구역을 설정하기로 합의하였지만 이후 진전을 보이지 못하고 있다. 남북합의서상 NLL이 처음으로 명기되었지만, 이는 평화수역과 시범적 공동어로구역 설정을 위해 편의상 사용한 것이지 북한이 NLL 자체를 승인한 것은 아니라고 할 것이다.

Ⅲ. 남북 관계

1. 국내법상 북한과 북한 주민의 지위

국내법적으로, 헌법 제3조 영토조항에 따라 북한지역은 규범적으로는 한국의 영토이지만 실질적인 관할권(통치권)이 미치지 못하고 있어 궁극적으로 관할권을 회복해야 하는 미수복 지역이다. 북한은 한국전쟁을 통해 교전단체로 인정되었으며 현재는 한반도 북부에서 실효적 지배력을 유지하는 사실상의 지방정부(*de facto* regional government)로서, 북한 정권은 헌법상 용인될 수 없는 반국가단체 또는 불법단체이다.

이에 따라 북한 주민은 일응 한국 국민으로 간주되지만, 현실적으로는 북한 이탈주민이 대한민국의 관할권 아래 들어와 보호받으려는 진정한 의사가 확인되어야만 대한민국 국민으로서의 지위와 대우를 받을 수 있다. 요컨대 북한 이탈주민은 자동으로 한국 국적을 취득하는 것 아니라, 취득할 권리를 가질 뿐이다. 『북한이탈주민보호법』은 북한 이탈주민의 보호 신청에 따른 가족관계등록부 작성 절차를 상세 규정하고 있다.

2. 남북한의 특수한 관계

남북관계는 국가 간의 국제관계가 아니라 분단국 내부의 특수 관계이다. 「남북기본합의서」는 '남북관계는 나라와 나라 사이의 관계가 아닌 통일을 지향

하는 과정에서 잠정적으로 형성되는 특수한 관계'이며(전문), 상대방의 체제를
서로 인정하고 존중할 것을 약속하고(제1조), 남북 간의 거래도 일반적인 외국
과의 거래가 아닌 민족 내부거래로 규정하였다(제15조). 하지만 남북한은 국제
법상 각각 별개의 실체로 인정되고 있다. 2005년 Rice 미 국무장관도 북한은
주권국가(a sovereign state)라고 하였다. 다만 이는 실체로서 북한의 국가성을
인정한 것이지, 북한에 대한 미국의 국가승인이 아니다. 남북한도 국제사회나
국제회의에서 국제법상 상대방의 국가적 실체성, 즉 국가성(statehood)을 부인
하지 않는다. 그럼에도 남북한은 모두 한반도에 하나의 국가만 존재한다고 인
식하고, 남북한 간의 관계에 있어서 양측은 서로를 국가로 인정하지 않는다.
국제사회에서 남북한은 별개인 2개의 국가와 2개의 정부로 국제법의 규율을
받지만, 남북한 간의 특수 관계를 인정받으려는 노력도 필요하다 할 것이다.
이러한 노력은 「한·싱가포르 FTA」, 「한·유럽 EFTA」, 「한·ASEAN FTA」는 개
성공단 생산 제품에 대해 한국산과 동일하게 특혜관세를 부여하도록 한데서
나타나고 있다.

한편 헌법 제4조 평화통일 조항은 "대한민국은 통일을 지향하며, 자유민
주주의적 기본질서에 입각한 평화적 통일정책을 수립·추진한다"고 규정하여
사실상의 통치 집단으로서 북한 정권을 평화통일을 위한 대화와 협력의 상대
로 인정하고 있으며, 이를 위해 『남북교류협력법』(1990)과 『남북관계발전법』
(2006)이 제정되었다. 대법원과 헌법재판소의 판례도 반국가단체로서의 성격과
평화적 통일을 위한 대화와 협력의 대상으로서 북한의 이중적인 지위를 인정
하고 있다. 특히 『남북관계발전법』은 남북합의서의 발효에 조약체결과 유사한
절차를 차용하고 있으며, 재정적 부담을 지우거나 법률적 성격을 갖는 남북합
의서의 체결·비준에 대해 국회가 동의권을 갖는다고 규정하여(제21조) 남북합의
서를 조약과 유사하게 취급하고 있다. 조약체결은 외교부가 주무 부서이나, 남
북합의서 체결은 통일부가 주무 부서이다.

독일 통일

1969.10. 브란트 서독 총리는 '동서독 관계는 서로에게 외국이 아닌 특별한 형태의 관계'라고 규정하였다. 서독은 동독을 국가로 인정하지 않고 동독 주민도 외국인으로 간주하지 않았으나, 동독은 동서독을 별개의 국가로 인정하였다.

그러나 1972.12.21. 체결된 「동서독기본조약」은 '서독과 동독은 동등한 권리에 기초하여 상호 정상적인 선린관계를 발전시켜야 한다'라고 규정하고(제1조), 현재와 미래에 있어서 양국 국경의 불가침성 재확인, 영토보전의 완전한 존중(제3조), 대내외 문제에 있어 양국의 독립과 주권 존중, 내정 불간섭(제6조) 등을 규정하여 상호 국가성을 인정하고 1973년 UN에 동시 가입한 후, 상호 교류·협력을 활발히 추진하였다.

1990.8. 동서독 간 「통일조약」에 서명하고, 9월 「독일에 관한 최종결정에 관한 조약」이 2+4(동서독과 점령국인 미·영·프·러) 간 서명되어 국제적으로 승인을 받고, 10.3. 사실상 동독이 서독에 편입됨으로써 통일을 달성하였다.

IV. 평화체제

1. 정전체제의 평화체제로의 전환

정전체제는 군사 문제만을 다루는 잠정적인 체제이다. 정전은 전쟁의 잠정적인 중지 상태이므로, 전쟁상태의 종료를 위해서는 별도의 평화조약(peace treaty)이 체결되어 평화체제(peace regime)가 수립되어야 한다는 것이 전통 국제법상 원칙이다. 평화조약은 교전 당사자 사이에 전쟁상태를 법적으로 종결하는 공식적인 합의로서, 교전국 간의 관계를 전쟁에서 평화와 정상적인 우호 관계로 회복 또는 전환하는 것이다.

한반도에서의 정전체제는 불안정하지만 이를 토대로 사실상의 평화상태가 70여 년간 유지되어왔다. 북한이 「정전협정」을 무력화하고 부인하고 있으나, UN사가 「정전협정」을 기초로 전쟁 억제 및 위기관리 기능을 수행해 왔기 때문이다. 이처럼 「정전협정」 체결 이후 전면적이며 일반적인 정전상태가 장기화하여 전쟁이 사실상 종료된 상태(*de facto* termination of war)이므로 평화조약이 별도로 체결되지 않아도 된다는 주장이 있다. Julius Stone은 일시적·부분적 적대행위 중지가 아닌 모든 군대가 전투지역 전체에서 적대행위를 중지하는 일반적 정전(general armistice)은 사실상의 전쟁 종료와 같은 효과를 가진다고 한다. 그러나 물리적인 적대행위는 장기간 중단되었지만, 한국전쟁이 여전히 적대행위의 일시적인 중지 상태에 있다고 보는 견해가 일반적이다. UN사도 한반도가 '기술적으로 여전히 전쟁상태'(technically still at war)라고 보고 있다. 2010.12. ICC 소추관은 북한의 천안함 피격과 연평도 포격 사건에 대해 전쟁범죄 여부에 대한 예비 조사를 발표하면서, 1953년 정전협정으로 남북한은 여전히 기술적으로 전쟁상태로서 양측은 분쟁을 공식적으로 종식하기 위한 평화협정 체결을 협상해야 한다고 하였다.

이러한 기술적 전쟁상태를 법적으로 명확히 종료시키고 한반도에서의 항구적인 평화체제를 구축하는 평화조약을 체결하는 것이 궁극적으로 바람직하다 할 것이다. 평화조약을 통해, 법적으로 전쟁을 종결시키고, 정치적·군사적 신뢰 관계를 구축하는 다양한 조치(군비 통제 및 군축, 불가침 조약체결 등)를 제도화하여 안정적인 평화체제를 구축할 필요가 있기 때문이다.

남북기본합의서는 "남과 북은 현 정전상태를 남북 사이의 공고한 평화상태로 전환시키기 위해 공동으로 노력하며, 이러한 평화상태가 이룩될 때까지 현 군사정전협정을 준수한다"(제5조)고 규정하고 있다. 2018.4.27. 남북정상회담 후 발표된 「판문점선언」도 "한반도에서의 비정상적인 현재의 정전상태를 종식시키고 확고한 평화체제를 수립하기 위해 남과 북은 「정전협정」 체결 65주년이 되는 올해 종전을 선언하고 「정전협정」을 평화협정으로 전환하며 항구적이고 공고한 평화체제 구축을 위한 남·북·미 3자 또는 남·북·미·중 4자회담 개최를 적극 추진해 나가기로 하였다"고 명시하여(제3조2항), 궁극적으로 평화협정 체결을 통한 한반도 평화체제 구축을 예정하였다.

2. 평화조약의 체결

가. 당사자

평화조약의 체결 당사자와 관련, 북한은 형식상 한국이 「정전협정」의 당사자가 아니라는 점을 근거로 한국을 배제하려는 태도를 보여왔다. 한국군이 협정에 서명하지 않았으나, UN사령관에게 작전지휘권을 이양하여 UN군의 일원으로 참전하였으며, UN사령관은 한국과 16개 참전국을 대리하여 협정에 서명하였고, 한국이 1954.4. 제네바 정치회담에 참가한 점 등으로 보아, 「정전협정」의 실질적 당사자로서 한국이 평화조약 당사자로 참가할 수 있다 할 것이다. 북한도 이제는 이에 대해 이견이 없어 보인다.

나. 형식

「정전협정」 내용의 수정·증보는 반드시 쌍방 사령관들의 상호 합의를 거쳐야 하므로(61항), 평화조약이 「정전협정」을 대체하는 효력을 갖기 위해서는 어떤 형식으로든 「정전협정」의 당사자인 미국과 중국의 참가는 필수적이라 할 것이다. 미국과 중국은 1979.1. 그리고 한국과 중국은 1992.8. 각각 수교하여 정상적인 외교관계를 이미 회복하였으므로, 미·북한과 남북한 간의 관계 정상화만 남아있다. 한편 남북한 간 직접 평화조약을 체결하는 것은 남북한을 별개의 국가로 인정하지 않는 헌법 규정에 위배된다. 따라서 남북한 간 합의서를 미·중이 보장하는 2+2 방식 또는 남북한과 미·중 4개국이 모두 당사자로 참여하는 평화조약 체결 방식을 고려할 수 있다. 2+2 방식의 경우, 남북한 간 합의서에 미·중이 보장 서명(postscript)을 하거나 미·중이 별도로 선언(1978년 이집트와 이스라엘 간 「Camp David 평화협정」, 1995년 보스니아 평화를 위한 「Dayton 평화협정」 등)할 수 있다.

다. 내용

평화조약의 내용으로는 일반적으로 다음 사항이 포함될 수 있다.

- 전쟁상태 종결과 평화상태 회복: 상호 불가침, 체제 존중, 내정 불간섭 등
- 육상 및 해상경계선 설정: 육상 군사분계선과 해상 NLL 처리
- 비무장지대 철폐 후 평화적 이용: 평화지대화 및 관리위원회 설치
- 평화 감시 또는 보장: 군정위를 대체하는 평화 보장기구 설립
- 군사적 신뢰 조치: 군비 통제·축소, 우발적 무력충돌 방지 등
- UN사 해체 또는 전환
- 미귀환 포로송환
- 분쟁해결, 발효 조항 등

다만 한국전쟁이 승자나 패자가 없는 상황에서 「정전협정」이 체결되었기 때문에 전쟁책임(배상 및 보상 문제, 전범 처리 등) 문제나 인권 보호 등에 관한 규정은 사실상 포함되기 어렵다고 할 것이다. 또한 주한미군은 「한미상호방위조약」에 근거하여 주둔하고 있으므로, 주한미군의 주둔 문제는 평화조약 체결과는 별개로 논의되어야 할 것이다. 베트남전쟁을 종결한 1973년 「파리협정」은 외국군 철수를 명시하였으며, 협정 발효 후 미군이 베트남에서 철수하였다. 한편 북한 핵 문제는 당사국 간 정치적·군사적 신뢰를 바탕으로 체결되는 평화조약의 전제로서, 평화조약 체결 이전 내지 적어도 이와 동시적으로 타결되어야만 할 것이다.

어떠한 방식이든, 미·북한 간에는 우호 관계 수립을 위한 별도의 선언이나 조약을 체결하여, 관계 정상화, 비핵화, 주권 존중, 무력사용 금지, 분쟁의 평화적 해결 등을 규정해야 할 것이다. 남북한 간에도 별도 선언이나 합의서를 통해, 남북한 특수 관계에 따른 평화적 통일, 상호 국가승인 효과 배제, 민족 내부 거래 인정, 남북합의서의 이행, 연락사무소 설치 등을 포함할 수 있을 것이다.

제19장
한미관계와 「한미상호방위조약」·
「한미주둔군지위협정(SOFA)」

I. 배경

한국전쟁 중 7만 명에 달하는 막심한 인명 피해로 미국 내 종전 여론이 비등한 가운데 전비 지출에 따른 재정적자 축소를 공약하고 당선된 아이젠하워 대통령은 정전협정을 조속 타결하고 한국전쟁 종전 후 미군의 단계적 철수를 계획하였다. 미국은 전후 아시아에서 일본·호주·뉴질랜드 및 필리핀과 방위조약 체결을 계획하였지만, 한국과의 방위조약 체결은 전략적 가치가 높지 않다고 판단하였다. 하지만 이승만 대통령은 종전 후 주한 미군이 철수하면 한국이 공산화될 것을 크게 우려하였고, 정전협정 체결에 동의하는 조건으로 한미 간 방위조약 체결과 대규모 경협을 강하게 요구하였다.

미국이 마지못해 한국이 요구한 방위조약 체결 요구를 수용하자, 1953.7.9. 한국은 정전에 반대하지 않는다는 약속과 함께 조약 초안을 미국에 제시하였다. 미국은 한국에 대한 방위공약과 군사 지원 등을 포함하는 행정협정 체결을 대신 제의하였으나, 이승만 대통령은 법적 구속력이 있는 조약에 의한 동맹을 요구하였다.[1] 미국은 조약을 체결하더라도 명칭은 agreement(협정)를 쓰기를 원했지만, 결국 한국이 요구하는 treaty(조약)로 합의하였다. 10.1. 변영태 외무장관이 방미하여 덜레스 장관과 「한미상호방위조약」(Mutual Defense Treaty between

----
1 이승만 대통령은 한국인 최초의 미국 공법 박사로, 1911년 프린스턴 대학에서 받은 그의 논문은 '미국의 영향을 받은 중립론'(Neutrality as influenced by the United States)이었다.

the Republic of Korea and the United States of America, 이하 '조약')에 서명하고 양국이 비준하여, 1954.11. 공식 발효하였다. 한편 북한에서는 1958.10. 재건 사업을 지원하던 중국인민지원군(약 30만 명)이 철수하고, 1961.7. 「조·소 우호 협력 및 상호원조조약」 및 「조·중 우호 협력 및 상호원조조약」이 각각 체결되었다.

II. 「한미상호방위조약」

1. 주요 내용

가. 목표와 적용범위(전문)

조약은 외부 무력공격에 대한 한국과 미국의 방어 결의를 명시하여, 북한·중국 등 잠재적 침략자가 군사적 모험을 시도하는 경우, 이를 저지한다는 수세적 방위 목표를 선언하고 있다.

조약은 시간적 적용범위를 '포괄적이고 효과적인 지역적 안전보장 조직이 발달할 때까지'로 제한하고 있다. 그러나 미국이 구상하던 아시아 역내 집단안보 조직이 이후 수립되지 못하고 개별 방위조약인 「한미상호방위조약」은 계속 유지되고 있다.

조약의 지리적 적용범위는 태평양 지역이다. 조약은 태평양 지역에서의 평화와 안전을 유지하는 방위동맹이다. 따라서 한국과 태평양 지역 내 미국의 영토(하와이, 괌, 당시 미국의 시정하에 있던 오키나와)를 포함한다.[2] 한국군이 베트남전(1964)과 이라크전(2003)에 참전한 것은 이들 지역이 「한미상호방위조약」상 지리적 적용범위 밖이며 UN 안보리의 무력사용 승인 결의도 없었다는 점에

----

2 한편 「미일안보조약」은 1951.9. 체결되어, 1952년 「샌프란시스코강화조약」과 함께 발효하였다. 「미일안보조약」의 목표는 일본과 극동의 안정과 평화 유지이며, 이를 위해 해·공군을 주력으로 하는 주일미군 약 50,000명이 주둔하고 있다.

서, 한미동맹 정신에 입각한 정치적 결정에 따른 것이라 할 것이다.

나. 분쟁의 평화적 해결(제1조)

평화적 수단에 의해 국제분쟁을 해결하고, UN의 목적이나 회원국의 의무에 배치되는 무력의 위협이나 사용을 삼간다. 「UN헌장」에 구현된 분쟁의 평화적 해결과 무력사용 금지 원칙을 천명함으로써, 자위권 행사가 아닌 불법적인 무력사용에 대해서는 조약이 적용되지 않는다는 것을 명확히 하고 있다.

다. 무력공격 발생 이전 조치(제2조)

당사국 중 어느 1국의 정치적 독립이나 안전이 외부의 무력공격에 의해 위협을 받고 있다고 어느 당사국이든지 인정하면 당사국은 언제든지 서로 협의한다. 당사국은 단독 또는 공동으로 자조와 상호 원조에 의하여 외부의 무력공격을 저지하기 위한 적절한 수단을 유지하며 발전시키고, 이 조약을 이행하고 목적을 추진하기 위해 협의하고 합의하여 적절한 조치를 취한다(take suitable measures in consultation and agreement).

무력공격이 발생하기 이전 무력공격의 위협에 대해 양국이 취할 조치를 규정하고 있다. 무력공격의 위협에 대해 상호 협의하고, 무력공격 저지를 위한 적절한 수단을 유지·발전시키며, 적절한 조치를 취한다. 합동군사훈련 등 한미 양국이 군사협력을 실시하는 근거이다.

라. 무력공격 발생 시 조치(제3조)

각 당사국은 타 당사국의 행정 지배하에 있는 영토(territory now under respective administrative control)와 각 당사국이 타 당사국의 행정 지배하에 합법적으로 들어갔다고 인정하는 금후의 영토에 있어서 타 당사국에 대한 태평양 지역에서의 무력공격을 자국의 평화와 안전을 위태롭게 하는 것으로 인정하고, 공통 위험에 대처하기 위하여 *각자의 헌법상의 수속에 따라* 행동할 것을 선언한다.

타 당사국에 대한 무력공격이 자국의 평화와 안전을 위태롭게 하는 것으로 인식하고 이러한 위험에 공동 대처할 것을 규정하였다. 이에 따라 일방 당사국이 무력공격을 받는 경우 타 당사국은 지원해야 하는 조약상 상호지원 의무가 발생한다.3 이는 「UN헌장」 제51조가 인정하는 집단적 자위권 행사를 위한 한미 간 사전 합의를 명시한 것이라 할 것이다. 다만 집단적 자위권 행사에 필요한 요건(필요성, 비례성, 즉각성)을 충족한 무력공격이 아니라면 상호지원 의무는 발생하지 않는다.

'타 당사국의 행정 지배하에 있는 영토'는 한국의 경우 북한을 제외한 남한지역을 의미하며, 미국은 태평양 지역의 미국의 관할 하에 있는 영토를 말한다. '각 당사국이 타 당사국의 행정 지배하에 적법하게 들어갔다고 인정하는 금후의 영토'에 적용되므로, 한국이 북한지역을 추후 회복하더라도 미국이 이를 합법적으로 한국의 관할 아래에 들어왔다고 인정해야 조약이 적용된다고 할 것이다. 미 상원은 조약 비준 시 양해사항(understanding)을 첨부하여, 제3조는 외부로부터의 무력공격에만 적용되며 또한 미국이 한국의 행정권 아래 들어왔다고 인정하지 않은 영토에 대한 무력공격에 대해서는 미국의 지원 의무가 없음을 재확인하였다.

이승만 대통령은 무력공격이 발생한 경우 미국의 자동적이고 즉각적인 개입을 명문화하고자 했지만, 조약은 집단적 자위권을 행사하여 공동 대처함에 있어 각자의 '헌법상의 절차에 따라'(in accordance with its constitutional process) 행동하도록 규정하였다. 각자의 헌법상의 절차에 따라 공동 대처하려면 상당한 시간이 소요될 수 있다. 이에 따라 미국이 무력공격을 받은 한국을 즉각 지원해야 할 의무, 즉 미국의 **자동개입**이 보장되지 않는다. 이는 「미일안보조약」의 문안과 동일하지만, 「UN헌장」 제51조에 따라 무력공격에 대한 개별적·집단적 자위권을 행사함에 있어 당사국은 무력사용을 포함한 필요한 조치를 *즉각* 취

----

3 「한미상호방위조약」이 무력공격에 대해 양국의 공동 대응책임을 명기했지만, 「미일안보조약」은 일본에 대한 미국의 일방적 지원과 보호 의무를 규정하고 미군을 지원하기 위해 공격 능력이 없는 자위대가 구성되었다.

해 공격받는 국가를 지원할 것을 규정한 「북대서양조약」(NATO) 제5조와는 차이가 있다(제5조). 한편 1961년 「조·중 우호 협력 및 상호원조조약」은 일방이 전쟁상태에 처하게 되면 상대방은 모든 힘을 다해 지체없이 군사 및 그 밖의 원조를 제공하도록 자동개입을 규정하고 있다(제2조). 「조·소 우호 협력 및 상호원조에 관한 조약」도 무력침공 시 즉각적 개입과 원조 제공을 명시하였으나 (제1조), 1996.9.10. 종료되고, 2000.2.9. 새로 체결된 「러·북 우호선린협력조약」은 무력침공 시 지체없이 상호 접촉하기로 개정되었다.

미국의 『전쟁수권법』(War Powers Act, 1930)은 미국 영토나 미군에 대한 공격 등 명백하고 현존하는 위협 상황 시 대통령에게 전쟁을 수행할 권한을 부여하고 48시간 이내에 이를 의회에 통보하여 60일 이내에 승인을 받아야 한다고 규정하고 있다. 이에 따라 미 대통령은 긴급사태 시 의회 승인 없이 60일 범위에서 미군을 투입하여 전쟁을 수행할 수 있으며, 필요하면 30일을 더 연장할 수 있다. 무력공격에 대한 집단적 자위권 행사는 「UN헌장」과 일반국제법상 인정되는 고유한 권리이며, 이 조에 따른 한미 간 사전 합의가 명시되어 있어 한미의 판단에 따라 즉각적으로 자위권을 행사하는 데 사실상 제약은 없다 할 것이다. 다만 이론상 30일 추가 연장 이후에는 미 상원이 개입할 수 있다.

마. 주한 미군의 배치(제4조)

> 상호 합의에 의해 결정된 바에 따라, 한국은 미 육·해·공군의 한국 영토 내와 그 부근에 배치할 권리(the right to dispose)를 부여하고, 미국은 이를 수락한다.

미군이 한국에 주둔하는 법적 근거로서, 미군의 토지 및 시설 사용에 대해 상호 합의에 따른 주병권(駐兵權)을 인정하고 있다. 이승만 대통령이 제3조에서 자동개입 문안을 포함하고자 하였으나 미국이 거부하자, 대신 제4조에 미군 주둔 조항을 제안하여 포함되었다. 이 조에 따라 한국 방위를 위해 주둔하는 주한미군은 주한미군사령부(USFK: US Forces Korea)하 미국의 독자적인 부대로, 「한미상호방위조약」의 이행을 지원한다. 주한미군은 육군 위주로 약 28,500여 명이 주둔하고 있다. 주한 미 육군대장은 주한미군사령관, UN사령관(DMZ 등

「정전협정」 관리), 한미연합사사령관(연합작전계획 수립, 대북 정보감시체제 Watchcon 과 방어준비태세 Defcon 발동), 주한미군 선임 장교(미 합참의장의 권한 대행) 역할 을 겸직한다.

바. 최종조항

각자의 헌법상의 절차에 따라 비준되어, 비준서 교환 시 효력이 발생한다 (제5조).

조약은 무기한 유효하다. 어느 당사국이든지 통고 후 1년 후 종료시킬 수 있다(제6조). 「미일안보조약」은 10년마다, 「북대서양조약」은 20년마다 주기적으 로 개정할 수 있지만, 조약에는 개정조항이 없다. 다만 한미 양국이 합의하면 언제든지 개정할 수 있다고 할 것이다(「조약법에 관한 비엔나협약」 제39조).

2. 관련 문제: 작전통제권

1948.8.24. 하지 미군정사령관은 이승만 대통령에게 군 통수권을 이양하였 다. 그러나 한국전쟁 발발 직후인 1950.7.14. 이승만 대통령은 무초(J. Muccio) 주한 미국대사에게 서한을 발송, "UN군과의 통일적이며 효율적인 전쟁 수행을 위해 맥아더 UN사령관에게 현 적대행위의 상태가 지속되는 동안, 한국의 육· 해·공군에 대한 일체의 지휘권(all command authority)을 이양하고 이를 한국 내 또는 한국 근해에서 행사한다"고 통보하였고, 맥아더 사령관은 공한으로 작 전지휘권(operational command authority)을 수락하였다.

「정전협정」 체결로 적대행위가 중지되자, 양국은 1954.11.17. 「한미상호방 위조약」의 부속합의서 형태로 「한국에 대한 군사 및 경제원조에 관한 합의의 사록」을 체결하여 작전통제권을 UN사로 이양하였다. 합의의사록은 "UN사가 한국 방위를 위한 책임을 부담하는 동안, 한국군을 UN사의 작전통제(operational control)하에 둔다"고 규정하고(제2조), 이를 변경하기 위해서는 미국과 협의 후 합의하도록 규정하였다. 맥아더 사령관의 작전지휘권은 작전 임무 수행을 위해

예하 부대에 행사하는 일체의 군령권(인사·군수·행정 등 군정권 제외)을 말하지
만, UN사의 작전통제권은 특정한 작전을 수행하기 위해 일시적으로 부여된 제
한된 부대운용 권한으로, 작전지휘권의 하위개념이다.

　　1975년 UN 총회가 공산 측이 제출한 UN사 해체 결의안을 통과시켜 UN
사의 지위가 불안정해지고 Jimmy Carter 미국 대통령이 주한미군 철수를 결정
함에 따라, 양국은 한국 방위작전의 효율화를 위해 **한미연합사**(CFC: ROK-US.
Combined Forces Command)를 구상하였다. 1978.7.27. 「한미군사위원회와 한
미연합사사령부에 대한 권한위임사항」(Terms of Reference for the Military
Committee and ROK/US Combined Forces)에 의해 UN사는 한국군에 대한 작전
통제권을 연합사로 이양하였고, UN사는 「정전협정」의 당사자로서 정전체제의
관리자의 역할만 맡게 되었다. 이어 동년 10.17. 외교부장관과 주한 미국대사
간 「한미연합사령부 설치에 관한 교환각서」를 체결하여, 11.7. 한미연합사가
창설되었다. 교환각서는 "상기 권한 위임이 「한미상호방위조약」 및 1954년
「한미합의의사록」 범위 내에서 이루어진 것이며, 이러한 합의는 연합사사령관
이 UN사령관을 겸임하는 미국 4성 장군인 동안 효력을 가진다"고 규정하여,
연합사사령관은 미군 대장이, 부사령관은 한국군 대장이 맡게 되었다. 이에 따
라 미국이 UN사를 통해 간접적으로 한국을 방위하는 방식에서 「한미상호방위
조약」을 직접 이행하는 연합방위체제로 전환하였다. 양국의 대통령·국방장관·
합참의장으로 구성되는 국가통수 및 군사지휘기구(NCMA: National Command &
Military Authority)가 양국 합참의장으로 구성된 군사위원회(Military Committee)에
전략지시 및 작전지침을 시달하면, 군사위원회는 연합사령부에 이를 하달한다.

　　1994.11.30. 외교부장관과 주한 미국대사 간 「정전 시 작전통제권 환수
관련 교환각서」를 체결하여, 연합사사령관이 지정된 한국군 부대에 행사해 온
평시작전통제권을 12.1. 한국군(합참의장)에 이양하였다. 다만 연합사사령관은
한국 합참의장이 위임한 권한(CODA: Combined Delegated Authority) 사항인 전
시 연합작전계획의 수립·발전, 한미 연합 군사정보의 관리, 위기관리 및 「정전
협정」 유지 등에 대해서는 평시에도 자신이 지정한 한국군을 통제할 수 있다.

　　2006.9. 양국은 **전시작전통제권**을 2012.4.17.까지 전환(war-time OPCON

transfer)⁴ 하기로 합의하였으나, 2006.10.9. 북한의 1차 핵실험 실시 등으로 2015.12.1.로 연기되었다. 2014.10. 양국은 전환 시기 대신, 한국군의 능력과 주변 안보 환경 등 조건에 기초한 전환(condition-based transfer)에 합의하고, 2017.6. 이를 조속히 추진하기로 합의하였다. 이러한 조건은 ① 한국군의 연합 방위 주도에 필요한 군사 능력, ② 북한 핵·미사일 위협에 대한 동맹의 핵심 군사 능력 구비, ③ 안정적인 전시작전권 전환에 부합하는 한반도 및 역내 안보 환경을 충족하는 것이다. 2018.10. 양국은 사령관은 한국군 4성 장군, 부사령관은 미군 4성 장군이 맡는 미래 연합군의 구조 기본안에 합의하였다.

3. 평가

조약에 따라 주둔하는 주한미군은 한국 방어를 위한 대북 억지력으로 작용하여왔다. 조약에는 상설 협의기관에 관한 규정이 없으나, 실제로 매년 양국 국방부장관 간 한미안보협의회의(SCM: Security Consultative Meeting)가 운영되고 있다. 1968년부터 시작된 SCM은 양국 국방장관과 국방·외교 인사들이 함께 참여한다. 1978년부터는 양국 합참의장이 주재하는 군사위원회 회의(MCM: Military Committee Meeting)가 SCM 직전 개최되고 있다.

조약은 한미군사동맹의 법적 기반이지만, 군사적 동맹 이상의 다목적 성격을 지녔다. 북한의 침략 의지를 약화시켜 장기간 한국의 안보를 확보하는 한편, 해양 국가인 미국과의 연계를 통해 해양 진출로를 확보하게 되었다. 안보를 미국에 의존하면서 경제적 발전을 이룩하는 데 기여하였다는 긍정적 평가가 있지만, 대미 의존을 심화시켜 자주성을 약화시켰다는 부정적 평가도 없지 않다. 조약 개정을 통해 무상 주병권 등 조약상 불평등성을 완화해야 한다는 주장도 있다. 조약에 기초한 한미동맹을 상호보완적이고 미래지향적으로 계속 발전시켜 나갈 필요가 있다 할 것이다.

----
4 방어준비태세(Defcon: Defence Readiness Condition) IV 하에서 평시작전통제권이 적용되며, 방어준비태세 I, II, IIII 하에서는 전시작전통제권이 적용된다.

한편 한미 양국은 2006.1. 양국 외무장관의 공동성명 형식으로 주한미군의 '전략적 유연성'(strategic flexibility)에 합의하였다. 이는 "한국은 주한미군의 전략적 유연성을 존중하되, 미국은 한국민의 의지와 관계없이 한국이 동북아 지역 분쟁에 개입되는 일이 없을 것이라는 한국의 입장을 존중한다"는 내용이다. 「한미상호방위조약」상 대북 억제 역할에 집중해 온 주한미군이 대만 등 여타 동아시아 지역 분쟁에 투사될 가능성에 대비한 것이다.

III. 「한미주둔군지위협정(SOFA)」

1. 경위

1950.7.12. 한국전쟁에 참전한 주한미군의 법적 지위 및 형사재판관할권을 규정하기 위해 임시 수도이던 대전에서 「재한 미국군대의 형사범죄 관할에 관한 한미협정」('대전협정')이 공한 교환 형식으로 체결하였다. 협정은 전쟁 기간 중 미국(미군 군법회의)이 주한미군의 구성원에 대해 형사재판관할권을 전속적으로 행사하도록 규정하였다.

1952.5.24. 부산에서 「한국과 통합사령부 간의 경제조정에 관한 협정」('Meyer 협정')이 체결되었다. 미국은 "통합사령부의 개인 또는 기관이 한국 내에서 직무를 수행함에 있어 필요한 특권·면제 및 편의를 부여한다"는 규정(제3조13항)에 따라 주한미군도 특권·면제를 받는다는 입장을 취하면서, 별도의 SOFA(Status of Forces Agreement) 체결에 소극적이었다.

1953.10. 「한미상호방위조약」이 서명된 직후부터 양국은 SOFA 협상을 개시하였으나 미국이 교섭에 성의를 보이지 않아 진전을 이루지 못하다가, 1962년 한국이 미국이 요구한 한일 국교 정상화와 한국군의 월남파병(1965–1973)을 수용하면서 SOFA 협상이 본격화되었다. 협상이 개시된 지 13년 만인 1966.7.9. 「한미상호방위조약 제4조에 의한 시설과 구역 및 미군 지위에 관한 협정」(이하 '협정')이 체결되어, 1967.2.9. 발효되었다. 한국의 경우 국회 동의를 받은 정식

조약이나, 미국은 상원의 권고와 동의 없이 「한미상호방위조약」 제4조를 집행하기 위한 대통령의 권한으로 체결되었기 때문에 미 국내법상 행정협정에 해당하여 '한미행정협정'으로도 불린다.5 본 협정(전문 및 31개 조항)과 부속 협정인 「합의의사록」(Agreed Minutes), 「본 협정과 합의의사록에 대한 합의양해사항」 (Agreed Understanding), 「형사재판권에 관한 교환서한」(Exchange of Letters)의 4개 문서로 구성되었다. 「형사재판권에 관한 교환서한」에는 "한국의 1차적 관할권에 속하는 미군 구성원·군속·그 가족의 범죄라도 범죄 발생 15일 이내에 미군에 통고하지 않으면 한국의 재판관할권이 자동 포기된다"는 이른바 '자동 포기조항'을 포함하였다.

　　1991년 1차 개정에서는 「본 협정과 합의의사록에 대한 합의양해사항」과 「형사재판권에 관한 교환서한」을 폐기하고, 「시행양해사항」(Understanding on Implementation)을 채택하였다. 양국은 한국측 형사재판권의 '자동포기조항' 삭제, 불필요한 시설과 구역의 반환, 면세 물품의 불법 유통 규제 강화, AIDS 등 질병의 유입 및 확산 방지 체제 수립, 「방위비 분담 특별협정」 추가, 미군 우편물에 대한 한국 세관 검사 등에 합의하였다.

　　2001년 2차 개정에서는 본 협정과 「합의의사록」을 개정하고, 「본 협정과 합의의사록에 관한 양해사항」(Understandings to the Agreement), 「한국인 고용에 관한 양해각서」, 「환경보호에 관한 특별양해각서」, 「민사재판 절차에 관한 합동위원회 합의사항」을 채택하였다. 양국은 주요 범죄를 저지른 형사 피의자의 인도 시기를 재판 종결 후에서 기소 시기로 앞당기고, 미군기지 내 시설 건축 시 한국 정부와 사전 협의, 불필요한 미군 시설 및 구역 반환을 위한 합동 조사 연 1회 이상 실시, 한국인 노무자 지위 강화(해고 최소화 및 해고 요건 강화 등), 재판소의 민사소송 서류 송달 및 집행 절차 규정, 동식물에 대한 검역 강화, 미군기지 내 매점에 대한 한국인 출입 제한 등에 합의하였다. 신설된 「환경보

5　미국의 경우, 미국 행정부가 정식조약(treaty)을 체결하기 위해서는 미국 연방헌법 제2조에 따라 상원의 조언과 출석 의원 2/3 이상의 동의를 받아야 하나, 행정협정(executive agreement)은 행정부가 의회나 조약의 위임에 따라 또는 대통령 자신의 권한 범위 내에서 상원의 동의 없이 체결한다.

호에 관한 특별양해각서」는 법적 구속력은 없지만, 미국은 한국의 환경법령을 준수하고 한국은 미군에 미치는 영향을 고려하여 환경법령을 집행하도록 상호주의를 규정하였다. 환경관리지침을 2년마다 검토·보완하며, 환경오염 예방을 위한 환경영향평가와 환경오염 제거를 위한 공동 조사를 실시하며, 환경 치유에 있어 반환기지는 미국, 공여 기지는 한국이 부담하도록 규정하였다.

2. 주요 내용

가. 시설과 구역의 사용 및 반환

미국은 한국의 지정된 시설(비행장, 항구 등)과 구역(기지)을 사용하도록 받으며, 미국이 사용하는 개별 시설과 구역에 관한 협정은 합동위원회를 통하여 체결한다(제2조1항). 개별 시설과 구역의 반환 또는 새로운 시설과 구역의 제공을 위해서는 양국 정부의 합의가 필요하다(제2조2항). 미국은 시설과 구역을 무상으로 사용하며, 반환 시 미국은 제공 당시의 상태로 원상회복하거나 보상할 의무가 없다(제4조1항). 시설과 구역의 사용 기간에 관한 규정은 없다. 그러나 1991년 개정된 합의양해사항에 따라, 시설이나 구역을 매년 1회 이상 합동으로 심사하고 한국은 언제든지 시설이나 구역의 반환을 요청할 수 있다. 2001년 개정된 양해사항에 따라, 미국이 시설과 구역 안에서 신축 또는 개축하는 경우 한국에 통보하고 협의한다.

미국은 한국 정부 및 지방 행정기관이 소유·관리 또는 규제하는 모든 공익사업(수송과 통신시설 및 기관, 전기·가스·수도·동력·하수 오물 처리 등)과 용역을 이용한다. 이러한 공익사업과 용역은 다른 이용자에게 부여된 것보다 불리하지 않은 우선권·조건·사용료나 요금에 따른다(제6조).

공적인 목적으로 운항하는 미국과 외국의 선박·항공기는 한국의 항구 또는 비행장에서 입항료 또는 착륙료를 내지 않고 출입할 수 있다. 미군 군용 차량의 시설 및 구역에의 출입 및 이들 시설과 구역 간의 이동에는 도로 사용료나 기타의 과징금을 부과하지 않는다(제10조).

나. 방위비 분담

협정은 "미국은 한국에 부담을 과하지 아니하고, 그 밖의 미군 유지에 따르는 모든 비용을 부담한다"고 규정하였으나(제5조1항), 1991년 1차 개정 시 체결된 「방위비 분담 특별협정」(SMA: Special Measures Agreement)은 "주한미군의 한국인 고용원의 고용을 위한 경비의 일부 또는 필요하다고 판단되는 경우 기타 경비의 일부를 부담할 수 있다고 규정하였다"(제1조). 이에 따라 1991년부터 한국은 미국과 특별협정을 체결하여, 주한미군 주둔 비용을 공식 분담하고 있다.

주한미군 주둔 비용은 한국인 고용원(약 12,000명)의 인건비와 군사 건설·항공기 정비 등 군수지원을 위해 현금과 현물을 각각 지원하는 것으로, 5년 단위로 매년 지급할 총액을 결정하고, 연도별 분담금 증액은 소비자 물가지수를 고려하되 최대 4%로 제한되었다. 한미 양국은 2021.3. 2022년 분담금을 11,833억 원으로 하되, 2025년까지 매년 국방예산 증가율을 반영하여 인상하기로 합의하였다.

다. 형사재판관할권

(ⅰ) 전속적 관할권

미국은 미군 구성원·군속 및 그 가족들에 대해 평시 미국의 안전에 관한 범죄를 포함하여 미국법에 의해서만 처벌될 수 있는 범죄(반역죄·간첩죄·기밀누설죄 등)에 대해 전속적 관할권을 갖는다(제22조1항). 미군 구성원·군속·가족의 범위에는 배우자 및 21세 미만의 자녀뿐만 아니라 미군 구성원·군속에게 생계비의 반액 이상을 의존하는 부모 및 21세 이상의 자녀 또는 기타 친척을 포함한다(제1조). 미국의 전속적 관할권 행사의 범위가 너무 넓어 한국 검찰의 기소권을 제한하는 것으로 지적된다.

한국은 한국의 안전에 관한 범죄 등 한국법에 의해서만 처벌될 수 있는 범죄에 대해 전속적 관할권을 행사한다(제22조2항). 단, 「한미상호방위조약」 제2조가 적용되는 적대행위가 발생한 경우에는 미군이 구성원·군속 및 그 가족에 대해 전속적 재판관할권을 갖는다(제22조11항).

(ii) 1차적 관할권의 행사와 관할권 경합

미군의 재산·안전에 관한 범죄, 군대의 구성원·군속 및 그 가족의 신체·재산에 관한 범죄, 공무집행 중의 작위 또는 부작위에 의한 범죄에 대해서는 미국이 1차적 관할권(primary right to exercise jurisdiction)을 행사한다. 미국의 1차적 관할권 행사 대상 범죄가 아닌 그 밖의 범죄는 한국이 1차적 관할권을 행사한다(제22조3항). 상대국이 1차적 관할권 포기가 특히 중요하다고 인정하여 요청하면, 1차적 관할권 갖는 국가는 이를 호의적으로 고려해야 한다. 1차적 관할권을 갖는 국가가 이를 포기하면 상대국에 신속히 통보하며, 상대국이 관할권을 행사하게 된다(제22조3항).

'공무집행 중'(in the performance of official duty)의 작위 또는 부작위에 의한 범죄는 근무 시간 중이 아니라 실제 공무집행 중에 이루어진 행위를 말한다. 미군이 발급하는 공무집행 증명서가 1차적 관할권을 판단하는 중요한 근거이지만, 2001년 개정된 양해사항에 따라, 한국은 미군이 발급한 공무집행 증명서에 대해 토의·문의 또는 거부할 수 있다.

(iii) 미군 피의자의 구금 및 인도

미군 구성원 등 피의자가 미군의 수중 아래 있는 경우, 한국 내 재판절차가 종료되어 한국이 인도를 요청할 때까지 미군이 계속 구금한다. 한국이 미군 구성원 등을 체포한 경우, 미군에 즉시 통고하고 미군이 요청하면 피의자를 인도하며, 모든 재판절차가 종료되어 확정판결 후 한국이 구금을 요청하면 미군은 피의자를 한국에 인도한다(제22조5항).

이 조항이 미군 범죄자의 인권을 과도하게 보호한다는 지적에 따라, 2001년 개정된 「합의의사록」에서는, 살인과 같은 흉악 범죄나 죄질이 나쁜 강간죄를 범하였다고 믿을만한 상당한 이유가 있는 미군 피의자를 한국이 범행 현장이나 범행 직후에 체포하면 계속 구금할 수 있게 되었다. 또한 한국이 1차적 관할권을 갖는 살인·강간·약취·유괴·마약 거래 또는 생산·흉기 강도·음주운전 치사·폭행 또는 상해 치사·교통사고 치사 후 도주 등 12개 주요 범죄에 대해서 구금에 상당한 이유와 필요가 있는 경우, 미군 피의자 신병 인도 시기를 확정판결 후에서 기소 시로 앞당겼다.

(ⅳ) 그 밖의 조항

한국 법원이 선고한 자유형을 한국 영역 안에서 복역 중인 미군 구성원 등에 대해 미군이 구금 인도를 요청하면 한국은 이를 호의적으로 고려해야 하며, 미군은 미국의 적절한 구금시설에서 복역 종료 시까지 인도받은 자의 구금을 계속 유지해야 한다(제22조7항).

일사부재리의 원칙에 따라, 특정 범죄에 대해 일방 국가로부터 재판을 받은 피고는 동일 범죄에 대해 타방 국가로부터 이중으로 재판을 받지 않는다(제22조8항).

한국이 소추한 사건이 한국 1심 법원에서 유죄가 아니거나 무죄로 판결된 경우, 한국 검찰은 법령을 착오한 경우 이외에는 상소하지 못하며, 피고가 상소하지 않은 재판에 대해서도 상소하지 못한다(제22조9항). 또한 미군이 입회하지 않은 상황에서 피고인이나 피의자의 진술은 유죄의 증거로 채택되지 않는다.

한국은 미군이 동의하거나 중대한 범죄를 범한 현행범을 추적하는 경우 이외에는 미군 시설이나 구역에서 경찰권을 행사할 수 없다(제22조10항).

라. 민사재판관할권(제23조)

공무집행 중이냐 아니냐에 따라 다른 절차가 적용된다. 공무집행 여부는 중재인이 결정한다. 중재인은 양측의 합의로 사법기관에 종사하는 한국 국민 중에서 선정한다.

공무집행 중인 경우, 군 재산이나 군 구성원의 부상·사망 등의 손해는 상호 청구를 포기한다. 정부 재산에 대한 손해는 중재인을 통해 해결한다. 제3자에게 손해를 입힌 경우, 손해액이 1,400불 미만이면 각자 청구를 포기하나, 양측에 모두 책임이 있거나 책임 소재가 불분명한 경우 균등(각각 50%) 분담하며,

미군만이 책임이 있는 경우 미군이 75% 한국은 25%를 분담한다. 이의가 있는 피해자는 『국가배상법』에 따라 한국 정부를 상대로 제소할 수 있다.

공무집행 중이 아닌 경우, 한국의 민사재판에 따른다. 미군이 제3자에게 손해를 끼친 경우, 한국(『국가배상법』에 따른 국가배상심의회)이 피해를 조사하고 배상금을 산정하여 미군에 통보하면, 미군은 배상금 지급 여부 및 배상금액을 결정하여 제의하고, 피해자가 수락하면 미군이 직접 지급한다. 피해자가 이를 수락하지 않으면, 피해자는 미군을 상대로 한국법원에 민사소송을 제기할 수 있다.

2001년 개정에 따라, 미국법이 허용하는 범위 내에서 강제집행 절차에 관한 한국법(송달, 법정 출석, 증거 수집 등)이 적용된다. 판결이 확정되면, 미군은 강제집행을 위해 모든 지원을 제공한다.

마. 면세

미군이 공용으로 사용하거나 미군의 구성원·군속 및 그 가족이 사용하기 위해 반입하는 물품에 대한 관세 및 과징금을 면제한다. 미군이 사용하는 재산에 대한 조세 면제, 미군 구성원의 소득에 대한 조세를 면제한다(제9조).

바. 출입국

한국은 미군 구성원·군속 및 그 가족의 출입국자 수와 종별을 통보받는다. 미군 구성원은 여권 및 사증에 관한 한국 법령의 적용을 받지 않는다(제8조).

사. 합동위원회

협정 시행에 관한 상호 협의를 위해 양국 정부 간 협의기관으로 합동위원회를 설치한다(제28조). 외교부(북미국) SOFA 운영실과 주한미군 SOFA 사무국 간 협의한다. 2005년 한미 양국은 '한미 SOFA 운영개선 특별합동위원회'를 설치하고, 산하에 형사·민사·시설·구역·노무·교통·공공 용역 등 8개 분과위원회를 구성하였다.

합동위원회의 회의록은 상호 합의 없이는 공개하지 않는다.

제20장
한일관계와 「한일기본관계조약」·「청구권협정」

I. 한일협상(1951.10.20.~1965.6.22.)

1. 경위

　　1951.9.8. 「샌프란시스코강화조약」(San Francisco Peace Treaty, 이하 '강화조약')이 체결되어 일본의 주권이 회복되었다. 한국은 강화조약의 당사국이 아니었지만, 강화조약은 일본의 한국에 대한 독립 승인(제2조a), 일본의 한국 내 재산 처분(제4조a), 어업협정 체결(제9조), 통상 관련 조약체결(제12조)의 혜택을 받을 권리를 명시하였다(제21조).

　　강화조약의 체결과 함께, 도쿄 연합국 최고사령부 정치고문관 J. 시볼드(J. Sebald)의 주선으로 한일 국교 정상화를 위한 양국 간 예비회담이 1951.10.20. 개최되었다. 한국은 일본 식민 지배로부터 해방 후 강한 민족주의와 방일(防日)주의 성향을 보였다. 냉전 구조 아래 아시아에서 일본 중심의 지역통합을 구상하던 미국은 한국전쟁의 와중에서도 동북아에서 자유 진영을 강화시키고자 한일 양국의 국교 정상화 협상을 촉구하면서도, 교섭 자체에 대해서는 개입하지 않는다는 입장을 유지하였다.

　　1952.2.15.~4.26. 1차 회담, 1953.4.15.~7.23. 2차 회담이 개최되고, 1953.10.6.~10.20. 3차 회담이 개최되었으나 일본측 수석대표 구보타의 망언으로 회담이 결렬되었다. 구보타는 연합국의 재한 일본인 송환 및 사유재산 몰수

와 강화조약 체결 이전 한국의 독립 승인은 국제법 위반이며, 일본의 한국 지배가 한국민에 유익하였다는 '식민지 시혜론'을 주장하였다. 1956.3. 이승만 대통령은 구보타 망언 취소, 재한 일본인의 사유재산 인정 요구 철회, 평화선 인정 요구 등 협상 재개를 위한 조건을 제시하였다. 1957.12. 양국은 구보타 발언 철회, 재한 일본인 사유재산 청구권 요구 포기, 상호 억류된 국민의 석방 및 송환, 일본의 한국 문화재 일부 반환 등에 합의하였다. 1958.4.15.~1960.4.15. 개최된 4차 회담에서 양국은 일본 어선의 평화선 침범 및 재일 조선인의 북송 문제로 충돌하였다. 1960.4.19. 혁명으로 들어선 장면 정권은 10.25. 5차 회담을 개시하였으나, 1961.5.16. 군사 쿠데타로 중단되었다.

1960년대에 들어서서 미국의 한국에 대한 재정지원이 급속히 감소하자 한국은 심각한 경제 침체를 겪고 있었다. 1961년 한국의 1인당 국민소득은 85달러 수준으로 외자도입 유치가 사실상 불가능한 상황이었다. 박정희 군사정권은 북한과의 정통성 경쟁 속에서 국가건설과 경제개발이 시급한 과제였으며, 경제개발 5개년 계획 추진에 필요한 자본과 기술을 도입하기 위해 일본과의 관계 정상화가 절실하였다. 일본은 한국전 특수로 경제가 회생하자, 한국에서 경제적 입지와 영향력을 회복하길 원했다. 1961.10.20. 6차 협상이 개시되었다. 11.12. 박정희는 미국 순방 길에 일본에 들러 이케다 하야토 수상과 수교 문제를 협의하였다. 한국은 대일 청구권은 배상적인 것이 아니라는 점을 확인하고, 일본은 한국과의 경제협력에 있어 유리한 조건으로 자금을 공여할 것을 약속하였다. 1962.11.12. 김종필 중앙정보부장과 오히라 마사요시 일본 외상은 동경에서 극비리에 만나 정치적·포괄적 방식에 의한 협상 타결과 일본의 공여 자금 총액에 합의함으로써 한일협상의 최대 쟁점이 타결되었다. 하지만 1964.6.3. 한일 협상이 대일 굴욕외교라고 반대하는 6.3. 사태가 발생하여 한국 내 계엄령이 선포되었다.

2. 한일 국교 정상화

협상 개시 후 13년 8개월 만인 1965.6.22. 일본 총리 관저에서 이동원 외무장관과 시나 외상 간 「대한민국과 일본 간의 기본관계에 관한 조약」(Treaty on Basic Relations between the ROK and Japan, 이하 '기본관계조약'), 4개 협정(「재산 및 청구권에 관한 문제의 해결 및 경제협력에 관한 협정」, 「어업협정」, 「재일교포의 법적 지위 및 대우 협정」, 「문화재 및 문화협력에 관한 협정」)을 비롯한 25개 문서가 서명되었으며, 1965.12.18. 이들 조약이 발효하여 양국 간 국교가 정상화되었다.

「분쟁해결에 관한 교환공문」도 함께 체결되었다. 「분쟁해결에 관한 교환공문」은, 별도의 합의가 있는 경우를 제외하고는, 양국 간 분쟁은 우선 외교상의 경로를 통해 해결하고 이로써 해결하지 못하면 양국이 합의하는 절차에 따른 조정에 의해 해결하도록 규정하였다. 일본은 협상 과정에서 교환공문이 적용되는 분쟁 대상으로 독도를 명기하려고 하였지만, 한국이 이에 극력 반대함에 따라 명기되지 않았다. 교환공문이 적용되는 대상이 「한일기본관계조약」 등 조약의 해석과 적용에 관한 분쟁인지 양국 간 모든 분쟁인지에 대해 이론이 있다.

II. 「한일기본관계조약」

1. 명칭 및 전문

한국은 승전국의 입장에서 강화조약의 체결을 주장하였으나, 일본은 「샌프란시스코강화조약」 제2조에 따른 한국의 독립 승인 및 미래를 위한 우호조약의 체결을 주장하였다. 결국 양국 관계의 정상화를 위한 기본관계조약을 체결하기로 합의하였다.

전문은 양국 국민 관계의 역사적 배경, 선린과 관계 정상화를 위한 희망을 고려하며, 「UN헌장」의 원칙에 합당한 긴밀한 협력을 규정하였다. 그러나 역사적 배경을 고려한다고만 하였을 뿐, 일본의 한반도 식민 지배 등 과거사 청산에 관해 아무런 언급이 없다. 식민지배의 불법성이 국제법상 확인된 바 없지만, 일부 국가가 개별적으로 식민지배에 대해 사과한 사례는 있다. 예컨대 이탈리아는 2008.8. 구 식민지였던 리비아와 체결한 「우호·파트너십 및 협력에 관한 조약」 전문에서, 식민 지배로 인해 리비아인에게 가해진 고통에 대하여 유감을 표명하고 불행한 과거 역사의 장을 닫고 분쟁을 최종적으로 종식하기 위해 총 50억 달러 규모의 인프라 건설 등 지원을 약속하였다. 단 이러한 지원이 식민지배에 대한 배상이라고는 명시하지 않았다.

2. 외교 및 영사관계 수립(제1조)

양국은 양국 관계가 정상화되기 전인 1949.1.14. 주일 한국대표부를 도쿄에 설치·운영하기로 합의하였고, 이로써 일본은 한국을 묵시적으로 승인하였다. 1952.4. 「샌프란시스코강화조약」의 발효와 함께, 주권을 회복한 일본이 소급하여 한국을 공식 승인하였다. 1965.6. 기본관계조약을 체결함으로써 양국은 대사급 외교관계를 수립하고, 양국이 합의하는 장소에 영사관을 설치하기로 하였다.

3. 기존 조약의 무효(제2조)

1910.8.22. 및 그 이전 양국 간 체결된 모든 조약과 협정은 이미 무효(already null and void)임을 확인한다.

'1910.8.22. 및 그 이전 양국 간 체결된 모든 조약과 협정'은 1904.2.23. 「한일의정서」, 1905.11.17. 「을사보호조약」, 1907.7.24. 「한일신협약」, 1910.8.22. 「한일병합조약」 등으로, 양국은 이들 조약이 무효임을 확인하였다.

그러나 이들 조약이 무효가 된 시기에 대해서 양측은 입장을 달리한다. 한국은 「을사보호조약」과 「한일병합조약」 등은 강압으로 체결되었으며 일본의 병합이 불법적인 침략행위이기 때문에 이들 조약은 체결 당시부터 효력이 발생하지 않는 원천 무효(null and void)라는 입장이다. 병합 자체가 불법이므로 식민통치 행위 또한 법적 근거를 상실하였기 때문에 일본은 그로 인한 국제법상 책임이 발생하며, 한국은 불법행위인 식민지배 과정에서 발생하는 모든 피해에 대해 보상을 요구할 권리가 있다는 입장이다. 이에 반해 일본은 근대 국제법상 제국주의 국가들의 식민 지배를 허용하던 시제법의 원칙에 따라, 1910년 이전 양국 간 체결된 조약은 체결 당시의 국제법상 합법이지만, 식민지배는 부당하였다는 주장이다('부당 합법론'). 따라서 일본은 이들 조약이 기본관계조약이 체결된 이후 무효가 된다는 입장이었다. 협상 끝에 일본이 제시한 already(이미)를 한국이 수용함으로써 문안이 타결되었다. 이들 조약이 기본관계조약이 체결되기 이전에 이미 무효라는 점은 명확해졌지만, 무효인 시점은 여전히 불분명하다. 일본은 1948.8.15. 대한민국 정부수립 시까지 소급하여 무효가 되었다는 입장이다.

일본이 조선의 독립을 인정한다는 「샌프란시스코강화조약」 제2조a는 일본의 조선 병합이 유효하다고 전제하고 있다. 일본이 적법하게 한국을 병합하였으며, 해방 후 미군의 군사점령을 거쳐 한국이 일본에서 분리·독립하였다는 것이다. 일본의 식민 지배로 인한 다대한 손해와 고통을 준 데 대해 반성과 사죄의 심정을 표명한 무라야마 도미이치 총리 담화(1995.8.15.)와 김대중-오부치 게이조 총리의 한일 파트너십 공동선언(1998.10.8.)도 한반도 강점의 불법성을 인정한 것이 아니라, 병합이 적법하였으나 이후 식민통치 과정에서 자행된 문제들에 대해 미안하다는 부당 합법론의 연장선에 있다고 하겠다.

4. 한국 정부의 한반도에서의 유일 합법성(제3조)

한국 정부가 UN 총회결의 195호(III)에 명시된 바와 같이, 한반도에서의 유일한 합법정부임을 확인한다.

1948년 UN 총회결의 195호는 "한국 정부는 UN 한국임시위원회의 감시가 가능한 지역, 즉 38선 이남의 지역에 대해 관할권을 갖는 한국에서의 유일한 합법정부이다"라고 규정하였다. 이는 한국 정부가 한반도에서 UN이 승인하는 유일한 합법정부임을 선언하면서도, 북한 정권이 38선 이북 지역을 관할하고 있다는 현실을 반영한 것이다.

협상 과정에서 한국은 한반도에서의 유일한 합법정부임을 명시하고자 한 반면, 일본은 한국의 관할권을 휴전선 이남 지역으로 한정하려고 하였다. 일본은 한국 정부는 현실적으로 휴전선 이남에 대해서만 관할권을 행사하며, 총회결의는 북한지역과는 무관하다는 입장이었다.[1] 결국 한국의 요구대로 한국이 한반도에서 유일한 합법정부라고 규정하였으나, 사실상 휴전선 이남 지역에 대해서만 관할권을 갖는 정부로 한정하려는 일본의 주장 또한 '결의 195호에 명시된 바와 같이'라는 단서를 추가하여 타협하였다. 일본은 또한 제3조에 such(그러한)를 추가하여 이를 명확히 하려고 하였으나, 한국의 반대로 포함되지 않았다.

그러나 이 조항은 1991년 남북한의 UN 동시 가입과 「남북기본합의서」 체결, 고이즈미 일본 총리의 방북 및 북일 평양선언(2002.9.17.) 등으로 국제법상 북한의 국가성이 인정됨으로써 그 의의를 잃게 되었다. 일본은 북일 국교 정상화가 이루어지면 한일 간 청구권협정에 따라 한국에 제공했던 금액에 상응하는 금액을 북한에도 별도로 지급한다는 입장이다.

5. 그 밖의 조항

「UN헌장」의 원칙에 따른 관계 및 협력(제4조), 무역·해운 및 기타 통상 관계의 안정을 위한 조약 또는 협정 교섭 개시(제5조), 민간항공 운수에 관한 협정

----
1 2015.10.20. 니카타니 겐 일 방위상은 "한국이 실효 지배하는 범위는 휴전선 남쪽이다"라고 발언함으로써, 비상시 자위대가 한국의 동의 없이 북한지역에 진입 가능한가에 대해 논란을 일으킨 바 있다.

교섭 개시(제6조), 비준서 교환 및 효력 발생(제7조)을 규정하였다.

조약은 한국어·일본어·영어가 정본으로 작성되었으며, 해석에 상위가 있으면 영어본에 따른다. 그러나 제2조와 제3조의 해석과 관련한 입장 차이로 상대국 언어본에 대한 합의가 이루어지지 않았으며 이에 대해 서로 이의를 제기하지 않기로 양해하였다. 제2조 및 제3조에 내포된 모호성 때문에, 양국은 이를 각자 독자적으로 해석하기로 정치적으로 타협한 것이다.

III. 「청구권 및 경제협력에 관한 협정」

1. 배경: 「샌프란시스코강화조약」과 청구권

1945년 종전 후, 미국은 일본 군국주의의 부활을 막기 위해 일본의 공업설비를 피침략국으로 이전하는 등 일본에 대해 엄격한 징벌적 배상을 부과한다는 입장이었다. 그러나 1947년 중국 본토가 공산화되고 1950년 한국전쟁이 발발하자 미국은 아시아의 공산화를 우려하였으며, 공산주의를 막는 방파제로서 일본의 경제부흥을 지원하기로 하였다. 이에 따라 미국은 일본이 연합국 국민에 끼친 손해는 각국에 남아 있는 일본 자산을 압수하여 배상한다는 방침으로 선회하여, 1951.9.8. 강화조약이 서명되었다.

강화조약은 일본군에 의해 점령되고 또한 일본에 의해 피해를 당한 연합국에 대해서 전쟁 기간 중 일본이 입힌 손실과 고통에 대해 배상해야 하나, 일본이 완전한 배상을 할 수 있는 충분한 자원이 없으므로 일본이 존립가능한 경제를 유지할 수 있는 범위 내에서 배상하도록 하였다(제14조a). 이에 따라 미국·영국 등 다수 국가가 일본에 대한 전쟁배상 요구를 포기하였으나, 배상을 요구한 필리핀(5.5억 불)·인도네시아(2.2억 불)·미얀마(2억 불)·베트남(4천만 불)은 전승국의 지위에서 일본과 개별 협정을 체결하여 전쟁 배상금(괄호 안)을 지불받았다. 중국도 1972년 국교 정상화를 위한 공동선언에서 전쟁배상 청구를 포기하였다. 한편 대만은 1952.4. 일본과 평화조약을 체결하여 일본의 식민통치에 대한 배상을 자발적으로 포기하였다.

태평양전쟁 발발 직후인 1941.12.10. 일본에 대해 선전포고한 상해임시정
부는 교전국의 자격으로 1952.9. 샌프란시스코 평화회의에 참석하려고 하였다.
그러나 상해임시정부를 공식 승인하지 않은 미국·영국은 한국이 일본과 교전
상태가 아니었다는 이유로 강화회의 참가를 허용하지 않았다. 한국이 전승국의
일원으로서 강화조약에 서명하지 못함에 따라 전쟁 피해나 식민지배에 대해
일본의 배상을 청구할 수 없게 되었다. 대신 강화조약은 분리 지역(한국·대만)
과의 재산 및 부채를 포함한 청구권(property and claims including debts)은 일본
이 특별약정(special arrangement)을 체결하여 해결할 것을 규정하였으며(제4조a),
이는 한일 간 청구권협정 체결의 근거가 되었다.

2. 협상 경과

미군정청은 1945.9.25. 남한에 있는 일본의 국·공유 재산의 이전을 금지하
여 1945.8.9.부로 동결하는 군정법령(제2호)을 공포하였다. 미 군정청은, 1945.8.
기준 일본 정부와 일본 기업과 개인(당시 재한 일본인은 약 60만 명)이 한국 내
약 52억 불(남한 22.7억 불, 북한 29.7억 불)의 재산을 소유하였으며, 이는 한국
내 모든 재산의 85%에 해당하는 것으로 추정하였다. 12.6. 미군정청은 군정법
령 제33호를 통해, 동결된 일본의 국·공유 재산과 개인 사유재산을 포함한 모
든 재산을 9.25.자로 소급하여 몰수하였다. 미국은 한국 정부가 출범한 직후인
1948.9.11. 「한미 간 재정 및 재산에 관한 최초 협정」을 체결하여 몰수 재산의
약 90%를 한국 정부로 이관하였다.

청구권은 한일협상 내내 양국의 입장이 첨예하게 대립하는 핵심적인 사안
이었다. 한국은 1952.2. 1차 회담에서 양국과 양국 국민 간 재산 및 청구권 등
의 처리를 위한 '8개 항목'(the Outline of Claims)을 제시하였다.[2] 8개 항목은 한

----
2 8개 항목은 ① 한국에서 반출된 고서적, 미술품, 골동품, 그 밖의 국보, 지도, 한국에서 채굴·정
련되어 조선은행을 통해 반출된 지금(地金) 및 지은(地銀) 반환 ② 1945.8.9. 현재 일본 정

국의 분리·독립에 따라 일본과 청산해야 할 재정적·민사적 채권·채무 관계를 망라한 것으로, 순수한 법률적 청구권만을 요구한 것이다. 재한 일본인의 재산을 이미 이관받은 점을 감안하여 식민 지배로 인한 피해와 전쟁책임에 배상 요구는 포함하지 않고, 법적 근거가 있는 한국과 한국인들의 재산 반환만을 요구한 것이다.

그러나 일본은 재한 일본인의 사유재산 몰수는 국제법(「육전의 법 및 관습에 관한 협약」)을 위반한 것으로 이에 대한 일본의 청구권은 여전히 소멸하지 않았다고 이른바 '역청구권'을 주장하며, 한국의 대일 청구권과 일본의 역청구권을 조정할 것을 요구하자 협상은 난항에 빠졌다. 한국은 재한 일본인의 재산은 일본의 불법적인 식민 지배의 산물이므로 당연히 한국으로 이관되어야 하며, 이는 "일본은 미군정의 지시에 따른 일본과 재한 일본 국민의 재산 처리의 효력을 승인한다"는 강화조약(제4조b)에 의해 승인되어 한국의 소유가 되었으므로, 한국에 일본 또는 일본인의 재산은 아무것도 없다는 입장이었다. 미 국무부는 1957.12.31. 한일 양국에 「대일 강화조약 제4조의 해석에 관한 각서」를 발송하였다. 각서는 "일본의 재한 일본인 사유재산에 대한 청구권 요구가 강화조약 제4조b에 위배됨을 분명하게 확인하고, 한일 간 특별약정에서 한국의 대일 청구가 한국의 재한 일본인 재산 인수로 인해 소멸 또는 충족되었다고 생각될 범위를 결정해야 한다"고 명시하였다. 미국은 각서를 통해 한국 입장을 공식 지지하는 한편, 재한 일본 재산의 몰수로 한국에 대한 일본의 식민지배 또는 전쟁 피해 배상이 어느 정도 충족된 것으로 보고, 양국이 이를 제외한 반환적 성격의 청구권에 대해서만 협의하길 희망한 것이다. 미국이 이러한 입장을 분명히 밝히자, 일본은 식민지배에 대한 한국의 배상청구권은 소멸하였다는 전

부의 조선총독부에 대한 채무 변제, ③ 1945.8.9. 이후 한국으로부터 송금된 금액의 반환, ④ 1945.8.9. 현재 한국에 본사를 둔 법인의 재일(在日) 재산 반환, ⑤ 한국인 소유의 일본 국채·공채·일본 은행권, 피징용 한국인의 미수금·보상금 및 *기타 청구권*의 변제, ⑥ 한국인이 소유한 일본 법인의 주식 또는 기타 증권의 법적 인정, ⑦ 상기 재산 또는 청구권에서 발생한 과실의 반환, ⑧ 상기 반환 또는 결제는 즉시 개시하여 협정 성립 후 6개월 이내 종료할 것이다.

제 아래 1957.12. 재한 일본인의 사유재산에 대한 역청구권 요구를 철회하였다.

양국은 1960.10. 5차 회담부터 한국이 제시한 8개 항목별 산출 요구액(총 12억 2천만 불)을 기준으로 항목별로 인정할 금액을 논의하기 시작하였다. 일본은 한국이 주장하는 항목별 산출 근거와 증빙자료 제출을 요구하였으나, 한국으로서는 이러한 근거를 제시하기 어려운 상황이었다. 징용 노무자의 미수금 등과 관련, 한국은 강제동원으로 인한 육체적·정신적 고통에 대한 보상을 요구하였으나, 일본은 동원 당시 이들이 일본 국민이었으므로 동원된 다른 일본 국민과 동일하게 생환자에 대해서는 보상하지 않고 사망자와 부상자에 대해서만 보상한다는 입장이었다. 일본은 또한 자국『원호법』에 따라 동원자 개인에 대해 직접 보상하려는 입장이었으나, 한국은 이들에 대한 전체 보상금을 한국 정부에 지급할 것을 요구하였다. 한국은 북한에 거주하는 개인에 대한 보상도 청구권에 포함할 것을 주장하였으나, 북한지역에 대한 한국의 관할권을 인정하지 않는 일본은 한국 정부와 남한지역 주민의 청구권으로 제한한다는 입장이었다.

협상이 진전되지 않자, 항목별 구분 없이 총액을 결정하는 정치적 해결방안이 모색되었다. 1962.3. 양국 외상 회담에서 한국은 청구권으로 7억 불을 요구하였으나, 일본은 한국의 청구권 규모가 7천만 불에 불과하다고 주장하여 양측 간 현격한 금액 차이를 보였다. 일본은 한국이 청구권 요구를 포기하면 경제개발에 필요한 상당한 규모의 자금을 제공하겠다는 입장을 보였다. 1962.11.12. '김종필·오히라 회담'에서 일본이 무상 3억, 유상 2억, 상업차관 1억 미불 이상을 공여하기로 총액에 합의함으로써, 협상 타결의 실마리를 찾게 되었다.

1965.4. 양국 외무장관 간 청구권 규모와 경제협력 방안에 최종 합의하여 「대한민국과 일본국 간의 재산 및 청구권에 관한 문제의 해결과 경제협력에 관한 협정」(Agreement on the Settlement of Problem concerning Property and Claims and the Economic Cooperation between the Republic of Korea and Japan, 이하 '청구권협정')이 체결되고, 1965.12.18. 비준서를 교환함으로써 협정이 발효되었다.

3. 주요 내용

가. 청구권 문제의 해결과 경제협력 증진(전문)

> 양국은 양국 및 양국 국민의 재산과 양국 및 양국 국민 간의 청구권에 관한 문제
> 를 해결할 것을 희망하고, 양국 간의 경제협력을 증진할 것을 희망하여, 다음과
> 같이 합의하였다.

한국은 일본으로부터 받는 자금 명목이 식민 지배에 대한 배상을 포함하는 것으로 보고 청구권(claims right)이라는 용어가 반드시 사용되어야 한다는 입장이었다. 그러나 일본은 한반도 식민 지배가 합법이라는 전제하에 식민지배에 대한 사죄나 배상은 불가하며, 식민지배에 대한 배상은 재한 일본인 재산의 몰수로 마무리되었으므로, 한국의 독립 축하 또는 경제발전에 기여할 경제협력 자금으로 규정할 것을 주장하였다.

결국 일본이 한국이 요구한 청구권 명칭의 사용을 수용하는 대신, 한국은 일본이 요구한 경제협력 방식을 수용하였다. 한국은 청구권이 식민지배에 대한 배상을 포함한다는 명분으로, 일본은 경제협력이라는 명분으로 정치적으로 타협한 것이다.

나. 무상 및 유상 자금제공(제1조)

일본은 한국에 10년에 걸쳐 3억 불을 무상(grant)으로 제공하고, 2억 불의 유상(loan)을 실시한다. 일본은 3억 불 상당의 일본의 재화와 용역을 10년에 걸쳐 균등하게 나누어 무상 제공한다. 일본의 재화와 용역을 구매할 수 있는 2억 불 상당의 장기저리 차관(대외협력기금)을 10년에 걸쳐 균등하게 나누어 제공한다. 또한 「상업상의 민간 신용 제공에 관한 교환공문」을 체결하여 수출입은행의 상업차관(private commercial credits)으로 3억 불 이상을 제공하기로 하였다. 그러나 자금을 제공하는 이유나 명목에 대해서는 아무런 언급을 하지 않고 있다. 한국은 자금이 식민 지배에 대한 배상 성격의 청구권을 포함하는 경제협력

자금으로 이해하였다. 반면에 일본은 무상·유상(차관)의 경제협력자금으로 보았다.

무상 자금은 『청구권 자금의 운용 및 관리에 관한 법률』(1966)에 따라 농업·임업·수산업 등 1차산업의 진흥과 공업화를 위한 각종 기계 도입을 위해 사용하였다. 유상 자금과 경제협력 차관은 소양강댐·포항제철·경부고속도로 건설 등 사회 기간산업 확충과 공장 등 자본재 도입에 사용하였다. 한편 정부는 『대일 민간청구권 신고에 관한 법률』(1971) 및 『대일 민간청구권 보상법』(1974)을 제정하여 1975.7.~1977.6. 간 1945.8.15. 이전 사망한 군인·군속·노무자 등 피동원자에게 약 92억을 보상하였다. 하지만 보상이 충분하지 않다는 비난이 있자, 2004년 『일제강점하 강제동원피해진상규명특별법』을 제정하여 사망자뿐만 아니라 행방불명자와 생존자 중 부상·장애자에 대해서도 2015.12. 까지 6,200억 원 상당을 추가로 보상하였다.

다. 완전하고 최종적인 해결(제2조1항)

> 양 체약국은 양 체약국 및 그 국민(법인 포함)의 *재산·권리 및 이익*(property, rights, interest)과 양 체약국 및 그 국민 간의 *청구권*에 관한 문제가 *강화조약 제4조(a)에 규정된 것을 포함하여 완전히 그리고 최종적으로 해결*된 것이 된다는 것을 확인한다.

양국은 ① 양국 및 그 국민(법인 포함)의 재산·권리 및 이익, ② 양국 및 그 국민 간의 청구권을 포함하여 일괄 타결하는 방식을 채택하였다. 개별·항목별 청구를 확인하기 쉽지 않기 때문에 전후 처리나 국가승계 등에 있어서 편의상 청구를 포괄하여 '일괄 타결'(lump-sum settlement)하는 방식이 사용되어 왔다. 독일 v. 이탈리아 국가관할권면제사건(2012)에서 ICJ는 "무력충돌 후 이를 일괄 해결할 목적으로 가해국으로부터 자금을 수령한 피해국이 그 돈을 피해자인 국민에게 분배하지 않고 경제 및 인프라 재건에 사용한 경우, 보상받지 못한 피해자들이 가해국에 대해 청구할 권리를 부여한 것으로 보기는 어렵다"고 판단하였다. '강화조약 제4조(a)에 규정된 것을 포함하여'는 미군정청에 의해 몰수되어 한국 정부로 이관된 재한 일본인들의 재산도 이 협정에 포함되어 함께 해결되었다는 것을 확인하고 있다.

이에 더해 일본은 청구권협정의 부속 문서로 「합의의사록 I」(Agreed Minutes I)을 제시하였다.

> 양국은 완전히 그리고 최종적으로 된 것으로 되는 양국 및 그 국민의 재산·권리·이익과 양국 및 그 국민 간 청구권은 한일회담에서 한국측이 제출한 한국의 대일청구요강(소위 '8개 항목') 범위에 속하는 모든 청구가 포함되어 있고, 따라서 동 대일청구요강에 관하여는 어떠한 주장도 할 수 없게 됨을 확인하였다(2.g).

양국 및 그 국민 간의 재산·권리·이익과 양국 및 그 국민 간의 청구권은 한일회담에서 한국측이 제출한 한국의 대일청구요강(소위 '8개 항목') 범위에 속하는 모든 청구가 포함되어 있고, 이에 대해 완전히 그리고 최종적으로 해결되었음을 재차 확인한 것이다. 합의의사록 I은 "재산·권리·이익은 법률상 근거에 따라 재산적 가치가 인정되는 모든 종류의 실체적 권리를 말하는 것으로 양해되었다"라고 규정하고 있다(2.a). 그러나 청구권은 정의하지 않아 그 대상이 논란이 되고 있다.

라. 청구권 주장의 차단(제2조3항)

> 일방 체약국 및 그 국민의 재산·권리·이익으로서 이 협정의 서명 일에 타방 체약국의 관할하에 있는 것에 대한 조치와 일방 체약국 및 그 국민의 타방 체약국 및 그 국민에 대한 모든 청구권으로서 동 일자 이전에 발생한 사유에 기인하는 것에 관해서는 어떠한 주장도 할 수 없다.

제2조3항의 '조치'와 관련, 합의의사록 I은 "양국 및 그 국민의 재산·권리·이익과 양국 및 그 국민 간의 청구권 문제를 해결하기 위해 취하여질 각국의 국내 조치를 말한다"고 규정하여(2.e), 재산·권리·이익과 청구권과 관련한 타방의 조치에 대해 새로운 주장을 할 수 없도록 차단하였다.[3]

----
3 일본이 위안부 할머니에 대해 후생 연금 탈퇴 수당으로 불과 99엔만을 지급하였으나, 이에

'어떠한 주장도 할 수 없다'와 관련, 협정 체결 이래 양국 정부는 제2조 1항 및 3항의 규정에 따라 정부의 외교적 보호권이 포기되었다는 입장이었다. 그러나 개인 청구권과 관련해서는 양국 정부의 입장에 변화가 있었다. 한국 정부는 협정 체결 직후에는 개인 청구권이 소멸되었다는 입장이었으나, 1980년 이후 한국인 징용 피해자 등의 소송이 잇따르자 개인 청구권을 인정하는 방향으로 움직였다. 피징용자들이 일본 정부나 기업을 상대로 소송을 제기하는 권리마저 포기한 것은 아니라고 본 것이다. 반면에 일본은 당초 한국 내 일본인의 사유재산에 관한 일본 국민 개인의 청구권이 소멸되지는 않았다는 입장이었다. 1991.8.27. 야나이 순지 일 외무성 조약국장이 참의원에서 "개인의 청구권 자체를 국내법적인 의미에서 소멸시킨 것이 아니다"고 확인하자, 각국의 전쟁 피해자들이 일본 법원에 손해배상청구 소송을 다수 제기하였다. 이에 일본 정부는 개인 청구권이 살아 있지만 정부나 일본 국민은 그러한 청구에 응할 의무가 없다는 입장으로 전환하였으며, 일본 법원도 이에 동조하여 개인의 청구권은 있지만 소송을 제기할 권리는 소멸하였다고 판결하였다. 일본 최고법원은 2007.4. 중국 피해자들이 일본 법원에 니시마쓰 건설을 상대로 손해배상을 청구한 소송에서 "개인의 청구권 자체가 소멸한 것은 아니지만, 피해자가 법원에서 소송을 통해 구할 수는 없다. 다만 해당 기업이 자발적으로 배상하는 것은 가능하다"고 모호하게 판결하였다. 니시마쓰 건설은 승소하였으나, 2009.10. 중국인 피해자 1인당 약 70만 엔을 자발적으로 지급하였다.

마. 분쟁해결절차(제3조)

분쟁해결은 원칙적으로 외교경로를 통해 해결하되, 해결되지 않으면 중재위원회를 구성하여 해결토록 하고, 중재위원회의 구성 방법을 상세 규정하고 있다. 중재위원회의 결정은 구속력이 있다.

대해 한국은 아무런 주장도 할 수 없게 되었다.

바. 그 밖의 조항(제4조)

협정은 비준되어야 하며, 한국어와 일본어가 정본으로 작성되었다.

4. 관련 문제: 강제동원과 위안부

가. 강제동원

일본은 강제동원 문제가 8개 항목 중 제5항(피징용 한국인의 미수금·보상금 및 *기타 청구권*의 변제)의 기타 청구권에 포함되었으며, 이는 청구권협정에 의해 완전하고 최종적으로 해결되었다는 입장을 견지하여 왔다. 이에 따라 강제동원 피해자들이 1997년 일본 법원에 신일본제철과 일본을 상대로 불법행위에 대한 손해배상 소송을 제기하였으나, 2013년 최종 패소하였다.

한편 강제동원 피해자와 유족이 청구권협정 제3조2항에 따라 중재 요청을 하지 않은 한국 정부의 부작위가 위헌이라고 주장한 헌법소원심판 청구사건에서, 2000.3. 헌법재판소는 정부의 재량 범위를 상당히 넓은 것으로 보고 정부가 반드시 중재에 회부해야 할 의무를 부담하는 것으로 보기는 어렵다고 판단하였다. 외교 사안에 관한 행정부의 재량권 행사에 대해 사법부가 통제를 자제한 것이다.4 한일회담 외교문서가 전면 공개된 이후 설치된 '한일회담 문서공개 후속대책 관련 민관공동위원회'는 2005.8.26. 청구권협정으로 받은 3억 미불은 한국 정부가 국가로서 갖는 청구권, 강제동원 피해보상 문제 해결 성격의 자금 등이 포괄적으로 감안되어 있다고 보아야 할 것이라는 입장을 발표하였다.

그 사이 피해자들은 2005년 서울중앙지방법원에 일본 기업(미쓰비시 중공업과 신일본제철)을 상대로 강제동원 및 불법행위 등에 대한 손해배상을 청구

----

4 2019.12.27. 헌법재판소는 정부의 부작위로 인해 피청구인(강제동원자)의 기본권을 침해하였다는 부작위 위헌확인소송(2012헌마939)에서도 청구권협정 제3조상 분쟁해결절차와 관련한 정부의 재량을 인정하고, 정부가 작위 의무를 이행하지 않았다고 볼 수 없다는 이유로 기각하였다.

하여 1심과 2심에서는 패소하였으나, 2012.5.24. 대법원은 다음과 같이 판결하였다.

- 일본은 한반도 지배의 불법성을 인정한 바가 없다. 일본의 불법적인 한반도 지배로 인한 법률관계 중 대한민국의 헌법정신과 양립할 수 없는 것은 그 효력이 배제된다.
- 청구권협정 제1조 의해 제공되는 자금은 청구권 문제를 해결하는 제2조와 법적 대가관계가 있다고 보이지 않는다. 청구권협정은 강화조약 제4조에 근거하여 양국 간 재정적·민사적 채권·채무 관계를 해결하기 위한 것에 불과하며, 불법적인 식민 지배 배상에 관한 것이 아니다.
- 따라서 일본의 국가권력이 관여한 반인도적 또는 식민 지배와 관련된 불법행위에 대한 원고들의 손해배상청구권은 협정의 적용대상에 포함되었다고 보기 어렵다.
- 일본의 불법행위에 대한 개인의 손해배상청구권은 청구권협정의 적용대상에 원래부터 포함되지 않았으므로 한국의 외교적 보호권도 포기되지 않았다. 또한 국민과는 별개의 법적 주체인 국가가 명확한 근거 없이 청구권협정을 체결함으로써 국민 개인의 청구권이 직접 소멸된다고 볼 수 없다.
- 따라서 피해자 개인이 일본 기업에 배상을 청구할 수 있고, 일본 기업은 이를 배상해야 한다.

대법원의 다수의견은 피해자들의 손해배상청구권은 "일본의 한반도에 대한 불법적인 식민지배 및 침략전쟁 수행과 직결된 일본 기업의 반인도적 불법행위를 전제로 하는 피해자의 일본 기업에 대한 *위자료* 청구권이며, (일본이 청구권협정상 한반도에 대한 불법적인 식민 지배 및 침략전쟁 수행을 인정한 바가 없으므로) 이는 청구권협정 적용대상에 포함된다고 볼 수 없다"고 하였다. 다수의견에 대해 국가의 외교적 보호권은 소멸되었으나 개인 청구권 자체는 당연히 소멸된 것은 아니라는 별개의견과 개인 청구권 행사도 제한되며 이로 인해 피해를 입은 국민에 대해 국가가 정당한 보상을 해야 한다는 반대의견도 제시되었다.

대법원의 파기환송에 따라, 서울고법은 2013.7.10. 신일본제철에 대해 피해자 1인당 위자료 1억 원, 부산고법은 2013.7.30. 미쓰비시 중공업에 피해자 1인당 8천만 원의 위자료를 각각 지급하라고 선고하였다.[5] 일본 기업들은 이에 불복하여 대법원에 재상고하였으며, 2018.10.30. 대법원은 이를 모두 기각하고 피해자들에 대한 배상을 최종 확정하였다. 대법원의 파기환송 판결은 한국 정부의 기존 입장이나 사법부의 자제 입장에서 벗어난 것이다.

이에 대해 일본은 강제동원 문제는 청구권협정에 따라 해결되었으며 대법원 판결과 집행은 청구권협정을 위배한 것이므로, 한국 정부가 '국제법 위반 상태를 시정하는 것을 포함하여 적절한 조치'를 취하라고 요구하는 한편, 한국에 대해 수출 규제 조치를 시행하였다.

판단하건대, 일본 기업에 대한 위자료 청구는 청구권협정과는 무관하다는 대법원의 판결은 국내법적으로 최고의 효력을 갖는다. 그러나 국가 간의 법률관계에 있어 국제법은 국내법보다 우위가 인정되므로, 이 문제는 결국 국제법인 청구권협정 제2조의 청구권의 범위에 위자료 청구가 포함되는지에 대한 해석의 문제이다. 구체적으로 위자료 청구권이 8개 항목 중 제5항(피징용 한국인의 미수금·보상금 및 *기타 청구권*의 변제)의 기타 청구권에 포함되는지가 핵심 쟁점이다.

강제동원 피해자 보상 문제는 한일 양국 간 국제법적 분쟁으로, 양국이 외교적 타결에 이르지 못하다면 청구권협정상 분쟁해결절차인 중재로 해결되었어야 하나 양국 모두 이를 거부하였다. 원고들은 피고 회사 소유 자산을 압류하고 현금화를 위한 강제집행 절차를 진행 중이다. 대법원 판결의 강제집행으로 인해 예상되는 한일관계의 파국을 피하기 위한 외교적 해법으로, 한국 정부는 2023.3. 대법원이 판결한 배상금을 일본 기업을 대신하여 제3자인 '일제강제동원피해자지원재단'이 지불하는 이른바 '제3자 대위변제' 해법을 추진 중이

----

5 한편 헌법재판소는 2015.12.23. 청구권협정 제2조1항이 일본 정부 및 기업에 대한 재산권을 주장할 수 없게 하여 재산권의 본질적 권리를 침해한다는 헌법소원심판(2009년)에서, 제기된 행정소송의 결과에 동 협정의 위헌 여부가 영향을 미치지 않으므로 이를 판단할 필요가 없다는 이유로 소를 각하함으로써, 외교행위에 대한 사법부의 관여를 자제하였다.

다. 소요되는 배상금은 청구권 자금으로 수혜를 본 한국 기업(포항제철, KT 등)
의 기여금을 활용한다는 방침이다.

나. 위안부

1990년에 들어 위안부 피해자들이 일본 법원에 손해배상을 청구하는 소송
을 수차 제기하였으나, 일본의 최고법원 등은 시효 등을 이유로 모두 기각하였
다. 위안부 문제가 표면화되기 시작한 이래, 일본은 위안부(comfort women/forced
military sexual slaves)는 민간업자와 위안부 간의 자발적인 합의에 의해 이루어
진 행위로 강제성을 부인하면서 일본 정부 차원의 법적 책임은 없으며, 설사
국가책임이 있다 하더라도 청구권협정 제2조의 일괄 타결 조항으로 위안부 문
제도 모두 해결되었다는 입장이다. 하지만 강제동원 문제와는 달리 청구권 협
상 과정에서 위안부에 대한 성폭력 문제는 거의 다뤄지지 않았다.

일본 정부의 이러한 입장에 대해 국제인권기구들이 위안부 문제를 본격 제
기하기 시작하였다. 1996.2. ILO에서는 위안부는 성 노예로서 강제노동을 금지
하고 있는 ILO협약(제29호)을 위반하였다는 전문가 의견서가 제출되었다. 1996.4.
UN 인권이사회 특별보고관(R. Coomaraswamy)은 위안부는 성 노예로서 인도에
반한 죄와 노예제를 금지한 관습국제법 위반으로, 일본에 대해 손해배상, 책임
자 처벌 및 공식 사죄를 권고하였다. 1998.8. UN 인권소위원회 특별보고관(G.
McDougall)도 위안부가 일본군이 직접 개입하여 모집·관리·운영한 성 노예임
을 확인하고 일본 정부에 대해 이러한 비인도적 범죄에 대한 책임자 처벌 및
배상을 권고하였다. 1999년 UN 인권소위원회도 결의(1999/16 3항)에서 "특히 무
력충돌 시 그리고 모든 강간 및 성 노예 행위를 포함하는 위반과 관련한 국가
와 개인의 권리와 의무는 국제법의 문제로서, 강화조약이나 평화협정, 사면 또
는 그 밖의 어떠한 수단에 의해서도 소멸될 수 없다"라는 입장을 밝혔다.
2008.10. 자유권규약위원회도 일본 정부에 대해 위안부 문제에 대한 법적 책임
을 인정하고 사죄할 것을 권고하였다.

2005.8.26. 전술한 '한일회담 문서공개 후속대책관련 민관공동위원회'는

"청구권협정상 8개 항목은 식민 지배에 대한 배상을 청구하기 위한 것이 아니라 한·일간 재정적·민사적 채권·채무 관계를 해결하기 위한 것이므로, *위안부·원폭 피해자·사할린 동포*와 같이 일본의 국가권력에 의한 반인도적 불법행위는 청구권협정에 의해 해결된 것으로 볼 수 없고 일본 정부의 법적 책임이 남아 있다"고 발표하였다. 위안부 문제에 대한 한일 간 입장 차이가 비로소 공식 확인된 것이다.

민간공동위원회의 입장 발표 후에도 한국 정부가 별다른 외교 조치를 취하지 않자, 2006.7. 위안부 피해자들은 군대 위안부의 배상청구권이 청구권협정 제2조1항에 의해 소멸되었는지에 대해 양국 정부 간 해석상 분쟁이 존재하므로 제3조 분쟁해결절차(외교경로를 통한 해결 및 중재)에 따라 정부가 이를 해결해야 할 의무가 있으나 정부가 이를 이행하지 않아 개인의 기본권이 침해되었다고 헌법소원심판(부작위 위헌확인)을 청구하였다. 헌법재판소는 2011.8.30. 외교행위는 폭넓은 재량이 허용되는 영역이지만 헌법상의 기본권은 모든 국가권력을 기속하므로 행정권도 기본권이 실효적으로 보장될 수 있도록 행사되어야 하며, 외교 영역도 사법심사의 대상이라고 보았다. 또한 반인도적 범죄행위인 군대 위안부 피해자들이 일본 정부에 대해 갖는 배상청구권은 헌법상 보장되는 재산권으로서 청구권협정 제3조에 의한 분쟁에 해당하며, 위안부 피해자들의 피해 배상권을 실현하기 위해 정부가 제3조의 분쟁해결 절차를 발동하지 않은 것은 부작위에 의한 위헌이라고 확인하고, 피해자들이 납득할 수 있는 구체적 해결방안을 조속히 제시할 것을 촉구하였다.

외교상의 경로를 통해 해결되지 않으면 중재위원회 구성을 요구해야 하는 협정 제3조에 따라, 외교부는 2011.9. 외교적 협의를 2차례 요청하였으나, 일본은 응하지 않았다. 2015.12.28. 양국 외무장관은 언론 공동성명을 통해, 일본이 위안부 피해자들의 상처를 치유하기 위해 한국 정부가 설립하는 재단에 일본 예산(10억 엔)을 출연하며, 이 문제가 최종적이며 불가역적으로 해결될 것임을 합의하였다. 이에 따라 2016.7. '화해치유재단'이 설립되었다. 그러나 합의가 위안부 피해자들의 의견을 충분히 반영하지 못하였다는 국내적 비판에 직면하자, 2018.1.9. 한국 정부는 합의를 파기하거나 재협상을 요구하지는 않지만, 이 합의로 위안부 문제가 해결될 수 없다는 입장을 밝히고, 2018.11. 화해치유재단의 종료를 발표하였다.

한편 2016.12. 위안부 피해자(고 배춘희 할머니 등 12명)와 유족은 일본 정부를 상대로 정신적·육체적 고통에 대한 손해배상을 청구하는 소송을 서울중앙지방법원에 제기하였다. 일본 정부는 국가면제를 주장하며 소장을 반송하였으나, 서울중앙지방법원(민사합의34부)는 2021.1. 이를 공시송달하여 관할권을 행사하였다. 국가면제가 관습국제법상의 원칙이지만, 일본의 반인도적 범죄는 강행규범을 위반한 것으로 보아 국가면제를 적용하기 어렵다고 본 것이다. 하지만 2021.4. 서울중앙지방법원(민사합의15부)는 동일한 쟁점에 대한 소송에서 국가면제의 예외를 인정하면 선고와 강제집행 과정에서 외교적 충돌이 불가피하다고 보고, 국가권력 행위에 대한 일본의 국가면제를 인정하고 원고 청구를 기각하였다. 일본의 국가면제와 관련하여 사법부가 상반된 판결을 함에 따라 향후 상급심에서의 판결 추이를 지켜보아야 한다.

제21장
범죄인인도와 「범죄인인도에 관한 UN모델조약」

I. 의의

1. 국제형사사법공조

국제적 교류와 이동이 활발한 현대 국제사회에서 범죄에 효율적으로 대처하기 위해서는 각국은 관할권이 자국의 전속적인 권한이라는 전통적인 사고에서 벗어나, 다른 나라와 긴밀히 협력해야 한다. 국제형사사법공조(Judicial Assistance in Criminal Matters)는 국가들이 국내 범죄이든 국제범죄이든 각종 범죄를 예방하고 진압하여 사법 정의를 실현할 수 있도록 서로 협력하는 것이다.

형사사법공조는 범죄인인도, 협의의 형사사법공조, 형사 판결의 집행 승인, 수형자 이송 등의 형태로 이루어지고 있다. 범죄인인도(extradition)는 범죄를 저지르고 피청구국으로 도피한 범죄인을 청구국이 기소 또는 형의 집행을 위해 신병을 인도받는 것을 말한다. 협의의 형사사법공조는 수사와 재판 등 형사 절차에 있어서 증거 및 서류 제공, 소재 파악, 증인출석 등 협조하는 것을 말한다. 형사 판결의 집행 승인은 외국의 요청으로 외국 법원의 판결을 국내에서 집행하는 것이다. 수형자 이송(transfer of sentenced person)은 타국에서 수형 중인 수형자의 자유의사에 따라 범죄인의 생활 근거가 있는 본국으로 이감하여 남은 형기를 집행하는 것이다.

2. 범죄인인도의 필요성

범죄인인도는 국제형사사법공조 활동 가운데 가장 고전적이며 효과적인 수단이다. 19세기에 들어서 프랑스를 비롯한 유럽 국가를 중심으로 발달되어왔으며, 범죄는 인류의 공동 이익에 반하는 것이므로 반드시 처벌되어야 한다는 자연법적인 사고에서 출발하였다. 20세기에 들면서 교통·통신 수단이 비약적으로 발전하여 범죄인의 해외 도피가 쉬워지면서 범죄인인도의 필요성이 부각되고 있다.[1] 설사 범죄인이 자국민이라 해도 타국 영토 안에 있는 범죄인에 대해 국가는 집행관할권을 행사할 수 없다. 범죄인인도는 관할권으로부터 도주한 범죄인은 범죄인 소재지국(피청구국)보다는 범죄 행위지국(청구국)에서 더 유효 적절하게 재판 또는 처벌할 수 있다는 인식에 근거하고 있다.

범죄인인도는 외교적인 요소를 포함하고 있어, 범죄인인도를 둘러싸고 관련국 간에 외교적 갈등을 초래할 때도 없지 않으나, 범죄인인도조약 체결을 통해 상호 우호 관계를 저해하는 범죄를 억제 또는 예방하는 효과도 적지 않다고 할 것이다.

범죄인인도조약의 체결을 위한 교섭은 주로 법제상의 차이점을 조정하여 실제 인도 청구 시 발생할 수 있는 문제점을 제거하는 데 중점을 둔다. 교섭에서는 청구국의 영토 외 발생 범죄 또는 조세·재정 범죄의 인도대상 범죄 포함 여부, 쌍방가벌 범죄 대상, 자국민 인도 허용 여부, 의무적·재량적 인도 거절 사유의 분류 등이 주요 쟁점이 되고 있다.

3. 범죄인인도의 법적 성격

범죄인인도는 일반국제법상 확립된 제도가 아니라는 것이 일반적인 견해이다. 일반국제법상의 의무가 아니므로, 양자조약이나 다자조약상 의무가 없는

----
1 초국경 조직범죄 예방 및 척결을 효과적으로 수행하기 위해 「UN 초국경 조직범죄 방지협약」
   이 2003년 채택·발효되었다(남북한 가입).

한, 타국의 인도 요구를 수용하지 않아도 국제법 위반은 아니며, 각국은 인도 여부를 재량으로 결정할 수 있다. 범죄인인도는 주로 양자조약에 근거하여 이루어지며, 보편적인 다자조약은 아직 채택되지 않았다. 지역적인 다자조약으로는 「유럽범죄인인도협약」(1957) 및 추가 의정서, 「아랍연맹범죄인인도조약」(1952), 미주 국가 간 「범죄인인도에 관한 몬테비데오협약」(1933)이 있다.

다만 각국은 조약상 의무가 없어도 국내법에 따라 상호주의를 적용하거나 국제예양에 따라 인도를 허용하는 경향이 있다. 청구국이 추후 인도 청구와 동일한 범죄 또는 유형의 범죄에 대해 범죄인을 인도한다는 상호주의 적용을 보증하는 경우, 피청구국이 인도를 허용하는 것이다. 미국·호주 등 영미법계 국가들은 범죄인인도 조약이 체결된 경우에만 인도하는 반면, 독일·한국 등 대륙법계 국가들은 조약상의 의무가 없는 경우에도 상호주의에 따라 인도를 허용하고 있다. 우리 『범죄인인도법』 제4조는 조약을 체결하지 않은 국가와도 상호주의를 적용하여 인도할 수 있도록 규정하고 있다.

범죄인인도 등 국제사법공조에 관한 조약체결은 무엇보다도 체결국가 간 사법 체계에 대한 상호 신뢰가 있어야만 가능하다. ILC는 양자 범죄인인도조약의 체결을 지원·촉진하기 위하여 각국의 국내법과 법체계를 조화시킨 「범죄인인도에 관한 UN모델조약」(UN Model Treaty on Extradition, 이하 '모델조약')을 1990.12. 채택하였다. 이하에서는 양자 범죄인인도조약 체결 시 전형 또는 준거로 사용되는 모델조약을 중심으로 설명한다.

II. 주요 내용

1. 인도의 요건

가. 범죄지

인도 대상이 되는 범죄는 원칙적으로 청구국 영역에서 발생한 범죄이다.

영해나 영공에서의 범죄는 물론, 공해상 청구국의 선박이나 항공기에서 발생한 범죄도 포함한다.

청구국 영토 밖에서 발생한 범죄의 인도 여부에 대해 영미법계와 대륙법계는 상이한 입장을 취하고 있다. 속지주의를 원칙으로 하는 영미법계 국가는 원칙적으로 형사관할권을 자국 영토 내에서 행해진 범죄에 대해서만 행사하며 내·외국인의 국외범에 대한 관할권을 인정하지 않으므로 청구 자체를 요구하지 않는다. 속인주의에 따라 역외 관할권을 인정하는 대륙법계 국가는 내국인에 대해서는 물론, 외국인의 국외범에 대해서도 아동 매춘 등 일정 범죄에 대해 관할권을 주장하고 있다. 우리나라와 같은 대륙법계 국가가 영·미법계 국가와 범죄인인도 조약을 협상하는 경우 국외범의 인도에 관한 관할권 조정이 필요하다.

나. 범죄인

범죄인은 수사 또는 재판받고 있거나 유죄 판결을 받고, 피청구국으로 도주한 자를 말한다.

인도 대상 범죄인은 주로 청구국 국민과 제3국인이다. 청구국이 피청구국 국민의 인도를 요청하는 경우, 영미법계와 대륙법계가 상이한 입장을 취하고 있다. 자국 형법을 자국 영토 내에서만 적용하는 속지주의 입장을 취하는 영미법계 국가는 외국에서 범죄행위를 한 자국민의 인도를 허용한다.[2] 속인주의를 원칙으로 하는 대륙법계 국가는 자국민이 외국에서 죄를 범하고 자국으로 도피해도 자국이 처벌할 수 있다는 입장이므로 자국민을 인도하지 않는다.[3] 모델

----

2 1997.4. 이태원에서 발생한 홍익대 대학생 살인사건과 관련, 흉기 소지 혐의로 수감 중이던 A. Peterson이 출국 정지 연장이 지연된 틈을 타 1998.8. 미국으로 출국하자, 2009.9. 한국은 미국에 범죄인인도를 청구하였다. 2011.5. 미 수사 당국은 Peterson을 검거하였으며 미 LA 법원은 2012.10. 동인의 한국 송환을 결정하였다. 2015.9. 국내로 송환된 Peterson에 대해 2017.1. 원심대로 20년 선고가 확정되었다.

3 중국·몽고 등 일부 대륙법계 국가는 헌법 또는 범죄인인도법 등 국내법에 명시적으로 자국민 인도를 금지하고 있다('자국민 불인도의 원칙').

조약은 영미법계와 대륙법계의 입장을 조정하여 피청구국의 자국민 인도를 재량적 거절 사유로 규정하고 있다. 그러나 범죄는 범죄 행위지국에서 처벌하는 것이 가장 효과적인 만큼 자국민이라 하더라도 합리적이면 인도하는 것이 바람직하다 할 것이다. 우리 형법상 내국인의 국외범을 처벌할 수 있으나(제3조), 『범죄인인도법』은 내국민을 인도하지 않을 수 있는 재량적 인도 거절 사유로 규정하고 있다(제9조). 한미, 한중, 한일 범죄인인도조약은 단지 국적만을 이유로 인도를 거절한 경우, 피청구국은 청구국의 요청에 따라 기소해야 한다고 규정하고 있다.

범죄인의 국적을 결정하는 시점은 범죄행위 시와 인도 청구 시를 기준으로 할 수 있으나, 범죄행위 후 국적 쇼핑을 통해 처벌을 회피할 수 없도록 범죄행위 시로 하는 것이 타당하다 할 것이다. 「한미범죄인인도조약」도 범죄행위 시로 규정하고 있다(제3조3항).

다. 인도 대상 범죄

인도가 허용되는 범죄는 청구국과 피청구국의 법률로 모두 처벌 가능한 범죄이어야 한다. 이는 범죄인을 보호하기 위한 죄형법정주의에 입각한 것으로 **쌍방 가별성의 원칙**(쌍방 범죄성 또는 이중범죄의 원칙: principle of dual criminality)이라 한다. 쌍방 가별성을 결정하는 시점은 범죄행위 시 또는 인도청구 시를 기준으로 할 수 있다. 한미 및 한중 간 범죄인인도조약은 청구 시를 기준으로 하고 있다.

인도 대상 범죄를 규정하는 방식으로 열거 또는 제거하는 방식이 있다. 종래에는 대상 범죄를 구체적으로 열거하는 방식이 사용되었으나, 이 방식은 주요 범죄가 인도 대상 범죄에서 빠질 수 있다는 단점이 있다. 최근에는 양국 형법상 일정한 최소 형량 이상 범죄에 대해 포괄적으로 인도를 규정함으로써 인도 여부 결정이 쉬운 제거 방식을 주로 사용되고 있다. 우리나라도 제거 방식을 사용하고 있다.

쌍방 가별 범죄 중에서도 청구국과 피청구국의 법률상 행위 전체가 일정한 정도 이상의 중대성을 가진 중범죄를 구성하면, 그 범죄의 명칭·유형이나 그 구성요건의 차이와는 관계없이 성립된다. 중범죄는 양국 법상 사형 또는 무기, 1년 이상의 자유형(징역 및 금고)에 해당하는 범죄를 포괄적으로 규정하는 것이 일반적이다. 그러나 조세·재정 범죄는 각국의 복잡한 조세제도, 외환 관련 법규 등의 차이로 쌍방가벌성이 충족되지 못하는 경우가 많다. 이들 범죄는 국가 경제에 미치는 해악이 크므로 쌍방가벌성의 원칙을 엄격하게 적용하지 않고 인도를 허용하는 추세이다.

2. 인도의 거절

가. 기소 또는 인도

청구국의 인도 요청에 대해 피청구국은 일정한 사유가 있는 경우 이를 거절할 수 있다. 피청구국이 인도 요청을 거절할 수는 있지만, "기소하거나 아니면 인도하라"(*aut dedere aut judicare*)는 법언과 같이, 인도를 거절하는 경우 (비록 자국민이라도) 범죄인을 기소해야 한다는 것이 일반적이다.

인도 요청을 거절하는 사유는 의무적 거절 사유와 재량적 거절 사유로 나눌 수 있다. 의무적 거절 사유는 인도가 허용되지 않는 사유를 말하고, 재량적 거절 사유는 피청구국이 재량으로 인도를 거절할 수 있는 사유를 말한다.

> **기소 또는 인도 의무에 관한 문제 사건(벨기에 v. 세네갈 2012)**
>
> Hissène Habré 차드 전 대통령(1982-1990)은 고문·전쟁범죄·인도에 반한 죄를 저지르고 세네갈에 망명하여 체류 중이었다. 2006년 벨기에는, 차드 출신 자국민의 고발에 따라, 양국 모두 당사국인 「고문방지협약」에 따라 동인을 인도할 것을 세네갈에 요청하였다. 세네갈이 이에 응하지 않자, 벨기에는 2009.2. 세네갈이 협약 제7조에 규정된 '기소 또는 인도 의무'를 위반하였다고 ICJ에 제소하였다.
>
> 재판부는, ① 기소 의무는 기소를 목적으로 권한 있는 당국에 사건을 회부하는 것으로, 권한 있는 당국은 관련 증거를 고려하여 이를 결정할 책임이 있는바, 2000년 동

인이 처음 고소된 이래 세네갈이 동인에 대해 사실 확인이나 조사를 하지 않은 것은 기소 의무를 지속적으로 위반한 것으로, ② 세네갈은 이러한 불법행위를 중단하고 기소 의무 이행을 위해 지체없이 필요한 모든 조치를 취하거나 아니면 동인을 벨기에로 인도해야 하며, ③ 기소 의무 위반은 국가책임을 초래하나, 인도를 한 경우에는 해당 국가는 기소 의무로부터 면제된다고 판결하였다.

나. 의무적 거절 사유

(i) 정치범

(1) 정치범 불인도의 원칙

범죄인인도는 원래 정치범을 인도하는 관행에서 유래되었으나, 19세기에 들어 정치범의 인도는 허용하지 않고 일반 범죄자만 인도하게 되었다. 이러한 정치범 불인도의 원칙(principle of non-extradition of political offenders)은 프랑스혁명 이래 진보적 사상을 가진 정치범들을 본국의 불공정한 재판이나 가혹한 처벌로부터 보호하거나 정치범의 본국과 불필요한 분쟁에 휘말리지 않기 위한 것으로, 1833년 벨기에의 『범죄인인도법』에서 처음 도입된 이래 각국의 관행에 의해 일반국제법상 원칙으로 확립되었으며, 거의 모든 범죄인인도조약이 이를 수용하고 있다. 다만 러시아는 구소련 스탈린 시대에 정치범 학살 등 역사적인 이유로 정치범의 개념 및 존재를 부인하고, 양자조약에서도 정치범의 인도에 관한 조항을 포함하지 않는다.

(2) 정치범죄의 판단

일반적으로 정치범죄(political offence)는 권력 획득 또는 정치 질서의 변혁을 목적으로 하는 활동과 정치적 박해에서 벗어나기 위한 행위를 말한다. 그러나 정치범죄의 개념 및 범위에 대하여 아직 국제적으로 확립된 정의는 없다. 정치범죄란 형법상의 용어가 아니며 국제법상 편의적으로 고안된 개념이라 할 것이다. 범죄인인도조약은 대부분 정치범에 대한 정의나 기준을 규정하지 않고 있다. 정치범 여부에 관한 판단 자체가 정치적 성격을 띠며, 특히 반역죄·소요죄·간첩죄 등 '순수 정치범죄'와 정치범죄의 실행을 목적으로 일반 범죄가 결합된 '상대적 정치범죄'를 구별하기가 쉽지 않기 때문이다. 상대적 정치범죄는 정치적 성격이 일반 범죄의 성격을 압도하거나 우월한 경우에 한해 제한적으로 정치범으로 인정되고 있다.

하지만 우리 『범죄인인도법』은 정치범을 '정치적 성격을 지닌 범죄이거나 그와 관련된 범죄'라고 포괄적으로 규정하고 있다. 2006년 베트남은 미국에서 반베트남 활동을 하던 우엔 후 창이 한국에 입국하자 동인이 베트남 전복을 목적으로 테러행위를 감행하기 위해 폭탄 등을 구입·제조하였다는 이유로 「한·베트남 범죄인인도조약」에 따른 인도를 요청하였다. 서울고등법원은 폭발물을 이용한 범죄의 예비·음모라는 일반 범죄와 베트남의 정치 질서에 반대하는 정치범죄가 결합된 상대적 정치범죄로서 정치적 성격을 갖는 범죄로 보아 동인의 인도를 허용하지 않았다. 2006년 중국인 리우치앙이 주한 일본대사관에 화염병을 던져 방화를 시도하다 한국에서 기소되어 복역하자, 2011년 일본은 「한일범죄인인도조약」에 따라 한국 정부에 야스쿠니신사를 방화를 시도한 그의 인도를 요청하였다. 2013년 서울고법은 동인이 청구국 일본의 군 위안부 등 과거 역사적 사실에 대한 인식에 항의하고 그와 관련된 일본의 대내외 정책에 영향을 줄 목적으로 방화한 것이므로 일반적인 방화범이기보다는 정치적 성격이 더 큰 정치범죄로 보아 일본의 인도 청구를 거절하였다. 정치범인지 아닌지는 결국 개별 사건별로 피청구국이 제반 상황을 고려하여 판단되고 있다.

(3) 정치범으로 인정되지 않는 범죄

국가원수나 정부수반 또는 그 가족에 대한 위해 행위는 정치범으로 인정되지 않고 있다. '가해조항'(attentat clause) 또는 '벨기에 조항'은 국가원수나 그 가족의 살해 등은 정치범으로 인정하지 않는다는 것으로, 1856년 벨기에 범죄인인도법에 처음 규정된 이래 다수 국가가 범죄인인도법이나 조약에서 채택하고 있다. 이들 범죄자를 정치범으로 보호함으로써 외교문제가 발생되는 것을 우려하기 때문이다. 모든 정치 체제를 부인하는 무정부주의자도 반사회적 범죄자로서 정치범으로 인정되지 않는다. 또한 「Genocide협약」은 집단살해는 범죄인인도의 목적으로 정치적 범죄로 인정되지 않는다고 규정하고 있다(제7조). 정치적 동기와 목적에 의한 테러행위도 정치범으로 인정되지 않는다. 「테러범의 폭탄투척억제협약」은 테러범은 어떠한 경우에도 정치범으로 대우할 수 없다고 규정하고 있다(제5조).

우리 『범죄인인도법』은 '여러 사람의 생명·신체를 위협하거나 이에 대한 위험을 발생시키는 범죄'는 정치범에서 제외하고 있으며(제8조1항3호), 「한미범죄인인도조약」도 집단살해·테러·납치에 관한 협정에 규정된 범죄는 정치범불인도 대상에서 제외하고 있다(제4조2항나호).

(ⅱ) 국제협약상 인도가 금지된 경우

「난민지위협약」은 인종·종교·국적·특정 사회집단의 구성원 신분 또는 정치적 의견 때문에 생명이나 자유가 위협받을 수 있는 국가로 난민을 강제송환하는 것을 금지하고 있다(제31조). 이는 국제법상 일반적으로 확립된 원칙으로, 난민이 범죄인이라도 인종 등의 이유로 박해받을 가능성이 있는 경우, 피청구국은 인도하지 않아야 한다. 우리 『범죄인인도법』도 인종·종교·국적·성별·정치적 신념 또는 특정 사회단체에 속하는 것 등을 이유로 처벌되거나 그밖의 불리한 처분을 받을 염려가 있다고 인정되는 경우 이러한 범죄인의 인도를 금지하고 있다(제7조4호).

「고문방지협약」도 "고문을 받을 위험이 있다고 믿을 만한 충분한 이유가 있는 다른 나라로 개인을 추방·송환 또는 인도하여서는 안 된다"라고 규정(제3조)하여 고문받을 수 있는 나라로 범죄인인도를 금지하고 있다.[4]

----

4 반면에 협약은 "고문 범죄는 당사국 간의 현행 범죄인인도조약상 인도 대상 범죄에 포함되는 것으로 보며, 범죄인인도조약이 체결되어 있지 않은 경우에는 이 협약을 (고문범죄자인) 범죄인인도의 법적 근거로 인정할 수 있다"고 규정하고 있다(제8조1·2항).

(iii) 그 밖의 의무적 인도 거절 사유

피청구국에서 청구 범죄에 대해 재판이 진행 중이거나 이미 확정판결을 받은 경우, 이는 의무적 거절 사유이다. 일사부재리의 원칙에 따른 것이다. 공소 또는 형의 시효가 이미 완성된 범죄, 이미 사면받은 범죄도 인도하지 않는다.

모델조약 및 다수 양자조약의 경우, 군사 범죄(military offence)를 의무적 거절 사유로 하고 있다. 탈영·항명·군 복무 거부 등과 같이 일반 범죄의 요소가 없는 순수한 군사 범죄의 경우, 군의 특수한 복무 관계를 고려하여 인도를 거절할 수 있도록 함이 일반적 추세이다. 그러나 절도 등과 같이 일반 범죄 요소를 포함하는 군사 범죄의 경우에는 인도 대상이 된다고 할 것이다. 한국이 체결한 조약은 군사 범죄를 대부분 재량적 거절 사유로 규정하고 있다.

사형을 집행하는 국가로 범죄인인도를 불허하는 사례가 있다.

> **⚖ Soering v. 영국 사건(1989)**
>
> 독일인 J. Soering은 미국에서 유학 중 미국인 여자 친구의 부모를 살해하고 영국으로 도주해 체포되었다. 미국과 독일 양국이 영국에 대해 범죄인인도조약에 따른 인도를 요청하였다. 그는 사형제도가 없는 독일에서 재판받기를 원하였으나, 영국은 인도 청구의 순서 등을 고려하여 Soering을 미국에 인도하기로 하였다. 사형제를 폐지한 영국은 대신 미국으로부터 사형을 집행하지 않겠다는 보증을 받았다. 그러자 Soering은 자신이 미국으로 인도되어 미국의 열악한 교도소에서 겪을 고통을 호소하면서, 이는 고문 및 비인도적 또는 굴욕적인 처우나 처벌을 금지한 「유럽인권협약」(제 3조)의 위반이라고 유럽인권재판소에 제소하였다.
>
> 유럽인권재판소는 Soering에 대한 비인도적 처우가 확실한 미국으로 인도하는 것은 「유럽인권협약」에 위배된다고 판결하였고, 이에 따라 영국은 미국의 인도 청구를 거절하였다. 하지만 미국이 사형을 집행하지 않는 1급 살인 혐의로 인도를 다시 요청하자, Soering은 미국으로 인도되어 종신형을 선고받았다.

자유권규약위원회도 사형을 집행하지 않겠다는 보증 없이 사형 존치국에 범죄인을 인도·추방하는 행위는 자유권규약상 생명권 조항을 위배한 것으로 판단하고 있다.

한편 한국은 2011년 「유럽범죄인인도협약」 가입 시 국내법원이 사형을 선고하더라도 이를 집행하지 않겠다고 유럽평의회에 보증하고 가입하였다.

다. 재량적 거절 사유

청구국의 인도 요청을 피청구국이 재량으로 거절할 수 있는 인도 거절 사유들이 있다.

- 피청구국의 영토에서 범죄가 발생한 경우, 인도를 거절할 수 있다. 피청구국의 영역주권이 청구국의 역외 관할권에 우선하기 때문이다.
- 피청구국의 자국민은 인도를 거절할 수 있다(☞ 전술 범죄인의 국적).
- 요청 대상 범죄에 대해 청구국이 아닌 제3국에서 유죄 판결을 받고 이미 처벌되었거나 처벌받지 않기로 확정된 경우, 인도를 거절할 수 있다.[5]
- 피청구국이 범죄인을 기소 중이면 인도를 거절할 수 있다. 하지만 피청구국에서 기소 중이면 피청구국의 관할권을 존중한다는 차원에서 이를 의무적 거절 사유로 인정하는 것이 바람직하다 할 것이다. 우리 『범죄인인도법』에서도 의무적 거절 사유로 규정하고 있다.
- 피청구국이 인도를 요청받은 범죄인의 병환·노령 등 인도적 사유(humanitarian consideration)를 고려하여 인도를 거절할 수 있다. 우리 『범죄인인도법』도 "인도 범죄의 성격과 범죄인이 처한 환경 등에 비추어 범죄인을 인도하는 것이 비인도적이라고 인정되는 경우 인도를 거절할 수 있다"고 규정하고 있다(제9조5호). 이는 인도 결정에 있어 피청구국의 최종적인 재량권을 인정하려는 것이나, 그 범위가 모호하여 피청구국의 자의적인 거절 사유로 원용될 위험이 없지 않다.

----
5 중국 등 일부 국가는 제3국 법원의 판결을 수용하지 않는다. 한국도 제3국 법원의 판결 효력이 당연히 인정되지는 않으나 고려 사유는 될 수 있다 할 것이다. 『형법』은 '외국에서 형의 전부 또는 일부의 집행을 받은 자에 대하여는 형을 감경 또는 면제할 수 있다.'고 규정하고 있다(제7조).

⚖ Pinochet 전 칠레 대통령의 인도(1998)

영국 경찰은 1998. 10. 6. 치료차 영국에 체류하던 A. Pinochet 전 칠레 대통령을 체포하였다. 스페인이 1985년 체결된 「영·스페인 범죄인인도조약」에 따라 집단살해 및 고문·납치 등의 혐의로 형사처벌을 위해 Pinochet의 인도를 요청한 데 따른 것이다. 그러자 칠레 정부는 동인이 대통령의 지위로 행한 공무와 관련된 국가면제를 이유로 영국 정부에 동인을 칠레로 인도할 것을 요구하였다.

1998.10.28. 영국 고등법원은 Pinochet의 면제를 인정하고 체포영장을 기각하였다. 그러나 11.25. 영국 대법원(상원)은 동인이 당시 국가원수로서 행한 행위는 국가면제 대상이지만, 양국 모두 당사자인 「고문방지협약」상 고문은 국제법에 의해 금지된 반인도적 범죄행위로서 국가원수로서의 공적 행위로 볼 수 없다고 동인에 대한 국가면제를 부인하고, 양국 간 범죄인인도조약에 따른 인도를 결정하였다. 하지만 영국 정부는 동인의 건강 악화 등 인도적 사유로 그를 스페인에 인도하지 않고 석방을 결정하였다. Pinochet은 2000.3.3. 칠레 공군기 편으로 귀국하였다.

3. 인도 절차

가. 청구국의 인도 청구

청구국은 범죄 발생지국, 피해자 국적국, 가해자 국적국, 법익 피해국 등이 될 수 있다. 인도 청구는 국가만이 할 수 있으며, 개인이나 단체는 청구할 수 없다. 청구국은 인도 대상 범죄의 경중 등을 고려하여 청구 여부를 결정한다. 대상 범죄의 인도를 청구해야 할 최소한의 법익이 있어야 한다. 인도할 가치가 크지 않은 사소한 사건에 대해서까지 인도를 청구할 실익은 크지 않기 때문이다.

청구국은 인도 청구에 필요한 문서(피의자에 대해서는 영장 사본, 유죄 판결자는 판결서 사본)을 첨부하여 피청구국의 외교부에 전달한다. 청구국은 또한 일견의 증거(*prima facie* evidence) 또는 충분한 증거를 피청구국에 제시해야 한다.

범죄인이 도주할 우려가 있는 경우에는 피청구국에 우선 범죄인의 신병확보를 요청한 후 나중에 정상적인 인도절차를 취하는 긴급 인도구속(provisional arrest) 제도를 활용할 수 있다. 긴급인도구속은 신속하게 처리하기 위해 통상 **국제형사경찰기구**(Interpol: International Criminal Police Organization)을 통해 이루어진다. 인터폴은 형사사건의 조사, 정보·자료의 교환, 수배 등 효율적인 수사 공조를 위해 구성된 각국 경찰기구 간의 협력 기관이다.[6] 일국이 인터폴에 해외로 도피한 범죄인의 명단을 제공하면, 인터폴은 이들 수배 대상자를 각국에 배포하고, 각국은 이들의 입국을 불허하거나 소재를 파악하여 통보함으로써 신병을 확보하게 된다.

한편 EU 회원국 간 범죄인인도는 2004년 유럽체포영장(European arrest warrant) 제도가 도입되어, 타 회원국의 사법당국이 일정 범죄에 대해 발급한 유럽체포영장만으로 자국 내 소재한 범죄인(자국민 포함)을 체포하여 타 회원국에 인도할 수 있게 되었다.

나. 피청구국과 인도 청구의 경합

피청구국은 범죄인이 소재하는 국가이다. 우리나라에서의 범죄인인도 절차 처리는 법무부장관(서울고등검찰청)이 주관한다.

2개 이상의 국가로부터 동일 범죄인에 대해 인도청구가 경합하는 경우, 피청구국은 범죄 발생지 및 일시, 범죄의 경중, 청구 순서, 국적 및 거주지 등을 고려하여 인도할 국가를 재량으로 결정한다. 일반적으로 범죄 발생지국의 청구가 우선하지만, 범죄 발생지국 간에 청구가 경합할 때는 중한 범죄의 발생지국으로 인도한다. 범죄 발생지국을 제외한 청구국 간에는 먼저 청구한 국가에 인도한다.

다. 피청구국 법원의 인도 심사

피청구국의 외교부는 법무부에 청구국의 인도 요청을 통보하고, 법무부는

----
6 우리나라가 체결한 조약 대부분이 긴급인도구속은 양국 법무부 간 직접 청구하도록 하고 있으나, 일부 국가(파라과이, 스페인, 캐나다, 아르헨티나 등)와의 조약에서는 인터폴도 협의 창구로 지정하고 있다.

범죄인의 인도 여부를 판단하여, 인도하기로 하면 범죄인을 구속하고, 법원에 인도 심사(hearing)를 요청한다.

법원 심사에 있어, 영미법계는 인도 심사를 사법심사로 보아 관련 증거 등을 실질적으로 심사하며 요청 범죄를 자국의 사법당국에서 기소할 만한 충분한 증거가 있는 경우에만 인도를 결정하는 데 반해, 대륙법계는 인도를 국제사법공조의 하나로 보아 유죄 증거의 실질 심사는 하지 않고 조약이 정하고 있는 요건이 충족되었는지만을 심사한다. 법원은 심사 결과를 법무부에 통보한다. 법원이 인도 심사 청구를 기각하면 범죄인은 석방된다.

우리나라에서의 인도 심사는 서울고등법원에서 단심으로 이루어진다. 법무부장관은 법원에 인도 심사를 청구하고, 법원은 지체없이 심사하여 청구의 각하, 거절 또는 허가를 결정한다(『범죄인인도법』 제12조). 헌법재판소는 범죄인인도 자체를 형벌이라 할 수 없으므로 서울고등법원의 단심에 의한 인도 결정 절차에 대한 불복절차가 없어도 적법 절차 위반으로 볼 수 없다고 판결한 바 있다.

정식 인도 절차는 복잡하고 시간이 많이 소요되어 범죄인에게 불필요한 고통을 초래하므로 범죄인이 서면에 의해 또는 법정에서 동의할 때는 정상적인 절차를 생략하여 신속히 인도하는 약식인도(simplified extradition) 절차를 채택할 수도 있다. 우리 『범죄인인도법』(제15조2)에도 약식인도 절차를 갖추고 있다.

라. 인도

피청구국의 인도(surrender) 여부 결정은 외교경로를 통하여 통보된다. 법원이 인도를 허가하더라도 행정부가 최종적으로 이를 다시 결정할 권한을 갖는 나라도 있다. 우리 『범죄인인도법』도 법무부장관이 대한민국의 이익 보호를 위해 특히 부적당하다고 판단할 때는 인도하지 않을 수 있다고 규정하고 있다(제34조).

인도가 결정되면 청구국과 피청구국이 합의한 일시에 피청구국 영토 내에서 청구국의 관리에게 인도하는 것이 원칙이다. 청구국의 인수 시기는 피청구국이 합리적인 기간 내로 규정하되, 불가항력의 사유가 발생하면 양국 간에 추가 협의한다. 인도 시까지 소요된 경비는 피청구국이, 신병 인도 후부터는 청구국에서 비용을 부담한다. 범죄의 결과로 취득한 재산이나 증거로 필요한 물건으로 피청구국 영역에서 발견된 것은 제3자의 권리를 침해하지 않는 범위 내에서 청구국에 인도된다.

4. 인도 범죄인의 처벌

청구국은 인도된 범죄인의 청구대상 범죄에 대해서만 재판 또는 처벌하여야 한다. 청구국에 인도된 범죄인은 청구원인으로 특정된 범죄에 대해서만 처벌되며, (피청구국의 동의가 없는 한) 그 밖의 범죄는 대해서는 처벌되지 않는다는 것을 **특정성의 원칙**(principle of specialty)이라 한다. 청구 범죄보다 가벼운 범죄에 대해서도 처벌할 수 없다. 이 원칙은 청구국의 위장된 인도청구를 배제함으로써 피청구국의 주권을 존중하고 여타 범죄로 범죄인이 처벌되는 것을 방지하려는 취지이다.

인도 후 새롭게 확인된 범죄에 대해서도 피청구국의 동의를 얻어야만 처벌할 수 있다. 인도 이후 범죄인이 청구국에서 추가로 범죄를 저질렀거나, 인도된 자가 자발적으로 청구국에 재입국하였거나, 청구국을 자유로이 떠날 수 있게 된 날로부터 일정 기간 내에 출국하지 않으면 특정성의 원칙은 적용되지 않는다. 청구국에 인도된 범죄인은 피청구국의 동의 없이는 제3국에 인도되지 않는다.

Ⅲ. 비정규 인도

범죄인인도조약에 따른 정식 절차는 시간과 경비가 소요되어 번거롭다. 이 때문에 정식 범죄인인도 절차를 취하는 대신, 피청구국이 해당 범죄인의 체류 허가를 취소하여 추방(deportation)하거나, 입국을 거부(denial of entry)하여 범죄인을 출발지로 돌려보내면 사실상 범죄인인도와 동일한 효과를 가질 수 있다. 이처럼 피청구국의 행정적·외교적 협조를 얻어서 신속하게 국외 범죄인의 신병을 확보하는 비정규 인도(irregular surrender)가 빈번하게 사용된다.

범죄인인도와 추방은 합법적으로 입국한 외국인에 대한 강제퇴거(explusion) 조치라는 점에서 유사하다. 그러나 범죄인인도는 양자조약 또는 상호주의에 근거한 외국의 요청에 따라 외국의 사법절차에 회부하는 것이 목적이지만, **추방**은 공공질서 유지 등을 위하여 추방국이 재량으로 취하는 일방적인 행정조치라는 점에서 차이가 있다. 한편, 추방은 범죄인인도조약상 인도가 금지 또는 제한되었을 때 편법으로 사용됨으로써 범죄인의 인권 보호라는 측면에서 문제가 있다 할 것이다.

합법적인 방식으로 인도받을 수 없는 경우, 타국에 소재한 범죄인을 영토국의 동의 없이 불법적으로 **강제납치**(forcible abduction)한 사례가 있다. 강제납치되어 기소된 자에 대한 관할권 행사와 관련 각국의 국내법원은 상반된 입장을 취하고 있다. 이스라엘의 Eichmann 사건(1961), Yunis 사건(1988),7 Alvarez-Machain 사건(1992),8 미국이 1989년 파나마 침공 후 M. Noriega 파나마 장군을 압송하여 마약 밀매와 자금세탁 혐의로 기소한 사건 등에서 납치국의 국내법원은 절차적 위법성에도 불구하고, 보편주의나 보호주의 또는 소극적 속인주의를 근거로 재판관할권을 인정하였다. 그러나 흑인 인권 활동가 Ebrahim을 반역죄로 기소한 사건(1991)에서 남아공 최고재판소는 남아공 요원들이 스와질란드에서 동인을 납치한 것을 국제법 위반으로 보고 재판관할권 성립을 부인하였다. 국내 재판관할권 행사 여부와는 관계없이, 강제납치는 영토국의 주권을 침해한 국제위법행위이므로 납치국의 국가책임 문제가 발생한다.

----
7 미국이 미국인 탑승 항공기를 납치한 레바논인 Yunis를 공해로 유인하여 납치한 후 미국에서 기소한 사건에서, 미국 연방지방법원은 항공기 불법 납치 범죄에 대해 보편주의 원칙과 소극적 속인주의(피해자 국적주의)에 따라 관할권을 행사할 수 있다고 판단하였다.

8 1985년 미국의 마약 단속 공무원이 멕시코로 납치되어 고문당한 후 살해되자 미국이 고문 혐의가 있던 멕시코인 Alvarez Machain을 납치하여 미국으로 압송한 후 기소한 사건에서, 하급심은 동인의 납치가 양국 간 범죄인인도조약을 위반한 것이라고 판결하였으나, 미 연방대법원은 동 조약상 납치를 금지하는 규정이 없다는 이유로 관할권을 인정하여 논란이 일었다.

Ⅳ. 한국과 국제사법공조

한국은 1988년 『범죄인인도법』을 제정하고 1990년 호주와 범죄인인도조약을 처음 체결한 이래, 미국(1999), 일본(2002), 중국(2002) 등 총 34개국과 범죄인인도조약을 체결하고, 2011년에는 유럽평의회가 채택한 「유럽범죄인인도협약」에도 가입하였다. 우리나라는 범죄인인도조약 체결에 있어 적극적인 태도를 보여왔다. 이는 국외범에 대한 관할권 인정, 내국민의 인도 허용, 약식인도제도의 채택 등에서 나타나고 있다. 『범죄인인도법』상 어느 나라와도 상호주의 하에 범죄인인도를 할 수 있으나, 개별 사건마다 상호주의를 적용하는 데 따른 외교적·절차적 부담이 있으므로 인적 교류가 활발한 국가와는 지속적으로 범죄인인도조약을 체결하여 인도 절차에 있어 안정성을 확보하는 것이 바람직하다 할 것이다. 비정규 인도와 같이 청구국의 자의적인 인도 요청을 최대한 제한하고 범죄인에 대한 불필요한 자유 침해를 방지하는 등 범죄인의 인권을 보장하는 데에도 관심을 기울여야 할 것이다.

우리나라는 또한 『형사사법공조법』(1991), 『국제민사사법공조법』(2013), 『국제수형자이송법』(2013)을 제정하였다. 형사사법공조조약은 미·일·중국·캐나다·러시아 등 31개국, 민사사법공조조약은 호주·중국 등 5개국, 수형자이송조약은 2007년 몽골과 처음 체결한 이래 중국·베트남·인도·태국 등 7개국과 체결하였다. 유럽평의회가 채택한 「수형자 이송에 관한 협약」에 가입하여 유럽은 물론 가입국인 미국·일본과도 수형자 이송이 가능하다.

제6편

국가책임과
외교적 보호

제22장
국가책임과 「국가책임 조문」

Ⅰ. 국가책임

1. 의의

위법 행위에 대한 책임을 지는 것은 법의 기본 원리이다. 국가도 국제법상 위법행위를 하면 이에 대해 책임을 져야 한다. 국내법상 위법행위(delict)는 형사상의 범죄(crime)와 민사상의 불법행위(tort)로 구분되며, 범죄에 대해서는 형벌을 부과하고 불법행위에 대해서는 손해배상을 부과한다. 국제사회에서는 국가가 저지른 범죄를 처벌할 수 없다. 국가를 강제할 수 있는 중앙집권적인 권력이 없기 때문이다. 하지만 어느 국가가 타국에 대해 불법행위를 하는 경우, 피해국은 가해국에 대해 자력으로 국제법상 국가책임을 추궁한다. 가해국에 대한 피해국의 국가책임 추궁은 국내법상 민사상의 불법행위에 대한 책임 추궁과 같이 손해배상과 원상회복에 의한다('민사책임의 원칙').

국제책임(international responsibility)은 국제법 주체인 국가·국제기구가 국제법상 의무를 위반하여 발생한 손해에 대해서 책임을 지는 국제법상 원칙을 말한다. 국제법 주체 중 국가의 위법행위에 대한 국제책임을 국가책임(state responsibility)이라 한다. 국가책임은 자국민이 외국에서 입은 신체나 재산 피해에 대해 국적국이 외교적 보호권(☞ 제23장) 행사와 관련한 논의에서 출발하였으나, 이후 국가의 모든 위법한 행위에 대한 각국의 실행과 국제재판소의 판결로 관습국제법으로 발전하였다.

국제법의 각 분야에서 국가 상호 간의 권리·의무를 규율하는 행위 규범을 1차 규칙(primary rules)이라 하며, 이는 제3장부터 제21장까지 상술하였다. 국가가 1차 규칙상 의무를 위반함으로써 초래된 국제위법행위를 시정하기 위한 절차 규범을 **2차 규칙**(secondary rules)이라 하며, 국가책임과 외교적 보호권이 이에 포함된다.

2. 국가책임에 관한 ILC의 법전화 작업

ILC는 1956년 이래 국가책임에 관한 법전화 작업을 진행하여, 40년이 지난 1996년 조문안을 마련하였다. 조문안은 국가책임을 초래하는 국제위법행위를 유책국과 국제공동체 전체 간 국제범죄(international crime)와 유책국과 피해국 간 국제위법행위(international delict)로 구분하였다. 조문안은 국제의무의 중대한 위반인 국제범죄의 예로 국제평화와 안전 유지(침략), 민족자결권(식민통치), 인권 보호(노예매매, 집단살해, 인종차별), 인류 환경의 보호 및 보존(해양환경오염)에 위배되는 행위를 예시하였다. 그러나 일부 국가는 국제범죄에 대해 책임을 부과하는 조문안에 대해 부정적이었다. 이에 ILC는 국제범죄의 개념을 삭제하고 국제위법행위(Internationally Wrongful Acts)의 국제책임에 관한 새로운 조문안을 작성하였으며, 2001년 UN 총회에서 「국제위법행위에 대한 책임 조문」(Articles on Responsibility for Internationally Wrongful Acts, 이하 '국가책임조문' 또는 '조문')이 채택되었다.

조문을 법적 구속력 있는 조약으로 협상하기 위해 외교 회의를 개최하자는 국가도 있으나, 조문을 선호하는 국가도 있어 조문이 언제쯤 조약으로 채택될 수 있을지는 불확실하다. 그러나 조문은 대부분 국가책임에 관한 현존하는 관습국제법을 성문화한 것으로, 각국의 실행이나 국제재판소의 판결에 있어 권위 있는 준거(terms of reference)로서 기능하고 있다. 다만 조문은 국제법의 특별한 규칙(예컨대 적법행위에 따른 책임, 자체 완비적 체제)에 따라 제한되는 경우

(제55조), 대통령·행정부 수반·외무장관 등에 대한 면제와 같이 일반국제법상 적용가능한 규칙이 있는 경우(제56조), 국제기구의 책임(제57조, ☞ p.175), 국가를 대표하여 행동하는 사인의 국제법상 개인적 책임(제58조)에는 적용되지 않는다. 조문은 또한 「UN헌장」을 침해하지 않는다(제59조). 이하 조문에 따라 국가책임을 기술한다.

II. 「국가책임조문」

1. 국제위법행위와 국가책임

가. 의의

국가의 모든 국제위법행위는 그 국가의 국제책임을 발생시킨다(제1조). 국제위법행위는 ① 행위가 국제법에 따라 국가에 귀속(attribution)되고, ② 그 국가의 국제의무 위반을 구성하는 경우 존재한다(제2조). 국가 행위가 두 가지 요건만 충족하면 국제위법행위가 바로 성립한다.

국가 행위의 위법 여부는 국제법에 따라 결정되며, 그러한 결정은 그 행위의 국내법상 적법성에 의해 영향을 받지 않는다(제3조). 따라서 국가 행위가 국내법에 합치하더라도 국제위법행위를 구성하면 국가의 책임은 면할 수 없다. 미국이 이탈리아에 있는 자국 회사를 보호하기 위해 제기한 Elettronica Sicula S.p.A.(ELSI) 사건(1989)에서 ICJ는, 국내법에 따라 외국 기업의 자산을 아주 적법하게 수용하였더라도 조약을 위반하였을 가능성은 배제할 수 없다고 보았다. 국내법상 합법 여부와 국제법상 합법 여부와는 별개라는 점을 확인한 것이다.

나. 국제위법행위의 성립 요건

(ⅰ) 행위의 국가 귀속

(1) 국가기관의 공적 행위

관념상의 법인인 국가는 현실적으로 국가기관(state organ)에 의해 행위가 이루어진다. 국가 조직을 구성하는 어떠한 국가기관이라도 공적 자격으로 수행한 공적 행위는 국가 일체성(unity of the State)의 원칙에 따라 국가 행위로 간주하여 그 책임은 국가로 귀속된다. '국가기관'은 국내법에 따라 직위 고하를 불문하고 그러한 지위에 있는 모든 개인과 단체를 포함한다(제4조). 국가의 모든 조직과 기관의 기능은 개별 국가가 결정하는 국내문제이다. 행정부 이외에 입법부나 사법부, 연방 국가의 중앙 정부나 주 정부 및 지방정부, 군대, 경찰 등에 의한 행위를 모두 포함한다. '공적 행위'는 국가가 국제의무를 위반하는 작위와 국제의무에 따른 행위를 하지 않은 부작위를 포함하며, 권력적 행위인 공권력(정부 권한: governmental authority)의 행사뿐만 아니라 관리행위(재산의 보존·이용·개선 등)나 비권력적·상업적 행위도 포함한다. 그러나 국가기관의 행위라도 공적 행위가 아닌 사인 자격의 행위는 책임이 국가에 귀속되지 않는다.

전통 국제법 하에서 국가책임은 국가기관의 권한 내 행위에 대해서만 책임을 귀속하였다. 월권행위(*ultra vires* act)는 국가기관이 사적 자격으로 한 행위로 간주하였기 때문이다. 그러나 조문은 국가기관은 물론 공권력의 행사를 위임받은 개인이나 단체가 설사 권한을 넘어선 월권행위나 지시를 위반한 행위를 하였더라도 그러한 자격으로 활동하였다면 국가의 행위로 간주하고 있다(제7조). 월권행위는 예컨대 작전 중 군인이 명령을 위반하여 민간인을 학살하거나 고문하는 행위를 말한다. 피해를 입은 외국인으로서는 외견상 국가기관의 월권행위나 지시 위반행위를 구분하기 어렵기 때문이다.

(2) 공권력 행사를 위임받은 기관의 행위

국가기관은 아니지만, 국내법에 의해 공권력 행사를 위임받은 개인이나 단체의 행위는 구체적인 경우에 그러한 자격으로 행동하였다면 국가로 귀속된다(제5조). 준 국영 공공단체·공기업은 물론 국가의 대리인이나 사기업의 활동 (교도소의 운영 또는 경비, 항공사의 출입국·검역 업무 대행, 철도회사의 열차 안 경찰 권 행사 등)이 여기에 속한다.

(3) 접수국을 지원하는 타국 기관의 행위

타국 기관이 접수국의 동의하에 접수국의 공권력을 행사하여 지원하는 행 위는 접수국으로 귀속된다(제6조). 제3국을 위한 이익보호국의 행위, 자연재해 나 전염병 등을 극복하기 위하여 타국으로부터 파견받은 구호대 요원의 행위 등은 파견국이 아닌 지원을 받는 접수국에 귀속된다. 그러나 외교사절, 군대, 문화 및 원조 기관 등 자율적으로 행동하는 타국 기관의 행위는 파견국이 책임 을 진다.

(4) 사인의 행위

사인의 행위는 원칙적으로 국제법상 국가에 귀속되지 않지만, 예외적으로 외국인의 보호와 관련한 사인의 위법행위에 대해서는 국가책임이 발생한다. 그러나 아래 특수한 관계 또는 상황에서 이루어진 사인의 행위는 국가에 귀속 된다.

① 사실상 국가의 지시에 따라 행위를 하였거나, 국가의 지휘 또는 통제 (direction or control)하에서 수행된 사인이나 단체의 행위는 그 국가에 귀속된 다(제8조). 국가가 공식 조직 밖에서 사인을 채용·사주함으로써 자신의 기능을 보조하는 것으로, 군이나 경찰 보조원으로 활동하는 민간인의 행위, 국가가 타 국에 파견하여 특수 임무를 수행하는 요원의 행위, 국가가 모집하여 파견한 의 용군의 행위 등이 여기에 속한다.

국가의 지휘 또는 통제 관계 아래 사인이나 단체의 행위가 국가에 귀속되 기 위해서는 국가가 이를 엄격히 통제(strict control)하거나 **실효적으로 통제** (effective control)해야 한다. 니카라과사건(1986)에서 ICJ는, 미국이 콘트라의 조 직·훈련 및 장비를 지원하고 정보를 제공하며 일반적으로 통제하였지만, 니카 라과 반군인 콘트라가 국제인도법에 반하는 행위를 하도록 구체적으로 지휘한 것은 아니며, 미국이 콘트라의 국제인도법 위반행위를 실효적으로 통제한 것이 충분히 입증되어야만 콘트라의 위반행위가 미국에 귀속된다고 판단하였다.

Tadic 사건과 전반적 통제

　세르비아인으로 보스니아 수용소 간수였던 Tadic는 수용소 내외에서 이슬람교도와 크로아티아인에 대한 공격·구금·살인·학대 등 전쟁범죄와 인도에 반한 죄를 범하였다는 혐의로 ICTY에 의해 기소되었다('Tadic 사건'). 이 사건에서 1999년 ICTY 항소심은 순수한 사인이나 조직화되지 않은 집단에 대한 국가책임을 위해서는 국가의 구체적 지시나 실효적 통제가 있어야 하지만, 세르비아 민병대(VRS)와 같은 무장집단이나 군사 조직의 국제인도법 위반에 대한 개인형사책임에 대해서는 국가가 해당 집단 병력에 대해 자금·장비를 지원하고 군사활동의 계획·감독에 참여하는 정도의 전반적 통제(overall control)를 하는 것만으로 국가책임이 귀속한다고 판단하였다.

　일반적인 국제위법행위에 대한 국가책임에 요구되는 실효적 통제 요건보다는 국제인도법을 위반한 개인에 대해서는 느슨한 전반적 통제를 적용함으로써 범죄자를 넓게 처벌하려는 의도라 할 것이다.

　하지만 보스니아·헤르체고비나와 세르비아·몬테네그로 간 「Genocide협약」의 적용사건(2007)에서 ICJ는, 사인의 행위에 대한 전반적 지시가 아니라 구체적 지시 또는 실효적 통제하에 이루어진 사인의 행위라는 것이 입증되어야 책임이 국가(세르비아)에 귀속된다고 다시 확인함으로써, ICTY 항소심이 Tadic 사건에서 제시한 전반적 통제의 기준을 적용하지 않았다.

　② 공권력의 부재(absence) 또는 흠결(default) 시 공권력의 행사가 필요한 상황에서 사인 또는 단체가 자발적으로 수행한 행위는 국가에 귀속된다(제9조). 공권력이 전면적으로 부재하거나(혁명·외국군의 점령 등), 공권력이 있더라도 직무를 이행할 수 없거나 마비된 경우(지진·홍수 등 심각한 자연재해 등), 사인이나 단체가 필수적인 행정·치안 유지나 구호를 위해 자발적으로 활동하는 경우이다.

　③ 국가에 귀속되지 않는 사인의 행위라도, 국가에 의해 자신의 행위로 승인되고 채택(acknowledge and adopt)된 행위는 그 국가가 승인하고 채택한

범위 내에서 국가로 귀속된다(제11조). 승인과 채택이 반드시 명시적일 필요는
없으나, 사인의 행위를 지지하거나 수용하는 것을 넘어 국가 자신의 행위로 인
정하려는 의도가 분명해야 한다. 테헤란인질사건(1980)에서 ICJ는, 이란 지도자
호메이니의 칙령에 의해 민병대의 사적 행위인 미국대사관 점거와 인질 억류
가 승인되고 추인됨으로써 민병대는 국가의 대리인이 되었으며, 이들의 사적
행위는 소급하여 국가의 공적 행위로 전환되었다고 판결하였다.

(5) 반란단체의 행위

내전 중인 반군(insurgency)이 교전단체로 승인되지 않은 반란단체(in-
surrectional movements)인 경우, 반란단체의 행위는 이를 방지·진압하여 외국
인을 보호할 의무가 있는 중앙 정부에 귀속되며, 중앙 정부가 상당한 주의 의
무를 다했다면 책임이 성립하지 않는다. 하지만 중앙 정부가 교전단체로 승인
한 반란단체의 행위는 중앙 정부에 귀속되지 않으며, 반란단체를 교전단체로
승인한 제3국은 그 교전단체에 대해 직접 국가책임을 추궁할 수 있다.

반란이 성공하여 그 국가의 신정부를 구성한 반란단체의 행위는 소급하여
그 국가의 행위로 간주된다(제10조1항). 반란단체이든 그 밖의 단체(교전단체, 민
족해방운동 등)이든, 기존 국가의 영토에서 신국가를 창설하는 데 성공한 단체
의 행위는 신국가의 행위로 간주된다(제10조2항).

(6) 타국의 국제위법행위를 원조·지휘·강제하는 행위

국제위법행위는 주로 개별 국가의 행위로 성립되지만, 예외적으로 국가들
의 행위가 결합하여 성립될 수 있다. 타국의 국제위법행위를 원조 또는 지원하
거나, 지휘·통제하거나, 강제한 국가도 피해국에 대해 국가책임을 진다.

- 타국의 국제위법행위 실행을 원조 또는 지원(aid or assist)한 지원국의
  책임(제16조): 원조국이 타국이 실행하는 위법행위의 정황을 인식하고 그
  이행을 촉진하기 위해 그 같이 원조 또는 지원하며 그 행위를 자신이
  실행하더라도 위법인 경우, 위법행위를 실행한 행위국은 피해국에 주된
  책임을 지며, 지원국은 자신이 원조 또는 지원한 행위의 범위 내에서

위법행위에 대해 보조적인 책임을 진다. 타국의 침략행위에 영토국이 인력·물자를 원조하거나 영토 내 기지 제공·영공 통과 허용 등으로 지원하는 경우, 타국이 자국 영토 안에 있는 외국인을 불법 납치하는 행위를 영토국이 지원하는 경우 등이다.

- 타국의 국제위법행위 실행을 지휘·통제(direct and control)한 지휘국의 책임(제17조): 지휘국이 타국이 실행하는 위법행위의 정황을 인식하고 그같이 지휘·통제하며 그 행위를 자신이 행하더라도 위법인 경우, 지휘국은 자신의 지휘·통제에 의해 행위국이 실행한 그 위법행위에 대해 피해국에 대해 직접 책임을 진다. 지휘국의 지휘는 단순한 선동이나 제시가 아니라 구체적으로 실행을 지휘하는 것이며, 통제는 감독이 아니라 위법행위 실행을 실효적으로 지배해야 한다. 점령국이 피점령국의 군인 또는 경찰을 지휘하여 민간인을 살해하도록 한 경우 등이다.

- 타국에 대해 행위를 강제(coercion)한 강제국의 책임(제18조): 강제가 없었더라도 그 행위가 행위국의 위법행위를 구성하고 강제국이 위법행위의 정황을 인식하고 강제한 경우, 강제국은 자신의 강제에 의해 행위국이 실행한 그 위법행위에 대해 피해국에 대해 직접 책임을 진다. 강제국은 또한 자신의 의사에 반하여 위법행위를 실행한 행위국에 대해서도 위법행위를 강제한 데 대해 책임을 진다. 강제는 물리적인 무력사용이나 위협뿐만 아니라 정치적·경제적 압력에 의한 강제도 포함한다.

지원국·지휘국·강제국의 국가책임과는 별개로 국제위법행위를 실행한 행위국의 피해국에 대한 국가책임은 별도로 성립한다(제19조). 다만 타국의 강제로 국제위법행위를 실행한 행위국은 다른 선택의 여지가 없는 도구에 불과하였으므로 피해국에 대해 불가항력을 근거로 위법성 조각을 원용할 수 있다.

(ii) 국제의무의 위반

(1) 국제의무 위반행위

① 국제의무의 범위

국제위법행위가 성립하기 위해서는 국가에 귀속되는 행위가 국제법상 유효한 국제의무를 위반해야 한다. 국가기관의 행위가 국제의무와 합치하지 않는 경우, 의무의 연원이나 성질과 관계없이, 그 국가의 의무 위반이 존재한다(제12조). 유효한 국제의무가 추후 종료 또는 소멸하여도 일단 성립한 국가책임에는 영향을 미치지 않는다.

조약·관습국제법·법의 일반원칙·국제재판소의 판결·국제기구의 구속력 있는 결정, 일방적 행위(후술) 등 의무의 *연원*과 관계없이, 국제의무 위반이 존재하면 국가책임이 성립한다. 국가에 일정한 작위 또는 부작위를 요구하는 행위 의무이든 국가가 요구받은 결과를 달성하지 못하였을 때 발생하는 결과 의무이든, 당사자에 대한 의무이든 대세적 의무이든, 심각한 위반이든 덜 심각한 위반이든 의무의 *성격*과 관계없이, 국제의무 위반이 존재하면 국가책임이 성립한다. 부작위에 의한 국제의무 위반과 관련, 코르푸해협사건(☞p.233)에서 ICJ는, 알바니아가 자국 영해인 Corfu해협에 기뢰가 떠 있어 영국 군함에 피해를 줄 우려가 있다는 것을 인식하고 있었음에도 그러한 긴급한 위험을 영국 군함에 통고하거나 경고하지 않은 (부작위에 의한) 의무 위반으로 인해 영국 군함이 기뢰 폭발로 입은 피해에 대해 알바니아의 책임을 인정하고 배상을 명령하였다. "국가는 자국의 영토가 타국의 권리를 침해하는 방법으로 사용되지 않도록 할 의무가 있으며, 자신의 영역에서 위법행위가 자행되는 것을 가능한 방지해야 한다"는 관습국제법상 의무를 인정한 것이다. 또한 테헤란인질사건에서도 ICJ는, 외교관의 신체와 공관의 불가침을 보호하지 않은 이란의 부작위는 외교관계와 영사관계에 관한 비엔나협약의 제 규정을 명확하고 중대하게 위반하였다고 판시하였다.

② 일방적 행위

국제의무 위반은 통상적으로 국가 간 합의에 따른 조약이나 관습국제법의 위반이다. 하지만 국가의 일방적 행위(unilateral act)도 국제의무 위반을 구성하는가? 조약 규정에 따라 당사국이 행하는 일방적 행위는 당연히 법적 구속력을 갖는다. 「ICJ규정」의 선택조항 수락, 「UN해양법협약」상 영해·EEZ·대륙붕의 경계 선언, 개별 조약상 명시적으로 허용된 유보 등이 그러한 일방적 행위이다. 그러나 단순한 입장 또는 정책 표명과 같은 일방적 행위는 대부분 정치적 행위로서 법적 구속력을 갖지 않는다. 부르키나파소/말리 국경분쟁사건(1986)에서 ICJ는, 말리 대통령이 언론과의 인터뷰에서 OAU(아프리카단결기구)의 결정을 준수할 것이라고 발언한 것은 구속력이 없는 단순한 입장 표명에 지나지 않는다고 보았다.

하지만 일국 또는 다수국이 구두나 서면에 의해 일방적으로 선언·승인·포기·항의·통고 등 법률관계의 창설이나 변경 의사를 자발적으로 명확히 표시한 행위는 국제의무를 발생시키는 효과를 가진다. 그러한 의사는 일반적으로 국가를 대표하는 권한 있는 기관(국가원수, 정부수반, 외교장관 등)이 서한이나 구두로 공개적이며 구체적이고 명확한 용어로 이를 준수할 의도를 대상국 또는 국제공동체에 대해 표명해야만 법적 구속력을 갖는다. 대상국의 의사와는 무관한 자발적이며 독자적인 행위이므로, 대상국의 동의나 수락은 필요로 하지 않는다. ILC의 '법적 의무를 발생시키는 일방적 선언에 적용되는 일반원칙'(2006)에 의하면, 일방적 선언도 유추에 의해 조약법에 따라 처리된다. 이에 따라 일방적 선언도 자의적으로 취소할 수 없으나, 정당한 사유가 있으면 선언국은 이를 취소함으로써 국제의무로부터 면제된다. 또한 조약의 무효 사유와 같은 흠결이 있으면 무효이다.

일방적 행위를 통해 유효하게 창설된 법적 의무 위반은 국제위법행위이며, 국제판결도 이를 인정하고 있다. 동부 그린란드의 법적지위사건(1933)에서 PCIJ는, 1919년 노르웨이 외무장관이 "그린란드 전체에 대한 덴마크의 영유권에 대해 이의를 제기하지 않겠다"고 덴마크 공사에게 구두 약속하고 이후 이를 확인하는 선언을 발표하였던바, 외무장관이 자기 직무의 범위 내에서 타국 외교관에게 행한 일방적인 구두 약속도 국가를 구속하는 법적 효력을 갖는 의사표시로서, 노르웨이는 동부 그린란드에 대한 덴마크의 주권을 다투지 않아야 할 의무가 있다고 판단하였다('금반언의 원칙'). 핵실험사건(1974)과 니카라과사건(1984)에서 ICJ는, 프랑스의 핵실험 포기나 미국의 ICJ 선택조항 포기와 같은 일방적 선언도 의무의 연원과 관계없이 국제의무의 위반으로서 국가책임을 적용받는다고 판단하였다.

핵실험사건(호주와 뉴질랜드 v. 프랑스 1974)

프랑스는 1966년 이래 남태평양 프랑스령 폴리네시아에서 대기권 핵실험을 실시하였다. 호주와 뉴질랜드는 프랑스에 핵실험 중단을 계속 요구하였으나, 프랑스는 핵실험의 위법성을 부인하였다. 1973.5. 프랑스가 대기권 핵실험을 실시하려고 하자, 양국은 ICJ에 프랑스를 제소하여 프랑스의 대기권 핵실험이 국제법 위반임을 이유로 추가적인 핵실험 중단을 요구하는 한편, 핵실험을 중단하라는 잠정조치를 신청하였다. ICJ는 프랑스의 핵실험으로 인해 양국 영토가 회복 불가능한 방사능 낙진 피해를 볼 가능성을 인정하고 프랑스에 대해 핵실험을 중단하라는 잠정조치를 명령하였다. 프랑스는 ICJ의 관할권을 부인하고 재판에 참여하지 않았지만, ICJ는 다음과 같이 판결하였다.

- 제소국의 소송 목적은 국제법상 핵실험의 위법성을 선언하는 것이 아니라, 프랑스가 남태평양에서 더는 핵실험을 하지 않게 하려는 것이다.
- 모든 일방적 행위가 법적 구속력을 가진 것은 아니며, 법적 구속력의 존재 여부는 행위를 하는 국가의 의도에 달려 있다. 특정한 상황에서 이루어진 일방적 선언도 국제법적 합의를 구성할 수 있으며, 합의가 구두에 의한 것이냐 또는 문서에 의한 것이냐는 형식의 문제는 결정적인 것이 아니다.
- 1974년 프랑스가 대통령의 성명과 외무장관의 연설 등을 통해 남태평양에서 더는 대기권 핵실험을 실시하지 않겠다는 의도를 명백하고 공공연히 선언한 것은 프랑스의 일방적 행위이지만, 국제공동체 전체에 대해 핵실험을 하지 않겠다고 약속함으로써 대세적 의무가 발생하였다.
- 약속은 준수되어야 한다는 원칙과 신의성실의 원칙에 따라, 프랑스는 자국의 일방적 선언에 합치하게 핵실험을 중단해야 할 법적 의무를 부담한다.

> • 재판소가 판결하기 위해서는 소송 대상인 분쟁이 존재해야 하나, 프랑스의 일방
> 적 선언으로 호주와 뉴질랜드가 당초 목표한 핵실험 중단이 달성되었기 때문에
> 소송 대상이 존재하지 않는다.

③ 국제의무 위반의 형태

행정부에 의한 위반행위로는 조약의 불이행, 불법적인 무력사용, 전시 군
인들의 전쟁범죄, 타국의 영해나 영공 침범, 외국인의 자의적인 체포·구금·살
상, 외국 선박의 나포, 양허계약의 일방적 파기 또는 국유화 등이 있다.

입법부의 국내법 제정은 국가의 재량행위로서, 국제법에 어긋난 법률을
제정하였거나 (국제법이 국가에 일정한 입법 의무를 부과하지 않는 한) 의무 이행을
위한 국내법을 제정하지 않은 상태만으로는 국제의무 위반이 성립되지는 않는
다. 이러한 작위 또는 부작위를 근거로 행정부나 사법부가 취한 행위로 인해
구체적인 피해가 발생해야 국제의무 위반이 성립하고 실제 추궁이 가능하다.

사법부가 조약을 적용하지 않았거나 조약의 해석이나 적용을 잘못하여 국
제법에 저촉되는 판결을 한 경우, 국제의무 위반이 성립한다. 사법부는 외국인
에게도 차별하지 않고 공정한 사법절차에 따라 보호를 제공해야 하므로, 외국
인에 대한 소송 수리의 거부·명백히 불공정한 재판절차(심리나 판결의 부당한
지연, 변호인 채택·증거 제출·변론 기회 거부 등)·유리한 판결의 고의적인 집행
거부 등 이른바 '**재판의 거부**'(denial of justice) 행위도 국제의무 위반이다.

(2) 의무 위반의 고의·과실 및 손해 발생 여부

① 고의·과실

고의는 일정한 결과가 발생하리라는 것을 인식하면서도 이를 실행하는 심
리상태, 과실은 결과의 발생을 인식할 수 있었음에도 부주의로 인해 인식하지
못하는 심리상태를 말한다. 전통 국제법은 국제의무의 위반에 주관적·심리적
요건인 고의(intention/*dolus*)나 과실(negligence/*culpa*)이 필요하다는 주관적 책
임주의 또는 과실책임주의(fault theory)가 통설이었다. 코르푸해협사건(1948)에

서 ICJ는, 무해통항에 필요한 위험을 사전 통고하지 않은 알바니아의 과실을 인정하고 영국에 배상할 것을 명령하였다.

하지만 현재는 피해를 주려는 고의나 과실이 없더라도 객관적 요건인 국제의무 위반 여부만을 판단하는 **객관적 책임주의** 또는 무과실책임주의(no-fault theory)를 취하고 있다. 조문도 고의·과실을 요건으로 언급하지 않고, 국가행위의 귀속과 국제의무 위반만으로 국가책임이 성립하는 객관적 책임주의를 채택하고 있다(제2조). 국가의 고의나 과실을 확인하기 힘들 뿐만 아니라 고의나 과실의 필요 여부는 2차 규칙이 아닌 해당 1차 규칙의 대상 및 목적에 따라 판단할 사안으로 보았기 때문이다.

예외적으로 외국인에 대한 보호 또는 초국경 환경피해 등과 관련하여 상당한 주의(due diligence) 의무를 다하지 못한 과실로 국가책임이 성립할 수 있다. 상당한 주의는 합리적으로 기대되거나 통상적으로 요구되는 수준의 주의로서, 개별 상황에 따라 달리 요구되는 행위 의무이다. Lotus호사건(1927)에서 PCIJ는 "국가가 자국 영토 내에서 자국이나 타 국민에게 범죄행위를 실행하지 않도록 상당한 주의를 해야한다는 규칙은 확립되었다"고 판시하였다. 상당한 주의만 요구하는 것은 국가가 사인의 행위를 완벽히 통제하기 어렵기 때문이다.

상당한 주의 의무 위반

1. 외국인 보호

사인이 외국인에 대해 저지른 위법행위는 원칙적으로 국가에 책임이 귀속되지 않는다. 그러나 관습국제법상 국가는 자국 내 사인의 폭동·소요 또는 테러 등으로 인해 자국 영역 내 외국인의 권익이 침해받지 않도록 보호해야 할 의무가 있다. 국가는 외국인의 재산이나 신체에 대한 침해 등 외국인의 법익을 침해하는 자국민의 위법행위를 방지하기 위해 상당한 주의를 다해야 한다.

영토국이 사인의 침해 행위를 조장하였거나(작위), 사전에 침해 방지를 위해 적절한 보호조치를 취하지 않았거나, 사후 진압을 위해 필요한 조치를 취하지 않고 방조하였거나, 피해자에게 적법한 피해 구제 절차를 다하지 않았거나, 책임자를 정당하게 처벌하지 않는 경우(부작위), 국가 자신의 행위에 대해 책임이 성립한다. 유책국은 사인에 의해 외국인이 입은 손해에 대해 국가가 책임지는 것이 아니라, 외국인 보호를 위한 상당한 주의 의무를 다하지 못한 자신의 과실에 대해 책임을 지는 것이다. 따라서 상당한 주의 의무를 다하였어도, 보호하지 못한 경우에는 책임이 성립하지 않는다. 외국인 보호와 관련 상당한 주의 여부를 판단하는 기준으로 국내표준설과 국제최소표준설이 있다(☞ p.109).

2. 초국경 환경 피해

어느 국가에서 유발된 오염원이 국경을 넘어 다른 국가에 피해를 주는 초국경 환경 피해도 상당한 주의 위반으로 국가책임 문제를 초래한다(☞ 트레일제련소중재사건 p.514). 사인의 행위라도 각국은 자국 내 사인의 오염행위에 대해 상당한 주의를 가지고 사전 통제함으로써 인접국에 대한 환경오염 피해를 방지할 의무가 있으며, 오염국은 상당한 주의 의무를 소홀히 한 과실로 인해 타국에서 발생한 환경피해에 대해 책임을 진다.

중국에서 발원한 황사나 미세먼지로 인한 대기오염으로 한국이 피해를 보고 있다면, 중국의 국가책임을 추궁하기 위해서는 중국 정부가 사인의 활동에 따른 대기오염 피해를 방지하기 위해 상당한 주의 의무를 다하였는지(환경영향평가 등 관련 정보의 통보 포함)와 이로 인해 한국이 입은 피해 간 인과관계가 입증되어야 할 것이다.

3. 사이버 공격(☞ p.357)

② 손해의 발생

전통 국제법은 또한 국가책임이 성립하기 위해서는 손해가 발생하여야 한다는 입장이었다. 하지만 조문은 손해 발생도 국가책임의 요건으로 명시하지 않고 있다. 국가책임은 국제의무 위반으로 발생한 손해에 대한 책임이 아니라, 1차 규칙인 국제의무의 위반 자체로 성립하기 때문이다. 그러나 1차 규칙상 손해 발생이 요구되는 경우도 있다. 전술한 초국경 환경피해에 대한 국가책임의 경우, 상당한 주의 의무를 소홀히 한 과실뿐만 아니라 환경에 대한 심각한 손해도 발생하여야만 한다.

(3) 위반의 발생 시기

국가의 행위는 행위 발생 시에 국가가 그 의무에 구속되지 않는다면, 국제의무의 위반을 구성하지 않는다(제13조). 즉 국제의무 위반은 그 국가가 구속받는 국제의무를 위반하는 행위를 하였을 때 발생한다. 행위의 위법 여부를 행위 당시 유효한 법을 적용하여 판단하는 것을 **시제법의 원칙**(principle of inter-temporal law)이라 하며, 이는 다수의 국제판결과 국가실행에서 적용되었다(☞ p.723).

한 번에 완료되는 의무 위반행위(폭행, 고문 등)는 그 효과가 계속된다고 하더라도 행위가 발생한 시점에 의무 위반이 발생한다. 계속되는 의무 위반행위(외국인의 불법 구금이나 외교공관의 불법 점거 등)는 그 위반행위가 계속되는 전 기간에 걸쳐 계속된다. 국가가 특정한 일이 발생하는 것을 방지하기 위해 최선을 다해야 하는 예방 의무(외국인 보호 또는 환경 피해방지를 위한 상당한 주의 의무 등)를 위반한 행위는 일이 발생하는 시기에 성립하여 의무 위반이 계속되는 전 기간에 걸쳐 계속된다(이상 제14조). 작위 또는 부작위가 함께 복합되어 의무를 위반한 경우(Genocide, 인종차별, 인도에 반한 죄 등의 결합 등)는 위법행위를 구성하기에 충분한 작위 또는 부작위가 최초로 발생한 시기에 성립하여, 그러한 행위가 반복되고 의무 위반의 상태가 지속되는 한 계속된다(제15조). 위반의 심각도와 위반이 계속되는 기간은 손해배상 방식 및 규모의 결정에 영향을 미친다.

2. 국가책임의 위법성 조각

가. 의의

국제의무를 위반한 행위지만, 그 의무를 이행할 수 없었던 특정한 사유를 원용하는 경우, 위반국의 행위는 정당화되어 국가책임이 면제된다. 조문은 이러한 위법성 조각사유(circumstances precluding wrongfulness)로 피해국의 유효한 동의, 자위조치, 대응조치, 불가항력, 조난, 필요성의 6가지를 규정하고 있다.

위법성 조각사유를 원용하는 국가는 자신의 행위를 정당화할 입증책임이 있다.

나. 조각사유

(ⅰ) 피해국의 유효한 동의

일국이 유효하게 동의(valid consent)한 범위 내에서 이루어진 타국의 특정한 행위는 동의한 국가에 대해 동의의 범위에서 위법성이 조각된다(제20조). 영토국의 동의를 받은 외국 항공기의 영공 통과, 외국 선박의 내수 항행, 외국어선의 영해 내 어로행위, 제3국의 EEZ 내 해양과학조사, 타국의 인도적 지원활동, 외국 군대의 개입이나 주둔 등의 경우이다. 동의는 정당한 권한이 있는 자에 의해 자유롭게 표시되어야 한다. 동의는 행위가 이루어지기 전 또는 행위 중에 명시적 또는 묵시적 방법으로 이루어진다.

(ⅱ) 자위조치/정당방위

「UN헌장」에 따라 적법하게 취하는 자위조치(self-defense)는 위법성이 조각된다(제21조). 헌장 제51조에 따라 자국에 대한 무력공격이 발생한 경우, 무력을 사용하여 합법적인 자위조치를 취할 수 있으며, 이러한 자위권의 행사는 위법성을 조각한다(☞ 제10장 Ⅱ.). 다만 자위권 행사라도 국제인도법이나 국제인권법을 위반하면 위법성이 조각되지 않는다.

(ⅲ) 대응조치: 후술

타국의 국제의무 위반행위에 대한 피해국의 대응조치(countermeasure)는 위법성을 조각한다(제22조).

(ⅳ) 불가항력

국가가 통제할 수 없는 불가항력에 기인한 행위는 위법성을 조각한다(제23조). 불가항력(*force majeure*)은 저항할 수 없는 힘 또는 예견하지 못한 사건의 발생으로 인해 국제의무의 이행이 물리적으로 불가능한 상황을 말한다. 달리 선택할 여지가 없어 불가피하게 취하였거나 의도하지 않은 행위는 위법성을 조각한다. 악천후로 인해 국가항공기가 타국 영공에 허가 없이 진입하거나 잠수함이 허가 없이 타국 해안에 상륙한 경우, 예견하지 못한 반도의 공격으로 인해 외국인이 피해를 본 경우 등이다.

그러나 불가항력의 상황이 단독으로 또는 다른 요소와 결합하여 이를 원용하는 국가의 활동으로 유발되었거나, 국가가 그러한 상황이 발생할 위험을 무릅쓰고 감행한 경우에는 위법성이 조각되지 않는다.

(ⅴ) 조난

조난(distress) 상황에서 국가 행위의 주체가 자신이나 자신의 보호 아래 있는 타인의 생명을 구조하기 위해 다른 합리적 방법을 확보하지 못해 국제의무를 위반한 행위는 위법성을 조각한다(제24조). 위태로운 상황에서 자신 또는 타인의 생명을 구하기 위해 의도적으로 취하는 행위이다. 국가항공기가 기술적인 문제로 승객의 안전을 위해 타국 영토에 불시착하는 경우, 조난 군함이 타국 영해에 정박하거나 항구로 피난하는 경우 등이다(「UN해양법협약」 제18조2항).

단, 행위가 이를 원용하는 국가의 활동으로 유발되거나, 행위로 보호하려는 이익이 그와 상응한 또는 더 심각한 위험을 초래하지 않아야 한다. 예컨대 방사능이 누출된 원자력 잠수함이 승무원을 응급치료하기 위해 타국 항구에 기항한다면 연안국에 더 큰 위험을 초래할 수 있으므로 조난을 원용할 수 없다 할 것이다.

Rainbow Warrior호사건(뉴질랜드 v. 프랑스 1990)

1985.7. 프랑스의 핵실험을 방해하기 위해 환경단체인 Greenpeace가 파견한 Rainbow Warrior호가 뉴질랜드 오클랜드항에서 정박 중 프랑스 비밀 요원에 의해 폭파되어 침몰하였다. 뉴질랜드가 범행에 가담한 프랑스 요원 2명을 체포·기소하여 징역 10년 형을 선고하자 프랑스가 이들의 인도를 요청하였으나, 뉴질랜드는 이를 거부

하고 피해 선박에 대한 배상을 요구하였다. Perez UN 사무총장의 중개로, 프랑스는
뉴질랜드에 공식 사죄하고 금전을 배상하였으며, 범인들은 프랑스령 폴리네시아의
Hao섬에 격리하여 3년간 수용하되 양국의 합의 없이는 섬을 떠나지 않기로 합의하였
다. 그러나 프랑스가 건강상 긴급하다는 이유로 뉴질랜드의 동의 없이 범인들을 본국
으로 이송하자, 양국은 사건을 중재재판에 회부하였다. 프랑스는 범인 이송의 위법성
조각 사유로 불가항력과 조난을 원용하였으나, 뉴질랜드는 3년의 구금 기간이 끝나지
않았기 때문에 범인들을 Hao섬으로 귀환시켜 남은 기간 구금할 것을 요구하였다.

　재판소는, 프랑스가 섬의 열악한 의료 사정을 불가항력의 사유로 원용한 데 대해 불
가항력은 물리적이며 절대적으로 불가능한 상황을 의미하는 것으로 단지 의무 이행을
어렵게 하거나 부담스럽게 하는 것은 불가항력을 구성하지 않는다고 하였다. 재판소는
또한 임신한 범인이 처한 위급상황은 인정되나, 위급상황이 사라진 후 프랑스가 이를
원상회복하거나 이에 대해 뉴질랜드의 동의를 얻으려는 노력이 없었다는 이유로 조난
을 인정하지 않았다.

　재판소는 또한 프랑스가 범인들을 본국으로 조기 이송한 행위는 합의의 중대한 의
무 위반을 구성하는 것으로 (비록 조약이 종료되었어도) 이에 대한 프랑스의 책임이
남아 있음을 확인하였으나, 범인들의 3년 구금 기간이 이미 지나 뉴질랜드의 귀환 요
구 이행이 불가능하므로 이러한 재판부의 결정이 뉴질랜드가 입은 법적·정신적 손해
에 대한 배상으로서 만족을 구성한다고 판결하였다.

(vi) 필요성/긴급피난

　중대하고 급박한 위험으로부터 국가 자신의 본질적 이익을 지켜야 할 필
요성에 따른 행위는 위법성을 조각한다. 필요성(necessity)은 국가가 위급한 상
황에서 자신의 보존 또는 생존을 위해 의도적으로 타국의 권리를 침해하는 것
으로, 긴급피난이라고도 한다. 위법성 조각사유로 필요성을 원용하기 위해서는
① 그 행위가 그 국가의 본질적 이익을 보존하기 위한 유일한 수단으로서,
② 그 국가에 대해 (예상되거나 가능성이 있는 정도가 아니라) 중대하고 급박한 위
험이 현실로 존재하고, ③ 다른 의무 대상국(들)이나 국제공동체 전체의 본질
적 이익을 중대하게 침해하지 않아야 한다는 조건을 모두 충족해야 한다. 본질

적 이익은 상황에 따라 다르지만, 일반적으로 국가의 정치적 포함한다. 다만 국제의무가 필요성 원용을 금지하거나, 필요성을 원용하는 국가가 그러한 상황의 발생에 기여한 경우에는 이를 원용할 수 없다(이상 제25조).

필요성은 자위권과 더불어 국가의 자기 보존권(right of self-preservation)에서 유래되어 관습국제법상 인정되고 있으나, 국가들이 국가의 본질적 이익 보호를 남용할 소지가 크므로 극히 예외적이고 엄격하게 인정된다. 1967년 라이베리아 유조선 Torry Canyon호가 영국해협 공해상에서 좌초되었다. 해난구조를 위한 시도들이 실패하자, 영국은 원유의 대량 유출을 막기 위해 선박을 폭파하여 유류를 소각하였다. 영국은 극히 위험한 상황에서 환경피해 방지라는 국가의 본질적 이익을 보호할 필요성을 원용하였으며, 선적국인 라이베리아도 이에 대해 이의를 제기하지 않았다. 가브치코보-나기마로스사업사건(1997)에서 ICJ는, 필요성은 여러 엄격한 조건이 누적되어 충족됨으로써 예외적으로 인정되는 관습국제법상 위법성 조각사유로서, 그중 하나의 조건은 본질적 이익을 보호하기 위한 유일한 방안이어야 한다고 판시하였다.[1] 팔레스타인 점령지역에서의 장벽 건설의 법적 결과에 관한 권고적 의견(2004)에서 ICJ는, 장벽 건설을 이스라엘의 본질적인 이익을 수호하기 위한 유일한 수단으로 볼 수 없다고 이스라엘의 필요성 원용을 부인하였다.

불가항력·조난·필요성 모두 어쩔 수 없는 불가피한 상황에서 이루어지는 행위이다. 하지만 불가항력이 의도하지 않은 행위인 반면, 조난과 필요성은 의도적인 행위이다. 조난은 자신이나 자신의 보호 아래 있는 타인의 생명을 지키려는 의도이지만, 필요성은 국가의 본질적 이익을 지키려는 의도라는 점에서 차이가 있다.

----

1 ICJ는 또한 헝가리가 환경적으로 중대한 위험을 초래할 우려가 있다는 필요성을 댐 공동 건설사업을 위한 양국 간 조약의 종료 사유로 원용한 데 대해, 조약법과 국가책임법은 별개의 영역으로서 필요성은 조약 의무 불이행에 대해 국가책임을 면제하는 위법성 조각사유이지 조약을 종료시키는 사유가 될 수 없다고 하였다.

다. 위법성 조각의 효력

위법성 조각사유가 정당하면, 그 행위의 위법성이 면제된다. 그러나 일반 국제법의 강행규범으로부터 발생하는 의무와 일치하지 않는 행위는 어떠한 행위라도 위법성을 조각하지 않는다(제26조). 예컨대 집단살해 행위는 설사 피해국이 유효하게 동의하였더라도 위법성이 조각되지 않는다.

위법성 조각사유가 발생하더라도 원래의 국제의무가 무효나 종료된 것이 아니라 일시 정지될 뿐이다. 따라서 위법성 조각사유가 더 이상 존재하지 않으면 그 범위 내에서 원래의 의무를 이행해야 한다(제27조a).

위법성 조각 사유 행위로 인한 중대한 손실은 보상될 수 있다(제27조b). 타국의 위법행위에 대응하여 정당하게 행사된 자위권과 대응조치, 유효한 동의로 인해 발생한 손실은 보상할 필요가 없으나, 타국의 위법행위가 선행되지 않은 불가항력, 조난 및 필요성에 따른 중대한 손실은 보상하는 것이 타당하다 할 것이다.

3. 피해국 등의 국가책임 추궁

가. 개별 국가 간 의무 위반에 대한 책임 추궁

(ⅰ) 개별적 책임 추궁

위반된 국제의무가 특정 국가만을 대상으로 하는 경우, 이로 인해 권리를 침해받은 국가는 피해국으로서 유책국에 대해 국가책임을 추궁할 수 있다. 권리를 침해받은 피해국만이 개별적으로 유책국에 대해 국가책임을 추궁하며(제42조a), 이를 개별적 책임 추궁의 원칙이라 한다. 동일한 위법행위에 의한 피해국이 다수라도 피해국은 각각 개별적으로 책임을 추궁할 수 있다(제46조). 동일한 위법행위에 대해 유책국이 다수이면 피해국은 유책국 각각에 대해 책임을 추궁할 수 있다(제47조). 국가 행위는 일단 적법한 것으로 추정되므로, 유책국의 국가책임은 원칙적으로 위법행위를 주장하는 피해국이 입증해야 한다.

유책국이 피해국의 국가원수나 외교관, 피해국의 재산인 군함이나 군항공기, 외교공관 등에 입힌 직접 피해(direct injury)는 피해국이 유책국에 대해 바로 손해배상을 청구할 수 있다. 1999.5. NATO 공습으로 유고(베오그라드) 주재 중국대사관이 피폭되어 3명이 사망하고 27명의 부상자가 발생한 데 대해 미국은 실수에 의한 오폭을 사과하고 중국 공관 및 인명 피해에 대해 총 3,250만 미불을 배상하였다. 한편 미국에 항의하는 중국 내 반미시위로 주중 미국대사관이 피해를 보자 중국은 287만 미불을 배상하였다. 그러나 유책국이 피해국의 국민에게 입힌 간접 피해(indirect injury)는 피해국이 '외교적 보호권'(☞ 제23장)을 행사하여 손해배상을 청구하며, 청구 시기에 피해자는 피해국 국적을 유지하고 유책국의 국내적 구제수단을 완료해야 한다(제44조).

책임 추궁 여부에 관한 판단은 피해국이 결정하므로 국제위법행위가 성립하더라도 피해국이 반드시 책임을 추궁하지 않을 수도 있다. 피해국이 손해배상청구를 유효하게 *포기*하였거나 스스로의 행위로 장기간 청구하지 않아 손해배상청구권의 소멸을 유효하게 *묵인*한 경우, 피해국은 책임 추궁권을 상실한다(제45조).

(ii) 추궁 방법

(1) 국제청구의 제기

피해국은 유책국에 대해 공식적인 성격을 갖는 국제청구(international claim)를 제기함으로써 책임을 추궁한다. 피해국이 단지 유책국의 의무 위반을 비난 또는 항의하거나 의무 준수를 요구하는 것만으로 책임을 추궁하는 것이 아니다. 피해국은 유책국에 대해 위법행위의 시정이나 재발 방지 조치를 취할 것을 요구하는 청구를 통지한다. 피해국은 유책국이 취해야 할 행위나 손해배상의 형태 등을 구체적으로 적시할 수 있다(제43조).

피해국은 유책국이 위법행위를 중단하고 의무 이행을 재개하도록 유도하기 위한 개별적 추궁 방법으로 대응조치를 취할 수 있다. 또한 UN 등 관련 국제기구에 회부하거나, 분쟁해결절차에 따른 조정이나 관할권이 있는 국제재판소에 제소할 수도 있다. 피해국은 적절한 청구 방식을 선택하며, 이들 방식을 동시에 진행할 수도 있다.

(2) 대응조치

① 의의

전통 관습국제법상 국제위법행위로 인해 법익을 침해받은 피해국은 무력 사용을 포함하는 복구(reprisal) 조치를 취함으로써 스스로 피해를 구제하거나 책임을 추궁하는 것이 허용되었다. 다만 자위권 행사 외의 무력사용이 금지된 「UN헌장」하에서는 무력복구(armed reprisal)가 허용되지 않는다. 이에 따라 조문에서는 전통적인 복구라는 용어 대신 대응조치를 사용하고 있다. 대응조치 또는 대항조치(countermeasure)는 피해국이 유책국의 위법행위에 대응하여 유책국을 대상으로 취하는 일방적 자력구제(self-help) 조치이다. 대응조치 자체는 위법한 행위이나 유책국에 대해서 위법성을 조각한다.

보복

보복(retorsion)은 타국의 비우호적 또는 불공정 행위에 대응하여 국가가 재량으로 취하는 조치를 말한다. 타국의 비우호적 또는 불공정 행위는 상호주의나 무차별 원칙에 어긋나거나 신사협정을 위반한 경우 등이다. 이러한 경우 국가는 타국에 대해 외교관계 단절, 공관 폐쇄 또는 공관 규모의 축소, 공관장의 장기 또는 단기 소환이나 대사 대리로 지위 격하, 무역 또는 투자 중단, 금융 거래 중단, 관세 부과, 항공기의 영공 통과 금지, 진행 중인 교섭이나 원조의 중단, 유책국 국민의 사증 발급이나 이민 제한 또는 는 추방 등의 조치를 취할 수 있다.

보복은 국제법상 허용되는 국가의 정당한 조치로서, 대응조치와 달리 위법행위를 전제로 하지 않는다. 하지만 피해국은 타국의 위법행위에 대해서도 국가책임을 추궁하는 대응조치 대신 보복 조치를 취하기도 한다.

---

② 대응조치의 제한

피해국의 대응조치는 남용되지 않도록 목적·대상·시간·방법이 제한된다.

대응조치의 목적은 유책국의 의무 이행을 유도하기 위한 것이지 징벌하기 위한 것이 아니다. 대응조치는 오직 유책국만을 대상으로 한다. 시간적으로, 대응조치는 항구적인 것이 아니라 유책국에 대해 국제의무를 일시적으로 불이행하는 것으로 제한된다(제49조2항). 유책국이 위법행위와 관련된 의무를 이행하는 즉시 대응조치는 종료되어야 한다(제53조). 대응조치는 또한 대응조치가 종료되면 가능한 한 의무를 다시 이행할 수 있는 방법이어야 한다(제49조3항).

대응조치는 무력의 사용이나 위협이 아닌 비무력적 조치만 허용된다. 비무력적 조치라도, 상호주의가 적용되지 않는 기본적 인권의 보호 의무, 복구가 금지되는 인도주의적 성격의 의무, 일반국제법상의 강행규범상의 의무를 위배하는 대응조치를 취할 수 없다(제50조1항). 또한 관련 분쟁해결절차상의 의무, 외교 및 영사직원과 공관지역과 문서에 대한 불가침 의무는 계속 준수해야 한다(이상 제50조).

대응조치는 위법행위와 침해받은 권리의 심각성을 고려해서, 피해국이 입은 피해에 비례해야 한다(제51조). 위법행위로 인한 피해국의 영향과 대응조치로 인한 유책국의 피해가 양적·질적으로 비례해야 하지만, 반드시 동일한 내용이거나 유사한 성격의 조치일 필요는 없다. 유책국의 위법행위에 비례한 범위 내 피해국이 취하는 대응조치로, 유책국의 조약 의무 이행을 확보하기 위해 조약 일부 또는 전체를 시행정지하거나 피해국 내 유책국 자산의 동결이나 선박 억류 등을 할 수 있다. 유책국의 위법행위에 비례하지 않은 과도한 대응조치를 취하거나 상대국의 위법행위에 대한 근거 없이 일방적으로 대응조치를 취하는 것도 위법이라 할 것이다. 가브치코보-나기마로스사업사건(1997)에서, 슬로바키아는 1992년 자국 영역 내로 다뉴브강의 수로를 변경하는 대안을 추진하고 이를 대응조치라고 주장하였다. ICJ는 슬로바키아의 대응조치는 선행된 헝가리의 위법행위에 의해 야기된 피해와 균형을 이루어야 하나, 다뉴브강의 수로 변경은 헝가리가 함께 누려야 할 공유자원 이용 권리를 박탈하였다는 점에서 피해와 비례하지 않아 합법적인 대응조치가 아니라고 하였다.

③ 대응조치의 절차

피해국은 대응조치를 취하기 전에 유책국에 의무 이행을 요구하고, 다른 수단에 의한 구제 가능성을 알아보아야 한다. 다만 피해국은 자국의 권리 보존을 위해 필요한 경우 대응조치를 통보하기 전이라도 긴급 대응조치(urgent countermeasure)를 취할 수 있다. 피해국은 대응조치 결정을 통보하며 교섭을 제의해야 한다.

대응조치가 취해지는 중이라도 분쟁해결을 위한 교섭이나 사법적 해결절차를 추진할 수 있다. 위법행위가 구속력 있는 결정을 내릴 수 있는 재판소에 회부되어 계류 중인 경우, 피해국은 대응조치를 취해서는 안 되고 이미 취해진 대응조치는 부당하게 지체없이 중지되어야 한다. 단 유책국이 분쟁해결절차를 성실하게 이행하지 않는 경우(재판 불출정, 잠정조치 불이행, 판결 불이행 등)에는 중지해야 할 의무가 없다(이상 제52조).

④ 자체 완비적 체제

1차 규범인 다자조약 안에 의무 위반에 대한 책임을 묻는 구제 절차(2차 규범)를 포함하고 있어, 타 당사국이 조약상 의무를 이행하지 않는 경우, 피해를 입은 당사국은 일반국제법하에 인정된 국가책임 추궁방식인 대응조치 등을 취하는 대신 조약 자체에 규정된 구제 절차에 따라 해결해야 하는 체제를 자체 완비적 체제(self-contained regime)라고 한다.

테헤란인질사건(1980)에서 ICJ는, 외교관계 규칙들은 외교사절에 대해 특권·면제를 부여할 접수국의 의무를 규정하고, 외교사절이 이를 위반하면 이에 대응하여 접수국이 자유롭게 대응하는 수단(기피인물 지정이나 추방, 외교관계 단절 등)을 갖추고 있는 자체 완비적 체제라고 하였다. 그 밖에 자체 완비적 체제로서, 「WTO 분쟁에 관한 협정」(DSU: Understanding on Rules and Procedures Governing the Settlement of Disputes)은 피해국의 일방적인 대응조치를 명시적으로 금지하고 자체적인 분쟁해결 절차를 규정하고 있으며(제23조1항), 「유럽연합(EU)설립조약」도 조약상 분쟁해결절차 외에는 어떠한 절차에도 분쟁을 회부를 하지 못하도록 하고 있다(제292조).

테헤란인질사건(미국 v. 이란 1980)

이란은 미국이 25년 이상 불법적으로 이란의 국내문제에 개입한 데 대한 대응조치로서 미 대사관 점거와 외교관 인질 억류가 정당하다고 주장하였다.

이에 대해 ICJ는 다음과 같이 판결하였다.

- 외교제도와 특권·면제는 국제사회에서의 협력을 위해 불가결한 실효적 수단으로 수 세기에 걸쳐 확립되었고 무력충돌이나 외교관계가 단절될 때도 존중되어야 하는 원칙으로, 외교 및 영사관계에 관한 비엔나협약은 외교사절에게 제공되는 특권·면제나 편의 등 파견국과 접수국의 권리·의무를 실체적으로 규정하고 있다.
- 협약은 외교 또는 영사관원의 불법적 활동과 남용에 대처하는 접수국의 구제수단(기피인물 지정이나 추방, 외교관계 단절 등)을 협약 내에 자체적으로 구비하고 있다. 미국 외교 또는 영사관원이 이란에서 불법적인 스파이 활동을 수행했다는 것이 확실하다고 하더라도, 접수국인 이란이 그러한 합법적 수단을 통해 대응할 수 있었음에도 불구하고, 협약 규정을 벗어나 대사관을 점거하고 외교관을 억류한 것은 정당화될 수 없다.
- 외교공관과 관원을 보호하기 위해 적절한 조치를 취하지 않은 이란의 부작위는 국가책임을 구성하고, 미국에 대해 손해를 배상해야 한다.

나. 대세적 의무 위반에 대한 책임 추궁

대세적 의무 위반에 대한 책임 추궁은 인권조약, 「NPT」와 비핵지대조약, 「남극조약」 등 다자조약의 당사국 전체에 부과된 대세적 의무(obligations *erga omnes partes*)의 위반과 민족자결·Genocide·고문·인종차별 금지 등 일반국제법상 국제공동체 전체에 부과된 대세적 의무(obligations *erga omnes*)의 위반으로 구분된다.

유책국은 ① 피해국을 포함하는 국가 집단의 공동 이익 보호를 위해 다자조약으로 확립된 의무, 즉 다자조약 당사국 모두에 대한 대세적 의무를 위반한 국가, 또는 ② 일반국제법상 국제공동체 전체에 부과된 대세적 의무를 위반하여 국제공동체 전체의 법익을 침해한 국가를 말한다(제48조1항).

유책국의 의무 위반이 특별히 영향을 주거나 또는 추후 의무 이행에 있어 다른 모든 국가의 입장을 급격히 변경하는 성질인 경우, 이로 인한 피해국은 유책국의 책임을 추궁할 수 있다(제42조b). 전자의 경우 피해국은 예컨대 「UN해 양법협약」에 위배된 해양오염 사고가 발생하여 중대한 피해를 본 연안국의 경우이다. 후자의 경우는 피해국은 예컨대 NPT 조약상 비핵무기 당사국이 조약을 위반하여 핵무기를 개발하거나, 「남극조약」 당사국이 영유권을 동결한 제4조를 위반하여 남극 지역에 영유권을 주장하는 경우, 이들 조약의 다른 당사국들이다. 피해국이 유책국의 책임을 추궁할 수 있는 것은 위반한 조약의무의 이행이 필수 불가결하거나 상호 의존하는 것으로 그러한 의무 위반은 피해국이 조약의무를 이행하는 기반을 훼손하거나 파괴하기 때문이다. 피해국의 추궁 방법은 개별 국가를 상대로 하는 의무 위반에 대한 추궁 방법과 같다.

대세적 의무 위반에 대해서는 피해국 이외 다른 국가도 이해 관계국으로서 유책국의 책임을 추궁할 수 있다. 다만, 피해국 이외의 국가는,

- (피해국이 아니므로 손해배상을 요구할 수는 없지만) 유책국에 대해 위법행위의 중지와 재발 방지의 확보 및 보장, 피해국 등에 대한 손해배상 의무의 이행을 요구할 수 있으며(제48조2항),
- (피해국이 아니므로 대응조치를 취할 수는 없지만) 유책국의 위반 중지와 피해국 등의 손해배상을 확보하기 위하여, 유책국을 상대로 적법한 조치를 취할 권리를 보유한다(제54조). 이에 따라 각국은 국제공동체 전체의 법익을 침해한 데 대한 UN의 제재(헌장 제7장에 따른 안보리의 강제조치)나 지역기구의 결정에 참여할 수 있다. 각국은 유책국을 상대로 적법한 조치(자국법에 따른 독자적인 제재 등)도 취할 수 있다.

팔레스타인 점령지역에서의 장벽 건설의 법적 결과에 관한 권고적 의견(2004)

2002년 이스라엘은 1967년 이래 점령해 온 팔레스타인 점령지역에서 콘크리트와 철선으로 720km에 이르는 안보 장벽을 건설하였다. 2003년 아랍국가들의 요구로 개최된 UN 총회 제10차 비상특별회기에서 장벽 건설의 법적 결과에 관한 권고적 의견

을 요청하였으며, ICJ는 다음과 같은 의견을 제시하였다.

- 이스라엘은 비국가 행위자의 테러 공격에 대한 자위권 행사와 필요성을 원용하여 분리 장벽 건설의 위법성 조각을 주장하나, 이들은 위법성 조각사유로 원용될 수 없다. 비국가 행위자의 공격은 타 국가로부터의 공격이 아니며, 그러한 공격이 타 국이 아닌 이스라엘의 팔레스타인 점령지역 내에서 발생하고 있으므로 자위권은 원용될 수 없다. 이스라엘은 또한 중대하고 급박한 위험을 막기 위한 긴급피난을 원용하나, 장벽 건설이 이스라엘의 본질적 이익을 수호하는 유일한 수단으로 인정될 수 없으므로 긴급피난도 설득력이 없다.
- 이스라엘의 장벽 건설은 팔레스타인의 민족자결권과 국제인도법에 따라 보장된 권리(피보호자들의 이동권·근로권 등 기본 인권)를 존중해야 할 대세적 의무를 위반한 것이다.
- 이스라엘은 장벽 건설을 중단하고 이미 설치한 장벽은 해체해야 할 의무가 있으며, 장벽 건설로 인해 물질적 손해를 입은 개인에게 배상하고 원상회복이 불가능한 경우 금전배상할 국제법상 의무가 있다.
- 또한 모든 국가는 팔레스타인 점령지역 내 장벽 건설에서 비롯된 위법한 상황을 합법적인 것으로 승인하지 않고(후술 '불승인주의') 위법한 상황이 유지되는 것을 지원하지 않을 의무가 있다. 또한 1949년 제네바협약의 모든 당사국은 이스라엘이 국제인도법을 준수하도록 보장할 의무가 있다.

한편, ICJ는 다자조약 당사국에 대한 대세적 의무를 위반한 국가에 대해 다른 당사국이 제기한 소송에 대해 재판소의 관할권을 인정하고 있다. 기소 또는 인도 의무에 관한 문제 사건(벨기에 v. 세네갈 2012 ☞ p.598)에서 ICJ는, 고문 금지는 광범위한 국가실행과 국가들의 법적 확신에 근거한 관습국제법으로 강행규범일 뿐만 아니라, 「고문방지협약」 제7조의 기소 또는 인도해야 할 당사국의 의무는 협약 당사국 모두에 대한 대세적 의무로서, 동 협약의 모든 당사국은 협약 이행에 관하여 공통된 이해를 갖는다고 당사국인 벨기에의 당사자적격을 인정하고 본안 재판을 진행하였다. 「Genocide협약」의 적용에 관한 선결적 항변(감비아 v. 미얀마 2022)에서도 ICJ는, 협약은 모든 당사국이 지켜야 할 대세적 의무로서, 어느 당사국이라도 협약 준수에 대해 이해를 가지며 특별한 이해가 없어도 다른 당사국의 협약 의무 위반에 대해 책임을 추궁할 수 있다고 감비아의 재판적격성을 인정하였다. 이들 판결은 대세적 의무를 규정한 다자조약의 당사국이 협약 위반에 따른 자국민의 피해를 입증할 필요 없이, 당사국인 유책국을 상대로 소송을 제기할 수 있다고 판단한 것이다. 그러나 ICJ는 일반국제법상 국제공동체 전체에 부과된 대세적 의무 또는 강행규범 위반과 관련하여 피해국이 아닌 국가의 재판적격성에 대해서는 재판소의 관할권을 인정하지 않고 있다(☞ p.82).

다. 일반국제법의 강행규범상 의무의 중대한 위반

조문은 일반국제법의 강행규범상 의무의 중대한 위반으로 발생하는 국제책임을 규정하고 있다. '일반국제법의 강행규범상 의무의 중대한 위반'은 유책국이 심각하고 체계적으로 의무를 불이행하는 것으로(제40조), 이는 위반의 강도나 효과가 심각하거나 위반행위가 조직적이며 의도적인 것을 의미한다.

조문은 국가들이 강행규범의 중대한 위반을 합법적인 방법으로 종료하기 위해 협력해야 한다고 규정하고 있을 뿐(제41조1항), 유책국에 대한 책임 추궁방식에 대해 침묵하고 있다. 그러나 강행규범을 중대하게 위반한 유책국에 대한 책임 추궁도 전술한 일반국제법상 국제공동체 전체에 대한 대세적 의무를 위반하여 국제공동체 전체의 법익을 침해한 유책국에 대한 추궁과 동일하다 할 것이다(제48조1항). 따라서 국가들은 합법적 방법(예컨대 UN 안보리의 제재)을 통해 중대한 위반을 종료하기 위해 협력하고, 중대한 위반으로 창설된 상황을 합법적인 것으로 승인하지 않으며, 이러한 상황이 유지되는 것을 지원하거나 원조하지 않을 의무를 부담한다(제41조2항).

불승인주의

불승인주의(Doctrine of Non-Recognition)는 불법적인 침략이나 무력사용에 의한 병합과 같이 강행규범의 중대한 위반 상황이 각국의 명시적 또는 묵시적 승인으로 유효하게 되는 것을 방지하려는 것이다. 일본이 1932년 독립성이 없던 괴뢰정부인 만주국을 수립하자, H. Stimson 미 국무장관이 「부전조약」(1928)을 위반하여 전쟁을 통해 수립된 만주국의 국가승인을 막기 위해 주창한 이래 적용되고 있다('스팀슨주의').

- 1960년 이스라엘은 요르단강 서안·골란고원·시나이반도를 점령하였으나, 안보리는 이들 지역으로부터 이스라엘이 즉각 철수할 것을 결의(242호)하였다. 이들 점령지역은 이스라엘의 영토로 승인되지 않고 여전히 팔레스타인 점령지역(occupied Palestinian territories)으로 불리고 있다.
- 1965년 짐바브웨가 일방적으로 백인지배 국가 수립을 선언한 데 대해 UN 총회는 이를 승인하지 말 것을 결의(216호)하였다.
- 1974년 터키가 북사이프러스를 침공한 후 독립을 선포한 '북사이프러스 터키공화국'에 대해 안보리는 결의(541호)를 채택하여 이를 승인하지 말 것을 요청하였다.
- 1990.8. 안보리는 모든 국가가 이라크의 쿠웨이트 병합을 승인하지 말 것을 결의(662호)하였다.
- 2014.3. 총회는 러시아의 불법적인 크림반도 병합을 불승인하는 결의를 채택하였다.

강행규범의 중대한 위반에 대한 불승인주의는, 조문 제41조2항에서 규정된 바와 같이, 불승인 의무로 진화하고 있다.

4. 유책국의 국가책임 해제

가. 의무 이행과 배상

국가책임은 국제위법행위로 인한 법적 결과를 수반하며(제28조), 유책국은 자신의 위법행위로 인한 법적 결과를 제거하여 국가책임을 해제해야 한다. 유책국이 국가책임을 해제하지 않는 것은 또 다른 국제위법행위를 구성한다.

유책국이 위반한 의무를 이행해야 할 의무는 계속된다(제29조). (국제위법행위가 계속되는 경우) 유책국은 위법행위를 중지하고, 상황에 따라 필요하다면 재발 방지를 확약하고 적절한 보장을 제공할 의무가 있다(제30조). 유책국은 의무 불이행을 정당화하기 위해 국내법 규정에 의존할 수 없다(제32조).[2]

유책국은 또한 국제위법행위로 인해 타국에 입힌 손해에 대해 '완전한 배상'을 할 의무가 있다(제31조a). 호르죠공장사건(1927)에서 PCIJ는 "어떠한 합의 위반도 적절한 형태로 배상할 의무를 수반한다는 것은 국제법의 원칙이며, 배상은 협약 불이행을 보완하는 불가결한 것으로, 협약 내에 규정될 필요도 없다"고 판시하였다. 다만 「WTO 설립협정」을 위반한 국가는 해당 조치를 철회하는 것 외에 별도의 배상 의무를 지지는 않는다.

완전한 배상(full reparation)은 위법행위로 인한 법적 결과인 손해를 제거하여 의무 위반 이전 상태로 회복하는 것이다. 유책국의 손해배상은 경제적 또는 재산상 이익을 침해하는 물질적 손해와 국가의 명예 또는 존엄성을 침해하는 비물질적·정신적 손해도 포함한다(제31조b). 손해배상은 형사상의 징벌적 성격이 아니라 민사상의 배상적 성격을 갖는다. 유책국의 손해배상은 원상회복·금전배상·사죄의 방식을 단독으로 또는 결합하여 이행된다(제34조).

나. 손해배상 방식

(i) 원상회복(제35조)

유책국은 최대한 위법행위가 있기 전 존재하던 원래의 상태(*status quo ante*) 또는 위법행위가 없었다면 존재하였을 현재의 상태로 원상회복(restitution)할 의무가 있다. 원상회복은 완전한 배상을 위해 기본적이며 우선하여 적용되는 배상 방식이다. 물리적 원상회복(불법 체포 또는 납치된 자의 석방, 불법 나포 선박·선원의 석방, 불법 몰수 재산·문서의 반환 등)과 법적 원상회복(국제법을 위반

----
2 「조약법에 관한 비엔나협약」도 당사국은 조약 불이행을 정당화하기 위해 그 국내법 규정을 원용할 수 없다고 규정하고 있다(제27조).

하여 제정된 국내법의 폐지·개정 또는 그에 따른 행정조치나 판결의 취소 등)이 있다.

원상회복은 물리적으로 불가능하지 않고, 유책국이 금전배상 대신 원상회복을 위해 지출할 비용이 피해국이 얻는 이익에 비해 과도한 부담을 초래하지 않아야 한다.

(ii) 금전배상(제36조)

물리적으로 원상회복이 불가능(자국민의 상해나 살해, 선박 침몰, 환경피해 등)하거나 원상회복만으로는 완전한 배상이 충분치 않은 경우, 유책국은 피해국에 대해 금전배상(compensation)할 의무가 있다. 불법 체포나 감금, 사생활 침해 등 정신적 고통에 대해서도 금전배상이 가능하다.

금전배상에는 금전적으로 산정될 수 있는 일체의 실제 손해를 망라한다. 위법행위에 따라 발생한 직접 손해, 직접 손해와 상당한 인과관계를 가지며 파생된 간접 손해, 확인될 수 있는 일실이익, 부대비용(행정비용, 소송비용, 보상금, 치료비 등), 원금에 대한 이자를 포함한다(제38조). 일실이익(逸失利益: loss of profits)은 위법행위로 인한 피해로 상실한 기대 이익을 말한다. 그러나 예술품·문화재의 내재적 가치나 기업의 신용·명예, 피해자의 생명이나 정신적 고통 등 비물질적인 무형의 가치는 금전으로 평가되기 어렵다는 문제가 있다. 금전 배상액은 침해 시가 아니라 배상 지급 시를 기준으로 산정하며, 당사자 간 합의하거나 국제재판소가 금액을 결정한다. 피해국 또는 배상받을 그 밖의 개인 또는 단체의 고의·과실로 인해 손해가 발생하였으면 배상 결정에 있어 과실상계를 적용한다(제39조).

피해국의 손해배상 요구에 대해, 유책국은 법적인 국가책임의 인정을 인정하고 배상하는 대신, 외교적 타협을 통해 호의상 지급(*ex gratia* payment)을 통해 해결하기도 한다.

(iii) 만족(제37조)

원상회복이나 금전배상에 의해 완전한 배상이 이루어질 수 없는 손해의 경우, 유책국은 피해국에 만족(satisfaction)을 제공해야 한다. 국가의 존엄·명예·위신의 훼손, 국가·국기 등 국가 상징의 모독, 국가원수나 외교관에 대한 의도적 모욕, 외교공관의 불가침권 침해, 군함이나 항공기의 영해나 영공 침범에 의한 주권 침해와 같이, 국가 자체에 대해 상징적으로 가해진 비물질적·정신적 손해에 대한 배상이다.

구두나 서면으로 위반의 시인 및 유감 표명, 공식 사과와 재발 방지 약속, 피해국 국기에 대한 경의 표시, 위반자의 징계 또는 처벌, 상징적·명목적 금전배상 등 적절한 방법을 통해 피해국을 만족시키는 것이다. 사과(apology)는 법적 책임, 즉 국가책임을 공식 인정하는 것이므로 국가는 가능한 이를 회피하는 대신 유감(sorry, regret 등)을 표명하기도 한다. 권한 있는 국제재판소가 유책국의 책임을 확인하는 판결도 만족의 방식으로 종종 사용된다. 코르푸해협사건, Rainbow Warrior호사건, Saiga호사건, Genocide 협약 적용사건, LaGrand사건, 우루과이강 펄프공장사건 등에서 국제재판소는 유책국의 의무 위반을 선언한 재판소의 판결 자체가 청구국에 만족을 제공한다고 하였다.

만족은 침해된 법익에 비해 과도하지 않고, 유책국을 모독하는 방식(사절단 파견에 의한 사죄 등)이지 않아야 한다.

III. 관련 문제: 적법행위에 대한 국가의 결과책임

국가책임조문상 행위의 국가로의 귀속과 국제의무 위반으로 국제위법행위가 성립하면 국가책임이 발생한다. 그러나 사인이 수행하는 유류·원자력·유해폐기물 등 고도로 위험한 활동은 사고가 발생하면 사인의 배상 능력으로 감당하기 어려운 대규모 피해를 초래할 수 있다. 대표적 사례로 1978년 러시아 인공위성 Cosmos 954의 추락과 방사능 분해, 1984년 인도 Bhopal에서의 Union Carbide사 가스 누출 사건, 1986년 구소련(우크라이나) 원자력발전소 방사능 유출 사고 등이 있다.

이에 따라 사인이 국제법상 적법하지만 고도로 위험한 활동을 수행하다 타국에 중대한 환경피해를 초래한 경우, 국가가 국제의무를 위반하지 않았더라도 대규모 환경오염이라는 유해한 결과에 대해 국가가 직접 손해를 보상하는 국가의 결과책임제도가 나타나고 있다. 결과책임(result liability)은 중대한 초국경 피해의 발생만을 성립 요건으로 한다. 자국 관할 하에서 발생한 위해행위와 타국이 입은 중대한 물리적 피해 간 인과관계만 입증되면 유책국의 과실이 없더라도 그로 인해 발생한 유해한 결과에 대해 보상함으로써 대규모 피해를 구제하려는 무과실책임제도이다. 결과책임은 절대책임·엄격책임(absolute·strict liability)이라고도 부른다. 국가책임과는 성격이 상이한 결과책임을 구분하기 위해 책임은 responsibility가 아닌 liability, 보상은 compensation이 아닌 damages를 사용하고 있다.

유류오염·우주물체 사고·핵 피해 등과 관련한 일부 국제협약은 위험한 결과책임을 규정하고 있다. 1969년 「유류오염손해에 관한 민사책임에 관한 협약」은 선박 소유자에게 엄격책임을 부과하고 있다. 1972년 「우주물체에 의하여 발생한 손해에 대한 국제책임에 관한 협약」('배상협약')은 과실 여부와 관계없이 발사국의 절대책임을 규정하고 있다. 1997년 채택된 「핵 피해를 위한 추가 보상협약」(Convention on Supplementary Compensation for Nuclear Damage)도 핵 시설 운영자는 핵 피해에 대해 무과실책임을 지고 책임배상보증보험을 유지해야 하며, 핵시설 운영자의 배상 보증이 충분치 않으면 핵 시설국이 이를 보충하여 배상할 책임을 규정하고 있다.

ILC는 1978년 이래 국제법상 금지되지 않은 행위로부터 발생하는 유해한 결과에 대한 책임을 논의하였다. ILC가 2001년 채택한 「위험한 활동에서 야기된 초국경 피해 예방에 관한 조문」(Articles on Prevention of Transboundary Harm from Hazardous Activities)도 초국경 환경피해 방지를 위한 국가의 의무와 책임을 규정하고 있다. 이에 따르면, 국가는 국제법에 의해 금지되지는 않으나 물리적으로 중대한 초국경 피해(significant trans-boundary harm)를 초래할 수 있는 위험을 수반하는 활동에 있어 사람·재산 및 환경에 대한 피해 예방을 위해 적절한 조치를 취해야 한다. 이러한 조치로 입법 및 행정상의 조치 이행, 사전 허가, 환경영향평가, 피해가 예상되는 국가에 대한 통보, 예방조치의 협의 등이 있다. 또한 국가는 실제 활동 주체에 대해 무과실책임을 인정하고, 이들이 배

상을 위한 보험 등 재정 보증을 유지하도록 하되, 국가도 산업 기금을 조성하
거나 추가적인 재원을 마련함으로써 피해자들에게 신속하고 적절한 배상이 이
루어지도록 필요한 조치를 취해야 한다. 다만 조문은 유책국의 직접적인 배상
의무는 규정하지 않고 있다.

결과책임은 위험과 결과 사이의 인과관계를 입증하기 어렵고, 국경 간 중
대한 피해를 판단하는 기준도 명확하지 않다는 난점이 있다. 또한 결과책임으
로 인해 자칫 심각한 경제적 책임을 부담할 가능성을 우려하는 국가들이 소극
적인 입장을 보이고 있어 적법행위로 인한 국가책임제도가 일반국제법화되기
에는 어려움이 있어 보인다.

제23장
외교적 보호권과 「외교적 보호 조문」

Ⅰ. 외교적 보호권

1. 연혁

국가만이 국제법 주체로 인정되던 근대 이전에는 영토국의 위법행위로 외국인의 신체나 재산이 침해되더라도 피해자 개인이 영토국의 국내법 절차에 따라 영토국 법원에서 민·형사사건을 해결하는 것 말고는 달리 대응할 수 있는 구제수단이 없었다. 이에 따라 외국인에 대한 영토국의 부당한 권리 침해를 구제하기 위해 피해자 국적국의 개입 필요성이 제기되어 왔다. 스위스 국제법학자 E. Vattel(1714–1767)은 자국민에 대한 피해를 자국민을 보호할 의무가 있는 국적국 자신의 간접 피해로 법적 의제(legal fiction)하여 국적국이 피해를 본 자국민을 보호하고 배상을 청구할 수 있다는 이론을 제시하였다.[1] 19세기 후반부터 중남미 제국이 외국인 투자기업을 국유화하자 서구제국이 채무 회수를 위해 무력을 사용하여 자국민을 보호하기도 하였으나, 이후 이를 중재재판을 통해 처리하면서 외교적 보호의 법리가 발전되었다. 하지만 외국인 권리 침해에 대해 국제법상 구제수단이 충분치 않기 때문에 국적국의 외교적 보호권 행사는 자국민 보호를 위해 여전히 중요한 수단이다.

----
1 이에 대해 미국의 법학자 P. Jessup(1897-1986)은 국가의 간접 피해라는 법적 의제를 배척하고 개인이 직접 청구의 주체가 되어야 한다고 주장한다.

ILC는 관습국제법상 인정되어 온 외교적 보호권의 성문화 작업을 수행하여, 2006년 「외교적 보호에 관한 조문」(Articles on Diplomatic Protection with Commentaries, 이하 '조문')을 채택하였다. 아래에서는 조문을 중심으로 설명한다.

2. 의의

외교적 보호는 외국의 국제위법행위로 인해 자국적을 가진 자연인 또는 법인이 입은 피해에 대해 국적국이 외교적 조치 또는 평화적인 해결방식을 통해 외국의 책임을 추궁하는 것이다(제1조).

국적국이 자국민에 대해 외교적 보호를 위해서는 의무 위반이나 불이행 등 외국의 국제위법행위로 자국민에게 재산 또는 신체에 대한 피해가 발생해야 한다. 재산 피해는 국제법에 위배된 수용이나 국유화, 신체에 대한 피해는 불법적인 구금·체포·납치나 강제노역, 폭도나 테러 등에 기인한다.

3. 법적 성격

외교적 보호권(right of diplomatic protection)은 외국의 국제위법행위로 인해 자국민이 피해를 보았을 때 국적국(State of nationality)이 외국에 대해 적절한 구제를 청구하는 권리를 말한다. 국적국이 자국민에 대한 피해를 국적국 자신의 피해로 보고 이를 구제하는 국가의 권리이다.

외교적 보호권은 정치적 또는 다른 요소를 고려하여 행사 여부를 결정할 수 있는 국가 자신의 재량적 권한이다. 외교적 보호권이 국가 자신의 재량적 권리라는 전통 국제법상 입장은 마브로마티스양허사건(PCIJ 1924), 노테봄사건(ICJ 1955), 바르셀로나전력회사사건(ICJ 1970) 등의 판결에서 확인되고 있다. 국적국은 외교적 보호권의 행사 여부는 물론 행사 방법·배상 방식 및 규모·종료 시기 등의 결정에 있어 완전한 재량을 갖는다. 국적국이 자국민을 위해 반드시 외교적 보호권을 행사해야 할 의무가 있는 것도 아니며, 외교적 보호권을 행사하지 않을 수도 있다. 국적국은 또한 스스로 또는 묵인하여 외교적 보호권을 포기하거나, 가해국과 합의하여 포기할 수도 있다.

하지만 개인의 인권침해를 구제하는 국제인권법의 발달과 함께 외교적 보호권을 전통적인 국가의 권리가 아닌 개인의 권리로 보려는 주장이 나타나고 있다. 조문은 외교적 보호권이 국가의 권리임을 확인하면서도(제2조), 인권과 해외 투자의 보호 수단으로서 외교적 보호권의 의무적 성격도 함께 반영하고 있다. 국가는 특히 중대한 피해가 발생하였을 때에는 외교적 보호를 행사할 가능성을 충분히 고려하고, 외교적 보호의 행사 및 배상과 관련하여 가능한 피해를 입은 개인의 입장을 고려하며, 배상금은 합리적인 비용 공제 후 피해자에게 이관하도록 *권고*함으로써(제19조), 피해자 개인의 입장에서 국가가 외교적 보호권을 행사하도록 권장하고 있다. 이에 따라 일부 국가는 국내법으로 외교적 보호를 국가의 의무로 규정하고 있다. 국내법원에서도 위안부 문제 등과 관련하여 외교적 보호권 행사에 대한 국가의 재량을 제한하려는 움직임이 나타나고 있다.

II. 「외교적 보호 조문」

1. 외교적 보호권 행사의 대상

가. 자연인

- 자국민: 외교적 보호권은 피해를 본 자국민(national)에 대한 국적국의 보호 권리이다. 국적을 보유한 자는 국적국에 충성하고, 국적국은 국적을 가진 자국민에 대해 외교적 보호권을 행사한다. 피해자의 국적은 국적국과 자국민을 연결하는 법적 연결고리이며 국적국이 법적 이익을 갖는 근거로서, 국적이 외교적 보호권 행사 여부를 결정하는 기준이다. 따라서 외교적 보호권 행사의 대상은 원칙적으로 유효한 자국 국적을 가진 자연인이다. 가해국의 영역 내에 있으며 피해를 본 자국민은 물론,

영역 밖에서 피해를 본 자국민(예컨대 외국 정부 공채를 소유한 자국민)도 포함한다.

- 이중·복수 국적자: 이중·복수 국적자인 피해자가 자신의 이중·복수 국적국이 아닌 제3국으로부터 피해를 입은 경우, 이중·복수 국적국은 개별적으로 또는 공동으로 제3국에 대해 외교적 보호권을 행사할 수 있다(제6조). 주권 평등의 원칙에 따라 이중 국적국 상호 간에는 피해자에 대해 외교적 보호권을 서로 행사할 수 없다는 것이 전통적인 원칙이었으나, 다수의 국제판결은 상주거소·직장·가족 등을 기준으로 압도적으로 실효적인 국적국의 외교적 보호권 행사를 지지하고 있다. 조문은 피해 발생 및 청구 제기 시 압도적인 국적국이 타 국적국을 상대로 외교적 보호권을 행사할 수 있다고 규정하고 있다(제7조). 이탈리아와 미국의 이중 국적자인 Merge 청구사건(1955)에서 이탈리아-미국 조정위원회는, 이중 국적국 상호 간에는 외교적 보호권을 상호 행사할 수 없다는 원칙은 압도적으로 실효적인 국적국의 원칙에 우선할 수 없다고 하였다.

- 무국적자·난민: 본국의 외교적 보호를 받지 못하는 무국적자나 영토국이 인정한 난민이 피해를 본 경우, 피해 발생 및 청구 제기 시 합법적으로 상주하는 거주지국이 재량으로 외교적 보호권을 행사할 수 있다(제8조).

- 선원: 선원은 원칙적으로 선원의 국적국이 외교적 보호권을 행사한다. 다만 선적국도 (외교적 보호권 행사는 아니지만) 외국인 선원을 대신하여 외국인 선원이 입은 피해에 대해 구제를 청구할 권리를 갖는다(제18조). Saiga호사건(1999)에서 기니는 선원 모두가 세인트빈센트 그레나딘의 국민이 아니므로 세인트빈센트 그레나딘은 외교적 보호권을 행사할 수 없다고 주장하였다. ITLOS는 (세인트빈센트 그레나딘의 외교적 보호권 행사라고 인정하지는 않았지만) 선박과 그 화물·선원은 '기국에 연결된 한 개의 실체'(an entity linked to the flag State)로 다루어지며, 따라서 선박의 기국은 선박뿐만 아니라 외국인 선원들이 입은 피해에 대해서도 손해배상을 청구할 권리가 있다고, 기니에 대해 선박에 가한 손해와 그 선원들이 입은 피해에 대한 손해배상을 명령하였다.

- 외교공관에 고용된 제3국인이 근무 중 피해를 입은 경우에도 파견국이 구제에 나설 수 있다.

나. 법인과 주주

국가는 자국 법인에 대해서 외교적 보호권을 행사한다. 조문은 원칙적으로 기업을 설립하기 위해 등록한 등록지국(state of incorporation)을 국적국으로 인정하나, 기업이 ① 등록지국이 아닌 타국 국민에 의해 지배되고, ② 등록지국에서 실질적인 기업 활동이 없으며, ③ 경영과 재무를 통제하는 중심지(principal seat)가 타국에 있다는 조건을 모두 충족하면 그 타국을 외교적 보호를 행사할 수 있는 국적국으로 인정하였다(제9조). 조세 회피를 목적으로 서류상으로만 등록지국에 존재하는 기업(paper company)이 국적국으로서 외교적 보호권을 행사하는 것을 방지하려는 것이다. 그러나 경영과 재무를 통제하는 중심지가 여러 나라에 분산되어 있다면 등록지국이 외교적 보호권을 행사한다.

주주는 다양한 국적을 보유하며, 계속 변경된다. 조문상 주주의 국적국은 원칙적으로 회사가 입은 피해(회사 재산의 몰수 등)에 대해서는 외교적 보호권을 행사할 수 없다. 주주의 국적국이 외교적 보호권을 행사함으로써 국제투자 관계가 불안정해지는 것을 우려하였기 때문이다. 다만 주주의 국적국은 ① 회사가 그 피해와 무관한 이유로 등록지국의 법에 따라 더는 존재하지 않거나, ② 회사가 피해를 준 국가에서 등록하고, 등록이 그 국가에서의 기업 활동을 위한 전제 조건이었던 경우에는 외교적 보호권을 행사할 수 있다(제11조). 또한 회사의 권리가 아닌 주주의 권리가 직접 침해(배당금 제한, 주주 총회 참가 및 투표, 청산 회사의 자산 공유 등)를 받았다면 주주의 국적국도 외교적 보호권을 행사할 수 있다(제12조).

🔨 바르셀로나전력회사사건(벨기에 v. 스페인 1970)

바르셀로나전력회사는 1911년 캐나다 토론토에 본부를 둔 지주회사로 전력공급 사업을 추진하기 위해 스페인에 자회사들을 설립하였다. 1936년 스페인 내전 이후 자회사들이 사채 이자 지급에 어려움을 겪게 되자, 스페인 국적 채권자들의 요구로 스페인 법원은 1948년 회사의 파산을 선고하고 회사 자산의 압류 및 해외 주식의 무효를 결정하였다. 등록지국인 캐나다가 외교적 보호권을 행사하여 협상하였으나 성과가 없자, 1958년 대주주의 국적국인 벨기에가 나서서 스페인 정부 기관이 국제법을 위반하여 회사를 파산·청산함으로써 자국 주주들이 피해를 입었다고 배상을 청구하는 소송을 ICJ에 제기하였다.

ICJ는 다음과 같이 판결하였다.

- 외국 회사의 권리가 침해되었다면 주주의 권리가 침해된 것이 아니라 단지 주주의 이익이 영향을 받은 것이다. 외국 회사에 대한 불법적인 행위로 인해 비록 주주가 피해를 보았더라도, 일반국제법은 회사의 본국에 대해서만 외교적 보호권 행사를 허용한다. 캐나다 법에 따라 설립되고 회사의 등록 사무소가 소재하며 회사와 50여 년 이상 상시 긴밀한 관계를 유지해 온 캐나다가 외교적 보호권을 행사할 수 있으며, 비록 일시적으로 캐나다가 보호권을 행사하지 않았다고 해서 벨기에가 대신 보호권을 행사할 수 없다. 캐나다의 외교적 보호권은 재량으로 행사하는 권리이기 때문이다.

- 주주의 국적국에 대해 외교적 보호권을 명시적으로 부여하는 국제법 규칙은 존재하지 않으며, 따라서 외교적 보호권 행사를 위한 벨기에 정부의 당사자적격은 인정되지 않는다. 다만, 배당권과 같이 주주의 권리가 직접 침해된 경우, 회사가 법적으로 완전히 소멸하여 존재하지 않거나(회사가 파산 절차를 밟고 있더라도 법적으로 소멸하거나 소송을 제기할 수 없는 것은 아니다), 회사 국적국의 외교적 보호권 행사가 불가능한 특별한 상황에서는 주주의 국적국도 2차적으로 외교적 보호권을 행사할 수 있다.

주주의 국적국에 외교적 보호권을 인정함으로써 초래될 더 큰 혼란을 우려한 ICJ는 형식적 등록지국인 캐나다를 국적국으로 인정하였으며, 캐나다와 회사 간에 진정한 연계가 존재하는지는 개의치 않았다. 조문 제11조 및 제12조는 이 판결의 영향을 받아 성안된 것이다.

2. 외교적 보호권 행사의 전제 조건

국적국이 외교적 보호권을 행사하기 위해서는 외국의 국제위법행위와 이에 따른 자국민의 피해 이외에, 피해자가 가해국에서 구제수단을 완료하고 국적을 계속 유지하는 요건이 충족되어야 한다.

가. 국내 구제수단의 완료

(i) 의의

국내 구제수단의 완료(exhaustion of local remedies)는 가해국의 국제위법행위로 외국인에게 피해가 발생하는 경우, 피해국이 외교적 보호권을 행사하기 전에 피해자가 가해국에서 권리를 구제하기 위해 이용 가능한 구제수단을 먼저 거쳐야 한다는 것이다. 피해자가 가해국에서 이용 가능한 권리 구제수단을 시도했으나 더는 적절한 구제를 받지 못하면 비로소 국적국은 외교적 보호권의 행사를 개시할 수 있다. 피해자로서는 국적국의 보호를 바로 받고 싶겠지만, 가해국의 영토 및 사법주권을 존중하고, 피해국이 자의적으로 간섭하는 것을 제한하여 국가 간 분쟁으로 비화하는 것을 방지하려는 것이다. 국내 구제수단의 완료는 관습국제법상의 원칙으로 확립되었다.

이른바 '**칼보조항**'(Calvo Clause)은 아르헨티나 국제법학자 Carlos Calvo(1824~1906)에 의해 주창되어 19세기 말부터 남미제국과 서구기업 간 자원개발에 관한 양허계약에 포함된 조항이다. 계약과 관련한 분쟁이 발생하더라도 외국인이 본국 정부에 대해 외교적 보호 요청을 포기하고 계약 당사국의 국내법원에 분쟁을 회부한다는 내용이다. 다수의 중재재판에서는, 칼보조항이 국내 구제수단을 우선하여 이용한다는 점에서 유효하나, 국가의 권리인 본국의 외교적 보호권을 자국민이 포기하도록 규정한 것은 무효라고 판단하였다. 하지만 양자 투자보장조약(BIT), 「국가와 타국 국민 간의 투자분쟁해결에 관한 협약」(ICSID) 등 해외투자보호 관련 조약의 경우 외교적 보호권의 행사를 제한하는 추세이다. ICSID상 자국민과 타 체약국이 협약에 따라 중재에 회부하기로 한 분쟁에 대해서 체약국은 외교적 보호나 국제 청구를 제기할 수 없다(제27조1항).

피해국에 대한 직접 피해는, 피해국이 가해국 재판소에 스스로 소를 제기하지 않는 한, 국내 구제수단을 거치지 않고 가해국에 바로 청구할 수 있다. 국가와 자국민이 함께 피해를 입은 혼합청구(mixed claims)의 경우, 청구가 압도적으로 사인에 대한 침해에 기초하여 제기되었다면 국내 구제수단을 완료해야 한다(제14조3항).

국내 구제수단의 완료는 국내 구제가 완료되기 전에는 외교적 보호권의 행사가 허용되지 않는다는 절차적 요건으로 보는 것이 다수설이다. 국제소송에서도 국내 구제수단의 완료 여부는 선결적 항변을 주장하는 사유로 원용되고 있다.

인터한델사건(미국 v. 스위스 1959)

미국 정부는 제2차 대전 기간 중인 1942년 스위스 회사인 Interhandel사가 사실상 독일 회사의 통제 아래 있다는 이유로 『적성국 교역법』에 따라 회사의 미국 내 자산을 압류하였다. 1946년 체결된 미국과 스위스 간 협약에 따라 스위스 정부는 회사 자산의 압류 해제를 요구하였으나 미국은 이를 거부하였다. 이에 회사가 직접 미국 지방법원에 제소하여 패소하자 미연방대법원에 상고하였으나 대법원 심리는 수년간 계속 지연되었다. 1957.10. 사건이 미 법원에 의해 최종적으로 기각되었다고 판단한 스위스 정부는 ICJ에 미국을 상대로 회사의 자산 반환을 청구하였다. 미국은 간접 피해 성격이 압도적인 청구는 반드시 국내 구제절차를 거쳐야 한다고 주장하였으며, 1958.6. 미연방대법원은 사건을 지방법원으로 반송하였다.

ICJ는, 국내 구제수단의 완료가 관습국제법상 확립된 규칙임을 확인하고, 미국 법원에서 재심 절차가 진행 중이라는 미국의 선결적 항변을 받아들여 스위스의 청구를 기각하였다.

(ⅱ) 내용

피해자는 유책국의 이용 가능한 국내 구제수단을 완료해야 한다. 국내구제는 피해자에게 개방된 모든 법적 구속력이 있는 구제 방법으로 일반 또는 특별 재판소(3심 재판소뿐만 아니라 최상급 재판소 또는 헌법재판소)나 행정기구(행정기관과 행정재판소)를 말한다(제14조1-2항). 이를 위해서는 피해자를 위한 구제수단이 이용 가능하고 확보할 수 있으며 실효적이어야(available, obtainable and effective) 한다.

피해자는 또한 가해국에서 국내 구제를 받기 위해 최선을 다해야 한다. 규정된 시한 내에 구제 절차를 개시하거나, 가능한 상소 절차를 모두 거쳐야 하고, 승소를 위한 필수적인 자료를 제출하거나 중요한 증인을 불러야 한다. Ambatielos 중재사건(그리스 v. 영국 1956)에서 PCA는 그리스인 Ambatielos가 영국 법원에서 상소 절차를 이용하지 않고 승소를 위해 필수적인 증인을 신청하지 않은 것을 국내 구제수단을 완료하지 않은 것으로 보고, 그리스의 외교적 보호권 행사를 인정하지 않았다. 이는 국내 구제수단을 형식적으로 거치는 것을 방지하기 위한 것이다.

(iii) 예외

다음의 경우에는 피해자의 국내 구제수단이 완료되지 않아도 국적국이 외교적 보호권을 바로 행사할 수 있다(제15조).

- ① 피해자가 합리적으로 이용하거나 접근할 수 있는 구제 절차가 없거나(가해국의 국내법상 국가에 대한 소송이 금지된 경우, 사실상 상소권을 부여하지 않은 경우, 피해자의 가해국 입국이 금지된 경우 등), ② 실효적인 구제를 받을 수 있는 합리적인 가능성이 없거나(구제 절차가 형식적이어서 유명무실한 경우, 국내법상 외국인이 불리한 판결을 받을 수밖에 없는 경우, 구제를 기대하기 어려운 정도로 판례가 확고히 확립된 경우), ③ 구제 절차가 부당하게 지연되는 경우
- 피해 발생 시 피해자와 가해국 간에 적절한 또는 자발적 연계가 없는 경우: 피해자가 가해국에서 거주하거나 부동산을 소유하거나 계약 관계를 맺는 등 가해국 영토에서 피해를 볼 수 있는 객관적으로 적절한 연계(relevant connection)가 없는 경우, 피해자가 자기 의사에 반하여 가해

국으로 강제납치되었거나 불가항력으로 들어가는 등 피해자의 자발적 연계(voluntary connection)가 없는 경우[2]
- 가해국이 스스로 국내 구제 절차 요건을 면제한 경우
- 조약이 국내 구제절차를 배제한 경우: 「우주물체에 의하여 발생한 손해에 대한 국제책임에 관한 협약」 등

나. 국적 계속

국적국이 외교적 보호권을 행사하기 위해서 피해자는 피해 발생 시부터 국적국이 청구를 공식 제기할 때까지 국적국의 국적을 계속 유지해야 하며(제5조1항), 이를 국적 계속의 원칙(principle of continuous nationality)이라고 한다. 피해자가 더 강력한 외교적 보호를 받기 위해 국적을 고의로 변경하는 이른바 '국적 쇼핑'을 방지하기 위한 것이다. 조문은 피해 발생 시부터 국적국이 공식 청구 제기할 때까지 국적을 유지해야 한다고 규정하고 있어 청구 이후에는 피해자가 국적을 변경할 수 있는 소지를 인정하고 있다. 그러나 국적은 피해 발생 시부터 청구가 최종 해결될 때까지 계속 유지되어야 한다는 주장도 있다.

예외적으로, 피해 발생 시에는 외국인이었지만 청구와는 관계없는 이유(국가승계 등)로 국적이 적법하게 변경되어 청구를 제기할 당시에는 자국민인 경우, 외교적 보호권을 행사할 수 있다(제5조2항). 단 피해자가 구 국적국 국민이었을 때 발생한 피해와 관련해서 현 국적국은 구 국적국을 상대로 외교적 보호권을 행사할 수 없다(제5조3항).

기업에 대해서도 자연인과 같은 국적 계속의 원칙이 적용된다.

----

2 국가관할권 이원의 공해나 공공에서 위법행위가 발생한 경우(예컨대 공해에서 타국 군함에 의해 자국 선박이 총격받아 피해를 본 경우), 국내 구제수단의 완료가 적용되지 않는다는 것이 통설이다.

3. 외교적 보호권 행사의 방법과 배상

　　A국 국민인 갑이 B국의 위법행위로 인해 피해가 발생하였다면, 갑은 우선 B국 법원에서 피해 구제를 위한 국내 구제수단을 완료해야 한다. 갑이 B국에서 국내 구제 절차를 완료하였으나 적절한 구제를 받지 못하면, 갑의 국적국이며 피해국인 A는 가해국과의 정치·외교적 영향 등을 감안하여 외교적 보호권 행사 여부를 결정한다. 국적국이 외교적 보호권 행사를 결정하면, 가해국과 직접 교섭 등 외교적 조치 또는 평화적인 해결방식을 통해 가해국의 책임을 추궁한다. 국적국이 구제를 공식 청구한 시점에 피해자인 갑은 피해국의 국적을 유지해야 한다.

　　국적국의 구제 청구의 방법은 국가책임의 해제 방법과 같다. 국적국은 청구 대상인 개인이 입은 신체·재산상의 피해를 기준으로 배상 방식과 규모 등을 결정하여 청구한다. 배상 방식은 국가책임 해제와 같이 원상회복, 금전배상, 만족을 단독으로 또는 결합하여 사용한다. 국적국이 받는 배상금은 원칙적으로 국적국의 소유이며, 피해자에 대한 배상금의 배분 여부나 기준은 국적국의 국내법에 따른다. 가해국이 배상을 거부하거나 배상이 불충분하다고 판단되는 경우, 국적국은 관련 분쟁해결절차에 따른 조정이나 국제재판 등을 통해 유책국을 추궁할 수 있다.

제7편

국제분쟁의
평화적 해결

제24장
국제분쟁의 평화적 해결과 「UN헌장」·
「국제사법재판소(ICJ)규정」

I. 국제분쟁의 평화적 해결

1. 국제분쟁의 의의

국제분쟁(international dispute)은 법 또는 사실에 관한 국가 간의 의견 충돌을 말한다. 그리스 v. 영국 간 마브로마티스양허사건(1924)에서 PCIJ는, 분쟁은 당사자 간 법이나 사실에 관한 의견의 불일치, 즉 법적 견해나 이해의 충돌(a disagreement on a point of law or fact, a conflict of legal views or interests between two persons)을 말하며, 어떠한 특정한 문제에 대한 일방 당사자의 확정적인 요구와 이에 대한 타방 당사자의 부인 또는 거부로 인한 국가 간 충돌 상태라고 정의하였다. ICJ도 분쟁에 관한 이러한 정의를 수용하고 있다.

국제분쟁은 사실 여부를 확인하고 이에 관한 국제법을 해석하고 적용하는 일련의 과정에서 당사국 간의 의견 충돌에서 발생한다. 그렇다면 분쟁이 존재하는 것은 어떻게 판단하는가? 평화조약 해석에 관한 권고적 의견(1950)에서 ICJ는, 분쟁의 존재는 객관적인 판단을 요구하는 사안(a matter for objective determination)으로, 분쟁을 부인하는 것만으로는 분쟁이 존재하지 않는 것은 아니라고 하였다. 남서아프리카사건(1962)에서도 ICJ는, 분쟁이 존재한다고 주장하거나 분쟁이 존재하지 않는다고 부인하는 것만으로 불충분하며, 일방 당사자의 청구에 대해 타방 당사자가 적극적으로 반대해야만 분쟁이 성립한다고 하였다. 하지만 카메룬 v. 나이지리아 영토 및 해양경계사건(1998)에서 ICJ는, 대응이 요구되는 상황에서 당사자가 적극적으로 반대하지 않아도 추정에 의해 분쟁의 존재 여부를 확정할 수 있다고 하였다.

국제분쟁은 대부분 국가 간에 발생하지만, 개인이 관련된 분쟁도 국가가 관여하여 국제분쟁화될 수 있다. 마브로마티스양허사건은 당초 개인인 마브로마티스와 영국 간의 사건이었으나, 이후 그의 국적국인 그리스가 개입함으로써 그리스와 영국 간 국제분쟁이 되었다.

2. 국제분쟁의 평화적 해결 의무

국제분쟁의 평화적 해결은 국제평화와 안전의 유지를 위해 모든 국가가 준수해야 할 국제법상 의무이다. 러시아 니콜라이 2세의 제안으로 1899년 개최된 제1차 헤이그 평화회의에서 국제분쟁의 평화적 해결을 규정한 최초의 다자조약인 「국제분쟁의 평화적 해결을 위한 협약」(Convention on the Pacific Settlement of International Disputes)이 채택되고, 이를 대체하는 1907년 「국제분쟁의 평화적 해결을 위한 협약」이 채택되어 1910년 발효하였다(한국에 대해서는 2000.2. 발효). 협약은 평화적 분쟁해결 방법으로 직접 교섭·주선·중개·심사·중재재판 절차 및 상설중재재판소 설치 운영을 규정하고 있다.

국제분쟁은 정치적 분쟁과 법적 분쟁으로 구분된다. 국가 간의 정치적 분쟁은 주로 비사법적 방식에 의해 해결을 시도한다, 국가 간의 법적 분쟁은 피해국의 국가책임 추궁이나 외교적 보호권 행사를 통해 유책국이 국제위법행위를 인정하면 적절한 배상을 통해 원만히 해결되기도 하지만, 분쟁당사자가 합의하면 국제재판에 회부되어 사법적 해결을 모색할 수 있다. 대부분의 개별 조약은 해당 조약의 해석과 적용에 관한 분쟁을 평화적으로 해결하는 절차를 규정하고 있다. 법적 분쟁이라도 정치·외교적으로 해결하고자 하면 비사법적 해결을 모색할 수 있다.

하지만 대부분의 국제분쟁은 정치적 성격과 법적 성격이 혼재한다. 정치적 분쟁이든 법적 분쟁이든 분쟁은 분쟁당사자가 선택한 해결방법에 따라 평화적으로 해결되어야 한다. 분쟁당사자는 분쟁을 신의성실하게 평화적으로 해결해야 한다. 고의로 교섭이나 그 밖의 평화적 수단에 의한 해결을 거부하거나 지연시키는 경우, 또는 분쟁을 악화시키거나 국제평화와 안전을 위태롭게 할 우려가 있는 조치를 취하는 것은 분쟁의 평화적 해결 의무에 위배된다. 이하에서는 「UN헌장」 제33조에 규정된 평화적 해결방식과 UN기관에 의한 국제분쟁의 평화적 해결을 설명한다.

II. 「UN헌장」과 국제분쟁의 평화적 해결

1. 국제분쟁의 평화적 수단에 의한 해결

「UN헌장」은 회원국이 국제분쟁을 국제평화와 안전 그리고 정의를 위태롭게 하지 않는 방식으로 평화적 수단에 의하여 해결할 것을 규정하고 있다(제2조3항). 이에 따라 회원국은 어떠한 분쟁이든 무력의 사용이나 위협이 아닌 평화적 수단으로 분쟁을 해결해야 할 국제법상 의무를 지며, 헌장 제6장은 분쟁의 평화적 해결에 관해 상세 규정하고 있다. 다만 국내 관할권에 속하는 사항은 회원국이 평화적 수단으로 해결해야 하는 대상에서 제외된다(제2조7항). 분쟁이 계속되어 국제평화와 안전의 유지를 위태롭게 할 우려가 있는 경우, 분쟁당사자는 우선 교섭·심사·중개·조정·중재재판·사법적 해결·지역기구 또는 지역협정을 이용하거나 당사자가 선택하는 다른 평화적 수단에 의해 해결해야 한다(제33조1항).

국가는 자신이 선호하는 분쟁해결 수단을 선택할 수 있는 권리를 가지며, 자신의 동의 없이는 특정한 해결 수단에 분쟁을 회부할 의무가 없다. 다만 조약이 특정 분쟁해결 수단을 조약상 의무로 명시하기도 한다. 「UN해양법협약」은 의무적 분쟁해결 절차를 규정하고 있으며, 「조약법에 관한 비엔나협약」상 강행규범에 관한 분쟁이 12개월 이내 해결되지 못하는 경우 ICJ에 제기해야 하며, 일부 투자협정에서는 의무적으로 ICSID 중재재판을 거치도록 규정하고 있다.

2. UN 기관에 의한 분쟁의 평화적 해결

가. 안보리에 의한 분쟁해결

안보리는 회원국, 분쟁당사자, 분쟁당사자인 비회원국, 총회 또는 사무총장의 부탁에 의해 분쟁의 평화적 해결을 주도한다.

- 회원국은 (분쟁당사자가 아니라도) 어떠한 분쟁이나 사태에 대해서도 안보리의 주의를 환기할 수 있다(제35조1항).
- 분쟁당사자는 분쟁이 계속되어 국제평화와 안전의 유지를 위태롭게 할 우려가 있는 분쟁을 평화적 수단에 의해 해결하지 못하는 경우 이를 안보리에 회부해야 한다(제37조1항). 제6장(분쟁의 평화적 해결)에 의한 결정에 있어 분쟁당사자인 이사국은 투표에서 기권하지만(제27조3항), 사태의 당사자인 이사국은 투표할 수 있다. 그러나 제7장에 의한 결정에 대해서는 그러한 제한이 없다. 안보리에서 심의 중인 분쟁의 당사자는 이사국이 아니라도 투표권 없이 토의에 참여할 수 있다(제32조).
- 분쟁당사자인 비회원국은 어떠한 분쟁에 대해서도 안보리나 총회의 주의를 환기할 수 있다(제35조2항).
- 총회가 국제평화와 안전을 위태롭게 할 우려가 있는 *사태*에 주의를 환기한 경우나(제11조3항), 사무총장이 국제평화와 안전을 위협한다고 인정하는 사안(matter)에 주의를 환기한 경우(제99조), 안보리는 분쟁해결에 관여할 수 있다.

안보리는 (분쟁이 악화되어 제7장에 따른 강제조치를 취하기 전에) 부탁된 분쟁의 평화적 해결을 위해 다양한 조치를 취할 수 있다.

- 필요하다고 인정되는 경우, 당사자들에게 분쟁을 평화적 수단에 의해 해결하도록 요청한다(제33조2항).
- 어떠한 분쟁이나 사태에 관해서도 국제평화와 안전을 위태롭게 할 우려가 있는지 여부를 결정하기 위해 조사한다(제34조).

- 분쟁이나 사태의 어떠한 단계에서도 적절한 조정(調整 adjustment) 절차나 방법을 권고할 수 있다(제36조).
- 분쟁이 계속되어 국제평화와 안전을 위태롭게 할 우려가 실제로 있다고 인정하는 경우, 제36조에 따른 조치(조정 절차 또는 조정 방법의 권고)를 취할 것인지 또는 적절하다고 인정되는 해결 조건을 권고할 것인지 결정한다(제37조2항).
- 모든 당사자가 요청하면 어떠한 분쟁에 대해서도 당사자들에게 평화적 해결을 위해 권고할 수 있다(제38조).

실제로 안보리는 분쟁당사자에게 합의를 권고하거나 특별대표를 임명하거나 사무총장을 통해 평화적 해결을 중재한다. 제6장 분쟁의 평화적 해결에 관한 안보리의 결의는 원칙적으로 권고로서 법적 구속력이 없다.

나. 총회에 의한 분쟁해결

총회는 스스로, 회원국, 분쟁당사자인 비회원국 그리고 안보리의 부탁으로 분쟁의 평화적 해결에 관여할 수 있다.

- 총회는 헌장의 범위 내 어떠한 문제나 사안도 토의할 수 있는 포괄적·일반적 권한을 가지며, 그에 관하여 회원국이나 안보리에 권고할 수 있다(제10조).
- 회원국은 (분쟁당사자가 아니라도) 어떠한 분쟁이나 사태에 대해서도 총회의 주의를 환기할 수 있다(제35조1항).
- 분쟁당사자인 비회원국은 어떠한 분쟁에 대해서도 안보리나 총회의 주의를 환기할 수 있다(제35조2항).
- 안보리는 국제평화와 안전의 유지에 관한 문제를 총회에 회부할 수 있다(제11조2항).

총회는 회원국이나 분쟁당사자인 비회원국 또는 안보리가 총회에 회부한 국제평화와 안전의 유지에 관한 어떠한 문제도 토의하고 관계국이나 안보리에 권고할 수 있으나, 조치가 필요한 문제는 토의 전 또는 후에 안보리에 회부한다(이상 제11조2항). 안보리가 어떠한 분쟁이나 사태와 관련하여 헌장에서 부여된 임무를 수행하고 있는 동안에는 총회는 안보리의 요청이 없는 한, 어떠한 권고도 하지 않아야 한다(제12조1항). 국제평화와 안전 유지에 관한 일차적 책임을 갖는 안보리의 조치를 우선 보장하려는 것이다. 총회의 권고는 안보리와 같은 강제성은 없지만, 국제사회의 여론을 대변함으로써 도덕적 권위를 갖는다.

다. 사무총장에 의한 분쟁해결

사무총장은 총회, 안보리, 경사리 및 신탁통치이사회의 모든 회의에 사무총장의 자격으로 활동하며, 이들 기관에 의해 위임된 다른 임무를 수행한다(제98조). 이들 기관이 위임한 임무를 수행하는 과정에서 사무총장은 분쟁당사자를 접촉하여 분쟁해결을 위해 협상하고 중개·주선하며 특사를 파견하는 등 다양한 정치적 역할을 수행함으로써 분쟁해결을 촉진한다.

사무총장은 국제평화와 안전을 위협한다고 판단하는 어떠한 사안에 대해서도 안보리의 주의를 환기할 수 있다(제99조). 다만 사무총장은 총회에 대해서는 주의를 환기할 수 없다.

사무국의 정무국(DPA)은 분쟁의 분석·예방 및 해결을 지원하며, 각 지역에서 정치 및 평화구축 업무를 수행하는 11개 특별정치임무단(UN special political mission)을 감독한다.

라. 지역적 협정·지역적 기구에 의한 분쟁해결

지역적 분쟁의 경우, 지역적 차원에서 해결하는 것이 효과적이라는 점에서 헌장은 제8장에서 이를 별도로 규정하고 있다. 국제평화와 안전의 유지와 관련하여 지역적 조치에 적합한 사안을 처리하기 위해 헌장은 지역적 협정이나 기구의 존재를 인정한다. 지역적 협정이나 기구의 회원국은 해당 지역의 분쟁을 안보리에 회부하기 전에 지역적 협정이나 기구를 통해 해결하도록 노력해야 한다. 안보리는 지역적 협정 또는 기구를 통한 지역적 분쟁의 평화적 해결을 장려한다(제52조1-3항).

지역적 협정으로 「분쟁의 평화적 해결을 위한 유럽협약」(1957), 「평화적 해결에 관한 미주협약」(1948) 등이 있고, 지역적 기구로는 동남아시아국가연합(ASEAN), 아랍연맹(League of Arab States), 미주기구(OAS), 아프리카 단결기구(OAU), 북대서양조약기구(NATO), 유럽안보협력기구(OSCE), 유럽연합(EU) 등이 있다.

Ⅲ. 국제분쟁의 평화적 해결방식

1. 개요

국제분쟁의 평화적 해결은 분쟁당사자를 구속하는 의무이지만, 분쟁당사자는 분쟁을 해결하는 방식에 구애받지 않는다. 대다수의 국제분쟁은 분쟁당사자가 직접 교섭하여 해결한다. 그러나 교섭에 의한 해결이 원활하지 않은 경우, 중립적이며 객관적인 제3자에 의한 해결절차(third party procedure)를 모색할 수 있다. 제3자가 개입하여 해결하는 방식으로 구속력이 없는 비사법적(외교적) 해결방식과 구속력을 갖는 사법적 해결방식이 있다. 교섭과 제3자 개입을 통한 해결방식이 결합하여, 교섭이 조정의 전제이거나(「한·일 분쟁해결에 관한 교환공문」) 또는 교섭이 중재의 전제인 경우(「한일 청구권협정」)도 있다.

2. 국제분쟁의 비사법적 해결방식

비사법적 해결(non-judicial settlement) 방식으로 교섭·주선·중개·심사·조정이 있다. 정치적 분쟁뿐만 아니라 법률적 분쟁에 대해서도 사용될 수 있으나, 그 결과는 구속력이 없다. 구속력 없는 비사법적 해결 수단을 사용하는 경우라도 당사자가 합의하여 구속력을 부여할 수 있다. 1985.7. Rainbow Warrior호

침몰 사고에 대해, 프랑스와 뉴질랜드는 당시 Perez UN 사무총장에게 중개를 부탁하고 그 판정을 준수하기로 합의하였다.

(i) 교섭/협상

교섭/협상(negotiation)은 분쟁당사자가 직접 의견 충돌을 조율하여 합의함으로써 분쟁을 해결하는 것으로, 국제분쟁 해결에 있어 우선적으로 그리고 빈번히 사용되는 대표적인 비사법적 해결방식이다. 단순한 협의(consultation)나 의견교환(exchange of views)은 교섭/협상의 예비적 단계라 할 수 있다.

당사자는 분쟁을 해결하려는 의도를 가지고 합의에 도달하도록 신의성실하게 교섭해야 한다. 부당한 교섭 지연이나 중단, 합의 절차의 무시, 상대의 권리나 이익을 합리적으로 고려하지 않는 것 등은 신의성실에 어긋난다. 북해대륙붕사건(1969)에서 ICJ는, 분쟁해결을 위한 협상은 의미 있는 것이어야 하며, 일방 당사자가 자신의 입장만 주장하며 어떠한 변경도 하려고 하지 않는 것은 의미 있는 것이라고 할 수 없다고 하였다. 또한 그루지야 v. 러시아 「인종차별철폐협약」 적용사건(2011)에서 ICJ는 "협상은 단순한 항의나 논쟁과는 구별되며, 당사자 간의 법적 견해나 이해에 대한 반대·비방과 반박의 존재 또는 주장과 반박의 교환을 넘어서, 일방 당사자가 분쟁을 해결하기 위해 타방 당사자와 협상에 임하는 최소한의 진정한 시도가 필요하다"고 하였다. 내륙국인 볼리비아가 칠레에 태평양 접근권을 요구하며 칠레를 제소한 태평양 접근 협상 의무 사건(2018)에서도 ICJ는, (관할권을 인정하지는 않았지만) 양국이 선린우호 정신에 따라 의미 있는 협상을 진행하도록 하였다. 국제재판소는 북해대륙붕사건, 어업관할권사건, 가브치코보−나기마로스사업사건, 콩고영토에서의 무장활동사건 등의 판결에서 분쟁당사자 간 직접 교섭을 명하기도 한다. 덴마크의 교량 건설과 관련한 Passage through the Great Belt 사건(핀란드 v. 덴마크 1992)에서 ICJ는 당사자 간의 직접적이고 우호적인 교섭을 환영하였으며, 양국 간 교섭이 타결됨으로써 사건이 취하되었다.

교섭이 조약상 교섭 의무가 규정되어 있다면 당사자는 교섭을 거부할 수 없다. 「UN해양법협약」은 분쟁당사자가 교섭이나 그 밖의 평화적 수단에 의한 분쟁의 해결에 관해 신속히 의견을 교환할 의무를 규정하고 있다(제283조). 다만 반드시 교섭을 통해 분쟁을 해결해야만 하는 것은 아니며, 협상이 파국에 이르면 당사자가 협상 불가를 선언하거나 조약상 규정된 협상 기한이 종료되면 다른 분쟁해결절차를 취할 수 있다. 남서아프리카사건(1966)에서 남아공은 위임통치규정(제7조)이 규정한 교섭에 의한 분쟁해결이 완료되지 않았음을 이유로 ICJ의 관할권이 없다고 주장하였으나, ICJ는 UN에서 많은 토의가 있었으나 해결되지 못한 것은 교섭에 의한 해결이 불가능한 것으로 판단하고 관할권을 인정하였다.

당사자 간의 협상은 중재나 ICJ 등의 국제재판이 진행되는 동안에도 이들의 재판관할권의 행사를 제한하지 않고 병행할 수 있다. Texaco v. 리비아 중재사건(1977)에서 리비아는 Texaco 석유회사가 양허계약 제28조상 우호적 해결을 위한 교섭 절차를 거치지 않고 중재에 회부했기 때문에 중재재판소의 관할권이 없다고 주장하였으나, 재판소는 이 조항은 의무사항이 아니며 중재 개시 후에도 교섭을 통한 우호적 타결을 시도할 수 있다고 하였다.

(ⅱ) 주선/알선

주선/알선(good offices)은 제3자가 당사자 간 교섭의 기회나 장소·통신 등 사무적 편의를 제공하여 협상을 지원하지만, 협상 내용에는 직접 개입하지 않는 방식이다. 1973년 베트남전과 관련한 프랑스의 파리협상 주선, 1982년 포클랜드전쟁에서 UN 사무총장의 주선 사례가 있다.

(ⅲ) 중개/거중조정

중개/거중조정(mediation)은 분쟁당사자가 동의한 제3자가 당사자 간 교섭에 적극적으로 참여하여 이견을 조정하거나 비공식적으로 교섭의 기초를 제공하는 등 해결방안을 제시하는 방식이다. 중개의 사례로, 1905년 Roosevelt 미국 대통령의 러·일 간 「Portsmouth 조약」, 1979년 Carter 미국 대통령의 이스라엘·이집트 간 「Camp David 협정」, 1979년 교황 요한 바오로 2세의 칠레·아르헨티나 간 Beagle 해협 분쟁, 1990년 Perez UN 사무총장의 Rainbow

Warrior사건, 1993년 클린턴 미국 대통령의 이스라엘·팔레스타인 간 「오슬로
협정」 등이 있다.

(iv) 심사/사실조사

심사/사실조사(inquiry)는 중립적 제3자인 심사위원회(inquiry commission)
가 분쟁의 원인이 된 사실을 객관적으로 조사하여 보고하는 방식이다. 1904년
러일전쟁 중 러시아 군함이 Dogger Bank에서 조업 중인 영국의 트롤어선을
일본 함선으로 오인하여 발사한 사건이 발생하자('Dogger Bank 사건'), 러·영·
프·미·오스트리아 5개국으로 구성된 심사위원회가 이를 조사하여 러시아의
과실을 확인하였다. 이 사건으로 심사에 의한 분쟁해결의 효과가 인정되어
1907년 「국제분쟁의 평화적 해결을 위한 협약」에 심사가 포함되었다. 제네바
협약 제1추가의정서는 협약의 중대한 위반을 조사하기 위한 국제사실조사위원
회의 설치를 규정하고 있다(제90조).

(v) 조정

조정(調停: conciliation)은 중립적 제3자인 조정위원회(conciliation commission)
가 원인이 된 사실을 조사하고 나아가 분쟁해결을 위한 해결책까지 제시하는
방식으로, 해결방안을 제시하는 중개와 사실을 조사하는 심사의 기능을 결합한
방식이다. 「조약법에 관한 비엔나협약」은 강행규범이 아닌 조약의 해석·적용
에 관한 분쟁은 조정에 따르도록 규정하고 있고(제66조b), 「UN해양법협약」은
조정 절차를 규정하고 있다(제284조 및 제5부속서).

3. 국제분쟁의 사법적 해결방식

국제분쟁의 사법적 해결방식은 국제분쟁을 국제법에 기초하여 구속력을 갖
는 국제재판에 의해 해결하려는 것으로, 중재재판(arbitration)과 사법재판(judicial
settlement)이 있다. 이들 국제재판은 강제 관할권을 갖는 국내 재판소와는

달리, 당사자의 동의에 의해서만 재판소가 관할권을 갖는 **임의관할**(facultative/ voluntary jurisdiction)이 원칙이라는 점에서 분쟁해결 방식으로서 한계를 안고 있다.

가. 중재재판

(ⅰ) 의의

중재재판(arbitration)은 미국 독립전쟁 후 영・미가 1794년 「Jay Treaty」를 체결하여 양국 간 분쟁을 해결하면서 시작되었다. 이후 영토국 내 자국민의 피해에 대한 배상 문제를 해결하기 위한 혼합청구위원회(Mixed Claims Commission)가 다수 구성되었다. 1871년 알라바마호 중재사건(☞ p.401)이 타결된 것을 계기로 각국이 효과적이며 평화적인 분쟁해결 방식으로서 중재재판을 조약에 포함하면서 제1차 세계대전 이전까지 널리 활용되었다.

분쟁당사자는 법률적 분쟁이든 정치적 분쟁이든 어떠한 사안에 대해서도 특별 합의(*compromis*)하거나, 재판 조약・관할권 조항에 따라 특정 사안을 중재재판에 회부할 수 있다. 분쟁이 발생하면 분쟁당사자가 합의하여 분쟁의 주제・판정의 대상・재판소 구성・재판 준칙 및 절차에 관한 중재재판협약(Arbitration Convention)을 체결하며, 이를 **당사자 자치의 원칙**(principle of the autonomy of the parties)이라 한다. 중재관(arbitrator)은 보통 분쟁당사자가 각각 1~2명씩 2명 내지 4명을 지명하고, 이들이 합의하여 중립적인 1인의 중재관을 추가로 선임하여 중재재판소를 구성한다. 재판은 단심으로, 재판소는 당사자에게 구속력이 있는 판정(award)을 내린다.

후술하는 사법재판이 사전에 재판관이 선출되어 있고 준칙이나 절차가 이미 결정되어 있어 당사자에 대해 독립적인 데 비해, 중재관과 중재 준칙 등을 당사자끼리 합의하여 결정하는 중재재판은 재판절차가 유연하고 판정도 당사자의 입장을 절충하는 성향을 보여 국가들이 선호한다. 하지만 재판소 구성에 상당한 시간이 소요되고 당사자가 재판경비(중재관・변호사 비용이나 행정비용 등)를 부담해야 하는 단점이 있다.

(ii) 상설중재재판소

1899년 「국제분쟁의 평화적 해결을 위한 협약」에 의해, 1901년 상설중재재판소(PCA: Permanent Court of Arbitration)가 헤이그 평화궁에 설치되었다. 이는 분쟁 발생 후 분쟁당사자 간 합의에 의해 재판소를 수시 구성해야 하는 중재재판의 단점을 보완한 것이지만, 재판소가 상설되어있는 것은 아니다. 1907년 「국제분쟁의 평화적 해결을 위한 협약」은 중재에 관한 사항을 일부 수정하였으며, 주요 내용은 다음과 같다.

- 국제 사무국은 중재관 명부를 관리하며 재판소 구성 및 절차에 관한 표준 규칙을 제시하고, 재판 개정(開廷)과 관련하여 연락 창구의 역할을 하는 등 재판 행정처 역할을 수행한다(제43조).
- 각 당사국은 중재관을 4명 이내 지명하며('국별 중재관단'), 중재관의 임기는 6년으로 연임할 수 있다(제44조). 국별 중재관단은 ICJ 재판관 후보와 ICC 재판관 후보도 추천한다.
- 분쟁당사자는 중재관 명부에서 각각 2명의 중재관을 지명하고 지명된 4명이 합의하여 재판장을 선임하여 중재재판소를 구성한다(제45조).
- 재판소는 중재재판협약 및 원용할 수 있는 다른 조약을 해석하고, 법의 일반원칙을 적용할 수 있는 권리를 선언할 수 있다(제73조).
- 재판소는 비공개로 심의하며, 모든 결정은 중재관의 다수결로 한다(제78조).
- 판정은 분쟁을 확정적으로 해결하며, 상소는 허용되지 않는다(제81조).
- 판정은 당사자에 대해서만 구속력을 갖는다(제84조).
- 당사자는 각자의 비용을 부담하며, 재판소의 비용은 동등하게 부담한다(제85조).

PCA는 아직도 계속 기능하고 있다. 1990년대 이후 사건이 증가하고 있으며, 영토 및 해양 경계·주권·인권 등 국가 간 분쟁뿐만 아니라 국제투자나 무역과 관련된 국가와 사인 간 국제상사분쟁도 다수 처리하고 있다.

나. 사법재판

사법재판은 상설되어있는 재판소가 독립적인 재판관과 이미 채택되어 있는 재판 준칙에 따라 재판을 하는 것이다.

1922.2. 네덜란드 헤이그의 평화궁에서 출범한 **상설국제사법재판소**(PCIJ: Permanent Court of International Justice, 이하 'PCIJ')는 「국제연맹규약」 제14조에 따라 설립되었다. 상설국제사법재판소는 연맹의 주요 기관이 아니었다. 또한 「국제연맹규약」과 「PCIJ 규정」은 별개로, 국제연맹 회원국은 별도로 「PCIJ 규정」을 비준하여야만 했다. 재판관은 11명의 판사와 4명의 부판사 총 15명으로 구성되었으며, PCA의 국별재판관단이 지명한 명단 중에서 총회와 이사회에서 절대 다수표를 얻은 후보가 당선되었다. 재판소는 분쟁당사자가 재판소에 제출한 국제적 성격의 어떠한 분쟁도 심리하고 결정할 권한을 가지며, 이사회 또는 총회에 회부된 어떠한 분쟁이나 문제에 관해 권고적 의견을 줄 수 있다. PCIJ는 29개의 사건을 판결하고 27개의 권고적 의견을 제시하였다.

Ⅳ. 국제사법재판소

1. 재판소의 구성

가. 연혁

UN이 창설되면서 총회결의에 따라 PCIJ는 해체되고, PCIJ의 관할권·사건·재산 등을 모두 승계한 국제사법재판소(ICJ: Court of International Justice, 이하 'ICJ')가 1946.4. 출범하였다. ICJ는 UN의 주요 사법기관(principal judicial organ)으로, 「ICJ규정」(Statute of the International Court of Justice, 이하 '규정')에 따라 임무를 수행한다. 규정은 「PCIJ 규정」을 기초로 작성되었으며, 「UN헌장」의 불가분의 일부를 구성한다(이상 헌장 제92조). ICJ는 「UN헌장」 제14장(ICJ)과 「ICJ규정」 및 「ICJ규칙」(Rules of the ICJ)에 의해 규율된다. 이하 규정을 중심으로 설명한다.

나. 재판관

재판소는 15명의 재판관으로 구성된다. 다만 2인 이상이 동일 국가의 국민이어서는 안 된다(규정 제2조). 재판관은 국가를 대표하지 않으며 독립적으로 활동한다. 재판관은 주요 문명 형태 및 법체계를 대표하여 선발하며, UN 지역그룹별로 선출 인원이 할당되어 있다(규정 제9조).[1] 재판관은 PCA의 국별 중재관단이 지명한 후보(4명 중 자국민은 2명 이내 지명) 중에서 안보리와 총회에서 각각 절대다수(재적 과반)로 선출하며, 안보리 상임이사국의 거부권은 적용되지 않는다(규정 제10조). 안보리 상임이사국은 관례적으로 1명의 재판관을 보유하지만, 예외적으로 2017년 선거에서 영국 후보는 탈락하였다.

재판관은 9년 임기이며, 연임될 수 있다(규정 제13조). 정치적·행정적 직무나 전문적 성질을 갖는 어떠한 업무에도 종사할 수 없다(규정 제16조). 재판관은 다른 사건의 대리인·법률고문·변호인으로 행동할 수 없으며, 이전에 자신이 관여한 사건의 결정에 참가할 수 없다(규정 제19조). 재판소 직무에 종사하는 동안 외교관과 동등한 특권과 면제를 향유한다(규정 제19조).

재판소는 3년 임기의 소장(President)과 부소장을 선출하고, 행정처장(Registrar)을 임명한다(규정 제21조).

다. 재판정

재판정은, 15인 전원으로 구성되며 최소 9인의 재판관이 출석해야 개정하는 전원 재판정(full court)과 소재판부(chamber)가 있다. 재판소는 노동·통신 등 특정 부류의 사건을 처리하기 위해 3인 이상의 재판관으로 구성된 특정 부류 소재판부를 수시로 설치할 수 있다(제26조1항). 재판소는 특정 사건을 다루기 위

----

1 아주그룹(동남아·서남아·중동 및 남태평양 국가 총 53개국)에는 3명이 할당된다. 아주그룹에는 상임이사국인 중국, 경제 강국으로 UN 선거에서 득표력이 큰 일본이 ICJ 재판관을 계속 배출하고 있다. 또한 인도네시아·필리핀 등 ASEAN 제국, 인도·파키스탄 등 서남아시아 국가 및 중동국가를 포함하고 있어, 한국인 ICJ 재판관 배출을 위해서는 치밀한 선거 전략과 외교적 노력이 필요하다 할 것이다.

한 특별 소재판부(*ad hoc* chamber)를 언제든지 설치할 수 있으며, 이를 구성하는 재판관 수는 당사국의 승인을 얻어 재판소가 결정한다(이상 제26조2항).[2] 업무를 신속하게 처리하기 위해 재판소는 5인의 재판관으로 구성된 간이절차 소재판부(chamber of summary procedure)를 매년 설치하고, 당사자의 요청에 따라 사건을 심리하고 결정한다(제29조).

재판정에 국적 재판관(national judge)이 없는 소송 당사국은 당해 사건에 한해 자국민 또는 제3국인 재판관 1인을 임시 재판관(*ad hoc* Judge)으로 지명할 수 있다.

2. 재판의 준칙

가. 준칙

재판소는 재판에 회부된 분쟁을 국제법에 따라 결정한다. 국제법은 재판의 준칙 또는 재판소의 준거법(applicable law)이다. 재판소는 준칙으로서, ① 조약, ② 법으로 수락된 일반적 관행의 증거로서 국제관습, ③ 문명국에 의해 인정된 법의 일반원칙, ④ 법칙 결정을 위한 보조수단으로서 사법 판결 및 국제법 학자의 학설을 적용한다(제38조1항). 재판소는 재판에 적용될 국제법을 스스로 확인하고 해석하여 적용한다. 남서아프리카사건(1966)에서 ICJ는 "재판소는 국제법에 따라 재판해야 하며, 입법기관이 아닌 재판소가 법을 만들어 재판하는 것은 월권이다"고 하였다. 재판소가 국제법을 알고 있으므로 당사자가 국제법 규칙을 증명해야 할 부담은 없지만, 당사자는 관련 국제법 규칙에 대해 논리적이며 설득력 있는 입장을 재판소에 제시해야 한다.

조약, 관습국제법, 법의 일반원칙은 국제법의 법원으로서(☞ p.12), 재판의

----

2 특정 부류 소재판부와 간이절차 소재판부에 회부된 사건은 없다. 하지만 특별 소재판부는 Maine만 사건(1982), 부르키나파소/말리 국경분쟁사건(1986), Elettronica Sicula S.P.A 사건(1987), 엘살바도르 v. 온두라스 육지·섬 및 해양국경분쟁사건(1992) 등에서 5인의 재판관으로 구성되었다.

준칙이다.

판결과 학설(judicial decisions and teachings)은 국제법의 법원은 아니지만 법칙(rules of law)을 확인하는 보조 수단으로 적용된다. 이에 따라 판결과 학설은 국제법 규칙의 존재를 확인하는 증거로 이용될 수 있다. 다만 규정 제59조는 '재판소의 결정은 당사자 및 그 특정 사건에 대해서만 구속력을 가진다'고 규정하여 영미법에서 인정되는 선례구속(*stare decisis*)의 원칙을 인정하지 않고 있다. 하지만 재판소는 판결의 근거로서 재판소의 선례를 빈번하게 인용함으로써 판결의 일관성을 추구한다. 저명한 국제법 학자들의 학설은 전통적으로 국제재판에서 중시되었으며, 국제법위원회(ILC)나 국제법협회(ILA: International Law Association) 등에서 제시된 의견도 활용된다. 국제법협회는 1973년 국제법의 연구·발전, 국제법의 이해 및 존중을 촉진하기 위해 설립된 비정부기구로, 런던에 본부를 두고 한국 등 63개 국가에 지부를 두고 있다.

분쟁당사자가 동의하면, 재판소가 **형평과 선**(*ex aequo et bono*)에 따라 재판하는 권한을 해하지 아니한다(제38조2항).[3] 형평과 선은 실정법에서 자유로운 자연법상의 정의로서, 국제법의 법원은 아니다. 하지만 분쟁당사자가 합의한다면, 재판소는 실정(국제)법의 적용을 배제하거나 설사 이에 반하더라도 당사자 간 이익을 공평하고 합리적으로 조정하여 구체적 정의를 추구할 수 있다. 그러나 분쟁당사자가 합의하여 재판소가 형평과 선을 적용한 사건은 아직 없다.

나. 국내법

국제법을 준칙으로 재판하는 국제재판에서 국내법은 규범이 아닌 사실에 불과할 뿐이다. 폴란드 상부 실레지아에서의 독일의 이익사건(1926)에서 PCIJ는 "국제법이나 국제재판소의 관점에서 볼 때 국내법은 (규범이 아니라) 법원의 판단이나 행정부의 조치와 같이 그 국가의 의지를 나타내거나 행동을 구성하는 사실에 불과한 것이다"고 하였다. 따라서 국제재판소는 국내법을 해석하거나 적용할 의무가 없으며, 예외적으로 적절한 경우를 제외하고는 국내법원의

----
3 「UN해양법협약」 제293조2항과 「ICSID협약」 제42조3항도 동일하게 규정하고 있다.

판결을 원용하지도 않는다.

국내법은 각국이 해석하며, 원칙적으로 국제재판소가 이를 대체하여 해석하는 권한을 갖지 않는다. 다만 국제재판소는 외교면제·특권이나 국가면제 등과 관련한 관습국제법의 존재를 확인하기 위해 국가실행의 증거로서 국내법이나 국내법원의 판결을 확인한다. 또한 외교적 보호권 행사를 위한 피해자의 국적을 결정하거나, 유효하고 이행가능한 국내 구제수단의 존재 등을 판단하기 위해 국내법을 검토하게 된다. 반면에 각국은 국제법을 수용 또는 변형하여 국내법적 효력을 인정하므로, 국내법원은 판결 시 국내법은 물론 국제법도 함께 고려하여 판단해야 한다.

3. 관할권

관할권(jurisdiction)은 재판소가 재판에 회부된 사건을 결정할 수 있는 권한을 말한다. 재판소가 관할권을 가지는가에 대하여 다툼이 있는 경우, 재판소가 관할권 존재 여부를 스스로 결정한다(제36조6항). 재판소는 제소 시점을 기준으로 자신의 관할권 유무를 판단한다.

가. 재판관할권

재판소는 당사자 간 법률적 분쟁에 관한 쟁송사건(contentious case)을 결정하는 재판관할권을 갖는다. ICJ가 설립 이후 처리한 180여 건 중 대부분은 쟁송사건이다. 한편 재판소는 쟁송사건과 관련하여 부수적이거나 절차적인 문제도 결정한다. 이러한 문제로 잠정조치, 선결적 항변, 제3국의 소송 참가, 반소, 재심 등이 있으며(후술), 이를 재판소의 부수적 관할권(incidental jurisdiction)이라 한다.

재판소는 당사자가 회부한 쟁송사건에 대해 인적·물적 재판관할권을 가져야 한다.

(i) 인적(당사자) 관할(jurisdiction *ratione personae*)

국가만이 재판의 당사자가 될 자격, 즉 당사자 능력을 보유한다. 개인이나 UN 등 국제기구는 쟁송사건의 당사자가 될 수 없다. 모든 UN 회원국은 당연히 규정의 당사국이다(헌장 제93조). UN 비회원국도 안보리의 권고에 의해 총회가 결정하는 조건에 따라 규정 당사국이 될 수 있다.

하지만 규정 당사국의 당사자 능력은 ICJ 재판의 당사자가 될 수 있는 일반적인 자격을 갖는다는 의미일 뿐, 규정 당사국이 개별 사건에 대한 ICJ의 재판관할권을 수락한 것은 아니다. ICJ의 관할권은 임의관할로서, 분쟁당사자인 국가 모두가 자유의사에 따라 개별 사건에 대한 ICJ의 관할권에 동의해야만 관할권을 행사할 수 있다. 이를 **당사자 동의 원칙**이라고 한다.

동티모르사건(포르투갈 v. 호주 1995)

포르투갈 식민지이던 동티모르가 1975년 독립을 선언하자 인도네시아는 동티모르를 점령하고, 1989년 호주와 티모르 갭(Timor Gap) 수역에서 자원 공동탐사와 개발을 위한 잠정협정을 체결하였다. 포르투갈은 협정을 체결한 인도네시아가 동티모르 인민의 자결권과 동티모르의 시정국인 자국의 권리를 침해하였다고 호주를 상대로 ICJ에 제소하였다.

ICJ는, ① 자결권이 「UN헌장」과 UN의 실행으로부터 진화한 현대 국제법의 가장 중요한 원칙의 하나로 대세적 권리로서의 성격을 갖지만, ② 재판소 판결의 전제 조건으로서 인도네시아가 호주와 잠정협정을 체결할 권한이 있는지 그 행위의 적법성을 우선 판단해야 하나, ③ 재판소는 사건의 필수적 당사자인 인도네시아의 동의 없이는 호주와 포르투갈 간 본안에 대해 관할권을 행사할 수 없다"고 결정하였다.

ICJ는 자결권이 대세적 권리임에도 사건의 필수적 당사자가 재판에 동의하지 않는다면 재판관할권을 행사할 수 없다는 당사자 동의 원칙을 확인한 것이다.

(ii) 물적 관할(jurisdiction *ratione materriae*)

재판소는 당사자가 재판소에 회부하는 모든 사건과 「UN헌장」 또는 유효한 조약에 특별히 규정된 모든 사항을 관할한다(제36조1항). 당사자가 동의하여 ICJ에 회부한 모든 사건(특별 합의), 유효한 조약(재판 조약 또는 관할권 조항), 특별히 규정된 사건(선택조항) 그리고 당사자가 사후에 동의한 경우(확대 관할), ICJ의 물적 관할권이 성립한다. 「UN 헌장」 협상 과정에서 ICJ가 강제 관할권을 행사하는 사항을 규정하려고 하였으나 합의하지 못함에 따라, '「UN헌장」에 특별히 규정된 사항'에 대한 ICJ의 강제 관할권 행사는 사실상 사문화되었다.

(1) 특별 합의(제36조1항)

분쟁이 발생한 후 분쟁당사자가 특정한 분쟁을 ICJ에 회부하기로 별도로 특별 합의(special agreement, *compromis*)하면 관할권이 성립한다.

(2) 재판 조약 또는 관할권 조항

분쟁당사자가 분쟁 발생 이전에 해당 분쟁에 대해서 ICJ에 회부하기로 재판 조약을 체결하였거나, 분쟁당사자가 당사국인 조약이 해당 분쟁을 ICJ로 회부한다는 관할권 조항(CC: Compromissory Clause)을 포함한 경우, 이들 분쟁당사자 간에는 별도의 특별 합의가 없어도 재판 조약이나 관할권 조항에 규정된 사항에 대해 관할권이 성립한다.

외교관계와 영사관계에 관한 비엔나협약의 「분쟁의 의무적 해결에 관한 의정서」, 「분쟁의 평화적 해결을 위한 유럽협약」(1957) 등 재판 조약은 ICJ의 관할권을 규정하고 있다. 「난민지위협약」(제38조), 「고문방지협약」(제30조), 「Genocide협약」(제9조), 「조약법에 관한 비엔나협약」(제66조1항), 「민간항공의 안전에 관한 불법적 행위의 억제를 위한 협약」(제4조) 등 조약은 관련 분쟁을 ICJ에 회부하도록 규정한 관할권 조항을 포함하고 있다.

(3) 선택조항 수락(제36조2항)

① 선택조항의 의의

규정 제36조2항은 ICJ의 관할권에 속하는 법률적 분쟁을 구체적으로 명시하고, 당사국이 이중에서 일부 또는 전체를 재량으로 선택하여 ICJ의 관할권을 인정할 수 있도록 하였으며, 이를 선택조항 또는 임의조항(optional clause)이라 한다. 당사국은 아래 사항에 대한 법률적 분쟁에 대해 동일한 의무를 수락하는 다른 모든 국가와의 관계에 있어서 당연히(*ipso facto*) 또한 특별한 합의 없이 ICJ의 관할권을 인정한다는 것을 언제든지 선언할 수 있다. 선택조항은 PCIJ 규정 제36조와 동일한 것이다.

- 조약의 해석
- 여하한 국제법상의 문제
- 확인되는 경우, 국제의무의 위반에 해당하는 사실의 존부
- 국제의무 위반에 대한 배상의 성질 또는 범위

당초 ICJ에 모든 국가에 대한 강제관할권을 부여하려고 시도하였으나, 강대국들이 이에 반대함에 따라 대신 원하는 국가들만 선택적으로 수락할 수 있도록 절충한 것이다.

② 선택조항 수락의 효과

선택조항을 수락한 분쟁당사자 간에는 동일하게 인정한 범위 내에서 관할권이 성립한다. PCIJ의 선택조항을 수락하였던 국가도 규정상 선택조항을 수락한 것으로 간주된다(제37조). PCIJ의 선택조항을 수락한 국가를 포함하여 70여 개국이 수락하였다. 안보리 상임이사국 중에는 영국만 수락하였으며, 미국·프랑스는 수락 후 1985년 및 1974년에 각각 철회하였다. 한국은 수락하지 않았지만, 일본은 수락하였다.4

당사국들이 선택조항의 전체 또는 그중 일부를 선택적으로 수락하는 선언은 당사국의 일방적 행위로, UN 사무총장에게 통고하여 도달하는 즉시 효력을

----

4 일본은 1958년 선택조항을 수락하였으나, 2000년 남방참다랑어 사건 이후인 2007년과 2014년 남극포경사건 직후인 2015년 유보를 각각 추가하였다. 이에 따라 일본은 ① 구속력을 갖는 중재재판이나 사법적 해결에 회부하기로 합의된 분쟁, ② 오직 특정 사건에 대해서만 관할권을 수락한 국가와의 분쟁, ③ 일본을 대상으로 관할권을 수락한 지 1년 이내인 국가와의 분쟁, ④ 해양생물자원의 보존·운영·개발에 관한 조사와 관련된 분쟁을 유보하고 있다.

발생한다. 수락 선언의 철회에 관한 규정은 없으나, 수락은 철회할 수 있으며 철회된 수락은 합리적 기간이 경과한 후 유효하다 할 것이다.

③ 선택조항의 유보

ICJ 규정에는 선택조항의 유보에 대한 규정이 없으나, 당사국은 선택조항을 수락하면서 실제 다양한 유보를 붙이고 있다.

- 시간적 유보: 일정 기간 내에 발생한 분쟁, 특정 일자(선언이나 발효 등) 이후 발생한 분쟁, 분쟁 원인이 선언이나 발효 이전 존재한 사실·사태로 인해 발생한 분쟁 등을 제외하는 유보이다. 시간적 유보는 재판소의 관할권 성립 여부를 판단하는 중요한 고려 요소이다.
- 물적 유보: 국내문제나 영토분쟁·군사활동 등과 관련한 분쟁에 대한 유보이다. 특히 미국 등 일부 국가는 선택조항을 선언하면서 무엇이 국내문제인지에 대해 스스로 결정하겠다는 이른바 '자동유보' 또는 '자기 판단 유보'(automatic/self-judging reservation)를 첨부하여 선택조항 수락에 따른 ICJ의 관할권 행사를 사실상 제한하고 있다. 관할권의 존재 여부는 ICJ가 스스로 결정한다는 규정 제36조6항에 위배된다는 점에서 자동유보는 부정하는 것이 통설이다.
- 특정 당사국에 대한 유보: 영연방 간의 분쟁, 미승인 국가와의 분쟁 등에 대한 유보이다.
- ICJ가 아닌 다른 분쟁해결 수단에 대한 유보
- 유보에 대한 유보: 이미 수락한 유보를 추가·수정·철회할 수 있는 권리를 언제라도 다시 유보하겠다는 것이다. 유보에 대한 유보는 허용되지만, 선택조항에 의한 ICJ의 관할권 적용을 회피하기 위해 남용될 수 있으므로, 통보 후 합리적 기간이 지난 후에 효과가 발생한다고 보는 것이 타당하다 할 것이다. 니카라과사건(1984)에서 미국이 1946년 선택조항 선언에 첨부한 유보 내용을 변경할 권리가 있느냐와 관련하여 ICJ는, 미국이 자국의 선택조항 선언에 대한 유보 내용을 수정하거나 종료시킬 권한은 있지만, 니카라과가 제소하기 불과 3일 전 중남미지역의

분쟁을 제외하겠다고 통보한 것은 신의성실의 원칙에 어긋난 것으로 그러한 통보의 효과는 합리적 기간이 지난 후에 발효한다고 보고 재판소의 관할권을 인정하였다. 이후 미국은 1985.1. 이후 본안 심리에 참여하지 않고 선택조항 수락 자체를 철회하였다.

선택조항을 수락하면서 유보를 한 당사자는 상호주의에 따라 자신의 유보뿐만 아니라 타방 당사자의 유보를 서로 원용할 수 있다. 당사자인 제소국과 피소국 모두의 유보로 배제되지 않은 문제에 대해서만 재판소는 관할권을 갖게 되므로, 당사자의 다양한 유보는 관할권 성립을 어렵게 한다. 노르웨이공채 사건(1957)에서 노르웨이는 프랑스가 선택조항 수락 선언에 포함한 자동유보를 상호주의에 따라 원용하여 ICJ의 관할권이 성립되지 않는다고 주장하였다. ICJ는 유보의 상호주의 적용을 인정하여 관할권을 부인하였으나, 자동유보의 유효 여부에 관해서는 판단하지 않았다.

(4) 확대 관할의 성립

일방 당사자(제소국)가 제기한 소에 대해 응소 의무가 없는 타방 당사자(피소국)가 재판소의 관할권을 부인하지 않고 소송에 참여할 의사로 간주될 수 있는 행위를 하는 경우, 이른바 '확대 관할'(forum prorogatum)이 성립한다. 「ICJ 규정」에 관련 조항은 없지만, 확대 관할은 PCIJ 이래 재판소의 실행으로 인정되었다. 확대 관할은 피소국이 재판소의 관할권을 부인하지 않고 소송에 참여할 의사를 명시적으로 표시하였거나 묵시적으로 그러한 의사로 간주될 수 있는 행위를 하는 경우 성립한다. Haya de la Torre사건(1951)에서 콜롬비아와 페루는 관할권 존재 여부에 대한 다툼 없이 본안 심리에 참여하였다. 그러나 피소국이 단지 재판소의 관할권을 부정하기 위해 출정하였다면 확대 관할이 성립되지 않는다. 영국-이란석유회사사건(1952)에서 이란은 관할권을 부인하기 위해 재판에 참여하였다.

코르푸해협사건(영국 v. 알바니아 1949)

1946.10. Corfu해협의 알바니아 영해를 운항 중이던 영국 군함이 기뢰에 의해 피해를 본 데 대해 영국이 알바니아에 배상을 요구하였으나 협상이 진척되지 않자, 영국은 이를 UN 안보리로 회부하였다. 1947.4.9. 안보리는 사건이 법률적 분쟁이라는 이유로 헌장 제36조3항("법률적 분쟁은 원칙적으로 당사국에 의해 ICJ에 회부되어야 한다는 점을 고려한다")에 따라 양국이 분쟁을 ICJ에 회부할 것을 권고하는 결의(22호)를 채택하였다. 이에 따라 영국은 1947.5. 일방적으로 ICJ에 제소하고 알바니아에 대해 사과 및 손해배상을 청구하였다.

알바니아는 양국 간 특별 합의가 없는 한, ICJ가 관할권을 행사할 수 없다고 선결적 항변을 제기하였다. ICJ는, 양국 간 특별 합의는 존재하지 않으나, 알바니아가 1947.7.2. ICJ에 보낸 서한에서 "분쟁을 ICJ에 부탁해야 한다는 안보리의 권고를 완전히 수락한다"고 한 것은 자발적이고 반론의 여지가 없는 방식으로 명백히 ICJ의 관할권을 수락한다는 의사를 표시한 것으로, 특별 합의와 같은 형식이 없어도 당사자의 자발적인 동의에 기초하여 관할권이 성립하였다고 결정하였다. ICJ가 확대 관할권을 인정하자, 알바니아는 영국과 특별 합의를 별도로 체결하여 본안 심리에 참여하였다. 코르푸해협사건은 ICJ가 창설 이후 처리한 첫 번째 쟁송사건이다.

일방 당사자가 정치적 목적으로 응소 의사가 없는 타방 당사자에 대해 소송을 제기하더라도 해당 사건이 사건 목록에 등재되었다. 이처럼 확대 관할이 오용되는 것을 방지하기 위해 1978년 개정된 「ICJ규칙」(제38조5항)은 "피소국이 아직 동의하지 않았거나 명백히 표시하지 않은 동의에 기초하여 재판소의 관할권을 구하는 경우, 그 소장은 피소국에 전달되어야 하며, 피소국이 재판소의 관할권에 동의하지 않는 한 또한 동의할 때까지 이 소장은 사건 목록에 오르지 않으며 절차상 어떠한 조치도 취해서는 안 된다"고 분명히 하였다. ICJ는 콩고 v. 르완다 콩고영토에서의 무장활동사건(2005)에서도 "재판소의 (확대) 관할권을 수락한다는 피소국의 의사는 자발적이고 반론의 여지가 없는 방식으로 모호하지 않게 표시한 것으로 간주될 수 있어야 한다"고 하였다. 지부티 v. 프랑스 형사사법공조사건(2008)에서 프랑스는 동 규칙에 따라 명시적 동의를 부여하여 확대 관할이 성립하였다.

나. 권고적 관할

(ⅰ) 권고적 의견의 요청

ICJ는 UN 총회나 안보리 그리고 전문기구 등에 권고적 의견(advisory opinion)을 부여함으로써 법적 자문을 제공하는 권고적 관할권을 갖는다. 국제기구는 ICJ의 재판 당사자가 될 수 없지만, ICJ에 법률문제에 대한 법적 자문의 제공을 요청할 수 있다. 그러나 국가나 비정부기구(NGO)나 개인은 권고적 의견을 요청할 수 없다.

UN 총회와 안보리는 어떠한 문제에 대해서라도 독자적으로 권고적 의견을 요청할 수 있다. 권고적 의견의 요청은 총회에서는 2/3 다수결로 결정하며, 안보리에서는 상임이사국이 거부권을 행사할 수 있다. 그 밖의 주요 기관과 전문기구는 총회의 허가를 받아, 자신의 활동 범위에 속하는 법률문제에 대해 법적 자문을 요청할 수 있다(이상 헌장 제96조). 1993.5. WHO는 건강과 환경영향의 관점에서 무력충돌하 국가의 핵무기 사용의 합법성(Legality of the Use by a State of Nuclear Weapons in Armed Conflict)에 대해 ICJ의 권고적 의견을 요청하였으나, ICJ는 보건 사무를 전문으로 다루는 WHO의 활동 범위에 속하지 않는 월권행위로 보고 의견 부여를 거부하였다. IAEA는 전문기구는 아니지만 권고적 의견을 요청할 수 있다. 하지만 UN 사무총장은 권고적 의견을 요청할 권한이 없다.

(ⅱ) 권고적 의견의 부여

ICJ는 권고적 의견을 부여할 수 있는 권한이 있으나, 의견의 부여는 의무적인 것이 아니라 ICJ의 재량이다. ICJ는 UN의 주요 사법기관으로서, 설득력 있는 이유(compelling reason)가 있지 않은 한, 권고적 의견의 부여를 거부하지 않는다는 적극적 입장을 취하고 있다.

국제기구가 권고적 의견을 요청하면서 이해 관계국의 동의가 필요하지 않으며, 재판소도 권고적 의견을 부여하면서 이해 관계국의 동의가 필요하지 않다. 모로코의 주도로 서부 사하라와 관련 ICJ의 권고적 의견을 요청하는 총회 결의가 채택되자, 서부 사하라의 식민국이었던 스페인은 자국이 합의하지 않은 ICJ의 권고적 관할권 행사가 부당하다고 주장하였다. 하지만 ICJ는 쟁송사건의 판결이 아닌 권고적 의견 부여에 있어 당사자 간 합의는 필수요건이 아니며, 권고적 의견은 특정 국가에 부여하는 것이 아니라 요청 기관에 부여하는 것이라고 하였다.

1994년 UN 총회가 핵무기 위협 또는 사용의 합법성에 대해 ICJ에 권고적 의견을 요청하자, 핵무기국가들은 이는 법률문제가 아닌 정치적 문제이므로 ICJ는 권고적 의견을 제시할 수 없다고 주장하였다. 그러나 ICJ는, 1996년 이에 대한 권고적 의견을 제시하면서, ① 권고적 의견은 분쟁을 해결하려는 목적이 아니므로 구체적 분쟁을 전제로 하지 않는 추상적 사안에 대해서도 법률적으로 자문하는 것은 가능하며, ② 법률문제는 국제법상 조약법과 관습국제법의 해석과 적용의 문제로 여기에는 정치적 요소도 포함될 수 있으나, 권고적 의견의 제시에는 정치적 동기나 영향을 고려할 필요가 없다는 점 등을 이유로, 권고적 의견 부여를 거부할 설득력 있는 이유가 없다고 하였다.

「ICJ규칙」은 권고적 의견 요청이 국가 간에 계쟁 중인 법률문제에 관계된 것인지를 검토하도록 규정하고 있다(제102조2항). 사법적 해결에 필요한 당사자 동의 원칙을 회피하기 위해 대신 권고적 의견을 요청한다면, ICJ가 권고적 의견 부여를 거부할 수 있는 설득력 있는 이유가 있다고 할 것이다. 하지만 차고스제도의 법적 지위와 관련된 권고적 의견(2019)에서 ICJ는, 영국이 차고스제도의 영유권과 관련한 양국 간 분쟁이 권고적 의견 절차의 핵심으로 이는 당사자 동의 원칙을 우회하는 효과가 있다고 주장한 데 대해, 권고적 의견 요청이 영국과 모리셔스 간의 영유권 문제를 해결하기 위해 요청된 것이라기보다는 모리셔스의 탈식민지와 관련된 총회의 기능 수행에 도움을 주려는 것으로 보고, 권고적 의견 부여를 거부할 설득력 있는 이유가 없다고 판단하였다.

(iii) 절차

권고적 의견의 부여 절차는 적용이 가능한 한 재판절차에 적용되는 규정을 따른다. 재판소는 권고적 의견의 요청을 모든 국가에 통보해야 한다. 서면절차와 구두 심리로 진행되며, 쟁송사건과 동일한 준칙이 적용된다. 다른 국제기구나 국가는 권고적 의견 부여와 관련하여 서면이나 구두로 재판소에 의견을 제시할 수 있다.

(iv) 효력

ICJ의 권고적 의견은 이를 요청한 국제기구는 물론 관련 국가에 대해서도 권고적 효력만 있으나 국제법의 유권적 해석으로서 설득적 권위를 가진다. 다만 국제기구나 관련 국가는 권고적 의견이 제시되기 전에 구속력을 부여하기로 합의할 수 있다.

4. 재판절차

가. 제소

특별 합의의 경우, 분쟁당사자가 재판소에 개별 또는 공동으로 통고(notification)하며, 재판 조약·관할권 조항·선택조항·확대 관할의 경우, 일방당사자가 소 신청서(application)를 재판소에 접수하여 제소함으로써 재판절차가 개시된다. 소 신청서에는 제소국과 피소국·분쟁의 주제·재판소 관할권의 근거, 청구취지 및 청구원인을 명시한다(규칙 제38조). 청구취지(submission)는 제소국이 재판소에 청구하는 재판의 결론으로, 제소국은 재판소에 대해 피소국의 위법행위에 관한 판단 및 피해 배상을 요구하거나, 국제법의 해석과 적용에 관한 견해를 요구한다. 청구원인은 그러한 청구취지를 주장하는 근거를 말한다.

재판소 행정처장은 모든 이해관계자에게 이를 통보하고, UN 사무총장을 통해 회원국 및 재판소에 소를 제기할 수 있는 다른 국가에도 통보한다(이상 규칙 제40조). 제소된 사건은 사건 목록(General List)에 등재된다. 특별 합의로 회부된 사건의 당사자는 사건명에 A국/B국으로, 재판 조약·관할권 조항·선택 조항 수락에 따른 일방적 제소의 경우에는 제소국(applicant State) v. 피소국 (respondent State)으로 표기한다. 재판소가 소의 신청을 수리하면 본안 재판이 시작되고, 재판소가 판결하기 전 언제라도 당사자가 소를 취하하지 않는 한 재판은 진행된다. 하지만 재판소가 소의 신청을 각하하면 소는 종료된다.

재판소의 공용어는 영미법과 대륙법을 각각 대표하는 영어와 불어이다(제39조). 대리인(agent)이 당사자를 대표하고, 법률고문(counsel) 및 변호인(advocate)이 조력한다(제42조). 재판관 보수 등 재판소의 자체 경비는 UN이 부담하나, 개별 당사자의 소송비용은 재판소가 달리 결정하지 않는 한 각 당사자가 부담한다(제64조).

나. 불출정

재판소의 관할권이 성립하면 일방 당사자가 재판에 출석하지 않더라도 재판은 진행되며, 재판소는 불출정 당사자의 입장도 가능한 조사하여 판결을 내린다. 관할권 부재 등을 이유로 일방 당사자가 불출정하여도 당사자 간의 대립되는 상반된 태도·입장으로부터 분쟁의 존재가 인정될 수 있기 때문이다. 일방 당사자가 재판을 무력화시키기 위한 목적 등으로 불출정하더라도 불출정 자체가 위법행위는 아니며 자동 패소하는 것도 아니다. 불출정한 소송 당사자도 판결에 구속된다(제53조). 피소국이 재판에 불출정한 사건으로는 어업관할권 사건(1973)에서 아이슬란드, 핵실험사건(1974)에서 프랑스, 에게해 대륙붕사건(1976)에서 터키, 테헤란인질사건(1980)에서 이란, 니카라과사건(1986)에서 미국 등이 있다.

다. 소송 참가

소송 당사자가 아닌 제3국도 소송 참가(intervention)를 신청할 수 있다. 제3국이 쟁송사건의 결정에 의해 영향을 받을 수 있는 법률적 성질의 이

해관계가 있는 경우(제62조), 자신의 법적 성격의 이익을 보호하기 위해 비당사자로서 소송 참가를 신청할 수 있지만, 재판소에 그 당위성을 증명해야 한다. 재판소는 소송 당사자가 반대하더라도 제3국의 소송 참가 신청을 허용할 수 있으나, 소송 참가국은 소송 당사자로서 참가하는 것이 아니므로 판결은 소송 참가국에 대해 구속력을 갖지 않는다. ICJ는 소송 당사자의 입장을 보호한다는 차원에서 비당사자의 소송 참가에 대해 소극적인 입장이었다. 니카라과사건(1984)에서 엘살바도르의 소송 참가를 불허하였으나, 엘살바도르 v. 온두라스 육지·섬 및 해양국경분쟁사건(1992)에서 Fonseca만을 공유하는 니카라과의 법적 이익이 영향을 받을 수 있다는 점을 인정하고 제62조에 의거하여 처음으로 소송 참가를 허용하였다. 하지만 인도네시아/말레이시아 리기탄섬과 시파단섬 영유권사건(2002)에서 소송 참가를 신청한 필리핀에 대해서는 법적 이익이 없다고 소송 참가를 불허하였다. 니카라과 v. 콜롬비아 영토 및 해양분쟁사건(2012)에서도 온두라스와 코스타리카가 각각 당사자와 비당사자로서 소송 참가를 신청하였으나, ICJ는 이를 허용하지 않았다.

한편 다자조약의 해석이 소송 당사자 이외에 다른 당사국에도 문제가 되는 경우(제63조), 재판소는 영향을 받는 다른 모든 당사국에 즉시 통보하고, 통보받은 국가는 조약 해석에 대한 자국의 의견을 제시하기 위해 소송에 참가할 권리를 보유한다. 호주 v. 일본 남극포경사건(2013)에서 ICJ는, 「국제포경협약」의 당사국으로서 뉴질랜드가 신청한 소송참가를 허가하였다. 판결의 주문은 소송 당사자에게만 적용되나 해당 조약에 대한 판결의 해석은 참가국에 대해서도 구속력을 가진다.

소송 참가의 신청은 가능한 빨리 그리고 서면 절차 종료 이전에 서면으로 제출해야 한다(규칙 제81조).

라. 선결적 항변

(ⅰ) 의의

선결적 항변(先決的 抗辯: preliminary objection)은 재판소의 관할권이나 재

판적격성 등과 관련한 피소국의 항변이나 본안 절차 이전에 결정이 필요한 그 밖의 이의(異意)를 말한다(규칙 제79조bis1항). 패소를 우려하는 피소국이 재판소의 본안 절차가 진행되는 것을 막거나 의도적으로 재판을 지연시키고자 제기하는 것이 일반적이나, 제소국도 이를 제기할 수 있다. 선결적 항변은 제소국의 진술서가 송달된 후 적어도 3개월 이내에 서면으로 제기해야 한다(규칙 제79조). 재판소는 가급적 자신의 관할권을 인정하고자 하므로, 선결적 항변을 받아들여 재판관할권을 부인하는 비율은 높지 않다.

(ii) 선결적 항변의 이의

선결적 항변에서 제기되는 이의는 재판관할권의 존재 여부나 **재판적격성** (admissibility: 수리 가능성 또는 청구 허용성)에 관한 이의로서, 이를 주장하는 당사자가 입증할 책임이 있다.

(1) 재판관할권의 존재 여부

재판소의 인적·물적·시간적 관할권에 관한 이의 제기이다. 재판소는 선결적 항변이 없어도 스스로 관할권이 있는지를 판단하지만, 당사자는 재판소의 관할권에 대해 당사자 간에 동의가 없다거나, 재판 조약이나 조약 내 관할권 조항 등의 실효로 재판소의 관할권 자체가 성립하지 않는다거나, 선택조항의 유보로 관할권이 배제된다는 등 이의를 제기한다.

(2) 재판적격성

재판관할권이 존재한다고 해서 재판소가 회부된 모든 사건을 재판할 수 있는 것은 아니다. 재판관할권이 인정되면 재판소는 청구의 재판적격성을 다룬다. 당사자는 청구의 재판적격성을 부인하기 위해 아래 이의를 들어 항변을 제기할 수 있다.

① 사법적 심판의 대상 여부

ICJ는 법률적 분쟁을 다루는 사법기관으로, 비법률적·정치적 성격의 분쟁을 사법적 심판의 대상으로 하는 것은 적절하지 않다는 이의 제기이다. 특히 정치적 기관인 안보리가 다루는 분쟁이 사법기관인 ICJ에도 회부된 경우에 ICJ가 이에 대한 관할권을 갖느냐와 관련하여 논란이 되었으나, 안보리에 회부된 문제를 ICJ가 심리하는 것을 방해하지 않는다는 것은 테헤란인질사건, 니카라과사건, 로커비사건, 핵무기 위협 또는 사용의 합법성에 관한 권고적 의견 등에서 확인되고 있다. 테헤란인질사건(1980)에서 이란은 재판에 참여하지는 않았지만, 공한을 통해 미국이 쿠데타 주도와 범죄행위 등 25년 이상 불법적으로 이란의 국내문제에 개입하였다는 역사적 맥락을 이유로 ICJ의 관할권이 없다고 항변하였으나, ICJ는 "ICJ의 역할은 법률상 분쟁을 해결하는 것으로, 안보리와 ICJ는 동일한 분쟁을 병렬적으로 수행할 수 있다"고 판단하였다. 니카라과사건(1984)에서 미국은 니카라과의 청구는 법적 분쟁이 아니므로 ICJ는 재판적격성이 없으며 이는 안보리의 권한에 속하는 사안이라는 항변을 제기하였다. ICJ는, 동 사건이 안보리가 임무를 수행하는 정치적 성격이 있다는 점은 인정하나, 법률적 기능을 수행하는 ICJ가 법률문제에 대해 관할권 행사를 자제해야 할 근거는 없으며, 법적 분쟁인지 여부에 관한 판단은 재판소에 의해 결정될 사안이라고 보았다. 또한 안보리와 ICJ는 동일한 분쟁의 평화적 해결을 위해 개별적이며 보완적인 임무를 수행하는 것이므로, 동 사건이 안보리에 회부되었다고 해서 ICJ의 심리를 배척하는 것은 아니라고 미국의 선결적 항변을 기각하였다.

한편 로커비사건(1992)에서 리비아는, 헌장 제7장에 따라 리비아에 대해 항공 봉쇄를 규정한 안보리 결의 748호 및 리비아의 자산을 동결한 결의 883호는 항공기 폭파 용의자의 강제 인도를 목적으로 한 것이므로 헌장 제7장의 발동에 필요한 평화에 대한 위협 등을 충족시키지 못해 안보리 결의 내용이 유효하지 않다고 주장하였다. ICJ는 관할권을 인정하고 본안 심리를 진행하였으나, 이후 소가 취하됨에 따라 안보리 결의 내용의 합법성이 ICJ의 사법적 판단의 대상이 되느냐에 대해서는 심리하지 않았다. 안보리 결의 내용에 대해 ICJ가 유효성을 판단할 권한은 부인하는 것이 통설이다.

② 당사자 적격(standing, *locus standi*) 여부

당사자 적격은 특정 소송 사건의 당사자로서 유효하게 소송을 하고 판결

을 받는 데 필요한 자격을 말한다. 제소국인 당사자는 소송과 관련하여 구체적
인 법적 이익을 가져야 한다.

③ 제3자의 법익 존중 여부

당사자가 합의하여 ICJ에 사건을 재판에 회부하였더라도 당사자로서 재판
에 참여하지 않은 제3자의 법적 이익이 재판의 대상이 되는 경우, 재판소는 제
3자가 참여하지 않는다면 재판관할권을 행사하지 않는다. 이를 제3자의 법익
존중의 원칙(또는 금화원칙: Monetary Gold Principle)이라 한다. 따라서 재판소는
판결이 제3국에 영향을 주더라도 제3국의 법적 이익이 판결의 주제를 형성하
지 않는다면 재판소는 재판을 진행할 수 있다.

🏛 로마에서 탈취된 금화사건(이탈리아 v. 프랑스·영국·미국 1954)

이탈리아는 1939년 알바니아에서 금화를 입수하였으나, 독일이 1943년 이탈리아
의 국고에서 이를 탈취하였다. 전후 승전국인 영국·프랑스·미국이 알바니아의 코르푸
해협사건 배상금으로 영국에 이를 이관하도록 합의하자 이탈리아는 이들 3개국에 대
해 탈취된 금화의 반환을 요구하는 소송을 ICJ에 제기하고, 본안에 앞서 금화에 대한
이탈리아와 알바니아 간의 청구가 먼저 해결되어야 한다는 선결적 항변을 제기하였다.

ICJ는, 사건의 당사자는 아니지만 필수적 당사자인 제3자(알바니아)의 법익이 재판
소의 판결로 영향을 받고 판결의 주제를 형성한다면 그 국가의 참여 없이는 사건을
심리할 수 없다고 결정하였다. 즉, 이탈리아 청구의 적법성을 판단하기 위해서는 이탈
리아가 알바니아로부터 적법하게 금화를 확보하였는지를 먼저 확인해야 하나, 재판소
가 관할권을 행사한다면 이는 재판에 참여하지 않은 제3자인 알바니아의 법익을 침해
하는 것이므로 ICJ는 관할권을 행사할 수 없다는 것이다.

---

④ 소송대상인 분쟁의 존재 여부

국제재판에 회부한 분쟁은 원칙적으로 소송 제기 당시 및 판결 당시에도
존재해야 한다. 소송대상의 소멸(mootness)에 대해서는 핵실험사건을 참조한다
(☞ 핵실험사건 p.623).

⑤ 절차적 이의

ICJ에 회부하기 전 해당 조약이 규정한 다른 평화적 분쟁해결 수단(의견교환·교섭·조정 등)을 이용하지 않았다거나, 외교적 보호권 행사 요건인 국내 구제 절차 불이행(☞ 인터한델사건 p.654) 또는 피해자의 국적 등에 대한 이의 제기이다. 그루지야 v. 러시아 인종차별철폐협약사건(2011)에서 ICJ는, 그루지야가 협약 분쟁해결 절차상 규정된 교섭을 다하지 않고 재판에 회부하였다는 러시아의 선결적 항변을 인정하였다.

(iii) 효과

선결적 항변이 제기되면 재판소는 본안 절차를 중단하고, 이를 먼저 판단하는 구술 변론('재판 안의 재판')을 시작한다. 재판소가 선결적 항변 사유 중 일부라도 받아들이면 소송절차가 종료되나, 모두 배척하면 본안 심리가 재개된다. 재판소는 선결적 항변이 본안과 밀접한 관련이 있는 경우 본안에 병합하여 심리할 수 있다.

마. 잠정조치

(i) 의의

재판소는 정황상 필요하다고 인정되면 당사자의 권리를 보호하기 위해 일정한 조치를 제시할 수 있는 권한을 가진다(제41조1항). 재판소의 잠정조치 또는 가보전조치(provisional or interim measures)는 재판이 진행되는 동안 청구대상인 권리가 급박하고 회복이 불가능한 위험에 처해 있어 당사자의 권리를 긴급히 보호할 필요가 인정되면, 재판소가 분쟁당사자에 대해 일정한 행위를 하거나 (작위) 하지 말 것(부작위)을 요구함으로써 분쟁 대상 권리를 보호하려는 예방적 조치이다. 잠정조치가 내려지면 상황을 잠정적으로 동결하여 진정시키는 효과가 있다. 소송 당사자의 권리를 보호함으로써 본안 판결의 실효성을 확보하기 위한 재판소의 잠정조치 결정이 늘어나는 추세이나, 잠정조치 신청이 증가하면서 오용을 방지할 필요성도 제기되고 있다.

(ⅱ) 요건

ICJ가 잠정조치를 결정하기 위해서는, 두 가지 요건을 충족해야 한다. 우선, 재판소가 추정하여 **일견 관할권**(一見 管轄權: *prima facie* jurisdiction)이 존재해야 한다. 재판소는 관할권을 배제하는 명백한 근거가 있지 않은 한, 관할권을 갖는 것으로 추정하여 잠정조치를 결정한다. 재판소의 잠정조치는 재판소가 본안에 대한 관할권을 결정하는 데 영향을 주지 않는다. 니카라과사건(1984)에서, 니카라과가 미국의 니카라과의 항구 접근 제한 및 기뢰 설치 즉각 중단 등의 잠정조치를 신청한 데 대해, 미국은 재판소의 관할권 부재를 주장하는 선결적 항변을 제기한 상황이므로 재판소가 잠정조치를 결정할 수 없다고 주장하였으나, ICJ는 잠정조치를 결정하기 위해 본안에 대한 관할권을 가지고 있음을 최종적으로 확인할 필요는 없다고 일견 관할권에 근거하여 잠정조치를 제시하였다.

둘째, 잠정조치가 보호하는 대상은 분쟁의 주제와 관련되어야 한다. 분쟁의 주제를 형성하는 권리의 침해가 급박하고 회복할 수 없는 피해(irreparable harm)가 있어야 한다. 핵실험사건(1974)에서, ICJ는 대기권 핵실험으로 인해 방사성 물질이 축적됨으로써 회복할 수 없는 피해가 발생될 수 있다고 판단하고, 프랑스의 대기 핵실험을 중지하라는 호주와 뉴질랜드의 잠정조치 신청을 승인하였다. 테헤란인질사건(1980)에서 미국의 잠정조치 신청에 대해, ICJ는 인질들의 생명과 건강이 위험하고 회복할 수 없는 피해가 발생할 가능성이 크다고 보고, 이란에 대해 미국 공관을 원상회복하고 인질을 즉시 석방하라고 제시하였다(☞ 에게해 대륙붕사건 p.711).

(ⅲ) 절차

제소국이든 피소국이든 분쟁당사자는 재판절차 중 언제든지 서면으로 잠정조치를 신청한 이유 및 잠정조치를 취하지 않을 때 예상된 결과와 요구하는 조치를 적시하여 잠정조치를 신청할 수 있으며, 재판소 자신도 직권에 의해 잠정조치를 제시할 수 있다(규칙 제75조1−2항). 잠정조치는 선결적 항변과는 별개의 조치로서, 선결적 항변이 제기된 경우에도 잠정조치를 신청할 수 있다. 재판소는 잠정조치 신청을 긴급 사항으로 우선 처리해야 하며, 재판소가 잠정조치를 제시하는 경우, 당사자와 안보리에 즉시 통고된다(제41조2항).

잠정조치는 사건 본안에 관한 재판소의 최종 판결이 있을 때까지 유지되나, 최종 판결이 내려지기 전이라도 재판소는 언제든지 승인한 잠정조치를 철회·수정할 수 있다.

(iv) 구속력

「ICJ규정」은 잠정조치를 제시(indicate)할 수 있다고 규정(제41조1항)하여 제시된 잠정조치가 구속력을 갖는지에 대해 논란이 있었다. 하지만 LaGrand사건(2001 ☞ p.167)에서 ICJ는, 「ICJ 규정」 제41조에 규정된 잠정조치는 재판소의 판결이 나기 전 개별 당사자의 권리를 보호하려는 것으로 당사자의 권리가 회복 불가능한 수준으로 훼손되지 않아야 하는바, 그 대상 및 목적에 비추어 보아 ICJ의 잠정조치는 단순한 권고가 아니라 분쟁당사자에 대해 법적 구속력을 갖는다는 점을 명확히 하고, 미국은 사형이 집행되지 않도록 모든 조치를 취해야 했으며 애리조나 주지사도 이에 따라 행동할 의무가 있으나 사형을 강행한 것은 국제법상 의무를 위반한 것이라고 판결하였다. ICJ는 2007년 「Genocide 협약」 적용사건(보스니아·헤르체고비나 v. 세르비아·몬테네그로)에서도 잠정조치 명령의 법적 구속력을 재확인하였다.

ICJ가 잠정조치 이행을 강제할 수 있는 수단이 없어 실효성에 현실적인 한계가 있으나, 잠정조치를 위반하거나 이행하지 않은 분쟁당사자는 이로 인한 국가책임을 부담하게 될 것이다.

바. 서면 절차 및 구두 심리

서면 절차가 개시되면 제소국은 진술서(memorial)를 제출하고 이에 대해 피소국은 답변서(counter-memorial)를 제출한다. 답변서에는 사실에 대한 인정 또는 부인을 포함한다(규칙 제49조). 필요한 경우, 제소국의 반대 답변(reply)과 피소국의 재반대 답변(rejoinder)이 추가로 이루어진다.

　피소국은 답변서에서 제소국에 대해 별도의 새로운 청구를 포함하는 반소 (反訴: counter-claims)를 제기할 수 있다. 재판소는 반소에 대한 재판소의 관할 권이 인정되고 본소의 주제와 직접 연관되면 반소와 본소를 병합하여 심리할 수 있다(규칙 제80조). 반소는 쟁점을 흐리거나 소송절차를 지연시키는 수단으로 사용될 수 있다.

　서면 절차가 끝나면, 구두 심리 절차인 공개 청문회(open hearing)에서 재 판관과 대리인 간에 변론을 진행한다.

사. 증거 수집

　재판소는 사실관계를 확인하기 위해 증거 조사와 관련되는 모든 조치를 취한다(규칙 제48조). 재판소는 당사자에게 필요하다고 판단되는 증거 제출이나 설명을 요구할 수 있으며(규칙 제49조), 어떤 사실을 주장하는 당사자는 그러한 사실의 존재를 입증할 책임(burden of proof)이 있다. 당사자는 사실과 사실에 대한 증거자료를 수집하고 제출해야 한다. 재판소는 당사자가 제출한 증거자료 를 판결의 기초로 삼는다. 재판소는 그 밖의 정보를 직접 수집하기 위해 증인 이나 전문가 등을 활용하거나(규칙 제43조5항), 관계국의 동의를 얻어 현장을 방 문한다. 서면 절차가 종료된 후에는 타방 당사자의 동의 또는 재판소의 허가 없이는 추가적인 증거 제출이 거부될 수 있다(규칙 제52조).

　재판소는 소송 당사자가 서면 절차 기한 내에 제출한 자료가 증거로 받아 들일 수 있는 증거능력(admissibility of an evidence)이 있는지 판단한 후, 개별 증거가 사실 또는 주장을 입증하는 가치인 증거력(evidentiary value)을 평가한 다. 국내 소송법과 달리, ICJ 규정이나 규칙에는 증거능력이나 증거력에 관한 일반적 규정이 없다. 이에 따라 재판소가 모든 증거를 자유롭게 채택하여 증거 능력이나 증거력을 판단하는 것이 관행으로 확립되었다.

아. 평의

재판소는 증거를 통해 사실을 확정한 후, 법을 확인하고 해석·적용한다. 판결을 채택하기 위한 평의(評議: deliberation)는 비공개이며 비밀로 한다(제54조). 선결적 항변과 본안 판결 등 모든 문제는 출석한 재판관의 과반수로 결정되며, 가부동수면 재판소장 또는 그 대리인이 결정 투표권(casting vote)을 갖는다(제55조).

재판소는 소송 당사자가 청구취지에서 요청한 사항에 대해서만 판단한다('*non ultra petita* 원칙'). 재판소는 제3자의 공정한 입장에서 제소국의 청구취지의 범위 내에서 판단하며, 이를 벗어난 사항에 관해서는 판단하지 않는다. 핵실험사건(1974)에서 ICJ는 분쟁의 진정한 쟁점을 분리하여 분쟁당사자의 청구대상을 밝히는 것이 재판소의 의무라고 하였다. 그러나 체포영장사건(2002)에서 ICJ는, "재판소가 요구되지 않은 문제를 결정할 권한은 없지만, 재판소가 필요하거나 바람직하다고 판단하는 경우 *non ultra petita*(not beyond the request) 원칙이 판결 이유에서 일부 쟁점을 다루는 것을 방해하지는 않는다"고 하였다.5

자. 판결

판결(judgement)은 공개된 법정에서 낭독한다(제58조). 판결에는 주문(主文)과 판결이 기초한 이유를 기재한다(제56조). 주문에서 청구취지를 인용하거나 기각함으로써 재판이 결정된다. 재판관의 전원일치 판결이 나지 않은 경우, 재판관은 별도의견(separate opinion)을 표명할 수 있다(제56조). 별도의견은 다수판결에 반대하는 이유를 제시하는 반대의견(dissenting opinion)과 판결 주문에는 찬성하지만 판결 이유가 다른 개별 의견(individual opinion)이 있다.

----

5 한편 니카라과 v. 온두라스 카리브해·영토 및 해양분쟁사건(2007)에서 니카라과가 구두변론에서 온두라스가 영유권을 주장하는 15°선 이북 도서들에 대해서도 영유권을 판단해 달라고 청구의 변경을 요구한 데 대해 ICJ는 니카라과의 소장 밖 새로운 청구가 원래 소의 청구대상인 단일 경계획정에 내재하고 그로부터 직접 발생하기 때문에 이를 수리할 수 있다고 판단하였다.

판결은 해당 사건에만 그리고 당사자 간에만 구속력을 가진다(제59조). 이는 선례구속(*stare decisis*)의 원칙을 부인하는 것이지만, 재판소는 판례(precedent) 를 존중함으로써 판결의 일관성을 유지하고 법적 안정성을 추구하려는 경향을 보인다.

판결은 최종적이며, 단심제로서 상소할 수 없다. 당사자는 판결로 확정된 사안을 다시 다툴 수 없고, 재판소도 확정 판결과 모순되는 판단을 할 수 없다. 이를 기판력(旣判力: *res judicata*)이라 한다. 다만 판결의 의미와 범위(meaning and scope)에 관해 분쟁이 발생한 경우, 재판소는 당사자의 요청으로 이를 해석한다(제60조). 해석은 일방 분쟁당사자 또는 쌍방 간 특별 합의에 따라 요청한 다(규칙 제98조). 해석은 판결의 결론인 주문에 관한 것으로, 판결 이유에 대해 해석을 요청할 수는 없다. 프레아비히어사원사건(1962)의 판결과 관련, 2011.4. 캄보디아가 판결 주문상 태국이 철수해야 할 사원 인근의 범위를 구체적으로 해석해 달라고 요청한 데 대해, 재판소는 캄보디아가 사원이 위치한 지역 전체 에 대해 영토주권을 갖는다고 판결하였다.

차. 재심

판결 선고 당시 재판소와 당사자가 알지 못한 결정적 사실이 뒤늦게 발견 되고, 새로운 사실이 판결의 결정적 요소가 될 성질을 가지며, 그러한 사실을 알지 못한 데 대해 당사자의 과실이 없는 경우, 새로운 사실이 발견된 날로부 터 6개월 이내 재심(revision)을 청구할 수 있으나, 판결일로부터 10년이 지나면 어떠한 사유로도 재심을 청구할 수 없다(제61조). ICJ가 재심 요청을 수락한 사 례는 아직 없다.

5. 판결의 이행

「ICJ규정」은 판결의 집행(enforcement)에 관한 규정을 두고 있지 않다. 그 러나 UN 회원국은 자국이 당사자인 사건에 대해서 ICJ의 결정을 따를 것을 약속하였다(헌장 제94조1항).6 결국 ICJ 판결은 패소국에 의해 이행되어야 하므로, 패소국의 자발적 이행 의지가 중요하다. ICJ가 판결을 집행할 강제 수단이 없기 때문이다. 패소국이 ICJ의 관할권이나 판결의 부당성을 주장하는 경우는 있으나, 실제 판결에 불복하는 사례는 많지 않다. ICJ의 판결에 대해 패소국이 불이행한 사례로는 니카라과사건(1984)에 대한 미국, 니카라과와의 영토 및 해양분쟁사건(2012)에 대한 콜롬비아의 불복사례가 있다.

패소국이 판결을 불이행(non-compliance)하는 경우, 승소국은 패소국과 협상을 통해 패소국이 스스로 판결을 이행하도록 하거나, 무력사용을 제외한 대응조치를 취할 수 있다. 패소국의 판결 불이행으로 패소국의 국가책임이 성립하기 때문이다. 승소국은 자국 영역 내 패소국의 자산을 압류하거나 재판소의 강제집행 판결 등을 통해 집행할 수 있겠지만, 이 경우에도 국가면제나 외교면제의 대상이면 제한이 따른다.

패소국이 판결에 따른 의무를 계속 이행하지 않는 경우, 승소국은 안보리에 제기할 수 있으며, 안보리는 필요하다고 인정되는 경우 판결의 이행을 권고하거나 취할 조치를 결정할 수 있다(헌장 제94조2항). 그러나 안보리가 ICJ의 판결을 집행할 권한이나 의무가 있는 것은 아니다. 패소국의 판결 불이행을 평화에 대한 위협으로 판단하면 제7장에 따른 강제조치를 취할 수 있겠지만, 안보리가 ICJ 판결 이행을 요구하는 결의를 채택한 전례는 없으며, 특히 패소국이 안보리 상임이사국이면 그러한 안보리의 조치를 기대하기 어렵다고 할 것이다. 니카라과사건(1986)에서 ICJ는 니카라과에 대한 미국의 손해배상을 판결하였으나 미국은 ICJ의 판결 이행을 거부하였다. 니카라과는 판결 이행을 촉구하는 안보리 결의안을 1986.7월 및 10월에 각각 추진하였으나 미국의 거부권에 의해 채택되지 못하자, 1986~1989년까지 매년 판결 이행을 촉구하는 총회 결의안을 제출하여 채택하였다. 니카라과는 또한 1987.9. ICJ에 손해배상의 형식과

----

6 하지만 미연방대법원은 "회원국이 ICJ 판결을 준수할 것을 약속한다"(Each Member of the UN undertakes to comply with the decision of the ICJ)는 조항이 국내법원이 직접 ICJ 판결을 집행하도록 의무를 부과한 것은 아니라는 입장을 보인다.

금액에 대한 소송을 제기하였으나, 1990년 반 산디니스타 정권이 들어서 미국과의 관계가 개선되자 1991.9. 소송을 취하하였다.

승소국은 총회결의 채택을 통해서도 이행을 촉구할 수 있다. 총회도 헌장상 규정된 포괄적 권한(제10조)과 평화와 안전의 유지에 관한 부차적 권한(제11조)에 따라 판결 불이행에 대한 문제를 토의하고, 구속력은 없지만 권고하는 결의를 채택할 수 있다.

승소국은 관련 국제기구를 통해 판결의 이행을 촉구할 수도 있다. 「국제노동기구(ILO) 헌장」은 ICJ 판결에 포함된 권고사항을 이행하지 않는 회원국에 대해 이사회가 총회에 합당한 조치를 권고할 수 있도록 규정하고 있다(제33조). 「국제민간항공협약」도 ICJ나 중재재판의 판결을 위배한 체약국에 대해 ICAO 총회와 이사회에서 투표권을 정지하도록 규정하고 있다(제88조).

6. ICJ의 성취와 과제

세계법원(World Court)으로 불리는 ICJ는 160여 건의 사건과 27건의 권고적 의견을 처리하였다. 분쟁의 평화적 해결이 국제법이 존재하는 최우선적인 기능이며, 재판소는 이를 위한 중심적 역할을 수행하고 있다. UN 출범 직후 회원국들이 ICJ를 꺼리는 현상이 심했으나, 1990년대 이후 제3세계 국가의 제소가 증가하여 ICJ 업무가 과중한 상황에 이르고 있다. 국제분쟁의 평화적 해결 방법으로서 사법적 해결방식이 비록 더디지만, 장기적으로 거스를 수 없는 추세라고 볼 때 ICJ의 역할과 유용성은 계속 강화되어 갈 전망이다.

무엇보다도 ICJ의 판결과 권고적 의견은 국제법의 발전 방향을 제시하고 관습법의 가장 유력한 증거자료로서, 새로운 국제법 원칙의 형성에 기여하고 있다. 이러한 판결로, UN의 국제 법인격을 인정한 UN 근무 중 입은 손해의 배상에 관한 권고적 의견(1949), 직선기선 설정을 인정한 영국-노르웨이 어업사건(1951), 유보의 양립성 원칙을 제시한 Genocide협약의 유보와 관련된 권고적 의견(1951), PKO 파견을 인정한 UN의 일정 경비에 관한 권고적 의견(1962),

대세적 의무의 개념을 제시한 바르세로나전력회사사건(1970), 일방적 행위의 구속력을 인정한 핵실험사건(1974) 등이 있다.

국제사회에는 ICJ뿐만 아니라, 다양한 분야에서 전문화된 국제재판소가 출현하였다. ITLOS, ICTY, ICTR, ICC, 유럽인권재판소, 미주인권재판소 등과 수시로 구성되는 중재재판 등 각종 국제사법기구가 출현하면서 ICJ는 이들 국제재판소와 협조하면서도 경합해야 하는 상황이다. 이들 재판소가 국제법 해석 또는 적용에 있어 서로 모순되거나 충돌하는 판결을 함으로써 국제법의 통일성을 약화시키는 국제법의 파편화(fragmentation) 현상이 우려되기도 하였으나, ICJ를 중심으로 국제재판소 간의 대화와 교류를 통해 이러한 문제는 완화되고 있다.

그러나 국제분쟁해결기구로서 ICJ의 한계도 없지 않다. ICJ는 강제 관할권이 없어 중대한 국제분쟁들이 회부되지 못하는 경우가 많고, 국가들은 선택조항에 의한 ICJ의 관할권 수락을 기피하고 있다. 국제기구의 소송 당사자 능력을 인정하고, 사무총장에게 권고적 의견을 요청할 권한을 부여할 필요성도 제기되고 있다. 또한 「ICJ규정」과 「ICJ규칙」을 개정하여 재판소의 운영방식과 재판절차를 개선해야 한다. 장기간(4~10년) 소요되는 재판 기간을 단축하는 등 재판과정의 효율성을 높이고 재판절차에 있어 유연성을 확보해야 한다. 아울러 국제사회에서의 법의 지배 원칙을 강화하기 위해서 판결의 집행력을 높이는 방안도 아울러 강구되어야 할 것이다. 무엇보다도 ICJ가 판결의 투명성과 불편부당성을 제고하여 국제사회의 신뢰도를 더욱 높여야 할 것이다.

제25장
해양분쟁의 평화적 해결과 「UN해양법협약」

Ⅰ. 해양분쟁의 평화적 해결

1. 평화적 수단에 의한 해결

「UN해양법협약」(이하 '협약')은 해양분쟁으로 인한 국제평화의 위협을 방지하고 해양에서의 국제법의 지배를 위해 제15부 제1절에서 분쟁의 평화적 해결 절차를 규정하고 있다.

당사국은 협약의 해석과 적용에 관한 모든 분쟁을 「UN헌장」 제2조3항에 따라 국제평화와 안전 그리고 정의를 위태롭게 하지 않는 평화적 수단으로 해결해야 하고, 이를 위해 헌장 제33조1항에 제시된 수단에 의해 해결을 추구해야 한다(제279조). 당사국은 협약의 해석과 적용에 관한 당사국 간 분쟁을 스스로 선택한 평화적 수단에 의해 해결하기로 언제든지 합의할 수 있다(제280조).

2. 의견교환의 의무

협약은 해양분쟁의 평화적 해결을 위한 수단과 관련하여 당사국 간의 의견교환 의무를 우선 규정하고 있다. 당사국 간에 협약의 해석과 적용에 관한 분쟁이 발생하면, 당사자는 교섭이나 그 밖의 평화적 수단에 의한 분쟁해결에 관해 신속히 의견을 교환한다. 당사자는, 어느 분쟁이 이를 해결하기 위한 절차에 의해 해결되지 않고 종료되었거나, 해결에 도달하였으나 정황상 해결의 이행 방식에 대한 협의가 필요한 경우에도 신속히 의견을 교환한다(제283조)(☞ Mox 재처리시설 중재사건 p.712).

3. 조정

협약은 평화적 분쟁해결 수단 중에서 조정(conciliation) 절차에 대해 별도로 규정하고 있다. 협약의 해석이나 적용에 관한 분쟁의 일방 당사자는 그 분쟁을 조정에 회부하도록 다른 당사자에게 요청할 수 있다. 조정 요청이 수락되고 적용할 조정 절차에 합의하면 어느 당사자라도 조정에 회부할 수 있다. 조정 요청이 수락되지 않거나 당사자 간 조정절차에 합의하지 못하면 조정은 종료된 것으로 본다(이상 제284조).

협약은 제5부속서는 조정절차를 상세 규정하고 있다. 당사국은 4인의 조정위원을 지명할 수 있으며 UN 사무총장은 이들 명부를 작성하고 유지한다(제2조). 총 5인으로 조정위원회를 구성하며, 당사국이 명부에서 자국인 1인을 포함한 2인을 각각 지정하고 지정된 4인이 명부에서 위원장인 5번째 위원을 선임한다. 합의가 이루어지지 않으면 UN 사무총장이 선임한다(이상 제3조). 조정위원회는 자체의 절차를 결정하고, 보고 및 권고는 과반수에 의해 결정한다(제4조). 당사자의 진술을 듣고 우호적 해결을 위해 당사자에게 제안한다(제6조). 조정위원회는 구성 후 12개월 이내 조정 결과를 보고한다. 보고에는 합의 내용 또는 당사자 간 합의가 성립하지 않은 경우 우호적 해결을 위해 적절하다고 판단되는 권고를 기록한다. 결론이나 권고를 포함하는 조정위원회의 보고는 당사자에 대해 구속력이 없다(이상 제7조).

II. 해양분쟁의 의무적 절차에 의한 해결

1. 의무적 절차의 적용

협약은 해양분쟁의 당사자에 대해 구속력 있는 결정을 수반하는 의무적 절차(compulsory procedures)를 제15부 제2절에서 규정하였다.

협약의 해석과 적용에 관한 분쟁해결에 있어 의무적 절차는, ① 당사자가 합의한 평화적 수단에 의해 분쟁을 해결하기로 합의하였지만 그러한 수단에 의해 분쟁이 해결되지 않고, ② 당사자간 합의하여 그 밖의 추가적인 절차에 의해 해결하는 것을 배제하지 않은 경우에 적용된다(제281조). 따라서 당사자가 일반협정·지역협정·양자협정상의 의무에 따라 또는 다른 방법으로 구속력 있는 분쟁해결 절차에 회부하기로 합의한 경우에는 의무적 절차 대신 그 절차에 따른다(제282조). 예컨대 당사자가 ICJ나 중재 등에 합의하는 경우, 합의한 분쟁해결 절차가 의무적 절차에 앞서 적용되는 것이다.

또한 협약은 당사국이 의무적 절차의 적용을 제한하고 선택적으로 배제할 수 있도록 예외를 인정하고 있다(후술). 이런 점에서 협약상 의무적 분쟁해결절차가 완전하지 않다. 그럼에도 협약이 해양분쟁의 해결에 있어 의무적 절차를 도입한 것은 일반국제법상 분쟁해결에 있어 매우 획기적인 일이라고 할 것이다.[1]

남방참다랑어사건(호주·뉴질랜드 v. 일본 2000)

「남방참다랑어보존협약」(CCSBT: Convention for the Conservation of Southern Blue-fin Tuna) 당사국인 일본이 허용된 어획 할당량을 초과하여 1998년부터 3년간

----

1 compulsory procedure는 강제적 절차로 번역되고 있다. 하지만 현대 국제법 체계 아래서 주권국가의 의사에 반하여 강제할 수 있는 중앙 권력은 존재하지 않는다. 「UN해양법협약」을 비준한 당사국의 조약 의무에 따른 절차이므로 본서에서는 강제적 절차 대신 의무적 절차를 사용한다.

시험조업을 하기로 하였다. 이에 호주와 뉴질랜드는 1999.7. 협약 제286조 및 제287조에 의거한 의무적 절차에 따라 중재재판에 회부하고, 일본의 일방적인 시험조업으로 인해 남방참다랑어 자원이 심각하고 회복 불가능한 손상을 입고 있으며 이는 협약 규정(제64조, 제118조, 제119조 등)을 위반한 것이므로 ITLOS에 시험조업을 즉각 중지시켜 달라는 잠정조치를 신청하였다. 일본은 동 분쟁이 CCSBT 분쟁해결절차(제16조)에 따라 의견교환 의무가 선행되어야 하므로 중재재판소는 관할권이 없다는 선결적 항변을 제기하였다.

ITLOS는 중재재판소의 일견 관할권을 인정한 후, 남방참다랑어 자원이 중대한 손상을 입지 않도록 사전주의원칙에 따라 효과적인 보존조치를 취해야 할 긴급성을 인정하고, 호주·뉴질랜드·일본에 대해 본안 판결 전까지 시험조업을 자제하고, 남방참다랑어의 보존 및 관리를 위해 조속히 협상을 재개하라는 잠정조치를 명령하였다.

그러나 2000.1. 구성된 중재재판소는, CCSBT상 분쟁해결조항은 모든 당사국이 동의하여 ICJ나 중재에 회부하도록 규정한바, 이는 당사국이 합의하여 그 밖의 추가적인 절차에 의해 해결하는 것을 배제한 것이므로 협약 제281조에 따른 의무적 절차는 적용되지 않는다고 판단하였다. 이에 따라 중재재판소는 이 사건에 대해 관할권이 없다고 결정하고, ITLOS가 중재재판소의 일견 관할권을 인정하여 명령한 잠정조치도 철회하였다. 이후 호주·뉴질랜드·일본은 협상을 통해 이 사건을 타결하였다.

2. 의무적 절차상 재판소의 선택

협약의 해석과 적용에 관한 분쟁이 평화적으로 해결되지 않은 경우, 일방 분쟁당사자가 요청하면 분쟁은 관할권을 가진 재판소에 회부된다(제286조). 의무적 절차에 대한 관할권은 4개 재판소, 즉 국제해양법재판소, 국제사법재판소, 중재재판소, 특별중재재판소가 가진다. 협약은 의무적 절차를 도입하면서 당사국이 이들 4개의 재판소 중 원하는 재판소를 선택할 수 있도록 허용하였다. 당사국은 협약의 서명·비준·가입 시 또는 그 이후 언제라도 4개 재판소 중 1개 또는 그 이상을 선택하는 의사를 서면으로 선언할 수 있지만,[2] 아무런

----
2   현재 52개국이 선언하였으며, 이 중 39개국이 국제해양법재판소를 포함하였다.

의사표시를 하지 않으면 중재재판소를 선택한 것으로 간주된다. 분쟁당사자가 동일하게 재판소를 수락한 경우, 당사자 간에 달리 합의하지 않는 한, 그 분쟁은 그 절차에만 회부될 수 있다(이상 제287조1-4항). 분쟁당사자가 동일하게 재판소를 수락하지 않은 경우, 당사자 간에 달리 합의하지 않는 한, 분쟁은 중재재판에 회부된다(제287조5항).

당사국이 선언을 통해 선택한 재판소는 추후 변경할 수 있으나, 기존 선언은 이를 취소하는 통고가 UN 사무총장에게 기탁된 날로부터 3개월간 유효하다. 새로운 선언, 선언의 취소나 종료의 통고는 재판소에 계류 중인 소송에는 영향을 미치지 않는다(제287조6-7항).

3. 의무적 절차상 4개 재판소 개요

가. 국제해양법재판소

분쟁당사자가 동일하게 국제해양법재판소(ITLOS: International Tribunal for the Law of the Sea, 이하 'ITLOS')를 선택하였거나 재판소를 선택하지 않은 분쟁당사자들이 합의한 경우, ITLOS는 관할권을 행사한다.

ITLOS는 협약 및 제6부속서 「ITLOS규정」(Statute of the ITLOS, 이하 '규정')에 의해 설립되고, 독일 함부르크에 소재한다. 해양법 분야에 탁월한 능력을 갖춘 21명의 독립적 재판관으로 구성되며, UN 사무총장이 소집하는 협약 당사국회의에서 2/3의 출석과 2/3의 다수결로 3년마다 7명씩 선출한다. 동일 국가의 국민은 2명을 초과할 수 없다. 재판관의 임기는 9년으로 연임될 수 있다. 3년 임기의 소장과 부소장을 둔다. 자국 재판관이 없는 분쟁당사자는 국적 재판관 1명을 선임할 수 있다(규정 제3-5조). 재판관은 재판소의 직무에 종사하는 동안 외교 특권과 면제를 누린다(규정 제10조). 재판소는 행정처장(registar)을 임명한다(규정 제12조).

재판정 구성에 필요한 정족수는 11명이다(규정 제13조). 어업·해양환경·해양경계 등 특정 분야의 분쟁을 다루기 위해 3명 이상의 재판관으로 구성하는

재판부(chamber)를 설치할 수 있으며,3 신속한 업무처리를 위해 매년 5명으로
구성된 재판부가 약식 절차에 따라 분쟁을 처리하고 결정한다(이상 규정 제15조).
해저분쟁재판부(Sea-bed Disputes Chamber)는 재판관 중 다수결로 선출된 11명
으로 구성되어, 제11부 심해저자원 개발 및 탐사와 관련된 당사국 간의 분쟁뿐
만 아니라, 당사국과 국제심해저기구, 심해저공사, 개발 계약자 상호 간의 분쟁
을 전속적으로 관할한다(제187조). 국제심해저기구의 총회와 이사회의 요청에
따라 법률문제에 대해 권고적 의견도 제시한다(제191조).4

ITLOS는 협약에 따라 재판소에 회부된 모든 분쟁 및 신청 그리고 재판소
에 관할권을 부여한 다른 모든 협정에 특별히 규정된 사안에 대해 관할권을 갖
는다(규정 제21조). 협약의 내용과 관련된 다른 국제협정(1995년 「UN공해어업협정」,
지역수산관리약정 등)의 모든 당사국이 합의하면 ITLOS가 관할권을 행사할 수 있
다(규정 제22조). 또한 다른 국제협정이 ITLOS에 권고적 관할권을 부여한 경우,
법률문제에 대해 권고적 의견을 제시할 수 있다.5

협약의 모든 당사국은 소송 당사자가 될 수 있다(규정 제10조). 재판은 재판
소 서기에게 특별 합의를 통고하거나 서면으로 신청함으로써 개시된다(규정 제
24조). 심리는 원칙적으로 공개된다(규정 제26조). 소송절차는 서면 절차와 구두
절차로 구성된다. 일방 당사자가 불출정한 궐석재판도 타방 당사자는 소송의
진행과 판정을 요구할 수 있으며 소송절차 진행은 방해받지 않는다(규정 제28조).

모든 문제는 출석한 재판관의 과반수 의결로 결정한다. 가부동수이면 재

3　가나와 코트디브아르는 2014년 특별 합의로 대서양에서의 해양경계획정사건(2017)을 재판부
에 회부하였다.

4　심해저 관련 쟁송 사건은 아직 없다. 그러나 해저분쟁재판부는 이사회 요청에 따라 2011.12.
개인과 실체의 심해저 활동을 후원하는 국가의 책임과 의무에 관한 권고적 의견을 제시한 바
있다.

5　현재 ITLOS의 관할권 행사 건수는 총 31건으로, 유형별로는 해양법 해석이나 적용에 관한
분쟁 12건, 잠정조치 7건, 선박이나 선원의 신속 석방 10건, 권고적 의견 2건이다. 1994년
ITLOS가 설립한 이후에도, 해양경계획정이나 해양자원 분쟁 등에 있어 당사국은 해석이나
분쟁에 관한 사건에서 중재재판(15건: PCA 14건, ICSID 1건) 또는 ICJ(3건)를 선호하는 경
향을 보이고 있다.

판소장이 결정권을 갖는다(규정 제29조). 결정은 최종적이고 모든 당사자를 구속하며, 당사자 간 이외에는 구속력을 갖지 않는다(규정 제33조). 그 밖의 재판절차 등과 관련된 사항은 재판소 규칙(Rules)에 상세 규정되어 있다.

나. 국제사법재판소(ICJ)

분쟁당사자가 동일하게 ICJ를 선택하였거나 재판소를 선택하지 않은 분쟁 당사자가 합의한 경우, ICJ는 관할권을 행사할 수 있다(☞ 제24장 IV).

다. 중재재판소(Arbitral Tribunal)

중재재판은 분쟁 발생 후에 분쟁당사자 간 합의에 따라 구성되는 임의적 중재재판이 일반적이나, 예외적으로 협약은 중재재판을 의무적 분쟁해결절차 의 하나로 포함하고 있다. 분쟁당사자가 모두 재판소를 선택하지 않은 경우(제 287조3항), 분쟁당사자가 동일하게 중재재판소를 선택한 경우(제287조4항), 분쟁당 사자가 재판소를 선택하였으나 서로 다른 경우(제287조5항), 달리 합의하지 않는 한 중재재판에 회부된다. 2013.11. 필리핀과 중국도 재판소를 선택하지 않아 남중국해 중재재판이 개시되었다. 한·중·일 3국 모두 분쟁해결절차를 선택하지 않아, 3국 간 해양분쟁이 발생하면 달리 합의하지 않는 한 중재재판소로 가 게 된다. 통상적으로 상설중재재판소(PCA)가 중재재판의 사무기능을 담당한다.

제7부속서는 중재재판소의 구성 등에 관해 상세 규정하고 있다. 분쟁당사 자는 다른 당사자에게 서면 통고로써 중재재판에 회부할 수 있다(제1조). 당사 국은 해사에 경험이 풍부하고 명성을 갖춘 4명의 재판관을 지명할 수 있으며, 이들은 UN 사무총장이 작성·유지하는 중재재판관 명부에 등재된다(제2조). 재 판소는 달리 합의하지 않는 한, 재판관 명부 중 5명으로 구성되며, 재판관은 당사자가 각 1명을 선임하고, 나머지 3명은 합의하여 선임하되 3명 가운데 중 재재판소장을 선임한다. 60일 이내에 이들 재판관의 선임에 합의하지 못하면 ITLOS 소장이 선임한다(제3조). 재판소는 당사자들이 달리 합의하지 않는 한, 자체의 재판절차를 결정한다(제5조). 중재재판소의 결정은 과반수에 의해 이루

어지며, 재판관 과반수 미만이 궐석 또는 기권해도 결정을 내릴 수 있다(제8조). 일방 당사자가 불출정(non-appearance)한 경우에도 타방 당사자는 소송의 진행과 판정을 요구할 수 있으며 소송절차 진행은 방해받지 않는다(제9조). Arctic Sunrise 사건(2013)에서 러시아, 남중국해중재사건(2016)에서 중국이 중재재판에 불출정한 사례가 있다. 당사자가 미리 상소 절차에 합의하지 않는 한, 판정은 종국적이며 상소할 수 없다. 당사자는 판정을 준수한다(제11조).

라. 특별중재재판소(Special Arbitral Tribunal)

분쟁당사자가 동일하게 특별중재재판소를 선택하였거나 재판소를 선택하지 않은 분쟁당사자가 합의한 경우, 특별중재재판소는 관할권을 행사할 수 있다.

전문성이 필요한 어업, 해양환경보호, 해양과학조사, 선박에 의한 오염과 투기에 의한 오염을 포함하는 항행의 4개 분야와 관련된 협약 규정의 해석과 적용에 관한 분쟁을 관할한다.

특별중재재판은 제8부속서에 상세 규정되어 있다. 이들 분쟁과 관련된 협약 규정의 해석이나 적용과 관련한 분쟁당사자는 다른 분쟁당사자에게 서면통고로써 그 분쟁을 특별중재절차에 회부할 수 있다(제1조). 모든 당사국은 분야마다 전문가 2인을 지정할 수 있으며, 분야별 전문가 명부는 해당 분야의 국제기구에서 관리한다(제2조). 어업은 FAO, 해양환경보호는 UNEP, 해양과학조사는 정부 간 해양과학위원회(IOC: International Oceanographic Commission), 선박에 의한 오염과 투기에 의한 오염은 IMO가 전문가 명부를 작성·유지한다. 당사자는 전문가 명부에서 각각 2인의 중재관을 선임(자국민 1명 포함)하고, 소장을 맡을 제5의 중재관은 당사자 간 합의하여 선출한다. 당사자가 합의에 도달하지 못하면 UN 사무총장이 대신 선임한다(이상 제3조). 그 밖의 사항은 중재재판소의 규정을 준용한다(제4조). 당사자가 합의하여 요청한 사실심사는 최종적인 효력을 가지며, 당사자가 요청하면 결정의 효력을 갖지 않은 권고를 할 수 있다(제5조).

특별중재재판소는 전문성이 보장되고 신속하고 간소하다는 장점이 있으나, 이를 선택한 국가는 11개국에 불과하며 아직 회부된 사건이 없다.

4. 의무적 절차상 4개 재판소의 관할권

가. 쟁송사건

(i) 협약의 해석과 적용에 관한 분쟁

4개 재판소는 협약의 해석이나 적용에 관련하여 재판소에 회부되는 쟁송에 대해 관할권을 갖는다. 또한 협약의 목적과 관련된 다른 협정(예컨대 「공해어업협정」이나 지역수산관리기구협정 등)의 해석이나 적용에 관한 분쟁에 대해서 그 협정에 따라 재판소에 회부된 분쟁에 대해 관할권을 가진다. 재판소가 관할권을 갖는지에 대해 분쟁이 있는 경우, 당해 재판소가 결정한다(이상 제288조).

⚖ 차고스제도 중재사건(모리셔스 v. 영국 2015)

영국은 1814년 프랑스로부터 모리셔스와 차고스제도(Chagos Islands)를 할양 받았다. 1966년 영국은 차고스제도의 디에고 가르시아 섬을 미국에 조차하였으며, 미국과 영국은 이 섬에 군사기지를 설치·운영 중이다. 영국은 1968.3. 독립한 모리셔스에서 차고스제도를 분리하고 국방 목적의 필요성이 없어지면 이를 모리셔스에 반환하겠다고 약속하였다.

2010.4. 영국은 모리셔스의 반대에도 불구하고 차고스제도 부근 영해 및 EEZ에 해양보호구역(MPA: Marine Protected Area)을 선포하고 인근 수역에서 모든 어획을 금지하였다. 모리셔스는, 영국이 '연안국'이 아니기 때문에 해양보호구역을 선포할 자격이 없으며, 해양환경보호와 관련된 권리는 연안국인 모리셔스에 있다고 주장하며, 2010.12. 협약 제7부속서에 따른 중재재판을 제기하였다. 영국은 모리셔스의 청구가 영유권과 관련된 혼합분쟁이기 때문에 중재재판소는 관할권이 없다고 주장하였다.

2015.3. 중재재판소는 아래와 같이 판결하였다.

- 영국이 차고스제도에 해양보호구역을 선포할 수 있는 연안국인지는 차고스제도에 대한 영국의 실질적인 영토주권의 존재 여부를 판단해야 하나, 협약상 영토주권에 대한 분쟁은 협약의 해석과 적용에 관한 분쟁이 아니기 때문에 이에 대해 재판소는 관할권을 행사할 수 없다. 그러나 영국의 해양보호구역 설치가 협약의 관련 규정에 위반되는지는 해양환경보존과 관련한 협약 규정의 해석과 적용에 관한 문제로서 중재재판소의 관할권이 있다.
- 영국이 모리셔스와 충분히 협의하지 않고 일방적으로 해양보호구역을 선포한 것은 타국의 권리와 의무를 적절히 고려하고 이를 위한 활동을 부당하게 방해하지 않아야 한다는 협약 규정(제2조3항, 제56조2항 및 제194조4항) 위반이며 모리셔스의 권리를 침해한 것이다. 양국은 차고스제도에서의 해양환경보호를 위해 협상한다.

중재판결 이후인 2017.6. UN 총회는 ICJ에 차고스제도의 법적 지위와 관련한 권고적 의견을 요청하였다. 2019.2. 모리셔스로부터 차고스제도 분리에 따른 법적 결과에 대한 권고적 의견에서 ICJ는, 영국이 관련 인민의 자유롭고 진정한 의지에 기반하지 않고 차고스제도를 모리셔스에서 분리하여 새로운 식민지로 편입한 것은 불법이며, 모리셔스 독립 당시 모리셔스의 탈식민지 과정이 법적으로 완결되지 않았다고 결론 내리고, 영국은 최대한 신속하게 차고스제도에 대한 통치를 종료할 의무가 있다는 의견을 제시하였다. 총회는 ICJ의 권고적 의견을 환영하며, 차고스제도가 모리셔스의 일부임을 확인하고, 영국이 6개월 이내에 차고스제도로부터 떠날 것을 요구하는 결의를 채택하였다.

(ii) 잠정조치(제290조)

쟁송사건의 당사자가 재판소에 잠정조치(provisional measures)를 신청한 경우, 재판소는 최종 판결이 날 때까지 개별 당사자의 권리를 보전하거나 해양환경에 대한 심각한 피해를 방지하기 위하여, 그 상황에서 적절한 잠정조치를 명령(prescribe)할 수 있다.

잠정조치를 명령하기 위해서는 첫째, 재판소가 일견 관할권을 가져야 한다. 재판소는 일견 관할권의 존재를 판단하기 위해 그 밖의 추가적인 절차에 의한 분쟁해결을 배제하였는지 여부(제281조), 의견교환 의무(제283조), 의무적 절차의 적용 제한(제297)과 선택적 배제(298조) 등을 고려한다. 둘째, 개별 당사자의 권리가 급박한 위험에 처하거나 해양환경에 대한 심각한 피해(serious harm)가 있어야 한다. ICJ는 에게해 대륙붕사건(1976)에서 잠정조치를 제시하기 위해서는 회복할 수 없는 피해가 있어야 한다고 판시한 바 있다. 터키가 1974년 그리스와 대륙붕 관할권이 중복된 경계 미획정수역에서 국영 석유회사의 탐사를 허가하고 탄성파 검사(seismic test)를 위하여 조사선을 출항시키자, 그리스는 터키의 탐사활동이 회복할 수 없는 피해를 유발한다고 ICJ에 탐사 중단을 요구하는 잠정조치를 신청하였다. ICJ는, 잠정조치를 위해서는 그리스가 대륙붕에 대한 자신의 권리가 회복할 수 없는 피해를 입고 있음을 증명해야 하나, 터키의 탄성파 탐사활동은 해저나 하층토에 시설물을 설치할 필요가 없는 일시적 성격으로 회복할 수 없는 물리적 피해를 줄 위험은 없다고 보아 그리스가 신청한 잠정조치를 승인하지 않았다. 하지만 협약은 회복할 수 없는 피해보다 피해 정도가 약한 심각한 피해를 잠정조치의 기준으로 명시하고 있다.

잠정조치는 일방 당사자의 요청이 있는 경우에만 모든 당사자에게 진술의 기회를 준 후 명령·변경 또는 철회할 수 있다. 따라서 재판소가 직권으로 잠정조치를 취할 수 없다. 분쟁이 회부될 중재재판이 구성되기 전에 당사자가 잠정조치를 신청한 경우, 당사자가 합의한 재판소 또는 (잠정조치 신청 후 2주일 이내 당사자가 재판소에 대해 합의하지 않으면) ITLOS가 잠정조치를 명령·변경·철회할 수 있다. 중재재판 구성에 적어도 수개월 이상 소요되므로, 상설재판소인 ITLOS가 우선 잠정조치를 취할 수 있는 권한을 인정한 것이다.

잠정조치의 명령은 판결은 아니지만 구속력이 있으며, 당사자는 재판소의 잠정조치 명령을 신속히 이행해야 한다(규칙 제95조2항).

Mox 재처리시설 중재사건(아일랜드 v. 영국 2001)

영국이 사용 후 핵연료를 새로운 핵연료인 Mox(mixed oxide nuclear fuel: 혼합산화물 핵연료)로 재처리하는 시설을 아이리시해(Irish Sea) 인근에 설치하여 가동하기 시작하였다. 2001.10. 아일랜드는 해양환경 오염의 위험을 이유로 협약 제7부속서에 따른 중재재판에 회부하면서 영국의 시설 허가 중단 및 시설 가동에 따른 방사성 물질의 해양으로의 유출입 방지 등에 대해 영국의 보장을 요구하는 잠정조치를 신청하였다. 영국은 동 건이 제소되기 전에 협약 제283조에 따라 양국 간 아무런 의견교환이 이루어지지 않았으므로 관할권이 성립하지 않는다고 항변하였다.

ITLOS는 2001.12. 당사국 간 합의에 도달할 가능성이 소진되면 의견교환을 계속할 의무가 없다는 이유로 중재재판소의 일견 관할권은 인정하였으나, 중재재판소가 구성되는 기간에 잠정조치를 취해야 할 긴급성은 없다고 보아 시설 가동을 중지하는 잠정조치를 명령하지 않았다. 하지만 재판소는 Mox 재처리시설 가동으로 인해 초래될 결과에 대해 정보를 교환하고, 공장 가동으로 인한 환경 영향을 감시하며, 해양환경 오염방지를 위해 적절한 조치를 취하기 위해 양국이 상호 협력하고 협의할 것을 명령하였다.

(iii) 재판절차

재판소는 협약과 협약에 상충하지 않은 그 밖의 국제법 규칙을 적용한다. 분쟁당사자가 합의하면 형평과 선에 기초한 재판도 할 수 있다(제293조). 분쟁에 관한 청구가 접수되면 재판소는 청구가 법적 절차의 남용에 해당하는지 또는 청구에 정당한 근거가 있는지를 결정할 수 있으며, 분쟁당사자는 선결적 항변을 제기할 수 있다(제294조). 협약의 해석과 적용에 관한 분쟁이 국제법상 국내 구제수단이 완료되어야 하는 경우, 국내 구제수단이 완료된 후에만 의무적 절차에 회부된다(제295조).

판결(decision)은 출석한 재판관의 과반수 동의로 결정하며, 판결의 기초가 된 이유를 제시한다. 판결은 최종적이나, 분쟁당사자 이외에 대해서는 구속력을 갖지 않는다(제296조).

나. 억류 선원·선박의 신속 석방 결정(제292조)

당사국은 200해리 EEZ에서 어업이나 해양환경보호 등에 관한 국내 법령을 위반한 외국 선박을 승선·검색·나포할 수 있으나, 적절한 보석금이나 그 밖의 보증금이 예치되면 나포된 선박과 승무원을 신속히 석방해야 한다(제73조 1-2항). 신속 석방(prompt release)은 주로 불법 조업과 관련하여 제기되고 있다.

억류된 선박에 대해 적정한 보석금이나 다른 금융보증이 예치되었음에도 억류국이 선박이나 선원을 신속히 석방하지 않을 경우, 억류 선박의 기국은 억류국과 합의하는 재판소에 회부할 수 있으며, 만일 억류된 날로부터 10일 이내에 회부할 재판소에 관해 합의가 이루어지지 않으면 억류국이 수락한 재판소나 ITLOS에 사건을 회부할 수 있다(제292조1항). 억류국이 중재재판을 수락하면 중재재판을 구성하는 데 상당 기간이 소요되어 신속 석방은 사실상 ITLOS가 관할하게 된다.

선박의 기국 또는 기국을 대리하는 선주나 법률 대리인이 재판소에 석방을 신청하면(제292조2항), 재판소는 국내법원에서의 사건 심리에 영향을 미침이 없이 석방 문제만을 지체없이 처리하고(제292조3항), 억류국은 재판소가 결정한 보석금이나 다른 금융보증이 예치되는 즉시 재판소의 결정을 신속히 이행해야 한다(제292조4항). 기국과 선주의 재정적 부담과 선원들에 대한 인도적 처우를 고려하여 석방은 신속히(ITLOS의 경우 통상 약 1개월 이내) 처리되어야 한다. 재판소의 신속 석방은 부수적 절차가 아니라 독립된 절차이다.

⚓ Saiga호 사건(세인트빈센트 그레나딘 v. 기니 1997)

1997.10.28. 기니 해경은 자국 EEZ 안에서 어선 3척에 급유하고 이동 중이던 세인트빈센트 그레나딘 선적 급유선 Saiga호를 추적하여 정선·나포 후, 관세법 위반(밀수) 혐의로 기소하여 선박과 화물을 압류하였다. 세인트빈센트 그레나딘은 11.13. 기니가 자국 재판소에서 심리 중인 선박과 선원의 나포 사실을 통보하지 않고 석방을 위한 보석금도 요구하지 않았다는 이유로 ITLOS에 선박과 선원의 신속 석방을 신청하였다.

ITLOS는 12.4. 기니 국내 재판소에 의해 진행하는 심리와는 별개로 신속 석방 문제를 다루는 ITLOS의 관할권을 인정하고, 기니 정부에 대해 세인트빈센트 그레나딘 정부의 보석금 납부를 조건으로 선박과 선원의 즉각 석방을 명령하였다.

신속 석방과 관련하여 ITLOS에 접수된 첫 번째 사건이다.

5. 의무적 절차의 적용 제한과 선택적 배제

가. 주권적 권리 또는 관할권 행사에 대한 의무적 절차의 적용 제한
(제297조)

연안국의 (EEZ에서의) 주권적 권리 또는 관할권 행사와 관련한 협약의 해석과 적용에 관한 분쟁으로서 항행과 상공비행·해저전선과 관선 부설의 자유와 권리 그리고 그 밖의 적법한 해양 이용권과 관련한 아래의 경우는 의무적 절차에 따라야 한다(1항). 이는 연안국이 전통적으로 공해였던 EEZ 수역에서 과도하게 주권적 권리 또는 관할권을 행사하는 것을 제한하려는 것이라 하겠다.

- 연안국이 협약 규정을 위반한 경우(a)
- 그러한 권리를 행사하는 데 있어 어느 국가가 협약이나 연안국이 적법하게 채택한 법령을 위반한 경우(b)
- 연안국이 해양환경의 보호와 보전을 위한 국제규칙과 기준을 위반한 경우(c)

해양과학조사나 어업에 관한 분쟁은 원칙적으로 의무적 절차가 적용되나, 연안국은 그중 아래 분쟁에 대해서는 의무적 절차를 수락하지 않을 수 있다. 해양과학조사나 어업과 관련한 연안국의 재량을 넓게 인정한 것이라 하겠다.

- EEZ나 대륙붕에서의 해양과학조사에 관한 연안국의 권리나 재량권 행사(제246조) 및 해양과학조사 계획의 정지나 중지를 명령하는 연안국의 결정(제253조)에 관한 분쟁(2항(a))

- EEZ의 생물자원에 대한 연안국의 주권적 권리 및 행사와 관련한 분쟁 (허용 어획량, 자국의 어획 능력, 타국에 대한 잉여량 할당 및 자국의 보존관리법에서 정하는 조건을 결정할 재량권 포함)(3항(a))

연안국이 해양과학조사나 어업과 관련된 의무적 절차를 수락하지 않은 경우, 제5부속서 제2절에 따른 의무적 조정(compulsory conciliation)에 따라야 한다. 조정은 분쟁당사자 간 합의로 이루어지는 것이 원칙이지만, 의무적 조정은 일방 당사자가 타방 당사자에 대해 서면 통고로써 조정 절차를 개시하고, 통고받은 당사자는 조정 절차에 응할 의무가 있다(제5부속서 제11조).

나. 의무적 절차의 선택적 배제(optional exceptions)

당사국은 협약의 서명·비준·가입 시 또는 그 이후 어느 때라도 서면으로 아래 4가지 분쟁 가운데 하나 이상의 분쟁을 선택하여 의무적 절차를 배제하는 선언을 할 수 있다(제298조1항). 협약은 일괄타결 방식으로 채택되었기 때문에 유보를 금지(제309조)하는 대신, 개별 국가 간 입장 차가 큰 분쟁에 대해서는 의무적 절차를 배제할 수 있도록 허용함으로써 더 많은 국가가 협약에 참여할 수 있게 한 것이다.

- 해양경계획정과 관련된 규정(제15조 영해·제74조 EEZ 및 제83조 대륙붕)의 해석과 적용에 관한 분쟁, 역사적 만 및 역사적 권원(historic title)에 관련된 분쟁: 단 분쟁이 합리적 기간 내에 당사자 간 교섭에 의해 합의가 이루어지지 않은 경우, 일방 당사자가 요청하면 배제 선언국은 의무적 조정을 수락해야 한다. 2016.4. 동티모르가 호주에 대해 Timor해에서의 해양경계획정과 관련한 의무적 조정 절차를 처음으로 제기하였으며, 양국은 2018.3. 중간선 원칙에 따라 EEZ와 대륙붕의 단일경계를 획정하고 Greater Sunrise 유정 공동개발을 위한 특별체제 설립에 합의하였다. 그러나 육지 영토나 도서 영토에 대한 주권이나 기타 권리에 관한 미해결 분쟁이 반드시 함께 검토되어야 하는 이른바 '혼합분쟁'(mixed disputes)

은 의무적 조정에도 회부할 수 없다.

- 군사활동(비상업용 정부 선박이나 항공기에 의한 군사활동 포함)에 관한 분쟁6
- 연안국의 주권적 권리나 관할권 행사와 관련된 법 집행활동과 관련된 분쟁으로서 제297조2항(해양과학조사) 및 3항(어업)에 따라 재판소의 관할권에서 제외된 분쟁
- 안보리가 헌장에 따라 권한을 수행하고 있는 분쟁

선택적 배제를 선언한 국가는 현재 40개국이다. 2006.4.18. 일본이 독도 부근 해양과학조사를 시도하자, 한국은 제298조에 의해 허용되는 모든 분쟁에 대해 배제를 선언하였으며, 중국도 2006.8. 동일한 내용의 배제를 선언하였다.

선택적 배제를 선언한 당사국은 언제라도 이를 철회할 수 있으며, 상호주의에 따라 다른 당사국도 원용할 수 있다. 선언은 언제라도 철회할 수 있으나, 새로운 선언이나 선언의 철회는 재판소에 계류 중인 소송절차에 영향을 미치지 않는다.

⚖ Arctic Sunrise호 중재사건(네덜란드 v. 러시아 2013)

2013.9. 네덜란드 국적 Greenpeace 소속 쇄빙선인 Arctic Sunrise호와 선원들이 북극 Barents해의 러시아 EEZ 내 석유 시추 플랫폼 주변에서 석유 생산에 대해 항의 시위를 하였다. 러시아는 선박을 일단 퇴각시켰으나 다음 날 추적권을 행사하여 선박을 예인한 후 선원 등 30명을 해적행위로 기소하였다. 이에 네덜란드는 나포 당시 선박이 항행의 자유가 인정되는 (플랫폼 안전수역 500m 밖) EEZ에 있었으므로 기국인 자국 관할권 아래 있었다고 주장하고, 협약 제287조 의무적 절차에 따른 중재재판을 개시하는 한편, ITLOS에 선박과 선원의 신속 석방을 신청하였다. 러시아는 자국의 배

----

6 중·러·영·프 안보리 상임이사국은 군사활동 배제를 선언하였다. 남중국해중재사건에서 재판부는 중국이 남중국해 Mischief Reef(필리핀의 EEZ 내에 있는 간조노출지) 등에서 실시한 인공섬 건설이 군사활동이 아닌 해난구조 등을 위한 평화적인 민간활동이라고 거듭 주장한 점을 감안, 재판소는 이를 중국의 배제선언으로 의무적 절차가 배제되는 군사활동으로 간주하지 않았다.

제선언에 의해 중재재판소는 관할권이 없다고 주장하였다.

2013.11. ITLOS는 러시아의 배제선언은 해양과학조사나 어업에 국한된 것이므로 신속 석방에 대한 재판소의 관할권 행사를 배제하지 않는다고 판단하고, 러시아에 대해 네덜란드가 보석금을 예치하면 선박과 선원을 석방하고 러시아 관할권 밖으로 떠날 수 있도록 허용할 것을 결정하였다. 러시아는 재판소의 신속 석방 결정을 이행하지 않다가, 결국 자국 『사면법』에 근거하여 선원과 선박을 석방하였다.

러시아는 출정하지 않았으나, 중재재판소는 본안에 대한 재판을 진행하였다. 재판소는 2015.8. 러시아의 추적권 행사는 중단되어 추적권 행사에 필요한 누적적 요건을 충족하지 못하였으며, 선박이 아닌 플랫폼에 대해서는 해적행위가 성립하지 않으므로, 네덜란드는 선박이 입은 중대한 피해에 대해 러시아의 금전배상(5.4백만 불)을 받을 권리가 있다고 판결하였다. 러시아는 배상금 판결을 이행하지 않다가, 협상을 통해 2.7백만 불을 지불하기로 합의하였다.

6. 의무적 절차의 적용사건: 필리핀 v. 중국 남중국해중재사건(2016)

가. 중국의 남중국해 영유권 주장

1947년 대만의 국민당 정부는 남중국해에 '11단선'을 발표하였다. 1949년 중국은 베트남과의 관계를 고려하여 통킹만 내 2개의 선을 삭제하여 **9단선**(9段線: nine dash·dotted line)으로 수정하였다. 9단선은 좌표를 명확히 표시하지 않은 비연속적 선에 의해 포함된 U자형 수역이다. 남사군도(Spratly 제도), 서사군도(Paracel 제도), 중사군도(Scarborough Shoal 후술) 및 동사군도(Pratas 제도)를 포함한 남중국해 전체의 80%에 해당하며 암석·암초·산호초 등 약 250개의 해양지형을 포함한다.

중국·대만·베트남은 역사적 사실에 근거하여 남사군도 전체에 대한 영유권을 주장한다. 1951.9. 일본이 「샌프란시스코강화조약」에 따라 남사군도에 대한 권리를 포기하였으나(제2조), 동 조약상 영유권에 대한 언급이 없어 논란이 발생하였다. 중국은 1959년 이래 남사군도를 점유하고 있다. 서사군도는 15개의 암석과 암초·산호초·사주 등으로 구성되어 있다. 중국이 역사적 권원과 「샌프란시스코강화조약」에 근거하여 서사군도 전체에 대해 영유권을 주장하며 1974.1. 이래 점거하고 있으나, 베트남도 역사적 권원을 근거로 영유권을 주장하고 있다. 2012.11. 베트남의 석유 탐사활동에 반발하여 중국 선박이 베트남 탐사선의 탐사 케이블을 절단하여 양국 간 긴장이 고조된 바 있다. 동사군도는 대만이 점유 중이다.

중국은 1992년 『영해 및 접속수역법』에서 '그 밖의 중국의 관할권하에 있는 수역'을 동 법의 적용 범위로 규정하고 9단선 안의 모든 섬과 수역에 대한 영유권을 주장하였다. 1996년 「UN해양법협약」 비준 시에는 관련 해석선언을 첨부하였다. 2009.5. 베트남과 말레이시아가 대륙붕한계위원회에 공동 제출한 문서에 항의하는 UN 사무총장 앞 각서에서, 중국은 "남중국해와 인접 수역의 섬에 대한 주권 그리고 관련 수역의 해저·하층토에 대한 주권적 권리 및 관할권을 갖는다"고 주장하였다(9단선 표시 지도 첨부). 또한 2011.4. 남중국해에 대한 중국의 영유권은 역사적·법적 증거에 의해 증명된다는 내용의 각서를 UN 사무총장 앞으로 다시 발송하였다.

나. 중재재판 경과

필리핀은 중사군도(Scarborough Shoal, 중국명 Huangyan Dao)를 점유하여 왔으나, 중국도 영유권을 주장하며 갈등을 빚어 왔다. 2012년 중국이 중사군도를 점거하고 인근 수역에서 조업하던 필리핀 어선들을 나포하자, 필리핀은 2013.1. '남중국해에서의 해양관할권에 대한 중국과의 분쟁'을 협약 제7부속서의 중재절차에 따라 중재재판에 회부하였다. 필리핀은 협약의 해석과 적용의 문제로서 9단선의 합법성, (영유권 문제와는 별개로) 남중국해 해양지형이 EEZ 또는 대륙붕을 갖는지 여부, EEZ와 대륙붕에서의 중국의 관할권 행사 위반 등을 청구하였다.

중국은 필리핀의 청구가 협약의 해석 및 적용에 관한 사항이 아니라 본질적으로 남중국해 해양지형의 영토주권 또는 해양경계획정에 관한 문제로서, 중국은 이미 협약상 의무적 분쟁해결절차의 배제를 선언하였다고 주장하였다. 중국은 필리핀이 협약상 의무적 분쟁해결절차를 남용하였으며, 양국 간 이 문제를 직접 해결하기로 한 2002년 남중국해 당사국 행동선언(DoC: Declaration of Conduct of Parties in the South China Sea)을 위반하였다는 이유로 중재재판소의 관할권을 부인하는 입장문(position paper)을 발표하고 재판에 불출정하였다.7

2013.7. 구성된 중재재판소는 2015.10. 선결적 항변 절차를 진행하여 필리핀의 청구취지(submission) 15개 중 7개에 대한 관할권을 인정하고 본안 심리를 개시하였으며, 2016.7.12. 필리핀의 청구취지를 대부분 인용하여 판결하였다.

다. 중재재판소의 판정 요지

필리핀의 청구는 영유권이나 국가 간 권원이 겹치는 해양경계획정이 아니라 중국이 주장하는 해양 권원(9단선)의 존재와 범위에 관한 판단을 요구한 것으로, 이는 협약의 해석과 적용에 관한 문제로서 재판소의 의무적 관할권이 적용된다.

중국이 영유권을 주장하는 남사군도의 모든 해양지형은 EEZ나 대륙붕을 갖지 않는 암석이거나 간조노출지 또는 수중 암초로서 남사군도 수역에 있어 중국과 필리핀 간에는 EEZ 권원이 중첩되지 않으므로 양국 간 해양경계획정문제가 아니며, 따라서 해양경계획정에 관한 중국의 배제선언은 적용되지 않는다(섬의 판단 기준에 대해서는 ☞ p.272).

중국이 주장하는 9단선은 남중국해에 대한 역사적 권원이 아니라 남중국해의 생물 및 무생물 자원에 대한 역사적 권리(historic rights)에 불과한 것으로, 이는 중국이 「UN해양법협약」에 가입함으로써 협약상 권리로 대체되었는바, 9단선은 협약상 인정되는 해양 권원의 범위를 벗어난 것이므로 남중국해에서 9단선에 근거한 중국의 주권·주권적 권리 및 관할권 주장은 협약에 위배되는 것이다. 또한 2009년 중국의 각서에 처음 명기된 9단선에 대해 타국이 반대하

----

7 미국은 남중국해중재사건에 옵서버 자격으로 참관을 희망하였으나, 중재재판소는 미국이 「UN해양법협약」을 비준하지 않았다는 이유로 허용하지 않았다.

였으며, 이를 묵인한 바 없다.

중국 순시선이 필리핀의 해저 탐사활동을 방해하고, 중국 어선들이 필리핀의 EEZ(간조노출지인 Mischief Reef나 Second Thomas Shoal 수역)에서 조업하며 필리핀 어민들의 전통적 어업활동을 방해한 것은 필리핀의 주권적 권리 행사를 침해하는 위법적인 활동이다.

2014년부터 중국이 남사군도 내 8개 해양지형(Mischief Reef와 Fiery Cross Reef 등)을 점유하고 시행한 대규모 간척 사업과 인공섬 건설은 산호초로 둘러싼 주변 생태계를 파괴하는 것으로 협약상 해양환경의 보호 및 보존 의무(제192조), 해양환경오염 방지·경감·통제에 필요한 모든 조치를 취할 의무(제194조)와 환경영향평가 실시 및 결과 통보 의무(제206조)를 위반한 것이다.

결론적으로 남중국해에서 9단선에 근거한 중국의 주권·주권적 권리 및 관할권 주장은 협약상 인정되는 해양 권원의 범위를 벗어나 협약을 위배한 것이다.

라. 평가 및 전망

판결은 재판소의 관할권, 배제선언의 효과, 섬 또는 암석의 지위, 해양환경오염 문제 등에 있어 향후 선례를 구성하는 중요한 판결이라는 점에서 다양한 평가가 이루어지고 있다. 판결은 남중국해에서 중국의 과도한 영유권 주장을 부인하고, EEZ에서의 해양의 자유와 환경보존 의무 등을 확인하였으며, 섬의 지위를 판정하는 구체적이고 엄격한 기준을 제시하였다는 점에서 평가할 만하다. 반면에 경계획정 등에 대한 의무적 절차 배제선언의 실효성이 약화되고, 영유권 다툼이 있는 해양지형의 지위를 재판소가 결정한 데 대한 우려도 없지 않다. 중국은 중재재판소의 판결은 월권행위로서 무효라고 주장하며, 판결의 이행을 거부하고 있다. 남중국해 중재판정은 이 사건에 한하여 중국과 필리핀 양국에 대해서만 구속력을 가지며 원칙적으로 선례구속의 원칙이 적용되지 않으므로, 이 판정이 어떠한 규범력을 갖게 될지는 추후 국제 판결이나 각국의 실행을 지켜보며 판단되어야 할 것이다.

마. 미국과 ASEAN의 대응

해상굴기를 추구하는 중국은 해상 방어선을 확장하는 것을 장기적 목표로 설정하고, 2013년 이래 일대일로(一帶一路: one belt one road) 구상을 실천해 나가고 있다. 중국이 9단선을 근거로 남중국해에서 과도한 영유권을 주장하고 인공섬을 조성하는 등 공세적인 해양관할권 확장 정책을 취하자, 이에 대응하여 미·일·호주 등은 2018년 이후 '자유롭고 개방된 인도 태평양'(FOIP: Free and Open Indo-Pacific) 구상을 확대해 나가고 있다.

미국은 남중국해에서의 미 군함·항공기의 항행의 자유가 제한받게 될 것을 우려하고 있다. 이에 따라 미국은 9단선이 (관습)국제법적 근거가 없다는 입장을 표명하는 한편, 전통적인 항행의 자유를 확립하기 위해 이른바 '항행의 자유 작전'(FONOP: Freedom of Navigation Operation)을 실시하면서, ① 간조노출지나 수중암석은 인공섬으로 조성되더라도 영해를 가질 수 없으며, ② 영유권이 불명확한 분쟁 해양지형에 대한 영해 주장을 인정하지 않고,[8] ③ 전통적으로 영해에서 군함의 무해통항권이 인정된다는 입장을 명확히 확인하고 있다.

한편 ASEAN은 남중국해 중재판정 이후 기존 행동선언(DoC: Declaration of Conduct)을 발전시켜 법적 구속력이 있는 행동규범(CoC: Code of Conduct)을 마련하기 위해 협의 중이다. 남중국해를 핵심 이익으로 간주하는 중국은 미국의 개입 등 남중국해 문제의 국제화를 반대하며 ASEAN과 남중국해에서 「UN해양법협약」의 적용을 배제하는 내용을 포함하는 행동규범 채택을 추구하고 있다.

----

8 미 국무부 홈페이지는 해양안보(maritime security) 중 바다의 한계(Limits in the Seas)에서 직선기선·영해·대륙붕·EEZ 설정 등에 있어 연안국의 과도한 해양권원 주장 또는 이에 따른 무해통항 제한 등에 대한 미국의 입장을 밝히고 있다.

제26장
영유권 분쟁과 국제재판

I. 영유권 분쟁

1. 영유권 분쟁의 해결

영유권 분쟁은 일정한 영토의 주권과 관련한 국가 간의 분쟁을 말한다. 영토는 국가 성립의 근본 전제로서 모든 국가는 자신의 영토를 보전하고 확장하려고 한다. 이에 따라 주권의 귀속이 불분명한 육지 영토나 도서를 둘러싼 영유권 분쟁이 발생한다.

영유권 분쟁은 분쟁당사자 간 직접 교섭에 의해 해결되기도 하나, 분쟁당사자 간 합의에 따라 국제재판을 통해 해결되기도 한다. 직접 교섭의 사례로, 덴마크와 캐나다는 2022.6. 1933년 이래 양국 간 '위스키 전쟁'이라 불리는 한스섬(Hans Island) 영유권 분쟁을 교섭을 통하여 해결하였다. 한스섬은 북극해에 있는 1.3㎢의 작은 섬으로 양국은 이를 반씩 영유하기로 합의하였다. 이하에서는 국제재판을 통한 영유권 분쟁해결을 중심으로 설명한다.

2. 영토 권원

영유권 분쟁의 핵심은 영토 권원(territorial title)이다. 권원(權原)은 권리의 원인(原因)이자 근원이 되는 사실을 말한다. 영토 권원은 선점·시효·할양·첨부의 방법으로 취득되며, 국제법상 정당한 영유권의 근거가 된다. 이에 따라 국제재판소는 분쟁 지역에 대해 당사자들이 주장하는 영토 권원을 확인하며, 영유권 분쟁의 당사자는 영토 권원을 입증해야 한다.

국제재판소는 영유권의 귀속을 판단함에 있어 조약에 근거한 권원(treaty-based title)의 존재 여부를 우선적으로 확인한다(☞ p.734). 구 식민국가 간 영유권 분쟁의 경우에는 식민지 본국의 문서에 의존하고 있다. 카타르 v. 바레인 해양경계획정 및 영토문제사건(2001)에서 ICJ는 분쟁지역을 지배했던 제국주의 국가(영국)가 1939년에 당사자에게 통보한 "하와르섬이 바레인에 귀속된다"는 결정의 구속력을 인정하였다. 카메룬 v. 나이지리아 영토 및 해양경계사건(1998)에서도 식민지 시대의 여러 법적 문서에 의존하여 국경을 획정하였다. 그러나 조약이나 문서로 권원의 존재를 확인할 수 없는 선점과 시효에 의한 영토취득(후술) 주장은 귀속을 확인하기가 쉽지 않다.

3. 영유권 분쟁과 시제법의 원칙

시제법(時際法)의 원칙(principle of inter-temporal law)은 행위의 효과는 그 행위가 이루어진 시점의 법에 따라 판단되며, 그 이후 분쟁이 발생한 시점이나 청구 시점의 법에 따라 판단되어서는 안 된다는 원칙이다. 과거에 유효하게 확립된 권리와 권원은 특별히 이를 무효로 할 사유가 없는 한 계속 유지함으로써, 법의 안정성을 확보하기 위한 것이다. 소급효 금지 원칙에서 파생되었으며, 법의 일반원칙이라 할 수 있다. 시제법의 원칙은 영토취득 뿐만 아니라, 조약의 해석(☞ p.56)이나 국가책임의 성립(☞ p.627)에도 적용된다.

시제법의 원칙에 따르면 영토취득의 유효성은 현행법을 소급 적용하여 판단하는 것이 아니라 취득 당시의 법에 따라 판단되어야 한다. 카메룬 v. 나이지리아 영토 및 해양경계사건(1998)에서 과거 제국주의 세력들의 아프리카 진출 시 체결된 조약의 효력과 관련 ICJ는, "과거 영토취득 방식이 현행 국제법을 반영하고 있지 않더라도, 시제법의 원칙상 과거 체결된 조약의 법적 결과가 현재의 분쟁에서도 효력을 가져야 한다"고 판단하였다.

영토 권원을 결정하면서 행위 시 법을 우선 적용하는 경우 국제사회의 법적 안정성은 유지될 수 있으나, 일본의 독도 선점 주장과 같이 과거 식민시대 영토취득에 관한 국제법이 그대로 적용되어 정당화될 수 있다는 비판이 있다. 시제법의 원칙과 권리의 창설 및 존속에 대해서는 후술한다(☞ p.733).

4. 영유권 분쟁과 결정적 기일

결정적 기일(critical date)은 오랜 시간에 걸쳐 진행되는 영유권 분쟁에서 당해 재판소가 당사자 간에 분쟁이 결정화(結晶化: crystallized)되었다고 판단한 시기를 말한다. 재판소가 영유권 분쟁에서 당사자가 제시하는 증거 중 일정한 시점 이전의 증거는 고려하고, 그 시점 이후 증거는 영향을 주지 않는 것으로 판단하는 특정한 시점(증거채택 기준일)이다. 결정적 기일 이전에 발생한 사건은 실체적 가치를 갖지만, 이후 발생한 사건은 오직 제한적인 증거력만 가진다. 당사자는 결정적 기일 바로 직전까지 유효한 권원이 있었음을 입증해야 하며, 결정적 기일 이후 당사자가 자신의 법적 입장을 개선하기 위해 취한 행위는 증거력이 인정되지 않는다. 따라서 실효적 지배 행위를 강화하여 영유권 공고화를 시도하더라도, 결정적 기일 이후에 이루어진 실효적 지배 조치는 영유권 판단에 고려 요소가 아니며 법적으로 무의미하다.

당사자가 결정적 기일에 합의하지 않는 한, 재판소는 해당 사건의 관련 상황을 참작하여 재량으로 결정적 기일을 결정한다. 재판소는 한 국가가 영유권을 보유하고 있다고 선언한 지역에 대해 타국이 영유권을 주장하여 양국 간 영유권 주장이 공식적으로 경합하게 된 일자를 분쟁이 결정화된 결정적 기일로 보고 있다. 동부 그린란드의 법적지위사건에서 PCIJ는 노르웨이가 칙령을 발표하여 선점을 주장한 1931.7.을 덴마크의 주권이 존재해야 하는 결정적 기일이라 하였다. 리기탄섬과 시파단섬 영유권사건에서 ICJ는 양국이 이들 섬에 대해 현상을 변경시킬지 모르는 어떠한 조치도 자제한다는 내용의 각서를 교환한

1969.9.을 결정적 기일로 보았다. 페드라 블랑카 영유권사건(후술)에서 ICJ는 싱가포르가 말레이시아의 지도 발간(1979.12.)에 대해 공식 항의한 1980.2.14. 을 결정적 기일로 보았다(☞ 독도 영유권 문제와 결정적 기일 p.756).

그러나 영유권 분쟁에 있어 결정적 기일이 반드시 지정되는 것은 아니다. 재판소는 법적 권원이 명확한 국경조약의 해석과 적용에 관한 영유권 분쟁에 대해서는 결정적 기일을 사용하지 않고 있다. 한편 아르헨티나·칠레 간 Beagle Channel 중재사건(1978)에서 재판소는 결정적 기일을 사용하지 않고 증거와 관련된 행위의 일자와 관계없이 재판소에 제출된 모든 증거를 검토하였다.

II. 선점·시효에 의한 영토취득

1. 선점

가. 의의

선점(先占: occupation)은 한 국가가 무주지(無主地: *terra nullius*)를 영토로 취득하려는 의사를 가지고 이를 점유하여 공권력을 행사하는 행위에 의해 완성되는 권원이다.

제국주의 시대 서구 열강이 해외 식민지 확보를 위한 경쟁에 뛰어들면서 새로 발견한 영토를 합법화시키는 법 논리로서 선점 이론이 활용되었다. 근대 국제법하 서구 열강은 서로 간에 평등한 권리와 의무를 인정하였으나, 비유럽·비기독교 국가는 대등한 주권국가로서 인정하지 않고 이들 지역은 무주지로서 식민지 획득의 대상으로 간주하였다. 15~16세기에는 발견만으로 무주지 선점이 인정되었으나, 식민지 확보 경쟁이 치열해진 19세기에는 선점을 위해서는 국가권력의 지배가 실효적으로 이루어져야 한다는 원칙이 확립되었다. 선점 대상으로서 무주지는 이제 더는 존재하지 않는다.

나. 요건

선점이 성립하기 위해서는 아래 요건을 갖춰야 한다.

- 선점 대상인 무주지는 어느 국가에도 속하지 않는 지역이다. 무주지는 사람이 살지 않은 땅이 아니라, 거주 주민의 유무와는 무관하게 국가권력이 확립되어 있지 않은 땅을 말한다. 선점국이 타국의 영토라고 인지하고 있었다면 선점의 대상이 될 수 없다. 타국이 이전에 대상 지역을 소유하였으나 포기 또는 유기(abandonment or dereliction)하였다면 무주지로서 선점의 대상이 되나, 전 소유국의 포기 또는 유기 의사는 명확히 표시되어야 하며 섣불리 추정되지 않아야 한다.

서부 사하라에 관한 권고적 의견(1975)

1960년 스페인은 1884년 이래 식민지로 지배하던 서부 사하라(Western Sahara) 지역을 독립시키려 하였다. 그러자 인접 모로코와 모리타니아는 스페인의 식민지배 이전부터 자신들이 이 지역에 대해 주권을 행사하고 있었으므로 서부 사하라가 자국에 각각 귀속되어야 한다고 주장하였다. 이에 총회는 ICJ에 스페인의 식민지가 될 당시 서부 사하라가 무주지였는지, 서부 사하라와 모로코 및 모리타니아 간의 법적 유대에 대해 권고적 의견을 요청하였다.

ICJ는, ① 1884년 스페인이 식민지화할 당시 서부 사하라는 유목민이었지만 인민을 대표하는 족장이 유목민을 거느리는 등 사회적·정치적으로 조직화된 지역으로 무주지가 아니었으며, 스페인은 족장과의 합의로 이 지역을 식민지화하였으며, ② 모로코나 모리타니아가 제시한 주권 행사 증거로는 1884년 이전 서부 사하라와 이들 국가 간에 법적 유대가 확립되어 있었다고 볼 수 없다는 의견을 제시하였다.

서부 사하라가 무주지가 아니었다는 권고적 의견은 제국주의 시대 서구 열강이 무주지 선점 이론하에 아프리카 등지에서 취득한 식민지가 식민국가의 영토가 아님을 인정한 것이라 할 것이다.

- 선점의 주체는 국가이다. 사인의 행위는 사전에 국가의 위임을 받았거나, 사후에 국가의 추인을 받지 않으면 효력이 없다.

- 국가가 무주지를 자국 영토로 취득하려는 선점 의사(*animus*)가 표시해야 한다. 선점 의사는 이해 관계국에 대한 선언이나 통고, 국내 입법 또는 국기·영토표식의 설치 등에 의해 표시된다. 이에 반해 이해 관계국에 대한 통고는 선점의 증거는 되지만 일반국제법상 확립된 요건이 아니라는 주장이 있다.[1]

- 대상 지역에 대한 국가의 지배는 실효적이어야 한다. 실효적 지배(effective control)는 국가가 영토에 대해 배타적인 지배권을 행사하는 것으로, 점유와 공권력의 행사라는 행위(*corpus*)로 이루어진다. **점유**(possession)는 거주나 토지 이용 등 물리적 활동을 의미하며, 이러한 활동은 평화적이고 공개적이며 계속적이고 실제적(peaceful, notorious, continuous, real)이어야 한다. 타국의 영토를 빼앗거나, 상대국이 장기간에 걸쳐 항의하면 평화적인 점유가 아니다. 항의는 상대국의 권리 주장을 부인하고 자신의 권리를 옹호하는 적극적 의사표시이다. 점유는 비밀이 아니라 공개적으로 계속되어야 한다. 문서에만 의하거나 명목상·추상적 점유가 아니라, 실제로 진정한 점유가 이루어져야 한다. **공권력의 행사**는 국가가 주권자로서 행동할 의사와 의지(the intention and will to act as sovereign)를 가지고 대상 지역에 대해 배타적인 관할권을 직접 행사하는 행위, 즉 영토주권 또는 국가 공권력(입법권·행정권·사법권)을 실제 행사하는 것을 말한다. 대상 지역에 대한 구체적인 공권력 행사의 증거로, 법률 제정 및 시행, 조약체결, 과세 및 징수, 치안 유지, 출생·사망 접수 및 처리, 민·형사 재판관할권 행사 등이 있다. 엄격하던 실효적 지배의 요건은 대상 지역의 특성

----

1 1885년 「서부 아프리카에 관한 베를린회의 일반의정서」(「베를린조약」)는 향후 아프리카지역에서의 선점은 반드시 타국에 통보하도록 규정(제34조)하고 있다. 하지만 일본은 1905년 독도 편입 당시 국제법상 통고가 선점의 요건이 아니었다고 주장한다. 한편 팔마스섬 중재사건(1928)에서 후버 재판관은 유인도인 팔마스섬의 선점을 위해서는 통고가 필요하지 않으나, 통고 의무가 국제법에 일반적으로 이익이 되는 한, 이는 반복되어야 한다고 하였다.

에 따라 점차 완화되었다. 대상 지역의 자연적·지리적 조건에 따라 미미하거나 상징적인 수준의 국가권능의 행사도 인정된다. 현실적으로 실효적 지배가 어려운 극지나 원격 무인도 등에 반드시 인간이 정착하여 점유하고 국가권능을 계속해서 행사할 수는 없기 때문이다.

선점과 관련한 영유권 분쟁으로 클리퍼튼섬 중재사건, 동부 그린란드의 법적지위사건이 있다.

다. 관련 사건

⚖ 사건 1: 클리퍼튼섬 중재사건(프랑스/멕시코 1931)

클리퍼튼섬(Cliperton Island)은 멕시코 남서쪽 670해리 태평양에 있는 무인 환초(atoll)이다. 1897년 프랑스가 이 섬에서 조분석(guano)를 채취하는 미국인 3명을 적발하자, 멕시코가 그해 12월 섬에 군함을 파견하여 자국 국기를 게양하며 관할권을 주장하고 나섰다. 1909년 프랑스와 멕시코는 이탈리아 황제 Victor Emmanuel 3세의 중재재판에 회부하기로 합의하였다.

프랑스는 1858.11. 프랑스 해군 장교가 섬을 발견하여 상륙한 후, 이에 대한 보고서를 작성하고 선점하였으며, 섬에 아무런 표식도 설치하지 않았으나, 호놀룰루 주재 프랑스영사관이 하와이 정부에 이를 통고하고, 그해 11월 하와이 신문에도 편입을 고시하였다고 주장하였다. 멕시코는 18세기 초 스페인 해군이 섬을 최초로 발견한 이래 피난처로 이용하였으며, 1821년 멕시코가 독립하면서 스페인으로부터 승계하였으므로, 프랑스가 발견한 1858년에는 이미 멕시코의 영토로서 무주지가 아니었으며, 설사 프랑스가 권원을 가졌더라도 이후 아무런 실효적 점유를 하지 않고 방치하여 권원을 상실하였다고 주장하였다.

재판관은, 먼저 멕시코의 주장을 검토하여, ① 스페인 해군이 이 섬을 발견했다는 증거는 확인되지 않았으며 섬의 존재를 알고 있었다는 것은 단순한 추측에 불과하므로 증거로서 불충분하고, 섬이 멕시코 영토라는 단순한 확신은 비록 일반적이고 오래된 것이라 할지라도 지지받을 수 없으며 ② 설사 스페인이 발견하여 역사적 권리(historic right)가 있다 하더라도, 멕시코는 프랑스가 이 섬을 발견한 1858년과 멕시코가 섬에 군함을 파견한 1897년 기간에 이 섬에 대해 주권을 행사하였다는 것을 입증하지 못하였다고 판단하였다.

반면에 ① 프랑스가 분명하고 정확하게 주권을 정식 선언한 1858.11. 이 섬은 어느 국가라도 선점이 가능한 완전한 무주지로서, 프랑스의 선점은 처음부터 타국의 방해 없이 완전하고 명백하게 완료되었으며, ② (실효적 점유 요건에 있어) 작고 멀리 떨어져 사람이 살지 않는 원격 무인도의 경우, 실제적인 정주나 정부 기관 설치 등은 필요하지 않으며, ③ 프랑스가 섬에 대해 적극적으로 주권을 행사하지는 않았지만, 멕시코의 영유권 주장에 항의하고 조분석 운송 장소를 설치하는 등 이미 완성된 권원을 포기 또는 유기하려는 의사가 있었던 것은 아니라고, 프랑스의 영유권을 인정하였다.

요컨대 재판관은 스페인의 발견에 의한 불확실한 권리를 승계하였다는 멕시코의 주장을 배척하고, 완전한 무인도를 발견하여 최초로 주권을 표시하고 이를 포기하지 않은 프랑스의 선점을 인정하였다. 또한 외딴섬에 대해서는 실효적 지배의 요건이 완화된다는 점을 명확히 하였다.

사건 2: 동부 그린란드의 법적지위사건(덴마크 v. 노르웨이 1933)

노르웨이는 1931.7. 동부 그린란드를 여러 차례 탐험하여 라디오 방송국을 설치한 후 무주지인 동부 그린란드를 자국 영토로 편입시킨다는 국왕 칙령을 공표하였다. 이에 덴마크는 양국이 모두 수락한 선택조항을 근거로 노르웨이를 PCIJ에 제소하였다. 노르웨이는 기후 조건이 혹독하여 접근이 어려운 동부 그린란드 지역에 대해 덴마크가 실질적으로 주권을 행사하지 않았다고 주장하였으나, 덴마크는 10세기 이래 1,000년 동안에 걸쳐 계속해서 그린란드 전역에 대하여 평온하게 주권을 행사하여왔으며, 1814년 이래 타국과의 조약에서 동부 그린란드를 자국 영토의 일부로 규정하였고, 이에 대해 타국과 분쟁이 없었다는 점을 근거로 자국 영토임을 주장하였다.

PCIJ는 아래 논거로 노르웨이의 선점 주장을 배척하고, 덴마크의 영유권을 인정하였다.

- 노르웨이가 주장하는 무주지 선점이 성립하기 위해서는 노르웨이가 칙령을 발표한 1931.7. 동부 그린란드에 대한 덴마크의 주권이 존재하지 않아야 한다. 그러나 덴마크가 1921~1931년 간 취한 동부 그린란드와 관련한 입법 조치(항해 금지, 수렵·어업 금지, 상업 활동 독점을 위한 법률 제정 등), 전선 설치, 정부 후원

아래 실시된 측량·과학조사, 외국인 입국 승인 등의 행정조치로 보아 덴마크가
충분한 주권을 행사한 것으로 인정된다.

- 선점을 위해서는 주권자로서 행동하려는 의사가 있고 이러한 공권력의 현실적 행
사나 표시가 있어야 하나, 노르웨이나 다른 어떤 나라도 이 지역에 대해 그러한
의사와 행동을 표시한 바 없다. 여타 국가들은 덴마크의 이러한 조치들에 대해
이의를 제기하지 않고 승인하였으며, 노르웨이 스스로 이를 공인하는 여러 조약
의 당사국이 된 점으로 보아 노르웨이는 덴마크의 주권을 묵인하였다.

- 이 지역이 기후조건이 가혹하고 인간이 거주하기 어려운 원격 빙원 지대로 덴마
크의 실효적 지배는 경미한 것이었으나, 실효적 지배는 지리적 상황에 따라 상대
적·가변적인 것으로, 다른 국가가 더 우월한 주장을 입증하지 않는 한 상징적 지
배를 인정해야 한다.

PCIJ는, 동부 그린란드에 대한 덴마크의 지배가 상징적이지만 덴마크가 주권자로서
행동할 의사를 가지고 실제적인 공권력을 행사하였으므로 무주지가 아니었다고 판단
하고, 노르웨이의 선점 주장을 배척하였다.

2. 시효

가. 의의 및 요건

시효(時效: acquisitive prescription)는 한 국가가 점유 의사를 가지고 타국의
영토를 상당 기간 실효적으로 점유하여 공권력을 행사함으로써 취득하는 권원
을 말한다. 시효는 타국의 영토주권을 침해하는 행위이다. 하지만 타국 영토라
는 점유국의 선의 또는 악의를 따지지 않고, 시간의 경과로 확립된 사실이나
상황을 인정함으로써 법적 안정을 유지하려는 것이다.

점유는 주권자의 자격으로, 평화롭게 방해받지 않고, 공개적이며 중단 없
이 상당 기간 계속되어야 한다. 시효 완성을 위해서는 무엇보다도 원 소유국이
타국의 점유 사실을 알거나 항의할 수 있음에도 항의하지 않고 묵인함으로써
평화롭게 이루어져야 한다. **묵인**(acquiescence)은 대응해야 할 상황에서 항의하

지 않거나 침묵함으로써 자신의 권리를 포기·유기하거나 타인의 권리를 인정하는 소극적 의사표시를 말한다. 그러나 타국의 영토 점유에 대한 원 소유국의 항의(protest)는 평화적인 시효를 차단한다. 시효가 완성되는 데 필요한 상당 기간에 관해 관습법상 확립된 기준은 없으며, 취득 대상과 상황에 따라 상이하다 할 것이다.

시효는 점유 시작 당시 타국의 영토를 대상으로 한다는 점에서 무주지를 대상으로 하는 선점과 차이가 있을 뿐, 국가가 점유 의사를 가지고 공권력을 행사함으로써 실효적으로 지배해야 한다는 점은 선점과 같다.

시효와 관련한 영유권 분쟁으로 차미잘중재사건, 팔마스섬 사건, 프레아비히어사원사건이 있다.

나. 관련 사건

⚖ 사건 1: 차미잘중재사건(미국/멕시코 1911)

1848년 미국과 멕시코 양국은 Rio Grande 강의 가장 깊은 수로의 중간선을 국경으로 하되, 강둑이나 수로의 계속된 변화에 따르기로 하였다. 1873년까지 강의 수로가 계속 변화되어 차미잘 지역(Chamizal Tract)이 형성되자, 1884년 양국은 국경은 침식 때문에 점진적으로 변화하는 수로를 따르되 수로가 급작스럽게 변경(avulsion)되는 경우에는 국경은 변화하지 않는다는 국제규칙을 적용하기로 하였다. 그런데도 분쟁이 계속되자, 양국은 1910년 중재재판에 회부하기로 합의하였다. 멕시코는 국경이 강의 중간선을 경계로 영구적으로 결정되었다고 주장하였으나, 미국은 오랜 기간 점유에 의한 시효로 차미잘 지역을 취득하였다고 주장하였다.

중재법원은 시효는 방해받지 않고, 중단되지 않고, 항의받지 않고 평온하게(undisturbed, uninterrupted, unchallenged and peaceable) 이루어져야 하나, 멕시코가 이를 묵인하지 않고 미국에 반복해서 항의하였기 때문에 시효가 차단되었다고 판결하였다.

미국이 중재판결을 수용하지 않아 장기간 미해결 상태였으나, 양국은 1963년 조약을 체결하여 차미잘 지역을 분할하였다.

사건 2: 팔마스섬중재사건(미국/네덜란드 1928)

팔마스섬(Palmas Island)은 필리핀 민다나오섬과 인도네시아의 중간에 위치한 작은 유인도(당시 750여 명 거주)이다. 1906.1. 팔마스섬에 네덜란드 국기가 게양된 것을 발견한 미국이 이의를 제기하여 분쟁이 발생하자, 1925년 양국이 합의하여 상설중재 재판소(PCA)로 회부하였다. 미국은, 팔마스섬이 16세기 중반 스페인 탐험가에 의해 발견되어 스페인의 영토가 되었고, 1898년 미국과 스페인 전쟁 결과 체결된 「파리조 약」에서 스페인으로부터 필리핀 군도를 할양받아 섬을 승계하였다고 주장하였다. 네덜 란드는 스페인이 섬을 최초 발견하였다는 사실은 입증되지 않은 것으로, 1677년 이래 네덜란드 동인도회사가 섬 원주민과 조약을 체결하여 세금을 부과하는 등 종주권을 행사했으며, 200년 이상 계속해서 타국과 분쟁 없이 평온하고 실효적으로 지배하였다 고 주장하였다.

Max Huber 단독 중재재판관(스위스 법학자)은 아래와 같은 이유로 미국의 주장을 배척하였다.

- 권리의 창설 여부는 행위가 있었던 그 시대의 법에 따라 판단되어야 하나, 일단 창설된 권리가 유효하게 존속하기 위해서는 이후 법의 변화에 따른 요건을 충족 시켜야 한다. 즉, 국제법상 권리의 창설과 권리의 유지는 별개의 문제이다.

- 스페인의 발견은 단지 미완성의 잠정적이고 미성숙한 권원으로, 스페인이 미국과 「파리조약」을 체결한 당시인 19세기 국제법은 선점의 요건으로 실효적 지배를 요구하였다. 스페인이 발견을 통해 확보한 미성숙한 권원이 완전한 영토취득 권 원이 되기 위해서는 합리적 기간 내에 실효적 점유로 완성되고 실제 국가 활동으 로 표시되어야 하지만, 미국은 스페인이 팔마스섬을 점유하거나 주권을 행사하였 다는 것을 입증하지 못하였다.

- 설사 발견에 의한 스페인의 미성숙 권원이 「파리협약」 체결 당시 존재하더라도, 발견에 의한 불완전한 미성숙 권원은 계속적이고 평온한 타국의 실효적 지배에 우선할 수 없다.

반면에 후버 재판관은 다음과 같은 이유로 네덜란드의 영유권을 인정하였다.

- 1677년 이래 네덜란드로부터 권한을 위임받은 동인도회사가 원주민 수장들과 주종 관계를 설정하는 조약을 체결하여 원주민에 대해 과세하였으며, 1904년 태

풍 피해에 대한 원조 등은 사실상 국가(네덜란드)의 행위로 간주된다.

- 섬에 대한 네덜란드의 주권 행사는 2세기(1700-1906) 동안 은밀하지 않고 공공연한 사실이었지만, 스페인의 항의 없이 그리고 미국의 묵인하에 평온하고 배타적으로 행사되었다.
- 주권 행사는 계속해서 발현되어야 하지만, 영토의 모든 부문(특히 소수 원주민만 거주하는 외딴곳의 경우)에 대해 매 순간 실제로 행사될 수는 없다.

요컨대 후버 재판관은 200여 년에 걸친 미국의 묵인으로 완성된 시효와 미국에 비해 계속적이고 평온하게 공권력을 행사한 네덜란드의 실효적 지배를 근거로 네덜란드의 영유권을 인정하였다.[2]

한편 후버 재판관이 권리의 창설과 권리의 존속을 구분하고, 일단 창설된 권리라도 존속을 위해서는 법의 진화에 따라 새롭게 변화된 요건을 충족시켜야 한다고 판단한 것은 본래의 시제법 원칙에서 벗어나 법적 안정성을 해친다는 비판이 있다. 국가 자신이 창설한 권리라도 이후 법의 진화에 따라 이를 상실할 수 있기 때문이다. 하지만 시제법의 원칙에 따라 과거의 행위가 합법이었더라도 국제사회가 변화하면서 나타나는 새로운 국제규범(예컨대 무력사용금지, 자결권, 인권 존중 등)과 조화되어야 할 필요성도 지적되고 있다.

----

2 팔마스섬사건과 유사하게 시효와 실효적 점유를 근거로 영유권을 판단한 사건으로 엘살바도르 v. 온두라스 육지·섬 및 해양국경분쟁사건('Fonseca만사건' 1992)이 있다. 이 사건에서 ICJ는, 엘살바도르가 1854년 이래 메안게라섬과 인접 무인도인 메안게르타섬에서 실효적 점유를 통해 주권을 행사했다고 제시한 다양한 증거 서류(민·형사재판, 치안 재판관 임명, 과세, 선거, 인구조사, 출생 및 사망 등록 등)와 온두라스가 약 140년에 걸쳐 이에 대해 항의하지 않고 묵인한 시효를 근거로 두 섬에 대한 엘살바도르의 영유권을 인정하였다.

III. 실효적 지배와 영유권

1. 의의

영유권 분쟁, 특히 선점 또는 시효에 의한 영토 권원은 그 존재를 확인하거나 이를 구별하여 판단하기가 쉽지 않다. 이러한 경우 재판소는 권원 확인을 포기하고 실효적 지배에 기초하여 영토주권을 판단한다. 권원을 확인할 수 없는 경우, 실질적으로 점유하여 국가권능을 행사하는 실효적 지배 여부가 그나마 영토 관계의 안정성을 확보할 수 있기 때문이다.

일방 당사자의 실효적 지배가 우월하지 않고 경합하는 경우, 재판소는 당사자가 공권력의 행사와 관련하여 제시한 증거를 비교하여 근소하게라도 상대적으로 더 우월한 증거를 제시한 당사자의 영유권을 인정하고 있다. 따라서 영유권과 관련한 국제재판에 있어 권원이 불분명하다면, 얼마나 더 설득력 있는 실효적 지배 증거를 제시하느냐가 관건이라 할 것이다. 실효적 지배, 즉 국가권능의 행사나 표시로 제시한 증거들의 유효성을 의미하는 *effectivités*는 부르키나파소/말리 국경분쟁사건(1986)에서 처음 사용된 이후 국제재판에서 널리 원용되고 있다.

그러나 실효적 지배는 영토취득의 권원은 아니며 권원 확립을 보조하는 것이므로, 조약상 권원에 우선할 수 없다. 벨기에 v. 네덜란드 일정 국경영토에 관한 영유권사건(1959)에서 ICJ는, 명확히 국경조약이 체결되어있는 지역에서 실효적 지배에 의한 영유권 취득 주장을 인정하지 않았다. 부르키나파소/말리 국경분쟁사건에서도 ICJ는, 조약에 근거한 권원이 불명확한 경우 실효적 지배가 핵심적인 역할을 하나, 조약상 권원이 명확하다면 이에 반하는 실효적 지배는 조약상 권원에 우선할 수 없다고 판시하였다.

실효적 지배를 근거로 영유권을 판단한 사건으로 멩끼에와 에끄레오 사건, 리기탄섬과 시파단섬 영유권사건이 있다.

2. 관련 사건

🏛 사건 1: 멩끼에와 에끄레오섬 사건(영국/프랑스 1953)

멩끼에와 에끄레오(Minquiers and Ecrehos)는 영불해협 채널제도(Channel Islands)의 Jersey섬과 프랑스 본토 해안 사이에 있는 외딴 무인도(2개의 소도 및 암초)로, 인근 수역에서 진주조개 어장이 발견되면서 관심을 받게 되었다. 1839년 양국은 이 섬들의 영유권을 규정하지 않은 채 어업협정을 체결하여 섬들의 3해리 이원에서 양국 어민이 조개를 채취할 수 있는 공동어업수역을 설정하였다.

양국은 1951년 새로운 어업협정을 체결하면서 섬들의 영유권 문제를 ICJ에 회부하기로 합의하였다. 영국은 1066년 노르망디 공이 섬들을 정복한 이래 양국이 체결한 조약에 근거하여 실효적으로 지배해왔다고 주장하였다. 프랑스는 노르망디 공이 프랑스 왕의 신하였으며 1204년 프랑스의 노르망디 정벌 이후 영국 왕이 이들 섬의 영유를 부인하였다는 역사적 사실에 근거하여 시원적 권원과 이후 이 섬들에 대한 실효적 지배를 주장하였다. 양국 모두 시원적 권원과 이후 실효적 지배를 주장한 것이다.

ICJ는 전원일치로 아래와 같이 판결하였다.

- 양국이 중세 이후 이들 섬을 번갈아 점유하였다는 불확실한 역사적 사실에 근거하여 주장하는 시원적 권원을 기초로 영유권을 결정하기는 어려우며, 설사 시원적 권원이 있었더라도 다른 유효한 권원에 의해 대체되지 않았다면 이후의 사건으로 시원적 권원은 소멸하였다. 따라서 분쟁 발생 당시와 가까운 19~20세기 이들 섬의 점유와 관련된 양국의 주권 발현, 즉 양국의 직접적인 권한 행사로서 실효적 지배의 증거가 중요하다.
- 프랑스가 제시한 실효적 지배 증거(어업 금지령, 조명과 부표 관리, 해상과 영공 시찰 등)들은 주권자로서 행동할 의사를 입증하기에는 충분하지 않으며 이들 섬 자체에 대한 국가기능을 표현한 것이라고 볼 수 없다. 영국이 제시한 공권력 행사의 증거(영국 지방법원의 살인사건에 대한 형사재판권 행사, 주택에 대한 과세, 어선 등록 관리, 사체 검시, 부동산 매매 계약 체결 및 등록, 세관 설치, 지역 통계조사, 선박 접안시설 건설 등)들은 프랑스가 제시한 증거에 비해 상대적으로 우월한 증거로서, 19세기 이후 영국이 두 섬에 대해 장기간에 걸쳐 계속적이며 실효적인 지배를 통해 영유권을 공고히 한 것으로 인정된다.

- (한편 두 섬이 1839년 어업협정의 공동어업수역 안에 있으므로 어느 일방이 이들 섬 안에서 행한 행위는 영토주권의 표현으로 볼 수 없다는 프랑스주장과 관련) 어업협정은 단지 이들 수역에서의 어업에 대해서만 규율하고 있으므로 두 섬의 육지에 대한 공동 사용권을 포함한다고 볼 수 없으며, 따라서 어업협정상 공동어업수역 설정과 두 섬에 대한 영유권 문제는 별개이다.

요컨대 판결은 중세 역사적 사실에 기초한 불명확한 시원적 권원보다는 공권력이 실제 행사되었는가를 중시하였으며, 당사자들이 제시한 실효적 지배 증거를 비교하여 상대적으로 우월한 증거를 제시한 영국이 영유권을 가진 것으로 판단하였다.

사건 2: 리기탄섬과 시파단섬 영유권사건(인도네시아/말레이시아 2002)

리기탄섬과 시파단섬(Pulau Ligitan & Pulau Sipadan)은 보르네오 북동 Celebes 해의 인도네시아와 말레이시아를 중간에 있는 작은 무인도이다. 1969년 양국이 석유 개발을 위한 대륙붕 경계획정을 교섭하면서 영유권 문제가 촉발되었다. 1979년 말레이시아가 자국 지도에 이들 섬을 포함하고, 80년대 중반에는 섬을 관광 휴양지로 개발하는 권리를 허가하자, 1997.5. 양국은 특별 협정을 체결하여 ICJ에 사건을 회부하였다. 양국 모두 두 섬이 무주지가 아니라는 입장을 유지하였다. 인도네시아는 조약(1891년 영국과 네덜란드 간의 보르네오의 경계획정에 관한 협약)에 따라 네덜란드에 귀속된 이 섬을 자국이 승계하였으며, 자국 해군의 초계활동과 자국 어선들이 섬 주변에서 전통적으로 실시해 온 어로행위 등을 증거로 실효적으로 지배해 왔다고 주장하였다. 말레이시아는 역사적 권원(과거 사바섬 왕의 섬 양도)과 조약상 권원(말레이시아의 독립에 관한 1963년 런던협정), 실효적 지배(80년대 이래 휴양지로 개발하여 평화적으로 운영)를 주장하였다.

ICJ는, 양국이 조약상 권원을 주장하며 제시한 지도 등이 불명확하다고 보아 이를 모두 인정하지 않고, 사람이 살지 않는 이들 섬에 대해 양국이 주장한 실효적 지배, 즉 국가권능의 행사나 표시로 제시한 증거들의 유효성(*effectivités*)을 비교하여 판단하였다. 인도네시아가 제시한 두 수역에서의 해군의 초계 활동은 섬에 대한 입법적 또는 규제적 성격이 아니며, 어선들의 전통적인 어로행위는 사인의 행위로서 그것이 공적 규제에 기초하여 혹은 정부 권한 하에서 이루어지지 않으면 주권적 권한의 행사, 즉

주권자 자격으로 행한 행위(à titre de souverain)로 볼 수 없다고 하였다. 반면에 말레이시아가 제시한 권한 행사의 증거로서 섬에서의 거북 포획과 거북알 채취를 제한하는 거북 보호 법령 제정(1917), 조류보호지구 지정(1933), 등대의 건설 및 유지 관리 등은 미약하지만 다양한 입법적·행정적·준사법적 성격으로 국가권능을 행사하려는 의도를 표현한 것으로 보았다. 말레이시아의 이러한 활동에 대해 네덜란드나 인도네시아가 1991년까지 항의한 바가 없으며, 또한 인도네시아가 1960년 인도네시아 군도를 설정하는 법령과 지도에서 섬을 기점으로 사용하지 않은 점 등으로 보아 말레이시아의 영유권을 묵인한 것으로 보고, 두 섬에 대한 말레이시아의 영유권을 인정하였다.[3]

요컨대 영유권의 권원이 불분명한 경우, 섬에 대해 공권력을 행사한 국가실행의 구체적 증거들이 갖는 상대적 비중이 영유권의 귀속을 결정하는 중요한 기준이 되었다.

IV. 관련 문제

1. 역사적 권원

역사적 권원(historic title)은 태고로부터 점유해 온 영토와 같이 역사적 사실에 기초하여 오랜 기간 방해받지 않고 계속해서 점유되어 온 인식 그 자체로 인정되는 영토 권원을 말한다. 고대의·시원적·고유의 권원(ancient·original·inherent title)이라고도 한다. 역사적 권원과 함께 혼용되는 개념이 고유영토이다. 고유영토는 일반적으로 1648년 웨스트팔리아 체제에서 근대 국가로 발전

----
3 니카라과 v. 온두라스 카리브해 영토 및 해양분쟁사건(2007)에서도 ICJ는, (국경 현상유지 원칙에 따라 판단할 명확한 근거가 부재함에 따라) 작은 해양지형에 대한 영유권은 그 질과 양에 있어서 미미한 국가권능의 표현에 근거해서도 증명될 수 있으며, 온두라스는 이들 도서에 대한 입법적·행정적 통제 조치, 민·형법의 적용, 출입국 규제, 어업활동, 공공 토목사업 등 미미하지만 진정한 권한 행사를 통해 주권자로서 행동하겠다는 의사와 권능 행사를 입증하였다고 판결하였다.

되기 훨씬 이전부터(from time immemorial) 그 나라의 영토로 확립된 지역을 의미한다. 근대 국제법상 영토는 정복·선점·시효·할양·첨부에 의해 취득하지만, 고유영토는 해당 영토의 역사성·시원성을 강조하려는 정치적 개념으로, 근대 국제법상 권원에 의해 취득한 영토가 아니다. 고유영토는 결국 국제법상 권원으로 확인되어야 하며, 이와 가까운 국제법상 개념이 역사적 권원이라 할 것이다.

역사적 권원의 존재는 확인하기가 쉽지 않다. 역사적 사실만으로 역사적 권원을 주장할 수 없다. 이를 증명하기 위해 분쟁 당사자가 제시하는 고문서나 고지도 등 역사적 기록들이 불분명하거나 상충되기 때문이다. 이에 따라 대다수 영유권 분쟁 사건에서 재판소는 간접적 추정(indirect presumption)을 인정하지 않고, 오래되어 불확실한 역사적 증거보다는 최근의 확실한 증거를 중시하고 있다. 에리트레아/예멘 홍해에서의 영유권 및 해양경계 획정 중재사건(1998)에서 재판소는 역사적 권원을 정의한 후 "재판소 결정의 주된 근거로 사용될 수 있는 것은 사용 및 소유에 관한 비교적 최근의 역사이다"라고 하였다. 서부 사하라에 관한 권고적 의견(1975)에서 ICJ는 불분명한 모로코의 역사적 권원 주장을 배척하였다. 클리퍼튼섬 중재사건에서 멕시코, 멩끼에와 에끄레오섬 사건에서 영국과 프랑스는 각각 역사적 권원을 주장하였으나, 재판소는 역사적 권원의 존재 여부를 확인하지 못하고 결국 실효적 지배 여부에 따라 영유권을 판단하였다.

설사 역사적 권원의 존재가 인정되더라도 역사적 권원은 영토에 대한 실효적 지배를 요구하는 근대 또는 현대 국제법상 권원으로 대체되어야 한다. 페드라 블랑카 영유권사건에서 ICJ는, 말레이시아가 제시한 과거 문헌을 근거로 역사적 권원의 존재를 인정하였지만, 말레이시아의 역사적 권원은 실효적 지배로 대체되지 않고 소멸되었으며 이후 이 섬을 실효적으로 지배한 싱가포르의 영유권을 인정하였다.

페드라 블랑카 영유권사건(말레이시아/싱가포르 2008)

페드라 블랑카(Pedra Blanca)는 싱가포르해협 입구에 있는 8,560㎡(축구장 넓이)의 섬으로, 말레이시아로부터는 약 7.5해리, 싱가포르로부터는 약 24해리 떨어져 있다. 1979.12. 말레이시아가 공식 지도에 이 섬을 영해로 표시하자 1980.2. 싱가포르는 지도 수정을 요구하며 항의하였으며, 2003.2. 양국이 합의하여 영유권 문제를 ICJ로 회부하였다. 싱가포르는 미지의 땅(*terra incognita*)인 이 섬을 무주지로 선점하였으며, 1847년 영국이 이 섬에 등대를 설치한 이래 말레이시아의 Johor 술탄 왕국의 묵인으로 영국의 영유권이 확립되었고 이후 영국을 승계한 싱가포르가 섬 방문자 통제·해군 통신장비 설치 및 해난사고 조사 등을 통해 실효적으로 지배해 왔다고 주장하고, "이 섬의 소유권을 주장하지 않는다"는 1953년 Johor 말레이시아 국무장관 대리의 서한과 이 섬이 싱가포르령으로 표시된 1962~1972년 말레이시아의 공식 지도를 증거로 제출하였다. 말레이시아는 16세기 Johor 술탄 왕국 이래 이 섬이 자국의 고유영토로서 시원적 권원을 확보하였으므로 무주지가 아니었으며, 19세기 중반까지 실효적 지배를 통해 영유권을 확립하였고, 사람이 살 수 없는 이 작은 섬에 대해 다른 어떤 나라도 주권을 주장한 적이 없다고 주장하였다. 또한 Johor 국무장관 대리는 영토 포기 권한이 없으므로 동인의 서한은 무효라고 주장하였다.

ICJ는, 싱가포르해협이 항행에 중요한 해협이며 이 섬들이 항행에 위험한 요소였다는 점에서 미지의 땅으로 무주지를 선점하였다는 싱가포르의 주장을 배척하고, 16~19세기 중반까지 이 섬을 포함한 싱가포르해협 내 모든 섬에 대해 시원적 권원을 취득하여 지속적이며 평화적으로 공권력을 행사하였다는 말레이시아의 주장을 일단 인정하였다. 그러나 ICJ는, 말레이시아 국무장관 대리가 1953년 서한으로 이 섬에 대한 영유권을 사실상 포기한 이후 싱가포르가 이 섬에서 주권자 자격으로 실효적 지배 행위(등대 운용, 섬 주위 난파 사건 조사, 말레이시아 외교관의 영해 진입 신청 허가, 방문객 허가 등 도항 통제, 해군 통신시설 설치, 간척 사업 입찰 공고, 주변 해역 탐사 승인, 해양환경보호 법령 집행 등)를 하였지만, 말레이시아가 이에 대해 아무런 항의를 하지 않고 묵인함으로써 분쟁이 구체화된 1980.2.14. 이전에 주권이 싱가포르로 이전되었다고 판결하였다.

그 밖의 소송 대상인 Middle Rocks에 대해서는 타국이 영유권을 주장한 바가 없어 말레이시아의 역사적 권리가 계속 유효한 것으로 인정하였으며, South Ledge는 연안국이 영유할 수 없는 간조노출지로서 싱가포르령 페드라 블랑카섬과 말레이시아령 Middle rocks의 영해 범위 안 중첩수역에 위치하므로 양국 간 해양경계획정 협상에 따라 그 귀속이 결정될 것이라고 하였다.

2. 역사적 응고

역사적 응고(historical consolidation) 이론은 영토주권이 선점·시효·할양·첨부·정복과 같은 특정한 권원에 의해 취득되기보다는, 장기간 일정 영토를 사용하고 이에 대한 타국의 합의·승인·묵인·금반언 등에 의해 오랜 시간에 걸쳐 서서히 응고되어 배타적 지배권을 확립하는 과정으로 보는 이론으로 de Vissher 등에 의해 주창되었다. (영유권 문제는 아니지만) 1951년 ICJ의 영국-노르웨이 어업사건에서 직선기선의 역사적 응고가 처음 언급되었으며, 에리트레아/예멘 홍해에서의 영유권 및 해양경계획정 중재사건(1988)에서 재판소가 역사적 응고를 '오랫동안 계속된 시효·묵인 또는 점유를 통해 응고되어 법적 권원으로 받아들여진 것'으로 인정하는 등 이후 여러 사건에서 인용되었다. 하지만 역사적 응고이론은 영토 권원의 취득이 합법인지 불법인지에 관한 판단보다는 현실적인 지배 현상을 용인한다는 비판을 받는다.

역사적 응고는 이제 영토 권원을 판단하는 증거의 하나이지 그 자체가 영토 권원은 아니라는 것이 통설이다. 카메룬 v. 나이지리아 영토 및 해양경계사건(1998)에서 ICJ는 "역사적 응고이론은 논란이 많으며, 법과 사실에 있어 다른 중요한 변수를 고려하는 국제법상 확립된 권원 취득 방식을 대체할 수 없다"고 판시하였다. 나아가 ICJ는, 나이지리아는 평화적인 주권 행사에 대해 카메룬이 묵인하여 역사적으로 응고되었다고 주장하였으나, 나이지리아가 차드호수 마을과 관련하여 제시한 20년간의 사실과 상황은 역사적 응고를 주장하기에는 너무 짧은 기간이라고 보았다.

3. 지리적 근접성과 일체성

지리적 근접성(geographical continuity/proximity) 이론은 어느 영역에 대해 권원을 가진 국가가 일체성이 있는 인접 지역을 영토로 보는 이론으로, 19세기 말까지 지배적 이론이었다.

그러나 팔마스섬중재사건에서 미국은 이 섬이 필리핀 본토(민다나오섬)와 가깝다는 지리적 근접성을 이유로 권원을 주장하였으나, 후버 재판관은 이를 부인하였다. 후버 재판관은 단순한 지리적 인접성보다는 일회적이며 불완전하더라도 국가 주권의 표현 행위가 더 우월한 효력을 가진다고 판단하였다. ICJ 또한 멩끼에와 에끄레오섬 사건(1953)에서 이들 섬이 프랑스 연안에 위치하지만, 영국령으로 판단하였다. 카타르 v. 바레인 해양경계획정 및 영토문제사건 (2001)에서도 카타르는 인접성에 근거하여 Hawar섬에 대한 영유권을 주장하였으나, 재판소는 이를 인정하지 않았다. 니카라과 v. 온두라스 카리브해 영토 및 해양분쟁사건(2007)에서도 ICJ는 섬과 본토 간의 지리적 근접성은 권원 결정에 결정적이 아니라고 하였다. 이처럼 ICJ의 판결들은 지리적 근접성을 영토취득에 있어 독자적인 권원으로 인정하지 않고 있다.

하지만 팔마스섬중재사건에서 후버 재판관은 도서군(a group of islands)은 특정한 상황에서 법적으로 1개의 일체(unit)로 간주될 수 있고 주도(主島)의 운명이 여타 도서의 운명을 결정할 수 있으나, 주권은 전 지역에서 계속 시현되어야 한다고 보았다. 엘살바도르 v. 온두라스 육지·섬 및 해양국경분쟁사건 (1992)에서도 ICJ는, 폰세카만에 위치한 유인도인 메안게라섬과 수백 m 떨어진 무인도 메안게르타섬을 단일 도서군으로 간주하고, 메안게르타의 작은 규모, 메안게라와의 인접성 그리고 거주 불가능한 특성을 감안하여 메안게르타를 유인도인 메안게라의 속도(屬島: dependency) 또는 종물(從物: appurtenance)로서 인정하였다. 양국도 두 섬이 하나의 도서 단위를 구성하는 것으로 간주하였으므로, 메안게라에 대한 엘살바도르의 영유권이 인정됨에 따라 메안게르타도 엘살바도르의 영유로 결정되었다. 이들 판결은 원격 무인도의 지리적 상황이나 기능적 특성에 따라서는 일체성이 영유권을 추정하는 고려 요소가 될 수 있음을 시사하고 있다.

4. 영유권에 관한 국제재판에 있어 지도·고문헌

지도 자체는 영토 권원을 확립할 수 없다. 제작 시기나 기술, 제작 주체, 지도의 오류 또는 지도 간 상충 등으로 인해 국제재판에서 지도의 증거력은 높지 않으며, 단지 간접 또는 2차 정황 증거로 활용될 뿐이다. 팔마스섬중재사건에서 후버 재판관은, 법적 문서에 부속되어 있지 않은 한 지도는 단지 간접적 시사에 불과한 것으로 보고, 영토의 정치적 배분을 정확히 표시하지 않은 지도의 효력을 부인하였다. 또한 지도가 증거력을 가지기 위해서는 무엇보다도 지리적 정확성이 중요하다고 보고, 지도 제작에 있어 기술적 신뢰도와 지도 제작자의 객관성을 중시하였다. 국경분쟁사건(부르키나파소/말리 1986)에서 ICJ도, 지도의 존재만으로는 영토 권원을 구성하거나 국경의 증거로 간주될 수 없으며, 지도가 국가의 의지를 물리적으로 나타낸 것이 아니라면 부차적 또는 확인하는 가치를 가질 뿐이라고 보았다.

그러나 국경조약 문안에 공식 부속되거나 불가분의 일부를 구성하는 인증지도(authorized/certified map)는 직접 또는 1차 증거로서 증거력이 인정된다. 벨기에 v. 네덜란드 일정 국경영토에 관한 영유권사건(1959)에서 ICJ는 양국 혼성국경위원회가 작성하여 조약 본문에 부속된 정밀 측량 지도와 벨기에가 자체 제작한 군사 참모 지도를 인정하였다. 또한 프레아비히어사원사건(1962)에서 ICJ는, 프랑스가 작성한 국경 지도가 분수령을 국경으로 한다는 조약 본문 내용과 배치되고 국경위원회가 승인하지도 않았지만, 출처가 공개적이고 명확하다는 점을 들어 조약의 일부로 취급하여 공식적 지위를 갖는다고 판단하였다.

국가기관이 일정한 목적으로 발행한 공식 지도(official map)의 신뢰성이 인정된 경우가 있다. 멩끼에와 에끄레오섬 사건에서 영국은 1820년 프랑스 해양장관이 프랑스 외교장관에게 보낸 서한과 해도를 제출하였으며, 재판소는 이를 프랑스의 입장을 추정할 만한 증거로 간주하였다. 서한에는 멩끼에섬이 영국령으로 기술되어 있으며, 해도에도 멩끼에섬을 영국령으로 표시하였다. 반면에 니카라과 v. 온두라스 카리브해 영토 및 해양분쟁사건(2007)에서 ICJ는, "본질적으로 각자의 주장을 강화하거나 논거를 입증하기 위한 목적으로 제출된 공식 지도는 법적 의미를 거의 갖지 못하며, 이들 지도는 일정한 유보를 가지고 취급해야 한다"고 판단하였다. 한편 페드라 블랑카 영유권사건(2008)에서 재판부는 특히 자국의 이익에 반하여 불리한 지도를 스스로 제작·배포하는 것은 지리적 사실을 기술한 것으로 유효하다고 보았다. 그러한 점에서 일본의 태정관 지령에 첨부된 '기죽도약도', 일본 정부가 「샌프란시스코강화조약」 체결 당시 의회에 제출한 '일본영역참고도'는 공식 지도로서 유효한 증거라 할 수 있다. 태정관 지령은 죽도외 일도(竹島 外 一島), 즉 울릉도와 독도는 일본과 관계가 없다고 명기하고 있으며, 「일본영역참고도」는 독도의 동편에 반원을 그려 한국령으로 표기하고 있다.

개인의 사적 견해에 의존하여 제작한 비공인 지도(unofficial map) 또는 사찬 지도는 증거능력이 인정되지 않는다. 클리퍼튼섬 중재사건에서 멕시코가 제출한 지도는 공적 성격이 확인되지 않아 배제되었다.

한편 **고문헌**은 관련 자료가 충분치 않고 내용이 불완전하고 부정확하여 영유권과 관련한 국제재판에서 증거로서의 가치가 높지 않다. 따라서 분쟁 영토와 직접적으로 관련된 비교적 최근의 문헌이 더 중시된다.

V. 독도

독도 약사
512.6.(신라 지증왕 13년) 신라 이찬 이사부, 우산국 정벌
1403.3.(태종 3년) 울릉도 주민 출륙 조치
1417.2.(태종 17년) 안무사 김인우의 우산도 조사(15호 가구, 86명 거주) 후, 울릉도 쇄환(刷還) 정책 실시
1625.5. 에도 막부, 돗토리현에 죽도 도해면허(渡海免許) 발급, 오야(大谷)·무라카와(村川)가 울릉도에서 전복 채취
1667. 은주시청합기(隱州視聽合記): "일본의 국경은 이 주, 즉 은주(隱州)로 한다"고 명시

1693.3.	안용복과 박어둔, 울릉도에서 어로 중 오야가 어부들에 의해 일본 오키로 피납
11.	대차사 다다 요자에몽(橘眞重), 안용복과 박어둔을 데리고 부산 초량에 도착, 조선인의 울릉도 출입 금지 요구
1694.10.	울릉도 수토제(搜討制) 1~2년마다 실시 결정
1695.12.24.	막부, 돗토리현에 "죽도(울릉도)는 언제부터 부속되었는가? 죽도(울릉도) 외에 양국에 부속된 섬이 있는가?" 조회
12.25.	막부의 조회에 대해, 돗토리현은 "울릉도는 돗토리현의 부속이 아니다. 죽도(울릉도), 송도(독도) 및 그밖에 부속된 섬은 없다"라고 회신
1696.1.28.	막부, 돗토리현의 답변에 따라 돗토리현과 쓰시마현에 도해금지령 하달
5.18.	안용복 일행 11명, 울릉도·독도에서 일본 어민을 쫓아 오키 도착
8.	안용복 일행 귀국, 관직(鬱陵于山兩島監稅將) 사칭죄로 처벌
1699.3.	쓰시마, 막부의 지시에 따라 조선 예조참의에게 '죽도일건'(竹島一件)의 해결을 알리는 서계(書契)와 울릉도의 조선 귀속을 알리는 쓰시마 형부대보의 구상서 전달
1849.1.	프랑스 포경선 리앙쿠르호, 독도 발견 후 '리앙쿠르 암초'로 명명
1870.4.	조선국교제시말내탐서(朝鮮國交際始末內探書) 중 '죽도·송도가 조선에 부속하게 된 경위' 포함
1877.3.	일본 태정관(太政官) 지령(竹島 외 一島, 즉 "울릉도와 독도는 일본과 관계가 없다")에 따라 일 내무성은 전국 지적조사에서 울릉도·독도 제외
1882.4.	울릉도검찰사(鬱陵島檢察使) 이규원, 일본인들의 왕래 감찰 및 울릉도 옆 송도·죽도·우산도 조사
8.	울릉도 개척령 발포
1883.3.	일본, 자국민에 대한 울릉도 도항 금지
1895.8.	수토제 폐지 후 전임 도감(島監) 임명
1900.10.25.	고종 칙령 제41호 발표, 울도군 설치 및 전도·죽도·석도(石島) 관할 명시
1904.2.23.	일본, 서울 점령 후 「한일의정서」 체결, 외교권의 일본 이양 및 조선 내 군사상 필요한 지점 수용 허가
9.29.	일 어부 나가이 요사부로, 독도에서의 강치 어업권 확보 청원
1905.1.28.	일 내각, 내무성의 '무인도 소속에 관한 건' 승인

2.15.	일 내무성, 각의 결정을 관내에 고시하도록 지시(훈령 제87호)
2.22.	시마네현 고시(告示) 제40호: "리앙쿠르섬을 다케시마(竹島)로 명명하고 지금부터 (시마네현) 오키섬의 소관으로 정한다"
11.17.	「을사보호조약」 체결, 조선의 외부(外部) 폐지 및 외교권 박탈, 주한 외국공관 철수
1906.3.28.	일본 시마네현 독도 시찰단, 울릉도 도착
3.29.	울릉군수 심흥택, 강원도 관찰사서리 춘천 군수 이명래에게 "본관 소속 독도(獨島)가 먼바다 백여 리쯤에 있더니… 일본 영지로 편입"라고 보고(독도 최초 표기)
5.20.	의정부참정대신 박제순, 강원도 관찰사서리에게 "독도가 일본 영토가 되었다는 설(領地之說)은 전혀 무근하니, 독도의 형편과 일본인이 어떻게 행동하였는지를 다시 조사하여 보고할 것" 지령
1943.11.27.	카이로 선언(폭력과 탐욕에 의해 약취한 모든 지역으로부터 일본 축출)
1945.7.26.	포츠담선언(일본의 주권은 혼슈, 홋카이도, 규슈, 시코쿠와 연합국이 결정하는 작은 섬들로 국한)
1946.1.29.	연합국최고사령부지령(SCAPIN: Supreme Command Allied Powers Instruction) 677, 독도를 일본의 통치·행정지역에서 분리
1946.6.22.	SCAPIN 1033, 맥아더 라인 선포
1947.8.	조선산악회, 울릉도 독도 학술조사 실시(8.16-25)
9.16.	SCAPIN 1778, 독도 폭격훈련구역 지정
1948.6.8.	미 공군기, 독도 폭격
8.15.	한국 정부수립
1951.7.6.	SCAPIN 2160, 독도 폭격훈련구역 재지정
8.31.	일본 외무성, 독도는 일본 영토라고 언론 발표
9.8.	「샌프란시스코강화조약」 서명
1952.1.18.	인접 해양의 주권에 대한 대통령 선언('평화선' 선포)
1.28.	일본, 주일 한국대표부에 한국의 평화선 선언에 의한 독도 영유권 주장을 불인정하는 각서 송부[4]

----

4 일본의 각서는 이후 독도에 관한 한·일 간 공식적인 논쟁이 개시되는 도화선이 되었다. 이에 대해 한국은 1953.9.9. 반박 각서를 보냈고, 1954.2.10. 일본의 두 번째 각서와 1954.9.25. 한

4.28.	「샌프란시스코강화조약」 발효
7.26.	미일합동위원회, 독도를 폭격 훈련 구역으로 지정
1953.3.19.	미 극동사령부, 독도를 폭격 훈련 구역에서 제외
4.	독도의용수비대(대장 홍순칠 등 33명) 상주 시작
6.28.	일본 함정 2척 독도 상륙, 일본 영토표식 설치
1962.3.	일본, 한일회담 중 독도문제의 ICJ 공동 제소 제안
1954.6.28.	일본 함정 2척 독도 상륙, 일본 영토 표목 설치
8.10.	독도 무인 등대 설치, 독도 경비대 초소 및 경찰 상주
9.25.	일본, 독도문제의 ICJ 제소 문서 제안
1962.3.	일본, 한일회담 중 독도문제의 ICJ 제소 구두 제안
2005.3.16.	시마네현 의회, 다케시마의 날(2.22) 제정
4.	한국, 『독도의 지속가능한 이용에 관한 법률』 제정
2012.7.	한국, 『독도 등 도서지역의 생태계 보전에 관한 특별법』 제정
8.10.	이명박 대통령의 독도 방문
8.21.	일본, 독도문제의 ICJ 공동 제소를 요구하는 각서 전달

1. 독도에 관한 한일의 기본 입장

　　한일 양국은 독도문제에 대한 근본 인식이 다르다. 한국은 일본의 한반도 식민 지배의 시발점으로서 독도문제를 역사문제로 인식하나, 일본은 기본적으로 법률문제로 본다. 이러한 인식에 기초하여 한국은 독도가 역사적·지리적·국제법적으로 한국의 고유영토라는 입장이나, 일본은 국제법적·역사적으로 일본 고유의 영토라는 입장이다. 한국은 한국의 고유영토로서 독도 영유권에 대한 분쟁 자체가 존재하지 않는다는 입장이나, 일본은 한국이 독도를 불법 점거한 국제분쟁이라는 입장이다. 북한 또한 "독도는 조선민주주의공화국의 신성한 영토로, 독도문제는 존재하지 않고 영유권 문제는 거론의 대상이 아니다"는 입

국의 반박, 1956.9.20. 일본의 세 번째 각서와 1959.1.7. 한국의 반박, 1962.7.13. 일본의 네 번째 각서와 1965년 한국의 반박 이후 왕복 문서 공방은 중단되었다.

장이다.

한국은 역사문제인 독도문제는 외교협상이나 사법적 해결이 불가하다는 입장이나, 일본은 독도 영유권 문제의 ICJ 공동 제소를 통한 해결을 주장한다. 일본은 1954.9. 한국이 독도에 등대를 설치한 직후, 1962.3. 한일협상 과정에서 그리고 2012.8. 이명박 대통령의 독도 방문 후, 3차례 ICJ 공동 회부를 제안하였다. 한국의 실효적 지배하에 독도문제가 시간이 가면 갈수록 불리하다고 느끼는 일본은 기회만 있으면 독도문제의 분쟁화를 시도하여 현상을 타개하고자 한다. 한국은 실효적으로 지배하는 독도의 분쟁화를 방지하고 현상을 관리한다는 입장이다. 제3국들은 한일 양국 간 영유권 문제로 인한 국제분쟁의 발생을 우려한다.

2. 한일의 논거 및 반박

가. 한국의 논거와 일본의 반박

(i) 역사적 권원

① 예로부터 한국의 문서와 지도들은 울릉도와 독도(우산도)를 조선령으로 표시하고 있다.

- 세종실록지리지(1454년 관찬): "우산(于山)과 무릉(武陵) 두 섬이 현의 정동(正東) 바다 가운데 있다. 두 섬이 멀지 않아 날이 청명하면 바라볼 수 있다."[5]
- 신증동국여지승람(1531년 관찬) 팔도총도(八道總圖): 우산도와 울릉도 2개 섬을 표시하고 있다.
- 동국문헌비고(1770년 관찬) 및 만기요람(1808): "울릉과 우산은 모두 우산국의 땅인데, 우산은 왜가 말하는 송도(松島)이다."

----

5 독도는 우산도, 자산도, 천산도, 방산도, 간산도 등으로도 기록되어 있다.

이에 대해 일본은 한국의 고문헌은 지리적 정확성이 없어 우산도가 독도라는 명확한 증거가 없고, 한국은 독도의 존재를 정확히 인식하지 못하였다고 반박한다.

② 막부의 조회에 대한 돗토리현의 답변(1695), 울릉도 쟁계(鬱陵島 爭界: 1693~1699)와 이후 막부의 도해금지, 조선국교제시말내탐서(1870), 태정관 지령(1877) 등 일본의 공식문서들은 독도가 울릉도와 일체로서 일본 영토가 아님을 자인한 것이다.

이에 대해 일본은 울릉도 쟁계는 울릉도만 조선령임을 인정한 것으로 이후 막부가 내린 도해금지에 독도가 포함되어 있지 않으며, 태정관 지령은 조사분석 중이므로 논평할 수 없다는 입장이다.

③ 한국의 역사적 권원은 실효적 지배인 고종 칙령 제41호(1900.10.25.)를 통해 근대 국제법상 권원으로 대체되었다.

- "울릉도를 울도로 개칭하고, 울도 군수가 울릉 전도(全島)와 죽도(竹島), 석도(石島)를 관할한다." 돌섬을 훈독(訓讀)하면 석도(石島), 음독(音讀)하면 독도(獨島)이다.
- 울도 군수 심흥택의 보고서(1906.3.29.)와 의정부 참정대신 박제순의 지령 제3호(1906.5.20.)는 한국의 독도 영유 의식을 명확히 보여준다.

이에 대해 일본은 석도가 독도라는 한국 주장은 의심스러우며, 석도는 울릉도 인근에 있는 관음도를 지칭한다고 반박한다.

(ⅱ) 지리적 논거

한국은 독도는 울릉도 동남방 49해리에 가까이 위치하나 오끼로부터는 서북 86해리에 멀리 위치하며, 울릉도와 독도는 본도와 속도(本島와 屬島)의 관계로 조선에서는 물론 일본에서도 늘 하나의 쌍으로 취급되었다는 입장이다.

일본은 지리적 논거를 제시하지는 않으나 본토로부터는 독도가 일본에 더 가깝다는 점을 지적하고, 지리적으로 가깝다는 이유만으로 영유권이 인정되는 것은 아니라고 주장한다. 또한 독도는 울릉도의 속도가 아니라는 입장이다.

(iii) 강화조약상 권원

① SCAPIN 677과 1033

SCAPIN(Supreme Command Allied Powers Instruction to Japanese Government: 연합국 최고사령부 지령) 677은 통치·행정상 일본에서 분리되는 지역으로 독도를 명시하고 있다. SCAPIN 1033은 일본 선박과 선원이 독도 12해리 이내에 접근하거나, 독도와 접촉하는 것을 금지하였다.

이에 대해 일본은 SCAPIN 677과 1033은 "이 지침의 내용이 포츠담선언 제8조에 언급한 작은 섬들을 최종적으로 결정하는 연합국의 정책을 표시하는 것은 아니다"고 규정하고 있다고 반박한다.

② 강화조약 제2조(a)

강화조약 제2조(a)는 "일본은 조선의 독립을 인정하고, 제주도·거문도 및 울릉도를 포함한 조선에 대한 모든 권리·권원 및 청구를 포기한다"고 규정하고 있다. '제주도·거문도·울릉도를 포함(including)한 조선'이라는 표현은 이들 섬을 한국의 부속 도서로서 예시한 것으로, 독도가 명시되어 있지 않지만 일본 영토로부터 당연히 분리되는 섬이다.

이에 대해 일본은 제2조(a)가 일본의 영토에서 분리되는 대상을 제주도·거문도 및 울릉도를 명시하여 의도적으로 독도를 배제한 것이라고 주장한다.

나. 일본의 논거와 한국의 반박

(i) 역사적 권원

① 독도를 실제 발견하여 17세기 초 선박 항행의 목표로 삼거나 중간 정박지로 이용하고 강치나 전복을 포획하는 등 17세기 중반에는 독도에 대한 영유권을 확립하였다.

이에 대해 한국은 사인인 어부들의 독도 인근 수역에서의 활동으로 영유권을 확립할 수 없다고 반박한다.

② 1779년 개정일본여지로정전도(改正日本輿地路程全圖) 등 다수의 일본 지

도와 문서들은 독도를 명확히 표시하고 있다.

이에 대해 한국은 1667년 은주시청합기와 1821년 대일본연해여지전도 등 일본 문서와 지도들이 독도를 조선령으로 표기하고 있고, 1779년 개정일본여지로정전도의 울릉도와 독도에는 일본 영토와는 다른 색깔이 칠해져 있으며 은주시청합기와 동일한 문구로 독도가 조선령임을 나타내고 있음을 지적한다.

③ 고유영토로서 독도에 대한 일본의 역사적 권원은 1905년 시마네현 고시를 통해 영유 의사를 재확인함으로써 근대 국제법상 권원으로 대체되었다.

이에 대해 한국은 일본이 재확인하였다는 역사적 권원은 17세기 중엽 영유권 확립 후 대체할 때까지 이를 입증할 증거가 빈약하여 그 존재 자체가 불확실하다고 주장한다.

(ii) 편입

시마네현 고시 제40호(1905.2.22.)에 의해 무주지인 다케시마를 유효하게 편입하였다.[6]

- 조선은 울릉도와 독도에 대한 공도(空島)정책으로 독도 경영을 포기하였다.
- 독도 편입 당시 한국에 반드시 통보해야 하는 국제법상 의무는 없다.
- 일본의 무주지 선점과 독도 편입에 대해 한국은 이후 아무런 항의를 하지 않고 묵인하였다.
- 편입 이후 일본은 실효적 조치(정부의 토지대장 기입, 일본 관리들의 현지 측량, 시마네현 당국의 어업 면허 행위 등)를 취했다.

이에 대해 한국은 다음과 같이 반박한다.

- 독도는 무주지가 아니었으며, 조선은 쇄환정책과 수토제를 통해 주기적으

----

6 일본은 에도시대(1603-1867)에 울릉도를 죽도(다케시마) 또는 기죽도(이소다케시마)로, 독도를 송도(마쓰시마)라고 불렀다. 명치 시대(1868-1912) 초기인 1880년대부터 울릉도는 송도(마쓰시마), 독도는 리앙코르도라 불리다가, 1905년 편입 시 다케시마(죽도)로 명명하였다.

로 수토하였다. 쇄환정책과 수토제는 주권을 포기한 것이 아니라 주권을 행사한 것이다. 팔마스섬 중재사건이나 동부 그린란드의 법적 지위사건, 리기탄섬과 시파단섬 영유권사건 등에서 국제재판소는 인간의 거주가 곤란한 원격 섬에 대해 주권자로서 행동하고자 하는 의사가 분명하면 미미한 국가 권능의 행사와 표시에 대해서 실효적 지배를 인정하였다.

- 독도가 한국 영토라는 것을 알면서 고의로 선점 조치를 취한 것은 불법이다.
- 일본 내각이 독도 편입을 비밀리에 결정하고, 편입을 공시하지 않은 것은 선점의 공개성 원칙에 어긋난 것이다.
- 일본의 편입 사실을 알게 된 1906년 한국은 외교권을 박탈하여 일본에 항의할 수 없었다.
- 편입이 불법이므로, 편입 이후 취한 실효적 지배 조치 또한 불법이다.
- 시마네현 고시는 국내적 조치에 불과한 것으로 영토취득을 위한 국제적 법률행위가 아니다. 독도가 일본의 고유영토라면 무주지로 선점하여 고시할 필요가 없다.

(iii) 강화조약상 권원

- 강화조약의 실질적 작성자인 미 국무부의 딘 러스크 극동 담당 차관보는 1951.8.10.자 서한에서, "통상 사람이 거주하지 않는 이 암석은 우리의 정보에 의하면 한국의 일부로 취급된 적이 없다"고 일본의 영유권을 인정하였으나, 한국의 독도 영유권 주장은 미국이 거부하였다.
- 1952.7.26. 미일합동위원회가 독도를 주일 미군의 폭격훈련 구역으로 지정한 것은 미국이 강화조약상 독도를 일본의 영토로 인정하였다는 것을 확인하는 것이다.
- "일본은 조선의 독립을 인정하고, 제주도·거문도 및 울릉도를 포함한 조선에 대한 모든 권리·권원 및 청구를 포기한다"는 강화조약 제2조(a)는 1910.8. 한일합방 당시 일본에 합병된 조선 영토를 분리하여 독립을 승인한다는 의미이다. 따라서 한일합방 이전인 1905년에 일본에 이미 편

입된 독도는 제2조(a)상 일본에서 분리되는 지역이 아니다.

이에 대해 한국은 아래와 같이 반박한다.

- J. 덜레스 미 국무장관은 1953.12.9.자 서한에서 '독도에 대한 미국의 견해는 단지 강화조약의 많은 서명자 가운데 하나'라고 명시하여 러스크 서한의 내용을 부정하였다. 이후 미국이 독도 영유권 문제와 관련하여 공식 입장을 밝힌 바 없다.
- 한국의 폭격 훈련 중단 요청에 따라, 미국은 1953.2.27. 독도에서의 미 공군의 폭격 훈련 중단을 한국에 직접 통보하였다.
- 제2조(a)에 독도의 영유권 귀속에 관한 아무런 언급이 없다고 독도가 일본의 영토로 추정되는 것은 아니다. 일본이 제국주의 영토 확장이라는 탐욕에 의해 빼앗은 영토인 독도는 카이로선언 및 포츠담선언에 따라 당연히 반환되어야 한다.

다. 소결

독도 영유권과 관련, 일본은 시마네현 고시에 의한 무주지 선점론(편입론)에서 고유영토론을 거쳐 「샌프란시스코강화조약」에 근거한 영유권 주장으로 방점을 변화시켜 왔다. 하지만 일본의 강화조약상 권원과 고유영토론의 논거는 자체 결함을 내포하고 있으며, 궁극적으로 조작된 편입론에 귀결하고 있다. 무엇보다도 일본 스스로 독도 영토를 부인하는 다수의 공식문서와 지도 등은 이들 논거 간의 모순을 드러내고 있다.

반면에 독도가 역사적·지리적·국제법적으로 한국 영토라는 기본 입장에 따라 한국이 주장하는 고유영토설은 오랜 시간에 걸쳐 일관되고 연속적이다. 발견에서 기원하여 안용복의 도일 활동, 울릉도쟁계, 고종칙령, 울도 군수 심흥택의 보고와 참정대신 박제순의 지령 등은 독도가 일관되게 한국의 고유영토라는 것을 뒷받침하고 있다.

무엇보다도 "점유가 법의 9할이다"(Possession is nine-tenth of law)는 법언

이 있듯이, 독도를 현재 실효적으로 지배하고 있는 한국의 입장이 영유권 판단에 있어 유리한 것은 사실이다. 다만 한국으로서는 국제재판에서 더 강력한 증거력을 갖는 실효적 지배 증거를 계속해서 발굴해 나가야 할 것이다. 또한 분쟁의 사법적 해결방식이 수용되는 국제적 경향에 대비하여 국제소송 능력과 네트워크를 강화해 나가야 할 것이다.

일본의 영유권 분쟁: 센가꾸제도와 북방 4개 도서

일본은 독도에 대한 영유권뿐만 아니라, 중국과는 센가꾸(尖閣)제도, 러시아와는 북방 4개 도서에 대한 영유권 분쟁을 안고 있다.

센가꾸제도(중국명 '다오위다오': 釣魚島)는 대만 북동쪽 약 170km에 위치한 5개의 작은 무인도와 암초로 구성되었으며, 일본이 실효적 점유를 하고 있다. 중국은 이 섬이 중국 고유의 영토로서 대만의 부속도서라고 주장한다. 1895.4. 일본이 청일전쟁 후 「시모노세키조약」으로 대만을 할양받았으나, 「샌프란시스코강화조약」에 따라 대만을 반환하였으므로 이 섬도 당연히 반환되어야 한다고 주장한다. 이에 대해 일본은 「시모노세키조약」 체결 이전인 1895.1. 이미 무주지인 이 섬을 선점하여 오키나와현으로 편입하였다고 주장한다. 일본은 센가꾸제도와 관련하여 영토분쟁은 없다며 중국 측 주장을 무시하고 있다. 미국은 센가꾸제도가 일본의 시정권에 속하며, 「미일안보조약」의 적용대상으로 일본의 시정권을 저해하는 어떠한 일방적 행위도 반대한다는 입장을 취하면서도 영유권에 대해서는 중립을 유지하고 있다.

북방 4개 도서는 캄차카반도와 홋카이도 사이 쿠릴열도 최남단 4개 도서(에토로프, 쿠나쉬르, 시코탄, 하보마이)로, 러시아가 실효적 점유를 하고 있다. 일본은 1905년 러일전쟁 후 「포트머쓰조약」으로 북방 4개 도서를 포함한 남사할린의 영유권을 확보하였다. 하지만 얄타회담에서 미·영·소는 소련의 대일 참전의 대가로 남사할린 및 인접 도서를 소련에 양도하기로 비밀리에 합의하였다. 이후 소련은 이들 지역을 편입하고, 「샌프란시스코강화조약」은 일본이 이들 지역을 포기할 것임을 명시하였다. 1955년 일·소 간 평화협정 교섭 시 일본은 북방 4개 도서가 일본의 고유영토임을 내세우며 반환을 요구하였다. 소련은 당초 4개 도서 중 하보마이와 시코탄의 반환을 약속하였지만, 이후 반환 약속을 철회하였다. 러시아는 일본이 「샌프란시스코강화조약」으로 북방 4개 도서에 대한 모든 권원을 포기하였다는 입장 하에 영토분쟁 자체를 인정하지 않고 있다.

3. 독도 문제와 국제재판

가. 국제재판으로의 회부

(i) ICJ로의 회부

ICJ 회부는 아래 4가지 방식에 의해 가능하나, 한국이 동의하지 않는 한 독도문제의 ICJ 회부는 불가하다고 볼 수 있다.

- 당사국 간 특별 합의(제36조1항): 일본은 독도문제의 ICJ 공동 회부를 주장하나, 한국이 합의하지 않는 한 ICJ 회부는 불가하다.
- 선택조항에 따른 관할(제36조2항): 당사국이 공통으로 관할권을 수락한 범위 내에서만 성립한다. 일본은 선택조항을 수락하였으나, 한국은 수락하지 않았으므로 관할권이 성립되지 않는다.
- 확대 관할: 일방 당사자가 분쟁을 ICJ에 제기한 데 대해 타방 당사자가 소송절차 개시에 반대하지 않고 소송절차에 응함으로써 성립한다. 설사 일본이 일방적으로 제소하더라도 한국이 명시적인 방법으로 응소하지 않는 한 성립되지 않는다.
- UN 안보리의 ICJ 회부 건의: 안보리는 분쟁의 평화적 해결을 위한 조정 절차를 권고하면서 법적 분쟁은 당사자들에 의해 ICJ에 회부되어야 한다는 점을 고려해야 한다(헌장 제36조3항). 안보리가 독도문제를 법적 분쟁으로 보고 이를 한일 양국에 ICJ 회부에 의한 해결을 권고하고 한일 양국이 합의하면 안보리의 권고에 따라 ICJ에 회부할 수 있다. 그러나 안보리의 결의는 구속력이 없는 권고이므로 한국이 이를 따라야 할 법적 의무는 없다. 하지만 코르푸해협사건(1949)에서 알바니아는 UN 가입을 앞두고 평화 애호국임을 보여야만 하는 외교적 상황에서 안보리의 ICJ 회부 권고를 수락함으로써 ICJ의 확대관할이 성립하였다.

「샌프란시스코강화조약」상 분쟁은 ICJ에 회부하도록 규정하고 있으나, 한국은 조약의 당사국이 아니므로 이에 구속되지 않는다. 1954년 일본이 제의한

ICJ 공동 회부를 한국이 거부하자, 일본은 미국에 안보리에 독도문제 상정을 요청하였으나, 미국이 응하지 않았다. 미국은 독도를 리앙쿠르 암초라고 표기하고, 독도 영유권과 관련하여 어떠한 입장도 취하지 않는다는 입장을 견지하고 있다.

(ii) 「UN해양법협약」의 의무적 절차에 따른 중재재판으로의 회부

독도 영유권 문제는 일반국제법상 영유권 문제로서, 「UN해양법협약」의 해석과 적용에 관한 문제가 아니므로, 원칙적으로 협약상 의무적 분쟁해결절차의 대상이 아니다.

협약의 해석과 적용에 관한 문제와 관련한 분쟁이 발생한 경우, 한국은 협약 비준 당시 의무적 절차상 재판소를 선택하지 않아 중재재판으로 가야 한다(제287조3항). 그러나 한국은 2006.4.18. 해양경계획정(육지 영토나 도서 영토에 대한 주권 등을 포함하는 '혼합분쟁' 포함)이나 군사활동 등과 관련한 분쟁에 대해 협약상 의무적 절차의 배제를 선언(제298조)함으로써 독도문제의 중재재판으로의 회부 가능성을 차단하였다.

2013년 개시된 필리핀 v. 중국 남중국해중재사건에서, 중국은 필리핀의 청구가 경계획정 성격을 지닌 영유권 문제로서 2006.8. 자국의 배제선언에 따라 중재재판소의 관할권이 없다고 주장하였다. 그러나 필리핀이 9단선의 합법성, 남중국해 해양지형의 지위, 남중국해 해양지형의 성격과 해양환경 오염 문제를 위주로 청구취지를 작성하여 의무적 절차인 중재재판에 회부하자, 재판소는 이를 협약의 해석과 적용에 관한 문제로 보고 관할권을 인정하였다. 이렇듯 재판소는 자신의 관할권을 가능한 한 행사하려는 성향을 보이고있어, 배제선언에도 불구하고 청구취지를 기술적으로 여하히 구성하느냐에 따라 재판소가 협약의 해석과 적용의 문제로 판단함으로써 독도를 둘러싼 중재재판이 성립할 가능성을 완전히 배제할 수는 없다.

한편 해양환경 보호와 보존은 연안국의 일반적 의무이다. 해양환경오염과 관련된 분쟁은 협약 제298조에 따른 선택적 배제선언의 대상이 아니며, 연안국이 해양환경 보호와 보존을 위한 국제규칙과 기준을 위반하는 행위를 한 경우에는 해양환경오염에 따른 의무적 절차의 적용을 받는다(제297조1항c). 한국도 반폐쇄해인 동해에서 해양환경을 보호·보존할 의무와 해양환경오염을 방지·경감·통제하기 위해 모든 조치를 취해야 할 의무가 있으며, 해양환경 보호와 보존에 관한 국제규칙과 기준에 부합하게 행동해야 한다. 예컨대 국제규칙과 기준에 맞는 환경영향평가를 실시하거나 관련국 또는 국제기구 등에 통보해야 한다. 따라서 독도나 인근 수역에서 국제규칙이나 기준을 위반한 활동으로 인해 심각한 해양환경오염이 발생되는 경우, 일본이 중재재판 절차를 개시하면 재판소가 이를 협약의 해석과 적용에 관한 문제로 보아 관할권을 인정할 가능성을 전적으로 배제할 수 없다. 재판소는 또한 잠정조치에 대해서도 그 요건인 일견 관할권과 긴급성을 넓게 해석하여 잠정조치를 결정하는 경향이 있다.

나. 독도 영유권 문제의 결정적 기일

독도문제가 국제재판에 회부될 경우, 결정적 기일은 언제로 볼 것인가와 관련하여 대체로 ① 일본이 독도를 시마네현으로 편입한 날(1905.2.22.), ②「샌프란시스코강화조약」의 체결 일자(1951.9.8.), ③ 한국의 평화선 선언(1952.1.18.)에 대해 일본이 항의 각서를 전달한 일자(1952.1.28.), ④ 일본이 독도문제를 ICJ로 공동 회부하자고 처음 각서로 제의한 일자(1954.9.25.) 등이 제시되고 있다.

일본 학자들은 일본이 독도문제를 외교문제로 한국에 공식 제기한 ③ 또는 ④를 결정적 기일로 선호하는 것으로 보인다. 재판소의 독도 영유권 결정에 있어 이들 기일 직전 체결된「샌프란시스코강화조약」이 일본에 유리하게 작용할 것으로 판단하거나 이후 한국의 독도에 대한 실효적 점유를 부인할 수 있기 때문으로 보인다.

한국으로서는 역사적 권원과 고종칙령에 의한 근대 국제법상 권원으로의 대체에 확신이 있거나 1905년 일본의 독도 편입 당시 독도가 무주지였음을 입증할 수 있다면 1905년을 결정적 기일로 제시하거나, 한국의 독도 점거가 강화조약에 근거한 정당한 조치라고 신뢰한다면 강화조약 체결 일자를 결정적 기일로 제시할 수 있을 것이다. 굳이 결정적 기일을 결정하지 않을 수도 있다.

독도문제의 역사적 연속성을 감안 시 특정 시점의 결정적 기일로 구분하여 부분적으로 볼 게 아니라, 오랜 역사적 과정을 전체적이며 입체적으로 검토할 필요가 있기 때문이다.

주요 참고문헌

외교부 국제법률국편, 개정판 국제법 기본법규집(외교부, 2016)

외교부 국제법률국편, 동북아 해양법령과 UN해양법협약집(일조각, 2013)

외교부 국제법률국, 국제법 동향과 실무

대한국제법학회, 국제법학회논총

국제법평론회, 국제법평론

서울국제법연구원, 서울국제법연구

정인섭 신국제법강의 제13판(박영사, 2023)

김대순, 국제법론 제21판(삼영사, 2022)

김영원, 국제법(박영사, 2022)

* 그 밖의 다수의 국내외 전문 서적 및 논문은 생략합니다.

찾아보기

1. 조약 색인

UN 사무총장에게 기탁된 다자조약은 UN website의 'United Nations Treaty Collection'에서 개별 조약의 발효 여부, 당사국 현황, 당사국의 선언이나 유보 등 관련 사항을 확인할 수 있다.

우리나라가 체결한 양자 및 다자조약의 국·영문본은 외교부 홈페이지 → 이슈별 자료집 → 조약과 국제법 → 조약정보 → 양자조약 또는 다자조약에서 확인할 수 있다. 또한 국가정보센터 홈페이지(www.law.go.kr)에서도 우리나라가 체결한 조약과 관련 국내 법령을 찾아 볼 수 있다.

다자조약

양자조약

2. 사건 및 사고 색인

자세한 내용은 아래 웹사이트를 참고하세요.
- ICJ 판례: ICJ website home → Cases → List of cases
- PCIJ 판례: ICJ website home → Cases → PCIJ → Series A, B, A/B
- PCA 중재 판례: PCA website home → Cases
- ITLOS 판례: ITLOS website home → Cases → List of cases

3. 사항 색인

임한택

[약력]

- 고려대학교 법과대학 졸업
- 1981년 제15회 외무고시 합격 및 외교부 입부
- 미 Wisconsin 대학 석사
- 전 외교부 주한공관담당관, 조약과장, 국제기구협력관, 조약국협력관, 조약국장
  주 네덜란드·잠비아·호주대사관 서기관, 주 UN 대표부 참사관,
  주 제네바 대표부 차석대사 겸 군축회의(CD)대사, 주 루마니아 대사
- 전 국립외교원 겸임교수 겸 국제법센터 고문, 국방대학교 초빙교수, 연세대학교 객원교수
- 현 한국외국어대학교 LD학부 초빙교수

[저서]

- 개정판 21세기 현대국제법질서(박영사, 2001)(공저)
- 외교를 알면 세상이 보인다(렛츠북, 2021)
- 한국의 독도 영유권 논거의 대안적 검토(비공개, 2022)

제3판
국제법 이론과 실무

초판발행   2020년 2월 25일
제3판발행   2023년 8월 18일

지은이   임한택
펴낸이   안종만·안상준

편 집   윤혜경
기획/마케팅   손준호
표지디자인   이은지
제 작   우인도·고철민

펴낸곳   (주) **박영사**
               서울특별시 금천구 가산디지털2로 53, 210호(가산동, 한라시그마밸리)
               등록 1959. 3. 11. 제300-1959-1호(倫)
전 화   02)733-6771
f a x   02)736-4818
e-mail   pys@pybook.co.kr
homepage   www.pybook.co.kr
I S B N   979-11-303-4501-7   93360

copyright©임한택, 2023, Printed in Korea

*파본은 구입하신 곳에서 교환해 드립니다. 본서의 무단복제행위를 금합니다.

정 가   42,000원